LES FONDEMENTS DE L'INFORMATIQUE

Hugues Bersini,
Marie-Paule et Robert Spinette-Rose,
Nicolas van Zeebroeck

Les fondements de l'informatique

Du bit au cloud

Troisième édition

Vuibert

Les fondements de l'informatique – 3e édition, H. Bersini, M.-P. et R. Spinette-Rose, N. van Zeebroeck

ISBN 978-2-311-40041-0

Registre de l'éditeur : 677

Contact : sciences@vuibert.fr

Web : www.vuibert.fr

Dans la même collection :

Secrets et mensonges, B. Schneier, ISBN 978-2-7117-8684-8

Vie artificielle, J.-P. Rennard, ISBN 978-2-7117-8694-7

Jeux vidéo et médias du XXIe siècle, S. Natkin, ISBN 978-2-7117-4844-0

Des réseaux et des sciences, H. Bersini, ISBN 978-2-7117-4857-0

Réseaux neuronaux, J.-P. Rennard, ISBN 978-2-7117-4830-3

Engins de création, E. Drexler, ISBN 978-2-7117-4853-2

Comment définir la vie?, H. Bersini, ISBN 978-2-7117-4865-5

Bionano-éthique, ouvrage collectif dirigé par B. Bensaude-Vincent, R. Larrère, V. Nurock, ISBN 978-2-7117-4871-6

Table des matières

Préface

À quoi peut bien servir un livre de culture générale informatique comme celui que vous tenez entre les mains? À démystifier l'informatique et ce qui l'incarne le mieux aujourd'hui, l'ordinateur, qui est devenu notre compagnon indispensable. Or, le côté paradoxal de cette proximité est que, malgré une présence et une utilisation très familières à la majorité d'entre nous, cette technologie reste mystérieuse à cette même majorité.

Vous nous direz que nous dépendons autant de la voiture, du téléphone ou de la cuisinière, et qu'il ne semble pas indispensable de s'imposer la lecture d'un ouvrage à leur propos. Mais alors que la voiture n'est appelée qu'à une seule fonction, l'ordinateur exécute dans la profondeur de son châssis et de sa base matérielle un foisonnement en expansion permanente de logiciels, singularité qui lui confère ce côté multifonctionnel. C'est une machine prête à tout, qui cherche à communiquer avec toutes les autres, et que la plupart des secteurs des sciences, des technologies ou de l'industrie s'empressent de mettre à leur service. Alors, pourquoi ne pas justement mieux la mettre à votre service, en tentant de mieux la comprendre, grâce à ce livre.

Ne nous voilons pas la face : comme vous avez certainement eu l'occasion de vous en rendre compte, l'ordinateur est une machine d'une très grande complexité, peut-être la plus complexe de toutes celles que l'homme a créées. Il réunit en son sein de nombreuses technologies, extrêmement variées (électronique, magnétique, optique) qui, associées aux logiciels que ces technologies permettent d'exécuter, aboutissent à une grande sophistication.

Les informaticiens tentent de nous masquer autant que possible cette complexité. Toutefois, vous aurez constaté comme nous que, dès le premier problème rencontré, lors d'une installation de logiciels, de périphériques ou de pilotes, d'une mise à jour logicielle ou d'une visite du Web (avec un navigateur puis un autre), cette complexité vous saute au visage et vous laisse souvent décontenancé sinon désarmé. Ce livre devrait contribuer à atténuer ce sentiment, cette envie impérieuse qui vous prend d'ouvrir la fenêtre et de vous débarrasser de votre portable ou autre appareil informatique.

L'informatique génère un vaste vocabulaire technique où termes nouveaux et abréviations absconses ne cessent d'apparaître (le dernier dictionnaire que nous avons consulté contenait presque 5000 définitions), souvent avec une durée de vie limitée, et tout aussi souvent mal compris par ceux qui en font étalage. Lors de l'acquisition d'un produit informatique, la plupart d'entre nous se trouve confronté à ces mêmes termes dans des brochures publicitaires aussi colorées qu'incompréhensibles. Force est de constater que ce vocabulaire ne fait sens que pour une très petite minorité d'avertis. Êtes-vous sûr de voir ce qui se dissimule derrière un processeur cadencé à 3 gigahertz, une mémoire cache de 64 kilo-octets (et pourquoi se cache-t-elle d'ailleurs?), une mémoire RAM de 4 gigaoctets? Et pourquoi doubler la taille de celle-ci est la première opération qui s'impose pour augmenter la vitesse de fonctionnement? Savez-vous où se niche la carte réseau ou graphique ? Avez-vous déjà pris un bus SCSI ou USB? Connaissez-vous le rôle d'un modem? En quoi une communication téléphonique et une communication Internet diffèrent? Et Skype alors, qu'en est-il? Comprenez-vous comment fonctionne la compression de données? Savez-vous expliquer pourquoi des documents écrits avec le même traitement de texte Word s'échangent parfois mal entre systèmes Windows et Apple? Et ce qui, à la base, différentie ces deux empires se faisant concurrence depuis 30 ans? Êtes-vous certain de comprendre ce que représente une clé primaire ou une relation dans une base de données, et pourquoi les données sont structurées ainsi dans le monde professionnel ? Savez-vous enfin comment fonctionne la « business intelligence », à la base d'un nombre croissant de décisions dans les organisations ?

Savez-vous que, lors de l'achat de votre ordinateur, plusieurs systèmes d'exploitation sont à votre disposition, telles des versions différentes de Windows, Linux, Unix ou Android? Que vous pourriez les installer toutes et ce qu'il en coûte d'en choisir une particulière? Savez-vous pourquoi l'achat d'un jeu ou d'une application logicielle est souvent conditionné par le système d'exploitation? Que toutes les applications ne fonctionnent pas sur tous les systèmes d'exploitation? Pourquoi vos périphériques ont-ils besoin d'un pilote? Pourquoi les opérateurs se disputent-ils les fréquences d'onde radio?

À toutes ces questions et tant d'autres encore, ce livre apporte un début de réponse. Insistons sur la présence du mot « début ». Il n'est pas question de faire de vous des experts dans les technologies de l'information. Le devenir dans toutes les technologies reprises sous cette appellation est devenu totalement hors de portée, y compris pour la plupart des meilleurs experts. De nombreuses années d'études n'y suffiraient toujours pas, tellement, de la physique quantique aux mathématiques discrètes, de la science des matériaux et des fibres optiques aux technologies télécom, de l'optimisation des circuits électroniques à l'ingénierie logicielle, tant de domaines différents se trouvent impliqués et imbriqués.

Ce livre fait, en revanche, le pari de vous familiariser avec la plupart des technologies auxquelles vous renvoie l'utilisation quotidienne de votre ordinateur et — nouveauté essentielle de cette troisième édition — l'équipement informatique de votre employeur présent ou futur. Ses neuf chapitres, (1) introduction, (2) codage et traitement de l'information binaire, (3) unité centrale : processeur et mémoire, (4) périphériques, (5) réseaux, (6) système d'exploitation, (7) bases de la programmation, (8) base de données et SQL, (9) applications et systèmes d'entreprise, balaient le large spectre d'utilisation courante d'un ordinateur dans un contexte personnel ou professionnel. Délibérément, nous avons fait le choix d'un exposé concis plutôt que d'une descente en profondeur dans l'une ou l'autre des technologies rencontrées qui, toutes, le mériteraient amplement.

Bonne lecture, en espérant que, dès la prochaine difficulté rencontrée lors de l'utilisation de votre ordinateur, vous ne vous précipiterez plus chez le vendeur ou sur un téléphone pour vous adresser à quelqu'un qui, dans la plupart des cas, n'en saura guère beaucoup plus que vous…

1

Introduction

N'ayons pas peur des mots, il y va du fonctionnement de l'ordinateur presque comme de celui d'un cerveau : ce dernier procède à l'acquisition de l'information, à sa mise en mémoire, son traitement et sa restitution, souvent lors de communications avec ses pairs. Et c'est bien parce que ces deux types de matière grise, l'une en silicium l'autre en carbone se ressemblent à ce point que le premier se voit de plus en plus substitué par le deuxième, à la grande satisfaction du premier.

Un scénario du futur

Il est intéressant de lire Eric Schmidt, un des plus influents acteurs de la Silicon Valley et cofondateur de Google, quand il imagine la matinée d'un citoyen banal, vous par exemple, d'ici quelques dizaines d'années[1]. En voici une synthèse. Le réveil s'accompagne de l'arôme d'un café juste préparé, du soleil pénétrant par les fenêtres suite à l'ouverture automatique des volets ou rideaux et d'un massage dorsal tout en douceur exécuté par votre lit doté des dernières technologies. Déjà, ce réveil s'est passé au mieux, car ce même lit, en supervisant votre sommeil, n'aura pas interrompu celui-ci au milieu d'une de ses phases dites « paradoxales ». Votre appartement est un orchestre électronique dont vous êtes le chef d'orchestre. Par de simples mouvements de la main et quelques commandes vocales, vous en réglez la température, l'humidité, la musique d'ambiance ou la luminosité.

Vous parcourez les nouvelles du jour sur un écran translucide projetant des images holographiques au beau milieu de votre cuisine, quand votre costume le plus neuf et fraichement repassé sort automatiquement d'une de vos armoires au vu de l'important meeting qui vous attend renseigné par votre agenda (votre agenda est connecté à votre armoire à pressing). Tandis que vous avalez un grand bol de café (Eric Schmidt reste américain avant tout et Google ne fut pas créé à Naples, à ce que nous sachions), votre ordinateur central suggère une liste de corvées que devrait abattre votre « robot de ménage » dans la journée et vous en

1. Le texte qui suit reprend dans de larges parties les pages 28 à 31 du livre *The New Digital Age*, Eric Schmidt et Jared Cohen, Éditions Alfred A. Knopf, 2013.

approuvez la plupart. Ce même ordinateur, prévoyant la fin imminente de votre réserve de café, se base sur sa connaissance parfaite de vos goûts pour vous proposer de faire l'acquisition rapide d'un nouveau paquet présentant à vos yeux le meilleur rapport qualité/prix en fonction des promotions du moment.

Vos données, qu'elles soient personnelles ou professionnelles, étant stockées dans le nuage (le *cloud* sur Internet), tous vos documents sont consultables à tout moment à travers vos appareils numériques : tablette, montre ou lunettes intelligentes. Tout en buvant votre café, vous consultez ainsi la présentation que vous donnerez à d'importants clients plus tard dans la journée. Vos clients, vous les connaissez bien, sans jamais avoir pu les rencontrer en personne. C'est que tous vos précédents entretiens se sont déroulés comme celui d'aujourd'hui, par réalité virtuelle interposée. Vous avez toujours agi en présence d'avatars holographiques qui toutefois reproduisent exactement les mouvements et les propos de vos clients. Vous êtes très au courant de leurs attentes et interagissez au mieux, notamment grâce au système automatique de traduction simultanée qui fonctionne à la perfection et permet à chacun de s'exprimer dans son propre idiome. Cette interface de réalité virtuelle ainsi que la possibilité d'éditer et de visualiser tous les documents nécessaires en temps réel annihile la distance physique existant entre vous.

Vous êtes plutôt en avance sur votre rendez-vous auquel vous vous rendrez évidemment dans une voiture qui se conduira toute seule (et que Google s'apprête à commercialiser, plusieurs États américains ayant déjà ajusté leur législation pour autoriser la circulation de véhicules sans conducteur humain). Votre voiture (parfaitement au fait de votre agenda) sait exactement à quelle heure il faut quitter l'appartement et, après avoir consulté l'état du trafic, déclenche à même votre montre un petit compte à rebours d'une trentaine de minutes avant de vous embarquer. Vous profiterez du trajet les mains libres pour préparer le meeting à venir ou commander un cadeau pour l'anniversaire à venir de votre petit filleul. Votre ordinateur vous propose plusieurs idées de cadeau, obtenues en fouillant un « big data » d'une infinité de présents ayant déjà ravi des myriades de petits garçons partageant l'âge et le profil de votre filleul et vous optez pour le chien robot dont il rêve, en veillant à programmer la livraison du cadeau le jour de son anniversaire. Alors qu'une dernière gorgée de café vous tente, une légère pincée exercée par un système incorporé à l'intérieur de votre chaussure constitue le petit coup de semonce envoyé par votre voiture intelligente, « consciente » qu'il est grand temps de vous rendre au bureau.

Le cerveau machine

De toutes les machines existantes, l'ordinateur est indéniablement celle qui s'assimile le plus au fonctionnement humain (dans ce qu'il a de plus cérébral). Il réalise des traitements d'information à une vitesse qu'aucun cerveau humain ne peut aujourd'hui égaler (et pour cause, une milliseconde est nécessaire pour qu'un neurone communique avec un autre alors que moins d'une nanoseconde suffit (un million de fois moins) pour qu'une donnée circule dans un microprocesseur). Via le « cloud » et ses milliards de serveurs, n'importe quel appareil numérique est capable de mémoriser infiniment plus d'informations qu'un cerveau ne le peut. Stockage infini, traitement infiniment rapide, nos pauvres cerveaux ne peuvent que jeter leurs piètres neurones au pied de la machine.

Par conséquent, sans conteste, l'informatique s'avère la technologie la plus importante du deuxième demi-siècle précédent et du premier demi-siècle actuel, et ce n'est pas par hasard si aujourd'hui nos sociétés se sont vues rebaptisées de « numériques ». Cette nouvelle espèce numérique sera la seule, demain, à pouvoir concurrencer l'homme dans la sélection darwinienne des plus adaptés. Elle commence à voir et à entendre comme lui. Depuis des années déjà, elle se permet de raisonner et calculer comme lui sinon mieux. Elle crée un peu comme lui, de la musique, des images et des textes. Elle commence même à bouger et parler comme lui. C'est vrai que du côté des « émotions », elle reste en retrait. Rien de bien croustillant ne se produit quand un « ordinateur » rencontre une « ordinatrice », mais qu'importe, car comme Platon le clamait, l'émotion pourrait n'être qu'une entrave à nos cogitations. En effet, cette intelligence artificielle n'a de raison d'être que comme expression binaire de la seule raison. C'est bien de QI qu'il doit s'agir ici et de rien d'autre. Et si l'ordinateur tout en raisonnant éprouve quelques chaleurs envahissantes, un ventilateur s'empresse de les dissiper au plus vite (bien que l'hyperminiaturisation rende cela de plus en plus difficile). Finalement, hyper rationnel comme il l'est, l'ordinateur ne croit pas en Dieu, il ne prie pas von Neumann ou Turing, ses créateurs, juste avant de s'éteindre ou juste après s'être allumé… et c'est tellement mieux ainsi.

Notre époque se caractérise par l'omniprésence des ordinateurs. Ils s'insinuent un peu partout. On les trouve en masse dans les chambres des enfants et dans les bureaux des parents, dans les voitures, les machines à laver, les réfrigérateurs, les appareils multimédia ou les aspirateurs. Ils font l'intelligence des robots et des jeux vidéo, et certains informaticiens vont jusqu'à en incorporer dans les vêtements ou dans les aliments. Qui d'entre nous n'est pas porteur d'une ou plusieurs cartes à puce, qui sont autant d'ordinateurs sous leur forme la plus dépouillée, réduite à ses fonctions essentielles : communiquer, traiter, mémoriser de l'information.

En effet, stockage, traitement et communication de l'information constituent ainsi les trois invariants technologiques de l'ordinateur. Ce sont ces mêmes invariants qui expliquent son extraordinaire don d'ubiquité et sa faculté unique à se substituer au plus grand nombre d'objets, de fonctions et de machines. Notre ordinateur est la parfaite « machine à tout faire », le « Zelig » fonctionnel incontournable. Écrasé le couteau suisse! Au grenier la sono, le projecteur de diapositives ou de films, les livres, les disques, le gigantesque appareil photo d'antan. Tout tient aujourd'hui dans une seule main, sur une branche de lunette et demain sous un ongle!

L'humanité fit un pas de géant le jour où von Neumann fit le petit pas consistant à faire de cet ordinateur une machine universellement programmable, donc bonne à tout faire, augmentant son pouvoir de substitution et sa polyvalence. Au même titre que l'information à traiter, on peut charger dans la mémoire de l'ordinateur le traitement approprié de cette information, en un mot comme en mille : le « programme ». Très simplement, le traitement devient un deuxième type d'information, à part entière, hormis qu'il manipule le premier. Vous donnez à un ordinateur deux nombres, il les somme, deux textes, il les compare, deux images, il les fusionne, deux musiques, il les superpose…

De l'ubiquité informatique

Un vélo ne fait office que de vélo, une pelle à tarte que de pelle à tarte, mais un ordinateur, lui, peut se transformer en agenda, téléphone, album et appareil photo, banque, radio ou télévision, console de jeu (imbattable en ces jeux), calculette, système de diagnostic médical automatique, architecte, comptable, bâtisseur, etc. Au cinéma, il devient le second rôle idéal. Dans tous les cas, il est remarquable qu'il s'agisse toujours de la même machine, car il n'y a que le programme à exécuter qui change, excusez du peu… Quand vous chantez ou cuisinez, votre cerveau n'exécute pas le même programme que lorsque vous conduisez, au grand soulagement des automobilistes qui vous croisent sur leur route. Pourtant, ce sont les mêmes neurones qui turbinent. Quand l'ordinateur joue, réfléchit ou agit, le processeur n'exécute pas le même programme, pourtant ce sont, là aussi, les mêmes portes électroniques (ses neurones à lui) qui s'ouvrent et se ferment.

À mesure que le progrès matériel et logiciel augmente la puissance de l'ordinateur tout en réduisant son coût et son encombrement, celui-ci envahit tous les recoins des foyers, tous les interstices des objets usités. Comme Alice ou Gulliver, ses constructeurs le font rapetisser sans arrêt, ce qui lui permet de se loger partout, même dans les endroits les plus étranges, exotiques et au cœur des applications les plus complexes. Les plus récentes révolutions technologiques trouvent leur origine dans l'informatique : automatisation, fabrication d'objets 3D, exploration scientifique, robotique, ecommerce, courrier électronique, Internet, multimédia… Les hommes les plus riches du monde sont des informaticiens (Bill Gates de Microsoft, Larry Ellison d'Oracle, Larry Page de Google et Mark Zuckerberg, créateur de Facebook, le plus jeune milliardaire). Ils dirigent les sociétés les plus performantes, présentant des bénéfices défiant toute concurrence. Le Web est en passe de devenir, tout à la fois, la plus grande bibliothèque, vidéothèque, discothèque, encyclopédie, le quotidien le plus lu, alimenté par tout un chacun et non plus uniquement par quelques élus (artiste, encyclopédiste ou journaliste). Jamais la démocratie n'a été autant « participative » et débarrassée de tout intermédiaire car, en effet, le deuxième Web a remis tout à plat par cette fulgurante désintermédiation qu'il favorise. Ces substitutions-là, au grand dam des nostalgiques du vinyle, du papier, des albums de photos jaunies, des salles obscures ou de la presse écrite, constituent dans l'infini terrain de chasse de l'ordinateur, ses proies les plus tangibles. Les hommes n'ont jamais eu autant à voir, à lire et à entendre et si peu de temps pour le faire. Chacun peut y aller de sa plume numérique, et il se trouvera bien quelqu'un, même à l'autre bout de la planète, pour double-cliquer ou « liker » sa prose, y compris par erreur. Les disques durs composant le cloud se saturent à vive allure de nos productions exhibitionnistes.

Mais cette même machine, insatiable, vise des destinées largement plus ambitieuses, en projetant depuis quelques décennies de se substituer à l'intelligence humaine, à la vie ou plus modestement encore, à la nature. N'oublions pas que Turing, un de ses pères (son deuxième avec von Neumann) l'a dénommée dès sa création « machine universelle ». La presse se fait quotidiennement l'écho d'aboutissements spectaculaires, tels que la défaite de Kasparov face à Deep Blue, Watson, le logiciel vainqueur du célèbre jeu télévisé américain Jeopardy (l'équivalent de notre « Question pour un champion »), la voiture sans chauffeur humain, l'étonnant comportement d'Aibo, le petit chien robot ou ceux de l'équipe de football des robots « Nao » (que leurs concepteurs japonais prédisent champions du monde d'ici une dizaine d'années). Il faut se réjouir de la fidélité aujourd'hui atteinte par les simulateurs de vol, qui permettent à des pilotes en chambre un début d'autoformation. Il faut s'effrayer de ces drones autonomes qui décident par eux-mêmes d'assassiner ceux qu'ils auront classés comme terroriste potentiel. La même machine peut donc, une fois encore, s'avérer brillante mais ennuyeuse comme Kasparov, terrifiante et meurtrière telle un pilote de chasse, ou stupide mais aussi chou qu'un teckel.

Laissons aux philosophes le soin de polémiquer sur ces questions fondamentales, comme ce que ressent réellement Deep Blue devant le désarroi de Kasparov, et l'Aibo quand son maître le caresse ou le sermonne. Il s'agit des sempiternelles questions portant sur la qualité de la restitution et du rapport entre l'original et le modèle, sur la possibilité d'une intelligence réduite à la simple manipulation de symboles, et tant d'une vie que d'une nature ramenée, là encore, à la seule exécution de fonctions logiques ou mathématiques. Intelligence artificielle, vie artificielle, réalité artificielle… Chassez l'artificiel et il revient au galop.

Cette croissance exponentielle des substitutions et fonctions informatiques part d'un même constat et d'une même réalité, l'effacement, jusqu'à la complète disparition, du support, au seul profit de l'information et des traitements d'information n'ayant, jusqu'alors, existé qu'à l'intérieur même de ces supports. Cette irrésistible dématérialisation tend à extraire de tout ce qu'elle touche la seule véritable information nécessaire à son exploitation : la musique sans disque, l'écrit et l'image sans papier, la valeur de l'argent sans pièce et sans billet (voir le succès aujourd'hui de cette monnaie totalement virtualisée et dont l'usage, la valeur, la circulation se passent des banques en étant régie par un seul algorithme s'exécutant sur Internet, le bitcoin), le film sans pellicule, jusqu'à une hypothétique vie sans biochimie et intelligence sans neurone ou autre cellule « inutilement biologique ». Que reste-t-il vraiment de notre matière ? La vie ne se réduit-elle qu'à un pur traitement de l'information, aussi sophistiqué puisse-t-il être ?

Chaque fois que de nouvelles interfaces entre les mondes réels et numériques apparaissent, ce sont de nouveaux pans de la société ou de l'économie qui se dématérialisent et se transforment. Car le progrès informatique n'est pas fait que d'ordinateurs plus rapides, il commence par la disponibilité de représentations numériques des phénomènes du réel. Texte et nombres ont été les premiers objets à acquérir une représentation numérique, ce qui a valu à la machine sa dénomination hybride (« ordinateur » ou machine à ordonner en français, « *computer* » ou machine à calculer en anglais). Le son et l'image ont suivi rapidement. Aujourd'hui, ce sont de nouveaux domaines qui tombent entre les mains de l'ordinateur : identification biologique (empreintes digitales et vocales, ADN, etc.), géolocalisation (coordonnées GPS), monnaie, formes en trois dimensions (impression 3D), mouvements, transactions et contrats commerciaux, processus industriels, etc. Plus un produit ou un service contient d'information, plus c'est ce contenu en information qui l'emporte sur la matière qui le constitue, et plus il est susceptible d'être dématérialisé à plus ou moins brève échéance.

C'est encore cette même dématérialisation qui permet, par l'utilisation massive de l'informatique, à des disciplines aussi originellement diverses que la chimie, la biologie, la physique et l'économie, de progresser de manière vertigineuse en s'attaquant à des objets d'études restés jusqu'alors difficiles d'accès, comme les systèmes nerveux, génétiques, immunitaires, économiques et bien d'autres, qui nécessitent pour leur compréhension à la fois le stockage d'une infinité de données et les simulations informatiques qui permettent de leur donner du sens. Pas de Nobel aujourd'hui sans ordinateur, mais là aussi, l'inverse n'est pas vrai. Les cassandres du réchauffement climatique doivent l'essentiel de leurs prévisions angoissantes à des simulations informatiques prédisant la hausse des températures dans les années à venir. Les systèmes de traduction automatique ont vu leur fonctionnement grandement s'améliorer grâce à la quantité invraisemblable de traductions textuelles existantes et dont Google peut se servir pour, par simple appariement statistique, réaliser n'importe quelle traduction dans n'importe quel langage que ce soit. La médecine se personnalise de plus en plus grâce au profilage génétique rendu possible par la lecture et le stockage de milliards de bases chimiques constituant notre code génétique et qu'il est possible de regrouper avec d'autres, afin d'affiner et diagnostic et pronostic. Ce profilage que chacun rend possible par les traces multiples qu'il laisse sur des myriades de serveurs (achats, commentaires, goûts, mots recherchés, site de rencontre, génome, etc.) permet tout à la fois des recommandations très ciblées, mais aussi votre emprisonnement dans une cage dorée virtuelle dont il devient quasi impossible de s'échapper… Et pour longtemps vu que ces mêmes serveurs ont la mémoire désespérément longue. Le Web devient comme une projection boursouflée et indigeste de nos égos qu'il contribue à amplifier encore et encore. C'est grâce ou à cause du Web qu'en 2006, le *Times* élut comme personne de l'année « You ».

À côté de cette formidable intrusion dans les sciences et les technologies, et des questions métaphysiques qu'elle suscite, aucune pratique socio-économique n'a été et n'est à l'abri de cette poussée virtualisatrice. Ces pratiques se trouvaient auparavant liées à l'existence du support, de sa possession et de sa dépossession dans les mécanismes d'offre et de demande, plutôt que de l'information véhiculée par ce support et seule effectivement valorisable. L'existence même de ce support facilitait le contrôle de la diffusion de l'information, et par-delà même sa préservation, son intégrité et sa valorisation. Désolidarisée de ce support, cette information peut être, et de manière parfaite, répliquée à l'infini, très facilement altérée, et transférée à des vitesses ultimes aux quatre coins de la planète. Ainsi l'autre technologie dont le développement effréné produit des effets explosifs quand elle rencontre l'informatique concerne les télécommunications. Paradoxalement, ces deux technologies ont longtemps mené des vies séparées pour des raisons diverses qui allaient depuis la culture des entreprises concernées jusqu'au codage de l'information (analogique pour le téléphone ou la télévision, numérique pour l'informatique). Aujourd'hui, ce divorce n'est plus qu'un très lointain souvenir et c'est à la confluence de ces deux technologies que nos sociétés et nos pratiques vivent ce qui les bouleverse le plus. Les TIC (ICT en anglais) ou « technologies de l'information et de la communication » sont bien davantage qu'une abréviation éphémère. On assiste à la mutation vertigineuse de nos sociétés en sociétés de l'information et de la communication. L'information se numérise puis se communique. Numérisée, la même information peut se démultiplier à l'infini et se diffuser très largement, soit dans sa version d'origine soit dans une version pervertie. Espionnages informatiques et virus s'en donnent à cœur joie, d'où l'importance prise comme jamais par les problèmes de sécurité et de confidentialité. Les espions s'invitent partout, les hackers aussi, et Internet devient un terrain de jeu, d'expérimentation, un champ de bataille et un vivier de victimes potentielles à l'échelle de toute la planète. Quoi que vous fassiez, sur le moindre processeur à votre disposition, cela est enregistré quelque part et susceptible de se retourner contre vous. La cybercriminalité est en passe de devenir la menace la plus sérieuse pour nos démocraties. D'autant que chacun, ravi par la facilité de la chose et contaminé par le virus de l'excroissance narcissique qui envahit nos sociétés, prend un plaisir malin à s'exhiber sans fard aux yeux de millions d'internautes. Rien n'échappe aux webcams qui vous projettent sur YouTube en moins de temps qu'il ne faut pour le dire.

Or, cette convergence de l'informatique et des télécommunications s'accompagne d'une double révolution technologique : celle des vitesses de transfert des réseaux qui repousse les limites des volumes d'information transférables, et celle du sans fil qui confère à l'informatique son caractère mobile et contribue ainsi à son ubiquité. Ainsi ce ne sont pas seulement les objets accessibles à l'ordinateur et les services auxquels il peut se substituer qui s'étendent au rythme de l'innovation technologique, c'est l'espace qu'il conquiert peu à peu.

C'est au vu de cet état des lieux et des innovations encore à venir — car c'est sans conteste dans cet univers technologique qu'il s'en produit le plus — qu'il nous faut aujourd'hui maîtriser ce monstre virtuel, mieux percer les mystères de ces technologies. Il nous faut comprendre de quoi elles sont faites et comment elles fonctionnent pour en tirer le meilleur parti et comprendre ce que le futur nous réserve. Il nous faut arrêter d'être cet utilisateur béat pendu à son téléphone au moindre problème de démarrage, de chargement ou de mise à jour de logiciel. Il nous faut ouvrir la boîte et décrypter son fonctionnement. Il nous faut comprendre le seul langage que cette machine parle afin de pouvoir communiquer avec elle et la maîtriser.

À l'échelle sociale, nos formes d'organisation et nos interactions sont à réinventer. La technologie est si envahissante, polyvalente et puissante que sa simple intégration dans nos modes de fonctionnement passés ne saurait conduire au meilleur usage possible. Et il suffit de songer à la couverture de l'album de Quick et Flupke intitulé *Vive le progrès !* pour réaliser le chemin qu'il nous reste à parcourir. On y voit Quick (gamin de la ville d'il y a quelques décennies) s'évertuant à battre le tapis du salon suspendu à une corde à linge que sa mère l'a chargé de dépoussiérer. Or au lieu de s'y prendre avec une raquette de tennis comme on pourrait s'y attendre, Quick s'épuise à battre violemment le tapis au moyen de l'aspirateur flambant neuf prêté par ses voisins. Merveilleux exemple d'une utilisation de la technologie qui ignore tout de son fonctionnement et de ses potentialités. D'une manière analogue, l'ordinateur ne nous sera réellement des plus utiles que lorsque nous aurons pu imaginer les nouvelles manières de travailler et de communiquer adaptées à son mode de fonctionnement propre, chose impossible si l'on n'en comprend pas les fondements.

Ce livre a pour vocation essentielle de changer cette donne, de vous permettre de regarder l'ordinateur de haut, de convaincre ce partenaire et parfois adversaire de votre infinie supériorité et de lui rappeler sans cesse que si vos cerveaux étaient simples au point de pouvoir être répliqués informatiquement, vous seriez entretemps devenus bien trop bêtes pour y parvenir. Ne le laissez plus vous mettre hors contrôle, hors course, regagnez la maîtrise !

2

Codage et traitement de l'information binaire

Le contexte

Les premières machines baptisées ultérieurement du nom d'ordinateur étaient destinées principalement à exécuter des calculs complexes nécessitant une suite importante d'opérations. La mémoire s'y trouvait déjà, comme dans les calculettes aujourd'hui, car pour exécuter l'opération $(4 + 5) - (3 \times 2)$, il est plus simple d'effectuer d'abord la deuxième opération et de mettre le résultat en mémoire en attendant d'en finir avec la première. Les nombres et les opérations dont ils peuvent faire l'objet furent les premières utilisations importantes de l'ordinateur. Ces machines furent dès lors qualifiées de « calculatrices », en anglais *computer*, nom qui a survécu dans cette langue au contraire de la nôtre, qui a décidé de rendre justice à cette machine en la désignant par ce qu'elle est réellement : un système de stockage et de traitement de l'information. Un de ces traitements possibles est celui « d'ordonner » l'information, par exemple par ordre alphabétique, d'où les noms « d'ordinateur » et « d'informatique ». Les nombres sont, en effet, un premier type d'informations à traiter, mais il en existe aujourd'hui beaucoup d'autres comme les photos de vos dernières vacances, vos morceaux de musique favoris, votre compte en banque et ces pages que vous lisez.

Mais quelle est cette information que nous matraquons depuis le début du livre sans avoir pris la peine de définir de quoi nous parlons précisément? Ce sont souvent les expressions ou les mots les plus courants, les plus évidents, que tout un chacun utilise sans difficulté aucune, qui restent les plus difficiles à définir.

L'information est tout agencement de symboles dont la perception et la manipulation font sens pour l'homme. C'est étonnant comme on peut faire compliqué quand il y a moyen de faire simple, mais pourtant, croyez-nous, une information c'est vraiment cela. Un nombre est un symbole qui fait sens pour vous. Un dessin en noir et blanc équivaut à une mosaïque de petits carrés noirs et blancs (dans la tribu des informaticiens on appelle ces carrés des « pixels », *picture elements*), et ce tableau de symboles fait sens pour vous. Nous ne parlons évidemment pas des œuvres de Kandinsky, Mondrian ou Miró. Une partition musicale, séquence de petits ronds de formes variées placés sur ou entre des lignes, fait sens pour les plus mélomanes d'entre vous. À la lecture des partitions, ceux-ci entendent la musique dans leur tête.

Cela fait sens car l'utilisation de ces symboles respecte une codification précise que toutes les personnes intéressées par ces agencements symboliques connaissent et maîtrisent. Celles qui ne connaissent pas le code ne peuvent évidemment pas saisir l'information présentée à partir de ce code. Mais pour qu'elle regagne tout son sens, il suffit de rajouter que, selon un des codes informatiques les plus usités, ici celui appelé « ASCII », cette séquence de huit bits code en binaire la lettre *a*. Autre possibilité, il suffirait d'installer les huit « 1 » en cercle, pour que nous acceptions volontiers qu'il s'agisse là en effet de la représentation d'un cercle. Toute manipulation ou transformation de l'information doit respecter ce code, de façon à déboucher sur des résultats qui continueront à faire sens. Cela est vrai pour l'homme et doit le rester pour l'ordinateur.

Les plus philosophes pourraient s'interroger à juste titre sur cette définition de l'information, quand elle est vue du côté de l'ordinateur. Est-ce que l'on peut dire que quelque chose fait sens pour l'ordinateur? Très difficile question qui occupe ces mêmes philosophes depuis des siècles : la syntaxe suffit-elle à véhiculer toute la sémantique? Nous nous passerons ici de la réponse, en déclarant simplement que la seule chose qui importe pour l'homme dans l'utilisation qu'il fait de l'ordinateur, est que ce dernier, quels que soient les traitements de l'information qu'il effectue, respecte la codification propre à ce type d'information. Un cercle doit être traité comme un cercle (il peut s'agrandir, se rapetisser), la lettre *a* comme la lettre *a* (elle précède la lettre *b* dans l'alphabet).

Le cerveau machine

Si nous maintenons l'idée de l'ordinateur comme une sorte de « cerveau machine » en plus modeste, ses fonctions premières sont : l'acquisition sensorielle d'informations ou la perception (les entrées), la mémorisation des informations acquises, le traitement de cette information par sa mise en relation avec d'autres (par exemple en les comparant) et par l'application de règles de modification de ces informations (règles arithmétiques, règles logiques...), et finalement la communication des résultats de ces traitements (les sorties) (voir la figure 2.1).

Comme illustré dans la figure 2.2, les composants matériels ainsi que l'architecture de l'ordinateur reflètent dans une large mesure cette modularisation fonctionnelle, chacune des fonctions se trouvant réalisée par des composants matériels (*hardware*) dédiés.

L'acquisition de l'information peut être faite depuis un clavier, une souris, un scanner, un lecteur de code à barres, un écran tactile, un microphone, un capteur, etc. Il existe même, aujourd'hui en version expérimentale, des ordinateurs directe-

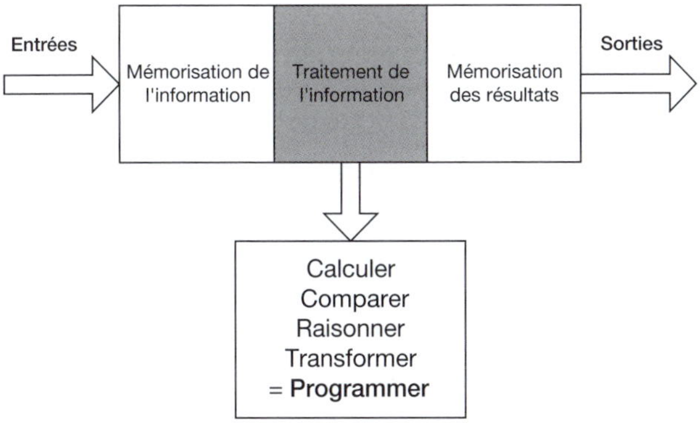

Figure 2.1 L'ordinateur : le cerveau machine

ment reliés au cerveau de leur utilisateur. Les interfaces homme/machine sont aujourd'hui l'un des sujets de recherche et de développement les plus actifs de la communauté informatique de manière à faire dialoguer l'homme et la machine le plus naturellement qui soit. L'ordinateur, idéalement, devrait voir et entendre son interlocuteur comme nous le faisons.

La mémorisation, comme nous le verrons, fait appel à différentes technologies : électronique, magnétique ou optique, capables d'enregistrer, stocker et restituer l'information. Le traitement qui consiste en calculs, comparaisons, recompositions des informations est le fait du processeur et de ses deux unités : l'unité de commande (CU, *control unit*) qui séquence et choisit les opérations à effectuer et l'unité arithmétique et logique (ALU, *arithmetic and logical unit*) qui les effectue. Enfin, la diffusion des résultats est réalisée sur un écran, une imprimante, un haut-parleur, etc. À nouveau, il s'agit d'interface homme/machine, avec toutes les améliorations futures auxquelles on est en droit de s'attendre.

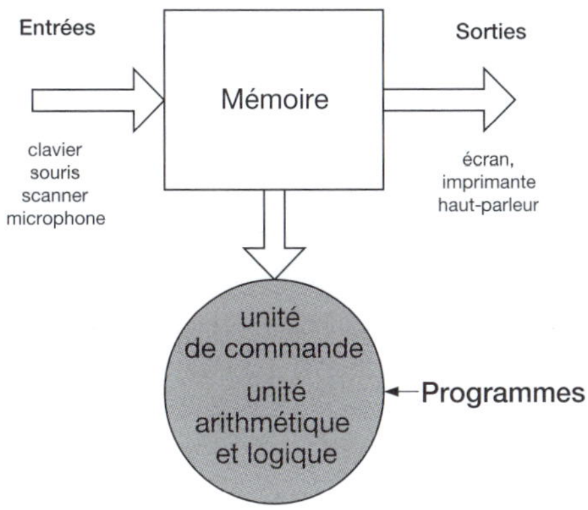

Figure 2.2 Les composants matériels du cerveau machine

Tout traitement de l'information se fait selon un algorithme qui peut être défini comme la succession des opérations à réaliser pour accomplir une tâche. Ainsi, quelle que soit la fonction exécutée par une machine, elle suit un algorithme. Par exemple, la réalisation d'un plat de pâtes fait appel à l'exécution d'un algorithme : verser de l'eau dans la casserole, verser du sel dans l'eau, attendre que l'eau bouille, exécuter une sous-tâche répétitive (on appelle cela une boucle en informatique) consistant à prendre des poignées de pâtes dans la boîte et les jeter dans l'eau bouillante. Si vous voulez les pâtes *al dente* attendez 10 minutes, sinon 15 (l'utilisation du « si – sinon » est appelée un test conditionnel en informatique). Égouttez-les et bon appétit. (Un programme mal conçu par un informaticien est souvent désigné de « code spaghetti ».)

Au sujet du mot « algorithme », ne cherchez pas à retrouver sa signification à partir d'une étymologie grecque ou latine, notez le « Al ». Le mot vient de Al'Khawarizmi, ce savant né en Perse qui, au IXe siècle de notre ère, contribua à la diffusion des chiffres et des méthodes de calcul d'origine indienne. Il avait pour principe de « rendre clair l'obscur et simple le complexe ». Une fois l'algorithme construit, celui-ci est exprimé sous forme d'un programme qui, comme nous le verrons plus loin, est une séquence d'instructions agissant sur les données stockées en mémoire : recherche de ces données, traitement puis réinstallation des résultats dans la mémoire. Comme nous le verrons dans les chapitres à venir, ces programmes sont écrits dans un langage dit de programmation, par des programmeurs. Ils les écrivent (la séquence d'instructions, les boucles et les tests conditionnels) comme une suite d'instructions issues d'un langage très précis qu'eux et les membres de leur tribu sont les seuls à comprendre. Malgré cela et un salaire conséquent, ils excellent à rendre ces programmes incompréhensibles aux autres membres de leur tribu. Heureusement, ces programmes seront vérifiés, compris et traduits par un programme particulier (appelé le compilateur) dans un autre langage, fait d'instructions élémentaires qui, elles, seront les seules comprises et gérables par le processeur qui a la responsabilité finale de les exécuter. Enfin, les utilisateurs finaux se rendront compte à leurs dépens si, oui ou non, les programmes se comportent comme souhaités au départ.

Ces fameux programmes sont la seule raison de cette extraordinaire multifonctionnalité propre aux ordinateurs. Ce sont eux qui battent Kasparov aux échecs, font aboyer Aibo (le petit chien robot de Sony), marquent des buts dans un jeu vidéo ou incorporés dans les robots « Nao » sur un stade de football, conduisent une voiture (la Google Car par exemple) ou font aux visiteurs d'un site de commerce électronique des recommandations personnalisées (comme Amazon). Ce sont eux qui permettent les vols d'avions dans leur couloir aérien mais empêchent les vols de produits dans les boutiques, vendent et achètent des valeurs boursières, vous envoient la troisième lettre vous rappelant cette facture en retard de paiement, repèrent et verbalisent vos excès de vitesse, vous disent d'une voix métallique et nasillarde que votre ceinture n'est pas attachée, vous indiquent la meilleure route à suivre et, après tout cela, s'il le faut, vérifient et finissent par assister votre fonctionnement cardiaque.

LA GENÈSE DE L'ORDINATEUR

Alan Turing est un des pères de l'informatique et un incontestable génie du siècle passé. Il naît en 1912 en Angleterre et passe le plus clair de ses recherches à Cambridge puis à Princeton. Après le déclenchement de la Deuxième Guerre mondiale, Turing est recruté auprès d'autres mathématiciens pour former une unité qui doit tenter de déchiffrer les messages secrets allemands. Les Allemands cryptaient (et décryptaient) leurs messages à l'aide de rotors électromécaniques accouplés dans un codeur appelé ENIGMA. Celui-ci produisait un cryptage tellement puissant qu'il pouvait être considéré à l'époque comme inviolable. C'est pendant cette période que les principes de la machine de Turing viendront au secours des Britanniques pour la création de calculateurs spécialisés dans le décodage des messages cryptés. Ces premiers calculateurs, dénommés Colossus, parviendront à « casser » le code ENIGMA. En interceptant les messages secrets envoyés à la flotte allemande, ils permettront entre autres de réduire les pertes sévères occasionnées par les sous-marins allemands à la flotte de navires chargés d'approvisionner la Grande-Bretagne (transports qui constituaient une ressource vitale). L'issue de la Deuxième Guerre mondiale en sera très largement influencée, permettant à l'informatique de jouer ainsi pour la première fois un rôle décisif. De par son importance stratégique, l'histoire de Colossus restera longtemps couverte par le secret défense.

Turing se suicide en 1954 en croquant, selon les déclarations de la police, une pomme enrobée de cyanure, petit clin d'œil d'un homme désespéré aux récits de son enfance (une pomme croquée, cela ne vous rappelle-t-il pas le logo d'un grand constructeur informatique ?). Entre-temps, il aura été champion de marathon, décrypteur, décoré de l'Order of the British Empire et, pour son plus grand malheur, homosexuel ne se dissimulant pas de l'être. Dans les années cinquante et en pleine guerre froide, l'homosexualité était considérée comme un risque pour la sécurité et comme une terrible pathologie mentale. Elle était soi-disant « soignée » par un traitement hormonal de la manière la plus absurde et abjecte qui soit. En sus de son exclusion des travaux secrets consacrés au décryptage, cette castration chimique affecta profondément ses capacités intellectuelles, à l'exception de ce petit sursaut de lucidité qui lui fit déboucher une bouteille de cyanure. Il a fallu attendre le centenaire de sa naissance pour que la reine d'Angleterre lui accorde la grâce royale à titre posthume, sous la pression aussi de toute la communauté scientifique anglaise voyant en Turing un des plus importants scientifiques du siècle passé.

Mais ce qui nous intéresse ici, c'est son invention la plus époustouflante, réalisée alors qu'il n'était âgé que de 24 ans et qui réunit de manière très abstraite tous les mécanismes essentiels au fonctionnement des ordinateurs. Il s'agit de la machine universelle de Turing. C'est une machine « conceptuelle » d'une simplicité déroutante à laquelle, pourtant, peuvent se ramener toutes les autres. Tous les ordinateurs du monde, votre PC ou votre Mac entre autres, quels que soient leur degré de sophistication et leur coût, ne sont que des exemples, parmi tous les autres, de la machine de Turing.

La machine de Turing

La machine de Turing (voir figure 2.3) est le pur produit de l'imagination d'un génie, construite uniquement dans son cerveau. Elle se compose d'abord de son dispositif d'entrée-sortie sous forme d'un très long ruban composé d'une suite de cellules. La machine peut lire ou écrire sur le ruban, reproduisant ainsi la partie entrée-sortie de nos ordinateurs. Ce ruban fait à la fois office d'organes entrée-sortie mais aussi de mémoire, puisqu'il peut mémoriser les écritures produites lors d'itérations précédentes. Chaque fois qu'il en reçoit l'ordre, le ruban est déplacé vers la gauche ou vers la droite par pas de longueur fixe, alternant simplement la cellule présentée au dispositif de lecture-écriture. Chaque cellule ainsi définie par le pas de progression du ruban peut ne rien contenir ou contenir un seul symbole que nous allons représenter par le signe +. Nous adopterons le code le plus élémentaire qui soit, en représentant les données de manière unaire : la valeur 3 sera ainsi représentée par +++, et 4 par ++++. Difficile de faire plus bête. Les données sont séparées sur le ruban par des cellules ne contenant rien.

Le programme

État de la machine	Contenu de la cellule	Écrit sur le ruban	Déplacement	État suivant
état0	vide		D	état0
état0	+		D	état1
état1	+		D	état1

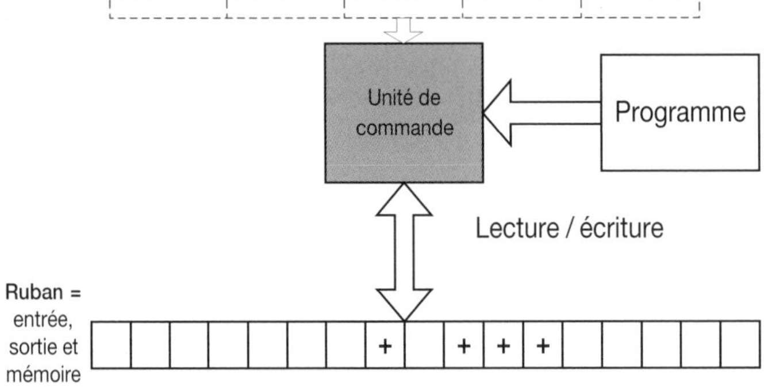

Figure 2.3 La machine de Turing

Toujours comme illustrée dans la figure, la machine se caractérise par un nombre fini d'états internes qu'elle peut adopter : état0, état1, état2... Ces états complètent la partie mémoire de la machine et permettent à celle-ci de proposer de multiples comportements et ce même pour des entrées identiques. Le dernier aspect capital de cette machine, et là Turing fut au sommet de son art, est la possibilité pour celle-ci de fonctionner par exécution d'une suite d'instructions (son programme) représentées comme sur la figure et codées comme suit : « Si la machine est dans l'état*m* et que la cellule lue contient le symbole + ou rien, alors la machine remplace ou non ce symbole, déplace le ruban vers la gauche ou la droite et adopte le nouvel état*n* ». C'est en cela que cette machine est universelle, car à partir de ses différents programmes, elle peut effectuer toutes les tâches voulues et ce faisant, se substituer vraiment à toutes les autres.

Organes d'entrées-sorties (déplaçant le ruban), mémoires, et exécution conditionnelle d'une suite d'instructions (le programme), on ne vous a pas menti, tout y est. Tous les ordinateurs s'y retrouvent, alors que les scientifiques de l'époque étaient encore à mille lieues de construire le premier.

Voyons maintenant comment cette machine de Turing, dotée du programme adéquat, peut effectuer l'addition des deux nombres écrits sur le ruban selon le code unaire. Supposons que le ruban porte les nombres 3 et 4 séparés par une case vide, comme montré ci-dessous.

		+	+	+		+	+	+	+	
		3				4				

Chaque instruction s'exécute et le cas échéant se répète en fonction : d'abord de l'état dans lequel l'instruction précédente a laissé la machine, ensuite du contenu de la cellule présente sous le dispositif de lecture-écriture. La suite des instructions nécessaires pour additionner les deux nombres, et ce, quelle que soit leur longueur, se présente comme ci-après :

État	**Contenu de la cellule**	**Écrit sur le ruban**	**Déplacement du ruban**	**État machine suivant**
État0	Vide		D	État0
État0	+		D	État1
État1	+		D	État1
État1	Vide	+	D	État2
État2	+		D	État2
État2	Vide		G	État3
État3	+	Effacement	D	Stop
Stop	Arrêt du travail			

Les étapes du déroulement de ce programme sont les suivantes. Au tout début, le ruban est déplacé vers la droite jusqu'à la rencontre du premier signe +, marquant le début du premier nombre. À partir de ce moment, la machine est mise dans l'état1 et le ruban est déplacé vers la droite jusqu'à la fin du premier nombre marqué par la cellule vide. La cellule vide séparant les deux nombres reçoit le signe + et la machine est maintenant mise dans l'état2. Le ruban est déplacé vers la droite jusqu'à la fin du deuxième nombre marqué par la cellule vide. Le ruban est déplacé cette fois d'une position vers la gauche. Il se retrouve alors sur le dernier signe + du deuxième nombre et la machine est mise dans l'état3. Le dernier signe + est effacé et la machine se met dans un état d'arrêt.

Le contenu du ruban est maintenant le suivant :

		+	+	+	+	+	+	+	
		7							

Vous seriez en droit de penser : « Un peu laborieux pour un génie, cette manière d'additionner deux nombres. » Mais le fonctionnement serait en tout point semblable (seul le programme devrait changer) si vous additionniez le logarithme du premier avec le sinus du deuxième. Quoi que ce soit de calculable, quoi que ce soit que vous exécutiez un jour sur votre ordinateur, n'importe quelle série d'opérations logiques ou arithmétiques, la machine de Turing peut le faire. Il suffit de charger le bon programme. Dans les neurones de cet homme extraordinaire, toute l'informatique était là, en puissance, attendant d'éclore et de se matérialiser.

Le développement de l'ordinateur

Les idées de Turing seront intégrées dans le premier calculateur à vocation universelle achevé en 1945 aux États-Unis, sous le nom d'ENIAC. Il remplissait toute une pièce et sa programmation au moyen de gros interrupteurs physiques exigeait pour le programmeur d'être aussi musclé du corps que du cerveau. Un de ses concepteurs, John von Neumann (l'autre papa de l'ordinateur, dont nous reparlerons bientôt), énonce des principes de fonctionnement restés inchangés depuis : programme et données sont tous deux stockés dans la mémoire de la machine et codés en binaire. Il définit aussi les composants essentiels de l'ordinateur que sont l'unité de commande, l'unité arithmétique et logique, la mémoire centrale et enfin les unités d'entrées et de sorties.

L'arrivée des ordinateurs a été précédée par différents matériels utilisés surtout pour les traitements statistiques ou comptables de grands volumes.

L'ancêtre de la mécanographie

Ce préexistant à base électromécanique avait déjà un assez long passé, puisque le bureau des statistiques (Census Bureau) des États-Unis avait commandé pour le recensement de la population de 1890 une machine à cartes perforées auprès de l'ingénieur Hermann Hollerith. Grâce à cette machine, le dépouillement du recensement de 1890 fut effectué trois fois plus vite que le précédent de 1880. Hollerith laissera son nom à la codification des lettres et chiffres sous forme de perforations dans les quatre-vingts colonnes de la carte (code Hollerith). Il apportera par la suite son savoir-faire dans une société qui deviendra plus tard IBM (International Business Machines Corporation, modeste *spin-off* dont beaucoup rêvent de reproduire le succès).

La carte perforée avec ses quatre-vingts colonnes et son code de perforation deviendront un standard qui hante encore l'informatique actuelle. En effet, la codification binaire des caractères en est un héritage direct.

On peut rapprocher les cartes perforées des machines qui apparaissent dès le XVIIIe siècle et qui jouent de la musique par le défilement d'un ensemble de perforations ou de taquets. Ces premiers automates ont surtout une fonction de divertissement, à la différence des cartons développés par Jacquard à Lyon à l'aube du XIXe siècle pour automatiser le tissage de motifs dans l'industrie textile.

Les cartes perforées d'Hollerith présentent une différence fondamentale : alors que les supports pilotant les automates évoqués ci-dessus forment un assemblage indivisible de leur début à leur fin, les cartes d'Hollerith forment chacune une unité indépendante qui porte des informations relatives à une situation individuelle. Il devient dès lors possible de les trier selon l'ordre dans lequel des informations doivent être regroupées. Une même information, une fois perforée dans la carte, pourra faire l'objet d'autant de traitements qu'on le souhaitera, en la rassemblant de différentes manières au sein d'un lot d'informations.

La première machine d'Hollerith était capable de trier les cartes en fonction des informations qu'elles contenaient, et également de compter le nombre de cartes dont le contenu répondait à des critères préétablis. Ces deux opérations étaient réalisées par le passage d'un courant électrique en présence d'une perforation dans la carte, courant électrique qui aiguillait la carte vers une case de réception particulière pour la trier et qui incrémentait un compteur.

Elle préfigure l'ordinateur tel qu'il a été esquissé plus haut : les informations sont entrées et mémorisées sur des cartes perforées, la machine traite l'information en l'ordonnant et en la comptant, et les résultats de son travail sont affichés sur des compteurs. Bien sûr, cette première ébauche présente des lacunes importantes qui limitent sa parenté avec l'ordinateur d'aujourd'hui, et en particulier sa capacité extrêmement limitée à établir des relations logiques entre les informations. Un cerveau minuscule, une toute petite tête, pourrait-on dire…

Et surtout une absence quasi totale de mémoire, une déficience due à l'état de la technologie et qui marquera longtemps le traitement de l'information. Cette tare ne commencera à s'atténuer que lorsque l'électronique et les circuits intégrés auront apporté des capacités de mémoire incomparablement plus importantes. Toutefois, aujourd'hui encore, comme nous le verrons à plusieurs reprises, la mémoire demeure une denrée limitée, précieuse, une ressource qu'il faut partager entre des demandes multiples.

Le développement de la mécanographie

Les limitations au niveau de la mémoire et des facultés de traitement vont entraîner la divergence par rapport à ce que deviendra l'ordinateur. Au lieu d'une machine avec une mémoire et des capacités de logique suffisantes pour effectuer tous les traitements, il devint nécessaire de créer des machines spécialisées chacune dans une fonction particulière : trieuses de cartes, calculatrices, tabulatrices pour imprimer et totaliser les informations, ainsi qu'une diversité d'autres machines où ni la miniaturisation ni le silence de fonctionnement ne sont à l'ordre du jour.

Plusieurs autres constructeurs tant américains qu'européens dont Bull, rivaliseront avec IBM pour créer une industrie nouvelle qui développera tout un éventail de machines animées par de l'électromécanique, où relais et compteurs seront rois, l'électronique étant encore largement inconnue. Une première forme de traitement de l'information sera à l'ordre du jour, qui prendra en français le nom de « mécanographie ». La majorité des machines utilisera des cartes perforées, malgré le coût élevé de ce support. On fera aussi usage de bandes de papier perforé, un support considérablement plus économique, en particulier pour l'acquisition automatique d'informations.

Les ordinateurs précurseurs

La commercialisation des premiers ordinateurs n'interviendra pas avant les années cinquante. Ces premiers ordinateurs ne s'adresseront qu'à une clientèle très limitée, pour qui les besoins en matière de traitement de l'information sont devenus tels qu'ils peuvent supporter les coûts astronomiques d'acquisition et de fonctionnement de ces machines dévoreuses d'espace, d'électricité, ardues à programmer, d'une fiabilité très limitée, mais dont les performances et les possibilités constituent une rupture majeure par rapport aux machines précédentes.

La technologie de ces premiers ordinateurs recourt aux tubes électroniques, bien adaptés au traitement binaire, mais dont le mode de fonctionnement s'avère un grand consommateur d'électricité et par là un tout aussi important dissipateur de chaleur, exigeant d'être énergiquement refroidi pour assurer un fonctionnement à la fiabilité limitée.

En effet, le tube électronique (appelé aussi lampe électronique du fait de sa ressemblance avec la lampe à incandescence) est constitué d'une enceinte sous vide d'air où un filament est porté à incandescence, formant une cathode émettant des électrons qui aboutissent sur une anode en quantité variable selon des conditions de tension et le montage interne du tube. Le tube électronique peut ainsi être utilisé comme inverseur, amplificateur, ou interrupteur dans la réalisation de circuits logiques.

Il a permis des temps de commutation d'un tout autre ordre de grandeur par rapport aux dispositifs électromécaniques équivalents, malgré ce que son principe de fonctionnement implique comme coût, encombrement et consommation d'énergie. Et lorsque nous verrons plus loin combien de circuits logiques, et donc d'équivalent « tubes », sont nécessaires pour réaliser une simple fonction telle que la mémorisation ou l'addition d'un bit, on comprendra mieux encore pourquoi ces premiers ordinateurs ne disposaient que d'une logique limitée à l'essentiel.

Quant à la mémoire, elle se trouve constituée de dispositifs électromagnétiques également coûteux, présentant une capacité réduite, toujours insuffisante aux yeux des programmeurs et de tous ceux qui doivent les faire fonctionner.

Les entrées et sorties par cartes perforées se révéleront trop lentes et d'une capacité insuffisante pour s'aligner sur les performances globales fournies par les premiers ordinateurs. Elles seront progressivement remplacées par des bandes magnétiques dont la densité d'enregistrement et la vitesse de défilement apporteront les débits et les capacités de stockage mieux en rapport avec les vitesses de traitement.

Malgré leurs limites, ces premiers ordinateurs rencontreront un succès suffisant pour susciter chez la plupart des constructeurs de matériels de mécanographie un effort important de développement. Toutefois et dans la plupart des organisations, la question se pose alors de l'usage et du besoin de pareils monstres…

La première vague des ordinateurs

Entretemps, le transistor, dont le principe avait été découvert fin 1947, a fini par s'imposer comme remplaçant indiscuté du tube électronique pour la réalisation de circuits logiques. On peut d'ailleurs se demander si le transistor n'est pas l'invention du XXe siècle, car ayant présenté le plus grand potentiel d'application. Il serait pour le XXe siècle ce que la machine à vapeur fut pour le précédent.

Dès la fin des années cinquante apparaissent des ordinateurs réalisés à base de transistors, ce qui représente un bouleversement par rapport à leurs prédécesseurs. En effet, en comparaison des tubes électroniques, ils ont subi une très sérieuse cure d'amaigrissement, leur voracité en énergie s'est réduite, leur fiabilité est devenue raisonnable car opérant à une température normale, leurs performances sont de loin supérieures, et leurs coûts d'acquisition et de fonctionnement sont considérablement réduits.

Des progrès sensibles sont aussi accomplis au niveau des organes d'entrées-sorties, principalement les bandes magnétiques, tandis que les imprimantes produisant des liasses de papier (les listings) et les cartes perforées restent encore omniprésentes. Un nouveau venu s'y adjoint, le disque magnétique dont les temps et le mode d'accès apportent un nouveau bouleversement, cette fois dans la conception du stockage et des traitements de l'information.

Du coup, les ordinateurs, de machines d'exception, deviennent des équipements à la portée de toutes les organisations qui font usage d'un parc important de machines mécanographiques, et où la volonté et la capacité d'évoluer sur ce plan sont suffisamment marquées. En effet, la transition des machines mécanographiques, parfois qualifiées de « machines classiques », aux ordinateurs demandera un effort d'adaptation dans le mode de réflexion qu'une partie significative des « mécanographes » ne pourra pas accomplir. Par cet aspect-là aussi, l'ordinateur annonce une nouvelle ère, où l'apprentissage permanent et la formation continue deviennent la règle.

La question qui se pose à l'époque pour une organisation est de savoir si l'investissement majeur que représente la mise en service d'un tel ordinateur peut se justifier…

Le déferlement de l'informatique

Le transistor, d'élément isolé est devenu grégaire. Plutôt que d'émerger individuellement d'un circuit imprimé, il se nanifie tout en ne perdant rien de ses capacités, et s'assemble en circuit intégré en compagnie d'un nombre grandissant de ses congénères. Le transistor garde ses propriétés de circuit logique, mais la réduction de sa consommation d'énergie et de son encombrement s'accompagne d'un raccourcissement substantiel de la longueur de ses connexions. Et les signaux électriques ayant beau se propager à une vitesse proche de celle de la lumière, la distance à parcourir par un signal au sein d'un ensemble complexe de circuits est loin d'être négligeable. La fiabilité des circuits intégrés se révèle également de loin supérieure, car ne dépendant plus des aléas du montage sur un circuit imprimé. De plus, grâce à leur production de masse, les coûts de fabrication des circuits intégrés se trouvent considérablement réduits. Ils feront leur apparition dans les ordinateurs dès le milieu des années soixante.

Gordon Moore, l'un des fondateurs d'Intel, édicte en 1965 la fameuse « loi de Moore » dans laquelle il prédit l'évolution de la densité des composants dans un circuit intégré. Cette loi sera adaptée avec le temps et elle prévoit actuellement un doublement tous les deux ans de la densité des transistors. Il s'agit d'une des rares prédictions technologiques qui se soit vérifiée, et ce depuis cette époque jusqu'à nos jours. Elle promet à la puissance des ordinateurs (vitesse, capacité de stockage), une croissance exponentielle. Cette évolution est illustrée dans le graphique ci-dessous qui montre la puissance de calcul des processeurs introduits successivement par Intel sur le marché au fil du temps, exprimée en MIPS (millions d'instructions par seconde). Pour donner un ordre de grandeur de cette évolution, on peut observer que l'un des premiers processeurs d'Intel sorti en 1971 (le 4004) était capable de réaliser 60000 instructions par seconde. Par contraste, l'un des derniers processeurs sortis en 2012 (Core i7 3960X) peut dans la même seconde en réaliser 177 milliards.

Ces circuits intégrés auront un effet de levier considérable tant sur les coûts que les performances des ordinateurs. La mémoire en particulier sera réalisée également à l'aide de circuits intégrés et pourra atteindre des performances (en capacité et en vitesse) qui étaient jusque-là totalement hors de portée. La gamme des ordinateurs ira s'élargissant, s'ouvrant à un marché de plus en plus vaste.

La fin des années soixante voit l'émergence d'une nouvelle forme d'entrée-sortie : le terminal, unité constituée d'un clavier et d'un dispositif d'impression ou de visualisation, par lequel un utilisateur peut entrer en communication directe avec l'ordinateur, sans perforation préalable de cartes et sans l'attente de l'impression d'un listing. Ces premiers terminaux rudimentaires préludent à la diffusion générale de l'informatique, les moyens de communication entamant de leur côté une progression spectaculaire qui autorisera des connexions depuis l'autre bout du monde avec des débits sans cesse multipliés.

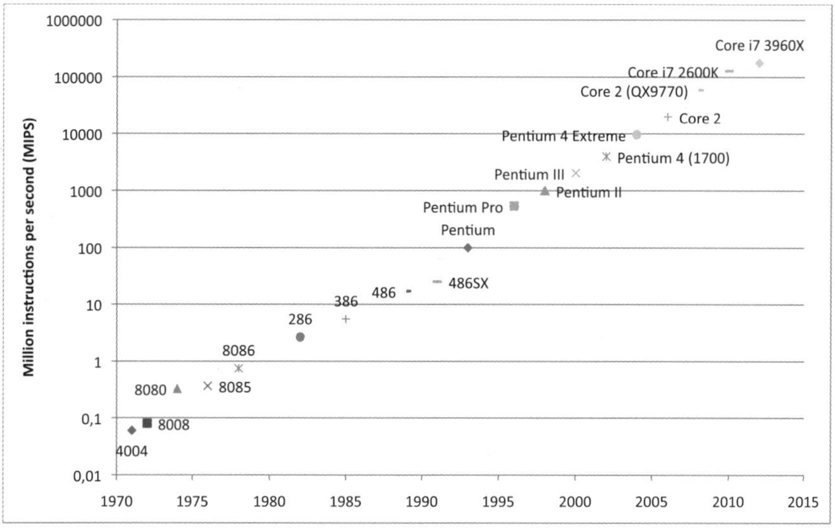

Figure 2.4 La loi de Moore en nombres : évolution de la puissance de calcul des processeurs Intel de 1970 à 2012

Au-delà d'IBM et d'Intel, de nouveaux constructeurs vont faire leur apparition, offrant des architectures moins onéreuses. Fait qui ne se démentira plus, les constructeurs informatiques flairant la technologie du futur, intensifient une concurrence qui permet de faire chuter les prix et mettre l'ordinateur à la portée de tous. La plupart des organes d'entrées-sorties gagnent en capacité et en performance. Certains supports commencent cependant à être frappés d'obsolescence : les cartes perforées sont restées lentes et deviennent trop coûteuses, alors que l'entrée directe des informations devient possible. Les bandes magnétiques atteignent les limites de leurs possibilités. Les disques magnétiques par contre ne cessent de gagner en capacité et en vitesse avec des coûts en diminution constante.

La production de masse des circuits intégrés et la réduction de leur coût suscitent l'émergence au milieu des années 1970 d'un produit informatique nouveau qui recevra le nom de micro-ordinateur.

Il s'agit d'un processeur tenant dans un seul circuit intégré, doté d'une mémoire limitée, d'une disquette ou d'un disque de capacité réduite, et d'un clavier associé à un écran de visualisation. La souris ne viendra que plus tard. Dans un premier temps, plusieurs constructeurs développent leur architecture propre, avant que les coûts de développement et de marketing ne réduisent le marché à un nombre très limité de protagonistes.

Au début, les micro-ordinateurs s'adressent à des utilisateurs pour qui la difficulté d'utilisation constitue plus un attrait qu'un obstacle, ou encore à un public ciblé, comme celui des consoles de jeu ou du traitement de la musique. Ils se limitent à des machines totalement individuelles et qualifiées à juste titre d'ordinateurs personnels (PC, *personnal computer*).

La question de savoir à quoi servait un micro-ordinateur pouvait être malvenue à l'époque. Lorsqu'ils font irruption dans les organisations, ils provoquent souvent des conflits avec les responsables de l'informatique en place. Ceux-ci craignent la prolifération d'informations hors de leur contrôle et d'achats de matériels grevant leurs budgets.

Avec le temps cependant, le micro-ordinateur se sociabilise, il s'ouvre au monde extérieur en sachant se connecter aux réseaux de communication. Les organisations apprennent progressivement à maîtriser son intégration dans leur fonctionnement, tandis qu'il devient pour beaucoup un objet d'utilisation banal et courant.

Le raz-de-marée numérique

Et puis tout se précipite à l'approche du nouveau millénaire qui voit l'arrivée à maturité et la convergence de différentes technologies. Les télécommunications, grâce à la numérisation et à la diffusion de la fibre optique ont pris leur envol vers des débits inconnus jusque-là, avec des coûts d'utilisation réduits. Internet, d'outil réservé à ses débuts à une classe d'utilisateurs scientifiques, passe au statut de véhicule de communication universel. L'informatique devient omniprésente et communicante dans des domaines aussi variés que l'administration, la médecine, l'éducation. Le micro-ordinateur passe de l'état d'engin programmable à celui d'outil de communication banalisé, bientôt indispensable dans la vie de tous les jours. L'augmentation de sa puissance, la réduction de son coût, les progrès dans sa facilité d'utilisation (merci Apple) le rendent accessible et utilisable par le plus grand nombre dès lors que la motivation est présente. Et ces motivations ne manquent pas, pouvant aller jusqu'à l'addiction : communications en tous genres, débats publics, accès à des savoirs encyclopédiques, jeux. On n'est pas loin de le voir apparaître dès le berceau pour nous accompagner tout au long de notre existence sous de multiples formes, téléphone intelligent, tablette, ordinateur portable ou fixe.

Grâce à la miniaturisation et à l'ubiquité des télécommunications, l'Internet se transforme peu à peu, d'un réseau de personnes échangeant de l'information à un réseau d'objets interagissant. Les ascenseurs d'Otis comme les machines à café de Nespresso rapportent spontanément leurs pannes ou dysfonctionnements à leur service de maintenance, les webcams surveillent les enfants et postent spontanément (de manière assez peu confidentielle) leurs images sur Internet, les terminaux mobiles renseignent leur (enfin, votre) position à d'innombrables services en ligne, etc. On parle désormais de l'Internet des objets, et l'informatique poursuit son invasion dans tous les recoins et tous les objets du quotidien.

FONCTIONNEMENT BINAIRE

Le pourquoi du binaire

À la différence d'un homme, vous ne vexerez jamais un ordinateur en taxant son fonctionnement ou sa manière de raisonner de trop binaire. L'ordinateur, en effet, n'a pas vocation à faire dans la nuance. Tout en lui est noir ou blanc, vrai ou faux, bon ou méchant, ça passe ou ça casse. Pourquoi ne l'avoir autorisé à fonctionner que de manière aussi frustre, alors que nous, hommes, ses mentors et inspirateurs, sommes capables de tellement plus de raffinement ? Cela tient à la simplicité et à l'économie de conception. Le binaire s'accomplit facilement, en constatant si, oui ou non, un courant circule dans un fil, une surface métallique est aimantée ou pas, un rayon de lumière se réfléchit ou pas. Comme un peu ou beaucoup, cela reste « oui », ce type de codage résiste mieux aussi aux perturbations qui pourraient l'affecter. Et si vous doutez qu'il soit plus simple de concevoir un organe au fonctionnement binaire que de lui permettre des valeurs intermédiaires, comparez pour l'éclairage de votre salon, les prix d'un interrupteur et celui d'un variateur, vous serez convaincu. Si la technologie n'a que faire de l'entre-deux, c'est le drame en revanche quand l'humanité s'en inspire.

Quel que soit le support de l'information et de son traitement, électronique, magnétique ou optique, n'accepter que des valeurs binaires, se limitant à constater la présence ou non d'un signal, sera toujours plus à portée qu'une version plus raffinée qui consentirait à des valeurs intermédiaires de ce signal.

Tout élément binaire sera appelé *bit*, par contraction de *binary digit* (chiffre binaire), l'élément ne prenant que les deux valeurs « 1 » et « 0 ». On doit cette idée en partie à Claude Shannon (1916-2001), qui avec Turing et von Neumann, conclut la trinité géniale à l'origine des ordinateurs d'aujourd'hui. Si vous désirez communiquer 256 informations, il est plus simple de le faire avec huit symboles ne pouvant prendre chacun que 2 valeurs différentes qu'avec un seul symbole pouvant en prendre 256 ou quatre pouvant en prendre chacun 4. C'est ce même Shannon qui tentera avec moins de succès de relier le contenu d'information d'un message avec le côté désordonné ou ordonné de la suite des bits qu'il contient.

Les opérateurs logiques

Une autre raison fondamentale du fonctionnement binaire tient à l'adoption, comme valeur binaire, du « vrai et faux », et à l'assimilation des circuits matériels binaires à des circuits de « raisonnement logique ». En logique, par exemple, si deux propositions sont vraies (nous reviendrons sur cela un peu plus loin), leur conjonction est vraie (l'une et l'autre) ainsi que leur disjonction (l'une ou l'autre). Si une seule des deux propositions est vraie, leur conjonction est fausse mais leur disjonction reste vraie. L'équivalent électronique est qu'un certain type d'assemblage entre circuits doit permettre, dans un premier cas, que deux circuits faisant circuler un courant en entrée le fassent circuler en sortie et, dans le deuxième cas, qu'il suffit que l'un des deux soit alimenté pour que le courant apparaisse en sortie. Voilà électroniquement reproduit le « et » et le « ou » logique.

Mais à quoi peut-il bien servir de coder des « et » et des « ou » logiques ?

À permettre, par exemple, à un ordinateur de traiter une proposition logique telle que « Si A et B sont vrais, alors R est vrai ». Un petit circuit bien pensé, et l'ordinateur, à l'instar d'Aristote quelques dizaines de siècles auparavant, déduira si Socrate est bien un homme, alors il est mortel.

La panoplie complète des fonctions logiques (ET, OU, non ET, non OU, OU exclusif, non OU exclusif et NON) est illustrée dans la figure 2.5, chacune en présence du symbole logique qui lui correspond. La nature de ces opérations logiques est toute entière reprise dans une table qui, pour chaque combinaison des 1 et 0 en entrée (4 combinaisons possibles lorsqu'il y a 2 entrées), donne la valeur en sortie. Par exemple, la table du ET logique ne donnera « 1 » en sortie que si elle reçoit deux entrées à « 1 ». Et de manière générale (quel que soit le nombre d'entrées), elle ne donne « 1 » en sortie que si toutes les entrées sont à 1. Énoncé plus logiquement, il suffit qu'une des propositions soit fausse pour que la conjonction de toutes en devienne fausse. Au contraire, pour que le OU logique donne « 1 » en sortie, il suffit d'un seul « 1 » en entrée (une seule proposition vraie suffit à la vérité de la disjonction).

Le transistor

Pour réaliser électroniquement un fonctionnement binaire, isolé ou en circuit, le champion toute catégorie jusqu'à présent s'est avéré être le transistor. Après avoir évincé les relais électromagnétiques et les tubes électroniques, sera-t-il détrôné un jour ? Nous y répondrons plus loin.

Pour le transistor, tout commence vers la Noël 1947 lorsque trois chercheurs, J. Bardeen, W. Brattain et W. Shokley présentent dans les laboratoires de Bell leur invention : un *transfer resistor* aussitôt abrégé en *transistor*, invention qui leur vaudra le prix Nobel. Depuis, le transistor a connu des progrès fulgurants en termes de miniaturisation (les circuits intégrés ou puces assemblent un nombre de plus en plus élevé de transistors et autres composants, plus de cinq milliards sur une puce à l'heure actuelle) et de vitesse (temps de commutation ou passage d'un état à l'autre, du vrai au faux, inférieur à la nanoseconde ou 10^{-9} seconde). Le tout illustre à souhait la fameuse loi de Moore. Le transistor a aussi atteint une fiabilité exceptionnelle, sa consommation d'énergie s'étant grandement réduite, de même que son coût. Son utilisation dans les ordinateurs débute à la fin des années cinquante. Répétons-le, on peut considérer qu'il s'agit là d'une des inventions majeures du siècle passé tant il a envahi notre quotidien, sa présence s'étendant à tous les secteurs d'activité, de la cuisine à l'espace. De plus, la plupart des transistors actuels sont réalisés à partir de silicium, l'élément le plus abondant sur Terre après l'oxygène. Cela ne signifie pas pour autant qu'il suffit de ramasser des seaux de sable sur une plage pour faire des petits pâtés de transistors. Leur conception et leur fabrication

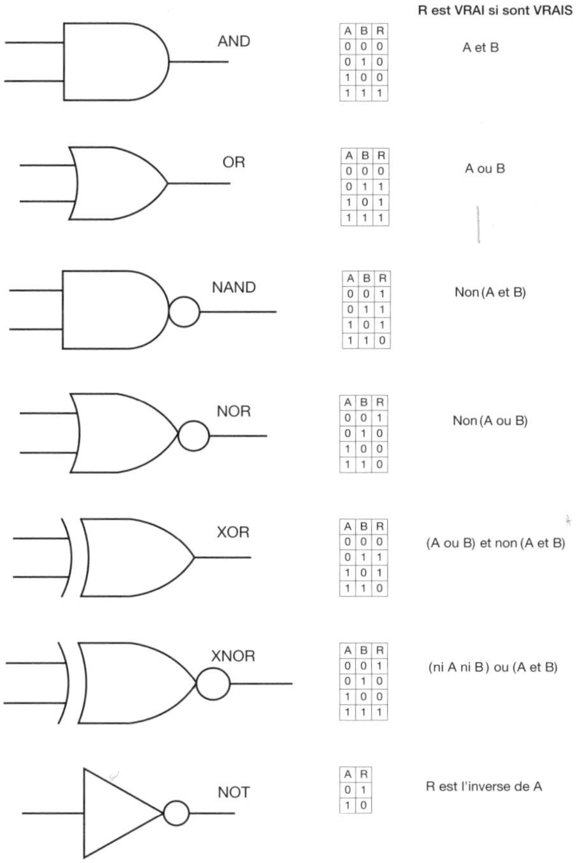

Figure 2.5 Les fonctions logiques

exigent un éventail de talents très large, depuis la connaissance de l'infiniment petit jusqu'à la maîtrise de procédés industriels où la précision le dispute à la complexité.

L'appellation « transistor » recouvre une multitude de configurations pour différentes applications. Au gré du concepteur, le transistor devient ainsi commutateur, amplificateur, redresseur. Dans tous les cas, son fonctionnement repose sur des phénomènes électroniques complexes qui relèvent de la physique quantique et dépassent largement l'entendement de vos serviteurs. On peut préciser toutefois que les transistors sont basés sur des matériaux semi-conducteurs, qui, comme leur nom laisse présager, sont conducteurs ou isolants selon les conditions auxquelles ils sont soumis. Le silicium, l'un de ces matériaux, est très peu conducteur lorsqu'il forme des cristaux exempts de toute autre matière. En effet, les quatre électrons de la couche extérieure de chacun de ses atomes sont reliés à leurs voisins de manière stable. Ils n'ont pas la bougeotte et n'ont pas tendance à aller porter ailleurs leur charge négative. La situation devient différente dès que sont introduits au sein des cristaux certains corps étrangers tels le phosphore (pentavalent) ou le bore (trivalent). Ceux-ci engendrent un surplus ou un déficit d'électrons et les cristaux ainsi dopés sont dits de type-N ou de type-P. Si l'on accole des matériaux des deux types, le courant électrique passe facilement depuis le type-N, présentant des électrons en excès, vers le type-P, qui est en manque, alors que la circulation en sens inverse ne se produit pas. C'est par la juxtaposition des deux types selon différentes combinaisons que sont réalisés les différents modèles de transistors.

Faisons-nous une idée du fonctionnement des transistors en général par l'examen d'une de ses variantes, fort répandue dans les ordinateurs, où elle assure la fonction aussi bien d'interrupteur que du doigt qui bascule cet interrupteur. Il s'agit du transistor MOS (pour métal et oxyde de silicium, deux des composants qui le caractérisent), faisant partie de la catégorie des transistors à effet de champ (*field effect transistor* ou FET).

Comme le montre la figure 2.6, ce transistor est composé de deux zones nommées source et drain, toutes deux de type-N et séparées à la surface d'un substrat de type-P. Le tout est coiffé par une mince couche isolante d'oxyde de silicium. Enfin, une mince couche de métal (ou un matériau équivalent) nommée grille est déposée au sommet de cette couche isolante, au droit de l'espace entre source et drain, le tout à des dimensions microscopiques.

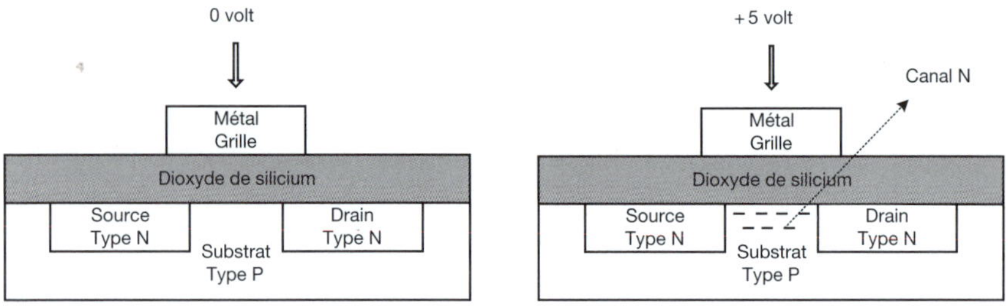

Figure 2.6 Transistor à effet de champ

Que se passe-t-il si nous appliquons une charge négative à la source? Rien. En effet, le courant électrique ne circule pas depuis le substrat de type-P vers le drain de type-N. Par contre, si nous appliquons en plus une tension positive à la couche de métal ou grille, il se crée un champ électrique qui attire les électrons du substrat jusqu'à former un mince canal N par lequel la charge négative présente à la source peut se propager jusqu'au drain. Dès que la tension positive sur la grille est coupée, les électrons refluent dans le substrat, et le canal est interrompu. L'ensemble constitue donc bien un interrupteur entre source et drain, commandé par le courant appliqué à la grille. De plus, cet interrupteur est rapide, miniaturisé et son fonctionnement ne consomme qu'une énergie infime.

Les circuits intégrés

L'idée d'intégrer des composants à une plaquette de matériau semi-conducteur prend corps en 1958. Les premiers circuits intégrés sont réalisés chez Texas Instruments par Jack Kilby et chez Fairchild par Robert Noyce. Ce dernier sera plus tard avec Gordon Moore un des fondateurs d'Intel.

Les circuits intégrés vont évoluer de manière vertigineuse en termes de miniaturisation, de densité des composants, de performances, tandis que leur coût ne cessera de diminuer. Nous avons déjà vu que Gordon Moore édicta en 1965 sa fameuse « loi de Moore » prédisant que la densité des composants dans un circuit intégré doublerait tous les dix-huit mois dans un premier temps, puis tous les vingt-quatre mois. Et, en effet, les circuits intégrés actuels rassemblent des milliards de composants sur une surface de quelques centimètres carrés.

La fabrication d'un circuit intégré nécessite une longue succession d'opérations d'une minutie extrême qui peuvent être schématisées de la façon suivante. Le point de départ est une galette (*wafer*) de silicium épaisse de moins d'un millimètre et d'un diamètre de 30 ou bientôt 45 centimètres qui sera débitée au stade final en dizaines de circuits intégrés. Le wafer est habillé d'une couche isolante de dioxyde de silicium, puis d'un manteau de matériau sensible à la lumière. L'ensemble est exposé à un rayonnement lumineux projeté à travers un masque correspondant au circuit à réaliser. Les parties du manteau photosensible qui n'ont pas été masquées et ont été exposées à la lumière sont ôtées par un procédé chimique pour mettre à nu un schéma de circuit sur la couche isolante. Le tout est soumis à un décapage qui élimine les parties de la couche isolante rendues apparentes lors de l'opération précédente. Il ne reste qu'à combler les vides en y déposant successivement les divers matériaux qui formeront les composants et leurs connexions, puis à recommencer le tout pour la couche suivante. Le wafer est enfin découpé en puces ou *chips* qui seront montées dans un boîtier. Tout cela peut paraître simple, mais ce serait oublier que les dimensions sont exprimées en fractions de microns et que les matériaux doivent être d'une pureté extrême. Les circuits intégrés actuels sont le résultat de processus industriels d'un très grand raffinement, chaque nouvelle génération de circuits intégrés nécessitant un nouvel outil de fabrication dont le coût de mise en place ne cesse de croître.

La finesse de gravure des circuits intégrés est un des éléments déterminants, et elle tend vers la dizaine de nanomètres. Descendre sous cette valeur représentera d'abord un défi pour les processus de fabrication industrielle basés jusqu'à maintenant sur la photogravure, en exigeant le recours à des longueurs d'onde de plus en plus courtes, situées dans l'ultraviolet profond, aux confins des rayons X. La fréquence de fonctionnement des circuits est limitée par les temps de commutation propres aux matériaux utilisés. Le silicium comme matériau semi-conducteur approche des limites de ses possibilités. La dissipation de la chaleur engendrée par le nombre croissant de composants est une autre difficulté à résoudre par les concepteurs de circuits intégrés. De plus, les lois de la physique atomique veulent que, à partir d'une limite de taille, la couche isolante ne le soit plus tellement, des électrons passant dans un circuit voisin par effet tunnel, aboutissant à un fonctionnement instable.

De nombreux indicateurs, dont déjà, tout simplement, les lois de la physique atomique, nous alertent d'un rapprochement très dangereux des limites de temps ainsi que de taille. La loi de Moore continuera-t-elle à s'appliquer pour les transistors de type semi-conducteur ? On peut penser que la courbe de progression ne s'en éloignera pas lourdement, mais au prix d'investissements considérables et d'une massification sans cesse croissante de la production.

Les circuits électroniques

Le placement des transistors au sein d'un câblage ou d'un circuit intégré réalise les opérations logiques qui forment les composants fonctionnels ultimes de l'ordinateur. Tout le fonctionnement de l'ordinateur s'explique uniquement à partir de la combinaison de ces opérations logiques. Dans la figure 2.7, vous découvrez les circuits électroniques qui, en associant deux transistors, d'abord en série puis en parallèle, réalisent les opérations logiques ET et OU. En série, il faut que les interrupteurs A et B soient fermés pour que le signal passe en AB. En parallèle, il suffit qu'un des interrupteurs A ou B soit fermé pour que le signal passe en A+B. Il est déterminant de comprendre l'équivalence entre les opérations logiques réalisées et les circuits électroniques qui le permettent. Pour un ordinateur, penser, c'est se mettre au courant. Ce passage des mécanismes élémentaires du raisonnement logique à l'assemblage des transistors qui le matérialise est la base de l'informatique.

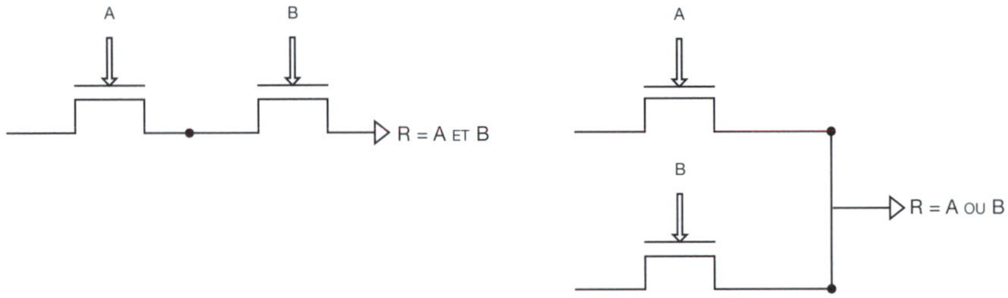

Figure 2.7 Schémas électroniques du ET et du OU

Pour ce qui est de l'addition, nous verrons plus loin qu'en arithmétique binaire 1+1=10. Les circuits logiques d'addition que nous décrirons à cette occasion arrivent à ce résultat par l'application du « et » logique combiné avec le « ou exclusif ». Un ordinateur qui déduit et un ordinateur qui calcule, raisonnement logique et arithmétique, et ce toujours sur la base des mêmes composants élémentaires, le binaire a valeur universelle.

L'ordinateur raisonne, calcule, mais il se doit également de mémoriser l'information. Ces mêmes circuits logiques peuvent-ils faire office de mémoire ? C'est ce que nous allons voir maintenant.

Une mémoire électronique

Pour mémoriser un bit, nous allons utiliser un circuit bistable, qui peut se définir comme un dispositif possédant deux états stables et capable de passer sur commande de l'un à l'autre.

Comme illustré dans la figure 2.8, mis en parallèle et bouclés sur eux-mêmes, deux opérateurs « non ou » (NOR) représentés par Na et Nb peuvent « piéger » la valeur d'un bit à un instant donné et maintenir cette valeur stable jusqu'à la présentation d'une nouvelle valeur par la commande S (*set*) pour mémoriser la valeur 1, ou la commande R (*reset*) pour mémoriser la valeur 0. C'est la base de la mémoire électronique généralement qualifiée de RAM ou *random access memory* et que nous retrouverons au prochain chapitre.

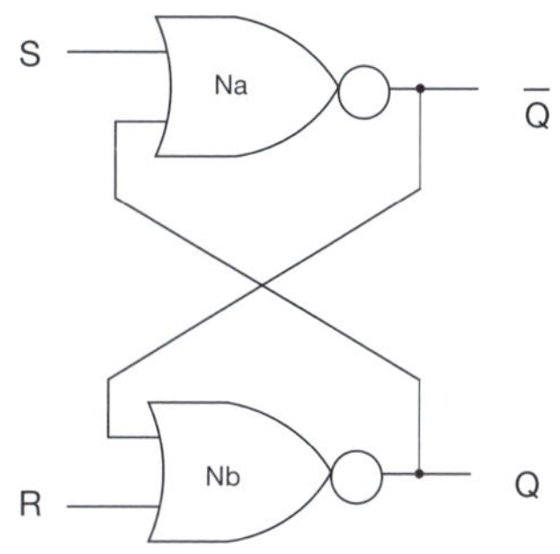

Figure 2.8 Schéma d'un bistable

Examinons le fonctionnement de ce circuit bistable. Vous constaterez que la sortie de la porte NOR Na constitue une entrée de la deuxième porte NOR Nb et réciproquement, ce qui permet au courant de « tourner en rond » dans le circuit et de maintenir le signal *ad vitam*. Vous constaterez également que les deux possibles dynamiques stables de circulation du courant sont : 1 pour la sortie Na (appelée Q) et 0 pour la sortie Nb (appelée Q, l'inverse de l'autre), et la réciproque : 0 pour la sortie Na et 1 pour la sortie Nb.

Supposons que nous voulons mémoriser la valeur 1 par la commande Set. Pour ce faire, nous portons la valeur de S à 1. La valeur en sortie de Na en Q sera 0, et cela quelle que soit la valeur présente en Q, en d'autres mots le contenu antérieur de la mémoire. Cette valeur 0 venant de Na sera également entrée en Nb. En Nb, on peut considérer que R est à 0, sinon, cela indiquerait une certaine confusion mentale, puisqu'on voudrait écrire en même temps 0 et 1 au même endroit. Les deux entrées en Nb étant à 0, la sortie de Nb ou Q passe à 1. Et voilà, c'est mémorisé!

Nous pouvons maintenant couper la commande S. La mémoire se trouve dans l'état stable égal à 1. En effet Q à 1 entraîne en sortie de Na Q à 0, qui revient en Nb où R est aussi à 0, et cela tant que nous ne voulons pas enregistrer 0 dans la mémoire.

Aussi longtemps que rien ne se produit en S et R, le tout sera figé pour l'éternité. Circulez, il n'y a rien à changer. Si nous souhaitons modifier le bit à mémoriser, et mettre le circuit dans l'état stable 0 (en récupérant la sortie de Q mise à 0 cette fois), c'est la valeur de R qu'il faudra faire passer à 1.

Le schéma d'un registre à quatre bistables montre comment quatre bits peuvent être mémorisés par la juxtaposition de quatre circuits bistables (figure 2.9). Chaque bistable n'est plus représenté que par ses commandes Set et Reset et ses états Q (la sortie mémoire désirée) et $\overline{Q}$. La donnée Q de chaque bistable est présentée en permanence à l'entrée d'un circuit ET. Pour lire le registre, une commande de lecture est ajoutée sur chacun de ces circuits, ce qui a pour effet de rendre la valeur des quatre bits du registre disponible en sortie des circuits ET chaque fois que la commande de lecture est activée.

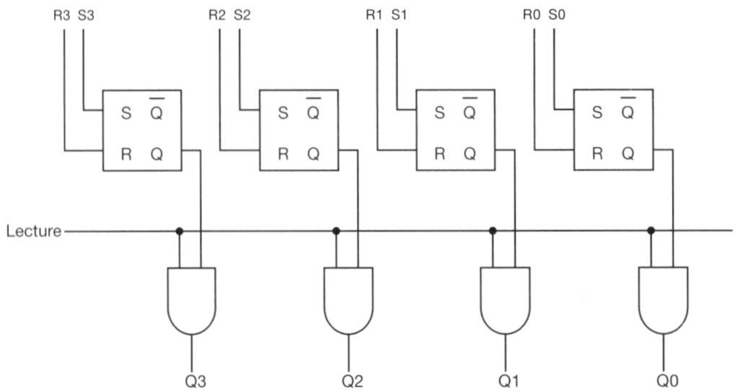

Figure 2.9 Registre à quatre bistables

Vous aurez remarqué que le registre décrit ci-dessus présente un nombre considérable de circuits, et que la page n'aurait nullement suffi s'il avait fallu représenter tous les transistors qui le composent. Chaque niveau de complexité est accompagné d'un nouveau niveau d'abstraction, qui fait que les transistors sont ici globalisés dans une porte logique, et qu'un circuit bistable est représenté par ses deux états et ses commandes. Nous rencontrerons cette démarche vers l'abstraction tout au long de ce livre, car elle constitue une des caractéristiques de l'informatique, sa nature « fractale ».

De plus, une même fonction logique (et sa porte électronique équivalente) peut être utilisée pour le raisonnement, le calcul et la mémoire. Une autre fonction aurait pu tout aussi bien convenir, mais il reste en tout point remarquable de pouvoir bâtir toute la circuiterie de l'ordinateur uniquement à partir d'un seul composant électronique, par exemple la porte NOR. Tout ordinateur peut être construit par la réplication d'un seul type de porte électronique, en de multiples exemplaires bien évidemment, connectés d'une manière extrêmement élaborée.

Après cela, qui oserait prétendre encore que l'ordinateur est une machine compliquée, alors qu'un seul composant suffit à la totalité de son fonctionnement? Même dans le Lego, les pièces sont différenciées. Tout le problème se reporte dès lors sur les milliards de milliards de milliards de manières différentes de connecter ces portes identiques, et parmi lesquelles il reste à découvrir la meilleure. Mais rassurez-vous, l'ordinateur est là pour nous aider, car seuls les logiciels d'aujourd'hui permettent de concevoir les circuits électroniques de l'ordinateur de demain.

Une alternative aux transistors ?

Aujourd'hui, de nombreuses recherches se concentrent sur les améliorations possibles à apporter à la circuiterie électronique (miniaturisation, accélération), tout en laissant inchangés les principes de fonctionnement détaillés plus haut. Un exemple parmi tant d'autres : l'explosion des recherches en nanotechnologie a propulsé sur le devant de la scène les fameux nanotubes de carbone, réalisés à partir d'enroulement de graphite, dont le diamètre est dans le domaine du nanomètre. Ils sont extrêmement résistants et capables, selon la nature de cet enroulement, de différentes propriétés électroniques, telle la fameuse semi-conduction qui permet au silicium de faire office d'interrupteur. C'est donc tout naturellement que l'on cherche à remplacer la partie semi-conductrice des transistors à effet de champ par un nanotube de carbone, nettement plus petit, bien moins consommateur d'énergie (chauffant moins et faisant circuler un courant bien plus faible) et plus robuste. Il ne s'agit là de rien de moins que de réaliser un transistor à l'échelle moléculaire.

L'autre exploitation de ces nanotubes, déjà en phase de commercialisation, est la production de mémoire vive (RAM), dont le basculement (passer de l'encodage d'un bit 0 à un bit 1 et vice versa) par l'application d'une force électrostatique, peut s'effectuer à des vitesses cent fois plus grandes que les bistables rencontrés dans nos ordinateurs (et illustrés précédemment). Les performances des processeurs étant largement conditionnées par les temps d'accès mémoire, à nouveau de telles accélérations contribueraient grandement à l'amélioration des temps de calcul. Il semble toutefois que la mise en série ou en cascade de ces nanotubes (tout circuit informatique requiert la mise en série de multiples transistors) pose d'immenses difficultés, tant les propriétés de ces nanotubes se détériorent lorsqu'ils sont mis en contact. D'autres molécules organiques au comportement binaire (qui passe d'un état à l'autre selon l'application d'une stimulation électrique, électrostatique ou optique) sont également à l'étude dans de nombreux laboratoires, afin de se substituer aux transistors composant les circuits logiques et mémoires de nos ordinateurs actuels.

Une autre technologie très prometteuse, bien que destinée là encore à principalement supplanter nos transistors par d'autres, est de n'utiliser rien moins que la lumière pour les opérations binaires. La lumière passe ou ne passe pas, mais elle a la très bonne idée de le faire à des vitesses qui, on le sait depuis Einstein, défient toute concurrence. Cette vitesse et d'autres qualités propres aux ondes lumineuses que nous allons rappeler, en ont fait également la technologie la plus prisée pour la réalisation des réseaux de télécommunication. Les rayons lumineux résistent aux interférences électromagnétiques et se dirigent assez aisément. Lorsqu'ils sont de longueur d'onde différente, ils peuvent cohabiter sur la même fibre sans interférer.

Ils se déplacent à une vitesse telle qu'ils permettent d'extraordinaires débits de transfert d'information (d'où leur utilisation dans les réseaux). La mise en place de transistors optiques permettrait une accélération de l'ordre de 10^5 et ferait passer nos ordinateurs de l'univers de la nanoseconde à celui de la femtoseconde (10^{-15} sec). De nombreux transistors optiques sont dès lors à l'étude dans les laboratoires, posant des problèmes, assez similaires somme toute, aux nanotubes. Il est extrêmement difficile de les installer en série et leur prix de mise en œuvre est encore bien trop élevé pour pouvoir rivaliser avec les technologies silicium dans un avenir proche.

INFORMATION « BINARISÉE »

Sur un plan théorique, on peut imaginer des logiques autres que binaire. Par exemple, une logique ternaire utiliserait des composants avec des charges positives, nulles, ou négatives. Dans le domaine des communications, il peut être plus efficace d'utiliser des logiques quaternaires. Mais, pour les raisons de simplicité, d'économie et d'universalité évoquées plus haut, le binaire est la seule logique qui trouve sa place dans les ordinateurs. L'informatique a donc fait le choix du binaire pour coder tout ce qu'elle doit traiter. Dès lors, on transforme en une succession de bits les instructions des programmes comme toute autre information, qu'elle soit texte, nombres, images ou sons.

Il est important de se rendre compte qu'à l'intérieur de l'ordinateur, ces successions de bits sont totalement indifférenciées. *A priori*, aucune indication ne vient les accompagner pour préciser leur nature. Seul le contexte d'utilisation fait qu'une instruction du programme est reconnue comme telle, ou que l'âge du capitaine devient une information qui se distingue de la hauteur du grand mât de son navire. Nous nous sommes déjà penchés au début de ce chapitre sur le concept d'information, pour souligner que l'homme fait l'information par le sens qu'il lui donne. Pour l'ordinateur, il n'y a que des bits, et tant que le contexte d'utilisation n'est pas défini, leurs successions ne sont que des données avec une codification symbolique convenue, et dont la taille correspond à un champ.

Données, champs, tentons de donner de tout cela des définitions simples.

Une donnée est un ensemble de bits codant un événement élémentaire qui ne peut pas être décomposé sous peine de perdre son sens. « 37 » est une donnée numérique, avec la valeur 37. 37 quoi ? Des degrés Celsius, Fahrenheit, ou la vitesse du vent en kilomètres par heure ? Quand l'homme répond à cette question, il transforme la donnée 37 en information, et ce sera par exemple le degré d'alcool de sa boisson préférée.

On assigne généralement une taille aux données en fonction de l'événement élémentaire qu'elles doivent représenter. Les informaticiens qui peuvent se révéler bucoliques affectent des champs (ou des zones) avec des longueurs déterminées pour accueillir chaque donnée.

Le schéma ci-dessous illustre ces différents concepts, depuis les bits formant des champs dans lesquels prennent place des données. Programmeurs et utilisateurs ont à s'entendre sur la signification précise de ces données pour en faire de l'information.

Information	Degré d'alcool, arrondi à l'unité la plus proche
Donnée	Champ numérique longueur 1 octet
Bits	00100101 (37)

Par la suite, nous allons présenter les différents types de données à stocker et à traiter, et la codification établie afin de le faire.

À chaque type de donnée correspond une codification symbolique précise, et il est capital pour écrire et lire un quelconque de ces types d'être parfaitement au fait de la codification à l'œuvre. Si vous ne voyez pas de quoi il s'agit, tentez de lire le contenu d'un document prévu comme texte (par exemple un fichier .txt de Windows) à partir d'un logiciel qui s'attend à recevoir des fichiers graphiques, rien ne ressemblera moins à une image que ce que vous obtiendrez. D'où, de fait, la nécessité, et ce par le nom complet du fichier (terminé par exemple par .txt, .jpg, .wav ou .java), d'associer à celui-ci une codification déterminée (qui aura comme effet de préciser les programmes disponibles capables de comprendre et traiter cette codification) : pour du texte, des programmes de traitement de texte, pour des graphiques, des programmes graphiques, pour des bandes son, des logiciels de composition musicale, etc.

L'autre fait majeur à signaler est que pour tout type de donnée (textuelle, sonore, filmée ou graphique), la codification adoptée doit respecter un standard, et ce afin d'être comprise par le plus grand nombre. De là, la nécessité d'identifier et de diffuser ces standards à tout un chacun, y compris dans les logiciels traitant du type de données concerné. Imaginez qu'un tel décide de coder chaque caractère sur 10 bits et un autre sur 20 bits, pensez-vous qu'ils parviendront à se communiquer des messages rédigés en binaire? C'est comme si un adepte du Morse tentait de communiquer avec un adepte du sémaphore, un vrai dialogue de sourds. Le grand problème avec les standards est que si chacun est convaincu de la nécessité de leur adoption, chacun est convaincu, dans le même temps, de posséder le meilleur possible. De là résulte quelquefois un désaccord entre les standards qui ramène l'utilisateur à la case départ, un standard en version multiple. Or, le seul standard admissible se doit d'être, lapalissade absolue, unique.

Données logiques

Entamons la représentation des données par sa forme la plus simple : la donnée logique qui ne peut prendre que deux valeurs : « vrai » ou « faux », auxquelles on associe conventionnellement les valeurs binaires « 1 » ou « 0 ». Les données logiques sont souvent utilisées pour orienter le traitement à la suite d'un test : si c'est « 1 », on fait ceci, sinon on fait cela.

Représentation des caractères

Poursuivons les différents types de codage par celui des « caractères alphanumériques ». On entend par caractères alphanumériques l'ensemble des lettres d'un alphabet, les chiffres, les symboles usuels et les caractères typographiques. Comme le montre un extrait de la table de codage ci-dessous, dans le cas du standard ASCII (*American Standard Code for Information Interchange*), chaque caractère est représenté par 8 bits (un octet). Dans cette table, différenciant les caractères minuscules et majuscules, « a » se traduit en « 01100001 » et A en « 01000001 ». La logique, toute relative, de cette codification est héritée des codes utilisés antérieurement pour les cartes et les bandes perforées, qui ne connaissaient que les lettres majuscules, les chiffres et quelques rares symboles. De plus, sous l'influence de la langue anglaise, la plupart des signes diacritiques étaient ignorés. Et pour tout arranger, chaque constructeur informatique avait ses propres variantes de codification. La codification ou plutôt les codifications se sont enrichies au fur et à mesure de l'évolution des besoins et des matériels, tout en laissant subsister des divergences surtout au niveau des caractères accentués et autres signes diacritiques. Vous n'êtes pas le premier et ne serez pas le dernier à avoir reçu un courriel où les lettres accentuées sont devenues d'étranges symboles...

Au vu de ce qui vient d'être dit, vous serez sans doute moins surpris d'apprendre que, depuis tout ce temps et encore maintenant, le codage des lettres et autres symboles est toujours en cours de standardisation.

L'évolution des matériels (imprimantes et écrans) a permis d'enrichir le nombre de signes utilisés, sans qu'il y ait unanimité sur la manière de les représenter en binaire. Pendant très longtemps, c'est le code ASCII à 8 bits, succédant au même code à 7 bits, qui s'est trouvé à l'honneur. Il permet de représenter les alphabets du type latin dans toute leur richesse (chiffres, lettres majuscules et minuscules, caractères accentués et signes spéciaux tels que le dernier nouveau venu : €). Avec 7 bits, on peut coder 2^7 combinaisons différentes, c'est-à-dire 128 caractères, et le double avec 8 bits, 256.

Par ailleurs, le caractère « 1 » est codé « 00110000 », ce qui n'a rien à voir avec la valeur entière « 1 » qui, traduite en base 2 sur un octet vaut « 00000001 ». Nous discuterons plus loin du codage des nombres en base 2, mais précisons déjà que des circuits réalisant des calculs sur des nombres en base 2 sont plus performants que s'ils ont à opérer sur des codes alphanumériques. On considère alors que les chiffres sous forme de caractère alphanumérique ne sont pas destinés à faire l'objet de calculs selon le mode réservé aux valeurs entières. C'est comme si vous cherchiez à additionner deux numéros de téléphone. Dans les langages de programmation, on différencie la valeur « 1 » du caractère « 1 », et passer de l'un à l'autre nécessite une conversion, car si l'on peut additionner des nombres, additionner des caractères n'a pas grande signification.

Tableau 2.1 Extrait d'une table de conversion ASCII

Caractère	Code binaire	Caractère	Code binaire	Caractère	Code binaire
0	00110000				
1	00110001	A	01000001	a	01100001
2	00110010	B	01000010	b	01100010
3	00110011	C	01000011	c	01100011
4	00110100	D	01000100	d	01100100
5	00110101	E	01000101	e	01100101
6	00110110	F	01000110	f	01100110
7	00110111	G	01000111	g	01100111
8	00111000	H	01001000	h	01101000
9	00111001	I	01001001	i	01101001
		J	01001010	j	01101010

Savoir qu'un caractère se code sur 8 bits permet de se faire une petite idée de la quantité de texte que pouvait contenir, par exemple, les disquettes, dont la capacité était de 1,4 10^6 octets de 8 bits, c'est-à-dire 1,4 10^6 caractères. On ne s'étonnera pas que l'*Encyclopédie Universalis* n'y tienne dans sa totalité, et que la disquette soit tombée en désuétude. Si, très grossièrement, on estime qu'une page contient environ 3000 caractères, une disquette peut contenir environ 500 pages (un bon livre), et un disque dur d'un téraoctets un peu plus de 300 millions de pages (10^{12} caractères divisés par 3000), soit 600000 livres, plus qu'une bonne bibliothèque.

Depuis quelques années, la nécessité de prendre en compte des alphabets plus complexes (arabe, chinois, japonais) a amené la définition d'un nouveau standard sur 32 bits, Unicode, qui code quelques 110000 caractères différents et associe un nom et un numéro à chacun. De nouvelles langues écrites pourraient, de ce fait, éclore sans problème, l'informatique est parée. Le standard Unicode est appelé à remplacer progressivement les codes utilisés précédemment, au prix de la conversion du stock déjà gigantesque des informations existantes. À l'heure actuelle et au grand désarroi de tous les informaticiens, ce fameux standard continue d'exister en plusieurs déclinaisons. UTF-32 (*Universal Transformation Format 32 bits*) utilise comme initialement prévu 32 bits pour chaque caractère. Mais UTF-8 semble aujourd'hui s'imposer comme le standard le plus répandu, utilisant 8 bits pour les caractères les plus fréquents et 16, 32 ou même 64 bits pour les autres. Cette réduction du nombre de bits en fonction de la fréquence des caractères usités est propre au mécanisme de compression d'information que nous allons découvrir par la suite.

Dès lors, il vous est parfois obligatoire de préciser, au départ de l'écriture d'une page Web ou d'un programme, que c'est bien le standard UTF-8 que vous utilisez (sinon dites adieu à vos jolis accents).

Codage des nombres entiers

Heureusement pour les informaticiens, en ce qui concerne les nombres entiers, les mathématiciens étaient passés par là. Grâce à leur invention de l'écriture des nombres selon différentes bases (10, 2, 16, 60 pour citer les plus célèbres), la traduction des nombres entiers en base 2 n'a rien d'arbitraire et se borne à suivre la règle mathématique. Sur *n* bits, on peut coder 2^n nombres positifs. Dans la majorité des langages de programmation aujourd'hui, les entiers sont le plus souvent codés sur 32 bits, ou plus rarement sur 64 bits si les nombres à traiter sont grands.

Sur 4 bits, on peut coder en base 2 les seize premiers nombres, de 0 à 15, comme dans le tableau suivant.

Nombre	**Binaire**	**Nombre**	**Binaire**
0	0000	8	1000
1	0001	9	1001
2	0010	10	1010
3	0011	11	1011
4	0100	12	1100
5	0101	13	1101
6	0110	14	1110
7	0111	15	1111

Passer de la base 2 à la base 10 se fait très aisément de la manière illustrée dans l'exemple qui suit : 01010101 = 85 = 0x128 + 1x64 + 0x32 + 1x16 + 0x8 + 1x4 + 0x2 + 1x1.

Il est un petit peu plus délicat de passer de la base 10 à la base 2. Mais là encore, l'exemple qui suit devrait suffire à la compréhension. Soit la traduction en base 2 du nombre 13.

13/2 = 6 → Reste 1
6/2 = 3 → Reste 0
3/2 = 1 → Reste 1
1/2 = 0 → Reste 1
Le résultat est obtenu en alignant les restes en sens contraire : 1101.

Le problème des seize nombres précédents est qu'ils sont tous positifs, et qu'avec pareil codage, il serait impossible aux banquiers de stocker le solde de certains comptes en banque après le troisième jour du mois. Pour représenter également les nombres négatifs, il a été convenu d'affecter le rôle de signe au bit le plus à gauche, aussi appelé « bit de poids le plus fort » (en anglais MSB, *most significant bit* ou bit le plus significatif). Les nombres positifs auront le MSB à 0, tandis que les nombres négatifs auront le MSB à 1. Reste néanmoins le problème du codage du zéro (qui se prête à deux possibilités) et la réalisation des soustractions ou la sommation des nombres de signe contraire.

Afin d'affronter ces difficultés, les informaticiens ont opté pour un codage ingénieux des nombres négatifs dit en « complément à 2 ». Cela ne change rien pour les nombres positifs, hormis le premier bit forcément à 0, mais cela modifie complètement le codage des nombres négatifs. Pour exprimer un nombre négatif sous la forme de complément à 2, on prend le complément de sa valeur absolue, en inversant la valeur de chaque bit. On obtient ainsi le complément dit à 1, puis on ajoute 1 à cette valeur. Par exemple, si l'on cherche à coder –3 sur 4 bits, on part de 0011 (sa valeur absolue, soit 3), en inversant les bits on obtient 1100, finalement on ajoute 1 et on obtient 1101. Le tableau ci-dessus montre les 16 nombres qu'il est possible de coder sur 4 bits en adoptant la notation « complément à 2 ».

Nombre	**Binaire**
-8	1000
-7	1001
-6	1010
-5	1011
-4	1100
-3	1101
-2	1110
-1	1111
0	0000
+1	0001
+2	0010
+3	0011
+4	0100
+5	0101
+6	0110
+7	0111

Comme vous le constatez dans ce tableau, sur *n* bits, cette notation ne permet de coder que les nombres compris entre -2^{n-1} et $2^{n-1} - 1$, (par exemple avec 16 bits de –32768 à 32767). Mais elle présente l'avantage de n'offrir qu'une seule représentation du zéro. Comme nous le voyons dans la figure 2.10 montrant l'addition, le but de cette notation est de permettre aussi de traiter l'addition de nombres positifs et négatifs d'une seule et même façon.

```
0011 (3)
+0010 (2)
------------
0101 (5)
```

```
0011 (3)
+1110 (-2)
------------
0001 (1)

On se débarrasse
de la retenue
```

```
1010 (-6)
+1100 (-4)
------------
0110 (NAN)

Dépassement de capacité :
Opérandes de même signe
et
Signe du résultat différent
```

Figure 2.10 Addition de nombres entiers codés en complément à 2

Comme cette même figure l'illustre, l'addition de nombres binaires ne devrait pas surprendre ceux qui sont arrivés jusqu'en troisième primaire. Elle s'effectue exactement de la même manière que pour des nombres en base 10, on additionne chiffre à chiffre avec, quand il le faut, une petite retenue qui se déplace vers la gauche. On perçoit bien que : addition, soustraction, nombres positifs et négatifs, se déroulent exactement de la même façon. Par ailleurs, certains mécanismes sont à l'œuvre telle la disparition du bit le plus à gauche, le repérage des nombres trop grands (dépassement de capacité ou *overflow*, le fameux NAN ou « *Not A Number* » pour les plus programmeurs d'entre vous), et donc d'une addition infaisable si, alors que les deux MSB des nombres additionnés sont les mêmes, le MSB du résultat est différent.

Dans la figure suivante montrant la multiplication, on peut voir que la multiplication à son tour ne devrait pas trop surprendre les écoliers. On y retrouve le même principe de décalage vers la gauche des résultats intermédiaires et de la somme de ces résultats.

```
      0010 (2)
      0011 (3)
------------------
      0010
     0010
    0000
   0000
------------------
   0000110 (6)
```

Figure 2.11 Multiplication de deux nombres binaires

Voyons maintenant comment l'addition de deux nombres se réalise électroniquement, lorsque la logique s'occupe de prendre en charge le calcul. Pour la facilité de la compréhension, nous détaillons dans la figure 2.12 un additionneur traitant uniquement des nombres positifs limités à leurs deux bits de droite.

Les additionneurs de ce type sont particulièrement utilisés pour le calcul des adresses de la mémoire centrale selon des mécanismes que nous verrons plus loin lorsque nous traiterons des instructions. Les adresses résultantes sont toujours positives, et un dépassement de capacité est simplement ignoré : en bout de course, on revient à zéro. Un opérande négatif est représenté comme nous l'avons vu plus

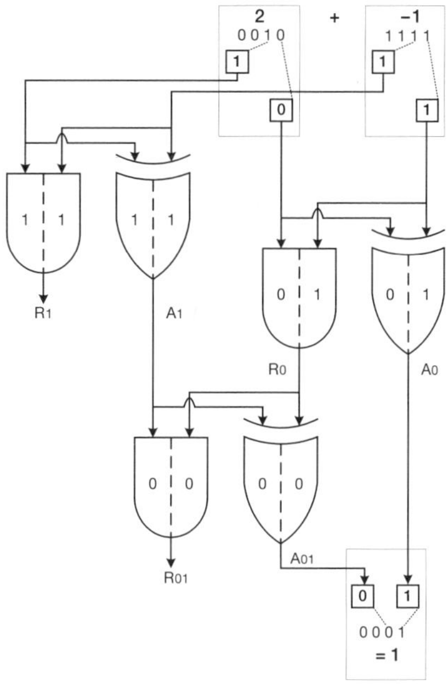

Figure 2.12 Schéma d'un additionneur

haut sous forme de complément à 2 de sa valeur positive. Dans notre exemple, nous présentons à l'additionneur deux demi-octets avec les valeurs 0010 (2) et 1111 (–1), et celui-ci répond par 0001 (1), ce qui est bien la moindre des choses que l'on puisse demander à tout ce petit monde logique.

Rappelons que la sortie d'une porte ET est à 1 lorsque ses entrées sont toutes deux à 1. Quant à la sortie d'une porte « ou exclusif » (XOR), elle est à 1 pour autant qu'une de ses deux entrées soit à 1 et l'autre à 0.

L'additionneur est construit avec autant d'étages qu'il y a de rangs de bits à additionner. Chaque étage est constitué par un demi-additionneur réalisé avec une porte XOR repérée par A_n (où *n* représente le rang des bits) pour réaliser l'addition et une porte ET R_n pour s'occuper de la retenue. La retenue R du rang n est combinée avec l'addition A du rang n + 1 pour produire le résultat de l'addition A du rang n + 1 (A01 dans notre exemple), et cela dans un demi-additionneur que l'on pourrait considérer comme l'escalier entre deux étages. Le report du dernier étage est pour sa part ignoré. Dans notre exemple, quatre étages (dont deux sont représentés) sont requis pour additionner les quatre bits.

Codage des nombres réels en virgule flottante

Dès le moment où il est nécessaire d'affronter des nombres avec des décimales (des nombres réels cette fois) ou avec une forte disparité dans les ordres de grandeur, il est plus efficace de recourir à un codage des nombres qui permette les plus grandes précisions et amplitudes possibles. Le nombre est alors représenté sous forme d'une mantisse décalée de telle sorte que son chiffre le plus significatif se place à droite de la virgule, avec un exposant tenant compte du décalage opéré et un signe. Par exemple, le nombre 123 est équivalent à 0,123 10^3. Les nombres étant codés en base 2, la mantisse et l'exposant sont codés en binaire. Un nombre réel exprimé en virgule flottante (*floating point*) sera codé sur 32 bits en simple précision comme le montre la figure 2.13. Pour éviter d'avoir à manipuler un exposant négatif, la valeur de ce dernier est systématiquement incrémentée d'un déplacement (*bias* en anglais), par exemple 128 pour un exposant sur 8 bits.

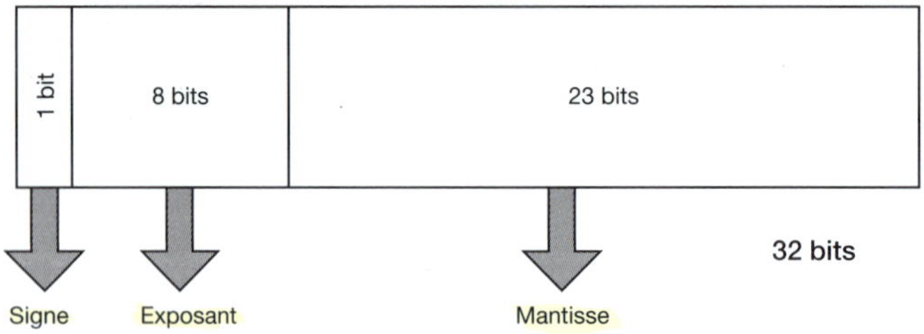

Figure 2.13 Codage des nombres réels à virgule flottante en simple précision

La simple précision permet de représenter sur 32 bits des nombres compris entre 2^{-126} et 2^{127}, soit approximativement en décimal 10^{-38} et 10^{38} avec sept chiffres significatifs. Quant à la double précision, elle permet de représenter sur 64 bits des nombres compris entre 2^{-1022} et 2^{1023} soit en décimal approximativement 10^{-300} et 10^{300} avec quinze chiffres significatifs. Au-delà de ces nombres, l'ordinateur affichera un NAN (*Not A Number*). La répartition des bits entre l'exposant et la mantisse est une sorte de compromis idéal entre la précision et la valeur maximale des réels que l'on peut traiter. Le principe de représentation des nombres en virgule flottante a été mis en œuvre de plusieurs façons, répartissant différemment les bits affectés à la mantisse et à l'exposant. Des conventions de représentation standardisées (standards ANSI ou IEEE) commencent à s'imposer, mais leur usage, là encore, n'est pas complètement généralisé. Aujourd'hui, s'impose la représentation suivante dans le cas des 64 bits. Les nombres débutent tous par 1,… L'exposant codé sur 11 bits est compris entre –1022 et 1023 (on le trouve en supprimant 1023 du nombre codé sur les 11 bits). Et le reste, c'est-à-dire les 52 bits, s'occupent de la mantisse.

Comme exemple, la valeur en base 10 du nombre réel binaire suivant :
1100010001101001001111000011100000000000000000000000000000000000
s'obtient de la manière suivante :

Le signe négatif est indiqué par le premier 1.

L'exposant est indiqué par 10001000110 et est égal à 1094. L'exposant final est donc 1094 – 1023 = 71.

La mantisse est donnée par m = 1,1001 0011 1100 0011 1000 0000 0000 0000 0000 0000 0000 0000 0000

$= 1 + 1/2 + 1/2^4 + 1/2^7 + 1/2^8 + 1/2^9 + 1/2^{10} + 1/2^{15} + 1/2^{16} + 1/2^{17}$
$= (2^{17} + 2^{16} + 2^{13} + 2^{10} + 2^9 + 2^8 + 2^7 + 2^2 + 2 + 1) / 2^{17}$
$= 206727/131072$.

Et le nombre final représenté est donc :

$-206727 / 131072 \times 2^{71} = -3.724 \times 10^{21}$.

En matière de calcul, les additions et soustractions sont paradoxalement plus compliquées à réaliser que les multiplications car il est nécessaire d'aligner les nombres (n'oublions pas qu'il faut que la mantisse code le nombre apparaissant juste après la virgule). Toutes les opérations de calcul concernent les parties entières du réel et portent tant sur la mantisse que sur l'exposant.

Codage du son

Le son est un phénomène physique ondulatoire car une onde se déplace en faisant vibrer l'air jusqu'à l'oreille de l'auditeur. Cette onde est caractérisée par une fréquence (le nombre de vibrations à la seconde, les notes de musique ont des fréquences différentes) et son amplitude (c'est-à-dire l'intensité du son). Sa forme mathématique se ramène à une courbe sinusoïdale. Cette représentation simple est très fidèle à la réalité du phénomène, mais elle implique une succession continue de valeurs, elles-mêmes continues, alors que l'ordinateur n'accepte de stocker et de traiter l'information que si celle-ci lui est présentée sous une forme binaire.

Il est donc indispensable de convertir les signaux continus (souvent appelés « analogiques ») en valeurs numériques entières qu'il faut, par la suite, traduire en binaire. Pour cela, l'infinité de valeurs possibles est discrétisée ou digitalisée en paliers ou valeurs discrètes. Ce processus de conversion des valeurs analogiques en un nombre fini de valeurs entières est nommé « numérisation ». La restitution du signal analogique d'origine depuis la version numérique se fera par un mécanisme de conversion inverse. Ces processus sont réalisés à l'aide de convertisseurs analogique-numérique et numérique-analogique, abrégés ADC et DAC en anglais.

Comme illustré dans la figure 2.14, un convertisseur analogique-numérique reçoit un signal analogique, l'échantillonne en mesurant sa valeur à des intervalles de temps réguliers, et traduit cette valeur en son équivalent binaire. Le son reçu sera donc bien converti en une séquence de bits, seul langage compris par un ordinateur pas vraiment mélomane. Ces convertisseurs sont à la base de la numérisation généralisée des sons, que ce soit en téléphonie ou en reproduction musicale. Bien évidemment, il y a toujours une perte d'information par rapport au signal original et la fidélité de cette conversion est fonction tant de la fréquence de l'échantillonnage que de la finesse de la mesure, c'est-à-dire la taille des intervalles de discrétisation ou numérisation. Une fréquence d'échantillonnage tendant vers l'infini (mais c'est une destination difficile d'accès) et des intervalles de numérisation tendant vers 0, permettent de se rapprocher de plus en plus du signal d'origine.

En téléphonie commutée, la voix (et les données modulées par les modems et les fax) est généralement transmise sous forme analogique jusqu'au commutateur (central téléphonique) où elle est échantillonnée 8000 fois par seconde et codée sur

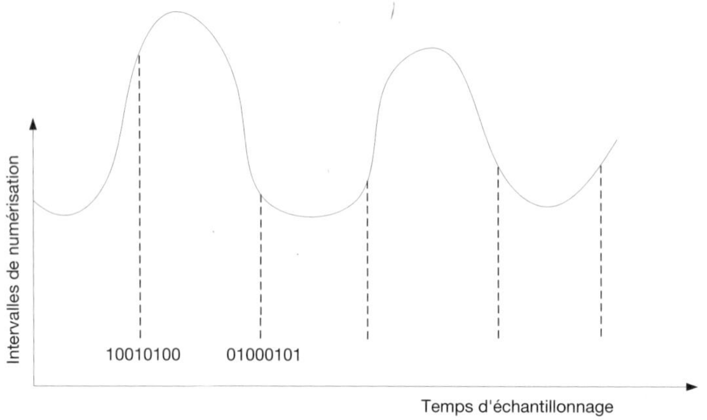

Figure 2.14 Échantillonnage et codage binaire d'une onde sonore

8 bits. La voix est dès lors transmise à un débit de 64000 bits par seconde (b/s) à travers le réseau téléphonique, avant d'être retransformée en signal analogique une fois en vue du téléphone récepteur. Ce processus de conversion n'altère en rien la qualité sonore, sachant que la voix est de toute manière limitée dans la partie analogique à 3400 hertz (ou cycles par seconde), les fréquences supérieures étant filtrées. Cela n'empêche en rien de reconnaître son interlocuteur au téléphone, sauf un inconnu bien sûr, et de saisir toutes les nuances de sa voix, l'oreille humaine étant capable de recomposer le signal perçu.

À titre de comparaison, un son de haute qualité est obtenu avec un CD qui procède à un échantillonnage 44100 fois par seconde, chaque échantillon comportant 16 bits, soit un débit de 705600 b/s et 1411200 en stéréophonie. Comme pour la voix dans le cas de la téléphonie, la fréquence d'échantillonnage de la musique en qualité CD a été choisie en fonction du spectre de fréquences audibles pour l'oreille humaine, dont le seuil se situe à environ 20000Hz (au-delà de cette fréquence, on entre dans le registre des ultrasons que vos animaux de compagnie seuls peuvent entendre). On doit encore à Shannon (et probablement aussi à Harry Nyquist, son collègue aux laboratoires Bell) la démonstration que pour pouvoir représenter un signal continu de manière discrète, il faut l'échantillonner à une fréquence au moins égale au double de la fréquence maximale présente dans le signal.

Par cette méthode d'échantillonnage, on génère en fait une représentation numérique d'un son réel, c'est-à-dire d'une interprétation ou d'une performance donnée dans le cas de la musique. Il existe toutefois une autre manière de représenter la musique sous forme binaire, qui consiste à représenter la partition musicale elle-même sous forme binaire plutôt que son exécution. Au lieu d'enregistrer puis d'échantillonner le son produit par des musiciens, il est possible de numériser une partition musicale en codant chaque note sur un nombre prédéfini d'octets. On se rend dès lors compte que la codification par l'entremise d'une partition est déjà une forme de compression de l'œuvre musicale. Chaque groupe d'octets représente alors le code de la note (par exemple le DO de la troisième octave), sa durée (blanche, noire, croche, etc.), son intensité (piano, forte, etc.), un code représentant l'instrument chargé de la jouer, etc. Pour peu — comme toujours en binaire — que l'on dispose d'un standard pour la représentation de ces informations, toute partition musicale peut être ainsi codée en binaire, et l'ordinateur se muer ainsi en interprète virtuose, capable de restituer (avec une fidélité aussi irritante qu'ennuyeuse toutefois) les œuvres musicales les plus exigeantes. Or une telle représentation a été standardisée depuis 1983 et porte le nom de MIDI (*Musical Interface for Digital Instruments*). On la retrouve appliquée aujourd'hui dans la plupart des instruments de musique électroniques, tels les synthétiseurs.

Codage des images et des films

Une image se crée au bout d'un crayon, d'un pinceau ou par l'entremise de transformations chimiques comme dans la photo argentique. La représentation obtenue par de tels procédés a en général un rendu tel que l'œil nu ne perçoit pas de discontinuités au sein de l'image (par exemple, absence de grain pour une photo). Si l'on vise l'économie, ce qui en matière de stockage est assez courant, certaines images peuvent être codées juste à partir des propriétés géométriques des différents éléments qui la composent. Un cercle dans une image est défini par les coordonnées de son centre au sein de l'image, par son rayon, et par sa couleur. En général, l'image est perçue comme un ensemble de segments paramétrés (on ne s'occupe alors que des paramètres) positionnés relativement l'un à l'autre. C'est parfait pour du texte ou des figures très géométriques, parfait pour Mondrian, Vasarely ou Klee, mais plus délicat dans le cas de Dali.

Un avantage certain de ce mode de représentation est que chaque élément — ou l'ensemble — peut être très facilement redimensionné. Dans de nombreux logiciels graphiques, écarter deux doigts ou mettre sa souris sur une image et la dilater ou la contracter se fait en un clin d'œil. Un tel codage est dit « vectoriel » et les fichiers de type Postscript, reconnu par toutes les imprimantes, sont un exemple d'utilisation de ce mode de représentation permettant de limiter l'espace mémoire occupé par les images.

En revanche, il n'est généralement pas possible de recoder sous forme vectorielle une image acquise, par exemple, au moyen d'un scanner ou d'un appareil photo. La manière la plus simple et la plus générale de coder une image part de la superposition sur celle-ci d'un quadrillage, puis de la description plus ou moins fine du contenu de chacune des cellules de ce quadrillage (nommées « pixel », abréviation de *picture element*) : couleur et luminosité. Le format d'une telle image est dit « bitmap ». La fidélité de la représentation est fonction de la densité du quadrillage (on parle de résolution de l'image) et de la richesse des nuances dans la description de chaque cellule (le nombre de couleurs admises et leur intensité). L'image peut être traitée en une seule couleur, sans nuances intermédiaires, généralement en noir et blanc. Cela est suffisant quand on scanne un texte, une partition musicale ou un dessin monochrome, etc. Un seuil est alors fixé pour déterminer si le contenu d'une cellule est blanc ou noir (pour ce qui est des partitions, il n'est pas indispensable que les blanches prennent deux fois plus de bits que les noires).

L'image peut aussi être traitée en une seule couleur, mais en tenant compte des nuances de cette dernière. En règle générale, le noir et le blanc sont encore de mise, mais cette fois en acceptant des niveaux intermédiaires de gris. Enfin, l'image peut être traitée dans ses différentes couleurs, mais en décomposant chaque cellule dans les trois couleurs fondamentales : rouge, vert, bleu (signaux RGB pour *red*, *green*, *blue*), dont le mélange donne la couleur voulue. La description de chaque cellule peut se faire à partir d'un nombre de bits plus ou moins élevé, afin de reproduire le plus fidèlement qui soit les nuances de couleur de chaque pixel. Ceux-ci seront codés sur trois nombres, chacun typiquement sur 8 bits c'est-à-dire 256 valeurs, soit un total de $256 \times 256 \times 256 = 16\,777\,216$ couleurs.

Le stockage ou la transmission d'une image fixe peut occasionner un nombre considérable de bits. On parle souvent de poids d'image car, en cette matière, il est rare de faire dans la légèreté. Par exemple, prenons une image affichée en définition haute sur un écran de 17 pouces de diagonale qui comprend 1 280 points sur 1 024 lignes, soit 1 310 720 pixels. Si la couleur de chaque pixel est décrite par 24 bits, l'image représente un poids de 31 457 280 bits ou encore 3 932 160 octets de 8 bits (4 mégaoctets), ce qui représente déjà une charge excessive pour la plupart des moyens de télétransmission.

Comme pour la fréquence d'échantillonnage du son, c'est la sensibilité de l'œil humain qui détermine la richesse de la palette de couleurs perceptibles et donc par déduction le nombre de bits nécessaires pour permettre toutes les nuances possibles. De ce point de vue, rien ne justifierait de dépasser les 16 millions de couleurs que contiennent la plupart des images numériques aujourd'hui. De même, la résolution des images numérisées devrait être déterminée par la résolution de l'œil humain, c'est-à-dire la dimension du plus petit détail détectable à l'œil nu. Mais cet exercice est plus délicat, car une image peut être restituée à différentes échelles d'agrandissement. Ainsi, un million de pixels peut suffire à restituer une photographie en format carte postale sans perdre l'illusion d'une image parfaitement nette et continue. Mais agrandissez le même million de pixels en format poster, et les traits de votre star préférée seraient alors rendus de manière très grossière, floue et disgracieuse. C'est ce besoin de permettre la restitution des images sur des supports (écrans ou papier) toujours plus grands combiné à l'amour de la prouesse technique qui justifie la course effrénée aux pixels des appareils photo et caméras numériques.

Une image peut être fixe, comme dans le cas d'une photo, ou animée, comme dans un film, et faire place alors à une séquence d'images. La télévision ayant fixé (une fois encore sur la base de nos capacités oculaires) le nombre d'images à restituer par seconde à 25 pour garantir la fluidité apparente des mouvements, un film numérisé en haute définition prend rapidement une taille invraisemblable. Le DVD qui fait le délice de vos soirées cinéma est composé d'images d'une définition fixée arbitrairement à 720×480 pixels. À raison de 24 bits par pixels et de 25 images par seconde, il faudrait en théorie 26 Mo pour stocker une seconde de film (sans compter la bande son) et 86 Go pour une heure. On atteint ici des volumes d'information qui dépassent largement la capacité de stockage des supports eux-mêmes (un disque DVD ne peut contenir au maximum 4,7 Go de données). Dans ces conditions, difficile de stocker des films sur des appareils domestiques, et plus difficile encore de les diffuser à travers les réseaux. Le Web est de fait devenu le royaume du cinéma saccadé. Cela donne l'impression de revenir au temps des frères Lumière. Il en devient indispensable de compresser les images au maximum par des technologies suffisamment standardisées pour que les dispositifs logiciels de visualisation (ou « codec » pour codeur/décodeur) s'y retrouvent.

REGROUPEMENT ET COMPRESSION DES DONNÉES

Regroupement des bits

À l'exception des données logiques, il est rare que l'on s'intéresse aux bits pris isolément, car tout seul, ils n'ont aucun sens. De plus, dans les procédures de transmission/réception, ce sont des ensembles de bits qui sont échangés et, finalement, dans les circuits électroniques, ils sont également rassemblés en registres pour être échangés entre les composants de l'ordinateur. On ne cueille pas les bits comme les pommes ou les poires, une à une, mais plutôt comme les raisins, en grappe. Les « ensembles » de bits les plus fréquemment rencontrés sont :

Nombre de bits	Appellation anglaise	Appellation française
1	*bit*	bit
4	*half-byte, nibble*	quartet, demi-octet
8	*byte*	octet
16	*word*	mot
32	*double word*	mot double
64	*quad word*	mot quadruple

Dans la plupart des processeurs, les chiffres binaires ou bits à l'intérieur d'un octet, tout comme dans un nombre décimal, voient leur rang de valeur croître de droite à gauche. Le bit le plus à droite ou bit de poids le plus faible est souvent appelé LSB (*least significant bit*), et le bit le plus à gauche ou bit de poids le plus fort MSB (*most significant bit*).

Par ailleurs, les bits et les octets en se multipliant ont entraîné la création de nouvelles unités, d'où les débits en kilobits (kb/s), mégabits (Mb/s), ou gigabits (Gb/s) par seconde. On a également recours à des capacités de mémoire exprimées en kilooctet (Ko), mégaoctet (Mo), gigaoctet (Go), et même téraoctet (To) pour les mémoires de masse. Mais voilà, un kilo n'est pas l'autre. Dans un cas, on parle de 10^3 et dans l'autre cas d'une puissance de 2 avec la valeur la plus proche, soit 1 024 ou 2^{10}. La même confusion règne au niveau des autres unités.

Le tableau ci-dessous montre les différences entre les unités selon qu'elles sont une puissance de 10 ou de 2.

Unité	Puissance 10	Valeur	Puissance 2	Valeur
kilo	10^3	1 000	2^{10}	1 024
méga	10^6	1 000 000	2^{20}	1 048 576
giga	10^9	1 000 000 000	2^{30}	073 741 824
téra	10^{12}	1 000 000 000 000	2^{40}	1 099 511 627 776

La quantité de base demeure l'octet, c'est-à-dire 8 bits. On la retrouve dans le code ASCII, et c'est souvent le contenu minimum de bits adressables dans la mémoire centrale de l'ordinateur (mémoire RAM). La tendance actuelle est d'accélérer les transferts entre les composants de l'ordinateur en associant ces octets par 4 ou 8. De plus en plus de registres permettent de contenir 8 et parfois 16 octets et de transférer en un coup tous les bits de l'un à l'autre. Par ailleurs, en anticipant quelque peu sur les supports magnétiques et optiques, on peut déjà préciser que les bits y sont groupés en blocs de plus grande taille (la quantité minimum que l'on peut y déposer ou en extraire en un coup), par exemple de 512 octets, et qu'ils sont alors appelés « secteurs ».

Notation hexadécimale

Comme il est courant d'avoir à manipuler ou à transférer des demi-octets (soit 4 bits pouvant dès lors représenter 16 valeurs différentes), il est parfois plus commode de représenter leur valeur par une écriture plus concise, idéalement avec un seul symbole (caractère) pouvant prendre 16 valeurs différentes. Une manière simple de représenter un demi-octet ou quartet est de recourir au système de numération en base 16, autrement appelé notation hexadécimale. Pour représenter les seize chiffres possibles, les informaticiens ont ajouté aux dix chiffres classiques six nouveaux symboles empruntés à l'alphabet : A, B, C, D, E, F. Il aurait sans doute été plus logique de créer six nouveaux symboles, mais c'était impraticable avec les dispositifs d'affichage et d'impression de l'époque. Les six lettres supplémentaires étaient tout ce que les afficheurs LED à sept segments permettaient de représenter, moyennant un peu d'imagination. Voyez d'ailleurs ce que de nombreux afficheurs sur nos appareils téléphoniques font avec la touche *, qui est cependant loin d'être une nouveauté.

Chaque demi-octet étant codé par un seul symbole hexadécimal, ce système de représentation numérique est très utilisé. Par exemple 0011010001111 0111000 se traduit en hexadécimal par : 347B8. Le mélange des chiffres et des lettres est un peu perturbant au début, comme dans le jeu du même nom, mais on finit par s'y habituer, cela restant tout de même plus lisible et concis que du binaire. Bien sûr, la conversion d'une notation à l'autre ne pose pas la moindre difficulté.

Tableau 2.2 Tableau de conversion hexadécimale

Binaire	Valeur	Hexadécimal	Binaire	Valeur	Hexadécimal
0000	0	0	1000	8	8
0001	1	1	1001	9	9
0010	2	2	1010	10	A
0011	3	3	1011	11	B
0100	4	4	1100	12	C
0101	5	5	1101	13	D
0110	6	6	1110	14	E
0111	7	7	1111	15	F

Détection et correction d'erreurs de transfert

Quel que soit le mode de regroupement choisi, ce dernier a toujours pour objectif de constituer des ensembles de bits afin d'en discrétiser le transfert (entre la mémoire et le processeur, entre le disque et la mémoire, ou encore entre deux ordinateurs à travers un réseau). Au lieu de transférer un nombre indéterminé de bits (auxquels cas le destinataire aurait à gérer des morceaux d'information de tailles imprévisibles), il est en effet indispensable quand on transfère de l'information binaire de le faire par groupes de bits de taille fixe. Ce faisant, il est impératif de pouvoir garantir la parfaite fidélité de l'information échangée. Une brève section nous apparaît dès lors nécessaire pour, en quelques mots, expliquer les principes algorithmiques mis à l'œuvre pour la détection et la correction d'erreurs de transfert. Tous ces principes ont cela en commun qu'ils se basent sur l'adjonction de bits redondants à côté de ceux codant la donnée. Une première manière très simple d'agir, et qui ne fait pas dans le détail, pourrait être la suivante. Soit un octet à transmettre et supposons qu'il nous importe dans un premier temps de détecter et corriger l'inversion erronée d'un seul bit lors du transfert.

L'informaticien enfilerait ses gros sabots et joindrait à l'octet deux copies additionnelles de celui-ci. Il suffirait alors, lors de la réception des trois octets, de repérer lequel des bits n'est pas reproduit trois fois et se baser sur la valeur majoritaire de celui-ci (la valeur du bit présente dans les deux autres octets) pour le corriger, mécanisme assez puissant pour la prise en charge d'une erreur mais, somme toute, assez onéreux en bits. Une première alternative bien plus économe serait, pour la simple détection d'erreur sans correction, de rajouter à l'octet un bit dit « de parité ». Comme son nom l'indique, ce bit, simplement, serait mis à 1 si le nombre de 1 dans l'octet est pair et à 0 dans le cas contraire.

Cette simple adjonction permet, en effet, de repérer qu'un problème s'est produit pendant le transfert mais ne fonctionne, bien évidemment, que pour un nombre impair de bits en erreur. Combien de bits additionnels seraient alors nécessaires pour, parmi les 8 possibles, faire beaucoup mieux en détectant et corrigeant celui qui a été malencontreusement inversé? Il existe de nombreuses possibilités pour cela, mais une de celles-ci, très simple à comprendre (comme le tableau ci-dessous vous aidera à le faire), est la suivante.

	Bit de parité 4	Bit de parité 5	Bit de parité 6
Bit de parité 1	Bit de donnée 1	Bit de donnée 2	Bit de donnée 3
Bit de parité 2	Bit de donnée 4	Bit de donnée 5	Bit de donnée 6
Bit de parité 3	Bit de donnée 7	Bit de donnée 8	Bit de donnée 9

Supposez 9 bits codant la donnée. Il est possible de disposer ces 9 bits en 3 lignes et 3 colonnes. La présence de 6 bits de parité, 1 pour chaque ligne et 1 pour chaque colonne, permet, par le même principe que celui mentionné plus haut, de repérer et la ligne et la colonne à problème. Dans l'ordinateur, point de ligne et de colonne, bien sûr, et les bits se suivent. Le bit à corriger sera celui à l'intersection de la ligne et de la colonne, et le tour est joué. Six bits plutôt que 18 additionnels, malin n'est-ce pas?

On peut aussi avoir recours à la prévention. Comme il est de plus en plus fréquent de transmettre les octets de manière sérielle bit après bit même au sein de l'unité centrale, il faut s'assurer que les octets sortent intacts de ce goulet. Pour cela, les octets sont en quelque sorte revêtus d'un vêtement protecteur sous forme de bits supplémentaires. Une combinaison fréquente (abrégée en 8b/10b) est de porter la longueur des octets à 10 bits afin de pouvoir substituer les combinaisons de 8 bits qui présentent des risques d'erreurs de transmission par des combinaisons plus robustes. Une fois que l'octet ainsi rallongé (un décatet?) émerge à l'autre bout du goulet, il est déshabillé pour retrouver sa valeur originale. Habillage et déshabillage sont le fait de transcodeurs matériels.

Compression et compaction des données

Pour tout ce qui touche au multimédia en particulier, mais pour toutes les autres données en général, il peut y avoir nécessité absolue ou intérêt certain à réduire l'espace mémoire et la quantité d'octets impliqués dans leur codage. La réduction du poids des données peut être conduite selon deux approches différentes.

Dans une première approche, appelée compression des données au sens strict, on réduit l'espace mais sans détériorer d'aucune sorte le contenu en information de ces données. Le constat qui sous-tend cette pratique est que de nombreuses données contiennent des informations dupliquées et redondantes, dont un codage adéquat pourrait tirer profit afin de diminuer l'espace occupé. Par exemple, dans une image, un grand ciel bleu mais répétant à l'envi le même pixel, pourrait être remplacé par un code qui se limite à décrire le pixel et le nombre de fois qu'il doit être répété.

Dans la transmission d'un fax, on parie sur la prédominance d'espaces blancs dans la page à transmettre et on recherche les successions de points blancs pour les représenter sous une forme abrégée; la transmission d'une page noire ne permet par contre aucune compression. À la suite d'une compression des données, celles-ci peuvent néanmoins être reconstituées dans leur forme initiale, sans aucune dégradation de leur contenu. La compression des données est un processus totalement réversible et le seul qui soit acceptable pour des informations textuelles ou numériques pour lesquelles aucune perte n'est à l'évidence tolérée.

Par exemple, une manière très classique de comprimer un texte est de rechercher les lettres les plus rencontrées et de les coder sur moins de bits, c'est-à-dire de repenser le codage des caractères en fonction de leur fréquence d'apparition (ce principe est également à la base du codage UTF-8 vu précédemment). Le mécanisme qui sous-tend la compression de type « zip » est de cette sorte. Supposons, par exemple, un texte à transmettre composé des seules lettres *o*, *b*, *c*, *r* et *e*, dont les fréquences d'apparition seraient 5 %, 50 %, 20 %, 10 % et 15 %. Le résultat de l'algorithme ingénieux dit de Huffman, du nom de son inventeur, consiste à coder ces cinq lettres de la façon suivante : o=1101, b=0, c=101, r=111 et e=100.

On constate en effet que la lettre la plus fréquente occupe le moins de place et le contraire pour la moins fréquente. Dans le livre de Georges Perec, *La disparition*, le caractère *e* pourrait ainsi se coder sur un million de bits. On constate également qu'aucune ambiguïté ne subsiste et qu'aucune lettre ne démarre le codage d'une autre. Pour un million d'apparitions de ces cinq caractères, nous obtenons 2050000 bits, soit une économie considérable par rapport à la solution plus simple qui consisterait à coder tous les caractères sur un même nombre de bits (ici il en faudrait au moins 3). Soit le mot suivant 11111010100, on trouve aisément, en respectant le codage juste décrit, qu'il s'agit de « robe ». Aucune erreur possible, malgré ce codage à longueur variable.

Il devient dès lors indispensable de joindre au fichier compressé une table reprenant le code binaire de chaque caractère, ce qui diminue l'intérêt de la méthode pour des petits fichiers — lesquels s'avèrent de plus en plus rares. La pratique qui consiste à « zipper » un fichier en devient donc une pratique réversible, puisque nonobstant la réduction permise en « zippant » le fichier, il suffit pour retrouver l'original de « dézipper » le fichier « zippé ».

Dans un même ordre d'idée, le codage des films privilégie une pratique où entre deux images successives, on ne reprend que ce qui s'est modifié. Les films à contenu psychologique ou les huis clos s'y prêtent plus facilement que les films d'action ou les comédies musicales. Mais, là encore, il n'y a aucune perte d'information, au contraire de la pratique décrite ci-dessous qui intéresse aussi les films et de manière beaucoup plus sensible.

Il existe en effet une approche alternative qui concerne davantage les sons et les images, et est appelée au sens strict compactage des données (mais confondue dans le langage habituel avec compression). Le compactage consiste à alléger le codage des données tout en consentant une dépréciation de la qualité de l'information, considérée comme acceptable. Cette technique, nous l'avons déjà abordée en introduisant la notion de définition des images. Diminuer cette définition, c'est-à-dire réduire le nombre de pixels qui composent une image, c'est une manière de compacter les données, mais au prix d'une dégradation du niveau de détails qu'elle contient. De manière analogue, on pourrait choisir de recoder une image sur une palette de couleurs plus limitée. L'image perd en nuance, mais sa taille se réduit considérablement. Au contraire de la compression, un tel compactage des données est irréversible : l'information dégradée ne peut être reconstituée dans son état original. On consent donc une perte d'information qui ne semble pas déterminante dans la compréhension et l'appréciation de ce que l'on perçoit. Le gain en volume de stockage est souvent aussi considérable qu'irréversible.

L'un des écueils de cette technique — outre la déperdition qualitative de l'information qu'elle entraîne — est qu'un fichier ainsi compacté devient inexploitable sans son mode d'emploi, c'est-à-dire sans une information précise sur le type de traitement qu'ont subi les sons et images. Ceux-ci doivent donc être repris au sein d'un fichier en compagnie de métadonnées qui forment en quelque sorte ce mode d'emploi, ainsi qu'une éventuelle table des matières.

Différentes stratégies de compactage se sont largement diffusées, aboutissant à des formats de fichiers spécifiques. Par exemple, le format JPEG (*Joint Photographic Expert Group*) permet de réduire le volume d'une image photographique en proposant des paliers de qualité dans la restitution. Une image est découpée en petits carrés dont le contenu est traduit par une transformation de Fourrier. Les hautes fréquences moins significatives que les basses sont éliminées. Le format vidéo M-JPEG (*Motion-JPEG*) est une succession d'images au format JPEG permettant de capter des images animées avec l'inconvénient d'une qualité assez faible dans le cas d'une compression élevée, mais avec l'avantage de pouvoir isoler une image précise. Le format M-JPEG se retrouve à tous les niveaux de qualité, depuis la webcam jusqu'à l'imagerie médicale. Au contraire, les différents formats MPEG (*Motion Picture Expert Group*), normalisés dans le cadre de l'ISO (International Organization for Standardization), en plus de réduire le poids des images animées en tablant sur la mise en évidence des parties communes présentes dans les images successives, jouent également sur la définition des images et l'élimination de certaines images intermédiaires. La compression s'effectue tant spatialement, image par image, que temporellement, en relevant les similitudes d'une image à l'autre. La compression des images est devenue le complément indispensable de la télévision numérique, et encore davantage pour les émissions en haute définition.

Le procédé de compression DivX dérivé de MPEG-4 permet de faire tenir sur un CD un film copié depuis un DVD, au prix d'une baisse de la qualité de l'image et de la bande son et en limitant les données copiées à l'essentiel. Sauf à disposer de matériel de codage performant, la compression d'un film depuis un DVD peut prendre quelques heures puisqu'il implique un fastidieux traitement appliqué à chaque image individuelle composant le film original ainsi que le compactage de la bande son.

Le format MP3, pour sa part, est dérivé de la partie audio du standard MPEG-3. Il réduit les données audio d'un CD enregistré en format WAV (sans compression) par un facteur 12, sans que les morceaux de musique concernés n'en deviennent inaudibles pour autant. La qualité de la reproduction dépend du débit binaire (*bitrate*) utilisé ; un débit de 320 kbps en MP3 devrait satisfaire la plupart des mélomanes. Un débit de 32 kbps est acceptable pour la voix humaine parlée, mais en excluant bien sûr le chant d'une soprano. 192 kbps correspond aux possibilités d'un appareil portable tel un baladeur.

Microsoft propose en alternative WMA (*Windows Media Audio*), arrivé après MP3 pour l'enregistrement audio et WMV pour la vidéo. La stratégie de Microsoft consistant à promouvoir activement ses propres formats d'encodage met bien en évidence l'importance du marché de la diffusion multimédia.

De la même manière, la limitation du spectre des ondes radio implique que les radiotéléphones numériques réduisent encore plus la bande passante. Des algorithmes de compaction sont dès lors mis en œuvre pour comprimer fortement la voix, mais ici encore avec pour effet d'en dégrader la qualité sans toutefois compromettre la compréhension

Cryptage des données

Juste un mot sur le « cryptage » des données, car à lui seul ce domaine peut faire l'objet d'un livre entier, tant son importance est grande et tant sont sophistiquées les techniques impliquées. En effet, l'importance croissante des informations acheminées par les réseaux de télécommunications et l'ouverture des systèmes au monde de l'Internet a renforcé le besoin de protéger les données contre les tentatives de lecture indue ou de falsification. Toute technologie de cryptage se base sur la connaissance d'une clé. Par exemple, on pourrait décider de remplacer dans un texte toutes les lettres par celles qui sont situées n positions plus loin dans l'alphabet. Dans cet exemple trivial, et qui ne demanderait pas des efforts exténuants de la part des décrypteurs, la clé serait la valeur de n. Informatique deviendrait « kphqtocvkswg » pour $n = 2$. IBM est devenu « HAL », le héros de *2001 : L'odyssée de l'espace*, pour $n = -1$.

L'encryptage exige donc la connaissance de l'algorithme exploité (algorithme en général connu de tous, comme l'est, par exemple, le décalage de n lettres vers la gauche) et la connaissance de la clé (par exemple $n = 2$) qui, elle, se doit d'être tenue secrète. La clé en effet détient toujours le secret de l'écriture et de la lecture, et elle est unique (on parle alors de cryptographie symétrique) lorsque sa seule connaissance suffit aux deux opérations (cryptage et décryptage). En général, plus elle est longue, plus le mécanisme de cryptage est difficile à casser car les pratiques de « force brutale » sont mises à mal. La découverte de la clé par essais et erreurs (comme cela est évident dans l'exemple ci-dessus, en supposant que la lettre « k » la plus fréquente code pour une voyelle, « i » ici) devient impossible. Aujourd'hui, on assiste à une folle course poursuite entre la mise au point d'algorithmes puissants de décryptage et le rallongement des clés, ainsi que la recherche de modes de cryptage incassables.

Dans la version symétrique, une seule clé à priori suffit tant à l'envoi pour encrypter les données qu'à la réception pour les décrypter. Le problème qui se pose à l'expéditeur est de se débrouiller pour, le plus discrètement possible, faire parvenir la clé au destinataire. Or, en matière de discrétion, Internet n'est pas la panacée. Dans un processus de communication, on préfère dès lors recourir à une cryptographie asymétrique reposant cette fois sur deux clés, dites publique et privée. La première peut être connue de tous, et permet de crypter le document, la deuxième connue des seuls destinataires et attribuée avec maintes précautions, permet l'opération inverse, le décryptage du document. Si vous devez envoyer électroniquement des informations très confidentielles, le destinataire pourrait générer les deux clés et vous faire parvenir celle publique, vous proposant d'encrypter votre document à l'aide de cette clé avant de le lui envoyer. Même si celle-ci tombe entre les mains d'une personne mal intentionnée, elle ne pourra rien en faire et certainement pas accéder à cette information, que seule la clé privée détenue par le destinataire permet de dévoiler.

Les deux clefs sont obtenues par un processus de factorisation en deux nombres premiers d'un très grand nombre. Toute « l'incassabilité » de cette technique repose sur la difficulté aujourd'hui pour tout ordinateur (y compris les plus puissants) de découvrir ces deux facteurs premiers en des temps raisonnables. La clé privée est constituée de trois nombres : d, e et n de telle sorte que pour tout entier w plus petit que n, $(w^e \% n)^d \% n = w$. Le message à crypter est donc transformé en une suite de bits devenant ce nombre w. Il est crypté par l'opération : $w^e \% n$ puis envoyé à son destinataire qui, lui, le décryptera par l'opération $w^d \% n$. Il est extrêmement difficile de retrouver le nombre d (celui de la clé privée) à partir des seuls nombres e et n. L'encryptage des données est certainement la mesure la plus sûre en matière de confidentialité et elle tend à se généraliser, tant pour les communications (pensons par exemple aux réseaux sans fil où les informations circulent sans même ce premier niveau de protection que leur confère le fil, en effet) que pour le stockage (des clés USB permettent un stockage crypté de vos données). De plus en plus de transactions électroniques ou d'accès à distance sont sécurisés (on le comprend aisément, par exemple pour les transactions bancaires qui exigent une opération d'authentification). Cette authentification repose également chaque jour davantage sur des processus cryptographiques, de sorte qu'une signature quelle qu'elle soit témoigne de l'origine certaine d'un document. En effet, la manière la plus sûre d'authentifier un message est donc de l'encrypter, mais à l'aide d'une clé privée cette fois (le fonctionnement est l'inverse du précédent). À la réception, le destinataire, qui ne peut ouvrir avec sa clé publique que ceux en provenance du détenteur de la clé privée, aura toute raison d'être serein quant à l'origine du message. Et afin de maximiser l'inviolabilité de ces techniques dans les cas critiques (comme les transactions bancaires), de nouvelles clés sont générées aléatoirement à chaque utilisation avec pour chacune une durée de validité très limitée. De cette manière, le temps qu'un éventuel logiciel malintentionné parvienne à décoder la clé recherchée, celle-ci n'est déjà plus valable.

3

Unité centrale : processeur et mémoire

Qu'est ce qui donne à l'ordinateur un QI supérieur à 60 ? La recette contient deux ingrédients essentiels : tout d'abord un programmeur qui conçoit l'algorithme puis rédige le programme que l'ordinateur exécute. Mais c'est loin d'être suffisant. Si le programme se limitait à reproduire la solution du programmeur, quel intérêt y aurait-il à le réaliser ? L'ordinateur se limiterait à n'être qu'une machine à écrire, ce qu'il est pour beaucoup d'ailleurs et son intelligence plafonnerait à celle du programmeur. Le deuxième ingrédient, plus indispensable encore, est l'extraordinaire puissance de calcul ainsi que la capacité décisionnelle de l'ordinateur. Cette machine est capable de refaire des milliards de fois la même chose et de décider, selon l'état de la situation, de l'action suivante à faire, sans s'en plaindre et en un minimum de temps. Elle peut calculer la valeur de π avec des décimales *ad nauseam* et rechercher à partir des mots clés que vous lui donnez les millions de pages web qui contiennent ceux-ci. C'est son côté « voiture de course », ou exprimé plus classiquement, « force brutale ».

Répéter la même opération un nombre incommensurable de fois et décider de l'action suivante en fonction des résultats accumulés, ces deux facultés sont l'invention la plus capitale de l'informatique et sont toutes deux présentes dans tous les langages de programmation (que nous découvrirons plus avant au chapitre 7 qui leur est consacré). C'est la raison pour laquelle Kasparov se fait battre aux échecs. Il ne se fait pas battre par un programmeur mais bien par une logique exprimée sous forme d'instructions. Ainsi, le programme testera tous les mouvements des pièces possibles, ceux de son adversaire, puis les siens encore, et selon une profondeur dépendant de votre souhait de lui tenir tête une minute ou une heure. Cela, c'est son côté boucle. Il évaluera chaque configuration obtenue et décidera s'il y a lieu de continuer l'analyse à partir de celle-ci. Cela, c'est son côté décisionnel.

Le programme contenant ces instructions, dont les boucles, les décisions et bien d'autres, est d'abord écrit par un programmeur dans un certain langage de programmation (dans le chapitre 7, nous découvrirons les bases de la programmation en Python), puis traduit, comme nous le verrons par la suite, dans un langage que le processeur comprend, et finalement exécute. Dans le présent chapitre, nous allons passer en revue les composants informatiques qui permettent l'exécution des instructions successives qui constituent tout programme. Et c'est tout un programme !

Nous verrons également dans ce même chapitre la mémoire centrale, l'organe où résident les données ainsi que les programmes qui y attendent leur exécution. Processeur et mémoire centrale constituent le cœur de l'ordinateur, l'unité centrale, d'où le titre de ce chapitre.

Architecture de la machine de von Neumann

Les instructions du programme sont exécutées séquentiellement, dans l'ordre où elles se trouvent dans la mémoire, selon le principe que John von Neumann a établi dès les origines des ordinateurs, il y a plus de soixante ans. Voilà l'autre homme clé, étape historique de l'informatique. Scientifique hongrois né en 1903, en plus de l'informatique (Turing et lui sont les Remus et Romulus de la Rome informatique), il se sera permis de révolutionner l'économie (un des inventeurs de la théorie des jeux), la biologie et la physique, et n'est pas pour rien dans la conception et la construction de la première bombe atomique. La politique américaine de la guerre froide contre la Russie devra également beaucoup à son génie stratégique et à sa rancœur à l'égard du menaçant voisin soviétique.

C'est en 1946, alors que les premiers ordinateurs en sont à leurs balbutiements, qu'il apporte une contribution définitive, en énonçant le principe de von Neumann, qui n'a pas pris une ride et reste appliqué de nos jours dans tous les ordinateurs. Ce principe énonce que la mémoire de l'ordinateur contient aussi bien les données à traiter que les instructions du programme qui le conduit. On peut noter qu'une autre architecture dite « architecture de Harvard » a été proposée à l'époque, séparant instructions et données dans des mémoires distinctes. Mais c'est bien l'architecture de von Neumann qui prévaudra jusqu'à nos jours. Le programme se déroule en exécutant les instructions selon l'ordre séquentiel dans lequel elles ont été écrites, avec, toutefois, la possibilité de rompre la séquence de déroulement par des instructions de branchement.

Pour ce faire, von Neumann définit l'architecture d'un ordinateur en décrivant les caractéristiques de ses cinq composants essentiels :

Composant	**Fonction**
Unité de commande	Contrôle le déroulement successif des instructions du programme
Unité arithmétique et logique	Effectue les opérations de calcul et de comparaison

Mémoire centrale	Contient les programmes et les données
Unité d'entrée	Acquisition des données
Unité de sortie	Restitution des résultats

Il meurt à 54 ans dans son lit d'hôpital, entouré, dit-on, des membres des services secrets américains, de peur que dans son délire une autre de ses idées géniales ne lui échappe pour tomber dans des oreilles mal intentionnées. Ce que les contributions historiques de Turing et von Neumann ont de fantastique est qu'elles n'ont pas pris une seule ride. Elles restent autant d'actualité que la musique de Mozart ou d'Ellington. Tous nos ordinateurs aujourd'hui fonctionnent comme ces deux-là l'ont imaginé. Et quoi qu'en disent certains, qui se plaisent à voir partout et tous les mois des révolutions et des bouleversements informatiques, ces cinquante dernières années, il y a eu plus de changements dans la conception des moteurs de voitures que dans celui des ordinateurs. Le contenu du livre que vous tenez dans les mains survivra encore de nombreuses années. Les pages y jauniront beaucoup plus vite que les idées qu'il contient, idées résultant en grande partie du génie de ces deux savants.

PROCESSEUR

Éléments du processeur

L'unité de commande (CU, *control unit*) et l'unité arithmétique et logique (ALU, *arithmetic and logical unit*) forment deux entités distinctes sur le plan conceptuel, la première s'occupant de ce qu'il faut faire, et la deuxième le réalisant. Dans les réalisations de cette conception, les deux unités sont généralement regroupées en une seule structure appelée « unité centrale de traitement » (CPU, *central processing unit*) ou « processeur ». Voyons maintenant le fonctionnement de cette structure, en lui imaginant le caractère anthropomorphique d'un « petit homme ordinateur » (PHO pour les intimes), chargé de l'exécution des programmes, c'est-à-dire tant de la découverte que de l'extraction et de l'exécution des instructions.

Vous ne serez pas surpris d'apprendre que ce petit homme existe autant dans votre ordinateur qu'il existe dans votre voiture pour s'occuper de l'allumage des bougies ou dans votre lecteur de cédérom pour s'occuper de faire tourner ceux-ci et de tenir et guider le laser. C'est bien entendu une vue de l'esprit, un subterfuge pédagogique pour décrire un mode de fonctionnement tout entier réalisé électroniquement.

Précisons également, car nous en aurons très vite besoin, que les « registres » ne sont pas des livres de notaires ou de commerçants, mais des dispositifs auxiliaires associés au processeur et capables, pendant un temps limité, de mémoriser ou de transformer les informations. Les registres se distinguent de la mémoire centrale en cela qu'ils ont une capacité de stockage extrêmement réduite, qu'ils constituent un petit nombre d'éléments isolés, avec des emplacements et des fonctions spécifiques, alors que la mémoire centrale est constituée d'un très grand nombre de cellules adjacentes, banalisées, différenciées par leur seule adresse. Registres et cellules de la mémoire centrale, chacun identifiable et repérable par un emplacement ou une adresse déterminée, peuvent être considérés comme autant de zones de stockage, avec chacune un contenu variable, fonction de ce que les instructions des programmes y écrivent.

Observons maintenant notre « petit homme ordinateur » à l'œuvre, agissant à l'intérieur d'une petite boîte, l'unité centrale, abritant un processeur et une mémoire centrale, tous deux imaginaires et simplifiés et qui seront détaillés plus loin. Le processeur contient trois registres, une calculette faisant figurer les résultats des opérations de PHO (appelée plus techniquement « registre accumulateur » ou « accumulateur », ACC, *accumulator*), un mécanisme incrémental de compteur d'instruction (le registre compteur d'instruction, CI, en anglais, *instruction counter*) et un troisième, contenu dans les pensées de PHO, qu'on appelle le registre d'instruction (RI, en anglais *instruction register*) et qui contient l'instruction précise qu'il est en train d'exécuter. La boîte renferme également la mémoire centrale, contenant les instructions et les données du programme que PHO est chargé d'exécuter. Nous considérerons que les instructions sont de longueur fixe et que chaque instruction est contenue dans une des cellules de la mémoire centrale.

PHO, un peu comme un travailleur à la chaîne, fait un boulot très routinier (c'est la raison pour laquelle il est facilement remplacé par un automatisme), répétant sans cesse une séquence du même type que celle qui suit. Tout d'abord, il sait, parce qu'il observe « 21 » dans son registre compteur d'instruction qu'il doit maintenant

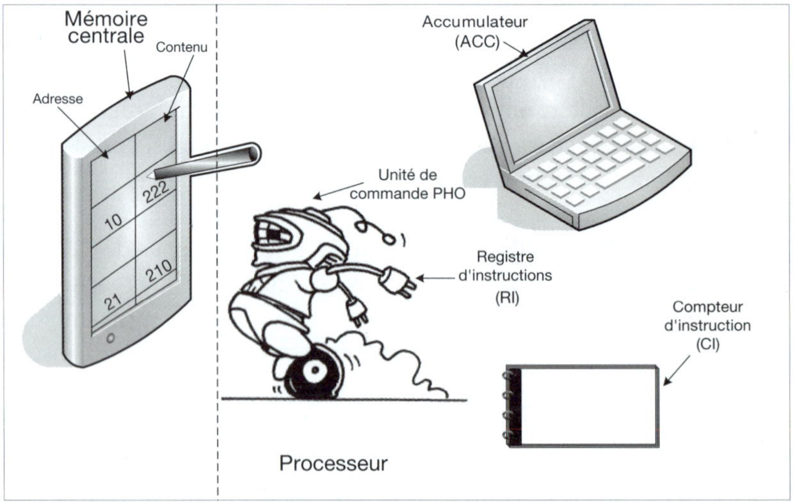

Figure 3.1 Le petit homme ordinateur (PHO)

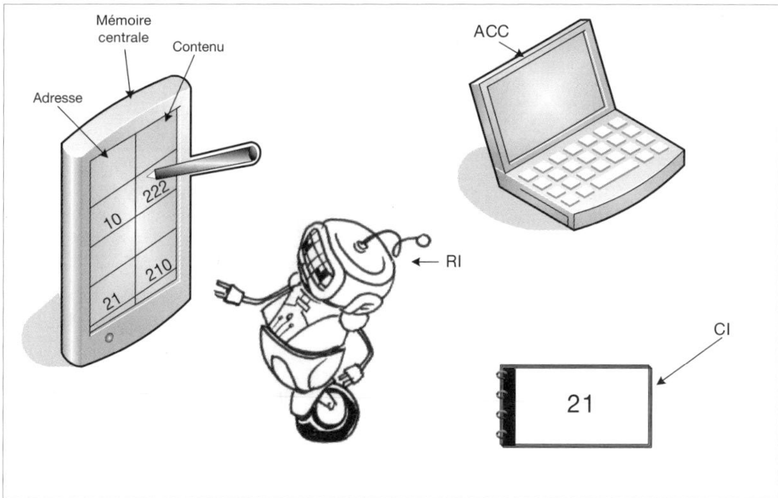

Figure 3.2 Lecture de l'instruction

exécuter l'instruction se trouvant à l'adresse 21 dans la mémoire centrale (« l'instruction habite au 21 »). Il transcrit donc dans son registre d'instruction celle qui se trouve à l'adresse 21. Cette étape d'extraction de l'instruction est dénommée en anglais *instruction fetch.*

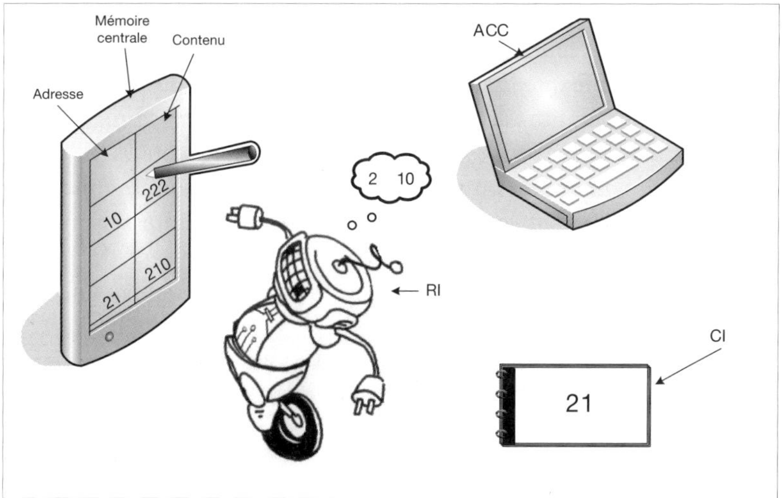

Figure 3.3 Décodage de l'instruction

Il débute alors l'exécution de l'instruction qu'il vient de lire à l'adresse 21, en analysant et « décodant » son contenu, ici « 2 10 » (cette étape est dénommée en anglais *instruction decode*). Les instructions ayant une structure uniforme, il déduit de la première partie le type d'opération qu'il doit effectuer.

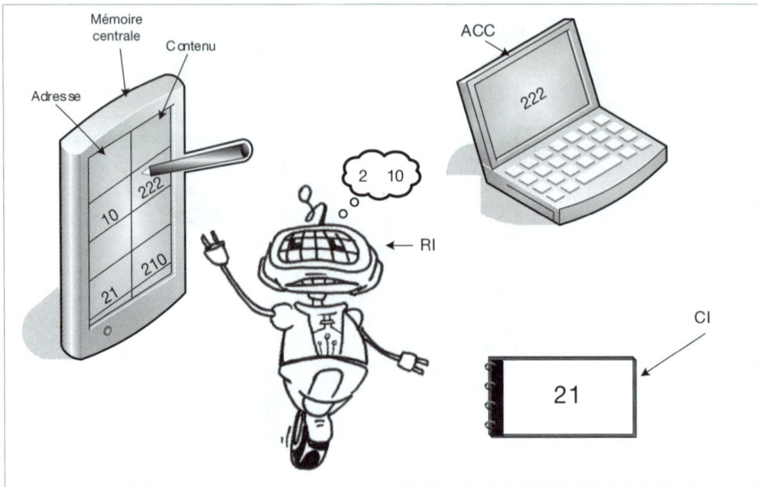

Figure 3.4 Exécution de l'instruction

Dans le cas présent, il trouve « 2 », un code instruction qui lui commande de lire le contenu de ce qui se trouve en mémoire à l'adresse indiquée dans la suite de l'instruction (ici « 10 »), puis de le transcrire ou le charger (la traduction anglaise est *load*) dans l'accumulateur ACC. Tout cela, en effet, c'est « 2 » et seulement « 2 » qui le lui dit. L'adresse « 10 » dans l'instruction indique à PHO sur quoi il doit travailler, en d'autres termes l'opérande, qui, dans le cas présent, contient la valeur « 222 ». À la suite de l'exécution de cette instruction, l'accumulateur contient maintenant « 222 », de même que la mémoire à l'adresse « 10 », dont le contenu n'a pas été affecté lors de l'opération. En effet, chaque extraction de la mémoire n'est pas vraiment une extraction à proprement parler, mais une « copie » de son contenu dans une autre zone mémoire ou un registre. C'est en cela qu'assimiler les cellules mémoire à des boîtes aux lettres (la présence du système d'adressage nous y inciterait) serait quelque peu trompeur. On parle plus volontiers de lecture de la mémoire, dans la mesure où ce qui est lu d'un livre ou d'un journal n'est pas effacé lors de cette lecture.

L'instruction ayant été exécutée, notre PHO va maintenant passer à l'instruction suivante du programme. Il peut incrémenter son registre compteur d'instruction d'une unité et y écrire l'emplacement de la prochaine instruction à exécuter, « 22 » (figure 3.5).

Ainsi, comme la figure 3.6 l'illustre, le cycle des instructions « lecture de l'instruction- décodage - exécution - incrémentation du registre compteur d'instruction » n'aura de cesse de se répéter, jusqu'à rencontrer une instruction particulière qui informera notre petit homme qu'il s'agit de la dernière du programme et qu'il peut aller se reposer.

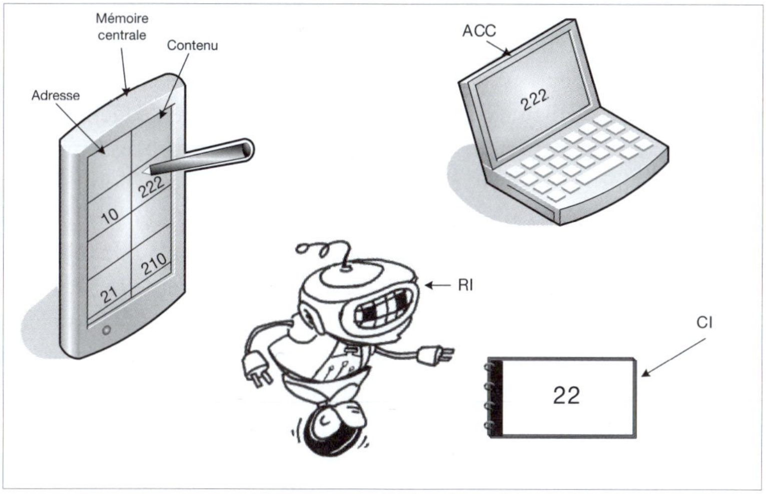

Figure 3.5 Incrémentation du compteur d'instruction

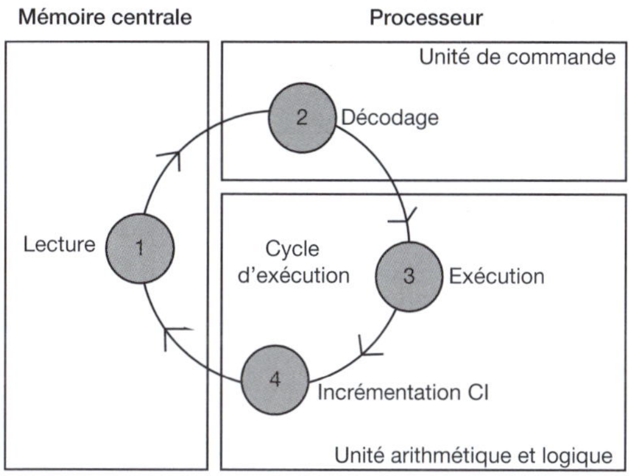

Figure 3.6 Le cycle des instructions

Rôle des instructions

Dans le petit scénario précédent, nous avons découvert une instruction élémentaire particulière qui consiste à recopier dans un registre accumulateur le contenu d'une cellule de la mémoire. Le fait que cette instruction opère de la sorte lui est ordonné par son code et ce sur quoi elle opère se trouve dans l'opérande accolé au code. À chaque code d'instruction correspond ainsi une fonctionnalité différente. Les processeurs que nous connaissons, Intel, AMD dans nos PC, ARM dans nos GPS, tablettes et smartphones, appliquent un schéma semblable à celui que nous venons de voir pour le déroulement de leurs instructions. Par contre, s'ils diffèrent entre eux et apparaissent, jusqu'à un certain point, incompatibles, c'est, avant tout, car chacun d'eux possède un ensemble d'instructions ou jeu d'instructions (que l'on appelle *instruction set* en anglais) qui lui est propre. Chaque processeur parle un langage particulier construit à partir de ses instructions élémentaires.

Si tout ordinateur peut, à juste titre, se targuer d'universalité, puisqu'il est comme tous les autres, capable d'exécuter le même ensemble de tâches universelles, chaque constructeur d'ordinateur a cependant conçu un processeur avec un jeu d'instructions qui lui est propre, comme nous le verrons plus loin. Pourquoi ces différences de base entre les processeurs? Cela vous surprend dans le cas des processeurs, mais alors pourquoi différentes marques de voiture ou de téléviseur? Cela vous surprend déjà moins non? La raison est toujours du même ressort, car chaque constructeur est convaincu que sa manière de penser les instructions élémentaires est meilleure que les autres et, dans ce cas précis, permet d'optimiser le temps et la consommation mémoire requis par l'exécution des programmes. Bien que le nombre d'instructions composant ce jeu d'instructions et différenciant les processeurs entre eux puisse atteindre quelques centaines, il reste possible de regrouper les instructions élémentaires en quatre grandes classes, selon les grandes fonctions réalisées par ces instructions, et cela, quelles que soient les différences de détail dans leur composition (taille de l'instruction, taille de la cellule élémentaire de mémoire, espace mémoire adressable, nombre de registres du processeur, etc.). Ces quatre grandes classes sont :

Copie de données		
Mémoire	à	Mémoire
Mémoire	à	Registre
Registre	à	Registre
Registre	à	Mémoire
Opérations arithmétiques et logiques		
Calculs sur données :		Par exemple : ajouter A à B
Comparaisons entre données :		Par exemple : comparer Z à 0
Branchements ou sauts d'instruction		
Branchement inconditionnel		Par exemple : sauter vers l'instruction à l'adresse 27
Branchement conditionnel		Par exemple : selon le résultat de la comparaison de Z à 0, aller à l'instruction en adresse 4 ou continuer en exécutant l'instruction suivante de la séquence
Entrée-sortie		
Commandes d'entrée-sortie		Par exemple : lire telle partie d'un CD-ROM

Si les deux premières classes ne devraient pas poser de problèmes de compréhension particuliers, les instructions de branchement sont en revanche un peu plus délicates. Elles opèrent en modifiant éventuellement le contenu du compteur d'instruction. En complément de ces dernières, des instructions que nous qualifierons d'auxiliaires (fort précieuses et qui relèvent en fait de la première classe) permettent de copier en mémoire la valeur du compteur d'instruction au moment du branchement, permettant ainsi de reprendre ultérieurement le chemin là où on l'a quitté. Les cailloux du Petit Poucet en quelque sorte. D'autres instructions de la même catégorie permettent d'empiler les sauvegardes des différents registres du processeur pour le remettre dans l'état où il se trouvait. On parle alors d'instructions gérant la pile (*stack* en anglais) et ses pointeurs. Ces instructions améliorent sensiblement la gestion des programmes, dont il ne faut pas voir le déroulement comme un long fleuve tranquille. Bien au contraire, le circuit d'instructions à parcourir est souvent perturbé par d'incessantes interruptions et autres ruptures de séquence, exigeant à chaque fois de rétablir les registres du processeur dans l'état où ils se trouvaient.

La manière dont les instructions sont constituées et traitées par le processeur sera vue plus loin, lorsque nous détaillerons la composition des instructions élémentaires. Nous pouvons déjà préciser qu'à chaque opération type, par exemple un déplacement de données ou une opération arithmétique, est dédié un circuit particulier du processeur (nous avons vu dans le chapitre 2 ce type de circuit pour l'addition). Une fois l'instruction alimentée depuis la mémoire, ce circuit s'occupe de l'exécution de l'opération sur les opérandes également impliqués dans la même instruction.

Un ordinateur élémentaire et ses instructions

Nous allons maintenant voir à quoi peuvent ressembler ces instructions dont il a été question plus haut. Pour cela, nous supposerons un ordinateur aussi imaginaire que rudimentaire, possédant un jeu d'instructions dont chacune est codée sur un octet (8 bits). Les instructions sont composées de deux parties ou champs : la première partie, le code instruction, est exprimée sur 3 bits et la seconde partie, l'adresse de l'opérande (l'opérande est la donnée qui sera traitée par cette instruction) sur 5 bits. Nous considérons, en effet, que chaque cellule de la mémoire centrale de notre ordinateur est adressée par 5 bits. L'ordinateur ne connaît que le binaire, et c'est sous cette forme que toutes les instructions se trouvent en mémoire. Nous verrons au chapitre traitant des langages de programmation, comment on peut s'affranchir de la contrainte d'écrire les instructions bit par bit. Pour notre exemple, nous utiliserons un langage appelé « assembleur », qui permet d'écrire chaque code instruction et chaque opérande sous forme d'un symbole.

Tout d'abord, écrivons le jeu d'instructions que cet ordinateur peut exécuter, c'est-à-dire son langage intime. Nous le supposerons composé de six instructions.

Code instruction			Description de l'instruction
Symbole assembleur	**Valeur en binaire**	**Valeur en décimal**	
`LOAD`	010	2	Copie dans l'accumulateur le contenu de la mémoire dont l'adresse est donnée dans l'opérande
`STORE`	011	3	Copie le contenu de l'accumulateur dans la mémoire à l'adresse donnée dans l'opérande
`ADD`	100	4	Ajoute à l'accumulateur le contenu de la mémoire dont l'adresse est donnée dans l'opérande
`MPY`	101	5	Multiplie l'accumulateur avec le contenu de la mémoire dont l'adresse est donnée dans l'opérande
`BR`	001	1	Interrompt inconditionnellement le déroulement séquentiel du programme par chargement dans le registre d'instruction de l'adresse donnée dans l'opérande
`BRG`	000	0	À condition que le contenu de l'accumulateur soit plus grand que zéro, interrompt le déroulement séquentiel du programme par chargement dans le registre d'instruction de l'adresse donnée dans l'opérande; dans le cas contraire, passage à l'instruction suivante.

Ensuite, indiquons pour quelques données et instructions manipulées par le programme leur adresse en mémoire.

	Adresse	
Symbole	Valeur en décimal	Valeur en binaire
		16 8 4 2 1
Données		
A	10	0 1 0 1 0
B	11	0 1 0 1 1
C	12	0 1 1 0 0
D	13	0 1 1 0 1
E	14	0 1 1 1 0
F	15	0 1 1 1 1
Z	20	1 0 1 0 0
Instructions		
`LB (LeBoulot)`	04	0 0 1 0 0
`SEQ2`	27	1 1 0 1 1

Illustrons maintenant les premières classes d'instructions à l'aide de quelques opérations réalisées avec les instructions et les données que nous venons de définir. On représente d'habitude la version binaire des instructions et de leurs adresses en hexadécimal (en base 16) et non en binaire. Par exemple, dans le cas qui suit, vous découvrez la traduction hexadécimale d'abord d'une instruction de longueur classique (32 bits), ensuite de l'adresse où elle se trouve (8 bits).

0001 1010 0000 0011 0100 1110 0100 0010-> 1A034E42

0100 1000 -> 48

C'est le genre de hiéroglyphes sur lesquels vous serez tombé, abasourdi, lorsque, dans Windows, une de vos applications soudain se « plante » et lance le « débogueur », programme qui vous permet de suivre à la trace les instructions de votre application au fur et à mesure qu'elles s'exécutent. En effet, les instructions qui s'exécutent sont montrées dans le débogueur sous leur forme hexadécimale.

Bien qu'ayant vu un tableau de conversion binaire hexadécimale plus haut, et comme nous utilisons dans les exemples qui suivent des instructions et des adresses très courtes (respectivement 8 et 5 bits) pour des raisons de simplification, nous conserverons la notation en binaire qui permet leur visualisation immédiate.

Copie de données

Commençons par un exemple de copie de la donnée A située à l'adresse 10 vers B à l'adresse 11. Cette copie est réalisée au moyen du registre accumulateur.

	Langage assembleur : symboles		**Langage machine :** binaire		
Adresse de l'instruction	**Code instruction**	**Adresse opérande**	**Code instruction**	**Adresse opérande**	**Instruction complète**
21	LOAD	A	010	01010	01001010
22	STORE	B	011	01011	01101011

Opérations arithmétiques

Poursuivons par un exemple d'opérations arithmétiques exécutant le petit calcul qui suit :

C = D + E * F

Dans notre exemple, les adresses des données C à F vont de 12 à 15.

F est d'abord chargé dans le registre accumulateur, où il est multiplié par E. D est ensuite additionné à ce produit, et le résultat est enfin copié depuis l'accumulateur vers C.

	Langage assembleur : symboles		Langage machine : binaire		
Adresse de l'instruction	**Code instruction**	**Adresse opérande**	**Code instruction**	**Adresse opérande**	**Instruction complète**
23	LOAD	F	010	01111	01001010
24	MPY	E	101	01110	01101011
25	ADD	D	100	01101	10001101
26	STORE	C	011	01100	01101100

Branchements

Pour la dernière classe, caractérisée par les deux instructions de branchement, il y a rupture de la séquence normale. Pour le branchement BRG, cette rupture est conditionnée par la valeur de la donnée Z, qui a été préalablement chargée depuis l'adresse 20 dans le registre accumulateur. Si le contenu du registre accumulateur, et donc la donnée Z, est supérieur à zéro, le compteur d'instruction sera chargé avec l'adresse 4, début de la séquence `LeBoulot` ayant pour symbole `LB`. Dans le cas contraire, l'instruction suivante est exécutée. Pour le branchement `BR` qui termine la séquence `LeBoulot`, la rupture est inconditionnelle, et l'on place dans le registre compteur d'instruction l'adresse 27 correspondant à `SEQ2`.

	Langage assembleur : symboles		Langage machine : binaire		
Adresse de l'instruction	**Code instruction**	**Adresse opérande**	**Code instruction**	**Adresse opérande**	**Instruction complète**
04 LB (LeBoulot)	**	**	**	**	**
05	**	**	**	**	**
06	**	**	**	**	**
07	**	**	**	**	**
08	BR	SEQ2	001	11011	00111011
...					**
27 (SEQ2)	LOAD	Z	010	10100	01010100
28	BRG	LB	000	00100	00000100
29	**	**	**	**	**

La petite séquence d'instructions indiquée dans le tableau ci-dessus illustre à la fois le codage élémentaire et le déroulement d'une boucle et de sa condition d'arrêt. Comme nous avons eu déjà l'occasion de le dire, les boucles sont un mécanisme essentiel du fonctionnement de l'ordinateur. Toute sa soi-disant intelligence vient bien souvent de sa capacité à exécuter des boucles, c'est-à-dire la répétition d'une même opération un nombre gigantesque de fois et cela en un temps record.

La séquence d'instructions reprise dans le tableau est un peu plus corsée que les précédentes. Accrochez-vous ! Vous seriez déçu de ne pas comprendre d'où vient toute la matière grise de votre PC. Acceptez de consommer un peu de la vôtre afin de comprendre la sienne.

Imaginons tout d'abord l'existence d'une séquence `LeBoulot` dont nous ne détaillons pas le contenu, représenté par des **, sauf pour son instruction finale, qui est une instruction de branchement inconditionnel `BR`. Cette séquence `LeBoulot` débute à l'adresse 04 et se termine à l'adresse 08 par un branchement `BR` vers l'adresse 27 (`SEQ2`). L'instruction en 27 a pour fonction d'évaluer si oui ou non, en fonction de la valeur de Z, il y a lieu de procéder à une nouvelle itération de `LeBoulot`. Tant que Z sera supérieur à 0, on retournera à l'instruction `LeBoulot` (`LB`) et dès que ce ne sera plus le cas, on passera à l'instruction suivante à l'adresse 29.

La séquence `LeBoulot` effectuera un traitement ayant, pour effet, entre autres, de faire varier le contenu de Z à l'adresse 20. De cette manière, la séquence `LeBoulot` sera relancée aussi longtemps que le contenu de Z sera positif. Dans le cas contraire, en présence d'un test nul ou négatif, le programme poursuivra la séquence normale des instructions en passant à l'exécution de l'instruction quelconque présente à l'adresse 29. Dans un langage de programmation de haut niveau tel le langage Python que nous découvrirons au chapitre 7, l'instruction correspondante s'écrirait plus ou moins comme suit : `tant que z > 0 faire LeBoulot`.

Structure des instructions

Comme tout être doué d'une intelligence somme toute assez mécanique, le processeur n'accepte que des instructions claires, dénuées de toute ambiguïté. Le vague et le non-dit n'y ont pas droit de cité. C'est pourquoi les instructions doivent être clairement structurées en champs où chaque bit a un sens précis. Une instruction doit nécessairement comporter un code instruction qui indique au processeur quelle opération il doit réaliser, ce qu'il doit faire. Ce code instruction est généralement suivi d'un ou plusieurs champs qui viennent préciser ce sur quoi porte l'opération, ce sont les opérandes. Nous verrons plus loin que les formats des instructions peuvent varier considérablement en fonction du type de processeur et de la complexité de son répertoire d'instructions. Les langues humaines elles aussi présentent une grande diversité, mais on y trouve généralement une conjugaison du verbe au mode impératif ainsi que les compléments qui l'accompagnent (« placez la fourchette à la gauche de l'assiette ») et c'est la version informatique de ces deux catégories grammaticales que nous allons examiner maintenant plus en détail.

Code instruction

Quelle que soit sa structure, quel que soit le processeur, une instruction élémentaire débute par un champ nommé code instruction, le verbe conjugué à l'impératif. Le code instruction est constitué d'un certain nombre de bits dont la combinaison après décodage déclenchera une série de sous-opérations qui aboutiront à l'exécution de telle ou telle instruction du processeur. Cette découpe en sous-opérations ou étapes atomiques est le fait d'un organe nommé séquenceur, que nous décrirons plus avant.

Le répertoire de toutes les instructions dont est doté un processeur peut être considéré comme un catalogue, et chaque code instruction comme le numéro de référence, exprimé en binaire, dans ce catalogue. Dans l'exemple d'ordinateur simplifié que nous avons vu plus haut, l'instruction `LOAD` est référencée par le numéro 2 et l'instruction `STORE` par le numéro 3. Le code instruction peut être accompagné d'un nombre variable d'opérandes, les compléments du verbe, pour préciser sur quoi porte l'instruction, et cela en fonction de la nature de l'instruction. Cela explique pourquoi la première partie de l'instruction conditionne l'utilisation des autres, le nombre et la nature des opérandes à traiter dépendant de fait de la nature de l'instruction. Cette partie sera la première à être décodée, le code instruction précisant comment interpréter le reste de l'instruction.

Opérandes de l'instruction

Selon la nature de l'instruction, chacun des champs qui suivent le code instruction peut prendre une signification différente.

Dans le cas d'une instruction traitant des données, il correspond généralement à un opérande exprimé sous la forme de l'adresse d'une donnée. L'opérande indique alors une source ou une destination, et peut être une adresse en mémoire ou un numéro de registre dans le processeur. Dans le cas des branchements, l'opérande contient l'adresse de la prochaine instruction à exécuter. Dans les deux cas, l'adresse désigne le contenant, la donnée étant le contenu. Comme l'avait voulu von Neumann, rappelons au passage que rien dans la mémoire ne distingue le type de contenu, qu'il s'agisse d'une instruction ou d'une donnée. La différence naît seulement de l'usage qui a été prévu par le programmeur et qui en est fait par le processeur. Ce n'est que par son contexte d'utilisation que le contenu d'une adresse mémoire prend sa signification.

À première vue, l'expression de l'adresse en mémoire ne devrait pas soulever la moindre question et se limiter à donner, sans plus, le numéro d'une cellule de la mémoire. Ce n'est malheureusement pas aussi simple que cela, pour plusieurs raisons.

Parmi ces raisons, il y a d'abord la taille des mémoires centrales. Celles-ci ne cessent d'augmenter, sans arriver à satisfaire pour autant les besoins toujours croissants des programmes. Étant donné le nombre d'adresses possibles qui vaut 2^n (avec n la taille des adresses, réciproquement la taille de l'adressage est le $\log_2$ du nombre d'adresses), des mémoires plus grandes conduiraient à un allongement proportionnel des champs d'adresse et donc à l'accroissement de la taille des instructions (qui contiennent les adresses des opérandes) ainsi que de la place occupée en mémoire centrale. Or, il est important de limiter la zone mémoire occupée par chaque instruction. Un certain type de processeur dénommé RISC (*reduced instruction set computer*), que nous découvrirons plus loin, exige des instructions élémentaires qu'elles soient toutes d'une taille unique, généralement assez petite, suivant en cela, pour des raisons d'uniformité, la taille de tous les registres (32, 64 ou 128 bits). Une partie de l'instruction étant déjà réservée pour le code instruction, il faut s'efforcer de réduire au maximum la taille des adresses. L'unique manière de limiter cette taille est de recourir à des modes d'adressage subtils permettant de réduire dans l'instruction le nombre d'adresses possibles et donc finalement le nombre de bits nécessaires à cet adressage.

Une autre raison qui conduit à réduire la taille occupée par les adresses est le principe de localité que nous retrouverons par la suite. En général, un programme, en s'exécutant, n'utilise au fur et à mesure que des instructions et données restant proches dans la mémoire. Cette proximité permet la mise en œuvre de mécanismes d'adressage relatif comme ceux que nous allons découvrir. Par exemple, lors de l'exécution d'une boucle dans un programme, il arrive fréquemment que celle-ci doive parcourir successivement les éléments d'une table en mémoire. Les éléments de la table sont collés l'un à l'autre dans la mémoire. Plutôt que de modifier les adresses dans chacune des instructions individuelles qui traitent la table, il est plus simple de placer l'adresse du début de la table (base) dans un registre et de ne reprendre, comme adresse de l'opérande, que le déplacement (*offset*) nécessaire pour retrouver l'opérande à partir de l'adresse du début renseignée dans le registre. Ce déplacement nécessitera bien moins de bits que la totalité de l'adresse.

Nous donnons ci-dessous un aperçu de la panoplie des mécanismes d'adressage utilisés par les instructions, en précisant que certains de ces mécanismes peuvent se combiner.

Mécanismes d'adressage des instructions

Dans les cas où l'opérande indique une adresse, celle-ci peut être exprimée de plusieurs manières.

Adresse absolue : comme expliqué plus haut, l'adresse indiquée correspond à l'adresse mémoire effective. Dans la plupart des processeurs actuels, l'adresse absolue en mémoire nécessite 32 ou, de plus en plus, 64 bits. On comprend dès lors l'effet grossissant que cela a sur les instructions, effet croissant encore avec la multiplication des opérandes.

Adresse registre : si l'on part du principe que certaines instructions n'opéreront que sur des données contenues dans les registres, la taille de l'adresse peut se réduire considérablement, car il suffit d'indiquer, parmi un nombre très restreint de registres, lequel contient l'opérande. Comme il y a peu de registres, leur adresse réduite à leur numéro s'en trouvera considérablement raccourcie, par exemple

4 bits pour 16 registres, ou 8 bits pour une batterie déjà assez impressionnante de 256 registres. Pour les données, les accès à la mémoire se limitent à l'échange avec les registres. Ainsi, on n'additionnera jamais deux nombres directement à partir de leurs emplacements en mémoire. On les recopiera préalablement dans les registres avant de les additionner. Dans les processeurs RISC, c'est un mode d'adressage très usité et pour cause, car il réduit considérablement la taille des instructions.

Adresse relative : l'adresse indiquée est un déplacement *offset* ou index, devant être additionné à une base, elle-même chargée au préalable dans un registre pour obtenir l'adresse effective. L'espace d'adressage est d'office réduit puisqu'il ne concerne plus qu'une partie congrue de la mémoire totale, en fait les seuls déplacements possibles par rapport à l'adresse de base. L'adresse devient relative par rapport à celle indiquée dans le registre. Une adresse relative est de taille automatiquement plus petite qu'une adresse absolue. Les données manipulées par les programmes sont fréquemment de type matriciel ou vectoriel, toutes les données se suivant à la queue leu leu. Il est donc très facile d'adresser le nième élément d'un vecteur en combinant un déplacement égal à n fois la longueur d'un élément avec l'adresse de début du vecteur.

Adresse indirecte : l'adresse renvoie soit vers une cellule de la mémoire centrale soit vers un registre où se trouve l'adresse effective de l'opérande que l'on désire traiter. Ce mécanisme d'indirection peut être répété. Ici l'idée n'est pas tant de diminuer la taille de l'adresse, mais de faciliter la manipulation d'adresses. Nous verrons plus loin comment le déroulement séquentiel d'un programme peut être passagèrement altéré par un branchement ou une interruption. L'adresse à laquelle ce programme doit reprendre son exécution est conservée en sauvegardant le registre compteur d'instruction. Le programme reprendra son cours normal par un adressage indirect de cette sauvegarde. L'adressage indirect est aussi particulièrement utile par exemple lorsqu'un programme doit effectuer une série d'opérations sur une donnée dont on ignore encore l'adresse finale ou dont l'adresse peut varier au cours de l'exécution du programme. De même, l'adressage indirect permet de se référer à une même donnée à partir de plusieurs endroits dans le déroulement du programme, il suffira que de tous ces endroits les adresses manipulées contiennent toutes celle, unique, de la donnée en question. L'adressage relatif peut enfin être combiné à l'adressage indirect, pour faciliter la localisation et le traitement de données, rangées sous forme tabulaire et à des endroits variables dans la mémoire.

Valeur immédiate : dans la plupart des cas, le champ opérande de l'instruction indique l'adresse en mémoire de l'opérande ou le numéro du registre sur lequel porte l'instruction. Dans d'autres cas, moins fréquents, le champ opérande contient une valeur qui est utilisée immédiatement telle quelle, par exemple une valeur numérique. On parle alors de valeur immédiate. Exemple d'une instruction avec une valeur immédiate en opérande : `ADD Rn 5`, qui se traduit par : augmenter de 5 la valeur contenue dans le registre `Rn`.

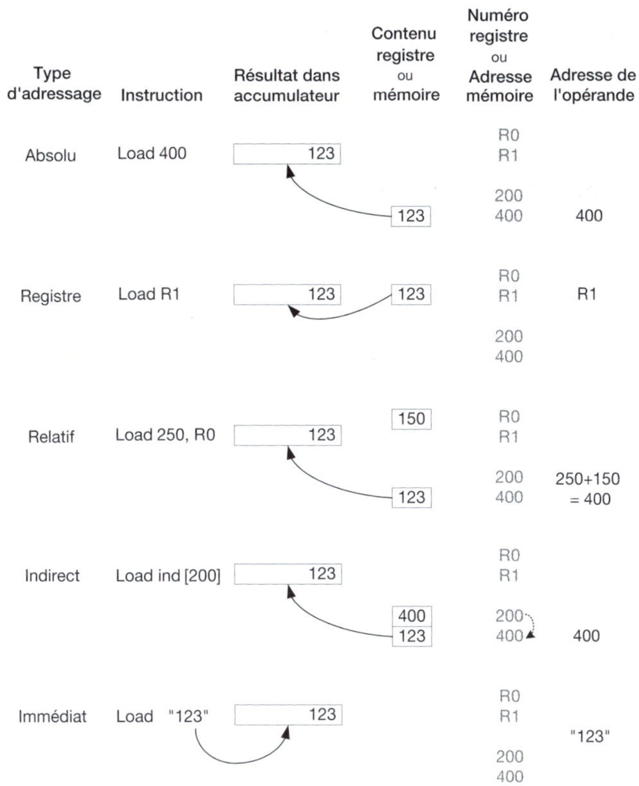

Figure 3.7 Types d'adressage

La figure 3.7 illustre ces différents types d'adressage à partir d'une instruction LOAD. Tous ces types aboutissent au même résultat : la valeur 123 est chargée dans l'accumulateur.

Pour réduire l'espace utilisé par l'adressage des opérandes, il est indispensable d'éviter l'adressage absolu, qui, avec la taille des mémoires actuelles, coûte généralement le prix fort de 4 ou 8 octets. En effet, rares sont les cas où il est nécessaire d'accéder à l'ensemble de l'espace adressable. En général, il est préférable d'avoir un mécanisme de limitation de l'accès de la mémoire (principe de « mémoire protégée »), de manière à empêcher qu'un programme ne s'aventure sur les plates-bandes d'un autre. Toute zone mémoire occupée par un programme est une propriété privée et inaccessible par les autres programmes, sauf avec une pièce d'identité ou une lettre de recommandation délivrée par le système d'exploitation. Lorsque plusieurs programmes s'exécutent en même temps, grâce au principe du multitâche que nous verrons dans un prochain chapitre, chaque programme se voit réserver son espace mémoire propre, sa chasse gardée. Le contenu des registres spécialisés qui assurent cette protection n'est d'ailleurs accessible qu'à un nombre très limité de programmes, qui ont précisément pour tâche de gérer l'espace mémoire et d'empêcher les débordements.

L'adressage absolu est donc le plus souvent remplacé par des adressages de registres ou indexés à partir de registres. Une autre raison qui justifie la création de ces adressages indexés est que, au-delà de la mémoire partagée entre les programmes, lorsqu'un même programme s'exécute, le principe de localité est toujours à l'œuvre. Ce principe de localité se décline sous une forme spatiale et temporelle. Pour le « spatial », rappelons que la majorité des données et des instructions accédées lors de l'exécution d'un programme restent très proches les unes des autres, ce qui favorise l'utilisation d'adresses plus courtes. Les instructions s'exécutent en séquence et souvent traitent des données vectorielles ou matricielles très compactes en mémoire. L'adressage relatif permet de restreindre la zone mémoire et d'accéder aux informations par une adresse limitée à cette zone. Pour le principe de localité temporelle, ce sont souvent les mêmes opérandes qui sont utilisées dans le temps, justifiant le traitement continu d'une même zone de mémoire. PHO, notre petit homme du début du chapitre, tout paresseux qu'il est, ne fait pas de grands déplacements dans la mémoire mais de très petits allers et retours.

Enfin, on comprend mieux, face à la multiplicité de ces mécanismes d'adressage, la multiplicité des instructions élémentaires possibles. Le code de l'instruction aura également pour fonction d'informer le processeur sur le mode d'adressage auquel se conformer pour aller chercher le ou les opérandes sur lesquels agir.

Instructions élémentaires et familles de processeurs

Rappelons d'abord que les instructions élémentaires dans leur version binaire constituent le seul langage compréhensible par le processeur. Chaque type de processeur possède son propre langage ou jeu d'instructions, bien plus riche que l'ensemble simplifié que nous avons vu précédemment car ils peuvent en effet être composés de centaines d'instructions élémentaires. Ces jeux d'instructions, et donc les formats des instructions élémentaires, varient considérablement en fonction du constructeur, du type de processeur, du choix entre instructions de longueur fixe ou variable, de la taille des cellules de mémoire ainsi que du nombre d'adresses accessibles par une instruction.

Toutes les instructions élémentaires comprennent au moins un champ en commun : le code instruction. Selon la nature de l'instruction et le type de processeur, l'instruction peut être complétée par un ou des codes additionnels, détaillant les modalités d'exécution de l'instruction, puis par un ou plusieurs champs, spécifiant les adresses des opérandes manipulées par cette instruction.

À titre d'exemple, pour un certain type de processeur, l'addition d'une zone A de longueur lg_A à une zone B de longueur lg_B avec écriture du résultat dans une troisième zone C de longueur lg_C, pourrait se traduire en une instruction machine de la forme : `ADD lgA lgB lgC A B C`. Ici le code de l'addition `ADD` est suivi de trois champs renseignant sur la longueur des opérandes, puis de trois autres champs pour leurs adresses. Les instructions d'un processeur de ce premier type seront de longueur variable, nombreuses et diverses, rendant plus complexes la lecture, le décodage et l'exécution de ces instructions par le processeur.

Pour un autre type de processeur, cette addition et ce déplacement de données seront effectués par plusieurs instructions, de longueur fixe et de format semblable, et utilisant, pour des raisons que nous spécifierons dans la suite, surtout des registres du processeur. Les instructions de ce second type de processeur seront généralement de longueur fixe, et cette longueur correspondra à l'optimum en matière d'accès en mémoire centrale, soit 32 ou 64 bits pour la plupart des processeurs actuels ayant adopté ce mode de codage d'instructions. Les instructions seront en nombre plus réduit et montreront une structure homogène, autorisant la conception de processeurs plus simples et généralement plus efficaces.

Un ordinateur possédant un jeu d'instructions semblable au premier type sera étiqueté comme CISC (*complex instruction set computer*). L'architecture CISC est utilisée dans les processeurs développés par Intel et présente dans les ordinateurs de type PC et Apple. À ses débuts, Apple avait fait le choix de processeurs de type CISC conçus par la firme Motorola, puis passera à des processeurs de type RISC de la même firme, ce qui contribuait à marquer davantage qu'aujourd'hui la différence entre les deux familles d'ordinateurs, Apple et PC. En 2005, Apple a adopté l'architecture CISC d'Intel.

Pour le second type, on parlera de RISC (*reduced instruction set computer*). Tout cela contribue à expliquer des incompatibilités entre types de machines. L'architecture RISC est présente entre autres dans les tablettes, les smartphones, les GPS, souvent avec pour origine ARM (Advanced Risc Machine Ltd), une société britannique qui étudie et conçoit des modèles de microprocesseurs de type RISC (entre autres Cortex) et qui les propose sous licence aux constructeurs de processeurs. La figure 3.8 montre quelques instructions typiques et leur découpe en champs pour les deux sortes de jeux d'instructions, le premier pour un processeur RISC et le deuxième pour un processeur CISC.

Les deux instructions RISC représentent :

- addition d'une valeur immédiate et d'un registre source Rs dans un registre destination Rd;
- branchement vers une adresse relative par rapport à un registre Rd.

Les quatre instructions CISC représentent :

- une opération de transformation d'une donnée depuis une adresse renseignée dans le registre source Rs vers une adresse renseignée dans le registre destination Rd;
- chargement d'une valeur immédiate longue de 16 bits;
- chargement d'une valeur immédiate longue de 32 bits;
- copie d'une donnée depuis une adresse source vers une adresse de destination.

Il devrait maintenant vous paraître clair pourquoi un programme, dans sa version traduite en langage machine binaire ou « exécutable », ne peut s'exécuter que sur un type de processeur donné. Les processeurs, parlant des langages différents, ne se comprennent pas entre eux. Bien que le mode opératoire et, ce faisant, le pro-

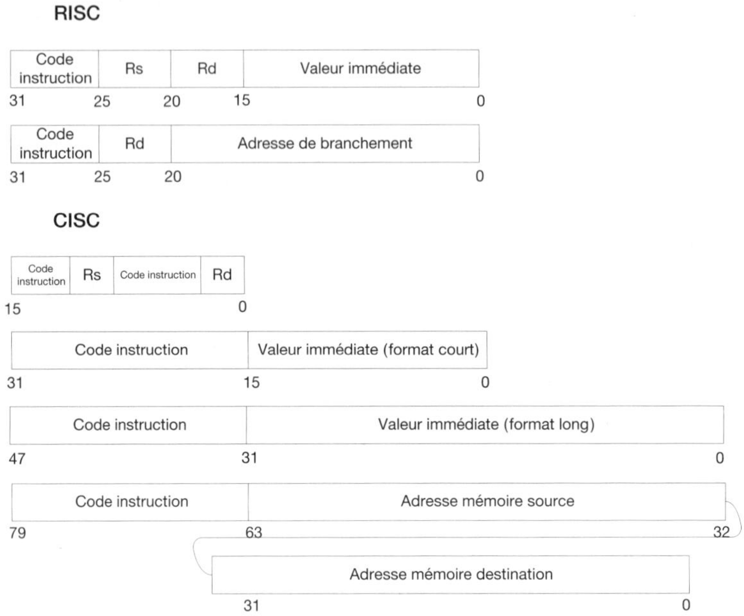

Figure 3.8 Exemples d'instructions RISC et CISC

gramme d'un logiciel, soit un et un seul, une fois traduit dans les instructions élémentaires, et malgré l'unicité du fonctionnement, les programmes exécutables se différencieront par le jeu des instructions élémentaires propre aux processeurs sur lesquels ils s'exécutent. Nous verrons plus loin, nous intéressant aux systèmes d'exploitation, que leurs interfaces peuvent être une autre source d'incompatibilité. La plus simple addition écrite dans un langage de programmation, « 2 + 3 », une fois traduite dans les instructions élémentaires d'un processeur, deviendra incompréhensible pour un autre.

Un premier type de processeur sera éventuellement mieux adapté au traitement des applications de gestion, où des données de nature diverse doivent être mises en forme, tandis qu'un deuxième type pourrait l'être à des calculs complexes. Un troisième type de processeur aura été conçu avec un ensemble d'instructions élémentaires particulièrement appropriées pour le traitement et la diffusion des images, et sera donc sur la plus haute marche du podium pour les applications graphiques gourmandes et sophistiquées ainsi que les jeux vidéo.

Des processeurs qualifiés de CISC ont été progressivement enrichis par des instructions SIMD (*single instruction multiple data*) en vue du traitement simultané de données différentes par leurs unités de calcul multiples travaillant en parallèle, Ces instructions sont entre autres destinées aux traitements sur des structures répétitives de données de type multimédia. Différentes étapes dans l'implémentation de ces jeux d'instructions sont désignées par SSE, (*streaming SIMD instructions*). Un nouvel enrichissement a été apporté avec AVX (*Advanced Vector*

Extensions), un ensemble d'instructions longues de 256 bits avec des registres supplémentaires longs de 512 bits destiné à augmenter les performances des calculs en virgule flottante.

Qui fait le mieux, par exemple, entre les processeurs de type CISC et RISC? Impossible de se déterminer, car chacun de ces jeux d'instructions, tout en préservant sa conception d'origine, n'a de cesse de s'améliorer (ainsi la succession des processeurs Intel et AMD, Dual et Quad Core, etc.), rendant illusoire toute opinion définitive. On pourra comparer entre eux différents processeurs issus d'une même famille ou d'un même modèle de conception, comme on peut comparer différentes voitures d'une même marque (en général le prix aide), mais cela devient beaucoup plus délicat quand il s'agit de comparer entre elles des marques différentes.

Néanmoins, la supériorité d'un type par rapport à l'autre est un débat qui divise les informaticiens depuis de très nombreuses années, sans qu'ils ne soient jamais parvenus à trancher de manière ferme et définitive. Ce débat a aussi été exploité de manière simpliste par le marketing des constructeurs pour promouvoir l'image de leurs produits.

Les performances des différents types et des différentes marques d'ordinateurs font l'objet de comparaisons (*benchmarks*) réalisées sur une série de programmes de référence appelés « SPEC » (*System Performance Evaluation Cooperative*) mais dont les résultats prêtent souvent à controverses. Ces programmes se veulent représentatifs des applications des utilisateurs et doivent, dès lors, être régulièrement revus pour tenir compte de l'évolution tant des besoins que des technologies.

Le tableau comparatif suivant énumère les caractéristiques principales des deux types principaux.

CISC	**RISC**
Une large variété d'instructions, de tailles d'instruction (jusqu'à 30 octets) et de modes d'adressage	Instructions toutes de même taille (32 ou 64 bits) Adressage simplifié, par l'utilisation massive de registres
Plus cher en mémoire	Moins cher en mémoire
Plus compliqué, plus flexible mais plus lent	Plus simple, plus rapide
Programme plus court contenant moins d'instructions, mais exécution d'instruction plus lente, une instruction pouvant avoir besoin de vingt étapes	Utilisation massive des registres (nécessite beaucoup de registres) et des transferts entre registres. Les programmes s'exécutent plus localement par les registres et la mémoire cache
Difficile pour le pipeline mais recours intensif à la microprogrammation	Plus adéquat pour le pipeline, une instruction par cycle d'horloge
Beaucoup d'accès mémoire dans la majorité des instructions	Accès mémoires plus rares : uniquement par les instructions `LOAD` et `STORE`

La longueur des instructions, soit le nombre d'octets qu'elles nécessitent, est une préoccupation majeure lors de la conception d'un processeur, et cela quel que soit le type, CISC ou RISC. Dans l'architecture RISC, il est obligatoire de faire tenir chaque instruction dans la longueur canonique (4 ou 8 octets actuellement). Dans la version CISC, la longueur des instructions est moins contraignante, mais il n'en reste pas moins vrai que cette longueur influe fortement sur la place prise en mémoire, sur le temps nécessaire pour alimenter les instructions depuis la mémoire vers le processeur, sur leur temps d'exécution à proprement parler (c'est-à-dire le nombre d'étapes atomiques nécessaires à la réalisation de l'instruction) et donc, *in fine*, sur la vitesse d'exécution des programmes. Le raccourcissement d'une instruction est toujours souhaitable.

Dans l'architecture RISC, le champ attribué au code instruction des instructions est de taille relativement limitée, puisque le nombre d'instructions possibles est limité. Pour l'architecture CISC, le champ du code instruction est plus long car il code pour un plus grand nombre de possibilités. On voit donc que la limitation de la longueur des instructions ne peut de toute manière pas se faire au niveau des codes instruction. Comme seule alternative, il est nécessaire de se tourner vers les opérandes pour limiter la longueur des instructions. Le besoin de limiter la taille des champs attribués aux adresses des opérandes est plus vital encore dans les architectures de type RISC, vu le format unique de taille réduite dans lequel doivent rentrer toutes les instructions. C'est pourquoi les processeurs de type RISC font un usage quasi exclusif pour leurs opérandes d'adressage par registre ou relatif, de registres adressés par leur numéro, ainsi que des seules instructions de type `LOAD` et `STORE` comme moyen d'accès à la mémoire centrale. Dans un processeur RISC, une addition s'effectuera à partir des données contenues dans les registres et préalablement recopiées de la mémoire centrale. En revanche, dans un processeur CISC, cette même addition pourra s'effectuer directement à partir des données contenues dans la mémoire centrale.

Des langages de programmation au binaire

Un programme informatique se réalise par l'écriture des différentes instructions qui le composent. Au tout début de l'informatique, le fonctionnement « intime » des processeurs décidait toujours, en fin de compte, de la seule manière efficace de programmer un ordinateur. Bien que tout programme informatique soit la réalisation d'un algorithme, une suite logique d'instructions élémentaires, il était admis que l'organisation du programme et la nature même de ces instructions ne pouvaient s'éloigner trop de la façon ultime dont le processeur les exécuterait : pour l'essentiel (comme nous l'avons vu au chapitre précédent) des modifications de données en mémoire, des recopies de ces données d'un emplacement mémoire à un autre, et des opérations d'arithmétique et de logique élémentaire. Le tout se retrouve finalement incarné dans des suites de bits qui, selon le code de l'instruction, activent les différents circuits logiques et électroniques à base de NOT, AND, NOR, XOR... vus dans le chapitre précédent.

Il est vite apparu que ce mode d'écriture était très fastidieux, et une source potentielle d'erreurs difficiles à détecter. L'augmentation de la capacité des ordinateurs et la possibilité d'exécuter des programmes plus volumineux et plus complexes ont rendu nécessaire l'adoption d'un mode d'écriture plus simple et plus efficace. L'écriture des programmes en langage machine a fait place à l'écriture en langage assembleur, dont nous avons déjà fait un premier usage dans ce chapitre.

En langage assembleur, tous les champs de l'instruction, essentiellement son code instruction et l'adresse de ses opérandes, sont exprimés sous forme de symboles (tels `load a`, `store c`, `add b`). L'écriture du programme terminée, ces symboles sont analysés par un programme spécialisé nommé « assembleur » qui va les traduire en langage binaire. En général, l'assembleur génère une instruction machine pour chaque instruction symbolique. Il existe encore parmi les informaticiens d'aujourd'hui, mais ils se font plutôt rares, des programmeurs en assembleur, comme il existe encore des maréchaux-ferrants ou des allumeurs de réverbères. Mais pour ceux-là, cette faculté de programmer en assembleur reste la marque distinctive des vrais informaticiens, et ils font corps puisque qui se ressemble assemble… Durant cette époque « bénie » mais révolue, la réalisation de l'addition « a = b + c » exigeait l'écriture d'un code fastidieux, plus ou moins comme suit :

« `load b` »
« `add c` »
« `store a` »

Ce langage exigeait de maîtriser l'architecture des processeurs, l'existence de registres et de mémoires à explicitement adresser, et l'ensemble des instructions élémentaires de base, différent d'un processeur à l'autre. L'écriture en langage assembleur a fait place à son tour à des langages de plus haut niveau tels Fortran, Cobol, Pascal, C, Java ou Python, où c'est la fonction à réaliser qui est décrite, et non plus la suite des instructions nécessaires pour exécuter cette fonction. La mise au point d'algorithmes complexes, dépassant les simples opérations de stockage, de récupération des données et d'arithmétique de base, obligea les informaticiens à effectuer ce saut dans l'abstrait consistant en la pratique des langages de haut niveau. Ces langages permettent à l'utilisateur de prendre quelque distance par rapport au fonctionnement du processeur (en ne travaillant plus directement à partir des adresses mémoires et en évitant la manipulation directe des instructions élémentaires) et de pratiquer une programmation plus proche de la manière de poser et de résoudre les problèmes.

Ces langages cherchent à se positionner entre l'écriture des instructions élémentaires et l'utilisation tant du langage naturel que du sens commun. Nous le répétons, il est incontestablement plus simple d'écrire : c = a + b qu'une suite d'instructions en langage machine telle que : `LOADa,reg1; LOADB, reg2; ADDreg3,reg1,reg2; STOREC,reg3`, ayant pourtant la même finalité. Une fois le programme écrit sous forme de ses fonctions, une opération de traduction automatique, dite de « compilation », se charge alors de traduire le programme dans les instructions élémentaires propres au processeur sur lequel on désire exécuter ce programme. L'écriture d'une seule instruction dans un de ces langages de haut niveau produira dans la plupart des cas plusieurs instructions de langage machine, en moyenne cinq ou six instructions élémentaires. Cette économie d'écriture est également à mettre au crédit de l'utilisation des langages de programmation.

Ce sont des programmes nommés « compilateurs » qui permettent de traduire en langage machine un programme source écrit dans un langage de plus haut niveau. Cette compilation est faite une seule fois et le programme en langage machine ou programme « exécutable » résultant pourra être exécuté un nombre illimité de fois tant que le programme source n'est pas modifié. Chaque langage a son propre compilateur, adapté de plus au type de processeur dont il doit générer le langage machine. Ainsi, un programme (appelé également « code source ») compilé pour un processeur donné (Intel par exemple), ne s'exécutera pas sur un processeur d'une autre architecture. Les processeurs se différencient entre eux par le jeu d'instructions élémentaires qu'ils sont capables d'exécuter. Ainsi les utilisateurs de PC et de Windows connaissent trop bien les fameux fichiers se terminant par « .exe » qui ne s'exécutent que sur les plateformes PC/Windows.

Une variante aux compilateurs est représentée par les « interpréteurs », qui exécutent des programmes écrits dans un langage de haut niveau en les traduisant au vol en langage machine au fur et à mesure de leur exécution. C'est le cas de Python, sur lequel notre choix pédagogique s'est porté (et que nous découvrirons dans le chapitre 7), ce qui permet d'en accentuer justement le caractère pédagogique, le programmeur pouvant tester le résultat des instructions au fur et à mesure de leur écriture. Les interpréteurs présentent d'autres avantages tels que l'économie de la compilation, une plus grande souplesse à l'exécution, mais ils sont très gourmands en temps processeur, puisqu'à chaque instruction du langage interprété, ils doivent reprendre son analyse et sa transposition en langage machine. Sur le plan conceptuel, nous pouvons en première approximation les assimiler aux compilateurs.

Ces différentes façons de représenter les instructions, du langage de haut niveau jusqu'au binaire, sont illustrées dans le tableau ci-contre.

Nous y reprenons quelques instructions issues de trois grandes classes énoncées plus haut : copie de données, opérations arithmétiques et logiques et branchements. Nous montrons pour chacune les différentes manières de les écrire : d'abord dans un langage de haut niveau, puis en assembleur et finalement en binaire.

Écrire dans un langage de programmation particulier impose de respecter à la lettre un lexique et une syntaxe donnés lors de la description des tâches que le programme devra réaliser. C'est souvent en programmant et en prenant conscience des conséquences dramatiques que peut avoir l'oubli d'un point-virgule ou une faute d'orthographe que l'on démystifie l'ordinateur. On se rend compte alors que le fonctionnement de nos langues naturelles est incomparablement plus robuste que celui des langages de programmation et on relativise d'autant la soi-disant intelligence informatique.

Classes d'instructions	**Fonctions en langage de haut niveau**	**Langage assembleur, symboles des codes instruction + opérande**		**Langage machine Binaire, codes instruction + opérande**	
Copie de données	b = a	LOAD	A	010	01010
		STORE	B	011	01011
Opérations arithmétiques	c = d + e × f	LOAD	F	010	01111
		MPY	E	101	01110
		ADD	D	100	01101
		STORE	C	011	01100
Branchements	goto séquence2	BR	SEQ2	001	11011
	if z > 0 goto leBoulot	LOAD	Z	010	10100
		BRG	LB	000	00100

Dans le chapitre 7, nous allons découvrir plus avant un de ces langages de programmation ayant ces temps-ci le vent en poupe pour ses vertus pédagogiques : Python.

FONCTIONNEMENT DU PROCESSEUR

Le processeur est essentiellement un assemblage de registres et d'organes d'échange entre ces registres. Ces organes d'échange sont constitués de liaisons transportant les bits de données et de signaux de commande provoquant l'établissement et la coupure de la liaison selon la cadence donnée par une horloge.

Nous allons examiner le schéma général d'un processeur en nous attachant d'abord aux registres, car c'est eux qui mettent le mieux en relief les fonctionnalités du processeur.

Schéma des registres du processeur

Les registres sont des mémoires individuelles de petite taille, allant du bit à quelques octets, généralement très rapides, car faisant partie intégrante du processeur. À la différence de la mémoire centrale dans laquelle les cellules sont banalisées quant à leur contenu et leur usage, les registres sont affectés à un usage spécifique.

À un niveau plus détaillé de l'architecture, les registres sont reliés par un faisceau de liaisons, généralement parallèles, chacune d'elles véhiculant un bit. Ces liaisons peuvent soit se limiter à deux registres pour former une liaison point à point, soit relier plusieurs registres à travers un bus. Chaque registre est raccordé au faisceau à travers un jeu d'interrupteurs électroniques ou portes qui basculent en bloc au rythme de l'horloge pour contrôler le passage d'un courant électrique. La technologie de ce type d'horloge est commune à celle de la plupart des montres d'aujourd'hui fonctionnant à partir d'un cristal de quartz. Un même cristal soumis dans le processeur à un courant électrique permet d'envoyer des impulsions à une fréquence précise et ajustable.

Ces registres ne sont pas seulement présents dans le processeur, dont ils constituent la partie essentielle, mais ils sont également présents au niveau de la mémoire centrale, des canaux et des périphériques. Ils seront cités le cas échéant lors de la description des fonctionnalités auxquelles ils participent. Où qu'ils se trouvent, les registres servent de mémoire de travail au sein d'un élément ainsi que de station de relais ou de dépôt temporaire pour passer les informations entre éléments.

Nous verrons plus loin combien la vitesse de fonctionnement de l'ordinateur (les fameux GHz des processeurs) est tributaire de leur rapidité, l'étape ultime, la plus « atomique » du fonctionnement d'un ordinateur, étant le transfert d'un registre dans un autre. Tout le fonctionnement de l'ordinateur se ramène à des transferts de registres, les bits passant de l'un à l'autre, circulant à travers un circuit logique de portes, XOR, AND ou autres, qui en modifient la valeur.

Le schéma bloc du fonctionnement du processeur représenté à la figure 3.9 illustre les registres du processeur, leur emplacement et les relations physiques et fonctionnelles qu'ils entretiennent entre eux. Cette figure est capitale car elle représente au mieux les différents composants et surtout leurs relations fonctionnelles. Le séquenceur peut être vu comme un poste central de commande aiguillant les échanges entre registres. Les nombreuses liaisons de commande du séquenceur ne sont pas indiquées pour ne pas surcharger le schéma. Ce séquenceur, comme d'autres composants du schéma, recevra par la suite quelques compléments d'explication, mais, d'ores et déjà, sachez que tout ce chapitre se trouve contenu dans la figure. Elle en constitue donc la meilleure synthèse qui soit et il est utile que vous puissiez situer à l'aide de cette figure les éléments qui seront décrits dans ce chapitre.

Chaque type de processeur possède sa propre panoplie de registres afin d'effectuer ses propres opérations sur les adresses et les données. Cependant, plusieurs registres, dont certains que nous connaissons déjà, y figurent toujours, avec des appellations variables, mais une fonctionnalité assez constante. Passons-les en revue.

Compteur d'instruction CI (*instruction counter* ou *program counter* ou *instruction address* ou compteur ordinal. Dans le scénario du « petit homme ordinateur », c'est celui que nous avions dénommé « registre compteur d'instruction »). Il contient l'adresse de l'instruction à exécuter, et donc l'adresse mémoire d'où le processeur peut recopier cette instruction. En cours d'instruction, ce registre est incrémenté pour pointer sur l'instruction suivante. Dans le cas d'un branchement effectif, le registre contient l'adresse de la prochaine instruction en séquence normale. Précisons sans entrer dans les détails que, dans ce dernier cas, cette adresse peut être stockée par l'instruction cible, et ceci afin de permettre de revenir dans le programme là où il fut abandonné après la réalisation du branchement.

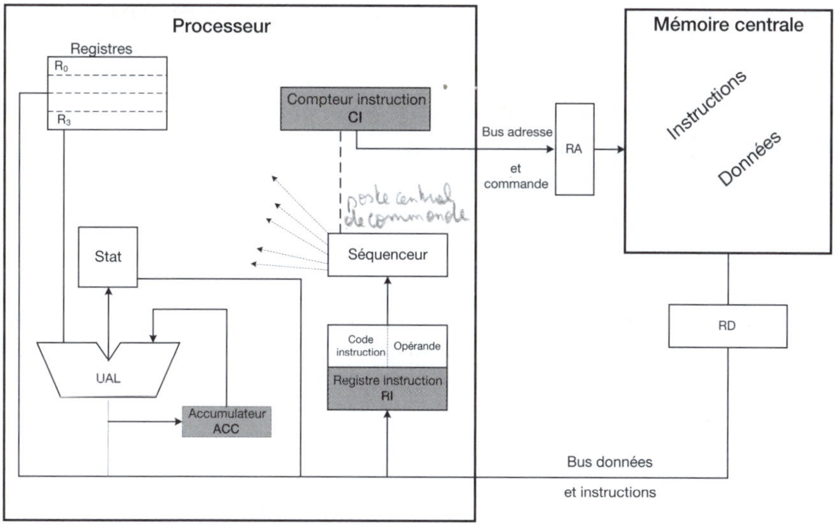

Figure 3.9 Schéma bloc du fonctionnement du processeur

Registre d'instruction RI (*instruction register*), contient l'instruction à exécuter, telle que le processeur l'a lue en mémoire à l'adresse donnée par le compteur d'instruction. Une fois l'instruction stockée dans ce registre, c'est l'emplacement à partir duquel son décodage pourra être entrepris par le séquenceur, organe que nous décrirons plus loin.

Accumulateur (ACC), partie de l'unité arithmétique et logique, laquelle effectue les opérations arithmétiques ou logiques sur les données.

Registre d'état (*status register*, STAT), donnant l'état du processeur au terme de l'exécution de l'instruction; par exemple après une opération arithmétique, le registre d'état précisera si le résultat obtenu dans le registre accumulateur ACC est égal à 0, négatif, etc. Ce registre est utilisé par les instructions de branchement conditionnel qui testent le résultat d'une instruction précédente afin de décider quoi faire par la suite.

Registres de travail (*common registers*), présents dans tous les processeurs mais différents en nombre, banalisés ou spécialisés. Ce sont ces registres de travail qui différencient pour une large part les types de processeurs. Nous avons doté de quatre registres (R_0 à R_3) le processeur ultra-simplifié que nous utilisons pour nos exemples.

La plupart des registres que nous venons de décrire sont dits programmables, car leur contenu est accessible au programme. Le processeur contient d'autres registres intermédiaires qui ne sont pas directement visibles par le programme. Parmi ceux-ci, deux registres gèrent les transferts entre le processeur et la mémoire centrale :

Registre d'adresse RA (*memory address register*), contenant l'adresse du transfert mémoire et des commandes (soit l'adresse où écrire la donnée, soit l'adresse où aller la lire), en rappelant une nouvelle fois, que pour la mémoire, il n'y a pas lieu de distinguer une instruction d'une donnée. De « son point de vue », il ne s'agit que de bits logés dans une adresse, à lire ou à écrire.

Registre de données RD (*memory data register*), contenant soit la donnée à écrire dans la mémoire (remplaçant le contenu actuel avec le nouveau contenu), soit celle lue depuis la mémoire (en laissant intact son contenu actuel).

Déroulement des instructions élémentaires

Rappelons trois des grandes classes d'instructions élémentaires déjà abordées plus haut.

1. Copie de données	Ces copies consistent à reproduire une donnée depuis un registre ou la mémoire centrale vers un autre registre ou la mémoire centrale
2. Arithmétique et logique	Y compris comparaisons, translations ou permutations de données
3. Branchements	Permettent d'altérer le déroulement séquentiel des instructions et de différencier conditionnellement le déroulement logique des instructions

Jusqu'à présent, nous ne nous sommes intéressés qu'à la forme des instructions ou leur structure, une simple association de codes instruction et d'opérandes. Il nous importe maintenant d'examiner comment le processeur exécute ces mêmes instructions à partir de leur contenu.

Étapes primitives

Le processeur exécute chaque instruction en la découpant en une succession d'étapes, parfois appelées « primitives » ou « atomiques ». Chaque étape correspond à la mise en œuvre, durant un laps de temps défini, d'un nombre déterminé d'organes du processeur. Plus précisément, la mise en œuvre d'un organe du processeur revient à un transfert entre registres, commandé par le séquenceur et consistant à copier dans un registre le contenu d'un autre registre ou à y écrire le résultat de la combinaison de plusieurs registres.

Une étape ne peut commencer qu'à partir du moment où se trouve assurée la stabilité du contenu des registres se trouvant impliqués au cours de cette étape. Cette stabilité n'est possible que parce qu'un délai suffisant s'est écoulé depuis la fin de l'étape précédente et que les résultats obtenus durant celle-ci ont été écrits au complet. C'est pourquoi le déroulement de chaque étape doit être prévu dans un temps défini selon une cadence fixée par l'horloge interne du processeur. Chaque étape se déroulera ainsi durant un cycle d'horloge du processeur. Cette horloge bat la mesure, de telle sorte que la durée entre deux battements soit la plus courte possible pour effectuer un transfert complet et sûr entre les registres.

En d'autres termes, ce cadencement revient à fixer des cycles de base, qui représentent le temps nécessaire pour la manipulation d'un registre, lecture, écriture, permutation, etc. Chaque étape atomique d'une instruction (transfert de registre) correspond à un cycle de base, et le temps d'exécution d'une instruction devient la somme des temps nécessaires à l'accomplissement de chacune de ses étapes. On peut chercher à accélérer le fonctionnement du processeur en pratiquant l'« overclocking » qui consiste à accélérer la fréquence d'horloge (comme on débride une moto), au risque d'un fonctionnement instable et même d'une destruction du processeur.

Les processeurs se caractérisent par le nombre de cycles de base qu'ils réalisent par seconde, et ce nombre s'exprime en hertz. Ainsi, un processeur fonctionnant à un gigahertz (1 GHz) effectue un cycle de base à chaque milliardième de seconde. Si les nanomètres (nm) font encore l'objet de grands effets d'annonce dans la presse scientifique, les nanosecondes (ns), depuis quelques années, ne défraient plus la chronique. Les gigahertz n'étonnent plus personne et ne font plus l'objet d'expression enthousiaste comme « c'est giga ». Les accroissements de cette fréquence sont liés à la fameuse loi de Moore, déjà évoquée, et qui prédit que la densité des composants dans un circuit intégré double tous les 2 ans.

Le nombre de cycles de base ne donne qu'une idée approximative des performances du processeur. Méfiez-vous des publicités tapageuses vantant un processeur dont la vitesse en GHz s'est vue augmentée par rapport à son prédécesseur. Méfiez-vous également de toute comparaison entre processeurs uniquement basée sur cette vitesse (par exemple les comparaisons AMD-Intel). Nous avons vu qu'une fonction dans un langage de haut niveau pouvait, suivant les processeurs, se traduire en un nombre différent d'instructions élémentaires. De même, les instructions élémentaires peuvent comporter un nombre variable d'étapes et, de ce fait, consommer autant de cycles de base.

À cela s'ajoutent encore d'autres facteurs, tels l'accès aux données en mémoire et les différents niveaux de mémoire que nous verrons par la suite. Les aspects de performance des processeurs ont déjà été évoqués dans la comparaison entre RISC et CISC.

Afin d'illustrer la découpe des instructions en étapes atomiques, nous allons prendre pour exemple le déroulement de deux instructions typiques vues précédemment : la copie ou chargement (`LOAD`) du contenu d'un registre dans le registre accumulateur, suivie de l'addition (`ADD`) du contenu d'un autre registre. Nous profiterons de cet exemple pour également mettre en lumière le fonctionnement du processeur et de ses organes principaux. Nous conservons par souci de simplification notre processeur rudimentaire où, rappelons-le :

– la longueur des instructions est fixe et d'un octet ou 8 bits;

- les accès en mémoire se font par octets;
- le processeur dispose de registres internes banalisés, d'une capacité d'un octet, au nombre de 4, utilisés pour contenir des données et nommés R_0 à R_3;
- les opérations arithmétiques sont effectuées dans le registre accumulateur ACC;
- le nombre contenu dans l'accumulateur ACC conditionne selon qu'il est supérieur ou non à zéro un registre d'état STAT;
- une instruction de branchement conditionnel (BRG) rompt l'exécution séquentielle des instructions lorsque le registre d'état STAT indique que le contenu de l'accumulateur ACC est supérieur à zéro.

Registre	Fonction
CI	Compteur d'instruction : contient l'adresse de la prochaine instruction à exécuter
RI	Registre d'instruction : contient l'instruction à exécuter (code-instruction et opérande)
ACC	Accumulateur : registre spécialisé pour des opérations sur des données alimentées depuis les registres ou la mémoire
R_n	Registres de travail : quatre registres de travail banalisés d'un octet, source ou destination de données en mémoire ou dans l'accumulateur
STAT	Statut ou état : reflète (entre autres) l'égalité à zéro du nombre contenu dans ACC et est examiné par les instructions de branchement conditionnel
RA	Registre d'adresse : reçoit l'adresse de l'emplacement en mémoire où un contenu sera lu ou écrit; RA est complété par un signal, pour commander la lecture ou l'écriture en mémoire, et par un signal (TERM) indiquant que la mémoire a terminé la lecture ou l'écriture
RD	Registre de données : reçoit l'octet lu ou à écrire en mémoire à l'adresse indiquée dans RA.

Suivons maintenant le déroulement de nos deux instructions, le chargement du contenu du registre de travail R_1 dans l'accumulateur ACC, et l'addition à ce même accumulateur du contenu du registre de travail R_2. En langage assembleur, elles prendraient la forme suivante :

LOAD	R_1
ADD	R_2

Première phase de l'instruction : la lecture

Comme pour toute instruction, le séquencement et le déroulement des étapes se divisent en deux phases distinctes : la première durant laquelle l'instruction est lue depuis la mémoire pour être placée dans le processeur (instruction *fetch*) et la seconde durant laquelle elle est exécutée (instruction *execute*). Les étapes de la première phase, la lecture, sont communes à toutes les instructions, et donc identiques. Celles de la deuxième phase (exécution) se différencient en fonction du code instruction et seront donc, bien évidemment, propres à chaque instruction. Dans le processeur que nous avons pris comme exemple, nous trouvons les étapes suivantes pour la première phase plaçant l'instruction dans le processeur :

RA←CI	En vue d'obtenir l'instruction à exécuter, son adresse en CI est copiée dans le registre RA, complétée par un ordre de lecture de la mémoire. De plus, CI est incrémenté de 1 pour contenir l'adresse de l'instruction suivante
RI←RD	L'octet lu en mémoire est copié dans le registre d'instruction RI dès l'envoi par la mémoire du signal TERM annonçant son arrivée dans le registre RD; tant que le signal TERM se fait attendre, le processeur continue à égrener des cycles de base vides, il se trouve en attente, ou WAIT.

Nous pouvons aligner les deux étapes de lecture de l'instruction dans un chronogramme logique comme ci-dessous :

Cycle de base	1	2
Étape	RA←CI	RI←RD

Nous constatons donc que la phase de lecture de l'instruction nécessite deux cycles de base au moins. En effet, le deuxième cycle de base ne pourra être exécuté qu'après un temps variable, celui nécessaire pour la lecture de la mémoire initiée durant le cycle de base 1 et se terminant par la réception du signal TERM. Il est en effet très rare que la lecture de la mémoire s'effectue en un cycle de base. Tout dépend en fait de l'emplacement de l'instruction comme nous le verrons dans la partie de ce chapitre consacrée aux mémoires. Cette étape sera plus ou moins longue suivant que l'instruction se trouve dans la mémoire cache ou dans la mémoire centrale. Dans la mémoire centrale également, la vitesse de lecture peut différer selon la technologie de cette mémoire. Cependant, ce délai éventuel ne change rien au principe de ce qui suit.

Seconde phase de l'instruction : l'exécution

Nous pouvons maintenant reprendre le déroulement de l'instruction `LOAD` R_1 et passer à la deuxième phase : l'exécution. Cette seconde phase est constituée, dans le cas de l'instruction prise en exemple, d'une seule étape :

$ACC \leftarrow R_1$	Le contenu du registre R_1 est lu et écrit dans le registre accumulateur

Pour l'instruction `ADD R2`, la phase d'exécution est également constituée d'une seule étape :

$ACC + R_2$	Le contenu du registre R_2 est additionné au registre accumulateur

Le chronogramme logique complet de l'instruction `LOAD R1` devient donc le suivant :

Cycle de base	**1**	**2**	**3**
Phase	Lecture		Exécution
Étape	$RA \leftarrow CI$	$RI \leftarrow RD$	$ACC \leftarrow R_1$

Celui de l'instruction `ADD R2` est semblable, à la phase d'exécution près :

Cycle de base	**1**	**2**	**3**
Phase	Lecture		Exécution
Étape	$RA \leftarrow CI$	$RI \leftarrow RD$	$ACC + R_2$

Parallélisme entre étapes

Considérons maintenant qu'il est parfaitement possible durant un cycle de base de ne pas se limiter à copier le contenu d'un seul registre. Pour autant que les deux circuits en question soient différents, il suffit pour cela de basculer en même temps les différents jeux d'interrupteurs donnant accès aux registres. Il est ainsi possible de superposer le déroulement de deux instructions en décalant leurs étapes atomiques. Aussi pouvons-nous organiser les trois étapes du déroulement des deux instructions selon un autre chronogramme dans lequel apparaît l'exécution en parallèle de deux étapes.

Cycle de base	**1**	**2**	**3**	**4**
Étape	$RA \leftarrow CI$	$RI \leftarrow RD$	$ACC \leftarrow R_1$	...
	...	$RA \leftarrow CI$	$RI \leftarrow RD$	$ACC + R_2$

Nous avons introduit une première forme de parallélisme dans le déroulement des instructions. On perçoit bien le gain en performance obtenu par anticipation de la phase de lecture de la deuxième instruction. Ce type de parallélisme entre instructions est à la base du mécanisme du « pipeline» que nous découvrirons plus en détail par la suite. Les instructions, prises individuellement, ne s'exécutent pas plus rapidement, mais le recouvrement de leurs phases de lecture et d'exécution permet de dérouler un plus grand nombre d'instructions dans le même laps de temps, au prix toutefois d'une plus grande complexité dans la structure du processeur. Il est classique de vouloir réduire le temps pris par l'exécution d'un certain processus en agrandissant l'espace d'exécution de ce processus pour permettre à plusieurs parties de celui-ci de s'exécuter simultanément. L'exemple le plus classique est la multiplication des bandes de circulation sur les autoroutes qui augmente le débit en nombre de véhicules. Le temps vaincu par l'espace, comme à chaque fois que l'on vise à diminuer un trafic quelconque en l'étalant le plus possible. Nous verrons plus loin d'autres formes de parallélismes, destinées, elles aussi, à accélérer l'exécution des programmes.

Parallélisme et branchements

L'anticipation de la lecture de l'instruction suivante dans la séquence se révèle cependant problématique dans certaines situations, telle l'exécution de branchements conditionnels. En effet, lors du traitement d'une instruction de branchement conditionnel, il faut attendre sa phase d'exécution avant de déterminer si, la condition de branchement étant satisfaite, le branchement est effectif. Dans l'affirmative, l'adresse de l'instruction suivante est donnée par l'opérande de l'instruction de branchement, et le mécanisme d'anticipation s'avère inutile voire nuisible. Il y a rupture de séquence et l'organe de contrôle du processeur devrait, dans pareil cas, annuler le résultat de l'anticipation, charger l'adresse de branchement dans le registre CI et relancer la lecture en mémoire. Dans la négative, si la condition n'est pas remplie, l'instruction suivante dans la séquence doit être exécutée, et le résultat du mécanisme d'anticipation peut être exploité.

Pour poursuivre notre exemple, supposons que les deux instructions `LOAD R1` et `ADD R2` soient suivies d'une instruction de branchement conditionnel de la forme :

`LOAD`	R_1	Copier le contenu du registre R_1 dans le registre accumulateur
`ADD`	R_2	Additionner au registre accumulateur le contenu du registre R_2
`BRG`	4	Si le nombre contenu dans l'accumulateur est supérieur à zéro, rompre la séquence d'exécution des instructions en passant à l'instruction placée à l'adresse 4

Le contenu de l'accumulateur variant au gré des données, l'adresse de la prochaine instruction à exécuter sera 4 ou celle qui suit immédiatement BRG; il est donc très délicat d'engager déjà cette prochaine instruction. Un remède simple consiste à empêcher le chargement de l'instruction suivante dès que le registre RI repère que l'instruction en cours est de type « branchement ». La simplicité du remède se paie toutefois au prix d'une diminution du débit du processeur. Nous verrons plus loin, lorsque nous détaillerons ce mécanisme du « pipeline », comment il devient possible de se sortir de ce mauvais pas, en tentant d'anticiper au mieux si la condition de branchement sera satisfaite ou non. Attaquer plus tôt l'exécution des instructions suivantes dans la séquence n'est bénéfique que si le résultat des instructions précédentes ne conditionne pas la manière d'exécuter les suivantes.

Séquenceur

Il est temps maintenant de s'interroger sur la manière dont le processeur et en particulier son unité de commande procèdent pour déclencher la succession des différentes étapes atomiques de chaque instruction, tout en s'alignant sur le cadencement donné par son horloge. Désigner ces étapes, se ramenant à des transferts entre registres, comme « primitives » ou « atomiques » n'est qu'une pure vue de l'esprit tellement la réalité est plus sophistiquée, vu le grand nombre de composants électroniques nécessaires à la mémorisation des différents bits qui composent ces registres. De même, les transferts entre les registres s'effectuent par des liaisons multiples parsemées de composants électroniques faisant office d'interrupteurs, de sorte que le signal électrique qui représente un bit n'y soit propagé qu'au bon moment, dans la bonne direction et vers le bon destinataire.

Le fractionnement de l'instruction en une séquence d'étapes atomiques et la sélection des composants impliqués dans chaque étape sont le fait d'un organe particulier, partie intégrante de l'unité de commande du processeur dénommé « séquenceur ». Pour chaque type d'instruction, le séquenceur dispose d'une liste d'actions à réaliser selon une division spatiotemporelle. En d'autres mots, il faut activer, à tel moment et pour telle étape, telles fonctions localisées dans le processeur. Comme dans un moteur automobile à quatre temps, tous les organes du moteur ne se trouveront pas à l'œuvre à chaque temps mais bien de manière successive, la séquence des opérations étant « incarnée » dans l'architecture du moteur.

Le fonctionnement du processeur pourrait être comparé, sous certains aspects, à un orchestre symphonique exécutant une œuvre musicale, où à chaque temps de la mesure (dimension temporelle), les musiciens (dimension spatiale) jouent la fraction de la partition qui leur incombe. Dans cette comparaison, le compositeur, auteur de la partition, s'apparenterait au concepteur du séquenceur tandis que le chef d'orchestre apparaîtrait dans le double rôle d'horloge du processeur, en battant la mesure, et de séquenceur, en interprétant la partition et en sélectionnant de sa baguette les musiciens devant l'exécuter.

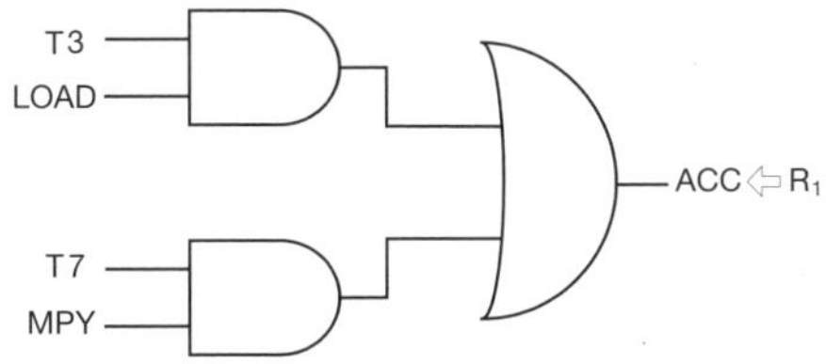

Figure 3.10 Séquenceur câblé

Il n'est pas difficile de se représenter la complexité de la tâche qui incombe au séquenceur. En effet, l'équipe chargée de la conception du séquenceur doit d'abord assurer le traitement exact de chaque type d'instruction en ordonnançant leur exécution dans le moindre détail. De plus, elle doit obtenir de ce séquenceur qu'il puisse exécuter les instructions élémentaires de manière optimale. Nous allons présenter maintenant les deux approches très différentes suivies dans la réalisation physique des séquenceurs.

Séquenceur câblé

La première approche recourt aux seuls circuits électroniques. Imaginez une étape, par exemple celle qui consiste à transférer le contenu du registre R_1 dans le registre Accumulateur (que nous désignerons par $ACC \leftarrow R_1$). Cette même étape pourrait, dans une instruction particulière telle qu'un chargement que nous dénommerons `LOAD`, s'exécuter durant le cycle d'horloge T3, et pour une instruction de multiplication comme `MPY` s'exécuter durant le cycle T7. Un détail de la logique d'un séquenceur câblé est représenté dans la figure suivante. On y voit bien que l'étape en question se déclenchera soit en T3 soit en T7 selon l'instruction en cours d'exécution.

Toutefois, ce câblage devient rapidement très complexe avec l'accroissement du nombre d'instructions et l'extrême variabilité dans la succession de leurs étapes, surtout dans le cas des processeurs CISC. De plus, toute modification du processeur ne s'effectuera que très laborieusement au niveau des circuits. Cette première réalisation physique, bien que présentant en première analyse des avantages en termes de rapidité (et se retrouvant dans la conception de certains processeurs RISC) montre, en revanche, les désavantages de la complexité et du manque d'adaptabilité.

Séquenceur microprogrammé

Une deuxième approche consiste en un séquenceur programmable. Le séquenceur se transforme alors en un microprocesseur spécialisé qui, pour chaque instruction à exécuter par le processeur, va consulter une table décrivant les différentes étapes avec, pour chacune, le choix des opérations à effectuer sur les registres. L'ensemble de ces micro-instructions nommé *firmware* (on parle également de microprogrammation) présente un encombrement limité et peut donc être placé dans une mémoire de toute petite taille, spécialisée et ultrarapide (*control store*).

Dans l'exemple du tableau suivant, les étapes que nous avons matérialisées plus haut avec un séquenceur câblé sont cette fois décrites sous forme de microprogrammation. On voit que chaque instruction est détaillée dans une table qui définit pour chacune de ses étapes les registres à activer. N'y sont repris que les étapes et les registres indispensables à la compréhension des mécanismes décrits.

C'est ainsi qu'à l'étape T3 d'une instruction `LOAD` ou à l'étape T7 d'une instruction `MPY`, le registre R_1 sera lu (R_{1out}) et écrit dans le registre ACC (ACC_{in}).

Instruction	**Étape**	**Branchement si Count NOT 0**	**Adresse branchement**	R_{1out}	ACC_{in}	RD_{in}
`LOAD`	...					
	T3			1	1	
`MPY`	...					
	T7			1	1	

De plus, le microprogramme peut comporter des branchements, entre autres en fonction d'un signal de l'unité de commande. Imaginons une instruction `MOVE` qui déplace un nombre de mots précisé dans l'instruction d'une zone de mémoire à une autre. Dans un ordinateur typiquement CISC, le nombre de mots à transférer ne sera pas prédéterminé mais précisé dans l'instruction ou un registre. Ce nombre sera chargé dans un compteur Count durant la phase de décodage de l'instruction. Ensuite, des étapes que nous situerons de T6 à T9 vont être exécutées de manière répétitive pour assurer le transfert tout en décrémentant progressivement le compteur Count. Le firmware exprimera cela en T9 par un branchement vers T6, qui s'exécutera en fin de T9 tant que le signal indiquera que Count est différent de zéro.

Instruction	**Étape**	**Branchement si Count NOT 0**	**Adresse branchement**	R_{1out}	ACC_{in}	RD_{in}
`MOVE`	...					
	T9	1	`MOVE/T6`			

Enfin, la table d'une instruction peut comporter un branchement vers la table d'une autre instruction, pour tirer profit des similitudes partielles entre instructions et limiter la taille de la mémoire du séquenceur.

Par exemple, différentes instructions se terminent par une phase identique comprenant entre autres le transfert du registre ACC vers le registre RD en vue d'une écriture en mémoire centrale. Supposons qu'une instruction de type $Instr_1$ réalise cette phase après son étape T11 alors qu'une autre instruction de type $Instr_2$ la réalise après son étape T13. Un branchement inconditionnel en T11 de $Instr_1$ vers T14 de $Instr_2$ traduira ce fonctionnement (voir tableau ci-dessous).

Instruction	**Étape**	**Branchement si Count NOT 0**	**Adresse branchement**	**R_{1out}**	**ACC_{in}**	**RD_{in}**
`Instr`$_1$	...					
	T11		`Instr`$_2$`/T14`			
`Instr`$_2$	...					
	T14			1		1

La masse de circuits nécessaires à la sélection et à la composition des étapes disparaît pour laisser place à un mécanisme plus simple et plus adaptable, car « programmable », de sélection des étapes. Si pour une instruction donnée, ces étapes changent, il n'y qu'à modifier la table firmware. L'exécution d'une instruction ressemble alors à l'exécution d'un petit programme dans lequel les micro-instructions se substitueraient aux instructions du programme (d'où l'appellation de microprogrammation). Chaque instruction élémentaire à exécuter devient comme un programme à part entière. Et la décomposition de cette instruction en ses étapes s'avère pratiquement une réplique, à un niveau juste inférieur, de la décomposition du programme en ses instructions élémentaires. C'est l'imbrication de deux ordinateurs, le premier s'occupant de l'exécution des programmes et le deuxième de ses instructions.

Le recours au firmware est fréquent pour la conception des processeurs CISC, plus complexes par définition. Les possibilités du firmware sont même mises à profit par certains processeurs de type CISC pour décomposer des instructions CISC en instructions RISC, dont le traitement est mieux adapté aux architectures parallèles. Le recours au firmware, avec sa flexibilité intrinsèque, permet de doter un processeur de multiples modes de fonctionnement, ce qui peut lui donner la possibilité d'émuler d'autres processeurs. Cette microprogrammation permet également de s'attaquer aux problèmes que nous allons aborder bientôt, et qui sont relatifs aux pipelines et à la dépendance entre les instructions élémentaires. Ainsi, il est possible de planifier, en fonction des prédictions de branchement et des dépendances entre les instructions, l'ordre des étapes. Alors que l'utilisation d'un séquenceur réalisé en firmware peut sembler dégrader les performances, la simplification des circuits qui en découle contribue à en améliorer la vitesse, tout en autorisant des réalisations plus complexes, et donc, *in fine*, un gain plutôt qu'une perte dans les performances. En particulier, on peut multiplier les circuits d'échange entre registres, au prix de quelques micro-instructions dans le firmware pour les faire fonctionner. Un séquenceur uniquement câblé électroniquement sera pour sa part, et dans pareille situation, victime d'une inflation des circuits de commande.

Organisation du processeur en pipeline

Nous avons vu comment l'exécution de chaque instruction élémentaire, de sa lecture à son exécution, est découpée en étapes primitives, et comment ces étapes sont accomplies par des transferts entre registres, sous le contrôle ou la « baguette » du séquenceur. Nous avons aussi esquissé l'amélioration des performances du processeur par l'exécution en parallèle des étapes et leur superposition dans le temps.

Nous allons généraliser ces possibilités d'améliorations et d'accélérations en découvrant comment l'unité de commande du processeur passe de la fonction de chef d'orchestre à celle de maître de ballet, et cela afin de faire évoluer simultanément autant d'instructions que possible sans provoquer d'embouteillages, de collisions ou de chevilles foulées. En effet, les gains de performance des processeurs trouvent une limite naturelle dans le cadencement de l'horloge qui détermine la durée des cycles de base. Le cycle de base doit impérativement tenir compte du temps nécessaire pour effectuer les transferts entre registres de manière sûre, et ce temps est déterminé par l'état de la technique de mise en œuvre des composants électroniques.

Un premier mode d'accélération se situe dans la réduction du temps d'accès à la mémoire. Nous verrons, lorsque nous traiterons des mémoires, qu'il est possible de réduire ce temps d'accès en rapprochant du processeur une copie d'une portion limitée des données et des instructions qui paraissent les plus utilisées. Ces copies sont placées dans des mémoires de taille restreinte mais beaucoup plus rapides, et nommées mémoires cache ou antémémoires. Cependant, les progrès incessants en matière de miniaturisation et de densité des composants évoqués plus haut autorisent encore une grande marge d'amélioration, non plus tant dans la vitesse de chacun des composants mais surtout dans leur parallélisation, en multipliant à la fois les liaisons entre les registres et les registres eux-mêmes.

En d'autres mots, le processeur peut contenir un nombre croissant de sous-ensembles, constituant autant d'unités d'exécution dotées chacune de plus de ressources. Cet accroissement de ressources s'exprime en termes de mémorisation interne par l'adjonction de registres propres et de liaisons externes, assurant à ces unités d'exécution une plus grande capacité de traitement et une autonomie plus large. De plus, des unités d'exécution particulièrement sollicitées telle l'unité arithmétique et logique peuvent être multipliées, ou encore fonctionner selon une horloge propre, cadencée éventuellement plus rapidement que l'horloge principale. L'accroissement de l'autonomie des unités d'exécution et leur multiplication permettent au processeur de jouer plus encore la carte du parallélisme, en amplifiant le nombre d'étapes exécutables simultanément. La clé de l'accélération des processus informatiques se trouve désormais dans la parallélisation croissante des instructions à exécuter. Il y a lieu de paralléliser les étapes par le mécanisme du pipeline. Il y a lieu de paralléliser les instructions élémentaires en multipliant le nombre de processeurs dans une même machine.

Principes de fonctionnement du pipeline

Pour que le mécanisme de pipeline soit effectif, il faut que le processeur prenne en charge plusieurs instructions en superposant leur déroulement dans le temps. Schématiquement, la prise en charge simultanée de plusieurs instructions est mise en œuvre à la fin de la phase de lecture de chaque instruction. À la fin de cette phase, l'unité de commande du processeur examine le contexte de l'instruction qu'elle vient de lire pour déterminer à quelles conditions elle peut être ajoutée dans le pipeline en vue de son exécution. Rappelez-vous qu'en cas de branchement conditionnel, cela pourrait s'avérer une très mauvaise idée d'ajouter cette instruction au pipeline.

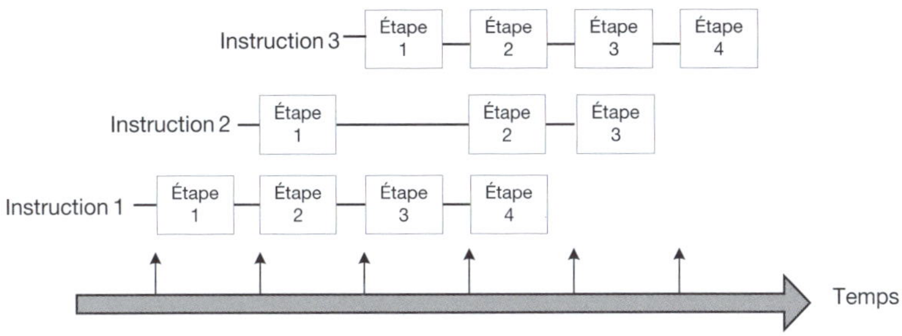

Figure 3.11 Pipeline

Si les conditions sont jugées favorables, la phase d'exécution de l'instruction est placée dans le pipeline, pour être ensuite prise en charge par une des unités d'exécution du processeur, telle une des UAL multiples. Sans plus attendre, l'unité de commande du processeur procède au chargement de l'instruction suivante et répète éventuellement l'adjonction au pipeline. Ce mécanisme d'adjonction s'arrête lorsque la capacité maximale du pipeline est atteinte ou encore lorsque le contexte de l'instruction l'impose. Le dispositif du pipeline est mis en évidence dans la figure. Certains processeurs actuels peuvent aller jusqu'à quarante étages de pipeline. Les processeurs RISC ont plus de facilité à recourir au mécanisme du pipeline vu la simplicité et l'uniformité du codage d'instruction. Superposer les parties des instructions sera d'autant plus facile que celles-ci apparaîtront d'une seule et même manière dans ces instructions. Les processeurs CISC peuvent se rapprocher de ce type de fonctionnement en décomposant leurs instructions en une suite d'instructions adaptées au fonctionnement du pipeline.

Limites du pipeline

Sans entrer dans le détail d'une matière particulièrement complexe, une première limite à la mise en place d'un pipeline survient lorsqu'une instruction exploite les résultats obtenus par une instruction précédente. Pour prendre un exemple simple, la séquence d'instructions suivante :

d'abord c = a + b
puis f = d + e

peut être parallélisée en deux séquences superposées dans le temps sous la forme :

c = a + b et en parallèle f = d + e

Par contre, dans la séquence suivante, la succession des instructions doit être observée strictement :

d'abord c = a × b
puis f = c + d

La deuxième instruction doit attendre le résultat de la première pour pouvoir s'exécuter. Cette première limite peut être repoussée dans la mesure du possible par un réarrangement de l'ordre d'exécution des instructions. À cet effet, un effort peut être demandé au moment de l'écriture du programme pour organiser les instructions selon les données qu'elles traitent. Une telle approche alourdit la tâche du programmeur et n'augmente certainement pas la lisibilité des programmes qui s'y conforment.

Le réarrangement des instructions peut également incomber aux compilateurs afin qu'ils tiennent compte de cette contrainte lors de la génération des instructions d'assembleur. Ce sont alors les compilateurs qui ont la responsabilité d'automatiser cette étape de réarrangement. Finalement, il est possible de donner au processeur la faculté d'effectuer lui-même et de manière dynamique une telle réorganisation. Pour cela, l'unité de commande du processeur examine les différentes instructions situées en aval pour déterminer leurs interactions dans la manipulation des données, et s'il y a lieu de les réordonnancer.

Supposons que la séquence précédente se poursuive de la manière suivante :

d'abord c = a × b
puis f = c + d
et t = r + s

Son ordre d'exécution peut être modifié comme suit, et ce, sans altérer les résultats :

d'abord c = a × b
puis t = r + s
et f = c + d

L'ordre d'exécution des instructions peut ainsi être adapté par un placement approprié dans le pipeline, sans induire de modifications dans les résultats attendus.

Comme nous l'avons abordé précédemment, la deuxième limite à la mise en place du pipeline tient en l'existence des branchements conditionnels. Les difficultés liées au branchement conditionnel apparaissent à l'issue d'instructions dont le résultat forme la condition du branchement. Il est en théorie impossible d'anticiper la séquence d'instructions qui fera suite à un branchement dont la condition de réalisation n'est pas encore connue, et donc de choisir la branche du programme qui va alimenter le pipeline.

Bien évidemment, le processeur ne fait pas figure de devin et ne peut connaître *a priori* le comportement d'un programme. Cependant, différentes techniques permettent de remédier partiellement à cette incertitude.

Une première approche consiste à garder une trace des branchements conditionnels que le processeur a été amené à exécuter le plus récemment, ainsi que de la fréquence de leur résultat. Il peut ensuite se baser sur cette fréquence pour choisir la séquence d'instructions par laquelle il va poursuivre l'alimentation du pipeline.

La technique de prédiction de branchement expliquée ci-dessous permet de repousser dans de nombreux cas et de manière significative l'impact des branchements conditionnels. En effet, on constate dans la pratique, que l'exécution d'un programme comprend souvent des itérations sur un nombre réduit de boucles d'instructions et terminées par une instruction de branchement conditionnel. Un exemple simplifié d'une telle itération est représenté par la remise à zéro de cellules de mémoire consécutives formant une table ou un vecteur. Une telle opération se rencontre fréquemment sous la forme suivante.

D'abord une initialisation qui place sur le premier élément un curseur pointant dans la table. Ensuite, l'itération composée des opérations suivantes :

- mettre à zéro l'élément de la table pointé par le curseur ;
- incrémenter le curseur pour passer à l'élément suivant de la table ;
- vérifier si la fin de la table a été atteinte ;
- dans la négative, retourner au début de l'itération par un branchement conditionnel, dans l'affirmative par contre, le programme continue en attaquant les instructions qui font suite à cette mise à zéro.

Au cours du processus de remise à zéro de la table, l'itération sera parcourue autant de fois qu'il y a d'éléments. Il apparaît clairement que, lorsque l'unité de commande du processeur rencontre le branchement conditionnel en fin d'itération, il est judicieux qu'elle (re)charge dans le pipeline les instructions relatives à l'itération.

Une autre approche de l'incertitude liée aux branchements conditionnels consiste à dédoubler les unités de traitement du processeur. Le processeur se comporte alors comme un forcené du travail, ne comptant pas ses efforts, prêt à faire du travail inutile. On va ainsi exécuter par anticipation les deux séquences possibles d'un branchement conditionnel, le pipeline sachant bien qu'une seule des deux séquences sera d'application selon la réponse apportée à la condition. Une fois cette réponse connue, les résultats de la séquence qui n'a pas été choisie seront tout simplement éliminés. Cela peut paraître comme une débauche de moyens, mais permet en fait d'utiliser au mieux le pipeline.

Du superscalaire à l'informatique distribuée

Jusqu'il y a peu, l'augmentation de la vitesse des ordinateurs était liée à l'augmentation de la fréquence d'horloge des processeurs exprimée en gigahertz et à l'accroissement du nombre de transistors présents sur une puce. À ce titre, la finesse de gravure des circuits intégrés approche aujourd'hui les 14 nanomètres. Mais la fréquence d'horloge atteint ses limites et diverses options ont déjà été développées afin de pallier les problèmes de consommation électrique et de dissipation de chaleur. Nous avons déjà souligné que le gain en vitesse des processeurs était contraint et de plus en plus limité par les techniques de fabrication de ces mêmes processeurs. Face à ces limitations, les concepteurs cherchent à en tirer le meilleur parti en multipliant les superpositions dans le temps de fragments d'opérations de plus en plus importants, allant des étapes des instructions à la totalité de celles-ci.

Ces premières formes de parallélisme ne rendent pas les instructions individuelles plus rapides. Bien au contraire, certaines instructions, dépendantes entre elles, peuvent mettre plus de temps pour se dérouler complètement. Toutefois, en principe, les différents niveaux de superpositions permettent de dérouler un plus grand nombre d'instructions par unité de temps. La superposition des instructions mène à des architectures de type « superscalaire » où travaillent de concert des unités d'exécution spécialisées, s'occupant de calculs, de branchements, d'accès à la mémoire (AGU, *Address Generation Unit*).

Une autre voie développée par Intel et AMD est l'installation de deux processeurs, voire huit et sans doute plus dans l'avenir sur une même puce. Ces processeurs se partagent le travail en parallèle et ont aussi différents niveaux de mémoire cache, de capacité en augmentation constante pour le stockage des données et des instructions en attente de traitement.

Plusieurs voies additionnelles, visant à accroître encore et toujours les performances, exploitent la multiplication des processeurs banalisés et non dédiés (*multiprocessing*). Nous verrons plus loin que le déroulement d'une application et sa gestion par le système d'exploitation sont assurés par plusieurs processus ou tâches relativement indépendantes quant aux données qu'elles traitent. Chacune de ces tâches concourt à l'aboutissement du programme d'application, dont la durée totale sera fonction du temps d'exécution des différentes tâches. Leur exécution en parallèle s'avère ainsi un facteur important de réduction du temps d'exécution. Toutefois, pour chaque tâche, la gestion de son lancement puis de sa terminaison et la sélection d'une nouvelle tâche représentent une charge non négligeable. Aussi, la gestion de ce parallélisme entraîne-t-elle rapidement une surcharge excessive lorsque le nombre de processeurs est multiplié et que la durée d'exécution de chaque tâche est brève.

Le recours à une architecture dite « massivement parallèle » et alignant une grande quantité de processeurs ne va pas sans rappeler le plus puissant des ordinateurs connus à ce jour. Vous donnez votre langue au chat ? Pensez à votre cerveau, lorsqu'il est capable, à une vitesse aujourd'hui défiant tout ordinateur, de reconnaître un visage. On conçoit assez facilement la nature parallèle des traitements que nos 100 milliards de neurones sont capables d'effectuer pour une tâche semblable. Certains s'occupent du nez, d'autres de la bouche, les troisièmes des yeux, et tout cela simultanément. Un ordinateur fonctionnant de manière uniquement séquentielle, éliminerait tous les candidats à la reconnaissance, d'abord sur la base du nez, puis de la bouche, ensuite des yeux... La reconnaissance du visage s'effectue inconsciemment (vu la nature cérébrale, enfouie et parallèle, des traitements) et seul le résultat apparaît comme par magie dans nos consciences. Nul ordinateur n'est aujourd'hui capable de reconnaître son concepteur aussi bien que les hommes le font.

Nous ne devons dès lors pas nous étonner de notre extraordinaire capacité pour ce type de tâche parfaitement automatisée, alors que tout neurobiologiste sait la lenteur avec laquelle communiquent nos neurones (il faut une milliseconde pour qu'un signal circule entre deux neurones, à comparer avec la nanoseconde pour qu'une même communication s'effectue entre deux registres). C'est notre parallélisme neuronal qui permet à un tout petit enfant (ou à un animal) de briller dans des tâches apparemment anodines, comme reconnaître sa maman, et pour lesquelles l'ordinateur est aujourd'hui très largement à la traîne. Notre intelligence naturelle est toute entière câblée dans une circuiterie neuronale extraordinairement parallélisée. S'il se veut intelligent, même artificiellement, et aussi rapide que fonctionne chacun de ses « neurones », l'ordinateur ne pourra plus faire l'économie d'une telle architecture.

La plupart des laboratoires informatiques aujourd'hui recèle en leur sein des *« clusters » d'ordinateurs, qui leur permettent d'accélérer grandement l'exécution de leurs programmes. Il s'agit d'un ensemble d'ordinateurs connectés entre eux et qui, simultanément, prennent en charge l'exécution des programmes. Dans cette logique, la version extrême consiste bien sûr en l'exploitation du réseau Internet, l'ordinateur aujourd'hui le plus rapide qui soit. C'est par exemple l'idée brillante à la base du projet Seti@home, destiné à la recherche de messages qui nous seraient envoyés par une éventuelle intelligence extraterrestre. Citons aussi le projet Folding@home de l'université de Stanford, partageant sur tous les ordinateurs qui y participent la recherche des caractéristiques des protéines liées à des maladies telles que l'Alzheimer ou de nombreux cancers, et d'autres applications encore, de nature génétique et de plus en plus nombreuses. Ils représentent un nouveau courant de développement dénommé *grid computing* ou « calcul distribué », ayant pour but la mutualisation de milliers d'ordinateurs et le déploiement des applications informatiques sur l'entièreté du réseau Internet. La mise au service de la communauté toute entière des ressources informatiques excédentaires (un nombre considérable d'ordinateurs traverse des périodes d'inactivité plus ou moins prolongée, d'où tout ce temps calcul gaspillé...) est une démarche assez naturelle, généreuse, et plutôt positive.

*Cluster : grappe de serveurs sur un réseau, en informatique
↳ dispositif informatique matériel ou logiciel qui

Il faut rester conscient toutefois que cela n'est possible qu'en présence de tâches dont la parallélisation coule de source, telle le séquençage du génome (chaque ordinateur pouvant s'occuper d'une partie de ce génome) ou la simulation climatique (chaque ordinateur pouvant s'occuper d'une partie du ciel). Cela devient compromis lorsque la tâche à exécuter est de nature fondamentalement séquentielle, les opérations devant s'effectuer à la queue leu leu, une tâche ne pouvant entrer en action qu'à partir des résultats obtenus par la précédente. Dans une démonstration mathématique, chaque étape compte, et aucune ne peut se déclencher avant que celle qui la précède n'ait pu s'accomplir jusqu'à son terme. Ici, la multiplication des processeurs n'est d'aucun effet. Pour cette raison, c'est bien la version séquentielle de nos intelligences qui bénéficia à l'origine des faveurs des informaticiens.

Le *cloud computing* pour sa part est le recours, depuis un ordinateur individuel ou une tablette, à la puissance de calcul ou aux capacités de stockage fournies par des serveurs situés non pas dans les nuages, mais bien sur terre, à travers le réseau Internet. L'avantage est de pouvoir disposer d'une grande puissance de calcul sans investissement, en ne payant qu'en fonction de l'usage, à condition que les données à traiter ne soient pas trop volumineuses, puisqu'elles doivent être transmises par Internet. Par ailleurs, le *cloud computing* dans la fonction qu'on pourrait qualifier de *cloud storage*, permet de stocker et de partager des données afin d'y avoir accès en tous lieux. L'application populaire Dropbox gratuite de stockage de fichiers en est un des exemples les plus marquants. Étalement des données et de leur traitement sur Internet afin de profiter d'une puissance de calcul totalement parallélisée : *big data* et *cloud computing* sont les technologies les plus populaires de ces dernières années.

Des bits aux q-bits

S'il est une parallélisation qui défie toute imagination et semble la voie la plus ultime d'accélération de nos ordinateurs, c'est bien celle qu'autoriserait l'informatique quantique. Rappelons, très en superficie, le peu qu'il faut savoir (et que nous savons modestement) de la physique quantique, afin de comprendre en quoi nos ordinateurs s'en trouveraient complètement chamboulés. La physique quantique, se démarquant en cela de la physique newtonienne, s'est vue contrainte de faire rentrer le formalisme statistique dans la manière de décrire l'état et le comportement des particules élémentaires. Ainsi, et à la différence de ce que fait l'astronome pour les planètes, il devient impossible de dire à 100 % qu'une particule se trouve dans un état (par exemple, sa position) ou dans un autre. Il faut admettre une forme d'incertitude intrinsèque, attribuant par exemple à la particule 50 % de chance d'être dans un état (à gauche d'une fente par exemple) et 50 % dans l'autre (à droite de cette même fente).

En cas de mesure expérimentale, cette incertitude est levée, et l'on sait alors dans quel état présent se trouve la particule (était-elle à gauche ou à droite ?). Cependant, avant d'effectuer cette mesure, mettant fin à cette incertitude, c'est la nature même de cette dernière qui pose problème. D'où viennent ces probabilités accompagnant les différents états dans lesquels peut se trouver la particule ? Sont-elles le reflet d'une déficience humaine, d'une insuffisance cognitive, installant dès lors l'observateur humain au cœur du débat ? L'expérimentateur ignorerait si la particule se trouve à gauche ou à droite, comme il ignore sur quelle face s'arrêtera le dé ? Pas vraiment ou pas tout de suite, et la réponse de la physique quantique reste profondément perturbante et le demeurera encore longtemps pour de nombreux philosophes des sciences.

La meilleure manière en effet d'envisager cette incertitude est de la considérer inhérente à la particule, à tel point qu'il faille admettre que cette dernière se trouve, avant mesure, dans cette superposition d'états possibles, entre lesquels seule la mesure permettra de trancher. Un électron sera à la fois et dans le premier et dans le deuxième état, il sera à la fois à gauche et à droite de la fente. Il pourra être à la fois immobile ou se déplaçant, jusqu'à ce que la mesure en décide autrement et tranche en faveur de l'une ou l'autre possibilité. Cela conduit tout naturellement au fameux paradoxe du Chat de Schrödinger qui peut se trouver à la fois mort et vivant, avant que l'observateur ne finisse par révéler dans quel état il se trouve effectivement. Il suffit que la particule mobile cogne sur la gâchette d'un fusil et, ce faisant, déclenche le coup de feu qui tuerait le chat, alors que sa version immobile lui laisserait la vie sauve.

On voit là poindre le parallélisme rêvé et qui, transposé à la sauce informatique, a débouché sur la notion de « q-bit », pouvant être, tout à la fois, dans l'état « 0 » et « 1 ». L'informatique quantique permet ainsi à l'ordinateur de travailler, de façon superposée, sur plusieurs chemins possibles de résolution d'une tâche. Si l'on admet le parallélisme comme la voie royale d'accélération de nos ordinateurs, on comprend les attentes enthousiastes et les espoirs fous que suscite l'informatique quantique. Le traitement de plusieurs parties du ciel ou du génome, pourraient s'effectuer simultanément dans des univers binaires parallèles. Il existe un célèbre problème extrêmement difficile à résoudre par un ordinateur séquentiel, aussi rapide soit-il, et qui consiste à factoriser un nombre quelconque en deux nombres premiers. Ce problème est pourtant à la base des algorithmes très usités de cryptographie (que nous avons décrits au chapitre 2), qui exigent que sa résolution reste extrêmement coûteuse pour un ordinateur séquentiel. Or, il a été montré qu'un ordinateur quantique, pour autant qu'il existe et puisse travailler sur un grand nombre de q-bits (ce qui n'est pas le cas aujourd'hui, car les premières réalisations pratiques se cantonnent à un nombre très réduit de q-bits), pourrait effectuer cette factorisation en parallèle, rendant caduques toutes les procédures de sécurisation actuelles totalement tributaires de ce mécanisme cryptographique.

La principale difficulté est de permettre à l'ordinateur d'effectuer tous ses calculs, de fait en parallèle, sans qu'une mesure ne vienne tout compromettre, faisant s'effondrer ce parallélisme (comme l'observateur humain en physique, mais tout peut faire office d'un tel observateur, y compris un objet interagissant avec l'ordinateur en cours d'exécution). La réalisation d'un ordinateur quantique à grande échelle reste donc aujourd'hui du domaine du fantasme. Mais cela ne démobilise pas pour autant les chercheurs, notamment ceux qui se consacrent à la parallélisation des algorithmes, de sorte à exploiter au mieux la superposition des calculs. Vu l'impact futur qu'un tel ordinateur aurait, les recherches dans ce domaine donnent libre cours aux imaginations les plus débridées. Si cet ordinateur finissait par voir le jour (un des plus importants graals technologiques de ce siècle), toute l'informatique et bien au-delà, toute la technologie, se trouverait profondément bouleversée par cette capacité de calcul soudain démultipliée. C'en serait par exemple fini de la sécurité informatique, et tant de problèmes considérés insolubles deviendraient autant de jeux d'enfant.

Les mémoires

La mémoire centrale se trouve au cœur de l'ordinateur : c'est elle qui contient les données et les instructions traitées par le processeur que nous venons de décrire. C'est aussi à partir de la mémoire centrale que se font les échanges avec les organes d'entrée-sortie. Rappelons encore que rien en mémoire centrale ne distingue une donnée d'une instruction. Ce ne sont que des bits, rien que des bits. C'est là l'apport décisif de von Neumann que d'avoir logé dans la mémoire centrale, sans les différencier d'aucune manière, les instructions et les données du programme lors de leur utilisation.

Toutefois, les moyens de la mémoire centrale ne sont pas toujours à la hauteur pour remplir les objectifs ambitieux que ce principe lui assigne. Ainsi, elle se révèle trop lente pour alimenter le processeur à une cadence suffisante et trop exiguë pour contenir la totalité des programmes et des données à traiter par ces programmes. Il a fallu exporter les données de la mémoire centrale dans des fichiers qui peuvent se situer aux confins de l'Internet. Il a aussi fallu adjoindre à la mémoire centrale des auxiliaires capables de pallier ses déficiences. La fonction mémoire est matérialisée de différentes manières, en fait, la mémoire est plurielle, comme le titre de cette section l'indique.

Nous retenons comme mémoires tous les dispositifs qui permettent de stocker des informations de manière banalisée, en quantité importante, et sans autre limite théorique que simplement matérielle (rappelez-vous la bande de longueur infinie de la machine imaginaire de Turing). Vu leur petite capacité de stockage et leur spécialisation, les différents registres dont il a été question jusqu'ici ne sont pas vraiment considérés comme des mémoires au sens qui est donné ici. On accède aux mémoires afin d'y copier ou d'y lire les informations toujours codées en binaire. Cet accès se fait, la plupart du temps, en connaissant l'adresse de l'emplacement où se trouve la donnée à lire ou à stocker.

Les mémoires peuvent être classées en niveaux selon leur utilisation, leur capacité de stockage, le niveau de résolution de leur adressage, leur temps d'accès et leur débit. À ces différences s'en ajoutent encore d'autres portant sur la fiabilité, la volatilité (survivent-elles à une coupure de courant?), l'encombrement physique, le coût.

L'insoutenable légèreté de la mémoire

Avant toute considération relative à la nature technique des différentes mémoires, une première distinction est essentielle. Il y a d'une part les mémoires qui se remplissent et s'animent au cours de l'exécution des programmes mais dont le contenu s'efface sitôt que l'ordinateur est mis hors tension, et d'autre part les mémoires permanentes dont le contenu est préservé entre deux utilisations des programmes ou de la machine. On qualifie les premières de mémoires « vives » (généralement regroupées sous l'acronyme de RAM, déjà évoqué plus haut) et les secondes de mémoires « de masse ». Aux premières le soin d'alimenter le processeur en instructions et en données, aux secondes celui d'assurer la permanence des données au-delà de l'exécution ponctuelle d'un programme.

À ces deux groupes techniquement et fonctionnellement très différents, s'ajoute un troisième type de mémoire dont l'usage est plus limité et que l'on qualifie souvent de « morte » (ROM, *Read Only Memory*). Les mémoires mortes sont des mémoires destinées à stocker une information qui n'est pas supposée se modifier au fil du temps. On veille alors à protéger leur contenu contre toute manipulation intempestive en rendant sa modification simplement impossible. Notons que le terme ROM ne suppose pas un type particulier de technologie mémoire, qui peut être DRAM, SRAM, flash ou tout autre, mais simplement le fait que son contenu est protégé.

La modification du contenu de la ROM est par définition impossible, du moins le dispositif mémoire ne prévoit-il pas cette possibilité lui-même. Dans certains cas, elle peut cependant être effectuée par l'intermédiaire d'un processus particulier qui lui est totalement extérieur. La mémoire ROM intervient dans des fonctions vitales et immuables, telles le démarrage de l'ordinateur. Elle est typiquement utilisée pour contenir des éléments du BIOS (*basic input/output system*), c'est-à-dire le programme unique qui permet à l'ordinateur de démarrer et d'identifier ses périphériques matériels vitaux. La mémoire contenant le *firmware* du processeur (séquenceur) est également du type ROM. Les données immuables des cartes à puce telles que les cartes SIM sont également contenues dans leur mémoire ROM. Le mécanisme de protection d'une mémoire ROM peut être précisé par des préfixes accolés au terme générique de ROM. Par exemple, une EEPROM (*electrically erasable programmable read only memory*) est une mémoire qui peut être effacée dans sa totalité par un courant électrique, pour être ensuite rechargée avec un nouveau contenu.

Étant donné le caractère et l'usage très spécifique des mémoires mortes, nous les laisserons toutefois de côté dans le reste du chapitre.

Les niveaux de mémoire

Si l'on s'en tient aux mémoires vives et de masse, il reste un large éventail de mémoires dont nous avons déjà évoqué la plupart : registres du processeur, mémoire centrale, disque dur. Les différentes mémoires constituent une sorte de continuum au sein duquel une hiérarchie doit s'établir en fonction de leur temps d'accès, de leur capacité de stockage et de leur coût.

Le temps d'accès se décompose généralement en plusieurs phases dont la nature et la durée dépendent du type de mémoire. On distingue principalement une phase de préparation de l'accès ou temps de latence. Cette phase de préparation varie considérablement selon la nature de la mémoire, allant d'un simple basculement de portes électroniques pour les mémoires les plus rapides à des opérations plus complexes impliquant des attentes ou encore une action mécanique telle que le déplacement physique d'un organe de lecture. La durée de cette phase de préparation peut dépendre d'un accès précédent et de la position dans laquelle cet accès a laissé la mémoire. Une fois la phase de préparation terminée, la phase de transfert peut avoir lieu, sa durée étant principalement fonction du volume de données à transférer et des performances de la mémoire.

Cette distinction permet de hiérarchiser les mémoires, en dehors des registres, en les classant essentiellement selon leur vitesse d'accès. De la plus rapide à la plus lente, il s'agit des : mémoire cache, mémoire centrale, disque dur, mémoire d'archivage.

En général, et vous ne serez point surpris de l'apprendre, les plus rapides sont également les plus chères. Bien évidemment, comme pour toute autre technologie clé du fonctionnement des ordinateurs, on assiste à des améliorations constantes. Dans le cas des mémoires, c'est la capacité et la vitesse d'accès qui s'accroissent sans cesse et de manière spectaculaire (le prix chutant d'autant). Toutefois, les améliorations des temps d'accès de la mémoire centrale restent loin en deçà des progrès réalisés du côté des processeurs, d'où la nécessité de recourir à des mémoires pur-sang pour courir à la même foulée que le processeur qu'elles doivent seconder.

Cette dépendance prix/performance explique, en partie, pourquoi les mémoires les plus rapides ne réalisent pas à elles seules toute la mission de stockage de l'information. Elles ont besoin de s'encombrer de seconds couteaux, de mémoires mulets, qui se chargeront de la plus grosse partie du stockage, allégeant au mieux les mémoires pur-sang. Nous détaillerons plus loin toute cette écurie, mais nous allons d'abord en proposer une hiérarchie selon les ordres de grandeur.

Hiérarchie des mémoires

En dehors de mémoires spécialisées ultrarapides comme celles contenant des microprogrammes, les mémoires les plus rapides mais aux capacités extrêmement limitées sont les registres. Ceux-ci se limitent à un nombre limité d'octets, dont les temps de réponse, comme nous l'avons vu, conditionnent les étapes atomiques du processeur et dont la rapidité détermine la vitesse de fonctionnement de ce processeur.

Elles sont talonnées par les mémoires cache ou antémémoires du processeur, structurées en niveaux (*level*) selon leur taille, leur rapidité et leur proximité à

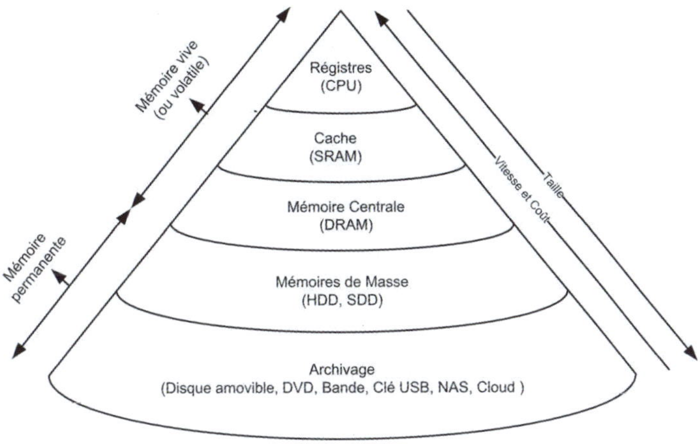

Figure 3.12 Hiérarchie des mémoires

l'égard du processeur. L'antémémoire de niveau 1 (L1) a une capacité de l'ordre de quelques dizaines de kilooctets au plus et des temps d'accès de 4 nanosecondes, voisins de ceux des registres du processeur, permettant d'alimenter le processeur à la cadence de ses instructions. Le niveau 2 (L2) a des capacités de quelques mégaoctets avec des temps d'accès de plus de 5 nanosecondes. Quant au niveau 3 (L3), là où il est présent, il a une capacité de quelques dizaines de mégaoctets avec des temps d'accès d'environ 30 nanosecondes.

Suit la cavalerie lourde de la mémoire centrale, en bataillons qui se chiffrent en gigaoctets, avec des temps d'accès de 60 nanosecondes.

Arrivent ensuite, à grand bruit et après des millisecondes de temps d'accès, les disques magnétiques, dont la capacité s'exprime cette fois en centaines de gigaoctets et même en téraoctets. Ils sont flanqués par de petits escadrons rapides de mémoires électroniques, mobiles et silencieux.

La marche est fermée par le train des mémoires d'archivage, CD-ROM, DVD et autres bandes magnétiques de formats divers, aux capacités plus ou moins illimitées, ou exprimées en téraoctets, parfois gérées par des serveurs d'archivage et qui combinent stockage au moindre coût et sauvegarde permettant la récupération d'un fichier dans son état antérieur (*backup*).

La hiérarchie qui en résulte est représentée sur la figure 3.12. Examinons maintenant les différentes mémoires selon le niveau qui leur est assigné.

La mémoire centrale

La mémoire centrale est dite aussi mémoire RAM ou *random access memory* en référence à la manière dont on y accède. Quel que soit l'emplacement d'un octet (qui peut être en effet quelconque ou aléatoire d'où son appellation *random* en anglais), son accès se fait de la même manière et prend le même temps. C'est effectivement un mode d'accès très original, car si vous vous référez aux exemples de la vie courante, vous concevrez qu'il soit loin d'être fréquent. Un facteur, pour vider ou remplir une boîte aux lettres, ne mettra pas le même temps selon la localisation de cette boîte. Pour rechercher une chanson enregistrée sur une vieille cassette audio, là encore, vous ne mettrez pas le même temps selon la localisation de la chanson sur la bande.

Le mode d'accès RAM est fondamentalement différent de l'accès séquentiel pour lequel, telle une cassette, toute chanson ne peut être atteinte qu'en démarrant depuis le début, et en franchissant toutes les chansons intermédiaires. Encore heureux que vous ne soyez pas systématiquement obligé de les écouter. Comme vous l'aurez constaté, la recherche d'une chanson sur un CD s'effectue plus rapidement que sur une cassette, différenciant ainsi l'accès direct de l'accès séquentiel.

La mémoire centrale permet donc d'adresser des cellules mémoire généralement au niveau de l'octet, même si la taille de la cellule atteinte en mémoire est supérieure dans la pratique. Pourquoi adresser des octets, et non des bits, ou à l'inverse des groupes de quatre octets ?

Historiquement, le choix de l'octet correspondait à la taille d'un caractère et répondait bien aux contraintes des premiers mini et micro-ordinateurs. L'adressage au niveau du bit aurait entraîné des adresses excessivement longues, et cela uniquement pour adresser directement les seules données logiques, codées sur un seul bit, signifiant « vrai » ou « faux ». Par ailleurs, accéder à des mots de plusieurs octets aurait alourdi les programmes de l'époque alors que leur concision et donc leur encombrement étaient une préoccupation majeure. Les exigences de la compatibilité ont fait que l'adressage au niveau de l'octet sera conservé par la suite.

La mémoire centrale se trouve reliée aux autres éléments de l'ordinateur par des liaisons fonctionnant à des vitesses et des largeurs de bus en croissance incessante, la rapidité de ces liaisons étant un élément influant la performance des systèmes.

Le débit de la mémoire centrale est loin d'avoir suivi l'évolution des performances des processeurs et il n'est pas en mesure d'alimenter le processeur en données et en instructions à une cadence suffisante pour lui permettre d'atteindre sa pleine performance. Il n'est pas rare que le processeur doive attendre dix cycles de son horloge pour que la donnée ou l'instruction qu'il a demandée lui parvienne. C'est pourquoi le processeur se verra adjoindre, à proximité immédiate, une ou plusieurs mémoires de capacité réduite, mais présentant des temps d'accès sérieusement réduits. Cette réduction est obtenue par, d'un côté l'utilisation de mémoires d'un type beaucoup plus rapide, et de l'autre, leur situation à proximité immédiate du processeur qui en a l'usage exclusif.

Ce sont les « mémoires cache » ou « antémémoires » introduites dans la partie traitant du processeur, et qui contiennent une copie exacte du contenu d'un très petit nombre de blocs de la mémoire centrale. Ces blocs reprennent les données et instructions qui ont été utilisées le plus fréquemment et le plus récemment par le processeur, en se basant sur l'hypothèse, souvent vérifiée, que les programmes consistent pour une large part en itérations sur un nombre réduit d'instructions et de données (principes de localisation spatiale et temporelle). Il est donc judicieux d'en transférer une copie à proximité immédiate du processeur, à portée de main en quelque sorte.

La mémoire centrale, tout comme la mémoire cache et, à plus forte raison encore, les registres du processeur sont des mémoires volatiles. Par leur nature même (des mémoires électroniques à transistors pour l'essentiel) autant que par leur fonction (stocker les instructions et données en cours de traitement), ces mémoires ne peuvent fonctionner que tant qu'elles sont alimentées en courant électrique. Sitôt le courant coupé (ordinateur mis hors tension), le contenu disparaît. C'est la raison pour laquelle votre ordinateur vous invite à sauver votre travail avant de s'éteindre. En pratique, cette sauvegarde revient à recopier les données en cours d'édition (par exemple votre précieux mémoire de fin d'études) de la mémoire centrale vers le support de stockage de masse (généralement le disque dur, mais une sauvegarde additionnelle est conseillée…).

Mémoires spécialisées

Diverses mémoires spécialisées sont utilisées pour assurer le fonctionnement de certains organes de l'ordinateur. Un exemple d'une telle mémoire a déjà été rencontré dans la description du système de microprogrammation, à l'œuvre surtout dans des processeurs de type CISC. Il s'agit dans ce cas de mémoire de petite taille ultra-rapide faisant appel à des composants particulièrement performants.

Un autre exemple de mémoire spécialisée est représenté par les mémoires vidéo VRAM (*video RAM*) destinées à afficher les données sur écran. Ces mémoires telles les mémoires de type GDDR5 (*Graphics Double Data Rate version 5*) sont généralement construites à partir des mêmes éléments que la mémoire centrale. Leur accès doit être organisé d'une manière particulière, leur contenu devant d'une part être alimenté depuis un processeur spécialisé dans le traitement des données graphiques (GPU, *Graphics Processing Unit*) et d'autre part être lu en permanence en vue d'assurer un affichage de qualité.

Les tampons ou *buffers* sont des mémoires généralement intercalées entre les périphériques et la mémoire centrale. À l'origine, la taille des buffers était très limitée puisqu'ils servaient uniquement à réconcilier les différences entre les temps de transfert de la mémoire centrale et des périphériques. Avec l'abaissement du coût des mémoires, il est maintenant possible de réaliser des buffers de grande dimension qui permettent d'accélérer notablement certaines opérations d'entrée-sortie en anticipant sur la fin d'une opération d'écriture sur le périphérique ou en mémorisant des données utilisées répétitivement. Nous trouvons ici une optimisation de même nature que les mémoires cache, par interposition d'un élément plus rapide, agissant de manière transparente.

Mémoires secondaires ou de masse

Les mémoires secondaires dites aussi « mémoires de masse » constituent le deuxième niveau de mémoire. Leur principal représentant est le disque dur sur lequel les données sont écrites sous forme de champ magnétique ou d'aimantation, non volatiles cette fois. Même en l'absence de tension électrique, les données y sont conservées. Les disques électroniques (SSD, *Solid State Drive*), dont le fonctionnement diffère grandement comme nous le verrons par la suite, leur sont, en première approximation, assimilés ici. Les disques optiques de type CD-ROM et DVD ou des mémoires entièrement électroniques et rémanentes telles celles de type « flash », peuvent également, par certains de leurs aspects, entrer dans la catégorie des mémoires secondaires.

À la différence de la mémoire centrale, les mémoires secondaires sont localisées en dehors de l'unité centrale, aussi nous limiterons-nous pour le moment à les considérer sous l'angle de l'accès à leur contenu. Leurs caractéristiques individuelles seront détaillées plus loin dans le chapitre consacré aux périphériques dont elles font partie. Toutefois, à l'instar des mémoires centrales, leur contenu est accessible à tout moment dès lors que ces supports sont reliés à l'ordinateur.

Les mémoires secondaires ou de masse sont constituées de cellules directement adressables, qui peuvent donc, tout comme la mémoire centrale, être atteintes en mode direct. Pour cette raison, leur mode d'accès est également dit « aléatoire ». Cependant, il est important de différencier leur mode d'accès de celui des mémoires centrales, car leur temps d'accès peut dépendre de l'emplacement auquel on souhaite accéder. Ainsi, le temps d'accès pour les disques durs dépendra en fait de la position courante de la tête de lecture et du temps requis pour que celle-ci se rende à l'emplacement désiré (temps de latence). De surcroît, la taille des cellules auxquelles on accédera en un coup, c'est-à-dire le nombre minimal de données qui pourra être transféré vers la mémoire centrale, sera bien plus élevée que lors d'un transfert entre mémoire centrale et processeur. Il s'agira, par exemple, d'un demi-millier d'octets, ou plus récemment de 4096 octets. Cette plus grande taille de blocs d'information à transférer s'explique par la lenteur de l'accès à la mémoire secondaire, souvent de l'ordre des millisecondes, d'où l'intérêt de limiter le nombre de ces accès par le jeu des transferts de niveaux de mémoire que nous aborderons plus loin.

Le contenu de la mémoire centrale, qu'il soit fait de données ou d'instructions, étant le seul accessible par le processeur ou par les unités périphériques, toute donnée indispensable à ces derniers et contenue dans le disque dur se devra de transiter par la mémoire centrale.

Les mémoires secondaires sont indispensables au fonctionnement de l'ordinateur car elles ont la responsabilité de stocker tous les programmes susceptibles de s'exécuter à un moment ou à un autre, y compris les plus vitaux tel le système d'exploitation. Avant de se trouver dans la mémoire centrale et donc en cours d'exécution, ces programmes seront obligatoirement stockés sur le ou les disques durs. Double-cliquez sur une des icônes de votre écran et voilà que le programme associé à cette icône est chargé depuis le disque dur dans la mémoire centrale.

Le premier rôle de ces mémoires est le stockage intermédiaire, sous forme de fichiers, des données et des programmes, entre deux utilisations que l'on en fait. C'est la raison pour laquelle, elles se doivent d'être massives. À un instant donné, ne s'exécutent qu'un petit nombre de ces programmes et ne sont nécessaires qu'un très petit nombre des données présentes sur le disque dur. On pourrait considérer le séjour des données sur le disque dur toujours comme une période transitoire, entre deux modifications de ces données effectuées durant leur bref séjour dans la mémoire centrale, ou l'inverse.

Le fait que l'accès à ces mémoires secondaires soit permanent et direct permet, au-delà du rôle de premier hangar de stockage de l'information, de leur attribuer un second rôle, de plus en plus fréquent dans les ordinateurs aujourd'hui, d'extension de la mémoire centrale, en repoussant ainsi les contraintes liées à la taille et au prix de celle-ci. C'est le principe de la mémoire virtuelle, déjà esquissé en introduction de ce chapitre, associant des zones de stockage des mémoires centrale et secondaire. Le fonctionnement de la mémoire virtuelle sera approfondi plus loin.

Mémoires d'archivage

Les mémoires d'archivage sont destinées à contenir des copies de données dont l'accessibilité immédiate n'est plus requise. Elles sont souvent constituées de supports dits amovibles car nullement destinés à être accessibles en permanence par l'ordinateur. Pendant très longtemps, les bandes magnétiques ont joué ce rôle avant d'être détrônées par des cassettes, des disquettes, des mémoires flash ou des supports optiques (inscriptibles ou réinscriptibles). Elles peuvent être caractérisées comme des mémoires à accès différé, tant dans l'espace, car leur accès suppose des étapes supplémentaires, que dans le temps, car leur contenu est celui qui existait à un moment donné dans le passé.

Les supports ne seront éventuellement présents sur un appareil périphérique de l'ordinateur que le temps de recevoir ou de restituer une copie dite d'archivage ou de sauvegarde, rassemblant des données ou des instructions regroupées sous forme de fichiers. Un support de mémoire secondaire, par son amovibilité, peut également jouer le rôle de mémoire d'archivage, comme les disques durs dits externes ou mémoires flash que l'on peut installer et retirer à loisir de l'ordinateur.

Les mémoires d'archivage servent soit à libérer de l'espace sur les mémoires de masse, soit de filet de sauvegarde contre une détérioration de ces mêmes mémoires. Elles permettent de désolidariser complètement l'information de l'ordinateur qui la traite. Les copies d'archivage ou de sauvegarde doivent être organisées et conservées de telle sorte que la reconstitution des données et des programmes soit possible dans tous les cas, allant de la disparition de l'ordinateur à une corruption grave du contenu de ses mémoires secondaires. Dans certaines situations critiques, destruction ou vol d'un ordinateur, plus l'information se trouve loin de ce dernier plus les chances de survie s'accroissent. Or, l'information est souvent bien plus vitale que l'ordinateur lui-même.

La possibilité d'utiliser autant de supports amovibles que nécessaire apporte aux mémoires d'archivage une capacité de stockage pratiquement illimitée. Comme nous venons de le dire, les copies sont réalisées afin de permettre la reconstitution de fichiers dans le cas où leur contenu serait devenu inutilisable, ou encore de débarrasser la mémoire secondaire de fichiers dont la disponibilité immédiate n'est pas jugée utile. Dans les deux cas, le contenu de ces fichiers pourra être restauré dans la mémoire secondaire afin de retrouver l'état du fichier dans l'état où il était au moment de sa sauvegarde. C'est comme une photo du fichier que l'on garderait en lieu sûr pour se rappeler, plus tard, de la tête qu'il avait à l'époque, pour peu que l'on ne supporte plus sa tête actuelle.

Les mémoires d'archivage peuvent être du type à accès séquentiel (comme dans le cas des bandes et cassettes magnétiques), puisqu'elles sont généralement utilisées pour réaliser des copies en masse à des moments déterminés, copies de fichiers dont la restitution éventuelle peut souffrir le délai inhérent à l'accès séquentiel. Ce sont, en effet, des mémoires dont la vitesse d'accès peut rester lente vu la moins grande fréquence de leur utilisation. À l'inverse, le disque dur d'un autre ordinateur relié par réseau (cela peut même être le réseau Internet dans le cas d'un NAS, *Network Attached Storage*), peut également faire office de mémoire d'archivage, d'autant plus sûre que l'isolation entre les deux ordinateurs est assurée. Internet est en passe de devenir également, en sus du processeur le plus rapide de la planète, le disque dur le plus important de cette dernière. C'est à nouveau ici l'esprit du *cloud computing* avec l'exemple bien connu de Dropbox ou de son concurrent Google Drive.

La plupart des documents et informations stockés depuis des siècles sous forme papier se trouvent de plus en plus traduits et installés sous forme électronique, dans d'immenses et gargantuesques mémoires d'archivage. Cela ne va pas sans poser quelques inquiétudes tout à fait justifiées par rapport au papier d'antan (et plus encore à la pierre) au vu de la dégradation rapide de ces nouveaux modes de stockage et des incompatibilités dues à l'évolution des technologies. Pratique sans conteste ! Fiable… c'est moins sûr. Et il n'est pas interdit de penser que les générations futures ne posséderont plus aucune trace de nos écrits, logiciels ou musiques d'aujourd'hui, au contraire de ceux produits avant l'existence des stockages électroniques ou optiques. La mémoire du monde pourrait s'effacer à vitesse grand V : en vieillissant, les disques durs aussi sont exposés à Alzheimer.

Les transferts de niveau

Un autre principe phare qui sous-tend l'utilisation et le fonctionnement des mémoires, et conséquence directe de la hiérarchisation de celles-ci, est celui des transferts de niveau, illustré dans la figure 3.13. Pour simplifier, détaillons ce principe lorsqu'il est à l'œuvre entre deux niveaux de mémoire. Le premier sera constitué de la mémoire la plus rapide et automatiquement (car très chère) la moins importante en quantité d'octets qu'elle pourra stocker. En revanche, la deuxième sera plus lente mais capable d'en contenir bien plus.

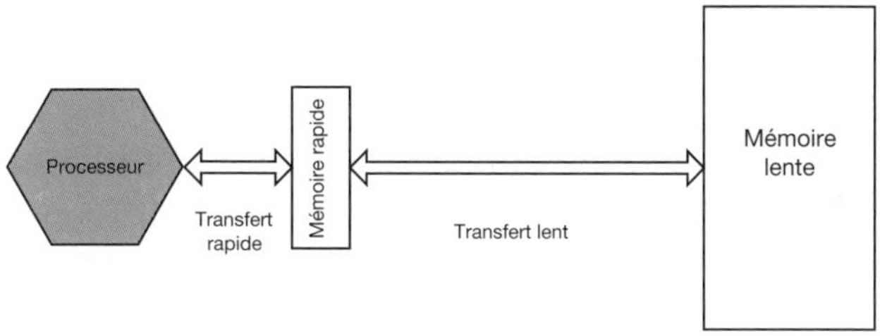

Figure 3.13 Transferts de niveau

Pour le processeur, il est indispensable que les transferts de niveau se passent de manière totalement transparente, à la durée d'exécution près (il ignore de quel niveau proviennent les données). S'il n'en était pas ainsi, chaque programme devrait à tout moment gérer ces transferts, sans jamais atteindre la performance du mécanisme que nous allons décrire maintenant.

Le principe est le suivant. Lorsque le processeur a besoin, au cours de l'exécution d'un programme, d'une donnée (ou instruction) en mémoire, il s'adresse tout d'abord à la mémoire la plus rapide, en espérant que cette donnée s'y trouve. Pour des raisons que nous préciserons plus loin, à sa grande satisfaction, elle s'y trouvera le plus souvent. Si par malheur, elle ne s'y trouve pas, c'est qu'elle se trouve « un pont plus loin », dans la mémoire suivante, plus lente mais plus grosse. Il faut alors rapatrier cette donnée dans la mémoire la plus rapide. Seulement, et là est toute la finesse, c'est un ordinateur tout de même, plutôt que de se limiter à rapatrier la seule donnée manquante, c'est tout un bloc de données qui sera transféré vers la mémoire la plus rapide.

Pourquoi ce bloc? Tout banalement, pour éviter de devoir y retourner avant longtemps, car à chaque accès de la mémoire lente, les performances de l'ordinateur se dégradent, faisant chuter cette belle moyenne. Il ne sera pas nécessaire, heureusement, d'y retourner tout de suite, car un autre principe de fonctionnement informatique omniprésent est celui dit de « localité ». Lorsque le processeur interagit avec une zone de mémoire particulière, il tend à se cantonner dans cette zone un certain temps, les instructions du programme ainsi que les données à traiter se suivant dans la mémoire. C'est un principe déjà évoqué, de nature tant spatiale (on reste dans la même zone mémoire) que temporelle (on reste un certain temps à manipuler les mêmes données). De là, l'excellente initiative qui consiste, non pas à ramener la seule donnée manquante, mais tout un bloc, rempli de ses voisines également, les chances étant élevées que la prochaine donnée voulue par le processeur fasse partie de ce bloc.

Les concepteurs d'un ordinateur sont ainsi amenés à définir pour chaque niveau de transfert une unité d'échange dont la taille présente les meilleures performances compte tenu des contraintes matérielles et économiques. Cette unité d'échange est dénommée bloc (dans le cas de la mémoire cache) ou page (dans celui de la mémoire virtuelle), sans que ces termes ne définissent une taille ou une fonction précise. Le

mot page se trouve ainsi mis à toutes les sauces, à croire que la tour de Babel fut construite avec des pages.
En général, afin de déterminer plus efficacement dans quel bloc une donnée se trouve, les adresses sont scindées en deux parties, la partie gauche représentant le numéro de bloc, et la partie droite la localisation de l'octet cherché à l'intérieur du bloc, tout comme dans un hôtel, où une chambre est repérée par le numéro de l'étage suivi du numéro de la chambre.

Dans le schéma ci-dessous, les huit bits de droite de l'adresse sont affectés à la position de la donnée à rechercher dans le bloc, ce qui définit une taille de bloc et une unité de transfert de niveau de 256 octets. Pour un autre niveau de transfert, avec une unité d'échange de taille différente, la même adresse peut être découpée de manière différente. En fixant la partie droite à douze bits, la taille du bloc passe cette fois à 4096 octets.

32768	16384	8192	4096	2048	1024	512	256	128	64	32	16	8	4	2	1	Adressage en continu	
0	0	1	0	1	0	0	0	0	0	0	0	1	0	1	0	Binaire	Adresse 10250
2				8				0				A				Hexadécimal	

128	64	32	16	8	4	2	1	128	64	32	16	8	4	2	1	Adressage en blocs de 256 octets	
0	0	1	0	1	0	0	0	0	0	0	0	1	0	1	0	Bloc 40	Adresse 10
2				8				0				A				Hexadécimal	

8	4	2	1	2048	1024	512	256	128	64	32	16	8	4	2	1	Adressage en blocs de 4096 octets	
0	0	1	0	1	0	0	0	0	0	0	0	1	0	1	0	Bloc 2	Adresse 2058
2				8				0				A				Hexadécimal	

Le numéro de bloc est utilisé pour gérer une liste de présences des blocs à chaque niveau de mémoire. L'adresse de la donnée à lire ou à écrire, par sa découpe en blocs, permet au vu de la liste de présences de déterminer si le niveau en question contient ou non le bloc souhaité. Seul le numéro du bloc suffit à s'assurer de la présence ou de l'absence dans un niveau de mémoire de toutes les données contenues dans ce bloc. Si le bloc est présent à ce niveau, la partie droite de l'adresse localise la donnée à l'intérieur du bloc. Dans le cas contraire, il faut faire de la place pour accueillir le bloc souhaité par un transfert de niveau.

Le dernier point à éclaircir, pour que ce transfert de niveau s'effectue de manière optimale, est celui du choix des données à remplacer dans la mémoire rapide, lorsque les nouvelles données recopiées depuis la mémoire lente arrivent. En effet, la mémoire rapide est si petite que, en règle générale, les nouvelles données devront remplacer des données déjà présentes. Les critères de choix se baseront sur la durée du séjour, la fréquence ou la nouveauté d'utilisation. On aura tendance à remplacer dans la mémoire rapide les données qui n'ont été utilisées que très rarement ou le moins récemment. Lorsque l'on remplacera dans la mémoire rapide les anciennes données par les plus récentes, il faudra s'assurer que les anciennes n'ont pas été modifiées lors de leur séjour dans la mémoire rapide car, si c'est le cas, il sera nécessaire de les rapatrier, dans leur nouvelle version, vers la mémoire lente.

C'est ce même principe de transfert entre deux niveaux hiérarchiques qui est à l'œuvre, tant dans le fonctionnement de la mémoire cache, les deux niveaux étant alors la mémoire cache et la mémoire centrale, que dans le fonctionnement de la mémoire virtuelle, les deux niveaux étant la mémoire centrale et le disque dur. Dans le cas de la mémoire cache L1, le premier niveau fonctionne, comme les registres, pratiquement à la vitesse du processeur, un accès cache ne nécessitant que trois cycles d'horloge (quelques nanosecondes). En revanche, l'accès en mémoire centrale est à peu près quinze fois plus lent (environ 60 nanosecondes). Dans le cas de la mémoire virtuelle, l'accès au disque dur est un million de fois plus lent que la mémoire centrale (plusieurs millisecondes).

On comprend pourquoi il devient capital pour la vitesse d'exécution du processeur d'éviter au maximum les ratés en mémoire cache (lorsque la donnée ne se trouve pas dans la cache, autour d'1 ou 2 % de ratés) ainsi, qu'en deuxième passe, les ratés en mémoire centrale (autour de 0,001 %), car là, la vitesse d'exécution s'effondre complètement. Il est fondamental, pour la simplicité de conception du processeur, que celui-ci, lorsqu'il cherche à accéder à une donnée ne sache pas au départ de quel niveau de mémoire proviendra en dernier ressort cette donnée. Cela doit lui rester transparent. Nous retrouverons les mémoires cache et virtuelle dans la suite du chapitre.

Fonctionnement de la mémoire centrale

Nous avons vu plus haut le rôle de la mémoire centrale, celui de contenir toutes les données et les instructions nécessaires pour l'exécution des programmes par le processeur, ainsi que d'assurer les échanges avec les unités périphériques. La mémoire centrale porte donc bien son nom, elle est le carrefour central de l'ordinateur, un carrefour encombré car y transitent la plupart des échanges.

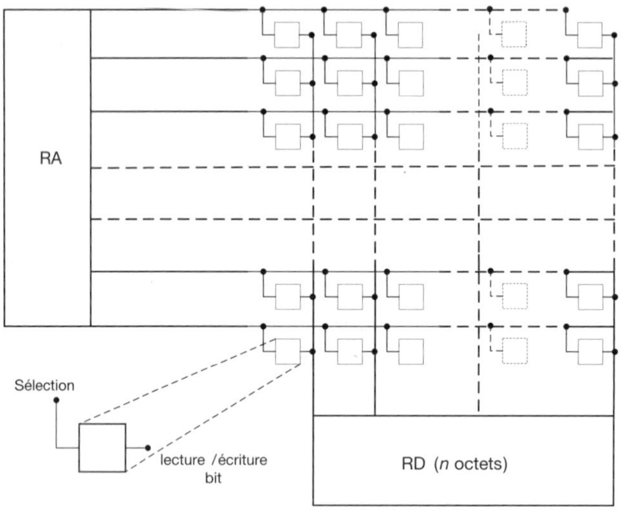

Figure 3.14 Adressage de la mémoire

Les accès à cette mémoire constituent un des freins importants de la performance des ordinateurs, et il n'est pas surprenant que la technologie des mémoires soit en évolution constante, dans le sens d'une plus grande performance tout en réduisant les coûts de fabrication. Les améliorations portent sur la densité des composants afin d'offrir un volume de mémoire plus important, ainsi que sur les mécanismes d'accès, pour réduire le nombre de cycles nécessaires à une opération de lecture ou d'écriture.

Nous allons maintenant examiner les deux éléments constitutifs de la mémoire centrale, d'abord la mémorisation de chacun des bits dans les cellules, ensuite les registres, d'une part celui qui permet l'adressage, afin de localiser une cellule individuelle, et d'autre part l'organe d'échange avec les autres composants de l'ordinateur. Dans le processeur que nous avons pris en exemple, l'adressage passait par le registre RA et les échanges par le registre RD (voir figure 3.14). Les registres RD et RA répondent aux deux questions « quoi » et « où » et sont encore d'application dans les ordinateurs les plus récents, même si leur articulation a été rendue plus complexe au sein d'un contrôleur de mémoire, en vue d'optimiser le débit de la mémoire centrale. La vitesse de la mémoire centrale restant limitée par ses caractéristiques physiques, on augmente le nombre d'octets accédés par cycle. En d'autres termes, on augmente la largeur de bande, en pariant sur le fait que la plupart des accès à la mémoire centrale ne portent pas sur un octet unique, mais bien sur une plage d'octets adjacents.

Mémorisation : DRAM ou SRAM

Les mémoires peuvent être regroupées en deux familles principales, DRAM et SRAM en fonction de la technologie mise en œuvre. Rappelons que leur appellation RAM (*random access memory)* signifie que l'accès à une cellule n'est pas conditionné par l'accès précédent, comme c'est le cas pour une mémoire à accès séquentiel (les bandes et les anciennes cassettes par exemple). Les mémoires DRAM et SRAM présentent la même caractéristique de volatilité, leur contenu ne survivant pas à une interruption de l'alimentation électrique. Ce sont des mémoires qui doivent tout le temps être remises au courant.

Les mémoires DRAM (*dynamic random access memory*) sont les mémoires les plus largement utilisées, du fait de leur faible coût (l'électronique mise en jeu est moindre). Elles se prêtent bien à la réalisation de mémoires de grande capacité mais présentent des temps d'accès plus importants. La mémorisation est assurée par une myriade de circuits électroniques qui permettent chacun de garder en mémoire l'état 0 ou 1 de tous les bits constitutifs de la mémoire centrale. Chaque bit est matérialisé principalement par un condensateur dont l'état de charge traduit sa valeur binaire. Les condensateurs se déchargeant progressivement avec le temps, il est nécessaire de rafraîchir le contenu des mémoires à intervalle régulier, d'où leur appellation de « dynamique » et leur lenteur. Cette opération de rafraîchissement régulière doit être exécutée en priorité par rapport aux autres accès et affecte négativement les temps d'accès moyens de la mémoire DRAM.

Les mémoires centrales sont construites sur la base d'une technologie de type DRAM. Elles se présentent généralement sous forme de barrettes enfichables, correspondant à différents standards de format, et caractérisées en termes non seulement de capacité mais aussi de performance. Les barrettes peuvent comporter plus d'une centaine de contacts sur chacune de leurs deux faces, d'où leur appellation de DIMM (*dual in-line memory module).*

Avant d'acquérir une ou plusieurs de ces barrettes pour étendre la taille de la mémoire centrale, accordez la plus grande attention au choix du produit en fonction des caractéristiques de votre ordinateur. Une erreur dans ce choix entraînera au mieux des performances inférieures et au pire des erreurs de fonctionnement. Plus ennuyeux encore, il sera impossible d'enficher à l'emplacement prévu un format de barrette incorrectement choisi.

Les mémoires DRAM ont leur propre horloge, cadencée en fonction de leurs possibilités et indépendante de l'horloge du processeur. On parlera ainsi de mémoires cadencées à 500 MHz pour la DDR2 (obsolète), 1 500 MHz pour la DDR3 et 2 133 MHz pour la DDR4. Du fait de la fréquence plus élevée du processeur, pouvant atteindre plusieurs gigahertz, nous savons déjà que l'accès à la mémoire nécessite plusieurs cycles et porte sur plusieurs octets adjacents.

Les mémoires DRAM sont essentiellement de nature électronique donc volatile. C'est en effet la circulation des électrons qui rafraîchit le contenu des cellules de mémoire. Une coupure de courant, et quel plaisir unique de voir disparaître tout le document que vous tapiez depuis 4 heures, sans avoir pris la peine, à aucun moment, de le sauver, c'est-à-dire de le recopier dans une mémoire secondaire, elle, non volatile. L'existence d'un programme dans une mémoire de type DRAM est donc, à tout moment, éphémère et volatile. Lors de l'exécution d'un long programme, il sera nécessaire de temps à autre, suivez ce conseil d'ami et au risque d'insister, de prévoir l'écriture fréquente des résultats intermédiaires sur des supports de mémoire secondaire et un peu moins fréquente sur des supports d'archivage.

Les mémoires SRAM (*static random access memory*) sont des mémoires nettement plus rapides, mais d'un coût de réalisation autrement plus élevé que les DRAM. Leur fonctionnement fait appel à des circuits du type bistable (vu au chapitre précédent), qui ne nécessitent pas de rafraîchissement régulier de leur contenu, d'où leur vitesse et leur appellation de « statique ». Pour une même capacité de stockage, ces mémoires consomment six fois plus de transistors que les DRAM et occupent nettement plus d'espace. Cependant leur technique de conception est si proche des processeurs qu'elles se collent idéalement à eux et sont parfaites pour compléter les capacités de stockage déjà permises par les registres. La présence d'une électronique plus importante et plus sophistiquée explique leur prix. Les mémoires SRAM sont utilisées pour les mémoires cache ainsi que pour d'autres fonctions où la rapidité prime sur des considérations de coût, d'espace et de complexité.

Adressage et transferts, les registres

Après avoir traité de la mémorisation des octets, voyons comment les localiser et les transférer. L'accès immédiat au contenu de la mémoire centrale nécessite l'envoi d'une commande de lecture ou d'écriture accompagnée de l'adresse. Cela est pris en charge par deux registres principaux, RA pour l'adressage, et RD pour le transfert des données.

Le registre d'adresse de mémoire (RA), déjà rencontré précédemment, contient l'adresse de l'octet à lire ou écrire. Il correspond à des registres homologues du processeur et des unités d'entrées-sorties. Ce registre est accompagné de lignes de commandes qui précisent le sens du transfert (lecture ou écriture) et qui régulent les transferts avec les autres éléments. La taille du registre conditionne la dimension maximale de l'espace adressable de la mémoire centrale. Une adresse codée sur n bits peut adresser jusqu'à 2^n octets (de l'adresse 0 à l'adresse $2^{n} - 1$). Ainsi, à partir d'un RA de 32 bits, l'espace adressable est de 2^{32} octets, soit plus de 4 gigaoctets. Sachant que dans la plupart des ordinateurs actuels, les registres essentiels ont une taille de 32, 64 ou même 128 bits, on pourrait s'étonner que la taille de la mémoire centrale reste encore très souvent, à l'heure actuelle, limitée à 8 gigaoctets. Nous allons voir de suite que les choses ne sont pas aussi simples, et que l'allongement des adresses coûte d'abord en complexité et en temps d'accès. De plus, le franchissement du seuil des 32 bits a nécessité un effort considérable d'adaptation d'une masse de composants logiciels. On comprend mieux dès lors pourquoi la taille des adresses était calquée sur les besoins de l'époque.

Avec un RA de 36 bits, on arrive à 68 719 476 736 octets. Cela monte très vite n'est-ce pas ? Les dépendances exponentielles sont réputées pour cela. Ces dernières années, de plus en plus de processeurs, tant chez Sun, qu'ARM ou Intel, ont fait le choix d'une architecture à 64 bits, ce qui implique notamment une révision profonde de tous les mécanismes d'adressage dans les systèmes d'exploitation. Depuis, les informaticiens peuvent voir l'avenir avec confiance et se sentir à l'aise pour des siècles et des siècles face à l'immensité de l'espace d'adressage qui s'ouvre à eux. Celui-ci passe théoriquement à 2^{64}, soit 18 446 744 073 709 551 616 octets. Excusez du peu ! Aura-t-on jamais suffisamment de données et de programmes à y installer ? De fait, la raison première de l'adoption des architectures 64 bits est d'accroître très considérablement la quantité de données disponibles et adressables directement en mémoire centrale. Il faut cependant que les applications s'adaptent à ce doublement de taille des registres (y compris la taille des instructions) et l'exploitent au mieux.

Sur le plan pratique, une telle gamme d'adresses ne va pas sans poser d'importantes difficultés lors de la réalisation des circuits électroniques. Ainsi, un premier « casse-tête » tient en la réalisation du décodeur d'adresses qui reçoit en entrée le RA et doit en sortie sélectionner l'octet voulu. La figure 3.15 représente un décodeur pour un RA réduit à des adresses sur deux bits A_0 et A_1, et effectuant la sélection parmi les quatre octets D_0 à D_3 en sortie. Six portes électroniques (deux inverseurs et quatre ET logiques) sont impliquées dans ce minuscule décodeur, et l'on vous a épargné les signaux d'horloge et de commande.

On peut dès lors imaginer la complexité d'un tel décodeur lorsqu'il s'agit de s'attaquer à des adresses codées sur 32 ou 64 bits. Les progrès de la miniaturisation aidant, la quantité de circuits à mettre en œuvre ne constituerait pas un obstacle insurmontable à une telle réalisation. Par contre, réaliser la sélection de la bonne ligne à activer impliquerait un grand nombre de circuits successifs, chacun d'entre eux ajoutant son temps de réaction ou délai propre et nécessitant des broches de contact supplémentaires sur les mémoires enfichables.

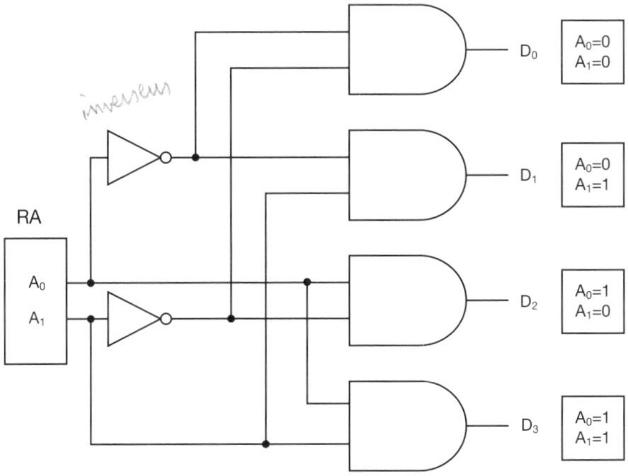

Figure 3.15 Décodeur pour RA de deux bits

Afin de faciliter la sélection de l'octet désiré, une amélioration possible est de structurer la mémoire, non plus en une juxtaposition linéaire de cellules d'octets, mais en un espace à deux dimensions constitué de rangées et de colonnes. La figure 3.16 illustre le passage d'un adressage unidimensionnel à un adressage bidimensionnel. En substance, on remplace un décodeur très complexe par deux décodeurs plus simples. L'accès à la mémoire centrale débute par deux phases, la première affectée à la sélection de la rangée (R) et la seconde à la sélection de la colonne (C). Le prix de cette simplification est un allongement du temps d'accès où deux cycles sont nécessaires pour sélectionner l'octet. En compensation, les accès à la mémoire centrale peuvent se faire par groupes ou mots de 64 bits formant huit octets consécutifs. Pour cela, l'adresse est tronquée en ignorant ses trois bits les moins significatifs (ceux de droite qui adressent 1 octet dans un groupe de 8). Huit octets pour le prix d'un, qui dit mieux ?

L'adresse présentée dans le registre RA est décomposée en deux champs (R et C), le premier s'occupe d'adresser la rangée et le deuxième d'adresser la colonne. L'accès à la mémoire débute par une phase RAS (*row address strobe*) utilisant le champ R prélevé depuis le registre RA. Une fois cette phase complétée, le champ C est utilisé pour la phase CAS (*column address strobe*).

Chaque phase implique un nombre variable de cycles (*timings*) selon qu'il s'agit d'une opération de lecture ou d'écriture. Le temps d'accès moyen à la mémoire centrale est la somme d'un temps de latence nécessaire à la sélection de l'adresse, et d'un temps de transfert nécessaire pour lire ou écrire dans cette mémoire.

Le terme générique DRAM recouvre un ensemble de réalisations plus particulières surtout au niveau de l'optimisation des mécanismes d'accès. Ainsi la SDRAM

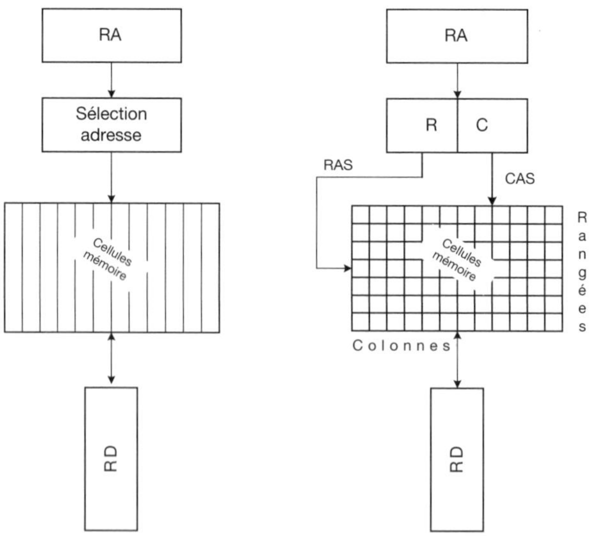

Figure 3.16 Passage d'un adressage unidimensionnel à un adressage bidimensionnel

(*synchronous dynamic random access memory*, à ne pas confondre avec la SRAM) est une mémoire de type DRAM où les accès successifs sont synchronisés avec l'horloge externe du processeur.

Le temps d'accès moyen diminue progressivement grâce aux améliorations incessantes du dispositif d'adressage et des caractéristiques des mémoires DRAM. Ces améliorations se traduisent d'abord par divers préfixes à l'appellation DRAM (RDRAM, SDRAM...), et surtout par des réductions des temps d'accès, par exemple en n'effectuant qu'une seule phase RAS suivie de plusieurs phases CAS, pour réaliser des transferts en rafale (*burst mode*) ou en doublant son nombre de cycles en exploitant les fronts montants et descendants de son horloge pour les mémoires *double data rate* (DDR *n*). La mémoire centrale peut également être répartie dans plusieurs (typiquement deux) bancs de mémoire qui peuvent dès lors être accédés simultanément par le contrôleur de la mémoire.

Les échanges avec les autres éléments de l'ordinateur sont assurés par le registre des données ou RD qui contient les données lues ou à écrire en mémoire centrale. Tout comme le registre RA, RD est relié à des registres homologues situés dans le processeur ainsi que dans les unités d'entrées-sorties. La régulation des passages sur ces liaisons est du ressort du contrôleur de la mémoire centrale. La taille de ce registre détermine le nombre de bits échangés à chaque cycle d'accès à la mémoire. Cette taille, typiquement de huit octets, ne cesse de croître pour accompagner celle des accès, afin d'en augmenter le débit apparent, à défaut de pouvoir augmenter la vitesse de la mémoire centrale.

Rappelons qu'il est possible d'accélérer le fonctionnement de la mémoire centrale et du processeur en modifiant des réglages internes tels que fréquence d'horloge ou tension électrique. Cette pratique appelée *overclocking* demande une très bonne connaissance du mécanisme interne de l'ordinateur et une approche rationnelle pour obtenir des améliorations substantielles tout en conservant un fonctionnement stable. Sorti de là, l'overclocking provoquera au mieux des plantages qui auront vite fait de perdre le gain de temps escompté ou au pire des dégâts irréversibles aux composants.

Au-delà des limites de la mémoire

Tout au long de la description de la mémoire centrale, nous avons fait état de ses limites : spatiale d'une part, liée aux contraintes de l'adressage et au coût global de la mémoire, temporelle d'autre part, du fait de sa relative lenteur face à l'évolution des processeurs. Nous allons voir maintenant comment les programmes peuvent dépasser ces limites, et le faire en douceur, sans même s'en rendre compte.

Mémoire virtuelle

Jusqu'à présent, les octets étaient vus dans la mémoire centrale comme une suite linéaire de cellules contiguës, commençant à l'adresse zéro et se poursuivant sans interruption jusqu'à l'adresse la plus grande. La disposition des octets dans un espace à deux dimensions (en rangées et en colonnes) est transparente. Les programmes y voient un espace adressable linéaire et continu auxquels ils accèdent à l'octet près, en transmettant au RA son adresse absolue. De surcroît, le programme peut partir du point de vue qu'il est seul au monde à s'exécuter, et donc que toute la mémoire centrale (par exemple plusieurs gigaoctets) lui est entièrement dévolue.

Pour un ensemble de raisons que nous allons détailler dans la suite, les concepteurs des processeurs et des mémoires ont décidé de bluffer les programmes en leur faisant croire que, de fait, ils étaient seuls au monde et dépositaires de toute la mémoire réelle, alors que la seule mémoire qu'ils possèdent, en vérité, est on ne peut plus virtuelle. C'est dans l'intérêt des programmes de s'y laisser prendre. Vivre d'illusions permet de rendre l'existence plus supportable.

La toute première raison tient en la quantité disponible de mémoire centrale. Malgré les baisses de prix spectaculaires, cette ressource reste trop coûteuse pour en disposer de manière illimitée, et cela malgré l'accroissement de la taille de la mémoire et de la taille du RA. Or, quand on connaît la gourmandise, en termes de mémoire, des logiciels actuels (ce n'est plus de la gourmandise mais de la voracité), le fossé ne cesse de grandir entre la quantité de mémoire disponible (pour des limitations technologiques ou économiques déjà évoquées) et les besoins logiciels. Il devient dès lors vital, pour compenser les limites de la mémoire centrale, de se rabattre sur la mémoire secondaire, disque dur ou autre, moins onéreuse pour une plus grande quantité.

Une deuxième raison tient à l'écriture des programmes, généralement conçus pour traiter un grand nombre de situations différentes, mais qui ne se produiront évidemment pas simultanément. Ainsi, à un moment donné de son déroulement, le programme pourrait n'avoir à traiter qu'une des situations prévues concernant un ensemble limité de données et faire fi de tout le reste. La partie du programme qui initialise les données n'a vraiment lieu d'être qu'en début d'exécution. La partie comprise à l'intérieur d'une boucle s'exécutera, à l'exclusion de toutes les autres instructions, tant que la condition d'arrêt de la boucle ne sera pas satisfaite.

Chaque programme pourrait gérer lui-même les transferts en mémoire centrale des seules parties utiles à un moment donné, comme ce fut d'ailleurs de pratique courante dans le passé, mais une telle gestion représente une contrainte extrêmement lourde lors de l'écriture du programme, surtout lorsque ce même programme peut être exécuté sur différents ordinateurs présentant des capacités de mémoire très variables. Il est donc plus simple de « bluffer » le programme en lui donnant l'illusion d'un espace adressable continu et suffisant pour contenir toutes les instructions et données qui lui sont nécessaires.

Bien sûr, la mémoire centrale ayant les limitations que l'on sait, cet espace idéal ou virtuel ne se traduira pas par un espace contigu de la taille correspondante en mémoire centrale. Un système de gestion de la mémoire, partie intégrante du système d'exploitation (que nous verrons plus loin), attribuera à chaque programme la partie de mémoire qu'il peut exploiter et s'occupera de la traduction des adresses virtuelles en adresses réelles. Le système d'exploitation connaît la configuration de l'ordinateur sur lequel il tourne et, en prenant en charge la gestion de la mémoire centrale, il soulage tout le monde, du programmeur à l'utilisateur.

Une troisième raison est la multiplication des programmes actifs simultanément. Tous les ordinateurs aujourd'hui recourent au multitâche, permettant ainsi l'exécution apparemment simultanée de plusieurs programmes. Comme nous le verrons dans la suite (chapitre 6), cette apparente simultanéité n'est possible qu'en partageant tour à tour des ressources telles que le(s) processeur(s), partage de nature temporelle, et en répartissant la mémoire centrale entre tous ces programmes, partage de nature spatiale cette fois. Comme nous l'avons vu, chacun de ces programmes pris isolément nécessite souvent pour son exécution un espace en mémoire centrale plus grand que celui disponible. C'est déjà le cas du seul système d'exploitation, le programme le plus stratégique à s'exécuter sur l'ordinateur et dont dépend le bon fonctionnement de tous les autres.

Il serait excessivement contraignant de devoir déterminer *a priori* les programmes pouvant s'exécuter dans le même temps ainsi que leur emplacement dans la mémoire centrale. Il est bien plus simple de maintenir tous ces programmes dans l'illusion qu'ils disposent de toute la mémoire souhaitée, et de les placer au moment de leur exécution à un emplacement quelconque de la mémoire centrale, emplacement choisi et géré par le système d'exploitation. Le système d'adressage interne des programmes n'est en rien modifié, mais il est passé du statut de réel à celui de virtuel.

Un simple mécanisme d'association entre les adresses virtuelles et les adresses réelles (soit dans la mémoire centrale, soit dans la mémoire secondaire) suffira à maintenir cette illusion. Le programme jouera de son espace d'adresses virtuelles comme si celles-ci débutaient à l'adresse zéro de la mémoire centrale et se suivaient en continu. Or en réalité, ce même programme sera fragmenté et dispersé, en partie dans la mémoire centrale et en partie dans la mémoire secondaire.

La quatrième raison découle des deux précédentes. En effet, l'espace réellement occupé en mémoire centrale par un programme varie au gré des traitements qu'il doit effectuer et de la disponibilité de cet espace. De plus, cet espace sera partagé avec d'autres programmes, tout aussi gourmands, et dont les besoins en mémoire varient également au cours de leur traitement. Il s'ensuit des ajustements fréquents dans la taille de chaque programme et dans l'encombrement total en mémoire. Ces ajustements seraient pénibles à gérer si les programmes devaient occuper un emplacement d'un seul tenant en mémoire centrale.

En résumé, les programmes ne s'accommodent pas bien d'une mémoire centrale vue comme un espace continu et indivisible, et ce, pour les raisons suivantes :

- taille de la mémoire insuffisante;
- parties des programmes temporairement superflues;
- multiplication des programmes présents simultanément;
- variations et fractionnement de l'espace mémoire disponible.

Il est donc préférable de fragmenter le programme en un ensemble de petits segments de même longueur, appelés « pages ». Au fur et à mesure des besoins, ces pages seront placées par le système d'exploitation dans des espaces banalisés, dispersés dans la mémoire centrale ou sur la mémoire secondaire. Dans la figure 3.17, trois programmes d'application A1, A2 et A3, chacun comprenant un certain nombre de pages, se trouvent « éclatés » dans la mémoire centrale. Comme vous pouvez le constater, les pages d'un même programme ne sont plus contiguës dans la mémoire centrale et se trouvent à des adresses formées par le numéro de page physique multiplié par la taille des pages, 4096 (ou 1000 en hexadécimal) octets en l'occurrence dans la figure.

Ce système garantit une certaine économie de l'espace (et pour des raisons déjà largement évoquées, il faut économiser cet espace-là) tout en laissant le plus de flexibilité lors de l'occupation de celui-ci par des objets de taille très variable.

La gestion de l'espace adressable peut être comparée à celle des rayons dans un entrepôt. Prenons pour exemple le stockage de matériel informatique composé

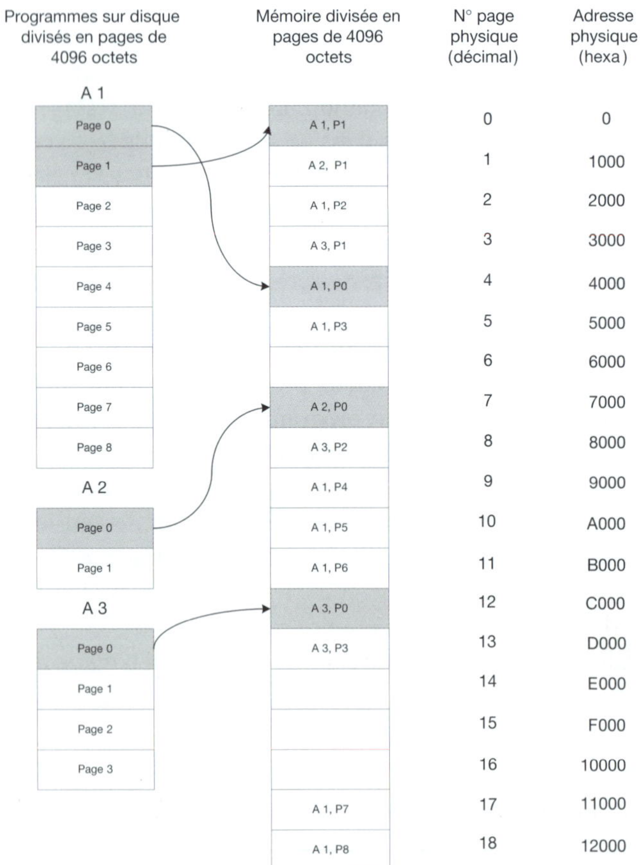

Figure 3.17 Fragmentation des programmes

d'articles de tailles disparates, allant des écrans aux barrettes de mémoire, en passant par les claviers. De plus, la quantité de pièces à stocker pour chaque article varie avec les demandes du marché.

Dans une première approche, on peut stocker les articles en les rangeant dans les rayons dans l'ordre de leur numéro de référence. Le rangement et la recherche sont très simples : il suffit de parcourir les rayons en lisant les numéros de référence. Toutefois, il n'est pas possible d'intercaler un article nouveau dont le numéro de référence est inférieur au dernier dans le stock. Si le nouveau numéro est proche du début, c'est tout l'entrepôt qui peut être affecté. Et la même difficulté se présente lorsqu'il faut ranger plus de pièces d'un même article que prévu. Où va-t-on mettre ces deux cents caisses avec des écrans en promotion, alors qu'en temps ordinaire, le stock est de dix écrans au plus? Des solutions existent, par exemple sous forme de rayons intermédiaires laissés vides pour accueillir des débordements, mais elles consomment de l'espace avec les rayons inoccupés et enlèvent beaucoup à la simplicité initiale.

Une autre approche du stockage consiste à ranger les articles au fur et à mesure dans des rayons libres, en notant pour chaque numéro de référence le ou les rayons utilisés pour le rangement. La gestion de l'espace de rangement sera facilitée en notant par ailleurs les rayons libres. L'adjonction d'un nouvel article se fera sans aucune difficulté. En contrepartie, l'accès à un article exige le maintien d'un document reprenant pour chaque numéro d'article les rayons affectés à son stockage.

De même, la gestion de la mémoire centrale est considérablement facilitée en dissociant d'une part l'adressage des cellules tel que le programme le voit (adresses logiques) et d'autre part l'emplacement réel de ces cellules (adresses physiques).

La pagination est un des mécanismes qui permet de créer cette dissociation.

Pour l'ordinateur, un programme reste une succession d'octets qui peut aisément être fractionnée dans la mémoire sans que cela lui pose de trop graves problèmes existentiels. Le programme sera fragmenté en pages de longueur fixe et sera logiquement organisé comme une succession de ces pages. Ce sont ces mêmes pages qui seront physiquement transférées entre la mémoire centrale et un emplacement dans la mémoire secondaire, nommé « fichier d'échange » ou *swap file*.

Voilà donc que — comme pour rendre confus ce qui semblait clair — l'ordinateur utilise une partie dédiée de la mémoire secondaire (autrement dit le disque dur) comme extension de la mémoire vive. Cette extension de la mémoire vive qui « déborde » sur le disque dur y prend techniquement la forme d'un fichier (intitulé « pagefile.sys »pour Windows) ou d'une partition dédiée (baptisée « swap »chez Linux). Dans un cas comme dans l'autre, c'est une partie du disque dur qui n'est plus accessible pour le stockage permanent des fichiers de l'utilisateur et dont le contenu sera perdu à la fermeture de l'ordinateur (en tant qu'extension de la mémoire vive, son contenu n'a d'intérêt que pendant l'exécution des programmes).

La figure 3.18 devrait aider à la compréhension de l'organisation qui en résulte. L'extension de la mémoire vive sur une partie dédiée de la mémoire secondaire

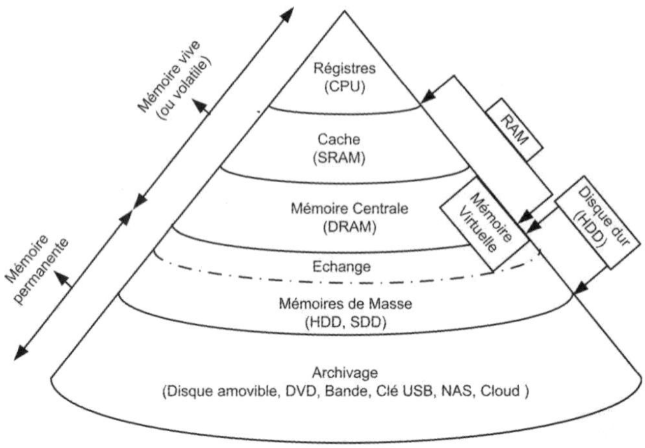

Figure 3.18 Mémoire virtuelle

ajoute un niveau supplémentaire (particulièrement lent) à la mémoire disponible pour l'exécution des programmes. Comme évoqué plus haut avec le cache, les transferts de niveaux doivent impérativement demeurer transparents. C'est ce qui explique le regroupement des différents niveaux (principale et d'échange) au sein du concept de mémoire « virtuelle », organisée en pages.

Pagination

Dans le contexte de la mémoire virtuelle, les pages jouent le rôle de bloc évoqué plus haut lors de l'explication très générique des transferts de niveau. Avec la pagination, nous allons voir maintenant les dispositifs qui permettent de traduire en adresses réelles les adresses virtuelles utilisées par les programmes. La pagination implique d'abord que le programme soit vu comme une succession logique de pages et ensuite que toute adresse soit constituée de deux champs, l'adresse de la page et l'adresse de l'octet dans la page (*offset*), selon un mécanisme déjà expliqué plus haut. La taille des pages peut varier suivant les systèmes mais reste toujours une puissance de deux, généralement 4096 octets ou plus, étant donné la taille des mémoires centrales actuelles. Une taille de page de 4096 octets est courante, en conséquence de quoi l'adressage de la position d'un octet à l'intérieur de la page requiert 12 bits.

Ainsi pour un programme quelconque, l'adresse virtuelle 4096 succède logiquement à 4095. En revanche avec un système d'adressage par page, il s'agit, comme indiqué dans la table ci-dessous, de la première adresse accessible dans la deuxième page logique.

Espace adressable virtuel		4094	4095	4096	4097
Espace paginé	Page logique	0	0	1	1
	Octet (offset)	4094	4095	0	1

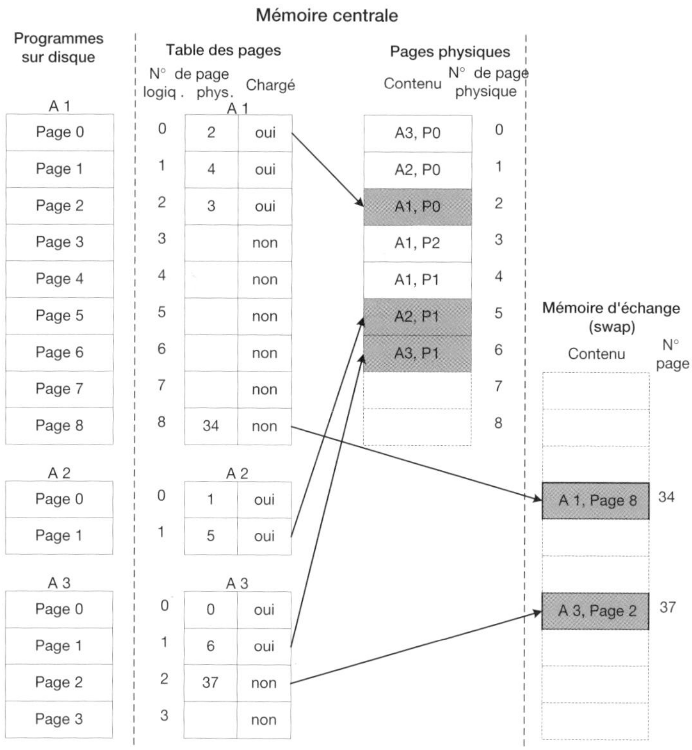

Figure 3.19 Table des pages

Pour qu'un programme puisse accéder à un octet, il suffit de transposer le numéro de page logique en un numéro de page physique, puisque le numéro de position ou déplacement (*offset*) au sein de la page est identique. Cette page physique se trouvera idéalement quelque part dans la mémoire centrale. Si ce n'est pas le cas, un « raté » ou défaut de page (*page fault*) se produit, et il faut aller rechercher sur le disque dur la page qui fait défaut pour la copier dans la mémoire centrale. À ce stade, soit la mémoire possède encore un espace vide pour y installer la nouvelle page, soit il faut remplacer une des pages existantes par la nouvelle.

Ce mécanisme est rendu possible par l'adjonction à chaque programme d'une « table des pages », comme illustrée dans la figure 3.19, et responsable de la mise en correspondance entre l'adresse logique et l'adresse physique, soit en mémoire centrale soit dans le fichier d'échange en mémoire secondaire. C'est le système d'exploitation qui s'occupe de la création et de la gestion de ces tables des pages. La table des pages est constituée d'une liste reprenant pour chacune des pages logiques le numéro de page physique correspondant et d'un indicateur précisant si la page est en mémoire centrale ou secondaire.

La table des pages contient en principe autant d'entrées qu'il y a de pages logiques dans le programme. Dans le cas de programmes volumineux contenant un nombre important de pages logiques, la table, afin d'en faciliter la consultation, peut être organisée hiérarchiquement, à la manière d'une table des matières. Des informations complémentaires peuvent s'ajouter dans la table des pages afin de faciliter et d'optimiser la gestion de la mémoire virtuelle.

Par exemple, plusieurs problèmes se posent lorsqu'il est question de remplacer une page de la mémoire centrale par une autre en provenance du fichier d'échange sur la mémoire secondaire. Tout d'abord, laquelle remplacer ? Cela pourrait être la moins récemment installée dans la mémoire ou la moins récemment utilisée ou encore la moins fréquemment utilisée. Tout cela nécessite de maintenir à côté de chaque page de la mémoire centrale, l'une ou l'autre information sur le moment de l'installation, du dernier accès ou du nombre d'accès. Un attribut pourrait empêcher la modification d'une zone de la mémoire ou en restreindre l'accès à un nombre limité de programmes, de manière à se protéger de modifications intempestives à cet endroit. Par ailleurs, avant de se débarrasser de toute page de la mémoire centrale, il faudra vérifier si son contenu a été modifié et diverge dès lors de l'état de la page tel qu'il était lors de sa copie depuis la mémoire secondaire. Si modification il y a eu, il faudra prendre le temps avant toute chose de recopier la page vers la mémoire secondaire. Il faut donc, là aussi, un indicateur additionnel associé à la page et se chargeant de cette information.

Gestion des pages : l'unité de gestion de mémoire

La table des pages associée à chaque programme devient le passage obligé avant d'accéder à la mémoire physique. Le registre RA se chargera, non plus de l'adresse logique telle que présentée par le programme, mais bien de la juxtaposition d'un numéro de page physique (trouvé dans la table des pages à partir du numéro de page logique) et de la position relative dans cette page (la partie droite de l'adresse logique). Cette juxtaposition est réalisée par un organe accolé à la mémoire centrale et dénommé *memory management unit* (MMU) ou unité de gestion de mémoire. Elle opère à partir des informations contenues dans la table des pages, qui se trouve elle-même en mémoire centrale.

On voit bien l'intérêt de l'unité de gestion de mémoire, mais on comprend aussi que son fonctionnement ajouterait pour chaque accès à la mémoire centrale au moins un accès préalable pour y trouver dans la table de pages logiques la correspondance avec le numéro de page physique. Or, nous savons que le temps d'accès à la mémoire centrale constitue un goulet d'étranglement pour le processeur. Il est donc clair qu'une unité de gestion de mémoire qui engendrerait une telle multiplication des accès à la mémoire serait excessivement pénalisante pour la vitesse de fonctionnement globale. Pour réduire ce nombre d'accès, l'unité de gestion de mémoire se voit adjoindre une mémoire de très petite capacité mais ultrarapide et très spécialisée, nommée TLB (*translation lookaside buffer*).

Bien évidemment, en pure logique, le TLB fera partie de cette mémoire ultrarapide (mémoire cache) que nous détaillerons par la suite car c'est à l'issue de son utilisation que l'on saura si, oui ou non, l'information recherchée se trouve bien dans la mémoire centrale, et le cas échéant dans le cache. Le TLB contient une copie des entrées les plus fréquemment utilisées dans la table des pages y compris, comme dans la table des pages, quelques informations sur la fréquence d'utilisation de telle page, renseignant sur l'intérêt de maintenir celle-ci dans cette mémoire lorsqu'il faudra faire de la place pour accueillir une nouvelle entrée. Comme le TLB est une mémoire intermédiaire qui ne contient qu'une partie des entrées de la table des pages, et qui se doit de fonctionner le plus rapidement possible, un mécanisme d'accès particulier permet de déterminer par une recherche globale si l'entrée est présente dans le TLB et dans ce cas d'en obtenir le contenu. Une mémoire avec un tel mécanisme d'accès par le contenu est appelée une mémoire associative et son principe est expliqué dans la section suivante.

Mémoire associative : TLB

Tel que nous l'avons vu jusqu'à présent, l'accès à la mémoire centrale se fait toujours au moyen d'une adresse. Pour retrouver une donnée parmi d'autres, une première approche est de les examiner successivement, adresse par adresse. Cependant, lorsque les données sont organisées en table, la table peut être ordonnée en entrées de façon telle que l'emplacement de la donnée à atteindre soit défini par son numéro d'ordre ou index. La table des pages est un exemple d'une telle table : chaque entrée se situe par rapport au début de sa table à une distance ou déplacement égal au numéro de sa page logique. Comme les numéros de page logique forment une suite ininterrompue, il y a une relation directe entre le numéro de page logique et la position relative de l'entrée dans la table de correspondance entre pages logiques et adresse physique.

Table des pages en mémoire

Adresse dans la table (n° de page logique)	N° de page physique en hexadécimal
0	F
1	C
2	4
3	9
4	A
5	....
6	....
7	....
8	....

Table des pages en TLB

N° de page logique	N° de page physique en hexadécimal
Page 4	A
Page 0	F
Page 1	C
....	....
....	....
....	....
....	....
....	....
....	....

Figure 3.20 TLB

Le TLB est un extrait de la table des pages ne reprenant qu'un sous-ensemble des pages les plus utilisées. Toutefois, à la différence de la table des pages, les pages logiques y figurent avec des discontinuités et donc dans le désordre. Comme pour la table des pages, chaque entrée du TLB reprend le numéro de page physique en mémoire centrale, mais avec en plus le numéro de page logique, tel que montré dans la figure. À l'aide d'un mécanisme d'accès par adresse, chercher dans le TLB le numéro de page logique se ferait par comparaisons successives de chaque entrée avec le numéro de page voulu et donc un passage en revue de la moitié, en moyenne, de toutes les entrées de ce TLB.

Même avec une technologie de mémoire ultrarapide (de type cache), la durée d'un tel balayage serait encore prohibitive, car elle pèserait lourdement sur les temps d'accès à la mémoire centrale, dont nous avons déjà assez souligné le caractère critique. C'est pourquoi le TLB est généralement réalisé sous forme d'une mémoire associative, accédée non plus par une adresse mais par le contenu. Il s'agit d'une mémoire construite de telle sorte que tous les numéros des pages logiques qu'elle contient sont comparés en une seule fois avec le numéro recherché. L'accès à une telle mémoire ne se fait donc pas en fournissant une adresse, mais bien directement le contenu de ce qui est recherché, ici le numéro logique apparié avec le numéro de page physique.

La meilleure manière de différencier l'accès par l'adresse de l'accès par le contenu est de différencier la mémoire informatique de la mémoire cérébrale ou cognitive. Avez-vous l'impression que lorsque vous mettez un nom sur un visage qui vous fait face, vous avez passé en revue dans votre mémoire tous les visages qui y sont stockés ? Pour reconnaître votre mère, avez-vous, en quelque sorte, été jusqu'à poser l'hypothèse qu'il pourrait s'agir de votre percepteur ? Non, de fait, car votre mémoire est adressable par le contenu : un petit bout de ce visage, les yeux ou les cheveux et le tour est joué, c'est maman.

Dans le cas du TLB, au terme de cette recherche par le contenu et exhaustive en un coup, si le numéro de page logique a été trouvé, le numéro de la page physique est généré automatiquement par l'unité de gestion de mémoire. Par contre, si le numéro de page logique n'est pas trouvé, l'opération doit se poursuivre en mémoire centrale par la sélection de l'entrée dans la table des pages.

Antémémoires ou mémoires cache

Nous avons vu en introduction des mémoires que leur hiérarchisation avait mené les constructeurs informatiques à la répétition du principe de mémoire à deux niveaux : petite mémoire rapide et grande mémoire lente, avec transfert de blocs d'octets de la lente à la rapide en fonction des besoins. C'est ce principe qui sous-tend le fonctionnement de la mémoire virtuelle et c'est ce même principe, à nouveau, que l'on retrouve pour la mémoire cache ou antémémoire, à base de SRAM rapide, adossée au processeur en support à une mémoire centrale plus lente car réalisée en DRAM.

Précisons en passant que le si mot anglais « cache » tire son origine du français, il s'entend ici plutôt comme dépôt d'objets de valeur. Antémémoire ou cache désigne dès lors une petite mémoire très rapide (pour la L1, niveau 1 de cache pratiquement la même vitesse d'accès que les registres, c'est-à-dire trois cycles d'horloge), à portée immédiate du processeur, reprenant une copie des instructions et des données les plus fréquemment ou récemment utilisées. Lorsque le processeur cherche à accéder à un octet dans cette mémoire Ferrari et qu'il ne l'y trouve pas, il peut se retourner vers les autres niveaux d'antémémoire L2 et éventuellement L3 et enfin la mémoire centrale (BMW, n'oubliez pas que le pire reste l'accès au disque dur), en rapatriant vers la Ferrari, non seulement l'octet absent, mais les quelques octets adjacents pour profiter au mieux de cet accès en cours.

Comme nous l'avons déjà dit, la probabilité est importante que les octets voisins de ceux venant d'être utilisés seront à leur tour demandés lors de prochaines opérations (il faut éviter un maximum de ratés). Une telle anticipation tire parti du principe de localité spatiale et temporelle à l'œuvre dans les programmes qui, lors de leur exécution, manipulent données et instructions situées dans des zones compactes de la mémoire, et cela pendant un temps certain.

Selon les architectures de processeurs, on retrouve une mémoire cache unique, contenant aussi bien instructions que données, ou des mémoires caches spécialisées en données ou instructions. La mémoire cache peut également être répartie en niveaux ou level (L1, L2, L3), différenciés selon leur rapidité et leur proximité du processeur. Quelle que soit sa configuration, la mémoire cache est organisée en blocs dont la taille est alignée sur celle des accès à la mémoire centrale, allant généralement de 4 à 64 octets, et son espace total est de l'ordre de quelques centaines de kilooctets à quelques mégaoctets. La multiplication des niveaux de cache et leur partage éventuel entre des cœurs ou des processeurs différents entraîne l'obligation de s'assurer que les modifications d'un octet se répercutent à travers les différents niveaux de cache. Sinon, une séquence de programme traitant un octet dans un cœur pourrait ignorer une modification apportée à ce même octet par une autre séquence exécutée dans un cœur voisin. Différentes stratégies sont mises en œuvre pour contrer ce problème dit de « cohérence de caches » tout en cherchant à ne pas réduire les performances.

Dans le cas de la mémoire cache, les blocs sont bien plus fréquemment appelés « lignes de cache », et nous retiendrons le terme de ligne par la suite afin d'éviter les confusions. Nous nous limiterons aux grandes lignes (de cache) dans l'explication de son fonctionnement, en nous aidant de la figure 3.21 représentant une mémoire cache de 256 lignes, chaque ligne contenant 16 octets, soit 4096 octets de capacité totale.

Tout comme pour l'adressage de la mémoire virtuelle, nous retrouvons à nouveau un mécanisme de localisation basé sur la scission de l'adresse. Cette fois, l'adresse physique de la mémoire centrale est divisée en trois champs. Le champ de droite détermine le positionnement relatif de l'octet dans la ligne de mémoire

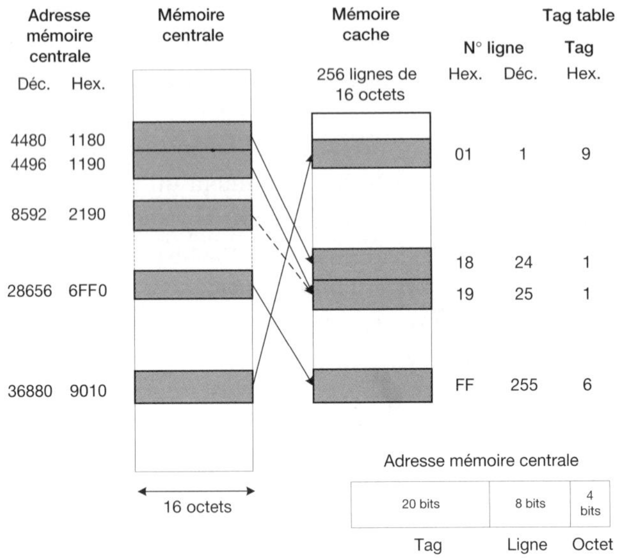

Figure 3.21 Mémoire cache

cache, le champ médian correspond au numéro de ligne dans la mémoire cache, et le champ de gauche forme le « tag », qui permet de retrouver la position d'origine de l'ensemble dont est extrait la ligne dans la mémoire centrale.

Appliquons cela à notre exemple de mémoire cache. Ses 4096 octets groupés par 16 dans 256 lignes sont adressés par les deux champs « octet » et « numéro de ligne » qui offrent avec leurs 12 bits 4096 (1000 en hexadécimal) combinaisons. Une position de cache peut donc correspondre à toutes les adresses de mémoire centrale qui donnent le même reste après division par 4096. Elles sont autant de possibilités qu'il faut distinguer par un trait caractéristique et unique, et cet identifiant est fourni par le champ « tag ». Il suffit de mémoriser dans la *tag table* pour chaque ligne de cache la valeur du tag afin de déterminer à quelle partie d'origine de la mémoire centrale correspond cette donnée.

Tout cela peut paraître compliqué, tant que les adresses sont exprimées sous forme décimale. La représentation en notation hexadécimale montre mieux le rôle des différents champs. Dans notre exemple, on voit que les 16 octets placés en mémoire centrale à partir de l'adresse 4496 prennent place dans la mémoire cache à la suite de leurs voisins à l'adresse 4480, formant ainsi un ensemble aux temps d'accès privilégiés. Cette situation se détériore avec la demande d'accès en mémoire centrale à l'adresse 8592 (qui contient 2 dans le numéro de ligne pour le champ tag) où il apparaîtra que le contenu de la mémoire cache ne convient pas, la *tag table* pour la ligne correspondante (19) contenant 1 et non 2. Il faudra dans ce cas d'abord réécrire en mémoire centrale à l'adresse 4496 la ligne 19 avant que cette même ligne ne puisse recevoir la copie des 16 octets depuis l'adresse 8592.

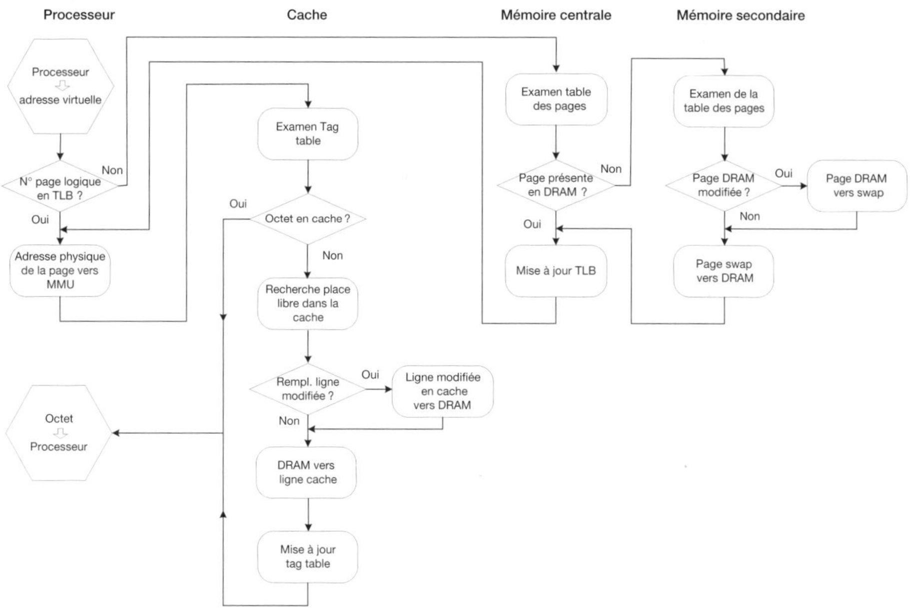

Figure 3.22 Scénario complet de l'accès à la mémoire

La mémoire cache a une influence capitale sur les performances du processeur, et c'est pourquoi elle est généralement dotée de raffinements bien plus complexes que ce qui a été décrit dans l'exemple, notamment pour assurer la cohérence des caches. Une première amélioration peut être apportée en ajoutant à la *tag table* des informations additionnelles telles la fréquence ou la nouveauté d'utilisation de cette ligne ou le fait qu'elle n'a pas été modifiée, ce qui épargne le temps de sa réécriture en mémoire centrale avant d'être remplacée par un nouveau venu. D'autres améliorations peuvent être obtenues en augmentant le nombre de lignes de la mémoire cache, en allongeant les lignes, ou encore en stockant dans chaque ligne les contenus de plusieurs adresses, avec autant de tags repris dans une mémoire associative.

Comme pour les autres constituants d'un ordinateur, c'est en recourant à de nombreuses simulations que ses concepteurs tentent de trouver la solution qui se révélera la plus performante dans la majorité des cas, compte tenu des contraintes économiques.

Accès à la mémoire dans sa globalité

L'existence des différents niveaux de mémoire (cache, secondaire) et des dispositifs qui leur sont associés (*tag table*, MMU, TLB) rend la gestion de la mémoire très complexe et c'est l'une des tâches les plus exigeantes du système d'exploitation. La figure 3.22 avec le scénario complet de l'accès à la mémoire illustre l'implication de ces différentes mémoires, la manière dont elles collaborent et le passage de l'une à l'autre.

Le processeur présente l'adresse virtuelle de l'octet requis sous forme de numéro de page logique suivi d'un *offset*. Le TLB est une partie de mémoire cache dont la consultation des numéros de page logique se fait sur un mode associatif, donc parfaitement optimisé. Si ce numéro est présent dans le TLB, celui-ci fournit à l'unité de gestion de mémoire et à vitesse grand V l'adresse physique de la page.

À partir de cette adresse physique et l'assurance que l'octet recherché se trouve bien dans la mémoire centrale DRAM, il reste à savoir à l'aide de la *tag table* si cet octet se trouve dans un des niveaux de la mémoire cache ou pas. S'il se trouve dans la cache, banco ! Tout va bien. S'il ne se trouve pas dans la mémoire cache, il faut y faire de la place en récrivant éventuellement une de ses lignes modifiée vers la mémoire centrale puis charger depuis celle-ci l'octet voulu avec sa ligne et mettre la *tag table* à jour.

Si en revanche, le TLB nous a informés que cette adresse logique lui est inconnue, il reste à vérifier à l'aide de la table des pages (placée en mémoire centrale cette fois et de manière séquentielle) si la page physique se trouve dans la mémoire centrale. Si c'est le cas, la table nous renvoie à la mémoire centrale, ce n'est pas encore trop grave (nous n'avons pas quitté ce niveau de mémoire), l'unité de gestion de mémoire s'occupe de générer l'adresse physique et il reste à mettre à jour le TLB. On revient au scénario précédent.

Mais, catastrophe! Si la table des pages nous informe que la donnée n'est pas en mémoire centrale, nous nous trouvons confrontés au pire scénario, il faut alors s'armer de patience et se tourner vers le fichier d'échange sur la mémoire secondaire pour y rechercher la page, la transférer vers la mémoire centrale, mettre à jour la table des pages et le TLB, puis transférer une ligne d'octets vers la cache tout en mettant à jour la *tag table*. Et nous avons peut-être eu la chance de trouver dans la mémoire centrale un emplacement pour accueillir la page manquante. Dans le cas contraire, il aura d'abord fallu trouver en mémoire centrale une page à sacrifier et si celle-ci a été modifiée, la réécrire en mémoire secondaire dans le fichier d'échange, sans oublier la mise à jour des tables de pages.

La performance d'un programme est donc fortement affectée par les ratés pouvant se produire lors des accès à la mémoire cache puis à la mémoire centrale. D'une manière générale, on considérera comme satisfaisant un taux de ratés de 1 à 2 % pour les accès à la mémoire cache et de 0,001 % pour les accès à la mémoire centrale.

Et voilà comment, par la combinaison des fonctionnements de la mémoire virtuelle et de la mémoire cache, une simple instruction que le programme présente au processeur en toute innocence peut conduire à des temps d'exécution radicalement différents. Dans le meilleur des cas, une pincée de nanosecondes, mais dans le pire des cas, le temps nécessaire pour mener l'instruction à bonne fin aura nécessité plusieurs accès à la mémoire secondaire et se chiffrera en dizaine de millisecondes. La répétition de tels événements peut conduire à une situation où l'ordinateur semble tomber en léthargie alors qu'il passe la plus grande partie de son temps à jongler entre mémoire centrale et mémoire d'échange. On parle dans ce cas de « *memory thrashing* ». Cela explique aussi pourquoi la taille des mémoires, cache et centrale, est bien plus déterminante pour les performances de l'ordinateur que la vitesse du processeur à proprement parler. Doubler la taille de la mémoire cache ou de la mémoire centrale affecte bien plus considérablement le temps d'exécution d'un programme que toute autre chose. Lorsque vous doublez la taille de la mémoire centrale, vous diminuez de moitié la possibilité d'un raté et des conséquences dramatiques, en temps d'exécution, que provoquent les accès vers le disque dur.

Ne vous laissez pas bluffer par les publicités tapageuses vantant les accélérations des processeurs et l'augmentation des prix qui s'en suit. Avant tout changement, assurez-vous que votre ordinateur possède le maximum de mémoire rapide possible. C'est à ce niveau que vous gagnerez le plus en vitesse d'exécution. Et c'est bien pour cela, également, que la taille de la mémoire cache, en dépit de son prix, se voit considérablement augmentée dans les versions successives des processeurs. Elle est aussi de plus en plus déclinée en plusieurs niveaux. C'est la taille de la mémoire centrale, puis celle de la mémoire cache qui conditionneront, d'abord et avant tout, la vitesse de votre traitement de texte ou le temps d'exécution de votre jeu favori. En général, lorsque vous achetez un ordinateur, pour des raisons de prix évidentes, sa mémoire centrale installée est limitée. Avant toute chose, empressez-vous de l'accroître, n'attendez surtout pas que le type de mémoire RAM requis soit devenu introuvable sur le marché, et n'oubliez pas de vérifier la compatibilité des matériels, comme nous l'avons déjà recommandé plus haut. « Ram, ram, rameurs, ramez… » chante Alain Souchon.

Mémoire et mise en veille de l'ordinateur

Maintenant que vous savez presque tout des différents niveaux de mémoire et des secrets de la mémoire vive et de la mémoire de masse, nous pouvons lever un coin de voile sur un geste que courant, celui qui consiste à mettre en veille votre ordinateur ou à le (re-)démarrer. S'il est vrai que la mémoire vive est vidée lorsque l'alimentation de l'ordinateur est coupée, comment se fait-il qu'en se réveillant après une mise en veille, l'ordinateur retrouve presqu'instantanément l'état dans lequel il se trouvait avant de s'endormir ? Voyons pour répondre à cette question ce qui se passe quand vous mettez en route votre ordinateur.

Au démarrage de l'ordinateur, celui-ci charge le système d'exploitation (stocké sur le disque dur ou mémoire de masse et que nous analyserons en détail au chapitre 6) dans la mémoire principale. Une fois le système d'exploitation chargé, l'ordinateur est prêt à exécuter les programmes et tâches requises par l'utilisateur. Après utilisation, il existe trois modes d'interruption du fonctionnement de l'ordinateur :

- La mise en veille (ou *stand by*) consiste à couper l'alimentation de la plupart des périphériques (écran, disque dur, etc.) tout en maintenant l'alimentation électrique de la mémoire centrale, ce qui lui permet de continuer de se rafraîchir et d'ainsi préserver son contenu. Au « réveil » de l'ordinateur, les périphériques sont simplement réalimentés en courant et le processeur reprend l'exécution des tâches telles qu'elles étaient restées stockées en mémoire. Ainsi, l'ordinateur continue à consommer du courant électrique (ou la réserve de sa batterie) pendant sa mise en veille.

- L'extinction pure et simple (ou *shut down*) consiste à fermer tous les programmes (moyennant sauvegarde dans la mémoire de masse des fichiers en cours d'édition) et processus en cours d'exécution avant de couper totalement l'alimentation de tous les circuits de l'ordinateur. De ce fait, la mémoire vive (registres, cache et centrale) est entièrement effacée. Au redémarrage de l'ordinateur, un nouveau chargement du système d'exploitation est nécessaire.
- L'« hibernation » consiste à prendre une photographie de l'état de la mémoire vive et de recopier intégralement son contenu dans une partie réservée du disque dur (un fichier d'hibernation ou une partition dédiée), avant de couper totalement l'alimentation de tous les circuits. Comme dans le cas d'une extinction pure et simple, l'ordinateur placé en hibernation ne consomme plus le moindre courant électrique. Néanmoins, à son redémarrage, au lieu de recharger le système d'exploitation dans une mémoire vive remise à zéro, l'ordinateur recharge intégralement le contenu du fichier d'hibernation dans la mémoire centrale, restaurant ainsi l'exact état de la mémoire juste avant hibernation. L'utilisateur peut ainsi reprendre ses tâches là où il les avait laissées.

Interconnexions dans l'unité centrale

Après avoir traité de ces deux constituants majeurs de l'unité centrale que sont le processeur et la mémoire, il nous reste à décrire les organes qui assurent le rôle indispensable de leur mise en relation, aussi bien entre eux qu'avec les périphériques d'entrées-sorties (ces derniers feront l'objet du prochain chapitre).

Si le processeur n'avait pas accès à la mémoire, il serait bien évidemment incapable d'exécuter les instructions d'un programme ou de traiter les données contenues dans cette mémoire. De même, le processeur et la mémoire n'auraient aucun usage s'ils ne pouvaient acquérir et restituer des données, en d'autres mots communiquer avec le monde extérieur, et cela par l'intermédiaire d'appareils d'entrées-sorties. Il ne leur resterait plus qu'à être relégués au-dessus d'une armoire, ce qui est de toute façon le sort peu enviable de pas mal d'ordinateurs, même richement dotés d'appareils périphériques.

La rapidité des échanges entre processeur, mémoire et périphériques est un facteur déterminant des performances globales d'un ordinateur. Des organisations de différents types ont été conçues pour répondre à ce besoin d'interconnexion de ses éléments, en alliant performance et économie de réalisation. À cela s'est également rajoutée une contrainte de flexibilité, car il est indispensable de pouvoir remplacer un composant par un autre, pour suivre l'évolution des technologies, mais sans que cela ne remette en cause le fonctionnement des autres composants.

* et qui comprend plusieurs canaux permettant des communications spontanées

Une première approche consisterait à créer autant de liaisons qu'il y a de relations possibles entre les différents constituants. Cette approche présente différents inconvénients, dont celui évident d'une multiplication coûteuse des connexions et de la gestion des conflits d'accès. On a donc opté pour la simplification physique, en regroupant les liaisons sur des canaux associant plusieurs constituants et nommés « bus », ce qui est devenu un terme « bateau ». De plus, il crée une certaine confusion entre le véhicule et la voie qu'il emprunte.

Nous n'allons guère vous surprendre, les bus sont des véhicules de différents types qui se distinguent entre autres par leur vitesse, leur nombre de places, les points d'arrêt, la façon de monter et de descendre, en un mot le protocole du bus.

Le bus informatique quant à lui ressemble à une artère formée par un ensemble de lignes électriques parallèles ou par une liaison sérielle, raccordant entre eux les contacts de connecteurs sur lesquels viennent s'enficher les différents composants de l'ordinateur, qu'il s'agisse du processeur, de la mémoire ou des périphériques. Le nombre de lignes dans le bus, sa largeur, est fonction du nombre de bits à transférer en parallèle ainsi que de la taille de l'adresse maximale. Le bus est ensuite complété par des lignes de commande telles celles qui précisent la direction du transfert (lecture ou écriture) ou qui permettent l'acheminement de signaux de demande d'interruption.

Une variante permet de réduire le nombre de lignes en transmettant adresses et données successivement sur les mêmes lignes. Ce multiplexage des adresses et des données entraîne un taux d'occupation du bus plus élevé.

Le nombre de lignes peut encore être réduit drastiquement en passant du bus parallèle, comme ci-dessus, où les bits avancent de front, au bus série, avec les bits se suivant en file indienne. À première vue, cette deuxième approche devrait être beaucoup plus lente. Il n'en est rien, car il est difficile de faire courir de plus en plus vite des bits en rangs de plus en plus larges et serrés, tout en conservant un alignement parfait, au risque de ne plus distinguer à quel rang tel bit appartient. Un défilé militaire au grand galop peut faire désordre, et même se terminer dans une culbute générale. Il est beaucoup plus facile de conserver l'alignement lorsqu'on est seul…

Bus unique

Nous allons d'abord considérer un bus informatique dans sa forme la plus rudimentaire, où tous les composants d'un ordinateur sont reliés par un bus unique comme illustré dans la figure 3.23.

Un tel bus est dit « passif » car il est commun à tous les composants et se limite à acheminer les signaux générés par ces composants enfichés sur les connecteurs. L'un d'entre eux, par exemple la mémoire, contient les dispositifs nécessaires pour synchroniser les transferts par son horloge, et pour arbitrer les conflits d'accès au bus en attribuant une priorité particulière à chaque composant. Ce bus présente le grand avantage de la simplicité de réalisation, et il offre la souplesse voulue en termes de configuration, puisqu'il est possible d'y enficher le type de composant voulu dans la limite du nombre de connecteurs disponibles.

un bus informatique est un dispositif de transmission de données partagé entre plusieurs composants d'un système numérique. Le bus informatique est la réunion des parties matérielles et immatérielles qui permet la transmission de données entre les composants participants. On distingue un bus d'une liaison point à point, qui ne concerne que deux composants qui en ont l'usage exclusif, et d'un autre part, d'un réseau qui implique des participants indépendants entre eux, c.à.d fonctionnent de manière autonome et qui comprend [illegible]

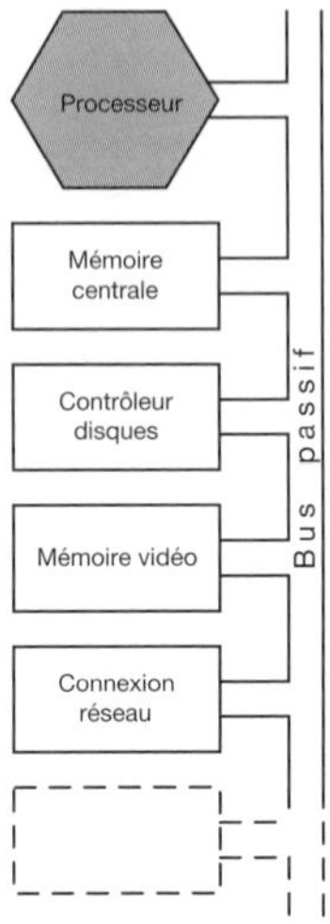

Figure 3.23 Bus passif

Un bus passif reliant tous les composants d'un ordinateur présente cependant des inconvénients majeurs tels que la vitesse des transferts limitée par celle du composant le plus lent. De plus, à chaque fois qu'un des composants, tels le processeur ou la mémoire, est porté à un niveau de performances plus élevé, ce sont tous les autres composants qui doivent accompagner cette évolution, que ce soit en termes de largeur de bus ou de vitesse d'horloge. L'amélioration de l'un d'entre eux exige des autres qu'ils suivent. Or, une telle accélération n'est pas nécessairement justifiée pour chacun des composants d'entrée-sortie. Dans ce domaine, comme dans d'autres en informatique, les constructeurs informatiques sont alors confrontés à un choix.

Ils pourraient concevoir, à chaque évolution, une architecture nouvelle qui aurait le bénéfice de la performance la meilleure et de la complexité la plus réduite. Une telle démarche, faisant fi de l'existant, ne reçoit que rarement un bon accueil de la clientèle, contrainte d'abandonner une partie de ses périphériques existants parce que devenus incompatibles avec les caractéristiques des nouveaux bus et transferts. De plus, les périphériques verront leur prix augmenter, car leur durée de commercialisation sera abrégée. D'où le recours à une alternative.

Jeu de composants

L'alternative (illustrée dans la figure 3.24) est souvent désignée par *chipset* pour jeu ou encore « assemblage de composants ». Elle consiste à regrouper les composants de l'ordinateur en des ensembles distincts et spécialisés en fonction de leurs besoins en termes de performances et d'ensuite créer des points de jonction (ou des interfaces) capables de régler le trafic entre ces ensembles. Sur la figure, nous les avons désignés comme « échangeurs », car ils ont comme fonction de faire passer harmonieusement le trafic d'une ensemble à un l'autre. Éléments et échangeurs ne sont plus des éléments passifs, mais sont capables de gérer les échanges par des protocoles élaborés.

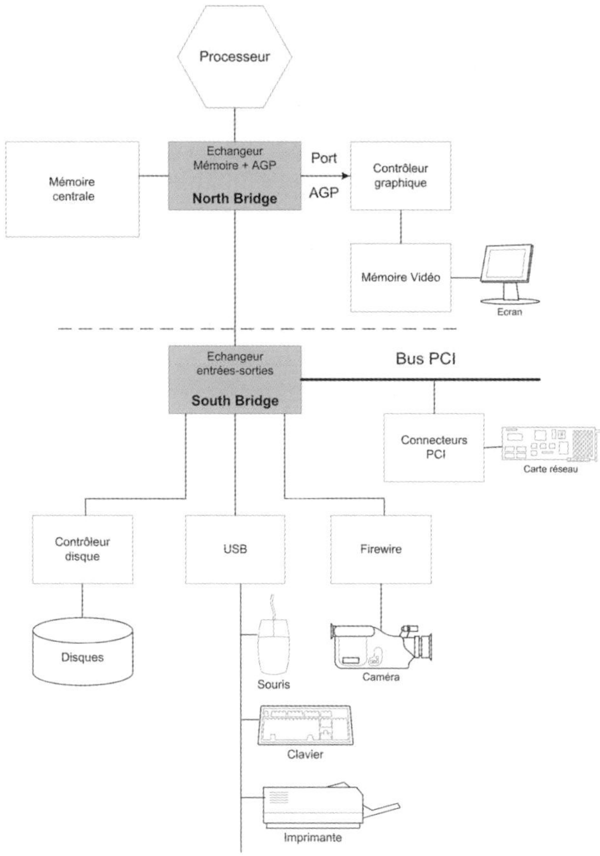

Figure 3.24 Jeu de composants

Dans les réalisations actuelles, un premier échangeur est gravé à même le circuit intégré du processeur et ceci afin de le situer au plus près du processeur. Il peut ainsi relier les composants les plus rapides que sont la mémoire centrale et le PCI-Express auquel se connecte l'éventuel processeur dédié à l'affichage ou GPU. Il établit cette liaison en répondant à leurs besoins spécifiques en termes de vitesse et de largeur de bus. Cet échangeur a longtemps mené une existence plus autonome. Il figurait dans la partie supérieure des schémas et était appelé *north bridge* à cause de cet emplacement. Le north bridge s'est effacé afin de rapprocher la mémoire au plus près du ou des processeurs. Cependant, sa fonctionnalité est demeurée, et nous le laissons apparaître sur la figure pour en faciliter la compréhension. Comme on peut s'y attendre, on aura aussi un échangeur souvent qualifié de *south bridge.* Ce deuxième échangeur est dédié, lui, aux entrées-sorties. Il permet de connecter des appareils périphériques rapides comme les disques SATA (*Serial Advanced Technology Attachment*). Cet échangeur assure aussi la gestion d'unités périphériques de types différents. Les avantages de ce regroupement sont d'abord économiques, par une réduction du nombre total de composants, mais ils sont également qualitatifs, en évitant les problèmes de compatibilités naissant de réalisations séparées. Il peut intégrer la connexion de périphériques répondant à des standards tels que USB ou Firewire. Il offre également des interfaces avec les unités périphériques de type ou de conception plus ancienne, mais encore largement diffusées. On aboutit ainsi à la gestion par un échangeur unique d'unités aussi disparates que, contrôleur de disques, contrôleur de réseau LAN à haute vitesse (*gigabit LAN connect*), USB, Firewire, contrôleur audio et autres. Ces différents éléments seront décrits dans le chapitre consacré aux périphériques et entrées-sorties.

Pour répondre aux besoins sans cesse croissants en termes de performances, *ce chipset* est conçu comme un élément distinct qui peut évoluer sans bouleverser les autres composants. On arrive ainsi à concilier les évolutions nécessaires résultantes des progrès technologiques propres à chaque composant et le souci d'assurer une durée de vie optimale aux équipements périphériques. Comme il en va de tous les composants informatiques, les bus sont également appelés à de sérieuses accélérations dans les années à venir tentant très légitimement d'accompagner en cela l'accélération des autres composants dont ils assurent les liaisons.

Carte mère

On appelle « carte mère » ou *motherboard* souvent abrégé en « mobo » ce qui constitue en quelque sorte le squelette de l'ordinateur. Elle est formée essentiellement d'un circuit imprimé garni de différents connecteurs et d'éléments soudés, comme ceux formant le *chipset*. Les connecteurs appartiennent à différentes familles selon leur fonction. On distinguera ainsi sur la carte mère les connecteurs destinés à recevoir des composants directement fixés sur celle-ci, tels le processeur et les barrettes DIMM de mémoire centrale.

Par ailleurs, des connecteurs des bus PCI et PCI Express permettent l'ajout de dispositifs d'entrée-sortie supplémentaires, comme une carte Ethernet ou des adaptateurs périphériques particuliers. Ces cartes présentent généralement, à leur tour, un connecteur extérieur. D'autres connecteurs permettent de raccorder des éléments séparés de la carte mère, mais situés à l'intérieur du boîtier de l'ordinateur, tels que le bloc d'alimentation électrique, les disques, le lecteur de DVD. Enfin, une série de connecteurs de différents types sont fixés sur un bord de la carte mère ou sur le boîtier et permettent le raccordement de périphériques externes aux fonctions présentes sur la carte mère, comme, par exemple, des disques SATA, un écran, des périphériques USB, Firewire, ou encore un microphone et des haut-parleurs. Nous reparlerons de ces connecteurs dans le chapitre consacré aux périphériques et entrées-sorties.

La carte mère comporte également une mémoire permanente à partir de laquelle sera alimenté le BIOS nécessaire à la mémorisation de la configuration de l'ordinateur. Elle porte aussi une horloge en technologie CMOS alimentée par une pile qui prend le relais lorsque l'ordinateur n'est pas relié au réseau d'alimentation électrique, ce qui peut nécessiter son remplacement occasionnel.

4

Périphériques et entrées-sorties

Généralités

Le chapitre précédent s'est intéressé au fonctionnement de l'unité centrale, constituée du processeur, de la mémoire centrale et des bus, le tout relié *via* le *chipset*, organe régulant les transferts entre les composants majeurs. Avec ce nouveau chapitre, nous abordons l'examen de la vaste gamme d'appareils qui permettent à l'unité centrale d'une part de mémoriser l'information, et d'autre part de communiquer, soit avec les humains, soit avec ses congénères.

Ces fonctions de mémorisation, acquisition et restitution d'informations sont réalisées par des appareils spécialisés situés dans la périphérie proche de l'unité centrale. Ces appareils peuvent être livrés avec l'ordinateur ou installés à la demande : disque ou lecteur de DVD pour mémoriser, clavier, souris, micro, scanner pour recevoir, haut-parleur, écran, imprimante pour diffuser et réseau pour échanger. Ces appareils sont désignés sous plusieurs appellations telles que appareils ou unités périphériques d'entrées-sorties, *input-output* (I/O) *devices*. Nous privilégierons ici l'appellation abrégée de « périphérique ». Rassurez-vous, malgré ce nom, les accès (entrées et sorties) y sont beaucoup plus rapides qu'en bordure de certaines capitales.

L'ordinateur, pauvre petite créature métallique, n'est pas une machine qui supporte facilement la solitude. Afin de se sentir utile, l'unité centrale se doit d'être alimentée en programmes et en données à traiter. Avant de l'être, ces mêmes données et programmes se prélassent dans la mémoire secondaire, premier périphérique important aux yeux du processeur et de la mémoire centrale, la réserve et la source première de leurs nourritures intellectuelles.

Il est indispensable que l'ordinateur mette à notre disposition un ensemble de périphériques qui permettent, à partir de nos misérables sens que sont la vue, le toucher et l'ouïe (pour ce qui est du goût et de l'odorat, il faudra attendre encore), de communiquer avec lui. Car nous aimons lui confier nos petits secrets, sous forme de chiffres, récits, images, sons ou films, autant d'informations à stocker ou à traiter, et nous aspirons aussi à ce qu'il puisse nous restituer ces informations et nous communiquer les résultats de ces traitements.

Une large part des périphériques joue le rôle d'intermédiaires qui, soit traduisent nos actes moteurs en informations compréhensibles pour l'ordinateur (en binaire comme vous savez), soit traduisent pour nos sens les informations traitées par l'ordinateur. Cette extraordinaire variété de rôles que l'ordinateur peut endosser tour à tour et introduite au premier chapitre est, en partie, due à la toute aussi extraordinaire variété de ses moyens de communication, moyens qui n'ont de cesse de s'enrichir chaque jour par la sophistication croissante des interfaces homme-machine, comme par exemple les écrans tactiles. L'ordinateur, demain, vous verra, vous entendra et vous comprendra bien mieux qu'aujourd'hui. Nous discuterons en fin de chapitre des améliorations à encore attendre dans le domaine en constant progrès des interfaces homme-machine.

Une catégorie de périphériques est spécialisée dans la communication entre ordinateurs distants, à travers des réseaux. Nous ne les examinerons pas dans ce chapitre-ci, mais bien dans un chapitre qui sera entièrement consacré aux réseaux.

Nous passerons d'abord en revue les différentes sortes d'appareils périphériques. Nous y distinguerons la première tribu dont la fonction est de mémoriser toutes ces informations brassées par l'unité centrale et dont la seule langue est le binaire, avec plusieurs dialectes, tous totalement étrangers au langage humain. Vous aurez beau scruter un disque dur, un DVD, vous ne percevrez rien de son contenu. Et ne vous hasardez pas à le tâter pour percevoir un relief : ces mémoires sont chatouilleuses et pourraient être frappées d'amnésie par les traces de votre doigt. La deuxième tribu au contraire est bilingue, elle parle binaire avec l'unité centrale et le langage des sens avec les êtres humains.

L'une des caractéristiques essentielles différenciant ces périphériques entre eux est leur débit. Le tableau ci-dessous reprend quelques vitesses indicatives pour les plus classiques d'entre eux.

Périphérique	**Débit en Ko/s**
Clavier (mode répétitif)	0,03
CD (× 1 = vitesse nominale)	153,6
DVD Blu-Ray (× 1 = vitesse nominale)	4500
Disque dur (interface parallèle)	133000
Disque dur (interface sérielle)	600000
DisplayPort 1.3	4000000

S'il est clair que ces vitesses sont, dans le futur, appelées à augmenter pour toutes les technologies essentiellement informatiques, celles conditionnées, plus directement, par la motricité humaine et ses modalités perceptives, resteront telles encore pour de nombreuses années, sauf à rapprocher l'homme, par le biais de quelques prothèses bioniques et additions robotiques, de son partenaire informatique. Par exemple, les doigts humains se déplaçant sur un clavier ou lors d'un double-clic resteront désespérément lents aux yeux du processeur. Entre deux clics le processeur pourrait faire plusieurs tours du monde. Ainsi, il sera souhaitable d'éviter que le processeur ne ronge son frein ou ne perde patience en attendant l'un ou l'autre signal venant de l'extérieur. C'est un organe très occupé.

C'est pourquoi tous les périphériques ne se raccordent pas à l'unité centrale de la même manière. Plusieurs types de liaison ont été développés, en tenant d'abord compte du débit propre aux différents périphériques. On évite de mettre sur la même voie un TGV et un train omnibus. Avec la multiplication des périphériques sont apparus aussi d'autres besoins tels que la standardisation des connexions, la simplification dans la gestion.

Après avoir passé en revue les principaux périphériques, nous verrons leurs différents types de raccordements avec l'unité centrale, et nous terminerons ce chapitre en les découvrant dans leurs interactions avec l'unité centrale pour l'envoi des commandes et le transfert des données.

APPAREILS PÉRIPHÉRIQUES

Mémoires de masse

Les mémoires de masse, qu'elles soient secondaires ou d'archivage, permettent le stockage de volumes importants de données sous une forme directement exploitable par les programmes, mais inintelligible pour nous pauvres humains. L'enregistrement des données repose sur des mouvements mécaniques alliés aux lois du magnétisme dans le cas des disques durs et de leur petite cousine aujourd'hui tombée dans l'oubli la disquette, ou à des variations dans la réflexion de la lumière, dans le cas du CD et du jeune frère qui a percé dans le cinéma, le DVD. Les mémoires de (moindre) masse électroniques utilisent des circuits électroniques et toute mécanique en est absente.

Qu'elles soient de nature magnétique ou optique, les données emplissent un plateau mis en rotation afin que chacun de ses points enregistrés soit présenté à tour de rôle devant un organe de lecture doublé selon le cas d'un organe d'écriture et nommé tête. Les têtes elles-mêmes se déplacent radialement afin de pouvoir balayer la totalité du plateau.

Un autre type de mémoire de masse, la mémoire flash, avec une capacité plus réduite, se passe de tout organe mécanique pour ne recourir qu'à des circuits électroniques, une espèce de mémoire RAM, à base de transistors également, mais dans une version rémanente.

Les supports magnétiques sont généralement conçus pour être aussi bien écrits que lus, tandis que les supports optiques peuvent n'être destinés qu'à la lecture (ROM), ou être enregistrables soit une seule fois (R pour *recordable*), soit à de multiples reprises (RW pour *re-writable*). Les mémoires de masse électroniques sont construites pour être écrites et lues, à moins d'entrer dans la catégorie des mémoires mortes spécialisées (mémoires ROM).

Disques magnétiques

Les disques magnétiques dits aussi disques durs (*hard drive*, HDD) sont constitués d'un plateau rigide (ou d'un empilement de plusieurs plateaux rigides, de l'ordre de 4 ou 5) tournant à vitesse élevée et constante, 10000 tours et plus par minute pour les plus performants (à comparer pour nos moins jeunes lecteurs avec leurs nostalgiques 33 et 45 tours). Les faces du plateau sont couvertes d'une mince couche d'un matériau magnétisable, dont les qualités permettent une densité d'enregistrement plus ou moins élevée. L'état magnétique d'un point du plateau peut être modifié par un électro-aimant constitué par une bobine entourant un barreau métallique façonné en forme de U, où l'extrémité des branches forme l'entrefer. La figure 4.1 illustre le propos.

L'envoi d'un courant électrique dans la bobine se traduit par une magnétisation de la faible portion de la face du plateau située à proximité de l'entrefer. La magnétisation est fonction du sens du courant dans la bobine et correspond à l'écriture d'une valeur binaire 0 ou 1. Cet état de magnétisation peut être détecté ultérieurement par le même dispositif, réalisant ainsi la fonction de lecture. Le dispositif formé par les bobines et leur noyau constitue la tête de lecture-écriture. On dispose généralement d'une tête par face de plateau.

Les têtes de lecture-écriture sont montées au bout d'un bras actionné par un servomécanisme qui leur permet de balayer transversalement le plateau, s'immobilisant en des positions séparées par des distances infimes, de l'ordre de la dizaine de micromètres. Les têtes de lecture-écriture voient le plateau défiler à une vitesse moyenne de 85 km/h tout en étant portées par un coussin d'air généré par la rotation du plateau. Ce coussin d'air maintient les têtes à l'écart du plateau à une distance inférieure au micron, une distance largement inférieure à la section d'un grain de poussière.

Vu l'effet dévastateur que pourrait justement produire ce grain de poussière, les disques et les têtes se trouvent contenus dans un boîtier étanche de manière à prévenir toute contamination. Avant l'arrêt de la rotation du disque et la disparition du coussin d'air maintenant les têtes à l'écart du disque, le bras est automatiquement positionné hors de la surface d'enregistrement, ôtant ainsi tout caractère destructeur au contact des têtes avec le disque. On comprend mieux l'effet désastreux qu'une coupure brutale de l'alimentation de l'ordinateur et dès lors du disque dur peut avoir si la tête de lecture n'a pas le temps de regagner sa position de repos avant l'arrêt de la rotation du disque : elle risque alors de s'écraser sur la surface du disque et d'en endommager irrémédiablement le contenu (et la capacité future de stockage). C'est pour cette même raison qu'on déconseille fortement de secouer ou malmener un ordinateur portable en cours de fonctionnement : les disques magnétiques n'aiment guère qu'on les brusque...

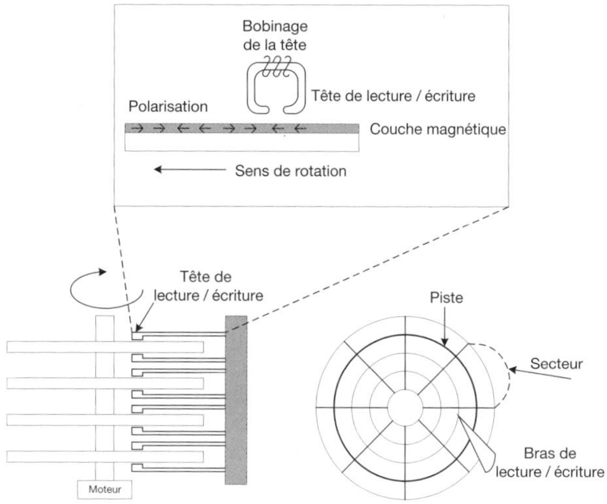

Figure 4.1 Disque dur

Les différentes positions transversales d'arrêt du bras déterminent sur chaque face du plateau autant de pistes concentriques dont l'empilement sur deux faces ou plus est considéré comme un cylindre. Quelques cylindres sont affectés au rôle de réserve : leurs pistes sont utilisées comme substitut à des pistes devenues défectueuses. Le temps de déplacement du bras y compris la phase de stabilisation est au minimum de 8 millisecondes (ms). La valeur de ce temps de latence pour se rendre d'une piste à l'autre est d'origine mécanique et ne s'améliore que modestement au fil du temps. Il explique en partie la lenteur (relative) du disque dur et pourquoi on préfère n'y faire appel que pour d'importants transferts de données.

Chaque piste est à son tour divisée en secteurs, chaque secteur pouvant généralement contenir 512 ou 4096 octets. Un secteur est adressé par ses numéros sur la piste, son plateau et son cylindre. Comme l'adressage d'un secteur peut varier selon la structure du disque, il a été convenu d'utiliser un adressage logique, le *logical block addressing* (LBA) en affectant la valeur zéro au premier bloc et en progressant sans tenir compte de la structure physique — à charge pour le pilote d'assurer la conversion pour assurer l'accès au secteur voulu. La longueur du LBA a été portée à 48 bits car la capacité des disques durs est en augmentation constante et s'exprime en centaines de gigaoctets si ce n'est en téraoctets dans les micro-ordinateurs. C'est ainsi qu'il faut s'habituer à une nouvelle unité : le téraoctet. Cette augmentation est permise par les progrès technologiques dans les domaines des matériaux magnétiques, de la précision dans le mouvement des bras et de la discrimination des signaux.

Comme les disques tournent à vitesse fixe, la distance parcourue par unité de temps varie selon la position de la tête par rapport au centre du plateau. À débit constant, la densité d'écriture devra être plus élevée à proximité du centre du plateau qu'à sa périphérie. Pour optimiser la capacité des disques, le nombre de secteurs par piste tient actuellement compte de cette différence et varie selon le constructeur du disque.

Le compartimentage des surfaces du disque en cylindres, pistes et secteurs est une opération nommée formatage. Elle consiste à écrire sur le disque des informations qui serviront de balises et entre lesquelles les données pourront être écrites et retrouvées. Grâce à ces balises, le bras pourra retrouver l'aplomb de la piste et pourra lire les secteurs qu'elles encadrent. Cela ressemble aux lignes de peinture qui séparent les places de parking entre elles, chacune numérotée, et qui vous permettent éventuellement de garer votre voiture dans une de ces places numérotées et de la retrouver par la suite, en moyenne en trois heures, dans le parking d'un aéroport par exemple. Le formatage est une opération normalement réalisée par le fournisseur avant livraison du disque et complétée par un ensemble d'informations exploitées par le système d'exploitation (responsable de la gestion des fichiers contenus sur le disque).

En cas de détérioration accidentelle de la structure physique ou logique du disque, il peut être nécessaire de procéder à un nouveau formatage, mais il faut savoir qu'il en résultera l'effacement total de toutes les données se trouvant sur le disque, et leur perte irrémédiable si elles n'ont pas pu être sauvegardées par copie préalable sur un autre support. La sauvegarde régulière des données depuis le disque est une nécessité absolue, car malgré les progrès réalisés en matière de fiabilité, ce support peut présenter des défaillances accidentelles se traduisant par l'impossibilité d'en relire le contenu et la perte de tout le travail qui a été consacré à le constituer. En psychologie, on appelle cela amnésie, à la différence près qu'en informatique, une fois la mémoire perdue, elle l'est définitivement. Sachez aussi que si vous effacez un fichier par mégarde, que vous l'avez bien jeté dans la poubelle et fait disparaître de celle-ci, vous devriez être capable de récupérer le fichier avant que les secteurs libérés ne soient réutilisés au stockage d'un nouveau fichier, puisqu'il séjourne toujours sur le disque même s'il est moins facilement accessible.

Les disques magnétiques sont un de ces secteurs de l'informatique où les améliorations en matière de densité, de débit et de temps d'accès sont particulièrement impressionnantes. Ces améliorations sont d'autant plus rapides qu'il n'est pas nécessaire pour ce support de tenir compte de l'existant. En effet, le disque magnétique et son contrôleur font généralement corps avec l'ordinateur sous forme d'un disque interne au boîtier. Comme tels, ils sont attachés à un modèle d'ordinateur et ne lui survivent généralement pas. De plus, ils sont libres de choisir le format d'écriture le plus performant, sans souci de compatibilité, puisqu'ils sont seuls à devoir se relire. Enfin, les disques sont accompagnés de leur propre logique, ce qui leur permet d'évoluer sans trop de contraintes. Tout au plus doivent-ils afficher des caractéristiques compatibles telles que l'adressage des secteurs, mais ils peuvent les transformer dans un format interne afin d'exploiter au mieux les améliorations technologiques.

À la longue, les disques durs se saturent de photos d'un intérêt souvent discutable, de séquences vidéo et de morceaux de musique que les utilisateurs accumulent et qui ne le sont pas moins. D'où l'apparition de disques durs externes aux caractéristiques physiques semblables aux disques internes, mais avec une connexion USB ou Firewire, aux performances généralement moindres, mais suffisantes pour effectuer des copies de sauvegarde.

Des progrès considérables ainsi que la réduction de leur coût font qu'ils sont actuellement utilisés pour assurer le stockage de quantités énormes de données dans des serveurs spécialisés. Ces disques sont alors groupés en batterie dans une configuration nommée RAID (*redundant array of inexpensive disks*). Un contrôleur répartit les données sur plusieurs disques de capacité relativement limitée, tout en créant une redondance des données telle que la mise hors service et le remplacement d'un disque peuvent se faire sans perte de données et même sans interruption du fonctionnement de l'ensemble.

Les constructeurs de disques durs sont talonnés par les « disques » électroniques que nous allons voir tout de suite. Les premiers maintiennent l'écart par l'augmentation incessante de la capacité, exprimée couramment en téraoctets, un terrain sur lequel les mémoires électroniques ne sont pas encore de taille à lutter.

Par ailleurs, les parties électromécaniques des disques durs les rendent gourmands en énergie électrique, un inconvénient particulièrement sensible pour l'autonomie des ordinateurs portables. Lorsqu'on ajoute à cela leur relative fragilité, on comprend pourquoi ils sont totalement absents dans les configurations ultralégères tels les smartphones et les tablettes.

Disques électroniques

Les disques dits « électroniques » ou « tout-électroniques » (SSD, *solid state drive*) n'ont en fait rien à voir avec un disque quant à leur forme ou leur fonctionnement. Ils sont dépourvus de tout organe mécanique et l'enregistrement des données s'y fait de manière purement électronique. Ils conservent cependant l'appellation de disque, par analogie avec leur mode de mise en œuvre. En effet, ils sont affectés exactement au même usage que les disques magnétiques et leur mode de connexion (SATA ou IDE) est identique à celui de leurs grands frères magnétiques. Comme eux, ils ne sont pas frappés d'amnésie suite à la coupure de l'alimentation électrique. Au contraire d'autres mémoires flash que nous verrons plus loin, insérées dans une clé USB et subissant de ce fait les limites du protocole USB en termes de débit et de connectivité, les SSD ont toutes les caractéristiques des disques durs tout en maintenant la technologie d'encodage des bits des mémoires flash. Il s'en suit qu'ils ne présentent aucune différence au niveau du système d'exploitation, qui n'y voit que du feu.

Les bits sont stockés dans un transistor de type MOS sur une grille dite « flottante » (et capable de piéger les électrons) située entre le canal de circulation des électrons et la grille faisant office d'interrupteur dans le transistor d'origine. La technique est dite de type « NOR » ou « NAND » selon la porte logique utilisée pour chaque cellule de stockage. C'est par une tension appliquée sur cette grille flottante que les bits se trouvent écrits ou effacés. Malheureusement, chaque opération d'écriture use sensiblement la grille, si bien qu'au maximum un million de ces opérations s'avère tolérable. De sorte à prolonger la durée de vie de ces supports, il devient donc capital de répartir les opérations d'écriture de façon suffisamment uniforme sur tout l'espace de la grille. Un sacré changement d'habitude quand on sait combien sur les disques magnétiques on aime stocker l'information de la manière la plus contigüe et concentrée possible, et donc réutiliser en priorité les mêmes endroits du disque.

Les SSD présentent une capacité de stockage moindre pour un coût plus élevé — bien que leur capacité soit en amélioration constante, allant de pair avec les progrès de l'intégration en électronique. Comme nous l'avons dit plus haut, les disques magnétiques ne demeurent pas en reste, et ce différentiel dans le coût de stockage est probablement appelé à persister. Ces inconvénients sont largement compensés avant tout par un gain de performance extrêmement sensible (ils bénéficient de temps d'accès en lecture et en écriture environ trois fois inférieurs à ceux des disques magnétiques). À ce différentiel de performance s'ajoute une consommation électrique bien moindre, ce qui les rend particulièrement indiqués pour les tablettes ou pour les ordinateurs portables ou ultraportables dont les batteries rendent si vite l'âme. En outre, leur faible encombrement, leur meilleure résistance aux mauvais traitements, leur moindre dégagement de chaleur, leur silence de fonctionnement sont des avantages significatifs dans un environnement plus chahuté.

Alors, HDD ou SDD ? Le meilleur de ces deux mondes se retrouve dans les « disques hybrides », associant un disque SDD qui contient les données les plus courantes à un HDD de grande capacité qui n'est sollicité que lorsque les données requises sont absentes dans le SDD.

Rappelons encore que la fiabilité bien supérieure des SSD ne dispense en rien de procéder régulièrement à la sauvegarde de leur contenu. Une défaillance de l'ordinateur, un logiciel malintentionné, ou une maladresse ont si vite fait de provoquer l'effacement de vos précieuses données…

Bandes magnétiques

Nous abordons ici pour information un support, la bande magnétique, qui est surtout utilisée de nos jours pour stocker des volumes colossaux dans le domaine de la sauvegarde et de l'archivage des données. La bande magnétique est généralement constituée d'un ruban souple de matière plastique recouverte d'une mince couche magnétisable et long de plusieurs centaines de mètres avec une largeur d'un demi-pouce. Il est enroulé sur une bobine et il défile sous une tête assurant la lecture et l'écriture de blocs de données

Dans son principe, la bande magnétique accompagne l'ordinateur depuis plus d'un demi-siècle. Elle a conservé sa caractéristique qui forme son principal désavantage : c'est un support à accès séquentiel, à la différence des disques. Cela signifie qu'il faut la faire défiler avant d'atteindre l'information voulue. Mais elle a aussi conservé son avantage majeur : la bobine qui la porte peut être retirée de l'appareil de lecture-écriture : elle forme un support amovible. De plus, au fil du temps, sa capacité s'est considérablement accrue pour tutoyer aujourd'hui les téraoctets. Elle s'est enfermée dans sa coquille, ou plutôt dans une cartouche qui peut prendre place dans des silos robotisés. De tels silos offrent une capacité de 100000 cartouches, avec une capacité totale qui s'exprime en exaoctets (10^{18} octets ou trillons d'octets), le tout accessible sans intervention humaine en une minute, ce qui peut paraître infiniment long au regard des temps d'accès des disques. Mais il faut considérer qu'il s'agit de données qui ne sont que très occasionnellement accédées, à un coût de loin inférieur à celui de disques magnétiques pour une capacité identique. De plus, la conservation des données sur les bandes magnétiques actuelles est assurée pour plus de vingt ans dans des conditions de stockage appropriées.

Disquettes

Les disquettes furent des supports magnétiques présentant de nombreux traits communs avec les disques magnétiques. Quelques différences majeures leur donnaient cependant un caractère bien plus rudimentaire et en ont drastiquement limité la capacité et l'évolution. La disquette était un support souple — d'où son appellation occasionnelle de disque souple (FDD, *floppy disk drive*) par opposition aux disques durs (HDD, *hard disk drive*) à plateau rigide. Les faces de ce support souple étaient recouvertes d'une couche magnétisable.

Leur capacité limitée (1,44 Mo) et leurs faibles performances ont entraîné leur disparition de la scène informatique. Elles ont rejoint les 33 et les 45 tours dans la galerie historique des disques qui ont fait leur temps.

Disques optiques

CD

Le *compact disk* ou CD est un support offrant au départ (mais c'est déjà hier) une capacité de l'ordre de 650 Mo, une seule face contenant les données enregistrées. La lecture du CD fait appel non pas à des phénomènes magnétiques, mais à la réflexion d'un rayon laser. Le CD-ROM (*compact disk-read only memory*) est la première forme de CD informatique à être apparue. Le CD utilisé en informatique est une évolution du CD audio, tenant compte des contraintes propres à l'informatique, entre autres l'attention portée à l'intégrité des données. En effet, l'oreille humaine ne perçoit pas des minimes imperfections dans la reproduction du son, alors que les données informatiques doivent être reproduites au bit près.

Le CD est un plateau circulaire rigide formé par plusieurs couches en fonction du type de CD, chacune endossant un rôle spécifique (figure 4.2). À la base se trouve une couche de verre ou de polycarbonate transparente alors que la couche supérieure joue le rôle de protection et peut recevoir un étiquetage. Les données d'un CD-ROM sont contenues dans une couche intermédiaire réfléchissante, où elles sont matérialisées par la différence de réflexion du rayon laser entre les surfaces planes (*land*) et les microcuvettes (*pit* de l'ordre du micromètre, µm) de la couche du support. Soit la lumière est réfléchie par l'absence de déformations (*land*) et le bit est à 1, soit elle est plutôt dispersée par celles-ci (*pit*) et le bit est à 0.

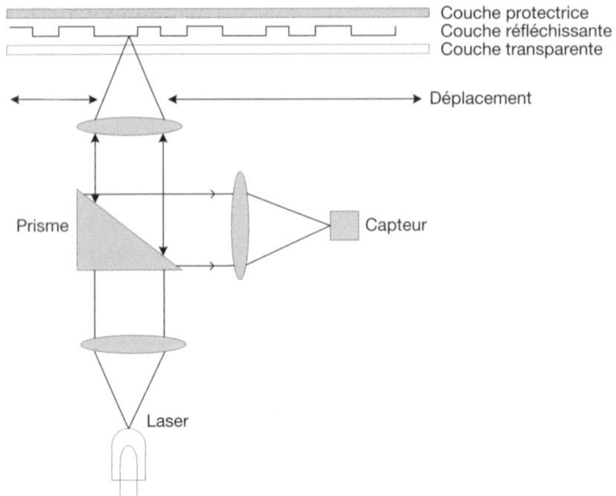

Figure 4.2 CD-ROM

La lecture d'un CD se fait par la mise en rotation du CD et le déplacement radial d'un dispositif optique projetant un rayon laser vers le CD et d'un capteur qui mesure la quantité de lumière réfléchie. Le laser utilisé avec les CD fonctionne dans l'infrarouge à une longueur d'onde de 780 nanomètres (nm). La distance entre le disque et le dispositif optique est de l'ordre du millimètre, un monde comparé aux disques magnétiques. Autre différence, l'enregistrement ne se fait pas dans des pistes concentriques mais selon une spirale partant du centre du support et longue de près de 6 km. Le pas de la spirale est d'environ 1,6 µm. De plus, la densité d'enregistrement est constante tout au long de cette spirale, quelle que soit la distance par rapport au centre. Pour tenir compte de cette densité constante, la vitesse de rotation du CD doit être adaptée en permanence en fonction de la position atteinte dans la spirale, sauf à supporter des variations de débit. Le débit nominal du CD est de 153600 octets par seconde, souvent arrondis à 150 Ko/s. Soit un bon pas de promenade pour parcourir la spirale en 74 minutes. Les débits effectifs sont exprimés en multiples du débit nominal. Du fait de leurs caractéristiques, les CD sont moins performants que les disques magnétiques en termes de temps d'accès et de débit.

La très grande diffusion et le large spectre d'utilisation des CD s'expliquent par la forte compatibilité que présentent ces supports en se conformant à des standards très répandus et universellement adoptés. De plus, ils peuvent être lus par les lecteurs DVD.

Le CD constitue un support bien adapté à la diffusion à grande échelle de gros volumes d'informations telles que des musiques, des images statiques ou animées. Les techniques de compression permettent d'y faire tenir un film avec une qualité qui peut faire illusion. La présence généralisée du lecteur de CD dans la configuration des ordinateurs personnels, avant que les lecteurs de DVD ne viennent les remplacer, en a fait le standard pour la diffusion des programmes et des informations en général. Ce rôle s'est encore vu renforcé par l'apparition de CD inscriptibles dont il est question ci-dessous.

La couche de données des CD-ROM se présente sous forme d'une surface réfléchissante, pressée une fois pour toutes lors de sa création par une machine spécialisée pour la production en série. Le CD-R (R pour *recordable*) est un CD inscriptible dont la couche de données peut être modifiée une seule fois par un périphérique nommé graveur de CD. Il est possible d'écrire à plusieurs reprises (sessions) sur un CD-R, mais à des endroits différents. Une partie écrite ne peut plus être modifiée. Cette technologie de sauvegarde de données est, en cela, fondamentalement plus limitée que les disques magnétiques. La différence est comme celle existant entre le remplissage d'un tableau à l'aide d'un marqueur effaçable et d'un autre non effaçable (sans l'agacement qui fait toujours suite à la méprise). La couche de données de ce type de CD est formée d'un matériau transparent, dont la structure peut être modifiée sous l'effet de la chaleur. Celle-ci crée des perturbations ponctuelles telles qu'un rayon lumineux incident ne sera plus réfléchi intégralement par la couche superposée. Cette dernière, uniformément réfléchissante, renvoie les rayons lumineux qui ont traversé la couche de données dans la mesure où celle-ci n'a pas été perturbée. Le CD-R reste un support d'un coût réduit.

Le CD-RW (RW pour *re-writable*) est un CD semblable au CD-R, mais dont la couche de données peut être remise globalement dans son état original de transparence (avec effacement du contenu) avant d'être à nouveau modifiée. Ce processus peut être répété un grand nombre de fois par un graveur de CD. L'avantage du CD-RW par rapport au CD-R est évident, puisque à l'instar d'un disque dur, il devient entièrement réinscriptible, mais à un prix sensiblement plus élevé pour le support et avec une vitesse d'écriture des données moindre.

Lors de leur fabrication, les CD-R et CD-RW vierges reçoivent une spirale prégravée nommée ATIP (*absolute timing in pregroove*). L'ATIP sert de fil conducteur pour les graveurs, qui y trouvent les informations requises pour un positionnement précis. Au cours de la gravure d'un CD, il est indispensable que l'alimentation des données se fasse au débit requis, sous peine de voir la gravure échouer, et le CD finir dans la poubelle dans le cas d'un CD-R.

On peut considérer que la durée de vie des enregistrements sur un CD-ROM dépasse généralement l'espérance de vie de son propriétaire. Il n'en va pas de même pour les enregistrements sur CD-R(W) où la durée de vie des enregistrements est liée à des facteurs multiples comme la nature du support, les caractéristiques du graveur, les conditions de température et d'exposition à la lumière. Pour vos CD-R les plus précieux, il vaut mieux d'abord être attentif aux conditions de stockage et éventuellement prévoir une recopie dans un délai de trois à cinq ans.

Les graveurs de CD joignent à la fonction de lecture des CD la capacité d'écriture des CD-R ou des CD-RW. Apparus postérieurement et très onéreux dans un premier temps, ils n'ont pas fait l'objet d'une diffusion aussi systématique que les lecteurs de CD. Ils sont cependant devenus l'un des outils les plus efficaces afin d'assurer la sauvegarde de volumes de données sans cesse croissants. Ils sont remplacés dans ce rôle par les DVD (ré)inscriptibles que nous allons examiner dans la suite, eux-mêmes supplantés dans cet usage par les disques magnétiques amovibles et les mémoires sur clés USB.

Tout comme les lecteurs de CD, les graveurs de CD sont souvent montés dans le boîtier du PC (graveur interne). Ils peuvent également être logés dans des boîtiers externes, autonomes, éventuellement avec leur propre alimentation électrique et munis d'une connexion offrant un débit adéquat, généralement de type USB 2.0, IEEE 1394 (Firewire) ou SCSI.

Les CD des trois types que nous venons de voir (CD-ROM, CD-R et CD-RW) sont lus par les lecteurs et graveurs de DVD (et de CD) qui équipent les micro-ordinateurs. Ils sont également lus par la plupart des lecteurs de CD/DVD de salon actuels.

DVD

Le DVD (*digital video disk* à ses débuts, renommé ultérieurement *digital versatile disk* pour exprimer sa polyvalence) est dans la filiation directe du CD. Il reprend les principes de fonctionnement du CD en les optimisant considérablement suite aux progrès de la technique. Le DVD n'est pas une rupture technologique, mais un saut qualitatif qui a le mérite d'épargner l'existant, le lecteur de DVD lisant aussi les CD. Cette continuité est d'ailleurs un facteur du succès du DVD. Par sa capacité, le DVD répond particulièrement bien au marché cinématographique. Grâce au format de compression MPEG-2, plusieurs heures de film peuvent être stockées sur une face de DVD.

La couche de données d'un DVD a une capacité de 4,7 Go, à comparer aux 650 Mo du CD, soit environ sept fois mieux. Cette amélioration s'explique par un quasi-doublement de la spirale et de la densité linéaire des bits sur la spirale. La taille des microcuvettes s'en est trouvée réduite d'autant, nécessitant l'adoption d'un laser orange avec une longueur d'onde réduite à 650 nm.

Un DVD-ROM est constitué d'une ou de deux couches de données superposées (*single* ou *double layer*, SL ou DL). Dans le cas de deux couches superposées, la première est semi-transparente, et la seconde réfléchissante, la tête de lecture se focalisant successivement sur chacune d'elle. La capacité d'une face est alors de l'ordre de 8,5 Go. L'enregistrement des données se fait sur la première couche dans une spirale partant de la périphérie vers le centre, puis se poursuit sur la deuxième couche éventuelle dans une spirale partant du centre pour revenir à la périphérie. Cela permet une transition de la première à la seconde couche sans nécessiter de déplacement important de la tête et en assurant ainsi la fluidité des séquences animées. Un DVD peut présenter deux faces enregistrées, chacune comme décrit ci-dessus, ce qui lui confère en double couche une capacité de plus de 17 Go. Un lecteur de DVD équipé d'une seule tête de lecture nécessitera le retournement manuel du DVD si ses deux faces sont utilisées.

Dans un premier temps, l'accueil des DVD-ROM a été positif puisqu'ils se présentaient avec un format de gravure largement accepté et avec des lecteurs capables de lire les CD que les utilisateurs avaient accumulés.

Les choses se sont gâtées lorsque les graveurs de DVD sont apparus dans la foulée des lecteurs de DVD, avec l'émergence de trois formats incompatibles. Un premier format, sous le sigle « –R(W) » est orienté vers les graveurs de salon et est supporté par une large fraction des constructeurs de ce type de matériel. Le deuxième format, « +R(W) », d'apparence identique, est davantage apprécié dans le monde de la micro-informatique pour ses performances jugées supérieures. Quant au troisième format, « RAM », il a la préférence de ceux qui font passer la robustesse et la durée de vie des supports avant leur coût.

Devant les réticences du public, plusieurs constructeurs de graveurs de DVD se sont résolus pour ratisser plus large à supporter au moins les formats – et +. L'utilisateur ne voit pas la plus grande complexité qui en découle et le constructeur s'épargne le dédoublement de sa gamme de produits.

La capacité des DVD s'est révélée insuffisante devant l'émergence de la vidéo haute définition, qui entraîne des volumes d'image et de son la dépassant de loin.

Le passage à un nouveau format de DVD a fait l'objet d'une bataille très rude entre constructeurs. C'est finalement le format Blu-ray qui a émergé. Le DVD Blu-ray, ou Blu-ray Disc (BD) apporte des capacités au moins décuplées (50 et même 100 Go en triple couche) grâce à un nouveau progrès dans la densité des données, rendu possible par l'utilisation d'un laser bleu, d'une longueur d'onde de 405 nm, d'où l'appellation *blu-ray*.

La course à l'augmentation de la capacité des DVD Blu-ray est entretenue par la perspective qu'offre à l'industrie cinématographique l'émergence de la ultra-haute définition (*ultra high definition*) aussi connue sous l'appellation « 4K resolution ». Cette définition frappera d'obsolescence les définitions existantes (HD et Full-HD), ce qui ne manque pas bien sûr d'intéresser les constructeurs de téléviseurs.

Les lecteurs-graveurs de DVD Blu-ray sont apparus assez rapidement dans la foulée des lecteurs, en même temps que des supports inscriptibles qui permettent un enregistrement unique (BD R) ou des enregistrements multiples avec effacement (BD RE).

Mémoires électroniques

Nous les avons déjà abordés lors de la présentation du disque SSD. À la différence des disques magnétiques ou optiques, les mémoires flash sont des mémoires de masse basées sur des circuits électroniques, sans intervention d'éléments mécaniques. Par contre, elles partagent avec les disques la propriété de conserver les données en l'absence de toute alimentation électrique. Leur capacité est d'un ordre supérieur à celle des mémoires centrales, mais leur temps d'accès est nettement plus élevé, et leur adressage plus proche de celui des disques. Outre leurs usages pour des mémoires spécialisées au sein des ordinateurs, les mémoires flash sont utilisées pour le stockage de données externes de deux manières différentes, qui se distinguent par la capacité et la connectivité.

Mémoires de masse USB

Les mémoires de masse USB se présentent sous forme de supports de stockage miniaturisés, d'un encombrement et d'un poids négligeables. Leur capacité s'exprime en gigaoctets. Augmentation de taille et diminution de prix allant de pair, les clés USB défient allègrement les 650 mégaoctets des CD et les gigaoctets des DVD, avec en plus la rapidité et la facilité. Toutefois, leur coût plus élevé implique que les sauvegardes se font systématiquement sur le même support, là où le coût moindre des disques inscriptibles favorise la création et la conservation de versions distinctes dans le temps. La mémoire flash USB, *stick* USB ou clé USB, se présente sous la forme d'un minuscule boîtier, parfois muni d'une attache pour porte-clés ou d'une agrafe pour la fixer à une poche du vêtement, ce qui évite d'égarer un objet aussi petit. Chez les plus branchés de nos amis, on les trouve sur le porte-clés de leur voiture, accrochées à leur ceinture, au bout d'un collier, comme pince à cheveux ou en boucle d'oreille.

Elle s'enfiche directement dans un connecteur USB. qui fournit l'énergie électrique nécessaire au fonctionnement de la clé, rendant superflue toute alimentation depuis le secteur. La clé USB peut être protégée par un code d'accès, ce qui se justifie pour un objet qui se perd aussi aisément. L'encryptage de ses données n'est pas une précaution superflue…

La clé USB se compose de la mémoire flash et d'un contrôleur qui gère le protocole USB et interagit avec son pilote (*driver*) et le logiciel de gestion de fichiers. Le contrôleur comprend généralement une mémoire de type DRAM qui fait office de tampon pour accélérer les échanges avec la mémoire centrale, masquant ainsi la lenteur relative de la mémoire flash. La fin effective de l'écriture dans la mémoire flash peut être anticipée, mais avec le risque inhérent au caractère volatil d'une mémoire DRAM.

Le débit des données en écriture varie très fortement d'un modèle à l'autre, de moins de 5 Mo/s à plus de 25 Mo/s en USB 2.0 et jusqu'à 60 Mo/s en USB 3.0.

La mémoire flash peut également être embarquée dans un baladeur MP3, qui se connecte au bus USB et combine les fonctions audio (reproduction de fichiers musicaux MP3 ou WMA et éventuel dictaphone) avec la possibilité d'y stocker tout fichier informatique.

Comme nous l'avons vu pour les disques électroniques SSD, la mémoire flash USB, par son prix, est moins indiquée que les DVD inscriptibles pour la fonction d'archivage. Par contre, elle excelle pour le transport et l'échange de données. Au même titre que les disques amovibles, elle est indiquée pour accueillir des fichiers que l'on ne souhaite pas voir résider sur le disque dur d'un ordinateur, par exemple pour des raisons de confidentialité. Elle présente les mêmes limites dans le cas d'écritures à très haute fréquence, car, comme nous l'avons déjà mentionné, les mémoires flash peuvent présenter un certain risque de dégradation après un nombre (fort élevé) de cycles d'écriture (près d'un million).

Cartes à mémoire flash

Le développement des appareils numériques, et en particulier des appareils photo numériques (APN), GPS, téléphones portables et baladeurs de toutes allures, s'est accompagné d'une prolifération de formats de cartes à mémoire flash, tels que Secure Digital, SmartMedia, CompactFlash, et *tutti quanti*. Le format micro-SD est le plus fréquent dans les téléphones portables évolués (smartphones) ainsi que dans les tablettes. Les cartes micro-SD peuvent s'enficher dans un adaptateur SD, ce qui permet de les brancher sur un lecteur de cartes flash. En général, l'acquéreur choisit un appareil numérique pour ses possibilités techniques, sa facilité ou son économie d'utilisation, et ne se préoccupe que rarement du type de carte mémoire et de la façon dont il va transférer son contenu vers un ordinateur. C'est une question qui vient plus tard, parfois un peu tard. L'existence des différents formats de cartes ne pose pas de difficulté tant que leur contenu peut être transféré depuis l'appareil contenant la carte *via* une liaison USB, Bluetooth ou Firewire. Dans le cas contraire, il faut disposer d'un appareil périphérique qui accepte généralement la multitude de types de cartes à mémoire flash présents sur le marché.

Du point de vue de l'ordinateur, ces mémoires flash ne sont pas exactement des mémoires de masse, mais plutôt des organes d'acquisition et de restitution de données.

Carte à puce

Tant que nous sommes à parler de cartes, mentionnons aussi la carte CP8 connue aussi sous le nom de *smart card*. Posons-nous d'abord la question suivante : quel est le type d'ordinateur le plus répandu? Intel, IBM? Ouvrez votre porte-cartes et voyez le nombre de « cartes à puce » qui s'y côtoient. Autant d'ordinateurs à part entière, avec processeur, mémoire, organes d'entrée-sortie. Votre téléphone mobile ne pourrait s'en passer. La carte à puce tient un rôle fort modeste en comparaison de ses grands frères ordinateurs. Elle peut y prendre place dans un lecteur spécialisé pour confirmer l'identité de l'utilisateur détenteur de la carte, transfigurant l'ordinateur anonyme en objet personnalisé reconnu par des transactions à distance. Elle peut aussi être carte d'identité ou dossier médical.

La carte à puce peut être munie de contacts physiques ou encore communiquer sur très courte distance et être alimentée électriquement par ondes radio (NFC, *near field communication*).

Autres périphériques

Le clavier

Nous allons d'abord décrire le clavier à travers son histoire, puis examiner son fonctionnement, et enfin évoquer les moyens de s'en affranchir.

Apparu pendant le dernier quart du XIXe siècle avec la machine à écrire, le clavier dactylographique est rapidement devenu cet outil de masse qui permet l'écriture de documents sous une forme autrement plus lisible que le manuscrit. Avant cela, l'alternative au manuscrit était le passage par une imprimerie, où un personnel hautement qualifié composait le texte en assemblant des caractères en métal avant de passer à l'impression d'un nombre variable d'exemplaires.

Le clavier dactylographique s'est rapidement généralisé par la diffusion des machines à écrire mécaniques puis électriques. Les caractères y étaient disposés en fonction de contraintes mécaniques (par exemple, pour que les leviers associés à chaque lettre ne s'accrochent pas) et aussi d'impératifs commerciaux assurant la protection des marchés. Ainsi, un fabricant de machines à écrire d'un pays utilisant le clavier « qwerty » devait adapter sa fabrication pour pénétrer un marché qui ne reconnaissait que le clavier « azerty ». Ce genre de petite mesquinerie commerciale, dont les consommateurs itinérants sont les premières victimes, n'est, de fait, pas près de s'arrêter. Essayez de brancher votre chargeur de téléphone mobile dans une prise américaine.

L'acquisition de données mécanographiques puis informatiques nécessita la construction de machines qui transformaient les caractères frappés sur leur clavier en codes perforés dans des supports tels que la carte ou la bande de papier. Ces machines seront par la suite remplacées par des terminaux directement connectés aux ordinateurs afin de permettre l'introduction immédiate des données depuis leur clavier. La très large diffusion du clavier dactylographique maintiendra la disposition des caractères au fur et à mesure des différentes générations de claviers, pour épargner au personnel habitué à cette disposition une pénible reconversion. On retrouve ainsi sur les claviers informatiques une disposition de caractères idiote, toute aussi idiote en « azerty » qu'en « qwerty », que plus rien vraiment ne justifie. De surcroît, le clavier informatique demeure marqué par son origine dans des pays anglo-saxons dont la langue ne connaît pas de signes diacritiques. On peut noter au passage que les tentatives de créer un clavier purement abécédaire n'ont pas rencontré le succès escompté.

François Jacob et Stephen Gould, deux éminents biologistes, ont souvent souligné le côté bricolage du mécanisme de l'évolution, la nature cherchant à faire au mieux, sans se débarrasser de solutions qui marchaient dans le passé, y compris si celles-ci entravent la mise au point de solutions plus adéquates à la situation présente. Le monde naturel est tout aussi conservateur que le monde de la technologie. Les révolutions ou, dans leur version faible, les changements d'habitudes, sont extrêmement difficiles à instaurer. La prise de l'« azerty » est aussi ardue que celle de la Bastille.

Par après, le clavier informatique s'est enrichi de touches de fonction en nombre variable ainsi que d'un ensemble important de symboles que le clavier dactylographique ne connaissait pas, tels le « µ », le « \ » et d'autres, auxquels un emplacement différent a été attribué selon les pays. Pour rendre la frappe plus aisée, des symboles ont été répétés sur des groupes de touches séparées, comme le pavé numérique ou les commandes du curseur. Mais il s'est agi à chaque fois d'un dédoublement car, à nouveau, la volonté de ne pas changer les habitudes des pauvres utilisateurs a conduit à maintenir l'existant. Afin de rebuter le débutant et de lui en mettre plein la vue après seulement quelques heures de formation, de nouvelles combinaisons de touches sont venues s'ajouter, permettant le déclenchement d'opérations par l'enfoncement simultané de celles-ci. « Ctrl-Alt-Suppr », ça pose ! Et comme si cela ne suffisait pas, de nouvelles touches programmables sont régulièrement venues s'ajouter pour lancer les fonctions préférées de l'utilisateur.

Le clavier a aussi fait l'objet d'opérations de séduction. Les stylistes s'en sont emparés pour adoucir son allure un peu carrée. Ils lui ont donné une forme plus ergonomique, le travail au clavier étant considéré par certains comme presque aussi pénible et dangereux pour la santé que le fond de la mine. Les déplacements du clavier sont entravés par son câble de raccordement qui ne manque pas d'encombrer le bureau et dont la connexion nécessite des reptations et des tâtonnements à l'arrière du boîtier. D'où le succès des claviers sans fil, reliés par ondes radio à un port USB. Sans verser dans l'alarmisme, il ne faut pas ignorer que ces émissions radio malgré leur portée limitée peuvent être captées dans le voisinage par des indiscrets. Ceux-ci pourraient assez facilement venir à bout du codage qui est supposé protéger les échanges mais dont la robustesse laisse à désirer sur certains appareils. Un aspect à ne pas perdre de vue lorsque la confidentialité de ce qui est frappé sur le clavier est un enjeu majeur.

Sur les ordinateurs portables de petit format, le nombre de touches a été réduit, cela par le regroupement de touches redondantes et l'adjonction d'une touche de basculement supplémentaire (généralement intitulée « Fn »). D'où le besoin de s'encombrer de pavés numériques ou de claviers complets amovibles, venant s'ajouter au fouillis débordant de la sacoche de transport de ce qui tente de rester un portable. Toutefois, la croissance en largeur des écrans pour s'adapter au format 16/9 a accru l'espace disponible pour le clavier et permis le retour du pavé numérique

Venons-en au fonctionnement du clavier. L'enfoncement et le relâchement d'une touche du clavier se traduisent par la modification d'un niveau résistif ou capacitif. Le microcontrôleur interne au clavier analyse des centaines de fois par seconde l'état de chaque touche. À chaque variation d'état, et pour autant qu'elle soit significative dans le temps (qu'elle se prolonge sur deux cycles ou plus pour éviter les fluctuations aléatoires), il génère un code touche (*scan code*) qui décrit l'emplacement sur le clavier de la touche dont il vient de constater la modification d'état. Ensuite, il place ce code dans le registre de sortie de son interface d'entrée-sortie (E/S). Le fonctionnement du clavier est illustré dans la figure 4.3.

Deux touches à fonction identique, telles les touches de sélection de majuscules situées de part et d'autre du bloc alphanumérique ont un code différent, puisque dépendant de la localisation de la touche. Cet encodage de nature « géographique » est plus flexible qu'un codage direct car il permet (le système d'exploitation peut s'en charger), en effet, de modifier la nature ou la fonction des touches (on peut ainsi transformer, parfois bien involontairement, un clavier « azerty » en « qwerty »).

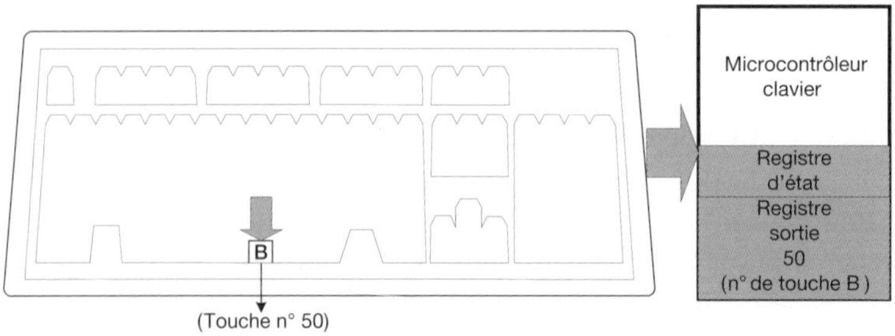

Figure 4.3 Fonctionnement du clavier

Bien qu'après la frappe d'un caractère, celui-ci s'affiche souvent à l'écran, cela n'implique pas que le clavier soit directement relié à l'écran. Une fois la touche enfoncée, le clavier informe par une interruption l'unité centrale de la présence d'un code touche dans son registre de sortie. Un programme dans l'unité centrale prélève le code depuis le registre, puis le transforme en un caractère ou une commande, en tenant compte des appuis ou relâchements antérieurs des touches de basculement (*toggle keys*). Enfin, il renvoie un signal libérant le registre afin qu'un nouveau code touche puisse y être placé.

À ce jour, le clavier informatique demeure le moyen le plus utilisé pour saisir et stocker de l'information. Nous discuterons des écrans tactiles plus en avant mais les tablettes dépourvues de clavier peuvent afficher sur leur écran tactile un équivalent virtuel sur lequel la frappe (pas trop violente, ni surtout trop rapide…) des caractères est possible. Une grande variété d'appareils de lecture ou de capteurs automatiques assurent de leur côté l'acquisition de données dans des domaines allant de la médecine à l'industrie, pour des applications bien définies et au contenu documentaire très spécifique.

La reconnaissance de la voix sur laquelle nous reviendrons en fin de chapitre fait d'immenses progrès et la dictée de texte ou de commandes sont déjà d'un grand secours pour les personnes ayant des difficultés à se servir d'un clavier. Toutefois, la lenteur de l'élocution humaine, les variations de tonalité d'un même locuteur et les bruits ambiants poseront toujours de nombreuses difficultés à cette pourtant bien prometteuse technique libérant les informaticiens de l'usage de leurs mains.

Nous verrons avec les scanners que des documents imprimés peuvent être convertis en textes informatiques. La reconnaissance de l'écriture manuscrite pourra supplanter le clavier informatique, mais seulement lorsque celle-ci aura atteint une performance suffisante tant en termes de précision que de rapidité. Les systèmes automatiques de reconnaissance manuscrite sont encore très loin du compte, l'écriture des médecins restera le dernier niveau de difficulté et les pharmaciens ont encore de beaux jours devant eux. En l'attente de toutes ces innovations et d'autres encore à venir, les claviers informatiques (clavier réel ou tactile à même l'écran) restent la voie royale pour l'introduction des données écrites.

La souris

À la différence du clavier informatique, adaptation d'un organe préexistant à l'informatique, la souris est une création propre aux micro-ordinateurs et apparue assez tardivement. Il est intéressant de noter que, malgré le génie créatif de son réalisateur et le côté extrêmement prémonitoire d'un film faisant la part belle à l'ordinateur, aucune souris ne soit visible dans *2001 : L'odyssée de l'espace*. Elle a profondément bouleversé la manière dont l'homme parle à son ordinateur, les déplacements d'un curseur sur un écran garni d'objets graphiques se substituant à la frappe de commandes sur un clavier. Les mouvements de la souris déplacent le pointeur sur l'écran, où les objets peuvent être activés par des clics simples ou doubles sur les boutons de la souris.

Le concept de la souris comme outil de dialogue a pris naissance dans les laboratoires de recherche de Xerox. Apple (Steve Jobs, nonobstant sa légende, devant l'essentiel de son génie technologique à de fréquentes excursions au Xerox Park) a été le premier à mettre sur le marché des micro-ordinateurs exploitant ce concept, Microsoft s'y ralliant ultérieurement avec l'interface Windows. La souris d'Apple contient un bouton, celle des PC Windows, deux, celle des environnements Unix, trois. Les informaticiens aiment se mesurer au nombre de boutons qu'ils maîtrisent.

À ses débuts, la souris était constituée d'un boîtier dont le fond laissait apparaître une boule. Les déplacements de la boule sur une surface la font rouler dans son logement. La rotation de la boule est mesurée par deux capteurs disposés à angle droit, mesurant la direction, l'ampleur et la vitesse des déplacements dans un plan. Ces mesures sont transmises à l'unité centrale par un câble de connexion d'une manière semblable au clavier.

Étant donné le rôle important que la souris assume et l'image positive dont elle bénéficie, « souris, tu es filmé ! » elle a fait l'objet d'améliorations nombreuses.

La mesure des déplacements est passée des détecteurs mécaniques aux détecteurs optiques. La lumière émise par une diode électroluminescente (LED) ou un rayon laser est réfléchie par la surface sur laquelle la souris trottine, augmentant la précision de la détection de ses mouvements. Cette version a permis également d'éviter l'encrassement dont les souris à boule souffraient, habituées qu'elles étaient à trotter sur des surfaces souvent garnies de poussières et résidus divers. La souris peut se voir adjoindre une molette pour commander des défilements. Le câble de connexion de la souris est une entrave permanente aux mouvements d'un objet dont la mobilité est la caractéristique essentielle. Par ablation de son organe caudal, la souris peut devenir une souris sans queue ni tête, ou plutôt une souris sans fil, communiquant ses mouvements par ondes radio à un contrôleur USB, qui peut être commun avec celui du clavier sans fil. L'interception des signaux radio envoyés par la souris sans fil ne présente pas les mêmes risques qu'avec le clavier, puisqu'il faut avoir connaissance de ce qui est affiché à l'écran pour pouvoir interpréter les mouvements de la souris. La souris peut être retournée pour devenir une *track ball* (et s'en sortir mieux qu'une tortue), ou prendre la forme d'une platine sensitive dans les ordinateurs portables.

Le développement des tablettes et l'émergence des écrans tactiles sur les ordinateurs pourraient remettre en cause l'usage de la souris, qui risque à terme de se voir inscrite, comme tant d'autres technologies informatiques, sur la liste des espèces menacées de disparition.

Des outils de pointage plus précis et beaucoup plus coûteux que la souris, comme les tablettes graphiques, sont utilisés pour réaliser des dessins et des plans.

D'autres outils de pointage tels les manettes de jeux sont apparentés à la souris. Leur diffusion de plus en plus large a parfois justifié, avant la généralisation de l'USB, l'addition d'un port spécialisé pour les connecter en sus de la souris. L'ensemble de ces appareils destinés à permettre aux humains d'interagir avec l'ordinateur se regroupe dans une famille appelée HID (*human interface device*) lorsqu'il répond à un protocole commun. S'y ajoutent des appareils développés spécifiquement pour les besoins de personnes atteintes d'un handicap physique.

L'écran

Quelle que soit la technologie utilisée pour l'affichage, l'écran (encore appelé moniteur ou *display*) est devenu le support par excellence de l'interactivité. Avec les tablettes d'ailleurs, on ne voit plus que lui à tel point que l'ordinateur se cache entièrement derrière lui. Avant la généralisation de l'écran, les échanges avec l'ordinateur se faisaient principalement par l'introduction de lots de données depuis des supports perforés sur cartes ou sur bandes de papier et, après leur traitement, par l'impression de longs listings de résultats. La puissance limitée des ordinateurs ne permettait pas d'introduire les données de manière interactive.

Une fois ceux-ci devenus plus puissants, l'étape suivante fut de leur connecter des terminaux munis d'un clavier. La mise en œuvre du clavier ne posait pas de difficultés particulières, vu son utilisation déjà très répandue dans bon nombre de machines. Toutefois, l'interactivité suppose une réponse immédiate de l'ordinateur et cela sur un support facilement lisible par l'utilisateur. Le papier était loin de constituer une solution satisfaisante, les dispositifs d'impression étant bien trop lents et bruyants.

L'écran de visualisation répondait bien mieux aux besoins, puisqu'il pouvait afficher une information plus complète et de manière instantanée. Le terminal interactif avait trouvé sa voie : introduction de données sur un clavier connecté à un ordinateur, le même ordinateur affichant les résultats sur l'écran. Cette solution restait cependant assez coûteuse. Cela pourrait paraître curieux, sachant que l'écran de télévision déjà à cette époque était un produit de grande consommation, dont le prix tendait à la baisse. L'explication de cette différence de prix est à trouver dans le processus d'affichage de l'image.

Un téléviseur reçoit les images en continu depuis une source extérieure (émetteur terrestre ou satellite, câble, magnétoscope), sous forme de signaux, analogiques par le passé et à présent numériques. Il transforme les signaux au fur et à mesure de leur arrivée en points lumineux qui subsistent sur son écran le temps que l'image suivante arrive. Le téléviseur n'a pas à mémoriser l'image, sauf sur les modèles où elle est rafraîchie à une cadence plus élevée, par exemple 100 Hz, pour éviter son scintillement et améliorer le confort visuel.

L'écran informatique par contre doit remplacer la source extérieure par une mémoire vidéo où est maintenue l'image à afficher. Cette mémoire doit, d'une part recevoir l'image binaire produite par un programme, d'autre part la transmettre vers l'écran de manière répétitive. Chaque point de l'image en mémoire doit être converti en signaux analogiques à moins que l'écran ne puisse les recevoir sous forme numérique. Les caractéristiques de la mémoire vidéo et des circuits qui lui sont associés pour former la carte graphique contribuent largement à la qualité et à la fluidité de l'affichage tout en soulageant la mémoire centrale. De toute manière, l'envoi des signaux vers l'écran doit s'opérer à une cadence suffisante pour que les affichages successifs fournissent des images stables, confortables pour l'œil, et des animations fluides, exemptes de saccades. Quitte à passer des heures devant son écran, autant le faire dans les meilleures conditions qui soient.

Or, en informatique, la mémoire fut pendant longtemps un organe très coûteux, limitant ainsi la définition ou quantité de détails de l'image exprimés en pixels (*picture elements*). Les progrès de l'électronique ont rendu possible l'augmentation de la définition de l'image, l'enrichissement de la palette des couleurs et l'amélioration du confort visuel par une augmentation de la fréquence de rafraîchissement de l'image. Il n'en reste pas moins que des applications très exigeantes en matière d'images animées restent difficiles à satisfaire, même si le dispositif de visualisation a reçu le renfort de processeurs spécialisés tel l'AGP puis le GPU (*graphics processing unit*) décrits plus loin.

Nous allons tout d'abord reprendre des notions exposées plus haut sur le codage des images et les développer pour décrire le fonctionnement des écrans de visualisation.

Pour obtenir une image en couleurs formée de pixels, il est fait usage des trois couleurs fondamentales utilisées en mode additif : rouge, vert, bleu (signaux *red, green, blue* ou RGB). Les trois couleurs fondamentales sont restituées par des éléments distincts, les sous-pixels. À chaque pixel sont associés trois sous-pixels, des taches en quelque sorte, dont la composition individuelle des intensités reconstitue pour l'œil humain la couleur du pixel vu comme un ensemble. L'addition des trois couleurs rouge, vert et bleu (RGB), chacune à son intensité maximale telle que définie par la valeur « 255 », crée un pixel de couleur blanche et d'intensité lumineuse maximale. Le même pixel paraît noir si aucune des couleurs n'est activée, car ayant la valeur zéro.

La densité des pixels ou résolution est fonction de la taille de l'écran et de sa définition. Elle est souvent de 75 pixels par pouce, avec un maximum généralement proche de la centaine de pixels par pouce, soit environ une dimension par pixel de 0,3 à 0,2 mm.

La définition de l'écran représente le produit du nombre de pixels affichés pour une ligne par le nombre de lignes. La définition de 640 × 480 est celle du mode d'affichage graphique de base VGA (*visual graphics array*). Le mode VGA a marqué l'avènement du *graphical user interface* (GUI) où la valeur de chaque pixel peut être définie individuellement. Les modes d'affichage antérieurs affichaient pour leur part un jeu limité de caractères et de signes, tel l'ancêtre MDA (*monochrome display adapter*) qui affichait 25 lignes de 80 caractères sur un écran monochrome. Le mode VGA a été remplacé par des définitions de plus en plus élevées, tendant vers les 2560 × 1440 pixels, avec adjonction de préfixes divers au sigle VGA.

La richesse de la palette de couleurs exprime le nombre de couleurs différentes que peut prendre chaque pixel et reste limitée par la capacité mémoire du processeur graphique. Un choix économe serait d'un octet par pixel, mais cela limiterait la palette à 256 couleurs, un piètre nuancier pour nos yeux d'esthètes. Aussi, on lui préfère le mode *true color* codant quant à lui chaque pixel sur 3 octets et donnant une gamme de couleurs d'une très grande richesse (comme on l'a vu au chapitre 2). Mais la combinaison d'une haute définition (beaucoup de pixels) avec une large gamme de couleurs (beaucoup de bits par pixel) mobilise des moyens de traitement très importants.

On remarquera que les définitions dérivées de VGA étaient pour la plupart dans le rapport 4/3. C'était bien là le format du téléviseur classique qui fut repris tel quel pour les applications informatiques. Cependant, ce format est loin de convenir à la lecture de texte, car l'œil humain rechigne à parcourir de longues lignes horizontales, ce dont le format d'une feuille de papier ordinaire rend bien compte. Beaucoup trouveront que le travail sur une page de texte affichée sur toute sa hauteur est bien plus agréable que de la voir encadrée de bandeaux vides ou d'informations peu pertinentes. On pourrait suggérer que l'utilisateur penche la tête à 90 degrés devant le texte affiché à l'horizontale. Il paraît tout de même plus ergonomique de pouvoir choisir la disposition de l'écran, mais cette possibilité n'est pas très fréquente. Au contraire, les formats 16/9 ou voisins ont pris place sur le marché, avec l'ambition d'en mettre plein la vue des amateurs de jeux vidéo ou de cinéma en chambre (*home cinema*). On est malgré tout en droit de s'interroger sur le plaisir procuré par un chef-d'œuvre du cinéma vu sur l'écran d'un PC, même en format 16/9, et qui fait ressembler New York à un village de Provence et King Kong à un nounours. De leur côté, les photographes attachés à leur rapport d'image 2/3 n'ont pas fini de se lamenter sur ce que ces formats font de leurs plus beaux cadrages.

Il n'empêche que de nouvelles définitions d'écran sont dictées par la convergence de l'informatique, de la télévision et du cinéma. Ce rapprochement est porté par l'omniprésence du numérique et l'accroissement des capacités de transmission, de compression et de stockage comme le DVD Blu-ray. C'est ainsi qu'est apparue après la HD (haute définition, 1280 × 720) la définition Full-HD (1920 × 1080 pixels) en attendant l'émergence de la *4K resolution*, ou ultra-haute définition (Ultra-HD : 3840 × 2160).

La fréquence à laquelle l'image est entièrement renouvelée sur l'écran est un troisième critère de qualité, exprimé par la fréquence de balayage vertical (entre 50 et

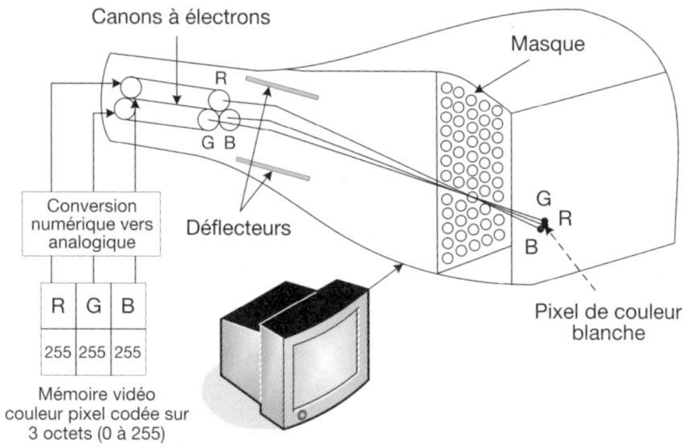

Figure 4.4 Écran à tube cathodique

120 Hz). Le procédé de balayage entrelacé qui consiste à n'afficher alternativement, pour des raisons d'économie, que les lignes paires ou impaires de l'écran était fréquent en télévision. Ce procédé a été abandonné au profit du balayage progressif pour les écrans informatiques (il générait un scintillement désagréable à la vue).

La perception des images est également influencée par deux caractéristiques d'un écran : sa luminance, exprimant la lumière qu'il peut émettre en candelas par mètre carré (cd/m^2), et son contraste, exprimant le rapport de luminance entre le blanc et le noir.

Nous allons préciser quelque peu les technologies mises en œuvre pour les écrans de visualisation, en évoquant d'abord la plus ancienne, l'écran à tube cathodique car elle permet de comprendre plus aisément ce qui vient d'être dit. Nous poursuivrons par les écrans à cristaux liquides.

Le principe d'affichage d'un écran à tube cathodique (*cathodic ray tube*, CRT) est dérivé de celui du téléviseur de nos grands-parents et illustré dans la figure 4.4. Trois minces faisceaux d'électrons (un par couleur fondamentale) sont émis depuis le fond du tube (par chauffage de la cathode). Sous l'effet de champs magnétiques produits par des plaques de déflection qui l'orientent, chacun des trois faisceaux d'électrons balaie ainsi en une succession de lignes horizontales la surface de l'écran, en passant à travers un masque percé d'ouvertures minuscules qui marquent la cible des faisceaux. La surface de l'écran est couverte sur sa face interne de photophores de nature différente pour chacune des trois couleurs. Les photophores émettent de la lumière sous l'effet de l'impact du faisceau d'électrons, l'intensité de la lumière étant fonction de celle du faisceau d'électrons. Le matériau doit continuer à émettre de la lumière (effet de rémanence) pendant une durée égale à celle du balayage total de l'écran. L'intensité de chacun des trois faisceaux d'électrons est déterminée par le contenu numérique de la mémoire vidéo, information convertie en un signal analogique.

Les écrans à cristaux liquides (*liquid crystal display*, LCD) sont aussi dits « écrans plats », car constitués d'une superposition de plaques minces et ne présentant pas l'embonpoint caractéristique du tube cathodique dont la profondeur doit être proportionnelle aux dimensions de l'écran. Ils trouvent leur origine dans l'affichage des montres. Dans un premier temps, leur utilisation a été cantonnée au domaine des ordinateurs portables où leur faible poids, leur encombrement réduit et leur insignifiante consommation électrique compensaient leur infériorité en qualité d'affichage. Cette infériorité s'est progressivement estompée et les écrans plats ont aujourd'hui remplacé les écrans à tube cathodique dans la plupart des domaines, grâce à leur qualité d'image, leur encombrement et leur moindre consommation électrique. Les écrans LCD, tant dans les téléviseurs que les ordinateurs, ont ainsi relégué leurs ancêtres cathodiques au musée des technologies.

Nous ne ferons pas la distinction entre les différents types d'écrans LCD proprement dits et ceux mettant en œuvre une technologie plus ou moins semblable, comme les écrans OLED (*organic light-emitting diode*), aboutissant à leur trait commun qui est la sveltesse.

Les écrans sont de plus en plus souvent une partie intégrante d'un ordinateur portable, d'un téléphone, d'une tablette et non la partie la moins onéreuse. En conséquence, le marché des écrans autonomes en est quelque peu réduit aux configurations avec boîtier d'ordinateur indépendant, ou encore aux utilisateurs lassés par la trop petite taille de l'écran de leur ordinateur portable. Lors de l'achat d'un ordinateur portable, le choix de son type d'écran sera limité par ses caractéristiques générales comme sa puissance, sa taille et son prix.

Le principe de fonctionnement des écrans plats est loin de l'être. Il repose sur la propagation de la lumière polarisée et sur la propriété qu'ont certains cristaux de modifier le sens de la polarisation de la lumière qui les traverse en fonction d'une charge électrique qui leur est appliquée (technologie TN, *twisted nematic*).

La structure des écrans LCD est illustrée dans la figure 4.5.

Pour un écran couleur, la lumière émise depuis le fond de l'écran (le plus souvent par des LED, raison pour laquelle on parle d'écrans « rétro-éclairés ») passe à travers un premier filtre qui la polarise dans un sens. La lumière passe ensuite à travers un tapis de cristaux liquides, avec trois cristaux par pixel, chacun d'entre eux correspondant à un sous-pixel. Les cristaux s'enroulent en fonction de la tension électrique qui leur est appliquée et modifient d'une manière variable le sens de polarisation de la lumière qui les traverse. La lumière passe ensuite à travers une succession de filtres juxtaposés de couleur rouge, vert ou bleue. Un dernier filtre ne laisse passer que la lumière dont le sens de polarisation a été modifié au cours de son passage dans les filtres successifs. Pour faire simple, car le sujet est loin de l'être (et demanderait une véritable polarisation), l'intensité de lumière traversant les filtres sera modulée par l'orientation des cristaux liquides, orientation fonction de la tension électrique appliquée au cristal. Un faisceau lumineux n'ayant subi aucune torsion en traversant le cristal liquide sera donc complètement bloqué, un autre légèrement tordu passera avec une intensité moindre.

Les constructeurs d'écrans plats sont parvenus à commander chaque cristal individuellement par le procédé TFT (*thin film transistor*). L'écran est alors dit « à

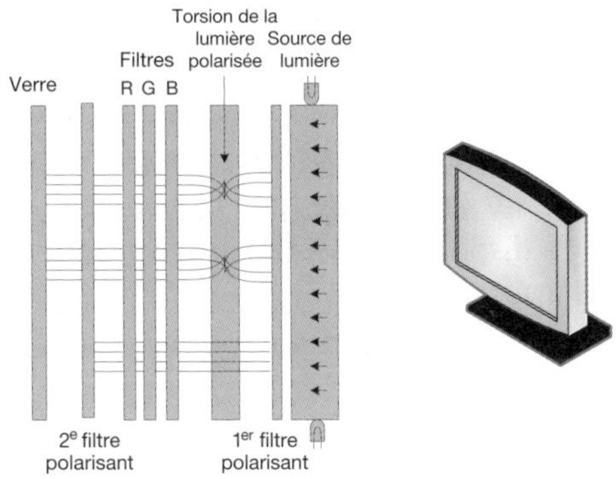

Figure 4.5 Écran à cristaux liquides

matrices actives », les couleurs sont plus vives et vous n'êtes plus obligés de regarder l'écran en lui faisant parfaitement face. Mais ces écrans ont un talon d'Achille : tout défaut sur un des transistors perturbe l'image au niveau du sous-pixel associé, et cela de manière irrémédiable. La mise au point du processus de fabrication des écrans LCD a été très difficile, souffrant à l'origine d'un taux de rebut considérable. La persévérance de leurs constructeurs s'est révélée payante, en leur permettant d'occuper la majeure partie du marché. Ces constructeurs ont des politiques différentes en matière de garantie et de remplacement de leurs écrans LCD affichant des pixels défectueux.

Les écrans LCD donnent une image particulièrement agréable à regarder. La qualité est d'autant meilleure lorsque l'écran reçoit des signaux numériques plutôt qu'analogiques, d'où la disparition annoncée de la conversion numérique-analogique. Toutefois, dans un premier temps, hors les ordinateurs portables où ils se sont imposés dès le début, les écrans LCD formaient une faible minorité face aux écrans à tube cathodique et leur interface analogique. Les écrans LCD ont donc adopté cette même interface analogique alors que leur fonctionnement s'avère intrinsèquement numérique, tout comme la carte graphique dans l'unité centrale. La double conversion ayant un impact négatif sur la qualité de l'image, leur montée en puissance fait que les écrans LCD se sont vus reconnaître le droit à une interface totalement numérique ou DVI (*Digital Visual Interface*). L'interface DVI est évincée à son tour par une nouvelle interface plus performante et moins encombrante, le DisplayPort, avec en perspective l'adjonction d'adaptateurs pour, à l'achat d'un ordinateur dernier cri, ne pas devoir mettre au rancart ce bel écran plat qui n'a en rien démérité mais qui ignore le DisplayPort.

L'interface HDMI (*High-Definition Multimedia Interface*) offre une alternative tout aussi numérique au DVI et au DisplayPort, mais trouve son champ d'application dans la télévision haute définition davantage que dans l'informatique où son rôle demeure assez marginal (à l'exception des tablettes). Il présente l'avantage de véhiculer l'image et le son dans le même câble, ce qui simplifie la connexion d'écrans munis de haut-parleurs.

Quelle que soit l'interface, certains écrans LCD ont un temps de réponse trop lent, provoquant la frustration des « gamers » adeptes des jeux sur ordinateur. Par ailleurs, la qualité des images sur un écran LCD se dégrade de par sa construction si la définition choisie ne correspond pas à ses caractéristiques.

Les écrans tactiles sont des écrans de type LCD ou analogue sur la surface desquels a été superposé un dispositif quasi transparent capable de détecter le contact d'un doigt ou d'un stylet.

Deux grands types de dispositifs de détection sont proposés : résistif ou capacitif.

Dans le cas du type résistif, la pression du doigt ou du stylet provoque un contact entre deux membranes séparées par un très faible espace. Ce type de détection ne permet de traiter qu'un seul point de contact et ne reconnait pas bien les déplacements du point de contact. De plus, ce dispositif réduit la luminosité de l'écran.

De son côté, le capacitif est constitué d'un film ultramince accumulant des charges électriques. Un simple effleurement provoque un déséquilibre dans ses charges qu'il est possible de localiser. De plus, ce dispositif est capable de détecter plusieurs contacts simultanés (*multitouch*) et enregistre très efficacement leurs déplacements. Ainsi est né un nouveau vocabulaire, un langage des signes en quelque sorte, comme écarter deux doigts pour redimensionner une image, déplacer les doigts pour faire défiler. À condition de ne pas leur parler avec des gants, car ils sont insensibles à cette forme de politesse, ayant besoin des propriétés électrostatiques de nos doigts. On retrouve les mêmes propriétés sur le pavé tactile qui vient compléter le clavier des ordinateurs portables.

Les tablettes ainsi que de nombreux smartphones où l'écran tactile forme l'interface essentielle avec son utilisateur ont largement recours au type capacitif. Et voilà comment l'écran cumule désormais les fonctions de périphérique d'entrée et de sortie, réconciliant enfin en un même dispositif les besoins qui avaient justifié il y a plus d'un demi-siècle la conjonction des premiers écrans et des premiers claviers. Les applications futures des écrans tactiles seront évoquées un peu plus loin lorsque nous nous pencherons sur l'avenir des interfaces homme-machine.

Les écrans à plasma présentent des analogies avec les écrans LCD par leur faible épaisseur. Ils peuvent présenter des diagonales très importantes, dépassant 2 mètres. Leurs sous-pixels sont formés par des petites cellules contenues entre deux plaques de verre. Chaque cellule comporte une anode et une cathode et est remplie avec un gaz sous faible pression. Lors d'une décharge électrique dans la cellule, le gaz émet un rayonnement ultraviolet que des photophores disposés sur la paroi extérieure transforment en lumière. On peut faire l'analogie avec des tubes fluorescents.

À part des applications nécessitant une très grande taille d'écran, les écrans à plasma ne paraissent pas devoir jouer un grand rôle dans l'informatique. Leur coût est particulièrement élevé pour une définition généralement médiocre comparée à celle des écrans LCD. De plus, les cellules des écrans plasma sont sensibles au vieillissement lorsqu'elles sont sollicitées en continu de manière prolongée, comme dans le cas d'une fenêtre statique ou d'une icône.

Pour finir, l'avidité en temps de calcul des images en trois dimensions exige de plus en plus non seulement de consacrer une partie non négligeable des instructions élémentaires du processeur aux seuls traitements de ces images mais, également, la mise en place d'une unité de traitement spécialisée, le GPU (*graphics processing unit*), située sur une carte spécialisée ou sur le chip set, et spécialisée dans le traitement de ces images, par exemple le « rendu » des images 3D en 2D, les ombrages ou les textures. Le GPU est particulièrement représentatif de cette voie, suivie depuis par différents types de périphériques, à savoir l'accroissement « d'intelligence » ou « de capacité de traitement d'information » au sein même de ces périphériques, et ceci afin de soulager le processeur de ce qui, finalement, lui importe bien peu.

Pour pouvoir visualiser un DVD contenant une œuvre soumise à des droits d'auteur (DRM, *digital rights management*), tant le lecteur de DVD que la carte graphique, l'écran et le câble de liaison doivent chacun être conformes au codage HDCP (*High-bandwidth Digital Content Protection*). Ce codage HDCP a été développé sous la forte pression des producteurs de films qui redoutaient de voir leurs ventes de DVD s'effondrer devant les possibilités offertes par la technologie numérique de copier leurs produits sans aucune dégradation.

Les imprimantes

Malgré la rapidité et la qualité de l'affichage à l'écran, la lecture d'un support papier est encore considérée par beaucoup comme plus sûre, plus confortable et plus efficace. Tout cela en dépit des nombreux appels désespérés des écologistes pour limiter la consommation de papier. Pire encore, la consommation de papier s'en trouve augmentée au vu de cet accroissement inouï d'informations disponibles et que nos vieilles habitudes préfèrent encore découvrir et consulter sur papier. Convenez que, quel que soit le genre que vous voulez vous donner, il reste toujours plus commode d'amener son livre de poche (qui ne nécessite nulle prise ou batterie) à la plage que son portable à écran 15 pouces, à moins de disposer d'une tablette dont l'écran est lisible en plein soleil.

Et pour finir, les usages ou les règles établies exigent dans de nombreux cas la remise d'un document sous forme de papier. Toute l'information du monde ne se satisfait pas encore uniquement de sa forme dématérialisée, et il n'en sera sans doute jamais ainsi, fort heureusement. Après tout, l'écriture n'a jamais fait disparaître la tradition orale, pas plus que l'imprimerie n'a fait disparaître l'écriture manuscrite.

Le point, en anglais *dot*, constitue la plus petite partie imprimable et, à ce titre, correspond au pixel des écrans. La définition linéaire des imprimantes est exprimée en points par pouce (*dot per inch*, dpi). Une imprimante offre entre 300 et plus de 2400 dpi, à rapprocher des moins de 100 pixels par pouce de la plupart des écrans.

Les données à imprimer sont traitées par le pilote (*driver*) propre à chaque type d'imprimante. Le pilote se charge d'accommoder les données en fonction des caractéristiques techniques de l'imprimante, en vue de restituer sur le papier l'image souhaitée. Le pilote peut ainsi au besoin transposer en nuances de gris une image en couleurs. Le pilote gère également le fonctionnement de l'imprimante, s'enquiert de son état de santé, et s'empresse (via le mécanisme d'interruption que nous découvrirons bientôt), de vous suggérer l'achat de cartouches, de la marque du constructeur de l'imprimante bien entendu.

Les premières générations d'imprimantes et certains dispositifs d'impression spécialisés ne sont capables — à l'instar des machines à écrire — que d'imprimer les caractères ou symboles qui lui sont connus (par exemple la lettre A qu'ils peuvent imprimer en différentes tailles et sous différentes formes ou polices). Ces dispositifs sont forcément limités, puisqu'ils ne connaissent pas tous les signes que vous rêvez d'imprimer. La lettre grecque α leur est probablement inconnue.

La plupart des imprimantes grand public offrent des possibilités infiniment plus étendues, grâce à un système de codage vectoriel. Ici, que le document à imprimer soit constitué de caractères (généralement de la famille *True Type*) et/ou d'images, il sera converti en une image vectorielle au moment de l'impression. Le pilote de l'imprimante se charge d'assurer cette conversion le plus fidèlement possible selon un sigle qui eut son heure de gloire au début des premiers traitements de texte graphiques : « wysiwyg » (*what you see is what you get*, « tel écran - tel écrit »).

L'image vectorielle est alors soit envoyée directement à une imprimante définie, éventuellement via un réseau (elle sera placée dans une file d'attente, le « spooler » de l'imprimante), soit sauvegardée dans un format neutre et stable, destiné à être restitué à l'identique sur toute imprimante, pour autant que ses caractéristiques rencontrent les exigences du document. Cette transformation est réalisée par des formats tels que PDF (*Portable Document Format*), XPS (*XML Paper Specification*) ou PostScript.

Les imprimantes peuvent être classées selon leur procédé d'impression en deux catégories principales : laser et jet d'encre. D'autres catégories existent également telles que matricielle à aiguilles ou sublimation.

L'imprimante laser est constituée essentiellement d'un cylindre ou tambour sur la surface duquel l'image à imprimer est créée par dépôt de minuscules particules d'encre. Les particules d'encre sont ensuite transférées sur la feuille de papier alors qu'elle défile contre le tambour en rotation. Son fonctionnement repose sur l'attraction de particules chargées électriquement vers un support chargé avec le signe opposé, comme montré sur la figure 4.6.

La surface du tambour est couverte d'un matériau susceptible de prendre ponctuellement une charge positive sous l'effet de la lumière. Une diode laser module un mince rayon lumineux en fonction des points de l'image à imprimer. Le rayon lumineux est envoyé sur un miroir qui pivote de manière à balayer le tambour et créer des lignes de points chargés positivement. Le tambour poursuit sa rotation et passe sous un réservoir contenant le toner constitué de fines particules d'encre chargées négativement. Les particules de toner sont attirées vers les points du tam-

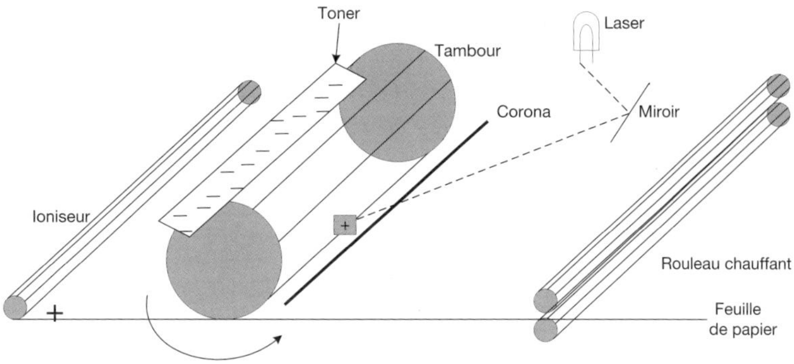

Figure 4.6 Imprimante laser

bour qui viennent d'être chargés positivement par l'impact du rayon laser. La feuille de papier une fois mise en mouvement passe sous un ioniseur qui lui communique une charge positive. Le papier continue son petit bonhomme de chemin et passe sous le tambour. Comme le papier a reçu une charge positive plus forte, le tambour lui cède les particules de toner. Il passe ensuite dans une sorte de calandre qui fixe l'encre par pression à chaud et achève son trajet dans le bac de réception pour finir éventuellement dans une poubelle ou au fond d'un tiroir que personne n'ouvrira jamais. Le tambour de son côté poursuit sa rotation pour passer devant un fil (corona) où ses charges positives sont annulées. Les particules de toner qui subsistent sur la surface sont récupérées, ce qui remet le tambour en état de se présenter devant le rayon laser pour une nouvelle impression.

L'imprimante laser est généralement équipée d'une mémoire tampon où l'image de la page à imprimer est d'abord enregistrée en entier pour pouvoir être projetée en continu sur le tambour. Les imprimantes laser sont relativement chères à l'achat, mais ont l'avantage de fournir une impression de très bonne qualité tout en étant rapides et économiques à l'emploi. En outre, la cuisson de l'encre a pour effet de la rendre résistante à l'épreuve de l'eau (si vous renversez un verre d'eau sur votre beau rapport, il est possible que le papier se décompose, mais l'encre ne bougera pas). La majorité des imprimantes laser impriment en une seule couleur, l'addition d'autres couleurs s'avère très délicate car nécessitant soit trois tambours, soit une répartition subtile des couleurs sur le tambour, soit trois passages successifs par un même tambour, avec les risques de perdre l'alignement d'un passage à l'autre. Des solutions de plus en plus sophistiquées ont cependant permis aux imprimantes laser couleur de connaître une diffusion plus large du fait d'une baisse des coûts, concurrençant ainsi les autres technologies.

L'imprimante à jet d'encre est composée essentiellement d'un mécanisme d'impression se déplaçant sur un axe transversalement par rapport à la feuille de papier. Au cours de ce déplacement, une ou plusieurs têtes d'impression projettent sur le papier (voir la figure 4.7) de minuscules gouttelettes d'encres de différentes couleurs. Lorsque le mécanisme portant les têtes arrive au bord de la feuille, cette

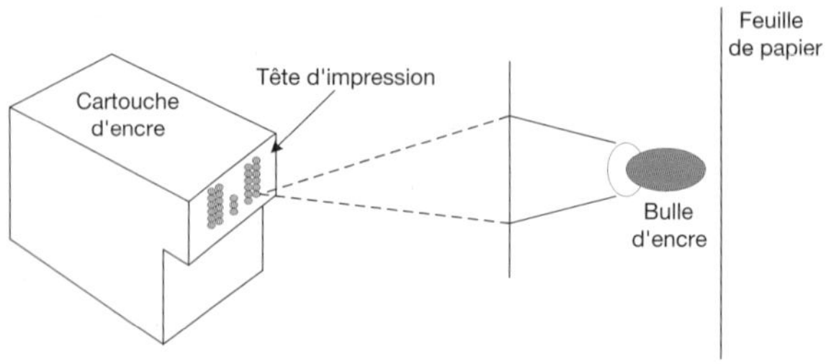

Figure 4.7 Imprimante à jet d'encre

dernière est avancée d'un pas et le mécanisme reprend sa course. Les imprimantes à jet d'encre sont généralement moins coûteuses à l'achat, mais leur coût d'utilisation est élevé, les consommables étant chers. Leurs performances, leurs possibilités ainsi que leur durée de vie sont fort variables. De par le mode de fonctionnement, leur vitesse d'impression dépend étroitement de la résolution choisie.

La largeur maximale du papier la plus courante pour les imprimantes laser ou à jet d'encre est celle du papier standard (A4).

Les imprimantes à jet d'encre ont engendré une descendance étonnante lorsque leur principe de fonctionnement a été repris pour créer des imprimantes tridimensionnelles (imprimantes 3D, bien que le terme « imprimante » dans ce cas ne fasse pas du tout consensus) où la tête d'impression est remplacée par un réservoir et une filière dont est extrudé à chaud un mince filet de matière telle que de l'ABS. C'est une technique qui tranche avec la plupart des modes de fabrication industrielles qui se basent sur des méthodes soustractives (à l'instar de la sculpture, on part d'un volume de matière dont on extrait des parties pour façonner l'objet souhaité). Par contraste l'impression 3D procède de la méthode additive qui consiste à fabriquer des objets par addition de matière. Ce mode de fabrication radicalement différent démultiplie les possibilités en termes de conception d'objets sophistiqués.

L'objet à « imprimer » est d'abord conçu par un logiciel de conception assistée par ordinateur (CAO). Le fichier résultant est envoyé vers l'imprimante 3D. Celle-ci décompose l'image 3D en fines couches 2D et commande les mouvements de la filière ainsi que les mouvements du plateau sur lequel l'objet se matérialise par la superposition des fines lamelles qui vont s'amalgamer sous l'effet de leur chaleur. Ces imprimantes 3D constituent un outil de prototypage particulièrement efficace, et leur usage ne semble avoir pour limite que l'imagination. C'est toute une nouvelle ère du monde de l'ingénierie (que les Américains dénomme « makers ») qui prend son envol sous leur impulsion. Chacun pourra à domicile voir se matérialiser l'objet de son imagination et ce prototypage n'exigera plus le recours à un industriel du voisinage qui pourrait s'empresser de s'emparer et de l'idée et du brevet et d'en déposséder le concepteur. Des systèmes de grue à projection de béton liquide sont ainsi à l'étude pour la construction de maison sans le moindre entrepreneur humain. Des tissus, os, dents et autres organes biologiques sont aussi aujourd'hui produits avec une imprimante 3D, selon une précision et une fidélité jamais atteinte auparavant.

Les imprimantes à sublimation se caractérisent par leur procédé d'impression (mode soustractif) qui permet des tirages photographiques de très grande qualité avec une bonne résistance au vieillissement. Le principe de la sublimation consiste à faire chauffer ponctuellement un film recouvert de cires contenant les pigments des trois couleurs fondamentales (cyan, magenta, jaune) à un niveau tel qu'il y a passage immédiat à l'état gazeux. Le gaz ainsi libéré se solidifie sur un papier spécial. Les imprimantes à sublimation font avancer un film muni de quatre fenêtres de cires différentes pour chaque image et qui vont accompagner le passage du papier sous une rangée de têtes chauffantes. Les têtes sont portées à un niveau de température variable en fonction de l'intensité de la couleur fondamentale à appliquer. Après l'apposition de la première couleur, le papier est remis en mouvement pour recevoir chacune des deux autres couleurs. Un quatrième passage applique la cire de protection portée par la quatrième fenêtre du film. De par leur conception, les imprimantes à sublimation impriment en général un seul format, par exemple le 10 × 15 cm. Ce mode de fonctionnement a pour conséquence que le film est à usage unique et que la portion de pigments inutilisée dans chaque fenêtre est irrémédiablement perdue. Une autre conséquence est que le film conserve la trace « en négatif » des images imprimées, ce qui peut se « révéler » être source d'indiscrétion.

Les imprimantes matricielles à aiguilles fonctionnent d'une manière analogue aux imprimantes à jet d'encre. Ici aussi, une tête d'impression se déplace transversalement par rapport à la feuille de papier. Cependant, la tête est munie d'une rangée verticale ou matrice de fines tiges mécaniques ou aiguilles. Sous l'action d'un électro-aimant, chaque aiguille peut coulisser et appliquer ponctuellement un ruban encreur contre le papier. Arrivée au bord de la feuille, la tête reprend un balayage transversal de la feuille, cette dernière avançant entre-temps d'un pas.

La qualité des imprimantes matricielles se définit par leur vitesse d'impression ainsi que le nombre d'aiguilles dont la tête d'impression est munie, ce qui détermine la lisibilité des caractères. Les imprimantes matricielles sont robustes et relativement peu coûteuses, tant à l'achat qu'à l'emploi, le coût des consommables constitués par des rubans encreurs étant réduit. Par contre, leur qualité d'impression est médiocre et leur niveau sonore est tel qu'il faut souvent les placer dans un local séparé ou dans un caisson. Le procédé de frappe mécanique présente le grand avantage de pouvoir imprimer des liasses de papier autocopiant, ce qui les rend dans certains cas irremplaçables. De plus, ce type d'imprimantes inclut des modèles permettant l'entraînement de papier muni de rives perforées et l'impression de feuilles de formats et d'épaisseurs divers.

Les scanners

Les scanners ou numériseurs sont des appareils qui analysent une image et la décrivent sous forme d'une succession de points caractérisés par des valeurs numériques traduisant leur luminosité ou leur couleur. On peut voir un scanner comme une imprimante qui fonctionne à l'envers.

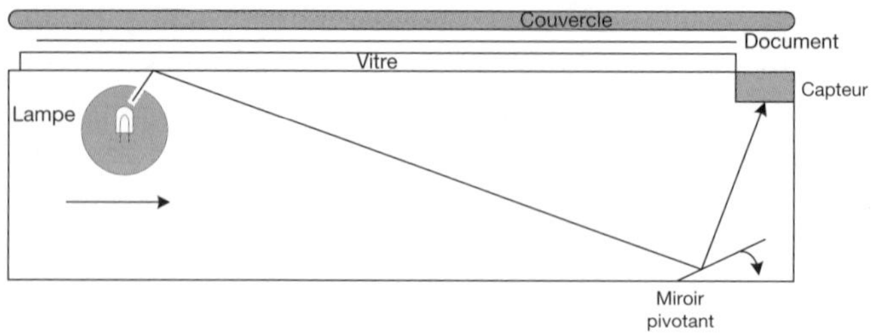

Figure 4.8 Scanner

La catégorie de scanner la plus fréquente est le scanner à plat, dont nous allons schématiser le fonctionnement. Il est constitué d'une vitre transparente sur laquelle est posée le document ou la photo à scanner. La taille de la vitre est proche du format A4. Un couvercle se rabat sur l'objet à scanner pour le plaquer contre la vitre et empêcher la pénétration de la lumière extérieure.

Comme montré sur la figure 4.8, une rampe lumineuse se déplace pas à pas sous la vitre dans le sens de sa plus grande dimension en projetant par une fente un mince trait de lumière blanche à travers la vitre sur la face inférieure de l'objet. L'image de la mince portion de l'objet qui est éclairée se réfléchit vers un miroir. Celui-ci pivote au fur et à mesure de la progression de la rampe pour renvoyer l'image vers une rangée de capteurs, où l'énergie lumineuse reçue est transformée en signaux électriques. La rangée de capteurs est triple dans le cas d'un scanner couleurs. La profondeur des couleurs s'exprime en nombre de bits et définit combien de valeurs peut prendre chacune des couleurs d'un point. La définition horizontale du scanner est donnée par le nombre de capteurs et la définition verticale par la finesse des pas de la rampe lumineuse.

Les données produites par un scanner ne seraient pas d'un grand intérêt sans logiciels pour les traiter ou les convertir. Le développement de tels logiciels a été grandement encouragé par l'adoption d'un protocole commun (TWAIN) pour les scanners ainsi que les appareils photo numériques. Parmi les logiciels traitant la sortie des scanners, mentionnons le traitement et la retouche d'images et de photos ainsi que la création d'un fichier tel que PDF ou JPEG. L'introduction depuis le clavier de textes imprimés est une opération fastidieuse. Elle peut être évitée, ou au moins minimisée, grâce à leur lecture par scanner, complétée par un programme qui analyse chaque élément de l'image obtenue pour retrouver la forme des caractères originaux et les transposer ensuite en codes de l'alphabet informatique (OCR, *optical character recognition*).

On peut assimiler aux scanners les lecteurs de codes à barres, qui transforment une succession de barres en données informatiques. La lecture se fait par un rayon laser balayant la surface à analyser par un jeu de miroirs pivotants, ou par une rangée de photodiodes fixées sur la tête d'un appareil mobile ou « douchette ».

Les numériseurs ou scanneurs à plat sont souvent combinés à une imprimante généralement à jet d'encre ou laser pour constituer une imprimante multifonction.

Une telle machine offre la facilité d'une photocopieuse autonome. Certains modèles possèdent en plus la possibilité d'effectuer des télécopies (fax).

L'appareil photo d'une tablette ou d'un smartphone peut également saisir une image pour décoder un code à barres ou encore un code QR (*Quick Response*) contenant par exemple une référence Internet, une URL comme nous le verrons dans le chapitre consacré aux réseaux.

La caméra, le micro, les haut-parleurs

La plupart des ordinateurs portables sont pourvus d'une caméra, d'un micro, de haut-parleurs qui ne sont pas seulement destinés à se regarder et à s'écouter, mais aussi à servir de support pour la visioconférence, les conversations téléphoniques à coût réduit avec des logiciels comme Skype ou la commande vocale et même la dictée à l'aide du micro. Ces dispositifs sont généralement connectés par une interface USB.

Raccordement des périphériques

Pour réaliser leur fonction d'acquisition ou de restitution des données, les périphériques doivent être raccordés à l'unité centrale de telle sorte qu'ils puissent recevoir des commandes, transférer les données depuis ou vers la mémoire centrale, et annoncer par l'envoi d'une interruption la fin d'une opération ou tout autre changement dans leur état. Le raccordement se définit en termes de câblage, de tensions électriques, de signaux de commande et d'horloge, le tout formant l'interface entrées-sorties ou E/S.

La combinaison de signaux électriques qui forme l'interface E/S est suffisante pour gérer des périphériques dont le dialogue avec l'unité centrale est réduit. Cette pauvreté du dialogue est surtout le propre des périphériques plus anciens, limités dans leur autonomie et dans ce qu'ils peuvent entreprendre et où toute la logique de fonctionnement s'exprime à travers un câblage matériel. Dans cette approche, tout enrichissement du dialogue implique des circuits supplémentaires, et les améliorations ou modifications après distribution en clientèle ne sont que difficilement envisageables. De plus, malgré sa pauvreté, le dialogue par câblage matériel implique un faisceau de nombreux fils pour acheminer les différents signaux. Une imprimante de type ancien se raccorde par un câble parallèle comportant 25 fils (dont 18 utiles!) et muni de connecteurs aussi coûteux qu'encombrants.

Dans un premier temps, des commandes complémentaires ont été intégrées dans le flot des données, ou *in-line*, à charge pour le périphérique d'examiner la suite des caractères reçus pour distinguer dans les données les commandes à exécuter, et de répondre éventuellement à son tour par données interposées. Ce mélange de données et de commandes n'était qu'une solution partielle, génératrice d'incompatibilités, tout en n'apportant aucune simplification à l'interface E/S.

La simplification matérielle de l'interface E/S a été trouvée dans l'adoption de protocoles qui ont permis de superposer un dialogue logiciel élaboré sur une logique câblée simplifiée. Cette mutation a été rendue possible par l'augmentation des performances et la baisse des coûts des circuits logiques tels que microprocesseurs et mémoires, permettant la présence de microcontrôleurs installés du côté du périphérique capables de mieux interpréter le signal envoyé. Un exemple parmi d'autres, les imprimantes disposent dorénavant d'un jeu de commandes bien plus étendu et entretiennent un dialogue beaucoup plus riche en se connectant par un câble USB qui peut se contenter, lui, de quatre fils tout en étant plus rapide et moins limité en longueur que le câble parallèle.

Au fur et à mesure de leur évolution, les périphériques ont gagné en « intelligence » et en « autonomie » et se sont trouvés dotés de fonctions supplémentaires qui exigent une extension de leur jeu de commandes. En matière d'intelligence, à force, nous savons qu'il n'y a rien de tel qu'un microprocesseur dédié pour assurer un certain traitement d'information. Ces microprocesseurs additionnels sont logés dans les périphériques eux-mêmes, et cela afin de les faire fonctionner de manière plus efficace et plus autonome. L'omniprésence de ces capacités de calcul et de traitement de l'information dans les périphériques ne fait finalement qu'accompagner la multiplication croissante ainsi que la décentralisation des endroits fonctionnels où vont se nicher de plus en plus de microprocesseurs, là où se trouvent les données à traiter et là où ces traitements sont les plus utiles et les plus simples à opérer. Ainsi, l'imprimante pourra contenir en son sein un ensemble de primitives graphiques vectorielles et recevoir du pilote le plan d'assemblage de ces primitives et de leur mise à l'échelle. C'est alors à l'imprimante elle-même qu'il reviendra de réassembler le tout, de le faire en respectant les proportions demandées et de régler soit le laser soit les jets d'encre.

Il découle de ce qui précède que les modes de raccordement des périphériques aux ordinateurs varient, non seulement en fonction de la nature des périphériques, mais aussi de l'époque de leur développement, certains modes de raccordement n'étant apparus que plus récemment suite à l'évolution des besoins ou au progrès des techniques.

On peut observer que les ordinateurs portables ont contribué à la convergence des périphériques vers un mode de raccordement uniforme. En effet, leurs faces latérales n'offrent qu'un espace limité pour loger, à côté du lecteur de DVD, les différents connecteurs, si possible de taille réduite. Exit donc les ports parallèles et autres ports clavier ou souris au bénéfice de connecteurs USB peu encombrants. De plus, la dimension réduite des connecteurs USB s'accompagne d'un coût de construction moindre, réduction des coûts renforcée par la réduction de la panoplie de connecteurs différents. Cette uniformisation dans le mode de raccordement a naturellement profité aux périphériques et aux ordinateurs de bureau.

Par ailleurs, le développement de protocoles de communication généralistes favorise le partage de ressources entre ordinateurs. Cela va de l'humble imprimante accessible en WIFI par quelques utilisateurs à des batteries colossales de disques partagés par tous les ordinateurs d'une grande organisation. Les modes de raccordement du périphérique s'effacent de l'attention de l'utilisateur qui entend disposer d'une ressource telle qu'un fichier sans trop se soucier des moyens d'y accéder.

En dépit d'une certaine confusion dans le vocabulaire utilisé, confusion entretenue par les différentes dénominations commerciales, on peut tenter d'établir la typologie suivante.

Port : un port relie un seul périphérique au travers d'une interface parfois spécialisée pour ce type particulier de périphérique. Un port SATA permet la connexion d'un disque ou d'un lecteur de DVD de type SATA. Autre exemple, le port LAN avec son connecteur RJ45 est destiné à recevoir un câble réseau Ethernet. De même, un éventuel port clavier sert à connecter le clavier ou toute autre chose qui se comporte comme un clavier. Les ports spécialisés ont tendance à disparaître, leur fonction étant reprise par des connexions USB, sauf pour les connexions au réseau ou pour les connexions à très haut débit comme les disques et les signaux vidéo.

Bus : à l'image du bus interne, intégré dans l'unité centrale vue plus haut, les différents bus externes sont prévus pour accueillir plusieurs périphériques pouvant être de nature différente, mais utilisant la même interface. Un bus ne possède qu'une logique limitée, la gestion des opérations d'entrée-sortie devant être assumée pour sa plus grande part par les périphériques eux-mêmes et leurs pilotes (*drivers*) correspondants en appliquant un protocole spécifique au bus. Par exemple, un appareil photo, une souris et une imprimante peuvent être connectés sur un même bus de type USB à condition d'être équipés chacun d'une interface USB, et d'appliquer le protocole qui gère l'usage et le partage du bus. Il est capital, tant pour les constructeurs informatiques que pour ceux des périphériques, de se mettre d'accord sur une technologie de bus destinée à devenir le standard. L'USB dont nous parlerons plus bas est en matière de bus le plus populaire, et de nombreux constructeurs de périphériques se sont ralliés à ce standard pour la connexion à l'unité centrale.

Contrôleur : le contrôleur assure le dialogue entre le périphérique et son point de raccordement vers l'unité centrale. Il réalise la conversion des commandes en opérations physiques, gère les transferts de données et demande les interruptions de programme. Il est généralement constitué d'un microprocesseur spécialisé. Un contrôleur peut regrouper plusieurs appareils périphériques de même nature, en économisant ainsi le nombre de liaisons avec l'unité centrale et en gérant des fonctions communes.

Nous allons maintenant passer en revue les ports, bus et contrôleurs de périphériques qui se rencontrent le plus fréquemment, en commençant par l'organe fédérateur, PCI Express.

PCI Express

Des générations de ports, bus et contrôleurs de périphériques ont été développées au fil du temps pour répondre à chaque fois à de nouveaux développements technologiques. Il en a résulté un ensemble assez hétéroclite qui ne répond que difficilement aux nouvelles exigences en matière de débit, comme par exemple pour le réseau LAN dont le débit a été multiplié au fil du temps par 10000 (de 1 Mb/s à 10 Gbs/s). De plus, ces dispositifs étaient gérés par un bus commun, le PCI (*Peripheral Component Interconnect*). Il s'agit d'un bus parallèle fonctionnant dans une seule direction à la fois (half-duplex). De par sa structure, il est apparu comme un goulet d'étranglement important dans la circulation des données donnant lieu à la construction de nouvelles artères, comme entre autres le PCI Express.

Le PCI Express est un exemple de nouvelle conception dans le transport des données. Le PCI Express est constitué de voies point à point bidirectionnelles (full-duplex) formées par deux paires de fils. Les bits des octets y circulent de manière sérielle avec un encodage 8b/10b où les 8 bits de chaque octet sont accompagnés de 2 bits supplémentaires pour assurer leur intégrité au prix d'une surcharge de 25 %. Chaque voie a un débit atteignant 500 Mo/s dans chaque sens pour la première version du PCI Express. De nouveaux développements portent ce débit à 2 Go/s avec un encodage 128b/130b plus performant. La particularité de ces nouvelles architectures ne réside pas seulement dans leur débit élevé, mais aussi dans la manière dont les voies sont exploitées. En effet, les voies aboutissent sur une forme de commutateur (*switch*) capable d'agréger simultanément différentes voies et d'envoyer leur contenu vers un autre destinataire. Lorsque plusieurs voies sont agrégées pour former un lien, les données sont réparties octet par octet sur les différentes voies où elles circulent en série, bit après bit pour être rassemblées à leur point de destination après avoir été débarrassées de leur surcharge. C'est ainsi qu'un périphérique « lent » se verra attribuer une seule voie, tandis qu'un périphérique particulièrement gourmand tel le GPU disposera de seize voies. Il est même possible de configurer deux GPU qui se partagent les données à travers leurs voies PCI Express et le commutateur.

Le PCI Express (ou des architectures comparables) est présent tant du côté du North Bridge que du South Bridge. Du côté du North Bridge, il joue un rôle grandissant dans la mesure où le North Bridge s'efface au sein du chipset pour se rapprocher de plus en plus du processeur. Une architecture standardisée comme PCI Express pourrait aussi remplacer la liaison spécifique entre les North (ou ce qu'il en restera) et South Bridge.

Des emplacements (*slots*) sont prévus sur la carte mère pour accueillir des cartes PCI Express de différents types comme nous le verrons plus loin.

Un progrès majeur apporté par le PCI Express est la possibilité de connecter et déconnecter un périphérique comme un disque dur interne sans devoir interrompre le fonctionnement de l'ordinateur. En quelque sorte de la chirurgie sans anesthésie. Dans le cas présent, on parle de remplacement à chaud (*hot swap*). Un ordinateur utilisé par une seule personne peut être aisément éteint, mais l'ampleur du problème est toute différente lorsqu'un ordinateur gère en permanence des activités critiques.

Il est également prévu que le PCI Express puisse « sortir de la boîte » pour connecter des périphériques extérieurs.

Le bus PCI n'a pas disparu pour autant. En effet, tant de cartes pour des produits moins exigeants en performances sont encore présentes sur le marché qu'il ne pouvait être question de les ignorer du jour au lendemain. C'est pourquoi les cartes-mères actuelles présentent encore un ou plusieurs emplacements PCI pour accueillir ce type de cartes.

Ports

Port GPU

Le port GPU (*graphics processing unit*) est constitué d'un processeur spécialisé dans le traitement des images. Le développement rapide du multimédia, des séquences vidéo, des images 3D et surtout des jeux qui se veulent de plus en plus réalistes entraîne une escalade permanente dans les performances de ces processeurs caractérisés par un parallélisme intense pour afficher à une cadence soutenue sous une apparence tridimensionnelle des objets définis par des points dans l'espace, une texture de surface, un point de vue et un angle d'incidence de la lumière.

Le GPU dispose soit de mémoire qui lui est dédiée, soit d'une portion de la mémoire centrale qui lui est affectée, avec un accès plus lent. Le GPU (et sa mémoire dédiée éventuelle) se présente soit comme une carte à enficher dans un connecteur PCI Express généralement à seize voies (PCIe ×16), soit comme un circuit intégré dans le chipset et connecté au North bridge. On parle alors d'integrated graphics processor (IGP). Cette deuxième configuration est généralement moins performante, mais bien suffisante hors des applications d'infographie ou des jeux 3D. Les performances des GPU croissent au point qu'ils entrent en concurrence avec les processeurs « classiques » dans des domaines particuliers, où leurs possibilités de calcul parallèle les font préférer. On parle alors de *general-purpose processing on graphics processing unit* (GPGPU)

Port parallèle

Le port parallèle a été conçu dans les premiers âges du PC pour connecter essentiellement les imprimantes. La transmission des données à imprimer s'effectuait par envois de 8 bits en parallèle, à une cadence de 150 Kb/s, ce qui était largement suffisant pour les imprimantes de l'époque. Par ailleurs, les PC ont longtemps été dépourvus d'autres moyens de connecter des périphériques externes. Alors, comment connecter les nouveaux périphériques qui apparaissaient, entre autres pour les sauvegardes? Faute de mieux, diverses adaptations du port parallèle virent le jour, le rendant bidirectionnel avec la possibilité d'y raccorder plusieurs périphériques en série, comme une imprimante et un scanner. À cause de ses limites en termes de débit, d'encombrement des connecteurs et de longueur maximale du câble, le port parallèle a disparu dans la très grande majorité des configurations de PC. Il ne subsiste éventuellement que pour des raisons de compatibilité avec des périphériques anciens. Le bus série USB est de loin préférable et s'est imposé avec la généralisation de périphériques tels qu'imprimantes et scanners qui ne supportent que ce type de connexion.

Ports sériels

Les ports sériels désignés par le terme COM suivi d'un numéro étaient destinés au transfert sériel à basse vitesse, comme pour la connexion de modems analogiques ou d'autres dispositifs de télécommunication au débit limité. Les ports sériels furent utilisés faute de mieux pour la connexion d'imprimantes ou de souris dans des configurations où manquaient des ports spécialisés, mais cette pratique est devenue tout à fait exceptionnelle. Le connecteur du port sériel est assez encombrant, et son intérêt diminue, du fait de l'évolution des réseaux de télécommunication. De plus, les modems ont tendance eux aussi à préférer la connexion USB. De ce fait, les ports sériels subsistent uniquement sur le plan logique pour caractériser des liaisons externes à faible débit.

Ports clavier, souris, manette de jeu

Ils sont destinés chacun au raccordement de ces périphériques au débit limité par la motricité de l'opérateur. Ils sont eux aussi remplacés par des connexions USB.

Port LAN

Ce port destiné à la connexion aux réseaux locaux est examiné dans le chapitre consacré aux réseaux.

Contrôleurs

Contrôleur de disques

Les disques actuels et les lecteurs-graveurs de DVD actuels se connectent à un contrôleur généralement intégré dans le South bridge et dénommé *Advanced Host Controller Interface* (AHCI). La connexion de ces périphériques se fait en mode SATA (*Serial Advanced Technology Attachment*). « Advanced technology » est le sigle attribué par IBM en 1985 à un modèle de PC de type 80286. Le modèle AT succédait au XT (*extended technology*), à base de 8086, apparu en 1979. AT a subsisté, mais il paraîtrait plus indiqué à l'heure actuelle de le traduire par « *ancient technology* ». Quoi qu'il en soit, l'interface ATA a évolué au fil du temps, à chaque fois que l'augmentation du débit et des capacités des disques ou l'apparition de nouveaux périphériques provoquaient une rupture. Ces ruptures entraînent aussi de lourdes conséquences au niveau des systèmes d'exploitation que nous aborderons plus tard. Pour sa part, l'interface ATA s'est vue accoler différents termes au fur et à mesure de l'extension de ses possibilités. Elle a été qualifiée d'ATAPI (*AT Attachment Packet Interface*) lorsqu'elle a reconnu la gestion particulière des CD. L'interface ATA a longtemps été basée sur des transferts de 16 bits en parallèle, transportés dans des câbles plats à 40 conducteurs, raccordant deux périphériques placés en série. Outre l'encombrement des câbles plats, cette interface parallèle, dite aussi PATA (*parallel AT attachment*), a atteint ses limites en matière de débit, avec la difficulté d'assurer la synchronisation des signaux sur les différents fils.

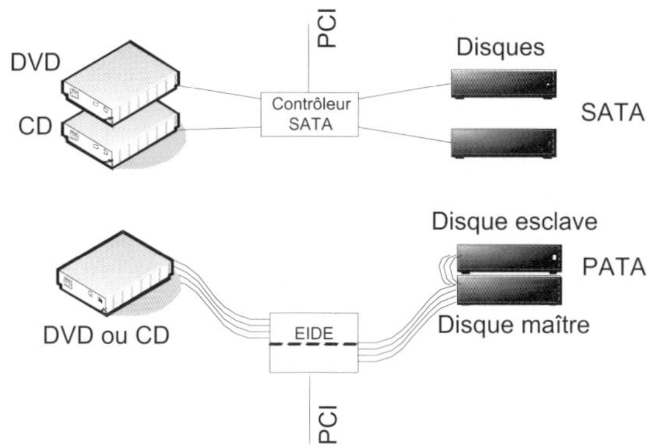

Figure 4.9 Contrôleurs de disque

L'interface PATA a donc laissé la place à l'interface SATA (*serial ATA*).

La connexion SATA se caractérise par la transmission des informations entre disque et contrôleur en mode sériel : les bits sont acheminés séquentiellement sur une paire de fils après encodage des octets en mode 8b/10b pour accroître la robustesse de la transmission. Ce mode de transmission autorise des débits de 600 Mo/sec. De plus, il utilise des câbles minces qui permettent une meilleure ventilation à l'intérieur du boîtier du PC et qui sont particulièrement bienvenus dans les boîtiers exigus des ordinateurs portables. Les transferts de plusieurs unités peuvent s'exécuter simultanément. L'interface SATA présente également l'avantage de pouvoir être connecté ou déconnecté sans arrêt de l'ordinateur. L'interface SATA comprend également la connexion à des disques extérieurs au boîtier (interface e-SATA). Devant l'apparition des disques électroniques SSD ou des disques hybrides (HDD et SSD) avec leurs débits nettement plus élevés (plus de 600 Mo/s) que ceux des disques magnétiques(tout au plus 200 Mo/s pour les plus véloces), il est fait recours au PCIExpress, avec la possibilité d'affecter une ou même plusieurs de ses voies. Ceci illustre la tendance à la simplification de la structure des PC, avec l'abandon progressif des contrôleurs spécifiques pour privilégier un organe multifonctionnel.

En fait, la partie logique propre à chaque type de disque a été en grande partie déportée du contrôleur dans l'unité périphérique même, pour permettre une plus grande souplesse d'évolution. Comme cela se produit avec tous les périphériques, on peut voir le disque dur actuel comme un ordinateur spécialisé constitué de deux périphériques et de son unité centrale. Ses deux périphériques sont d'une part la liaison avec le SATA et d'autre part le disque proprement dit. Son unité centrale quant à elle est formée d'une mémoire fonctionnant comme cache et d'un processeur gérant les différents niveaux du protocole de la liaison entre contrôleur et disque. Chaque constructeur de disque a ainsi la faculté de proposer de nouveaux produits alors que les limites de ce que le contrôleur et donc le *chipset* peuvent supporter ont été repoussées grâce à l'interface SATA et la connexion au PCIExpress.

Carte PCI-Express

Les cartes PCI Express (PCIe) se présentent dans différentes longueurs selon le nombre de voies de transfert qu'elles peuvent utiliser, d'où l'appellation PCIe $\times n$ où n représente le nombre de voies utilisables pour les transferts sériels. Elles sont destinées à remplir une fonction de gestion de périphérique absente de la configuration de base du PC. Une carte mère présente en général plusieurs connecteurs (*slots*) de longueurs différentes. Un slot offrant un nombre élevé de voies, par exemple PCIe ×16 peut accueillir toutes les cartes de longueur égale ou inférieure. Typiquement, un GPU utilisera une carte PCIe ×16, tandis qu'une carte réseau utilisera une carte PCIe ×1. Un des côtés de la carte comporte en général une barrette de fixation au châssis garnie de connecteurs de branchement du périphérique. Le nom de PCI Express (*Peripheral Component Interface Express*) semble avoir été choisi pour marquer la compatibilité logicielle avec le format plus ancien PCI, et encourager son adoption par les constructeurs de cartes. Physiquement, les deux formats sont incompatibles.

Une carte PCI est également un ensemble de circuits disposés sur une carte généralement de type plus ancien, et enfichable dans un des connecteurs PCI lorsqu'il subsiste.

Audio

La plupart des PC actuels sont équipés en standard d'un contrôleur gérant le flux des données audio et correspondant aux spécifications HDA (*High Definition Audio*), à savoir un échantillonnage sur 32 bits à 192 kHz pour deux canaux ou à 96 kHz pour 8 canaux, et ceci pour répondre aux possibilités offertes par des médias tels que les DVD et le home cinema. Le HDA comporte des codec (abréviation de codeur-décodeur) qui assurent la conversion en données numériques des signaux provenant d'entrées analogiques comme un micro. Il assure aussi la conversion des données numériques élaborées par les programmes ou lues sur un DVD en signaux analogiques stéréo à destination des haut-parleurs ou la distribution simultanée de plusieurs flux audio numérisés.

La version précédant le High Definition Audio s'appelle AC97 (audio codec 97) et elle est généralement conservée pour des raisons de compatibilité. Le AC97 peut aussi fonctionner comme un modem. Il se comporte comme un échangeur et un convertisseur fonctionnant à la vitesse du CD en mode audio, soit environ 150 kb/s, mais il ne gère pas nécessairement des formats audio compressés comme MP3 ou WMA ni plus de deux canaux stéréo.

Contrôleur SCSI

SCSI est l'abréviation de *small computer system interface* et se prononce « scusi » avec un *u* doux (c'est mieux de s'appeler ainsi lorsqu'on est affecté à la réalisation matérielle d'un protocole courtois). Le terme *small computer* doit être compris dans le sens qu'il avait à la fin des années 1980, époque où la première version de SCSI est apparue sur le marché. Cette époque a vu l'éclosion d'un nombre impor-

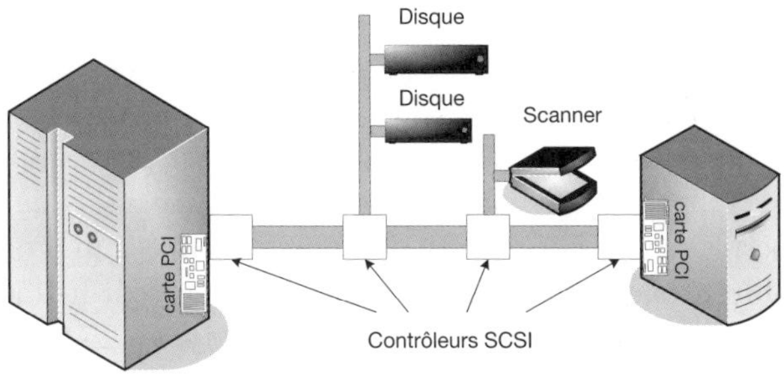

Figure 4.10 Contrôleurs SCSI

tant d'ordinateurs qualifiés alors de « mini-ordinateurs ». Leurs constructeurs en privilégiaient l'unité centrale mais se préoccupaient beaucoup moins de la conception d'interfaces particulières pour des appareils périphériques qui, de toute manière, n'étaient pas fabriqués par eux, mais acquis auprès de tiers.

Ils ont donc opté en masse pour une interface banalisée, apparaissant comme un des premiers composants standard sur un marché où, jusqu'alors, chaque constructeur informatique avait développé ses propres interfaces pour chacune de ses gammes d'ordinateur. Le standard SCSI ouvrait la voie du prêt-à-porter en informatique. Il fut très largement adopté sur les ordinateurs de type Unix, tout en évoluant vers des versions améliorées en termes de débit (accélération de l'horloge et plus grande largeur de bande) et également de connectique. SCSI peut être défini comme un protocole élaboré permettant des échanges à haut débit entre des contrôleurs autonomes à travers un bus parallèle puis ultérieurement à travers des liaisons sérielles, à l'instar de nombreuses autres liaisons où le transfert des bits en parallèle achoppait sur des limites de débit : Serial Attached SCSI ou SAS en abrégé.

Sur PC, il faut considérer le contrôleur SCSI connecté au bus PCI Express comme un contrôleur-relais, assurant les échanges entre le PC et le bus reliant les différents contrôleurs SCSI (voir figure 4.10). Les contrôleurs avec leur bus SCSI forment un ensemble aux avantages propres, particulièrement la simultanéité dans l'exécution des opérations d'entrée-sortie et la connexion à haut débit de périphériques externes au boîtier du PC. Les bus et contrôleurs SCSI peuvent connecter plusieurs périphériques travaillant simultanément avec des débits très élevés (jusque 640 Mo/s). Ils sont utilisés, par exemple, pour connecter à plusieurs ordinateurs des configurations de disques multiples. SCSI exerce une suprématie certaine dans le domaine des hautes performances. Sur les PC, les contrôleurs SCSI sont plutôt réservés aux configurations haut de gamme, telles que les serveurs. Les disques les plus rapides se présentent généralement avec l'interface SCSI. Les contrôleurs SCSI les plus récents appelés *Serial Attached SCSI* (SAS) permettent également la connexion de disques SATA.

Contrôleur Fibre Channel

La nécessité de connecter d'importants volumes de disques magnétiques à des ordinateurs de grande puissance a conduit à développer des liaisons sérielles à très haut débit. La fibre optique avait été retenue pour cet usage, comme le nom de ce type de liaison le rappelle. Cependant, le coût élevé du câblage et de la connectique en fibre optique a laissé sa chance au fil de cuivre qui, allié à un protocole très performant, a montré des débits fort satisfaisants pour un coût nettement moindre. Les débits des liaisons Fibre Channel peuvent atteindre les 25 Go/s. Le protocole utilisé intègre les commandes du protocole SCSI que nous venons de voir, permettant la mise en œuvre de vastes configurations de disques tout en assurant une redondance très élevée des organes et une très haute disponibilité du service. Les connexions en fibre channel ne sont pas restées l'apanage des grands systèmes, elles ont été mises en œuvre dans des serveurs qui regroupent les fichiers de nombreux utilisateurs individuels. On parle dans ce cas de SAN (*storage network area*) constituant un réseau composé d'ensembles de disques et d'organes de contrôle, le tout dans des configurations à haute redondance.

Par contre, un NAS (*network attached storage*) est un dispositif qui se connecte sur le réseau local pour généralement assurer la centralisation des fichiers d'un groupe d'ordinateurs individuels. Alors qu'un SAN est un ensemble de grande envergure, un NAS est plus restreint dans son étendue. On peut trouver un NAS jusque dans un réseau domestique où il regroupe et permet le partage des fichiers utilisés sur les différents appareils des membres de la famille, de la télévision aux ordinateurs en passant par les smartphones, y compris les innombrables photos — et il peut en plus stocker les images de caméras de vidéosurveillance du domicile.

Les modes de raccordement des NAS et des SAN illustrent la diversité dans ce domaine. Les constructeurs de ces ensembles, plutôt que de développer des liaisons spécifiques, exploitent le caractère opportuniste de protocoles largement diffusés qui se montrent bons à tout faire.

PCMCIA, PC Card ou ExpressCard

Les cartes PCMCIA (*Personal Computer Memory Card International Association*) ont été rebaptisées PC Card. Elles furent caractéristiques des PC portables, insérées dans un emplacement (*slot*) prévu à cet effet. Les PC Cards ont le format d'une carte de crédit et se présentent sous différents types correspondant à des épaisseurs différentes. Les PC Cards ont reçu des usages très variés : mémoires flash, disques magnétiques miniaturisés, des connexions aux réseaux locaux, aux réseaux Wi-Fi, au GSM ou au GPS.

La PC Card a été remplacée par un standard dénommé ExpressCard, au format incompatible avec la PC Card. Elle s'enfiche également dans un emplacement spécialisé et se décline en deux largeurs différentes. L'ExpressCard présente l'avantage de se connecter directement aussi bien via le PCI-Express (avec un débit de 2,5 Gb/s) que sur le bus USB, alors que la PC Card nécessitait un contrôleur particulier au débit bien moindre. L'ExpressCard ne se rencontre pas seulement sur des PC portables, et la gamme de ses applications est très large, de l'extension mémoire au récepteur TNT (télévision numérique terrestre). Toutefois, la généralisation de l'USB ainsi que l'accroissement très important de ses possibilités limitent l'intérêt de l'Express Card. En effet, la plupart des fonctions offertes par une Express Card sont également disponibles avec une connexion USB. Il faut aussi considérer que pour les constructeurs, un slot Express Card occupe un emplacement qui pourrait aussi bien être affecté à un ou deux connecteurs USB moins coûteux à réaliser et d'un usage plus général.

Bus de périphériques

Bus USB

Le bus USB (dont le qualificatif « *universal* » n'est pas usurpé vu son succès) fut, en fait, conçu de manière à simplifier et à standardiser l'interface avec de multiples périphériques. Il est utilisé indifféremment pour la connexion d'une kyrielle de matériels, allant du simple clavier aux disques durs externes, en passant par les scanners, les *webcams*, les imprimantes, les graveurs de DVD, les modems ADSL, les appareils photo numériques (APN), les *sticks* de mémoire flash, pour autant que ces périphériques présentent l'interface USB. Les câbles USB sont très peu encombrants et se terminent par des connecteurs à bas coût.

Un bus USB peut gérer en théorie jusqu'à 127 périphériques qui se connectent selon une topologie de type arborescente, un périphérique étant toujours attaché à un *hub* USB, (hub racine *ou root hub*) (voir figure 4.11) ou une cascade de 5 *hubs au maximum*. Cela permet de limiter le nombre de connecteurs sur l'ordinateur où ne subsisteront bientôt que les ports USB et ceux exigeant un débit très important. L'ordinateur est maître du bus (*host controller*) et alloue des tranches de temps à chacun des périphériques (ports) pour le transfert des données et des informations de contrôle. La connexion USB permet une installation et désinstallation à chaud comme à froid, c'est-à-dire sans nécessiter un redémarrage de l'ordinateur. Cela ne signifie pas que sont pris en compte comme périphérique tant le réfrigérateur que le radiateur, mais que tout périphérique est indifféremment reconnu que ce soit pendant le fonctionnement ou lors de la mise en route de l'ordinateur. Une fois connecté à l'ordinateur, et quel que soit le moment où on le connecte, le périphérique est directement opérationnel, grâce au protocole d'énumération durant lequel

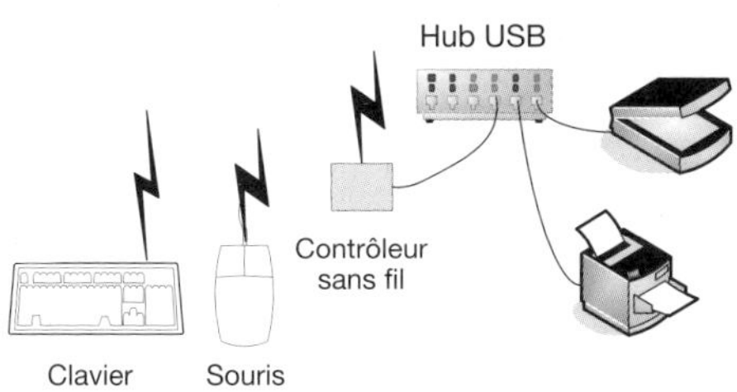

Figure 4.11 Hub USB

le périphérique informe le système de ses caractéristiques. Antérieurement, tout nouveau périphérique à installer sur l'ordinateur exigeait un redémarrage de celui-ci, puis petit à petit les périphériques devinrent *plug and play*. Il ne faut tout de même pas arracher sans autre forme de procès une clé USB dont des fichiers sont ouverts ; il faut d'abord s'assurer qu'elle est déconnectée logiquement.

Le standard USB se décline en versions successives qui tentent de répondre à l'évolution des besoins, principalement en matière de débit. En 1998, le standard USB 1.1 de départ permettait un débit maximal de 12 Mb/s. Il a été suivi en 2000 par le standard USB 2.0 qualifié de *hi-speed USB* avec un débit 40 fois plus élevé que son prédécesseur : 480 Mb/s, tout en demeurant compatible avec le premier.

Le standard USB 2.0 fonctionne comme son prédécesseur en half-duplex : les données ne sont transmises que dans un seul sens à la fois. Le standard USB 2.0 prévoit trois modes de transfert avec des caractéristiques différentes. Le premier, le mode « interrupt » est destiné à des informations brèves et urgentes, comme un clic de souris, qui doivent être acheminées sans délai tout en ne consommant qu'une faible part de la bande passante. Le deuxième mode est le mode isochrone qui se voit allouer une portion suffisante de la bande passante pour acheminer les données sans délais, mais sans correction en cas d'erreurs de transmission. Un cas typique d'utilisation est la transmission de signaux audio : un petit défaut est supportable, alors qu'un retard dû à la retransmission en cas d'erreur ne pourra jamais être rattrapé. Le troisième mode est le mode « bulk » destiné à des volumes importants bénéficiant du contrôle et de la correction des erreurs de transmission et utilisant ce que les deux premiers modes laissent comme bande passante, soit au moins 10 % de celle-ci, et offrant des débits pratiques de l'ordre de 30 à 40 Mo/s. Deux des quatre conducteurs des câbles USB sont utilisés pour les données et les deux autres pour permettre à un périphérique de prélever sur le bus USB son alimentation électrique avec une puissance limitée (environ 15 watts maximum dans la plupart des cas), de préférence en négociant l'ampleur de ces prélèvements selon un protocole établi. Et si un périphérique est plus gourmand, il peut être raccordé par un câble « en Y » qui se divise en deux prises USB pour doubler la puissance électrique octroyée.

Connecteur simple et robuste, peu coûteux à produire, protocole largement diffusé, ces caractéristiques de l'USB lui ont fait dépasser le champ de l'informatique. Il se faufile par exemple dans les téléviseurs ou les décodeurs des câblo-opérateurs afin de permettre entre autres l'écoute ou la visualisation de fichiers depuis clés ou disques USB, pour autant que l'appareil soit apte à traiter le format du fichier. On appelle « USB Host » la capacité d'un appareil à gérer en qualité de maître une connexion USB.

Le connecteur USB devient aussi la norme comme interface de chargeur pour les téléphones mobiles afin de prévenir les désagréments et le gaspillage causé par la prolifération de chargeurs aux connecteurs incompatibles. En conséquence, certains ordinateurs sont équipés d'un port USB qui demeure alimenté même lorsque l'ordinateur est mis hors tension (*Sleep and charge port*, avec un connecteur marqué de jaune).

Le connecteur Micro-USB présente un dédoublement de la personnalité : il peut fonctionner comme host ou comme périphérique en fonction du type de câble enfiché. Cette propriété permet à un appareil tel qu'un smartphone ou un appareil photo équipé de ce type de connecteur et des services correspondants d'être vu par un ordinateur comme un périphérique de stockage ou de commander une imprimante, le tout selon le type de câble utilisé pour le raccorder.

L'accroissement des débits des périphériques de stockage, et en particulier les SSD, a montré les limites de l'USB 2.0, tout Hi-Speed qu'il se voulait. Aussi est apparu en 2008 le standard USB 3.0 qualifié de Superspeed USB. Le nouveau standard, compatible avec USB 2.0, prévoit un mode de transmission supplémentaire « Superspeed » avec un protocole d'encodage 8b/10b à 5 Gb/s en théorie, et avec un débit pratique maximal de l'ordre de 400 Mo/s. En plus de décupler le débit, l'USB 3.0 prévoit également la transmission des données en full-duplex : les données peuvent être transmises simultanément dans les deux directions. De plus, la puissance électrique disponible pour les périphériques est renforcée. En conséquence, l'USB 3.0 utilise des câbles à six conducteurs qui ont de ce fait pris de l'embonpoint par rapport à l'USB 2.0 sans devenir obèses pour autant.

Il est vite apparu que les débits offerts par l'USB 3.0 n'allaient pas suffire aux besoins des périphériques plus rapides comme les disques électroniques SSD. Devant le risque de voir leur produit supplanté par d'autres développements, les promoteurs de l'USB ont publié en 2013 le standard USB 3.1 et l'ont dénommé USB Superspeed+, le plus traduisant le doublement du débit de l'USB 3.0 qui passe ainsi à 10 Gb/s, en présence d'améliorations du protocole, comme l'encodage des données au format 128b/132b.

Bus IEEE 1394

Le bus IEEE 1394 trouve plutôt son origine dans le monde Apple, où il est connu sous les noms de Firewire et i.Link. Le standard IEEE 1394a (aussi dénommé Firewire 400) offre un débit de 400 Mb/s, contre 3 200 Mb/s pour IEEE 1394b. Il permet la connexion des périphériques les plus rapides, tels des disques externes. Il permet également de connecter des appareils multimédias telles les caméras numériques pour le montage vidéo où il excelle et s'inscrit ainsi dans le créneau le plus porteur du monde Apple. À l'instar du SCSI, les périphériques peuvent se connecter sur le bus en arborescence ou par chaînages successifs (*daisy chain*). Le câble IEEE 1394 comporte 6 fils et se compare au câble USB en termes d'encombrement des câbles.

Ces deux technologies de bus, USB et IEEE 1394, ont en commun qu'elles peuvent supporter un grand nombre de périphériques sur un même port, qu'elles peuvent fonctionner en mode isochrone (à débit constant comme la voix, la musique ou la vidéo) ou asynchrone, et qu'elles sont *plug and play*, le périphérique étant reconnu et les pilotes associés automatiquement configurés dès qu'on l'installe à chaud comme à froid. IEEE 1394 est plus coûteux à réaliser et est nettement moins populaire que l'USB ; il conserve un caractère haut de gamme, en présentant des débits réels supérieurs à ceux de l'USB, ainsi que des temps de réponse mieux garantis, ce qui le fait préférer pour des applications scientifiques ou industrielles sensibles à ces aspects.

Les périphériques en action

Dans ce chapitre, nous avons d'abord passé en revue les principaux périphériques, puis nous avons vu les différentes manières de les raccorder à l'ordinateur. Nous allons maintenant examiner comment ils interagissent avec le processeur pour recevoir leurs commandes et échanger les données. Nous conservons le terme de périphérique pour faire bref, sachant que dans la réalité, le processeur interagit avec les périphériques à travers leur contrôleur et leur port, le processeur ayant un périphérique dans chaque port…

Nous verrons que les systèmes informatiques, de plus en plus, cherchent à réduire l'intervention du processeur lors de ces échanges de données (ce ne sont après tout que des transferts, une brouette ferait aussi bien l'affaire) pour accroître l'autonomie des périphériques afin qu'ils s'en occupent tout seuls, comme des grands. Déjà qu'ils se chargent d'une grosse partie des traitements de données dont ils sont directement responsables, rien de surprenant dès lors qu'ils aillent jusqu'au bout et prennent en charge, également et autant que faire se peut, la communication avec l'unité centrale. En reportant tout ou partie de ces tâches sur les périphériques, le processeur pourra vaquer à des occupations plus nobles. Les niveaux d'interactions entre processeur et périphériques varient considérablement, en effet, selon le degré d'autonomie que ceux-ci ont acquis au fil du temps.

À première vue, il paraîtrait logique que toute interaction se déroule sous le contrôle total du processeur, seul véritable maître à bord. Supposons que lors de l'exécution d'un programme, celui-ci vous demande d'insérer un DVD dans le lecteur. Le processeur pourrait tout prendre en charge, exécuter une boucle de programme où il examinerait sans arrêt l'état du lecteur, sans s'impatienter alors que vous cherchez dans le fouillis de vos CD et DVD, constater que le DVD a enfin été mis en place et entamer sa lecture en gérant le transfert de chacun des octets. Autrement dit, le processeur passerait tout son temps à attendre l'installation du DVD puis à transférer les données octet par octet, jusqu'à avoir lu le nombre d'octets attendu. Or, le lecteur de DVD associé à son contrôleur pourrait fort bien s'en charger lui-même, cela le concernant directement après tout. Laissez donc le processeur jouer aux échecs ou calculer des factorielles.

Supposons une autre prise de contrôle, totale bien qu'inutile, du processeur dans le cas d'un jeu informatique où le joueur humain utilise les touches du clavier pour gérer le déplacement de petits bonhommes à l'écran. Le programme attend que le joueur daigne enfoncer une touche sur le clavier pour changer leur défilement. Si cette interaction avec le clavier était le seul fait du processeur, celui-ci devrait, en plus de faire avancer les personnages, examiner sans cesse l'état du clavier, attendant que le joueur se décide à enfoncer une touche. Le processeur devrait ensuite rechercher sur quelle touche il a appuyé, pour enfin modifier la façon dont il déplace les personnages. Quel temps perdu, n'est-ce pas? Quand on imagine par ailleurs, toutes les autres nobles tâches que le processeur pourrait effectuer pendant cette longue attente. Finalement, les périphériques croissant sans cesse en nombre et en débit, le processeur consacrerait le plus clair de son temps à passer en revue tous ces périphériques, pour vérifier si l'un d'entre eux exprime le souhait de transmettre quelque chose.

Il est tout aussi impossible, même pour le processeur le plus devin qui soit, d'anticiper, la plupart du temps, quel périphérique souhaitera s'exprimer à quel moment. Quand et comment une entrée-sortie va se terminer est imprévisible pour le processeur, puisqu'entrent en jeu des opérations de durée variable, en plus des influences externes comme une intervention humaine ou des situations particulières (par exemple, plus de papier dans l'imprimante).

En réponse à toutes les difficultés évoquées, les concepteurs de systèmes informatiques ont décidé d'inverser le poids des responsabilités dans le dialogue entre processeur et périphériques. Dans ce dialogue, ils ont choisi de laisser l'initiative aux périphériques afin qu'ils puissent signaler qu'ils désirent communiquer quelque chose, ce qu'ils feront par le biais des interruptions. De plus, ils ont délégué aux périphériques à fort débit la gestion de leurs échanges avec la mémoire centrale, dans laquelle ils peuvent lire ou écrire directement par le biais des DMA (*direct memory access*).

Devant le foisonnement des différents périphériques, chacun avec ses particularités propres en termes de jeu de commandes, de débit et de capacité de traitement de données, il est impossible que chaque programme écrit puisse tenir compte de toutes ces variantes. Pour un programme, les interactions avec un périphérique quel qu'il soit peuvent être regroupées principalement en « lecture » ou « écriture ». Le périphérique concerné ne doit pas faire une grande différence pour le programme qui, en substance, devrait tous les traiter d'une seule et même manière. Écrire une suite d'octets reste pour un programme la même opération, que cette écriture soit destinée à un disque dur, ou à un graveur de CD ou de DVD. Le programme exprime sa commande en termes généraux, et la transposition de la commande en fonction du périphérique est assurée par un logiciel appelé « pilote » ou *driver* qui, lui, sera propre à chaque périphérique et permettra de les différencier, tout en maintenant ces différences transparentes pour le programme (voir figure 4.12). Le résultat de l'opération d'entrée-sortie est d'abord analysé par le pilote qui par sa connaissance du fonctionnement du périphérique est à même de juger du résultat avant de le communiquer au programme. Ces pilotes indissociables des périphériques et qui s'installent en même temps que ces derniers seront expliqués plus en détail dans le chapitre consacré aux systèmes d'exploitation. Entre-temps, nous ne le distinguons pas des autres programmes en général.

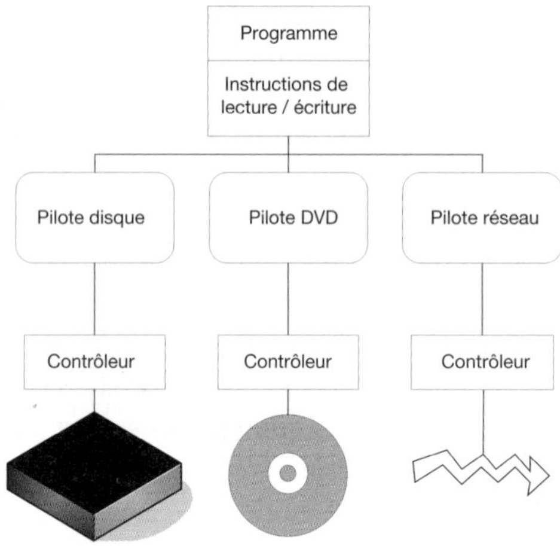

Figure 4.12 Liens entre pilotes et contrôleurs de périphériques

Le mécanisme d'interruption

Le mécanisme d'interruption a représenté une véritable révolution dans l'architecture des ordinateurs. Jusque-là, l'ordinateur n'exécutait qu'un seul programme à la fois. Les systèmes d'exploitation étant encore inexistants, chaque programme régnait sans partage sur l'ordinateur du début à la fin de son exécution et prenait en charge la totalité de sa gestion, jusqu'aux moindres détails des opérations d'entrées-sorties. Arrivé à une instruction d'entrée-sortie, il lançait l'opération puis attendait patiemment que celle-ci se termine comme toute autre instruction.

Avec le mécanisme d'interruption, il a fallu se faire à l'idée que le programme n'était plus maître absolu du déroulement des événements car certains de ceux-ci pouvaient échapper à son contrôle absolu. L'ordinateur en devenait *interrupt-driven*, ce qui pouvait être ressenti comme une violation du principe de von Neumann postulant que le processeur exécute les instructions séquentiellement et sans interruption.

Mais en quoi consiste l'interruption de programme ?

L'interruption de programme est la faculté pour le processeur, à l'occasion d'un événement particulier, de quitter le programme en cours d'exécution et de bifurquer, sans perdre le contexte du programme interrompu, vers une autre séquence d'instructions. L'interruption est donc une modification du cours normal des instructions d'un programme, et se traduit par un branchement vers une adresse où débute le traitement de l'interruption, communément appelé ISR pour *interrupt service routine*. La figure 4.13 illustre le déroulement d'une interruption.

L'ISR commence par sauvegarder le contexte du programme interrompu de manière à pouvoir le relancer dans le même état que celui dans lequel il se trouvait au moment de son interruption. La toute première instruction exécutée par l'ISR sauvegarde le registre compteur d'instruction (CI), registre où subsiste, le temps

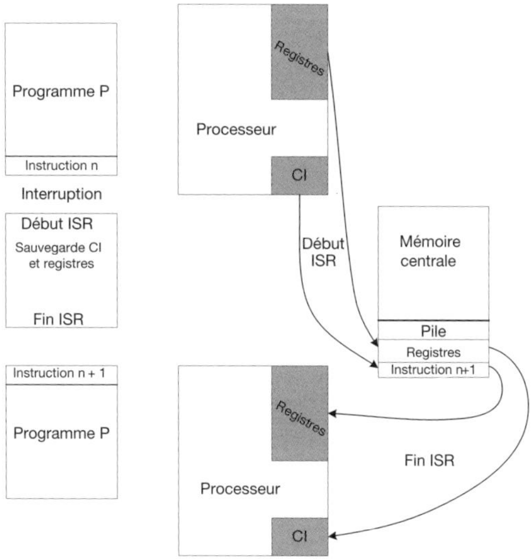

Figure 4.13 Déroulement d'une interruption

d'une instruction, l'adresse de l'instruction que le programme interrompu se préparait à exécuter. L'ISR sauvegarde ensuite les différents registres du processeur avec le contenu que le programme interrompu y avait laissé. Ce dernier est brutalement dépossédé du processeur, mais ce qu'il y avait déposé est soigneusement rangé dans une portion de mémoire centrale gérée comme une pile (*stack*), selon le principe simple du « dernier arrivé-premier sorti ». Pour autant que le processeur en dispose, l'ISR fait usage des instructions de gestion de pile pour accélérer les opérations de sauvegarde et de reconstitution des registres.

Une fois ces précautions prises, l'ISR s'occupe de l'événement qui a causé l'interruption, par exemple en répondant au clavier qui a annoncé par une interruption qu'une de ses touches a été enfoncée.

Enfin, la cause de l'interruption étant traitée, l'ISR recharge les registres du processeur avec les données qui s'y trouvaient au moment de l'interruption et termine par le registre CI, ce qui rétablit le programme interrompu exactement dans sa condition antérieure à l'interruption. Le programme interrompu n'en aura pas été perturbé dans sa logique de traitement, il aura juste pris un peu de retard dans son exécution.

Le mécanisme d'interruption a d'abord été utilisé pour gérer les événements périphériques. Les rôles en ont été inversés, car c'est dorénavant le périphérique qui signale au processeur qu'il aimerait un peu d'attention de la part de celui-ci. Ce n'est plus au processeur de le découvrir de lui-même en scrutant sans cesse l'état des périphériques.

À titre d'exemple d'interruption de programme par un périphérique, nous allons reprendre le cas du clavier évoqué plus haut et montrer le rôle des interruptions. Le

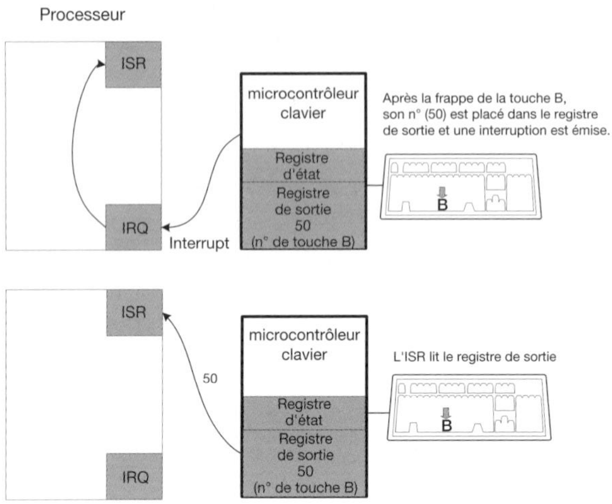

Figure 4.14 Frappe d'une touche au clavier

processeur interagira avec le clavier (ou plus exactement avec le microcontrôleur du clavier) en obéissant à un protocole dit « de poignée de main » (*handshaking*), illustré par la figure 4.14.

Le programme, bien qu'il attende un caractère, ne se soucie de le recevoir que lorsque l'interruption lui parvient et pas avant. Entre-temps, il continue entre autres à faire défiler à l'écran les petits personnages introduits plus haut. Une interruption adressée au processeur par le périphérique clavier lui signale un changement dans l'état d'une touche. À la suite de l'interruption, le programme ISR que celle-ci a déclenché lit dans l'interface E/S du clavier le code correspondant à la touche enfoncée. Un autre registre, dit « d'état », permet au processeur de connaître l'état du périphérique. Les échanges prennent la forme suivante :

- le clavier : « Processeur, je me permets de t'interrompre dans ton travail car j'ai une information pour toi dans mon registre de sortie »;
- le processeur : « Merci clavier, je range mes registres et je m'occupe de toi ».

En tant que périphérique, le clavier se contente donc d'annoncer par une interruption un changement d'état, laissant au programme d'interruption le soin d'assurer le transfert de la donnée. Le registre d'état précise la raison de l'interruption déclenchée par le périphérique. Dans le dialogue que nous venons de voir, le registre d'état précise qu'aucune erreur ne s'est produite et qu'un caractère est en attente dans le registre de sortie du clavier. Après l'avoir prélevé, l'ISR relance le programme interrompu.

Un autre exemple d'entrée-sortie est l'exécution d'une instruction commandant la lecture d'une portion de DVD ou encore celle commandant l'éjection d'un DVD du lecteur. L'opération d'entrée-sortie se termine sur décision de l'appareil périphérique lorsque celui-ci constate que l'opération a été menée à bonne fin ou a échoué d'une manière qu'il considère comme irrémédiable à son niveau. La fin de l'opération d'entrée-sortie est annoncée à l'unité centrale par l'émission d'un signal d'interruption vers le processeur, avec un statut qui décrit les conditions dans lesquelles l'opération s'est terminée.

Dans les exemples précédents, la fin de la lecture du DVD est suivie par l'envoi d'une interruption; dans le cas d'un DVD inaccessible, l'opération se solde par une interruption qui précise l'état du lecteur de DVD. De même, la fin de la commande d'éjection d'un DVD est annoncée par une interruption. L'insertion du DVD se traduit également par une interruption qui conduira éventuellement un programme à demander à l'utilisateur son intention. Ce qui se passe entre l'instruction lançant l'opération d'entrée-sortie et l'interruption marquant sa fin est fonction du type de périphérique et du type de commande.

Devant la multiplication des sources d'interruptions, il a fallu créer un mécanisme de priorités, car le processeur est dans l'incapacité de traiter deux interruptions simultanées. Les interruptions peuvent s'imbriquer entre elles si, lors de l'exécution de la première, une deuxième survient. Alors, comme pour tout programme, celui s'occupant de la première interruption s'interrompra, sauvegardant son état courant (instruction courante et registres) dans la mémoire pile, pour céder la main à cette collègue bien impétueuse. Cela n'est possible, bien évidemment, que si la deuxième interruption est jugée plus prioritaire que la première et nécessite, de ce fait, une hiérarchisation des interruptions en terme de priorité.

La demande d'interruption d'un périphérique se matérialise par une IRQ (*interrupt request*). Chaque contrôleur de périphérique reçoit dès sa connexion un numéro d'IRQ. Chaque contrôleur a en principe son propre numéro d'IRQ, même si le partage d'un numéro d'IRQ entre certains types de contrôleurs peut s'avérer nécessaire. Chaque contrôleur de périphérique se voit donc assigner en propre un canal par lequel il transmet au processeur sa demande d'interruption ou IRQ. Le traitement d'une interruption peut être interrompu à son tour par une autre IRQ. Toutefois, celle-ci ne sera prise en compte que lorsque l'ISR traitant l'interruption précédente le permettra, par exemple après avoir sauvegardé l'état du processeur. Il est finalement possible de bloquer certaines interruptions afin de les empêcher d'interrompre l'exécution d'un programme prioritaire.

La figure 4.15 schématise le cheminement d'une demande d'interruption (IRQ) depuis un périphérique. La demande d'interruption du périphérique est émise par son contrôleur vers un organe annexe du processeur, le contrôleur d'interruptions. Celui-ci a une vision globale des demandes d'interruptions, et son rôle est d'arbitrer entre des demandes concurrentes en fonction de leur nature et leur priorité. Une fois la demande d'interruption acceptée par le contrôleur d'interruptions, celui-ci arrête le déroulement normal des instructions dans le processeur. Il y force comme adresse d'instruction suivante un emplacement choisi dans la table des vecteurs d'interruption en fonction du numéro d'IRQ. Le processeur y trouve un adressage indirect vers la séquence d'instructions spécialisée pour traiter les interruptions du périphérique à l'origine de la demande d'interruption. Les traitements

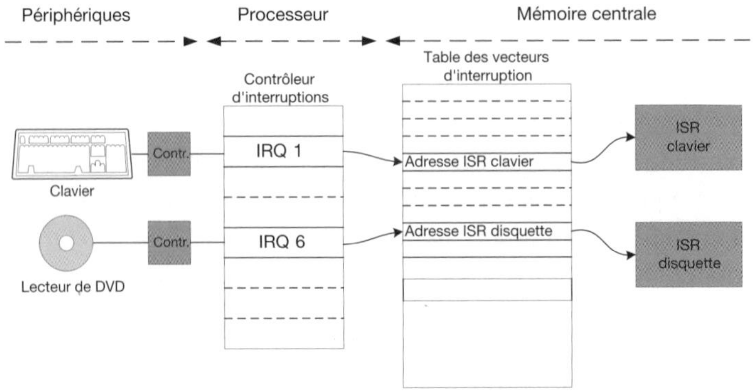

Figure 4.15 Cheminement d'une demande d'interruption

des demandes d'interruption du clavier et du lecteur de DVD sont différenciés parce que leurs numéros d'IRQ sont différents.

L'utilisation des interruptions ne s'est pas limitée aux seuls périphériques. Il est rapidement apparu que l'autonomie des périphériques devait être accompagnée d'une surveillance. Un périphérique défaillant peut omettre de répondre par une interruption à une commande qu'un programme lui a envoyée en bonne et due forme. Si rien ne se passe, le programme ne verra jamais la fin de l'opération. Pour faire face à ce genre de situation, le processeur a été flanqué d'une espèce de minuterie (*timer*), un compteur électronique décrémenté avec l'écoulement du temps. Au bout d'un délai fixé, le passage à zéro du *timer* provoque une interruption. Le traitement de cette interruption consiste à passer en revue les événements en cours afin de détecter entre autres ces cas d'assoupissement. Nous verrons aussi plus loin, en traitant du système d'exploitation, que cette faculté de mesurer le temps utilisé par un programme a été mise à profit pour gérer l'attribution du processeur.

Le mécanisme d'interruption est aussi utilisé par le processeur pour répondre à des situations anormales causées par exemple par des erreurs de programmation, comme la division d'un nombre par zéro. On pourrait concevoir que chaque instruction d'un programme soit suivie d'une kyrielle de tests du registre d'état du processeur pour s'assurer qu'aucune erreur ne s'est produite lors de son exécution. Une telle pratique allongerait démesurément la taille des programmes et leur temps d'exécution pour traiter ce qui doit n'être qu'une situation d'exception. D'autres situations anormales ne peuvent pas être imputées au programme, comme la lecture d'un mot en erreur suite à une défaillance sporadique de la mémoire centrale. Tous ces cas entraînent une interruption dont le principe de fonctionnement est le même que l'interruption provoquée par un périphérique, même si son origine se trouve au niveau de l'unité centrale.

Un pas supplémentaire a été franchi lorsque les programmes se sont mis à leur tour à émettre des interruptions. Il ne s'agit pas de programmes frappés d'une tendance suicidaire, mais de la conséquence du raffinement du mode de fonctionnement du processeur. Le programme des débuts qui gérait tout l'ordinateur avait fait

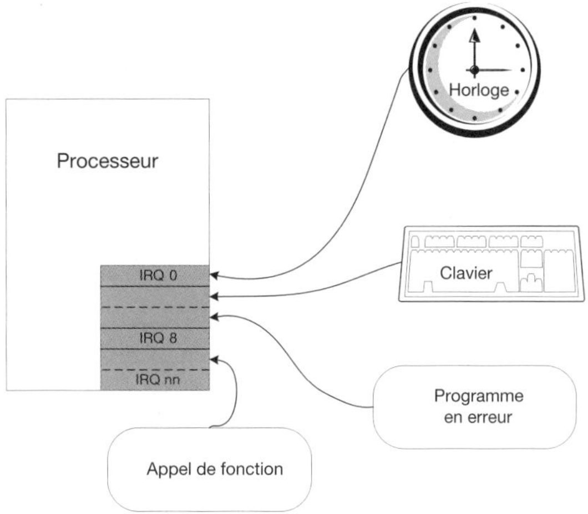

Figure 4.16 Catégories d'interruptions

place à un superviseur contrôlant le fonctionnement de l'ordinateur et l'exécution de programmes qui se limitaient au traitement d'une application. Pour assurer un fonctionnement stable, il fallait empêcher que les programmes d'application n'empiètent sur les fonctions du superviseur ou ne débordent sur la mémoire allouée à d'autres programmes. Les programmes d'application ont dès lors été confinés dans un mode de fonctionnement où ils ne disposent que d'une portion limitée de la mémoire centrale, virtuelle ou non, et d'un jeu d'instructions restreint. Les programmes d'application doivent faire appel au système d'exploitation pour la réalisation de tâches que lui seul peut exécuter car il n'est pas limité dans son adressage et son jeu d'instructions. Et la façon la plus simple de demander l'attention du superviseur a été d'utiliser le mécanisme d'interruption, mais cette fois à l'initiative d'un programme en cours d'exécution. Une fois la demande prise en charge par le superviseur, celui-ci peut relancer le programme demandeur ou lui réserver une autre suite en fonction des circonstances.

En résumé, nous pouvons distinguer comme sur la figure 4.16 les catégories suivantes d'interruptions :

- un temps fixé s'est écoulé;
- un périphérique annonce un événement;
- le déroulement d'une instruction a causé un incident dans le processeur;
- un programme demande au superviseur l'exécution d'une fonction.

Transfert des données et DMA (direct memory access)

Nous venons de voir avec les interruptions comment les périphériques font savoir au processeur qu'ils ont besoin de lui ou qu'ils en ont fini avec le travail qu'il leur avait commandé. Nous allons maintenant examiner comment se passe ce travail, qui consiste pour la plus grande part en transferts d'octets entre le périphérique et la mémoire centrale.

Lorsque, comme dans l'exemple de la lecture d'une touche de clavier, le processeur gère l'entrée-sortie, octet par octet, on parle de PIO (*programmed* I/O). À la cadence de l'opérateur humain, l'effet sur les performances du processeur est négligeable. Il n'en va pas de même dans le cas de certaines configurations d'imprimantes où les transferts en mode PIO peuvent peser de manière perceptible.

Dans le cas d'une commande de lecture ou d'écriture de données impliquant un disque (magnétique, optique ou électronique) ou d'autres périphériques rapides, le transfert de données entre la mémoire et les périphériques porte sur des centaines d'octets, avec un débit qui peut atteindre plusieurs centaines de mégaoctets par seconde. Devant une telle cadence, il est indispensable de décharger le processeur du transfert des données en mode PIO afin qu'il puisse s'affairer à d'autres fonctions ou d'autres programmes le sollicitant. Aussi, les transferts à haute vitesse seront-ils effectués en bloc et via un ensemble de contrôleurs et de canaux dédiés propres à chaque périphérique. La figure 4.17 illustre les relations schématiques entre les éléments, en distinguant pour la clarté adresses et données, qui dans la réalité, peuvent être multiplexées sur le même support.

Un programme qui souhaite l'exécution d'une opération d'entrée-sortie en fait la demande en procédant à une interruption du processeur. Si le processeur, aidé en cela par le pilote du périphérique, constate que l'entrée-sortie peut être réalisée en mode DMA (ou en mode Ultra-DMA lorsque l'horloge de transfert est exploitée en double fréquence), il communique au contrôleur d'entrée-sortie concerné, en plus du type d'opération à réaliser, l'adresse en mémoire centrale à laquelle le trans-

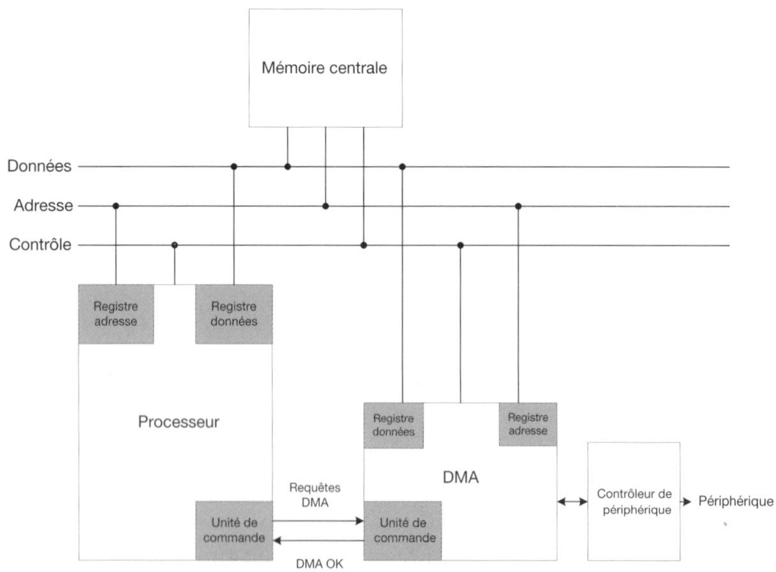

Figure 4.17 Mode DMA

fert de données devra débuter, ainsi que le nombre d'octets à transférer. Le processeur laisse alors la main au contrôleur du périphérique et retourne à ses activités. Le contrôleur effectue l'opération de transfert de données en totale autonomie par rapport au processeur. L'opération terminée, le contrôleur en informe le processeur par une ultime interruption. Étant donné que l'accès à la mémoire centrale sera souvent partagé par le contrôleur d'un périphérique et le processeur, il faut une stratégie efficace de répartition de ces accès.

C'est également pour cela que dans votre ordinateur, il est important (mais le système d'exploitation s'en charge pour vous) d'allouer à chacun des périphériques des canaux d'interruption, lui permettant de signaler au processeur qu'il désire lui communiquer un événement, et des canaux DMA lui permettant d'écrire ou de lire la mémoire centrale, en court-circuitant cette fois le processeur. Du fait de leurs contraintes temporelles, les périphériques ont la priorité d'accès à la mémoire par rapport au processeur. Le dialogue avec les périphériques se fait en utilisant des adresses de la mémoire centrale affectées à chaque périphérique (*memory-mapped I/O*). Ces adresses forment un espace avec les adresses les plus élevées, de manière à le rejeter au-delà des adresses occupées par le système d'exploitation et les applications. Chaque type de périphérique y est représenté par des tables correspondant à ses caractéristiques.

En traitant du raccordement des périphériques, nous avons expliqué comment ceux-ci avaient acquis une grande autonomie de fonctionnement en étant constitués d'un microprocesseur spécialisé muni d'une mémoire faisant office de cache. Cette mémoire cache est mise à contribution dans les échanges avec la mémoire centrale, tout particulièrement dans le cas de l'écriture sur disque. Le contrôleur dans ce cas peut recevoir dans sa mémoire propre les données à écrire, et cela suivant le débit d'un transfert de mémoire à mémoire, sans être freiné par les temps d'attente de la mécanique du disque dur. Une fois les données enregistrées dans sa mémoire, le contrôleur prend en charge le transfert des données vers leur destination finale sur le disque dur. Ce mécanisme d'écriture différée offre de grands avantages en termes de performances pour les programmes, puisque les transferts ne sont plus asservis aux délais inhérents à la mécanique. Mais pour cela, il faut qu'ils acceptent de considérer que l'écriture sur le disque est effective aussitôt que les données ont été écrites dans la mémoire du périphérique. Or, cette mémoire est volatile, et son contenu est à la merci d'un incident d'alimentation. Bon nombre de mémoires flash sur USB fonctionnent d'une manière semblable en étant munies d'un tampon constitué de mémoire rapide, pour atténuer la lenteur relative de la mémoire flash. Dans le cas d'applications où la reconstitution d'informations corrompues est très coûteuse, c'est avant qu'un incident ne se produise qu'il faut évaluer les avantages de la performance face à ces risques.

L'avenir des interfaces homme-machine ?

S'il est un réalisateur chez qui la science-fiction reste fidèle à la science tout en s'autorisant une part égale d'infidélité, c'est bien Steven Spielberg. Couramment, il puise son inspiration chez des écrivains (par exemple Michael Crichton, auteur de *Jurassic Park*) qui, tout autant, souhaitent garder au moins un pied sur terre. Le film *Minority Report* (2002) a comme principal interprète Tom Cruise, qui encouragea Spielberg à réaliser le projet après avoir lu la nouvelle de l'écrivain Philippe K. Dick dont le film est inspiré. De nombreux films de science-fiction sont basés sur l'œuvre de cet auteur prolifique, tels *Blade runner* ou *Total recall*, qui également font la part belle aux technologies numériques et robotiques, et dans lesquels les controverses philosophiques que soulève l'intelligence artificielle sont adroitement traitées. Dans *Minority Report*, les policiers du futur voient leur tâche grandement facilitée par l'exploitation de trois espèces de zombies flottant dans une drôle de piscine. Ils sont capables d'imaginer des scènes d'un crime prêt à se perpétuer avec suffisamment de détails pour que les policiers, aptes à visualiser leurs songeries, puissent empêcher l'inéluctable.

La partie du film qui nous intéresse vraiment ici est la technologie de type réalité virtuelle utilisée par Tom Cruise pour voyager à travers les songeries de ses morbides acolytes. Les images sont projetées sur une vitre géante et l'acteur, portant des gants lumineux, les explore à l'aide d'une gestuelle appropriée qui lui permet de se focaliser sur certaines parties de l'image et les agrandir, de se déplacer dans celles-ci, tant dans l'espace que dans le temps, puisqu'il s'agit du film assez flou des évènements à venir. Il est étonnant de rapprocher cette gestuelle de celle effectuée par les chercheurs du Media Lab du MIT qui bougent leur main (dont les extrémités des doigts sont également colorées de manière à être suivies par la caméra) afin d'agir sur une surface et les images qui s'y projettent.

Rien de bien surprenant en fait, lorsqu'on sait que Spielberg s'entoure de nombreux conseillers techniques pour la réalisation de ses films, dont certains effectivement issus du Media Lab. Ainsi, un autre élément scénaristique du film très proche de la réalité est le système d'identification des personnes basé sur l'iris de l'œil, et qui poussera Tom Cruise à se faire greffer un autre regard pour échapper à ses poursuivants. Une différence fondamentale entre les chercheurs du Media Lab et l'acteur principal est que, si l'effet de la gestuelle de l'acteur n'était en rien reconnu automatiquement lors du tournage du film, il en va tout autrement de la technologie développée au Media Lab. Là, un ordinateur couplé à la caméra est capable d'identifier les gestes de l'utilisateur et de répercuter leur interprétation sur l'image qui est projetée devant lui. Ainsi, en rejoignant les pouces et les index des deux mains devant les yeux, l'ordinateur comprend que l'utilisateur souhaite prendre une photo et s'exécute pour lui.

On comprend dès lors pourquoi les films inspirés des technologies en devenir peuvent s'avérer d'assez brillantes anticipations, le réalisateur étant au courant de ce qui se trame dans les laboratoires qu'il a visités. Si, de surcroît, celui-ci a le génie d'un Spielberg, qu'il continue à s'entourer de brillants conseillers et se nourrir d'œuvres fictives très inspirées, le film peut parvenir à titiller l'imagination des scientifiques originellement responsables de certaines parties du scénario, comme un juste retour des choses, un renvoi de l'ascenseur. Effectivement, ce film a à ce point marqué l'imaginaire des chercheurs et des journalistes scientifiques traitant de leurs recherches, qu'il se trouve très peu d'articles décrivant les interfaces du futur qui ne fassent référence au film à un moment ou un autre. Pour des raisons qui s'éclaireront par la suite, ce sont néanmoins les travaux du Media Lab au MIT qui aujourd'hui s'en rapprochent le plus.

Pour assimiler l'ordinateur à un humain, c'est principalement le sens du toucher qui est mis à contribution et encore de façon extrêmement sommaire. Cet ordinateur ne ressent le toucher que via le clavier et la souris et, de plus en plus, directement via l'écran. Quant à ses oreilles et ses yeux, leur exploitation afin d'enrichir nos manières de lui communiquer nos desiderata, est encore laissée pour compte. Parlons d'abord de ses oreilles. La reconnaissance de la voix a fait d'extraordinaires progrès et la dictée de texte ou de commandes sont déjà d'un grand secours pour les personnes ayant des difficultés à se servir d'un clavier, tel les handicapés et pas mal d'utilisateurs débutants. Elle peut être aussi très utile lors d'activités mobilisant les mains, comme la conduite d'un avion de chasse, d'une voiture ou simplement l'utilisation d'un téléphone. En effet, de nombreux systèmes téléphoniques utilisent déjà la commande vocale et s'avèrent capables de reconnaître un vocabulaire plutôt limité.

Dans des conditions idéales, lorsque les mots prononcés sont connus par le système, que celui-ci s'est adapté à un locuteur donné et que l'environnement sonore n'est pas bruité, la plupart des systèmes déjà sur le marché sont extrêmement performants, de l'ordre de 98 % de mots correctement reconnus. Toutefois, la lenteur de l'élocution humaine, les variations de tonalité d'un même locuteur (par exemple s'il est enrhumé ou légèrement aphone) ou de locuteurs différents (à fortiori si le microphone change) et les bruits ambiants poseront toujours de nombreuses difficultés à cette pourtant bien prometteuse technologie, libérant les utilisateurs de l'usage de leurs mains. Rappelons en quelques lignes la manière dont celle-ci fonctionne.

Il est d'abord important de différencier les techniques qui dépendent du locuteur et nécessitent une étape d'adaptation à celui-ci (et qui permettent par exemple de dicter un courrier) de celles qui n'en dépendent pas (et qui permettent par exemple d'automatiquement prendre une commande au téléphone ou d'informer son GPS de la destination désirée). Comme attendu, les deuxièmes perdent en efficacité ce qu'elles gagnent en facilité et flexibilité d'usage. La taille du vocabulaire qu'elles peuvent reconnaître s'en trouve également fort réduit. Dans tous les cas, le signal de parole est numérisé en utilisant des techniques de traitement du signal, découpant le spectre sonore selon une fréquence donnée. À chaque partie du signal, on tente de faire correspondre le phonème acoustique reconnu. Tous les mots à reconnaître ainsi que les phrases dans lesquelles ils sont le plus susceptible d'apparaître sont modélisés sous forme de séquences probabilistes (la probabilité qu'après ce phonème, c'est celui-là qui sera prononcé, et qu'après ce mot, c'est cet autre qui apparaîtra). Ensuite, les signaux acoustiques enregistrés sont comparés à tous les mots et séquences de mots possibles, afin de sélectionner le mot qui semble le mieux correspondre à une suite de phonèmes prononcés.

Ces techniques sont plutôt sophistiquées et ont fait l'objet de dizaines d'années d'étude et d'expérimentation qui les ont conduites à un état de maturité largement suffisant à un grand nombre d'applications réelles et potentielles. La possibilité de commander son ordinateur vocalement en lui ordonnant d'ouvrir une fenêtre, de la réduire ou de lancer une application, est déjà d'actualité dans de nombreux systèmes d'exploitation, de même que celle de dicter son courrier ou ses emails. Plus le vocabulaire en question est réduit, plus fiable est le système de reconnaissance. Au vu de la fiabilité actuelle, très bonne mais non parfaite, et le poids des habitudes acquises (pourquoi prononcer distinctement et dans un silence de mort « Lancer Google » alors qu'un double clic suffit ?), cette technologie n'a pas réussi encore à détrôner le bon vieux clavier et la bonne vieille souris et n'est pas prête à le faire dans les années à venir (sauf, bien évidemment, là où leur utilisation est impossible pour diverses raisons).

Nous avons déjà fait mention des écrans tactiles auxquels nous sommes tous devenus familiers. Les versions les plus récentes des systèmes d'exploitation en provenance de chez Microsoft, Apple, Google ont rendu les écrans de PC, Mac et autres tablettes également chatouilleux. De nombreuses technologies alternatives et dès lors concurrentes, rendent les écrans sensibles à la présence et au déplacement des doigts : résistive ou capacitive (comme le pavé tactile), à onde de surface (ce sont cette fois les bords de l'écran qui détectent l'emplacement du doigt car modifiant les interférences provoquées sur des ultrasons circulant sur l'écran), ou à infrarouge (là aussi les bords détectent l'emplacement du doigt qui interrompt la circulation, mais d'ondes infrarouges cette fois).

Ces technologies d'écran tactile sont devenues à ce point banales, que seule l'imagination des créateurs fera la différence entre gadget et apport indispensable.

Ainsi, dans la technologie Surface de Microsoft ou TouchWall, c'est à nouveau l'écran qui « observe » les mouvements des doigts et réagit en conséquence. Plusieurs doigts peuvent être utilisés de concert, comme pour agrandir une photo. La surface est capable d'interpréter des déplacements complexes, effectués par plusieurs doigts, et peut même reconnaître les objets qui y sont posés (comme un appareil photo ou un téléphone portable). Une application de Surface susceptible d'être commercialisée est celle de tables de restaurant dont on choisit le menu du doigt. Pour régler l'addition, il suffit de poser sa carte de crédit sur l'endroit prévu à cet effet. Mais comment seront interprétées les taches de sauces ou le verre de vin malencontreusement renversés ? Dans la version développée au Media Lab et fidèle au film *Minority Report*, une caméra filme les mouvements de l'utilisateur sur n'importe quelle surface et les interprète de manière à reproduire l'intention de ce dernier. Ce n'est plus l'écran qui comprend ce qui lui arrive mais bien une caméra additionnelle qui filme et tente d'interpréter les mouvements et déplacements de l'utilisateur. On retrouve évidemment ce genre de technologie dans certaines consoles de jeux vidéo. Par l'entremise d'un accéléromètre capable d'identifier un grand nombre de mouvements que le joueur produit, la reconnaissance gestuelle fait déjà le bonheur des utilisateurs de la WII de Nintendo, ces joueurs de tennis ou boxeurs de salon. Ce même type d'accéléromètre se retrouve également dans l'iPhone avec lequel il devient possible, pourquoi pas, de reproduire le jeu du bowling, en simulant le lancer de son iPhone. Les quilles, elles, tombent sur l'écran. Le champ des améliorations possibles est infini. On peut aller bien au-delà, et accroître la précision de ces systèmes de reconnaissance gestuelle (étendu à l'ensemble du corps) de manière à pouvoir immerger le corps entier dans un univers virtuel qui réagit au quart de tour, comme si vous étiez dans le vrai. Le monde des jeux vidéo, tel Kinect dans une version encore balbutiante, s'en trouve considérablement enrichi et boxer votre adversaire, aussi virtuel soit-il, occasionne une dépense d'énergie autrement plus importante que le mouvement même frénétique d'un joystick. C'est assurément l'objectif ultime de la réalité virtuelle, qui vous permettra de vous retrouver complètement immergé dans un monde imaginaire. Plus modestement, vous pourriez, par une danse de Saint Guy, modifier les programmes de télévision tout comme démarrer un programme de votre ordinateur. À vous de choisir dès lors ce qui se substituera au déplacement de la souris, entre un ordre vocal « poubelle mon fichier Word! » ou un large geste de la main soulevant un couvercle imaginaire et y simulant le jet d'une ordure quelconque.

Enfin, il est possible aujourd'hui, en réfléchissant, formidablement concentré, aux lettres successives composant un mot de le voir reproduit sur l'écran. Un système de reconnaissance automatique de signaux (genre réseaux de neurones) parvient à associer le signal cérébral produit à une lettre donnée. Il peut aussi, et toujours par le simple fait de la pensée, déplacer la souris vers la gauche, la droite, le bas ou le haut de l'écran. Le tout cependant s'opère avec une lenteur, un équipement technologique et une concentration de la part du sujet sans commune mesure. Pourra-t-on jamais commander son ordinateur par le simple fait de sa pensée, comme en rêvent sans doute les plus visionnaires de nos technophiles ? Néanmoins la complexité que l'on imagine volontiers caractériser les signaux provenant du cerveau, rendra extrêmement difficile d'en ressortir assez rapidement et efficacement toute l'information exploitable par l'ordinateur.

Nous ne parierions pas sur ce processus de communication télépathique entre les cerveaux humains et informatiques, même si une exploitation possible serait la prise en charge du type d'handicap ultime qui ne permet plus au malade que la seule expression de sa pensée (comme le malheureux auteur du livre *Le scaphandre et le papillon*, qui dicta son livre par le simple battement de cils).

5

LES RÉSEAUX

LE CONTEXTE

Si les réseaux informatiques ont eu et continuent à avoir cet extraordinaire impact psychologique et économique sur le fonctionnement de nos sociétés, c'est que leur diffusion s'accompagne, tout en les amplifiant, de deux phénomènes d'importance croissante : la communication et la dématérialisation de ce que l'on communique. De plus, ces deux phénomènes s'amplifient mutuellement, l'accroissement des communications poussant à la dématérialisation des supports d'échange (voyez la musique, les livres, les films) et l'accroissement de cette dématérialisation banalisant la communication de ceux-ci (voyez les musées Internet ou le commerce électronique en général).

Dématérialisation des supports

La dématérialisation des supports d'échange est une tendance constante, qui nous accompagne depuis l'origine des temps. Le troc, ramenant tout l'échange aux seuls produits échangés mais exigeant de multiples relations interpersonnelles, fit place à la monnaie métallique facilitant l'échange car désolidarisant la transaction des produits échangés. De nos jours, cette monnaie matérielle est de plus en plus souvent remplacée par des transactions électroniques permettant davantage encore la distanciation dans le temps et dans l'espace des acheteurs et des vendeurs. Pièces, billets, chèques, s'effacent chaque jour un peu plus au profit des cartes de crédit et des sites web. Et demain, les bitcoins ? Qui ramènent toute transaction à de simples modifications des soldes des comptes débiteur et créditeur, sans banque, sans État, sans intermédiaire, si ce n'est toute la puissance du réseau Internet pour vérifier que personne n'abuse du système.

Ceci montre à suffisance que le sujet communiqué survit très souvent et très bien aux mutations subies par le support de cette communication. Le besoin d'échanger demeure tandis que le médiateur se métamorphose. L'informatique a largement accompagné cette tendance à la dématérialisation, avant d'en devenir un vecteur et un accélérateur prépondérant.

Évolution des télécommunications

Historiquement, la dématérialisation des supports s'est manifestée très tôt dans l'échange d'informations et débuta dès le premier message écrit : la personne répétant la bonne parole était dématérialisée en un support qui s'y substituait. On peut considérer que l'acheminement du courrier a été et reste encore un facteur majeur dans le fonctionnement de structures couvrant une grande étendue géographique, depuis les empires de l'Antiquité jusqu'à nos sociétés contemporaines. Le courrier (et le mot est un programme en lui-même) s'est toujours vu privilégié en matière de transport. Confié à des cavaliers ou des voitures de poste, il bénéficiait de la priorité de passage. Les premiers bateaux à vapeur puis les chemins de fer furent immédiatement mis à contribution pour réduire les délais d'acheminement. L'avion ne tarda pas à prendre le relais. Rappelez-vous la célèbre scène de *Jour de fête* où Jacques Tati, facteur, regarde avec envie et frustration les moyens de transport des facteurs américains, alors que lui ne dispose que de la bicyclette qu'il enfourche chaque matin. De toute manière, la vitesse d'acheminement du courrier, sous la forme d'un support matériel, reste tributaire de la vitesse des moyens de transport, de la paire de souliers à l'avion.

Une étape capitale dans la dématérialisation de l'information fut celle de sa transformation en signaux optiques, que ce soit par des pavillons, par la position des bras prolongés par un drapeau ou par l'occultation à intervalles définis d'une lumière, voire par des signaux de fumée. Ce mode d'acheminement de l'information, très proche finalement de nos moyens actuels, s'imposa lorsque le transport matériel s'avérait impossible, par exemple, entre deux navires distants. Dans le domaine terrestre, à la fin du XVIIIe siècle, Claude Chappe tira profit des progrès de l'optique et de la longue-vue pour mettre au point un système de télégraphe optique. Ce système reliait une succession de stations séparées par une dizaine de kilomètres. Chaque station était équipée d'un mat au sommet duquel étaient fixés des bras mobiles visibles depuis les stations voisines. Les messages étaient codés sous forme de positions des bras puis relayés de proche en proche par les stations. Le télégraphe optique de Chappe permettra en 1794 de transmettre un message d'importance stratégique sur une distance de 230 kilomètres entre Lille et Paris, à la vitesse inouïe pour l'époque de 500 km/h.

La capacité d'actionner à distance un organe récepteur par un signal électrique envoyé sur un conducteur métallique allait permettre une autre forme de dématérialisation du message. Son contenu était transposé par un opérateur humain, le télégraphiste, dans un alphabet formé par la durée des impulsions électriques transmises à distance par le fil métallique. L'alphabet Morse accompagnera le développement généralisé du télégraphe durant la deuxième moitié du XIXe siècle pour être abandonnée au début du XXIe siècle. La vitesse de transmission des signaux électriques n'était en fait pas plus élevée que dans le cas de la transmission optique, mais les relais avec leur délai de retransmission étaient devenus superflus, et le télégraphe pouvait fonctionner de jour comme de nuit.

De surcroît, les impulsions électriques permettront l'envoi d'un plus grand nombre de signaux par unité de temps. En d'autres termes, la fréquence de transmission croissait et le temps total d'acheminement du message s'en trouvait considérablement réduit. Le courrier circulait plus vite, ce qu'il a toujours vocation à faire, nonobstant les grèves de la Poste. Les transmissions gagnant en fréquence et en débit, une autre voie allait s'ouvrir, celle justement, de la voix humaine, qu'il faudra dématérialiser de son support premier, l'air avec ses limites de propagation. Le téléphone, conçu pour la transmission de la voix humaine, va connaître un développement bien plus important et durable que le télégraphe, qui ne survivra pratiquement plus que par le télex, lui aussi en régression (le réseau télex ne permet plus que la transmission de texte avec un alphabet très limité). Par contre, les messages qu'il transportait ont longtemps fait foi dans de nombreux domaines comme la banque ou le commerce. De nouvelles procédures de transmission ont abouti au même niveau d'acceptation dans des domaines spécifiques, comme le réseau interbancaire SWIFT (Society for Worldwide Interbank Financial Telecommunication). Le téléphone et ses techniques de transmission ont pris un aspect tellement universel, que les transmissions de données en tout genre se font encore, de nos jours, pour une part, par une modulation du même type que celle de la voix humaine.

De par sa nature, le télégraphe ne pouvait être desservi que par des agents spécialisés, les télégraphistes, intermédiaires obligés pour le public. L'appareil téléphonique, bien au contraire, a vocation à être utilisé par tout un chacun, et il a dès le début permis d'établir une conversation avec le plus grand nombre possible de correspondants, dans la même ville d'abord, pour couvrir très vite des zones géographiques de plus en plus importantes. Il était donc pratiquement exclu de créer une liaison entre chaque utilisateur et tous ses correspondants potentiels. Très rapidement, chaque correspondant fut relié par une ligne ou circuit à une installation centrale, où un opérateur établissait à la demande une connexion par un circuit rejoignant le correspondant souhaité, et cela pour une durée limitée à leur conversation. Ces installations assurant la « commutation des circuits » — les commutateurs téléphoniques (*switch* en anglais) — sont aussi connus sous le nom de centraux téléphoniques. Sachez déjà, et nous reviendrons sur ce point important, que lorsque vous téléphonez, au contraire du *chat* ou des *courriels*, l'information vocale suit le même trajet de commutateur en commutateur jusqu'à votre interlocuteur, trajet construit et fixé dès l'établissement de la communication (en fait, dès que la sonnerie se fait entendre). Cela permet à ce flux de voix de circuler de manière continue (isochrone) à la vitesse de l'émission, en d'autres termes que, malgré son débit constant, votre interlocuteur ne vous apparaisse pas comme affecté d'un bégaiement chronique ou d'un grave désordre mental, laissant de longs délais entre ses mots ou inversant ceux-ci pendant la conversation.

Dans un premier temps, les commutateurs furent actionnés de façon manuelle (dans certains hôtels de pays exotiques c'est encore le cas) mais rapidement, l'explosion du trafic téléphonique nécessita de rapatrier la commande de commu-

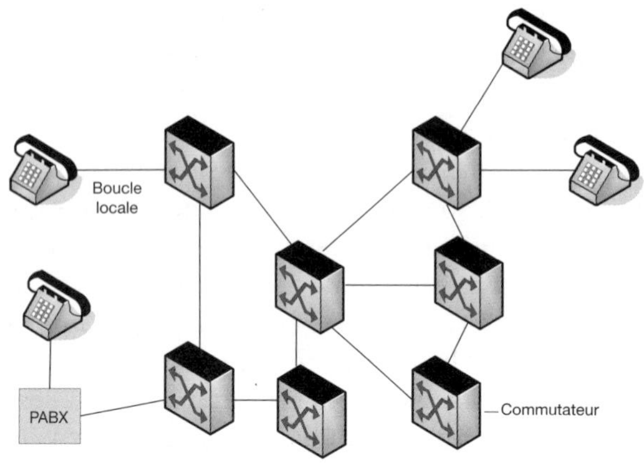

Figure 5.1 Autocommutateurs

tation chez l'utilisateur. Les appareils téléphoniques furent dotés à cet effet d'un cadran permettant à ce dernier de composer lui-même le numéro de son correspondant, sans passer par le central. La commutation automatique en fonction du numéro composé sur le cadran se limita au début au trafic local, c'est-à-dire limité à une ville. Puis les commutateurs furent reliés entre eux pour aboutir à un réseau téléphonique géant. L'automatisation des commutateurs téléphoniques, devenant, à ce titre, des autocommutateurs, a mis une grande partie du monde téléphonique à portée de voix de chaque correspondant (voir figure 5.1). À l'autre bout de l'échelle, chaque organisation a construit son propre réseau téléphonique géré par un autocommutateur privé, appelé en anglais un PABX (*private automatic branch exchange*). Les autocommutateurs téléphoniques qui établissent automatiquement les circuits en fonction d'un numéro présentent des similitudes apparentes avec le réseau des routeurs Internet, malgré, comme nous le verrons, la différence essentielle subsistant entre les mécanismes de routage et de commutation.

Les autocommutateurs furent longtemps réalisés sur une base purement électromécanique, limitant leurs possibilités à la seule commutation de circuits analogiques. L'irruption de l'électronique dans les autocommutateurs a entraîné ce qui peut être qualifié à juste titre de révolution numérique dans les télécommunications. En effet, la commutation spatiale (mise en connexion physique de circuits) est devenue temporelle, par échange d'octets de données entre circuits, avec une éventuelle conversion analogique vers les raccordements individuels (boucle locale). De plus, le rôle des autocommutateurs a été considérablement élargi, par l'enrichissement des services qu'ils peuvent offrir (renvoi des appels, présentation du numéro appelant, etc.).

L'élargissement de leur champ d'utilisation amènera à remplacer l'appellation télégraphe et téléphone par celle de télécommunications. Les progrès rapides de la téléphonie et du télégraphe furent facilités par la mise en place dès leurs débuts d'une instance supranationale rassemblant les opérateurs et chargée de définir des normes régissant les réseaux et leur matériel. Cette instance prit le nom de CCITT (Comité consultatif international pour le télégraphe et le téléphone). Ces fonctions sont aujourd'hui reprises par l'Union internationale des télécommunications (UIT), partie de l'Organisation des Nations unies.

L'existence de normes en matière de télécommunications a des effets bénéfiques : elle réduit les difficultés et donc les coûts d'interconnexion des différents réseaux nationaux. La normalisation permet aussi la diffusion de matériels de télécommunication à une échelle telle que les coûts de recherche et développement trouvent une plus large base d'amortissement. Enfin, pour l'utilisateur, le monde entier est à portée d'un seul et même appareil téléphonique. Ce niveau de compatibilité est loin de s'observer dans d'autres domaines, dont celui de l'informatique, qui fait montre de beaucoup moins de discipline dans l'établissement des standards. Les informaticiens ont toujours été plus « électrons libres », plus libertaires que leurs collègues des télécommunications, car ce qu'ils préfèrent en matière de standard, c'est que chacun ait et ne suive que le sien.

La progression des télécommunications se traduit, dans tous ses domaines, par l'augmentation :

- du nombre de lignes;
- de la qualité des transmissions par la généralisation du numérique;
- du débit sur les circuits vers les usagers avec l'ajout de l'ADSL;
- de la performance des autocommutateurs;
- du débit des circuits entre autocommutateurs, entre autres par l'utilisation de la fibre optique;
- de l'éventail des services offerts par les opérateurs;
- de la disponibilité et du débit des réseaux mobiles;
- des circuits intercontinentaux par la pose de câbles sous-marins et des liaisons par satellite.

Télécommunications et informatique

On est en droit de se demander pourquoi un ordinateur utilise une technologie de transmission de données différente de celle utilisée pour le relier à ses périphériques. C'est que les périphériques utilisent des modes de transmission limités à de faibles distances, de l'ordre de quelques mètres au maximum. Au-delà, les signaux sont trop affaiblis pour pouvoir encore être discriminés entre eux ou par rapport au bruit propre aux circuits. Il faut donc disposer d'un mode de communication qui tienne compte des caractéristiques des supports utilisés pour pouvoir dépasser le voisinage immédiat de l'ordinateur.

Bien évidemment, lorsqu'il s'est agi de transporter leurs bits d'information sur de longues distances, et bien que leurs exigences en matière de débit et surtout d'isochronie pouvaient, dans la plupart des cas, être largement revues à la baisse (les transmissions se sont longtemps limitées à des informations de type textuel), les informaticiens ont choisi de ne pas repartir de zéro. Ils ont mis à profit tous les développements spectaculaires de l'infrastructure publique de télécommunications pour la transmission de leurs données. Télécommunications et informatique sont cependant longtemps restés étrangers l'un à l'autre, la culture de ces deux mondes étant profondément différente. C'est ainsi que le matériel des réseaux publics de télécommunication possède ses propres normes, et qu'il occupe toujours une place séparée dans l'ordinateur, du moins sur le plan logique, même lorsqu'il est physiquement intégré.

Sur de courtes distances, les transmissions locales au sein d'une organisation ne nécessitent pas le recours à l'infrastructure publique tant qu'elles ne dépassent pas son domaine privé. Dans un premier temps, cette transmission locale de données a repris en les simplifiant les techniques utilisées pour les transmissions à longue distance. Peu après, la multiplication des connexions et les débits exigés ont entraîné le développement d'une technologie différente : les réseaux locaux ou LAN (*local area network*). Les normes propres aux réseaux locaux relèvent le plus souvent de l'IEEE (Institute of Electrical and Electronic Engineers) et tirent profit de la distance limitée et de la variété des supports disponibles. Ces réseaux locaux de transport de données informatiques demeurent encore souvent séparés du réseau téléphonique interne à l'organisation.
Finalement, au fil du temps, ces réseaux locaux informatiques ont choisi d'accroître leur portée, de s'ouvrir vers l'extérieur et de se relier entre eux, par des dispositifs empruntés très largement aux réseaux publics de télécommunications. Le terme *wide area network* (WAN) ou « réseau global » est utilisé pour désigner un réseau constitué de plusieurs réseaux locaux (LAN) disséminés géographiquement. Ils sont interconnectés *via* l'infrastructure publique à haut débit et *via* des routeurs, ces derniers ayant la responsabilité de guider au mieux les données circulant sur le réseau. Internet, comme son nom l'indique et comme la figure 5.2 le montre, est à ce jour le représentant le plus important et le plus emblématique de ce réseau des réseaux.

La voix comme information à véhiculer, dans ce qu'elle exige de continuité dans le temps (isochronie), s'assimile assez bien à la vidéo, la télévision et la musique (avec malgré tout une baisse d'exigence en qualité), les courriels et autres pages web étant d'une tout autre facture, car cette même continuité du débit n'est plus requise. Le besoin de faire circuler indifféremment ces deux types d'information force les constructeurs de matériels de télécommunication et d'informatique au dialogue et à d'intéressants et très fructueux développements technologiques à la croisée des exigences. Chacun met sur la table ce qu'il pense être sa meilleure carte, ainsi l'idée de la décomposition en paquets et le mécanisme de routage pour les informaticiens, l'idée de la commutation des circuits et de la garantie d'une certaine qualité de service (en temps et en débit) pour les spécialistes des télécommunications. On espère ainsi la mise au point de technologies hybrides bénéficiant des meilleurs apports des deux camps. Par exemple, la technologie de téléphonie sur Internet (VoIP, *voice over* IP) est un des nombreux descendants de cette hybridation. VoIP

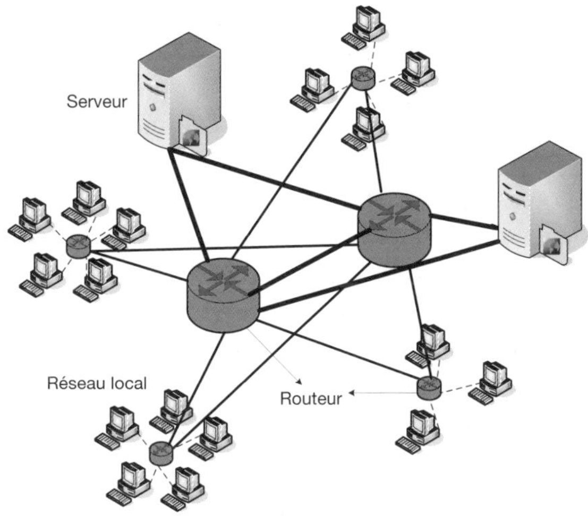

Figure 5.2 Internet

considère la voix comme une information numérisable et débitable en petits paquets de bits à véhiculer et router à l'instar des courriels, pages web et autres fichiers circulant sur Internet, le réseau des réseaux. De plus, VoIP élargit les services offerts en ajoutant la vidéo, pour autant que voir le visage de sa belle-mère procure ce petit plaisir additionnel. Le souci constant est, bien évidemment, d'assurer au destinataire un flux vocal continu et en temps réel (en mode isochrone), la manière la plus simple étant de conserver un même circuit physique pendant toute la durée de la communication. Quant à la télécopie, tous les modèles de télécopieurs (fax) ne sont pas aptes à fonctionner en VoIP.

À la différence d'un appel aux services d'urgence émis depuis un téléphone fixe ou mobile, la localisation d'un tel appel par VoIP n'est pas assurée. La VoIP avec son codage difficile à décrypter et l'anonymat qu'elle procure peut favoriser des usages criminels et reste à ce titre un sujet de préoccupation pour les autorités publiques. Son impact en termes de concurrence tarifaire est jugé différemment selon les acteurs du secteur dont certains demandent une réglementation plaçant la VoIP sur un pied d'égalité en termes d'obligations. Dans de grandes organisations, la possibilité d'unifier transmission de données et conversations téléphoniques sur un réseau unique permet des économies substantielles en matière de location de lignes et de maintenance.

Partage des informations

Dans toute organisation, les fichiers d'information sont une ressource très précieuse qu'il est capital de rendre accessible sur le Web quand c'est opportun ou, à plus petite échelle, sur l'un des ordinateurs d'un réseau local. Le slogan « l'information, c'est le pouvoir » fait qu'un administrateur système se retrouve parfois, sans qu'il en ait pleinement conscience, et c'est mieux ainsi, doté d'une fonction plus stratégique qu'un responsable politique, et c'est aussi mieux ainsi.

La capacité de stockage est une ressource que des ordinateurs, assumant la fonction stratégique de serveur, mettent souvent en commun au profit des ordinateurs clients. Vous n'allez quand même pas garder sur votre disque tous vos petits fichiers rien que pour vous, vite sur le serveur, égoïste ! Surtout si la survie de l'organisation en dépend. En plus de l'économie (de nombreux réseaux sont constitués encore pour l'essentiel d'un très gros serveur avec un disque obèse et de tous petits clients), du travail partagé et délocalisé, la centralisation des ressources permet une gestion grandement facilitée (mettez-vous à la place de l'administrateur système) : mise à jour commune des applications logicielles, gestion de la sécurité et des accès, gestion de la messagerie et des accès web, prise en charge centralisée des sauvegardes, etc. De nombreux réseaux locaux ont également vocation, pour des raisons économiques évidentes, de favoriser le partage de ressources telles que l'imprimante (il serait idiot et hors de prix d'en avoir une par poste de travail), le scanner, le télécopieur (fax) ou la liaison Internet. Ces accès distants à des fichiers et ces partages de ressources entre ordinateurs ne sont possibles que par l'existence des réseaux de transmission de données qui forment le support de ces échanges.

Au-delà de ces optimisations locales dans le partage des informations, l'émergence des réseaux informatiques élargit ce même partage à un niveau bien plus global. La quantité d'information contenue tant dans les fichiers informatiques que dans les programmes qui les traitent s'est accrue exponentiellement ces vingt dernières années. Cette information est généralement concentrée sur le lieu de sa production, et elle ne prend toute sa valeur qu'à partir du moment où elle est accessible à tous ceux qui en ont l'usage. Cependant, la copie et la diffusion de ces masses d'informations sous forme de supports matériels sont devenues impraticables pour les raisons suivantes :

- leur volume est en croissance permanente ;
- leur mise à jour est incessante et se réalise au plus près de l'évènement, en temps (proche du) réel, depuis des sources d'informations dispersées dans l'espace ;
- le nombre de destinataires peut être énorme et il faut les différencier pour ne leur adresser que les informations auxquelles ils peuvent prétendre.

Pour toutes ces raisons, il est incontestablement plus simple de laisser ces masses d'informations en un point unique, là où elles s'élaborent en permanence, et d'organiser leur accès depuis des points distants avec des délais réduits, en faisant usage des réseaux de télécommunications. À nouveau, cela requiert un large usage des réseaux de télécommunications.

Un exemple très parlant de cette évolution est le développement des agences bancaires qui doivent connaître la situation des comptes clients pour pouvoir fonctionner. Avant, il fallait produire cette information au jour près sur papier ou encore sur microfiches, à partir du fichier central de la banque, puis acheminer quotidiennement l'état des comptes vers les agences. Par la suite, les agences ont été équipées de matériel informatique leur permettant de consulter l'état des comptes directement depuis le fichier central de la banque. Cette évolution se poursuit aujourd'hui avec la consultation directe par les clients eux-mêmes dans le cadre des services bancaires en ligne. Au passage, ce sont les intermédiaires, dont la raison d'être se trouvait liée à l'existence, la centralisation et la manipulation des supports, qui disparaissent.

Finalement, une dernière innovation technologique facilitée par l'extension des réseaux s'avère être le développement d'une informatique éclatée, distribuée sur le réseau, les programmes s'exécutant sur des machines distantes se sollicitant mutuellement au fur et à mesure de l'exécution.

Pas de stockage en nuage (*cloud*) sans infrastructure de réseau global, et un nombre toujours croissant d'entreprises choisit de stocker toute son information stratégique quelque part sur le Net, y compris les logiciels qui traitent cette information afin d'en retirer toute la valeur ajoutée. Bien évidemment, la dispersion de cette information ô combien stratégique ne va pas sans poser de sérieux problèmes de confidentialité et de pouvoir accru des autres Google ou Amazon mettant à disposition leur nuage. On peut le dire, ces derniers sont depuis quelques années sur un nuage.

Dans la suite de ce chapitre consacré aux réseaux, nous allons parcourir les différents aspects de la transmission de données, en examinant successivement :

- le support physique;
- la modulation des signaux sur le support;
- le cadencement des signaux;
- la mobilisation des ressources du réseau;
- les types de réseaux;
- les différentes topologies de réseaux;
- enfin les modèles ou architectures de réseaux qui englobent les différentes couches de communication.

TYPES DE SUPPORTS PHYSIQUES

Les supports assurent la transmission matérielle des signaux. Selon leur nature, les supports acheminent des signaux électriques, radioélectriques ou optiques. Les supports peuvent assurer le passage simultané de signaux regroupés à une extrémité par un multiplexeur et dégroupés à l'autre extrémité par un démultiplexeur. Ce mécanisme économique est très souvent mis en œuvre pour qu'un même canal de transmission puisse être traversé simultanément par plusieurs signaux. Un mécanisme de multiplexage temporel est représenté dans la figure 5.3. Le multiplexage temporel consiste à déterminer des intervalles de temps sur un support rapide de manière à pouvoir les affecter successivement à des fragments de données (bits, octets) en provenance de supports au débit moindre. Une ligne à 2 Mb/s multiplexe trente canaux à 64 kb/s, compte tenu qu'une partie de la capacité est

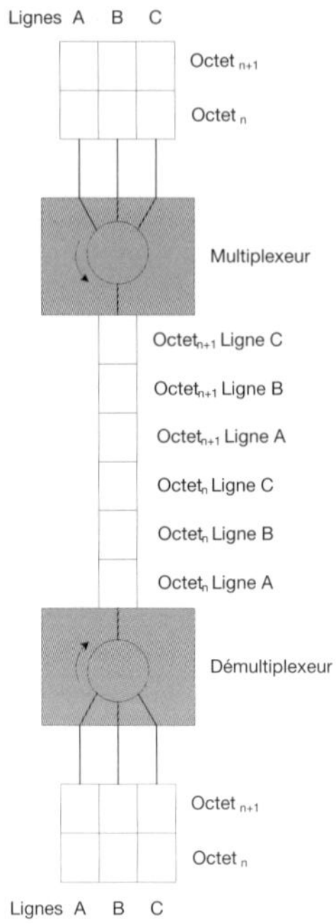

Figure 5.3 Multiplexage temporel

affectée à la matérialisation des intervalles de temps et à la signalisation. Il existe également un type de multiplexage dit « spatial » ou « en fréquence » qui consiste à superposer plusieurs fréquences sur un même support et à moduler chacune de ces fréquences en fonction du signal transporté. Ce type de multiplexage spatial est utilisé pour les transmissions à grande distance par fibres optiques, en superposant des longueurs d'onde différentes pour multiplier le nombre de canaux. Enfin, le multiplexage statistique regroupe sur un même support des appareils dont le débit total théorique excède celui du support, mais qui ne présentent qu'une probabilité établie de transmettre simultanément, laissant ainsi la voie libre à d'autres durant leur temps de silence.

Remarquons au passage que le multiplexage représente un exemple de la structuration en couches fonctionnelles que nous aborderons plus avant avec l'architecture des réseaux. La couche reliant les extrémités des lignes n'a pas à se préoccuper de la couche inférieure où les multiplexeurs mélangent les données en un écheveau qu'eux seuls sont à même de démêler pour les restituer d'une manière totalement transparente. Ceux qui envoient ou reçoivent les données n'ont que faire de la manière dont ces données ont transité dans le réseau à l'exception de la durée du transit et de la corruption éventuelle des données.

Au sujet de la transmission, une première distinction est à faire en fonction du sens dans lequel la transmission des signaux s'opère, comme illustré à la figure 5.4 :

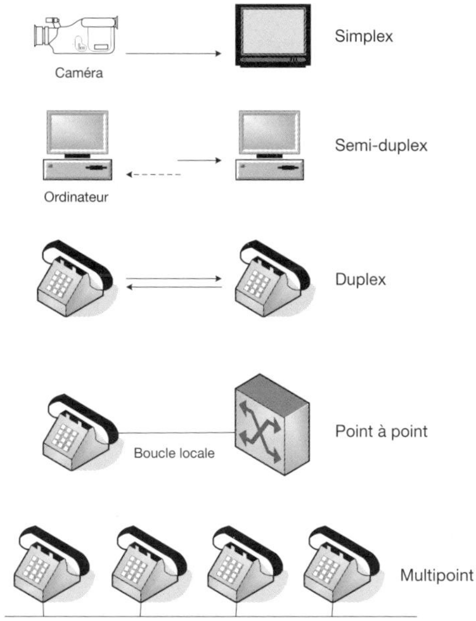

Figure 5.4 Types de liaisons

- une transmission *simplex* ou « unidirectionnelle » ne permet l'envoi que dans une seule direction, c'est le cas d'une sonde mesurant un niveau d'eau reliée à un poste de contrôle ;
- une transmission *semi-duplex* ou *half-duplex* ou « bidirectionnelle » permet l'envoi de signaux dans les deux sens mais de manière alternée et jamais simultanément (c'est le cas des talkies-walkies ou de nombreux LAN) ;
- une transmission *duplex* ou *full-duplex* permet l'envoi des signaux dans les deux sens simultanément, comme dans le cas du téléphone, ce qui n'empêche pas les dialogues de sourds. Une telle liaison sera dite « symétrique » si les débits dans les deux directions sont égaux, et « asymétrique » dans le cas contraire.

Une seconde distinction porte sur le nombre de points reliés physiquement, comme montré dans la figure 5.4 :

- une liaison « point à point » relie deux points entre eux, comme par exemple un poste téléphonique à son commutateur de raccordement par l'entremise de la boucle locale ;
- une liaison « multipoint » relie un nombre quelconque de points, comme par exemple des postes téléphoniques reliés en parallèle sur la même ligne. On observera que dans cet exemple, en décrochant un téléphone on peut, sans y être invité, entendre et participer à une conversation entre d'autres postes (à moins d'avoir prévu un appareillage assurant le secret des conversations).

En matière de réseau informatique, il semblerait que, plus le réseau grandit en taille et donc en nombre de nœuds impliqués dans la communication, plus les liaisons deviennent « point à point » (comme Ethernet qui est au départ un réseau multipoint) et nécessitent en conséquence la recherche et la découverte des meilleurs chemins pour joindre ces deux points. Nous n'avons évoqué pour le moment que l'aspect purement physique de la transmission des signaux. La manière de gérer les accès à une liaison multipoint (bus, étoile, anneau) ou point à point sera détaillée plus loin lorsque nous parlerons de la topologie des réseaux.

Sur toutes les liaisons numériques, ce sont des bits qui circulent. Pour les faire circuler, des supports sont disponibles, qui se distinguent par :

- le débit ou la bande passante qu'ils peuvent supporter (bien que sa définition théorique diffère, à l'usage la bande passante définit la vitesse maximale, exprimée en kb/s, Mb/s ou Gb/s, à laquelle un équipement quelconque peut transmettre les données) ;
- l'atténuation des signaux qui limite la distance sur laquelle la transmission peut se faire sans nécessiter l'interposition de dispositifs d'amplification (répéteurs) ;
- leur sensibilité aux perturbations extérieures et leur fiabilité ;
- leur coût et leur simplicité de mise en œuvre.

Ces distinctions sont loin d'être immuables. En effet, les progrès constants des circuits électroniques permettent régulièrement de déplacer les frontières technologiques des supports. Ces progrès portent principalement sur la génération et la discrimination de signaux à des fréquences de plus en plus élevées, et cela pour un coût moindre. Le choix d'une solution résultera toujours d'un compromis accordant un poids plus ou moins grand à la distance, aux perturbations, au taux d'erreurs de transmission accepté et au prix que l'on est disposé à payer.

Paire de fils torsadés

La paire de fils torsadés sans blindage (*unshielded twisted pair*) est un support très largement utilisé. Elle est constituée de deux fils de cuivre sous isolant ayant chacun un diamètre de l'ordre de 0,5 mm. La paire est torsadée pour augmenter son insensibilité aux interférences électromagnétiques. Les paires en nombre variable sont disposées dans un câble qui assure leur support mécanique. La paire de fils torsadés est le premier constituant des lignes téléphoniques, où elle peut être regroupée dans des câbles comptant jusqu'à un millier de paires. Les connecteurs téléphoniques avec leurs variantes nationales font place au type RJ11 (RJ signifie *registered jack*, fiche standard). La paire téléphonique transmet la parole sur des dizaines de kilomètres avec une atténuation acceptable. Elle peut assurer un débit de l'ordre de quelques mégabits par seconde sur 5 km et d'un Gb/s sur 250 mètres. Cette distance maximale de 250 mètres constitue la portion finale entre le domicile et le point d'arrivée de la fibre optique (norme G.Fast de l'UIT).

Dans les réseaux locaux, les paires torsadées sont regroupées par 4 dans des câbles terminés par des connecteurs RJ45. Les câbles peuvent être munis d'une protection contre le parasitage, par exemple par un écrantage du câble (FTP, *foiled twisted pair*) ou par un blindage pour chaque paire (STP, *shielded twisted pair*). Les câbles sont également divisés en catégories selon le débit supporté. Ils supportent sur des distances hectométriques des connexions à des vitesses de 100 à 1 000 Mhz en fonction de leur catégorie. Toutefois, la paire torsadée présente une atténuation relativement importante et une grande sensibilité aux perturbations électriques intenses, ce qui n'est pas dramatique en soi pour les conversations téléphoniques (sauf celles entre les chefs d'État américain et russe). Son principal avantage reste un coût de mise en œuvre très faible.

Câble coaxial

Le câble coaxial est constitué d'un conducteur axial entouré d'un isolant enveloppé lui-même d'un conducteur cylindrique partageant le même axe, et protégé par une gaine thermoplastique. En fonction du diamètre des constituants, la bande passante peut atteindre des centaines de mégahertz, comme dans le cas des câbles distribuant une centaine de programmes de télévision (l'utilisation principale de ce type de câblage). Leur atténuation est importante et nécessite l'emploi de répéteurs rapprochés.

De par sa structure, le câble coaxial présente une sensibilité moindre aux perturbations électriques. Le coût de mise en œuvre du câble coaxial est plus élevé du fait de son encombrement et de son coût unitaire. Les dispositifs aux extrémités sont banalisés, et leur coût est réduit. Dans les réseaux téléphoniques, les câbles coaxiaux laissent progressivement la place à la fibre optique. Dans les réseaux locaux, le câble coaxial de faible diamètre (*thinnet*) est encore présent car il offre la possibilité de créer un réseau au débit limité sans appareillage intermédiaire. Toutefois, les PC actuels ne comportent plus en standard le connecteur à baïonnette BNC nécessaire pour ce type de câble, détrôné par les paires torsadées ou par les fibres optiques pour les débits très élevés ou les environnements fortement perturbés.

Réseau d'alimentation électrique et CPL

Le réseau d'alimentation électrique d'un immeuble peut également être utilisé comme support pour la transmission de données. Il ne s'agit plus ici, comme avec les deux types précédents, de supports dédiés à la seule transmission de données. Bien au contraire, le réseau électrique est conçu pour distribuer l'énergie électrique dans un immeuble et la transmission de données y est superposée à l'aide d'un éventail de fréquences s'étendant sur plusieurs MHz. La plage de fréquences autorisées est limitée afin de ne pas perturber la réception des programmes radio, le réseau électrique se comportant comme une antenne émettrice. Cette technique est nommée « courant porteur en ligne » ou CPL et permet d'atteindre avec un appareillage peu coûteux un débit théorique de 200 à 500 Mb/s en répartissant le trafic sur des centaines de fréquences ou sous-porteuses. Dans la pratique, les débits seront bien moindres, avec une instabilité due aux fortes perturbations caractéristiques d'un réseau électrique pour qui le transport des données est le cadet des soucis. On est loin du Gb/s qui peut être atteint sur les paires torsadées, ou même des débits (théoriques) du Wi-Fi que nous verrons plus loin. La généralisation de ces techniques innovantes laisse présager une amélioration des débits pour les équipements de diffusion courante. Les CPL sont également utilisés avec des débits bien moindres (quelques mégabits) dans des applications de domotique ainsi que dans les réseaux électriques intelligents (*smartgrid*).

Dans tous les cas, l'attrait du CPL réside dans la simplicité de sa mise en œuvre. En effet, un ordinateur est presque toujours alimenté par une prise de courant. Quoi de plus simple alors que de rajouter sur la prise un boîtier CPL qui assure la transmission de données avec un autre ordinateur branché de la même façon ? De plus, des standards sont apparus qui devraient assurer l'interopérabilité des équipements CPL. On peut ainsi réaliser, sans avoir à poser un câblage particulier, un réseau reliant plusieurs ordinateurs dans un même bâtiment avec des performances généralement acceptables, restant toutefois à la merci de perturbations importantes et parfois irrémédiables. Il faut également tenir compte du risque très réel de voir les informations se répandre par le réseau électrique dans le voisinage. Il reste donc indispensable de prendre des précautions particulières lors de la mise en service d'un réseau CPL, en limitant les accès et en recourant systématiquement à la cryptographie. Dans les cas où aucun risque de divulgation des informations ou de pénétration du réseau ne peut être accepté, l'usage d'un réseau CPL doit être considéré avec les plus grandes réserves, tout comme les réseaux locaux radioélectriques Wi-Fi et autres.

Fibre optique

La fibre optique qui envahit les réseaux de communication ne transporte plus des signaux électriques, mais bien des signaux lumineux. La fibre optique est constituée d'un cœur en verre d'une très grande pureté et d'un très petit diamètre, capable de laisser passer des signaux lumineux. La présence ou l'absence d'un signal lumineux permet le codage d'un bit. Le cœur est entouré d'une gaine dont les propriétés optiques limitent la dispersion de la lumière se propageant dans le cœur. La lumière présente en effet avec le son ce vilain défaut, pourtant bien pratique dans la plupart des situations, de se disperser dans l'air. La gaine est à son tour protégée mécaniquement par une enveloppe de matière plastique. Plusieurs fibres avec leurs enveloppes peuvent être rassemblées dans un câble. Le diamètre du cœur et les propriétés de sa gaine déterminent les performances des fibres optiques.

Les fibres optiques multimodales ont un cœur dont le diamètre varie de 200 à 50 µm, et la lumière s'y propage selon plusieurs modes ou trajets de propagation. Aussi, l'arrivée à destination du signal se produit-elle avec une certaine dispersion dans le temps, ce qui augmente la fenêtre de réception du signal et en réduit le débit. La source de lumière peut être une diode électroluminescente (LED) pour les solutions à moindre débit. De qualité bien supérieure, la fibre optique monomodale a pour sa part un cœur d'un diamètre de 10 µm seulement. Avec un tel diamètre, la dispersion du signal est minime, ce qui autorise des débits extrêmement élevés. Par ailleurs, un diamètre aussi réduit impose l'usage d'un laser pour générer les signaux lumineux.

Selon leur type, les fibres optiques sont utilisées avec des longueurs d'onde allant de 850 nm à 1 550 nm. Les fibres optiques présentent l'avantage d'une insensibilité totale aux perturbations électromagnétiques, et une très bonne résistance aux tentatives d'écoute clandestine.

Leur coût unitaire n'est plus très différent des autres supports, mais le coût de mise en œuvre demeure élevé. Les épissures et les raccordements demandent les soins les plus minutieux pour éviter la moindre distorsion. Aux extrémités, il n'existe pas encore de technologie largement diffusée pour permettre par exemple la commutation de signaux optiques sans passage par l'électronique. Des équipements optoélectroniques très sophistiqués sont indispensables pour assurer la conversion entre signaux optiques et électriques. C'est encore à l'intersection de ces deux technologies de transmission que sont la lumière et l'électricité que se situent la plupart des problèmes et une part prépondérante des dépenses.

La fibre optique est utilisée pour les plus hauts débits d'interconnexion. La disponibilité et le coût des équipements optoélectroniques demeurent le frein principal au déploiement des fibres optiques. Dans les réseaux informatiques, la fibre optique multimodale est devenue une alternative intéressante en offrant les avantages de débits très élevés, jusque 10 Gb/s sur 500 mètres, avec une insensibilité aux perturbations. Elle est généralement utilisée en unidirectionnel, sans multiplexage. Il est en effet plus économique sur de si petites distances de poser plusieurs fibres que de recourir à des dispositifs optoélectroniques complexes pour réduire le nombre de fibres nécessaires.

La fibre optique monomodale est préférée pour les télécommunications dès que la distance dépasse 1 km avec des débits qui peuvent dépasser 100 térabits/s. Elle est utilisée pour les liaisons transcontinentales, entre autres dans les câbles sous-marins où le multiplexage permet d'acheminer des millions de communications téléphoniques dans une seule fibre. Elle se trouve insérée dans des câbles pouvant contenir plus d'une centaine de fibres. Dans ces cas, les coûts des équipements de multiplexage pèsent moins au regard du coût du câble et de ses répétiteurs. Les fibres monomodales sont aussi largement utilisées dans les réseaux publics de télécommunications où elles viennent remplacer les câbles de cuivre. Leur utilisation pour les raccordements individuels est (encore) assez peu fréquente. Mais la fibre optique est en marche à tous les niveaux dans les réseaux de télécommunications. Elle gagne de plus en plus de terrain, se rapprochant à grands pas de l'utilisateur final, pour ne laisser à terme au cuivre que des distances hectométriques.

De nouveaux développements ont permis d'atteindre des débits de l'ordre de la dizaine de térabits par seconde, et le tout sur des distances de centaines de kilomètres sans répéteurs (et sans leur coût associé) et sans risque d'interférence, l'idéal sans conteste. L'omniprésence d'Internet aurait été de fait impossible sans l'arrivée et la généralisation de cette extraordinaire fibre optique. Prévoyons qu'elle seule pourra dans l'avenir satisfaire la demande croissante de débit des réseaux de télécommunications et les vêtira de leur habit de lumière.

Les ondes électromagnétiques

De manière générale, ce que l'on peut dire des ondes électromagnétiques, toutes fréquences confondues, est que l'absence d'un support filaire particulier et leur propagation dans toutes les directions favorisent davantage la mobilité des utilisateurs, qui peuvent recevoir un même signal où qu'ils se trouvent (tout comme la téléphonie mobile comparée au téléphone fixe). En effet, on n'est pas très mobile avec un fil à la patte. Par contre, envoyer un signal par radio nécessite beaucoup plus d'énergie à puiser dans la batterie du téléphone mobile que l'envoi de ce même signal par une liaison filaire.

Les ondes radio sont rarement guidées et sont préférentiellement utilisées en mode diffusion (*broadcast*), c'est-à-dire en présence de récepteurs très nombreux et non ciblés. Le fait que l'on puisse mélanger ces ondes sans risque tient à cette propriété capitale : des fréquences différentes n'interfèrent pas entre elles. En attribuant une fréquence à chaque donnée à propager, celles-ci ne risquent pas de se « mélanger les faisceaux ». Le spectre fréquentiel utilisé pour la transmission d'information (de la plus petite à la plus grande fréquence) devient également capital pour évaluer le débit et la portée possibles de la transmission.

La figure 5.5 donne des indications sur le spectre fréquentiel des ondes électromagnétiques, en indiquant pour les plus connues d'entre elles (ondes radio, micro-ondes, infrarouges, lumière visible, ultraviolets), des valeurs de fréquence indicatives. Les ondes radio sont divisées selon leurs fréquences en catégories telles que *low frequency* ou *extremely high frequency.* Certaines plages restreintes de fréquences sont attribuées à des usages particuliers comme le téléphone portable. Par contre, des plages plus larges sont utilisées par la radio ou la télévision. Les ondes radio diffusent aussi une vaste gamme de signaux utilisés pour la navigation ou le pilotage des horloges.

Il est vrai qu'en fonction de ces fréquences, les ondes peuvent avoir des caractéristiques très différentes, comme l'atténuation plus ou moins rapide au cours de leur propagation ou l'absorption par les obstacles. Par exemple, les basses fréquences circulent mieux à travers les obstacles et s'atténuent moins vite (éloignez-vous d'une discothèque tonitruante et vous n'entendez plus que la basse et la batterie). Ceci implique que ces ondes utilisées comme véhicule d'information, et malgré leur résistance aux obstacles, feront circuler cette dernière moins vite que la lumière ou l'infrarouge. D'où aussi l'avantage de disposer de satellites en hauteur.

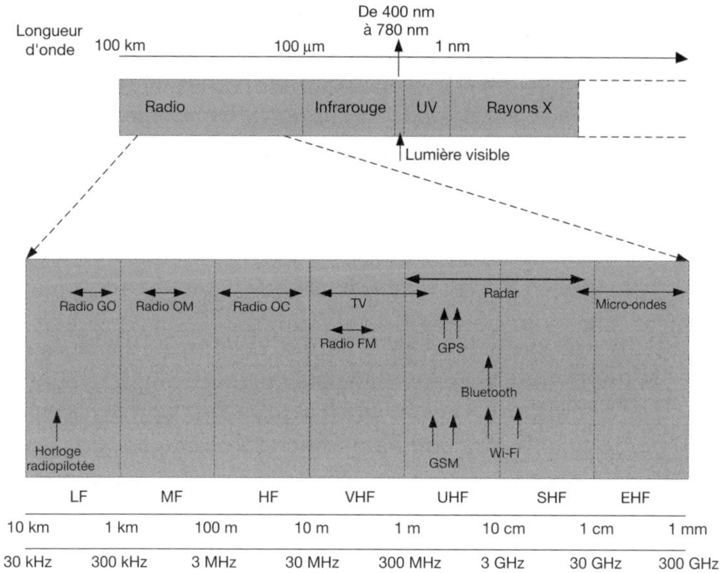

Figure 5.5 Spectre électromagnétique

Infrarouge

L'infrarouge, bien que lumineux mais à la différence de la fibre optique, n'utilise pas de conducteur pour acheminer les signaux. Son avantage principal tient précisément dans cette absence de câbles qui peut être un facteur important dans le cas d'une installation temporaire et mobile. L'atténuation de l'infrarouge est très importante, il ne passe à travers aucun obstacle opaque et son débit est limité à quelques mégabits par seconde dans les cas favorables. L'infrarouge peut être utilisé en liaison directe pour connecter deux éléments, ainsi c'est souvent lui qui fait fonctionner votre télécommande.

Un premier cas d'utilisation est la liaison entre deux points situés au sommet de mâts à vue directe, séparés par une distance hectométrique et franchissant le domaine public. Un deuxième cas d'emploi est la connexion d'un appareil portable situé à proximité immédiate (selon des standards élaborés par l'IrDA, Infra-red Data Association). Ce type de liaison peut être choisi lorsque la gêne causée par l'installation de câbles, les perturbations causées par l'émission d'ondes radio, ou encore les risques d'interception du signal radio l'emportent sur les inconvénients d'une liaison qui reste à la merci du moindre obstacle. La facilité et la performance des connexions par un câble USB ou par une liaison radio telle que Bluetooth ou Wi-Fi enlèvent de l'intérêt à cette solution d'autant plus qu'en règle générale les systèmes infrarouges coûtent plus cher que les systèmes qui reposent sur le câble ou sur Bluetooth.

L'infrarouge peut aussi être utilisé en mode diffus à l'intérieur d'un local, avec émission depuis une borne centrale en vue directe pour tous les points d'utilisation, ou en jouant sur les réflexions sur les parois. L'utilisation de ce mode s'inspire des équipements utilisés entre autres pour desservir les écouteurs d'une salle de conférence ou les guitares et micros des artistes lors d'un concert. Il ne trouve que peu d'emploi dans les réseaux informatiques car les possibilités d'interactivité sont limitées et les obstacles difficilement contournables.

Ondes radio

Les ondes radio furent exploitées pour l'acheminement des données en code Morse bien avant de l'être pour la diffusion de la parole. En effet, un signal élémentaire est plus facile à émettre et à capter qu'un signal analogique complexe dont les composantes se déforment différemment avec la distance. Une grande partie du spectre des ondes radio est déjà attribuée. Il s'agit d'un bien commun et la répartition des parties non affectées fait l'objet de négociations serrées de la part des États. La transition de la télévision analogique à la télévision numérique terrestre (TNT), beaucoup moins gourmande en fréquences, a libéré des plages de fréquences pouvant être réaffectées entre autres à l'Internet mobile, ce qui suscite la convoitise des opérateurs et l'appât de revenus pour les États à qui est réservée l'attribution des licences d'utilisation. Ressource limitée et moyen de large diffusion, cette partie du spectre électromagnétique est extrêmement disputée, tout le monde désirant passer à la « radio ». L'utilisation des canaux autorisés doit se plier à une réglementation précise, particulièrement en matière de puissance d'émission, de manière à limiter l'emprise et permettre la réutilisation des fréquences à des distances convenues.

Les ondes radio sont normalement émises de manière omnidirectionnelle, mais des configurations particulières d'antenne permettent de les restreindre à un angle de diffusion ou même à un cône étroit pour les faisceaux hertziens. Même limitées à un faisceau hertzien, les ondes radio peuvent toujours être interceptées et la protection des données doit être prise en considération. C'est une des préoccupations majeures aujourd'hui de leur utilisation massive pour les réseaux sans fil. Il n'est pas difficile de capter et d'espionner une communication entre deux ordinateurs. Le risque d'interruption par brouillage doit également être envisagé.

Les ondes radio subissent une atténuation importante en fonction de la distance. Le signal doit donc être émis avec une puissance considérablement supérieure à ce qui est nécessaire pour acheminer le même signal sur un support filaire. De plus, le signal se trouve englobé dans un bruit important d'origines multiples. Aux fréquences utilisées actuellement pour la transmission de données, la propagation est linéaire, elle n'est interrompue que par des obstacles très denses tel un immeuble en béton, mais elle est moins sensible à des obstacles plus légers. Plusieurs ondes de fréquences différentes peuvent se partager le même espace-temps sans interférence aucune. Pour extraire les données, le récepteur va tout simplement scanner les fréquences afin de se concentrer sur la seule qui l'intéresse.

Les ondes radio peuvent être utilisées pour constituer un réseau public de télécommunications. Elles peuvent également être utilisées dans un réseau privé ou PMR (*private mobile radio*), ou sous forme de réseau local de données (réseau local radioélectrique, Wireless LAN, WLAN) ou PAN (*personal area network*).

Dans le cas du réseau public, l'utilisateur ne voit pas de différence par rapport à un réseau filaire, si ce n'est éventuellement en termes de limitation du débit, de délais de transmission, ou de facture à payer. La transmission par satellite géostationnaire induit pour sa part des délais de transmission perceptibles. Quant à la mise en place de réseaux de satellites en orbite moyenne (environ 800 km), elle exige des investissements très lourds. Une première génération du réseau Iridium, malgré sa réussite technique, n'a rencontré qu'un succès financier limité dans son usage civil. Une nouvelle génération plus performante doit prendre le relais de ses satellites atteints d'obsolescence.

Pendant tout un temps, les distances à franchir étaient déterminantes dans le choix du support : onde radio dans le cas de très grande distance, fibre optique entre les villes, câbles téléphoniques à l'échelle d'une ville et câble coaxial ou paire torsadée à l'échelle d'un bâtiment. Cette manière de répartir les supports n'est plus du tout d'actualité, chacune concurrençant l'autre en termes de débits, de facilité et de prix d'installation.

Modulation d'amplitude, de fréquence et de phase

Comme la figure 5.6 le montre, une onde porteuse codera et transmettra une séquence de bits par un mécanisme dit « de modulation » (superposition au signal de base de l'information à transmettre) qui peut être de trois types : d'amplitude (où l'amplitude de l'onde se charge de coder le message), de fréquence (où il s'agit de la fréquence de l'onde porteuse qui code le message) ou de phase (décalage de fréquence). C'est la modulation de fréquence qui offre le plus de résistance aux interférences. Cependant elle présente le gros défaut de nécessiter une plage de fréquences relativement plus large. Des modulations plus complexes utilisant à l'envi la phase, la fréquence et l'amplitude, et démultipliant les niveaux de discrétisation, permettent d'accroître encore la quantité d'information véhiculée par l'onde porteuse.

Types de transmissions

Transmission analogique et modems

De par sa très large distribution, le réseau téléphonique public a eu très tôt les faveurs de l'informatique pour acheminer des données. Le réseau télégraphique avec le télex n'offrait pour sa part que des vitesses trop faibles, de l'ordre de 50 bits par seconde, pour satisfaire les besoins. De son côté, le réseau téléphonique fut développé afin de transmettre la parole humaine ou du moins sa partie la plus significative, sachant que l'oreille interne de l'homme est capable de reconstruire la

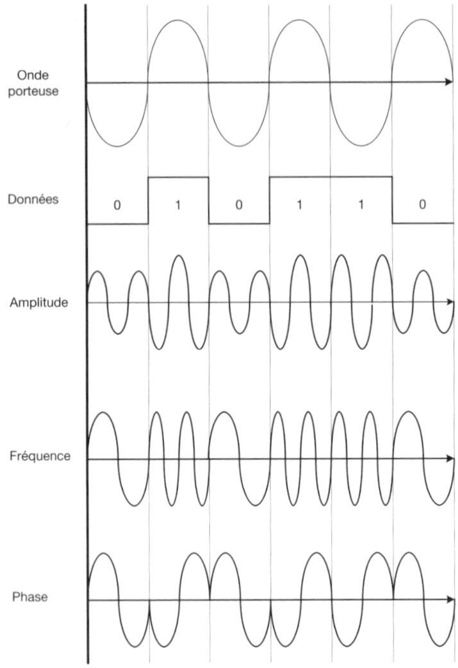

Figure 5.6 Modulation d'une onde porteuse

partie amputée. Le réseau téléphonique peut ainsi se limiter à transmettre un spectre de fréquences allant de 300 à 3400 Hz, soit une largeur de bande de 3100 Hz, car il est techniquement plus aisé et plus économique de calibrer tout l'appareillage pour une plage de fréquences restreinte.

Pour assurer la transmission de la parole humaine (et des sons en général), le microphone de l'appareil téléphonique transforme le phénomène acoustique en un signal électrique modulé naturellement en fréquence et en amplitude. Ce signal analogique est continu et, à la différence d'un signal numérique ou discret, il peut prendre une infinité de valeurs différentes dans un intervalle de valeurs donné. Sur le poste téléphonique situé à l'autre extrémité, l'écouteur transformera le signal analogique en vibrations sonores. Puis votre tympan et les osselets de l'oreille moyenne informeront les cellules de votre nerf auditif, puis votre cerveau. L'objet de la transmission est une conversation téléphonique entre deux interlocuteurs et celle-ci s'effectue en *full-duplex* sur les deux fils qui constituent la « paire téléphonique ».

De manière à exploiter le réseau téléphonique, la transmission de données ne pouvait que tenir compte de la vocation première de celui-ci, avec ses contraintes et ses possibilités. Dans ce contexte, les bits n'avaient comme seule possibilité pour se faufiler sur le réseau que de prendre l'apparence de sons, en tout cas jusqu'à l'apparition de l'ADSL dont nous parlerons plus loin.

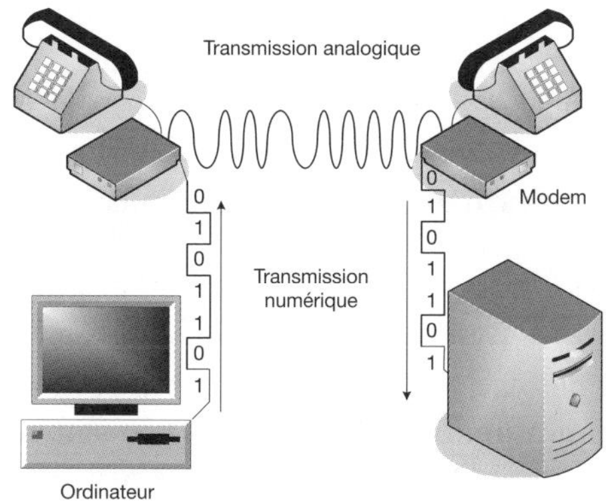

Figure 5.7 Modem

La transformation des bits en modulations du signal analogique et la démodulation à l'autre extrémité sont le fait d'appareils spécialisés, à la croisée de l'informatique et des télécommunications, représentés à la figure 5.7 et dénommés « modem » pour modulateur-démodulateur. Les progrès en matière de modems ont été rapides, et le spectre de 3100 Hz est exploité pour transmettre les bits à des fréquences considérablement plus élevées. Les modulations du signal analogique en termes d'amplitude, de fréquence, et de phase sont utilisées pour représenter non pas un seul bit par modulation, mais plusieurs bits en une fois. On parlera ainsi d'un symbole quaternaire lorsqu'une modulation peut représenter deux bits, et on l'abrégera par 2B1Q (2 bits dans un symbole quaternaire). Chaque technique de modulation fait l'objet de normes définissant des classes identifiées sous la forme Vxx. Ces normes précisent également le comportement réciproque de deux modems de classes différentes. Elles sont promulguées par l'UIT, et leur très large diffusion permet aujourd'hui de faire fonctionner ensemble une vaste gamme de modems. La vitesse de 56 kb/s est la vitesse maximale possible pour des modems analogiques de la classe V92, la classe la plus répandue.

Transmission numérique

Disons-le tout de go, la tendance est à la numérisation généralisée de l'information tant pour son stockage que pour son transport. Une fois qu'elle s'est faite numérique et discrète, cette information est non seulement plus commode à stocker, à transporter, à compresser ou encore à crypter mais elle est encore plus fiable durant le transport, étant moins sensible aux interférences. La nature même en est le meilleur modèle; chaque particule élémentaire n'est plus autorisée à prendre que deux valeurs de *spin*. La conversion de la parole en un signal analogique fut pendant longtemps la seule solution possible à son transport. Ce signal analogique présente toutefois de grandes difficultés lorsqu'il faut l'amplifier pour le transmettre sur de longues distances. En effet, dès le moment où ce signal peut prendre toutes les valeurs possibles dans un intervalle, il est très difficile de distinguer dans le bruit ajouté par les diverses interférences en cours de transmission le signal original pour n'amplifier que ce dernier. Toutefois, tous ces systèmes de conversion analogique-numérique sont encore nécessaires pour acheminer le son sur son parcours ultime, c'est-à-dire votre oreille, qui n'a pas eu la bonne idée de fonctionner totalement en binaire.

Par ailleurs, les câbles longue distance impliquant le regroupement de nombreuses communications sur un seul support (par exemple fibre optique ou liaison par satellite), le multiplexage est bien plus facile à réaliser à partir de signaux numérisés. La communication binaire perd moins en s'atténuant car la discrétisation du signal facilite sa discrimination au sein des perturbations. Finalement, eu égard à la commutation dont nous parlerons plus loin, l'utilisation de signaux analogiques ne permet pas de profiter des baisses de coût spectaculaires des composants électroniques traitant les signaux binaires.

Pour ces différentes raisons, les opérateurs de télécommunications ont réalisé une transformation progressive mais radicale de leurs réseaux téléphoniques, en adoptant un mode de transmission du signal sous forme numérique. La numérisation du signal consiste à remplacer le signal analogique et son infinité de valeurs possibles par des suites de nombres qui donnent une approximation par paliers du phénomène acoustique. La technique pour réaliser cette transposition se nomme « modulation par impulsions codées » (MIC) ou *pulse code modulation* (PCM).

Comme il a été expliqué précédemment pour le codage du son, la technique MIC consiste à échantillonner le signal acoustique ou le signal analogique qui le porte, et cela à une fréquence qui permet de conserver fidèlement ses variations. En téléphonie, la fréquence d'échantillonnage retenue est de 8000 Hz, ce qui signifie que le signal est analysé toutes les 125 μs. À chaque échantillonnage, l'amplitude du signal est quantifiée pour être localisée dans une fourchette, puis le rang de la fourchette est traduit en un nombre codé en binaire qui exprime la plage d'amplitude. En d'autres termes, le nombre donne une approximation quantifiée du signal. Il y a bien sûr à ce stade une dégradation de l'information acoustique (et une première compaction de l'information) mais à laquelle notre oreille est parfaitement insensible. La figure 5.8 (où toutes les plages intermédiaires ne sont pas représentées) montre un exemple de codage MIC d'une onde.

En téléphonie, le code est exprimé sur 8 bits, ce qui détermine 256 plages d'amplitude. Le débit binaire résultant est donc de 64000 b/s. Ce débit peut paraître démesuré par rapport aux 3100 Hz utiles du signal analogique, mais les avantages qu'apporte la modulation numérique sont tels que la numérisation a envahi la plus grande partie du réseau téléphonique. Répétons-le, cette modulation facilite l'amplification du signal sans perte de qualité. Elle permet de diviser le flot d'une conversation en fragments qui pourront être facilement insérés dans un intervalle de temps sur une liaison à plus grande vitesse (multiplexage temporel). La commutation des conversations peut se faire par un simple échange d'une suite de bits et le

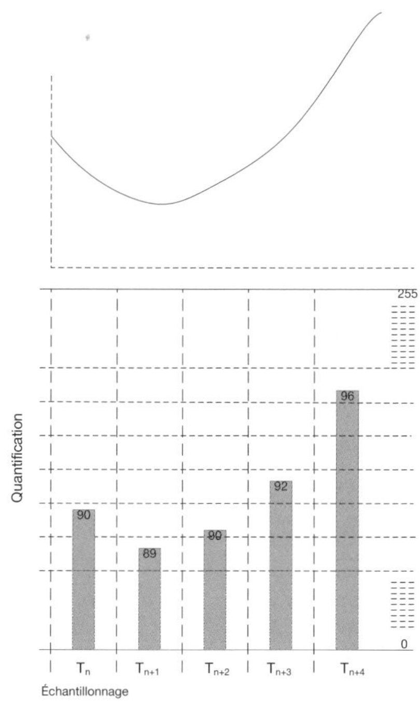

Figure 5.8 Modulation par impulsions codées (MIC)

signal numérique se prête beaucoup mieux à des traitements tels le cryptage ou la compression. Mais vraisemblablement, la raison qui l'emporte sur toutes les autres, aujourd'hui, tient dans tous les différents types d'information que ces réseaux numériques sont capables de véhiculer avec la même souplesse et facilité, aussi bien les conversations téléphoniques que toutes les autres applications actuelles et à venir en mode numérique. Demain, circuleront dans les mêmes tuyaux et en même temps, sous la forme de petits paquets de bits, quelque part dans le monde, à votre insu, le film *Star Wars*, le dernier album de Brad Meldhau, votre conversation avec belle-maman, votre numéro de carte de crédit et bien d'autres choses encore (un inventaire à la Prévert). Juste un petit peu démultiplexé pour vous éviter trop de surprises à la réception.

À ce jour, les réseaux téléphoniques sont pour la plupart quasi entièrement numérisés au niveau de leur infrastructure et ils font très largement usage de la fibre optique pour l'acheminement du trafic. Seule la paire de fils (dite « boucle locale ») reliant le client à son commutateur de raccordement ou à un répartiteur de proximité reste encore largement en cuivre avec modulation analogique pour la voix. Le remplacement du parc d'appareils téléphoniques analogiques par des appareils numériques sensiblement plus coûteux ne se fait que progressivement. Les conversations sont alors acheminées en modulation analogique jusqu'au commutateur de raccordement où un codec (codeur-décodeur) réalise sa numérisation, pour se poursuivre en modulation numérique jusqu'au commutateur final. Une conversion en modulation analogique y sera opérée par un codec pour envoi vers l'oreille attentive du destinataire final. Un bon implant binaire et la dernière onde sinusoïdale aura vécu.

La numérisation des lignes de télécommunications peut s'effectuer jusqu'à l'utilisateur. Celui-ci peut dès lors bénéficier d'une connexion numérique intégrale, bénéficiant d'un débit et d'une qualité supérieurs. La connexion au réseau de télécommunications ne se fait plus alors par un modem, mais par un adaptateur, qui conserve pourtant le nom de modem, par abus de langage. Les différentes possibilités de transmission en mode numérique seront examinées plus loin, lors du passage en revue des différents types de réseaux. Bien évidemment, pour les réseaux locaux, la connexion numérique intégrale est la règle, car ceux-ci ont été développés dès le départ pour transporter des données sous forme binaire sur des distances limitées et entre des équipements appartenant à une même gamme restreinte.

Modes de transmission

Les échanges de données élémentaires (bits, octets) entre deux organes au sein même de l'ordinateur sont généralement réglés par une horloge commune qui marque, pour les deux parties, les moments précis où les éléments doivent être présentés et acceptés. Par contre, lorsque ces deux parties sont distantes, elles ne peuvent se partager cette horloge. Cependant, la partie réceptrice doit s'aligner sur la cadence de l'émetteur afin d'accepter à des moments bien précis les éléments qui lui sont envoyés, sous peine d'en perdre ou d'en dupliquer. C'est le problème de la synchronisation entre l'émetteur et le récepteur.

Mode isochrone

Dans la partie numérique des réseaux publics de télécommunications, chaque circuit commuté transporte de commutateur à commutateur un flux ininterrompu de signaux dont la synchronisation est assurée du côté de l'émetteur comme du récepteur par des horloges de très grande précision (calées par exemple sur une horloge atomique). On n'admet qu'un nombre très limité de glissements entre ces différentes horloges, qui peuvent provoquer la perte ou la redondance épisodique d'un octet, avec des occurrences suffisamment faibles pour que l'intelligibilité des conversations n'en soit en rien affectée. Il n'en va pas de même pour les transmissions de données, où une telle situation doit être gérée par un protocole approprié.

Transmission synchrone

Dans les réseaux locaux, et à la différence des réseaux publics de télécommunications qui opèrent en commutation de circuits, les données à transmettre sont découpées en blocs (appelés paquets, trames, datagrammes selon le type de réseau). À la différence du mode isochrone, ce mode de transmission discontinu requiert que le récepteur puisse synchroniser sa cadence de réception sur celle de l'émetteur. Celui-ci fait connaître sa cadence d'émission en plaçant en en-tête du bloc un préambule (*preamble*) d'une longueur typique de huit octets et contenant un profil binaire immuable. La succession temporelle des signaux du préambule est fixée par l'horloge de l'émetteur et est utilisée par le récepteur pour caler sa propre horloge sur la cadence de l'émetteur. Celui-ci peut alors procéder à l'envoi du bloc de données sous forme d'un train continu en respectant strictement la cadence d'émission donnée par le préambule. Les horloges doivent battre avec une précision telle qu'il ne puisse pas apparaître de divergence sur un bloc de la longueur maximale permise.

Transmission asynchrone

La transmission asynchrone est généralement utilisée pour connecter un modem sur un port de communication du type COMx. Ce type de connexion est destiné à l'envoi de caractères à des moments quelconques sur la ligne, sans cadence imposée entre les caractères. Le mode de transmission asynchrone a été conçu au départ pour les terminaux électromécaniques où l'opérateur frappait des caractères au fur et à mesure, sans aucune cadence imposée. Le terminal était dépourvu de toute mémoire et le caractère était envoyé en ligne, s'engageait « dans le tube » au fur et à mesure de la frappe. En revanche, la cadence de transmission des bits au sein du caractère est strictement fixée. Il fut donc possible de pallier l'absence de synchronisation émetteur-récepteur en encadrant chaque caractère par un bit de début marquant la cadence (*start bit*) et un bit de fin (*stop bit*).

Selon les types de terminaux, les caractères sont composés d'un nombre variable de bits, allant de 5 à 8 avec un bit de parité optionnel. Certains caractères peuvent avoir une signification au niveau du protocole de transmission. Le caractère à 7 bits codé en ASCII (*American Standard Code for Information Interchange*) et accompagné d'un bit de parité pour former un ensemble de 8 bits a longtemps été le plus courant. Toutefois, avec l'extension du code ASCII à 8 bits, nécessaire pour représenter les alphabets enrichis, la fonction du bit de parité a été abandonnée, pour en faire un huitième bit de données.

De leur côté, les modems asynchrones ont considérablement évolué, rendant superflu l'usage d'un bit de parité. En effet, les modems asynchrones actuels s'échangent en mode synchrone des trains de bits capables de détection et d'autocorrection d'erreurs. De plus, ils savent exploiter différents protocoles de liaison, après avoir négocié entre eux lors de l'ouverture de la liaison le protocole utilisé. Ils peuvent adapter leur vitesse de transmission en fonction de la qualité de la ligne téléphonique. La plupart des modems asynchrones gèrent également le protocole de télécopie.

Les modems asynchrones sont devenus des ensembles doués d'une grande autonomie de fonctionnement au niveau du protocole de transmission et de son évolution. Ces protocoles ont évolué en tirant le meilleur parti des améliorations apportées dans les composants électroniques et dans la qualité des liaisons téléphoniques. Par ailleurs, dans leurs relations avec les ordinateurs auxquels ils sont connectés, les modems asynchrones ont conservé leur mode de communication archaïque caractère par caractère, sans synchronisation. Ce mode de transmission ne présente pas d'inconvénients sur la faible distance d'un câble de connexion qui ne présente que peu de limites en termes de vitesse et de qualité de transmission. Leur mode de raccordement est demeuré relativement inchangé dans le temps, ce qui a conforté leur diffusion universelle : l'utilisation d'un modem asynchrone est semblable, quelles que soient ses caractéristiques, et le remplacement d'un modem asynchrone par un autre plus performant se fait généralement sans difficultés. Le connecteur externe d'un port COMx a subi au fil des ans quelques cures d'amaigrissement, passant de 25 broches à 15 ou 9. Cela n'a pas suffi à assurer sa survie, il a disparu de la plupart des configurations pour se réincarner sous forme d'une connexion USB, bien plus souple à l'usage. Le modem asynchrone a quitté le devant de la scène informatique, repoussé par les connexions numériques à haut débit (ADSL). Il subsiste pour des utilisations particulières, comme la télécopie.

Types de commutations

La télécommunication est vue par ses utilisateurs comme un échange entre un émetteur et un destinataire, sans intermédiaires apparents. Dans la réalité, la télécommunication, qu'il s'agisse de la voix ou de données, fait usage des ressources composées de liaisons successives entre les nœuds de commutation d'un réseau. L'envoi d'informations depuis l'émetteur vers le destinataire mobilise les ressources du réseau de télécommunications selon des modalités différentes, les types de commutations que nous allons examiner dans la suite. Ceux-ci sont fonction avant tout de la nature de l'information transmise, mais aussi du type de réseau utilisé et du mode de communication entre ses nœuds.

Commutation de circuits

La commutation de circuits est le mode préféré pour le trafic téléphonique, car il garantit dans les deux sens un flux continu de la parole, sans la moindre interruption qui rendrait toute conversation pénible sinon inintelligible. À l'établissement de la communication, quand le premier correspondant compose le numéro d'appel, le réseau affecte des circuits juxtaposés (d'autocommutateur en autocommutateur) jusqu'à réunir les deux extrémités (quand la sonnerie retentit chez les deux correspondants) et maintient cette affectation à l'usage exclusif de la communication jusqu'à la fin de celle-ci (raccrochage). La figure 5.9 illustre ce mode de fonctionnement de réseau.

Le défaut tient aux ressources du réseau qui se trouvent affectées pendant toute la durée de la communication, même durant les temps de silence, temps qui pourraient être mis à profit pour faire circuler d'autres informations. Imaginez par

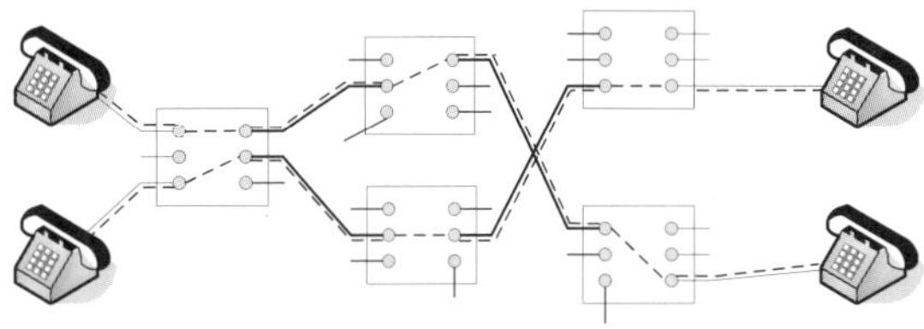

Figure 5.9 Commutation de circuits

exemple qu'il ne puisse circuler à un instant donné qu'un seul véhicule sur un tronçon d'autoroute entre deux échangeurs, sacré gaspillage, n'est-ce pas? C'est pourtant de cette manière que se déroulent les communications téléphoniques. La commutation de circuits est utilisée dans les réseaux tant publics que privés. Sur les réseaux publics, la tarification est basée sur la durée de la communication et/ou l'établissement de la communication, et non pas sur le volume échangé. Dans ce cas, historiquement lié à la communication verbale, on comprend bien en quoi la qualité et la continuité du débit l'emportent largement sur l'économie du mode de transmission.

Commutation de paquets en mode connecté

À l'établissement de la communication, le réseau, à nouveau, détermine la juxtaposition des circuits que les données vont emprunter, mais cette fois-ci, sans leur en accorder l'exclusivité. Le chemin ainsi créé est nommé « circuit virtuel » et il restera établi aussi longtemps que des données doivent être transmises entre les extrémités. Avant d'être transmises, les données sont découpées en paquets (de longueur fixe ou variable selon le protocole) et chaque paquet est complété par des champs qui permettent de déterminer à chaque nœud de commutation le circuit à emprunter.

Il faut comprendre l'avantage pour ce mode de transfert et pour ceux qui vont suivre de découper les données en petits paquets, découpage qui s'est généralisé dans tous les réseaux informatiques, locaux (comme Ethernet) et globaux (Internet). Tout d'abord, il est bien plus simple de mélanger les informations lorsque celles-ci sont découpées en paquets. Plus d'un flot de données pourra parcourir le même support au même moment et aucune donnée, aussi précieuse soit-elle, n'aura l'exclusivité de son support. Cela semble évident dans le cas des véhicules empruntant l'autoroute, il n'y a pas de raison à ce que ce le soit moins dans le cas de nos paquets de bits. De plus, si on admet que, quelle que soit la taille du bloc de données à transmettre, chaque nœud du réseau puisse accepter un nouveau bloc dès que le précédent a fini de transiter par lui, on comprend aisément comment la réduction de la taille de ces blocs leur permettra d'atteindre plus vite leur destinataire. Découpé en paquets, le message transite beaucoup plus vite d'un nœud à l'autre du réseau. Même sans encombrement au niveau des intermédiaires, un fichier découpé en paquets commencera à parvenir beaucoup plus vite chez son destinataire si chaque intermédiaire n'est pas forcé d'attendre de recevoir l'intégralité du fichier pour le laisser transiter vers l'intermédiaire suivant. Imaginez une barrière de péage qui ne s'ouvre que tous les convois de cent véhicules par rapport à celle que vous connaissez, qui s'ouvre à chaque véhicule, et vous saisirez aisément la différence.

Il reste à adjoindre au(x) paquet(s) une information nommée « référence » identifiant la communication, et qui permettra à tout paquet, une fois un nœud atteint, de savoir quel circuit (ou ligne) il doit emprunter au sortir de celui-ci. Une table de commutation associera chaque référence à chaque circuit de sortie.

Les paquets sont présentés au réseau au fur et à mesure des besoins et de la disponibilité de la liaison (voir figure 5.10). Arrivés à destination, les paquets qui, bien évidemment, arrivent dans l'ordre dans lequel ils ont été envoyés, sont regroupés pour reconstituer les données de départ. Les paquets n'occupent les différents éléments constituant la liaison que durant le temps de leur acheminement, en d'autres termes, le temps durant lequel le circuit, de virtuel, devient réel. Le reste du temps, ce circuit demeure libre pour l'acheminement des paquets pour d'autres circuits virtuels. La commutation de paquets en mode connecté est surtout utilisée dans les réseaux publics. Elle est à l'œuvre dans le mode de communication dénommé « relais de trames » (*frame relay*) qui permet l'interconnexion de réseaux locaux. La tarification tient compte du volume de données transmises et de la durée d'existence du circuit virtuel. Le relais de trames tend à s'effacer devant les solutions basées sur des protocoles Internet, qui seront décrites plus loin.

Il est important de comprendre qu'un tel type de commutation, bien que plusieurs flots de données puissent transiter sur un même circuit, permet encore un certain mode de contrôle sur la qualité du transfert, sa durée et la continuité du débit. Ainsi, on est assuré que les paquets arriveront dans l'ordre de l'envoi et, en jouant sur la quantité de paquets empruntant un même circuit, les débits pour les

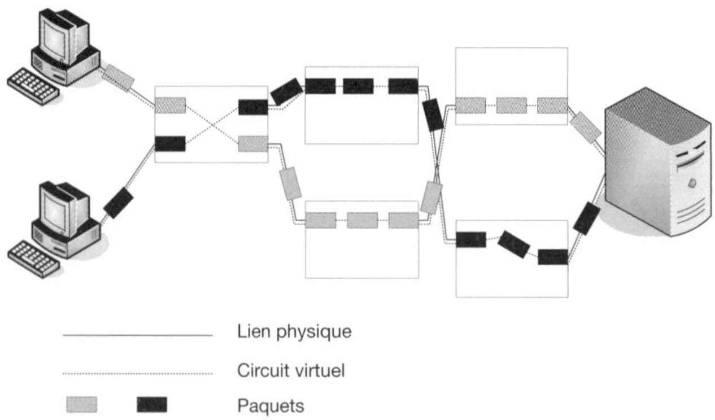

Figure 5.10 Commutation de paquets en mode connecté

flots de données à privilégier pourront être garantis et calculés au plus fin. Malgré la concurrence d'Internet, ce système de commutation reste une alternative très sérieuse à celle en « mode non connecté » qui caractérise le premier, surtout si l'exigence d'une communication de meilleure qualité se fait de plus en plus pressante (par exemple pour les flux vidéo ou la transmission télévisuelle). Elle est aussi beaucoup plus économique que la commutation de circuits, pour une qualité équivalente.

Commutation de paquets en mode non connecté

À l'instar du mode connecté, et pour les mêmes raisons qu'énoncées plus haut, les données sont toujours découpées en paquets nommés dans ce cas des « datagrammes ». Chaque datagramme est de longueur variable et contient entre autres les adresses de destination et d'origine. La grande différence avec le mode connecté est que le réseau n'établit plus aucune réservation préalable de circuit pour l'envoi des datagrammes, chacun d'eux étant aiguillé (« routé » est en général le terme technique usité) dans le réseau au gré des conditions prévalant au moment de son passage. Ce mode d'acheminement est très largement utilisé dans les réseaux locaux et son usage a été étendu aux réseaux distants. Il est caractéristique d'Internet donc plutôt d'actualité ! La tarification se base principalement sur les volumes acheminés. Dans un tel mode de communication, des datagrammes successifs ne sont plus du tout assurés de parcourir le même trajet afin de joindre le point de départ et celui d'arrivée, et donc d'arriver dans l'ordre d'envoi. Il devient plus difficile sur Internet de joindre les deux bouts. Comme la figure 5.11 l'indique, à chaque nœud du réseau, un routeur Rx, se basant sur l'adresse du destinataire indiquée dans le datagramme et sur l'information contenue dans sa table de routage,

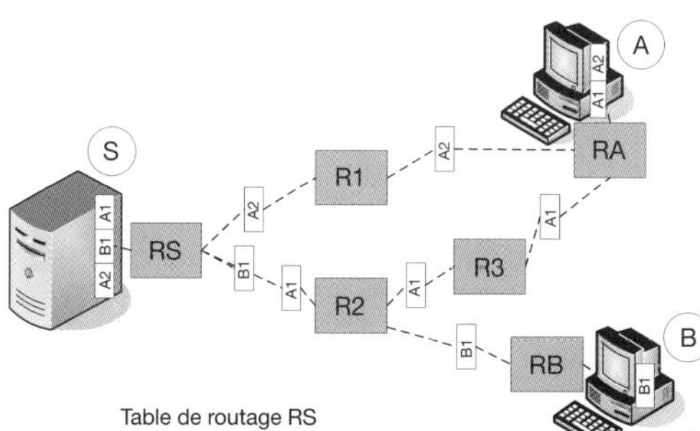

Table de routage RS

Datagramme	Destinataire	Ligne de sortie
A1	A	R2
B1	B	R2
A2	A	R1

Figure 5.11 Routage et table de routage

s'occupe de sélectionner, et ceci de la manière la plus optimale possible, la meilleure ligne de sortie pour rejoindre la destination finale le plus rapidement possible. Cette table associe ainsi à chaque destination finale la ligne de sortie à choisir. Elle doit être mise à jour au fur et à mesure de l'évolution de la charge de trafic sur le réseau.

L'intérêt du découpage de l'information en paquets s'en trouve également conforté, car la possibilité est offerte à des paquets différents, bien qu'appartenant à un même flot de données, de suivre des chemins différents ; à charge pour le récepteur de remettre les paquets dans l'ordre. Un paquet pourrait s'être égaré dans un bouchon épouvantable, n'empêchant pas en cela les autres, à l'écoute de « Bison futé », d'arriver plus vite à destination. On comprend pourquoi, à la différence du « mode connecté », la qualité de service est ici nettement plus difficile à assurer, les paquets pouvant se perdre, arriver sans continuité aucune ou, pire encore, dans le désordre. Internet, qui à l'origine se préoccupait de transmettre des fichiers et non pas des vidéos, a donc privilégié la performance et l'économie de transmissions sans exigence de continuité et de débit, plutôt que la qualité de service de ces transmissions. De telles exigences ne peuvent être satisfaites que par un réseau plus coûteux à l'usage, tel que la version IPv6 d'Internet.

Commutation de cellules

La commutation de cellules est aussi connue sous le sigle ATM (*asynchronous transfer mode*). Le terme « mode asynchrone » signifie que la cadence d'envoi des paquets de données n'est pas synchronisée par le réseau mais bien par le terminal, selon ses besoins. Par contre, la transmission des caractères au sein du paquet est synchrone. Il ne faut donc pas confondre avec la « transmission asynchrone » décrite plus haut où c'est la cadence d'envoi entre des caractères successifs qui est variable. Dans son principe, elle ressemble essentiellement à la commutation de paquets en mode connecté. Elle est destinée à assurer la commutation ultrarapide (pouvant atteindre plusieurs gigabits par seconde) sur des liaisons à très haut débit de flux de télécommunications de toute nature, de l'image et de la parole aux données. L'ATM réalise une découpe en paquets nommés cellules, présentant une taille réduite et fixe de 53 octets dont 48 octets de données (les datagrammes d'Internet par contre ne sont pas de longueur fixe et plus grands que ces 48 octets). Tant Ethernet qu'Internet et ATM fonctionnent en découpant l'information en paquets, paquets dont la taille varie de très grande pour Ethernet, à moyenne et variable pour Internet, et à très petite et fixe pour ATM. ATM transfère les cellules en mode connecté (donc sur un circuit virtuel), avec la possibilité de garantir un temps de transit et une qualité de service différenciés selon la nature de l'information ; en d'autres termes d'accorder une priorité de passage à certaines cellules.

L'ATM permet ainsi, entre autres, l'acheminement de la parole ou d'images animées en mode isochrone, sans délai et sans risque d'inintelligibilité. Bien que des cellules de texte, de voix ou autres puissent se mélanger, le choix des circuits virtuels sont faits en tenant compte des priorités et de la nature des données. En revanche, il est handicapé par la faible longueur de son paquet de données, cette longueur de 48 octets résultant d'un laborieux compromis entre les tenants d'une longueur de 64 octets et ceux qui ne juraient que par 32 octets. Il n'a pas trouvé sa place dans les réseaux locaux où dorénavant prévaut Ethernet. ATM a été retenu principalement par les opérateurs des réseaux publics de télécommunications numériques où il est toutefois soumis à une forte concurrence du mode non connecté propre à Internet, concurrence portant sur la qualité de service, les performances, l'économie, la facilité de mise en place et l'évolutivité du réseau. L'avenir nous dira qui l'emportera entre les modes dits « connecté » et « non connecté ». La simplicité et l'économie plaident pour ce dernier, l'assurance d'une certaine qualité de service plutôt pour le premier.

TYPES DE RÉSEAUX

Généralités

Pour rappel, les réseaux locaux sont situés dans une aire géographique suffisamment restreinte, tel qu'un domaine privé, souvent un seul et même bâtiment, pour ne pas nécessiter le passage par un réseau public de télécommunications. Ces LAN (*local area network*) font généralement appel à des technologies adaptées à cette configuration limitée, permettant la transmission de signaux numériques sur des distances courtes, à travers les différents types de supports évoqués plus haut et selon des topologies diverses.

Les réseaux distants, pour leur part, font usage d'un réseau public de télécommunications et répondent à des besoins très divers, de l'utilisateur individuel connecté occasionnellement à un fournisseur d'accès Internet jusqu'à l'interconnexion par des liens multiples de vastes réseaux locaux pour former un WAN *(wide area network*) à l'échelle mondiale.

Le réseau public de télécommunications est utilisé aussi bien pour établir une liaison temporaire ou permanente entre deux points situés dans une même agglomération que pour établir une liaison transcontinentale, avec intervention d'un ou plusieurs opérateurs de réseau différents. Par le passé, un seul opérateur détenait la partie de réseau public qui aboutit chez l'utilisateur, souvent appelée boucle locale (*local loop*). Dans la plupart des pays d'Europe, originellement, ce monopole était réservé à la puissance publique et exploité par ce qu'il est convenu d'appeler l'opérateur historique. Le droit de poser des câbles de télécommunications a été étendu, et plusieurs opérateurs de réseaux de télécommunications, concurrentiels comme il se doit, offrent leurs services pour acheminer le trafic sur leur réseau propre ou sur des voies louées à d'autres opérateurs. De plus, les réseaux publics de télécommunications par radio (le GSM et ses successeurs) se sont multipliés et sont venus prendre des parts de marché substantielles.

Les offres alternatives en services de télécommunications peuvent être le fait d'opérateurs nationaux qui cherchent à déborder hors de leurs frontières ou de sociétés spécialisées à portée multinationale.

Les opérateurs de réseaux de télédistribution par câble (ou câblo-opérateurs) proposent également des services de télécommunications. Les câblo-opérateurs disposent d'un réseau conçu initialement pour diffuser à sens unique un large éventail de chaînes télévisées, caractérisé par une très large bande passante. Moyennant l'adjonction d'équipements, ils peuvent adapter ce réseau pour individualiser les destinataires et créer une liaison bidirectionnelle, permettant les connexions à Internet.

Du câble télé ou du réseau téléphonique, qui véhicule au mieux les précieux bits d'information ? Cela fait l'objet de discussions et d'avis sans fin. Les arguments reprennent entre autres les modes d'abonnement, et les prix. Le point le plus difficile à évaluer porte sur les performances offertes en terme de débit : en effet, elles varient en fonction de l'emplacement de la connexion et du moment de la journée, le câble télé étant davantage partagé que la connexion téléphonique entre les utilisateurs, d'où une chute des performances selon le nombre d'utilisateurs voisins et leur niveau d'activité sur le réseau.

L'utilisation des réseaux publics de télécommunications peut se faire de deux manières différentes : soit par utilisation ponctuelle de ressources durant un temps limité à la transmission, soit par affectation permanente d'une fraction des ressources du réseau pour réaliser une liaison fixe entre deux points.

Dans le premier cas, l'utilisation du réseau variera en fonction du mode de commutation disponible sur le réseau public, en allant de l'occupation ponctuelle par des paquets en mode non connecté jusqu'à l'occupation complète d'un circuit commuté durant tout le temps de la communication.

Dans le second cas d'une affectation permanente, on parlera, selon les opérateurs, de ligne louée (*leased line*), de circuit loué ou encore de ligne spécialisée. Une fois les extrémités d'une telle liaison équipées de matériel de transmission agréé par l'opérateur, l'utilisateur en fera l'usage désiré, par exemple pour relier deux réseaux locaux. Les besoins couverts peuvent être de différents ordres de grandeur, et le coût d'une telle liaison est fonction de la distance qui sépare ses extrémités et de la largeur de bande affectée.

À un bout de l'échelle, on trouvera une ligne louée entre deux points distants de quelques kilomètres. La liaison sera réalisée par un opérateur local par la mise en continuité de paires téléphoniques, et elle permettra par exemple la connexion d'un appareillage distant à un centre de surveillance et sa télécommande, avec un trafic de volume modeste. Par contre, une ligne louée entre l'Europe et l'Amérique du nord, avec un débit de 2 Mb/s, occupera 32 canaux d'un des câbles sous-marins TAT (*trans atlantic telephone*), en plus des parties terrestres. Il en résultera, bien évidemment, un coût de location revu très à la hausse, qui sera sujet aux fluctuations du marché de la télécommunication internationale. Le prix de location d'une telle liaison justifiera le placement à chaque extrémité de matériels de transmission coûteux, dont la complexité permettra d'optimiser le débit de la liaison.

Aujourd'hui, les principaux types de réseaux disponibles pour l'usage général sont les suivants.

Réseau téléphonique commuté

Le réseau téléphonique commuté, RTC (en anglais PSTN, *public switched telephone network*) est le réseau de télécommunications universel. Il est parfois qualifié de POTS (*plain old telephone service*). Il fonctionne essentiellement en commutation de circuits. Il fut calibré pour transmettre en mode analogique la parole en *full-duplex* sur une seule paire de fils allant jusque chez l'utilisateur. Le réseau téléphonique commuté permet la transmission de données informatiques à l'aide de modems qui modulent les signaux numériques sous forme analogique et réciproquement.

L'adresse de l'utilisateur est son numéro de téléphone, unique au niveau mondial. Dans le cas de la téléphonie fixe, ce numéro suffit en effet à situer physiquement les correspondants. Aux yeux du téléphone, vous n'êtes qu'un numéro. La qualité des communications établies à travers le réseau téléphonique commuté s'est considérablement améliorée par la généralisation de la numérisation au niveau des commutateurs et de leurs interconnexions. Progressivement, et antérieurement à l'ADSL, des signaux à haute fréquence ont été ajoutés sur la paire téléphonique pour enrichir la signalisation et l'information, présentant par exemple aux correspondants le numéro de téléphone et le nom lors d'un appel. Par ailleurs, certains opérateurs de réseaux de distribution par câble (câblo-opérateurs) se sont positionnés sur le marché du réseau téléphonique commuté, au prix d'investissements très lourds, pour réaliser une liaison bidirectionnelle sur un support conçu à l'origine pour la diffusion unidirectionnelle.

RNIS

Le RNIS (réseau numérique à intégration de services), en anglais ISDN (*integrated services digital network*), peut être vu comme une extension de la numérisation des réseaux téléphoniques jusque chez l'utilisateur. Le but est de fournir une connexion numérique de bout en bout tout en prenant en compte un certain nombre de services. Sa réutilisation pour des services de nature informatique coulait donc de source. Cette extension numérique a été rendue possible par les progrès de l'électronique, qui permettait d'acheminer sur la banale paire téléphonique aboutissant chez l'utilisateur un débit total de 144 kb/s utiles en *full-duplex*. Ce débit est réparti sur deux canaux B à 64 kb/s chacun et sur un canal de signalisation D à 16 kb/s. Ce service est dénommé RNIS à bande étroite (*Narrow band ISDN* ou N-ISDN) par opposition au RNIS à large bande (*Broad band ISDN* ou B-ISDN) qui se confond avec l'ATM que nous avons décrit plus haut.

Chacun des canaux B opère en commutation de circuits, ce qui signifie qu'il est occupé pendant toute la durée d'une communication. Son débit est égal à celui des circuits numériques qui relient les commutateurs. Il peut être utilisé pour le transport de la voix ou toute autre application analogique après modulation par impulsions codées (MIC). Il peut également acheminer des signaux numériques à 64 kb/s sans nécessiter aucune conversion, à condition que le récepteur soit également pourvu d'une terminaison numérique, ce qui est le cas, entre autres, de la plupart des fournisseurs d'accès Internet. Les deux canaux B peuvent également s'agréger pour former un canal unique à 128 kb/s, permettant la transmission de données ou l'envoi d'images à animation lente.

Outre son usage pour la signalisation, le canal D peut être utilisé pour la commutation de paquets en mode connecté, par l'établissement de circuit virtuel. La norme RNIS a prévu que le canal D achemine également des messages d'une longueur maximale de 160 caractères, les SMS (*short message service*), un service que la téléphonie mobile reprendra avec le succès que l'on connaît. L'ambition du RNIS était de valoriser la boucle locale, en lui apportant les bénéfices de la numérisation en termes de débit, de qualité de transmission et de polyvalence. Il devait permettre la connexion à une panoplie d'applications qui n'ont pas vu le jour. L'émergence de l'ADSL avec des débits nettement supérieurs, son accès à Internet avec son monde d'applications a relégué l'usage généralisé du RNIS au rayon des technologies prometteuses mais dépassées avant leur déploiement, à l'exception notable de certains pays comme l'Allemagne.

ADSL

Le vocable DSL (*digital subscriber line*) ou « boucle locale numérique » recouvre différentes techniques superposant le plus souvent des transmissions numériques à la portion utilisée pour les communications téléphoniques. DSL est complété par des préfixes (ADSL, SDSL, VDSL) et des suffixes (ADSL2, VDSL2, ADSL2+) qui traduisent l'évolution très rapide dans ce domaine. L'ADSL (*asymetric digital subscriber line*) a été une étape supplémentaire dans la revalorisation de la boucle locale, souvent le maillon faible de la chaîne de communication. L'explosion d'Internet et son exploitation pour la transmission de contenus chaque jour plus lourds, comme des images ou, pire encore, la distribution de films à la demande, génèrent des quantités d'informations que les modems analogiques couplés au réseau téléphonique commuté et même le RNIS étaient bien incapables d'absorber et de gérer. Il est possible de répondre à ce besoin par la pose de fibres optiques jusque chez les utilisateurs, mais les coûts de déploiement empêchent sa généralisation. En revanche, les opérateurs des réseaux téléphoniques commutés ont trouvé dans l'ADSL une cure de jouvence à offrir au capital considérable que représentent les paires téléphoniques existantes qui les relient à la quasi-totalité de la population.

L'ADSL a fait son apparition aux États-Unis dans les années quatre-vingt-dix du siècle précédent. Depuis, il a été adopté par de nombreux opérateurs, malgré les investissements importants qu'il exige. Dans ce cas encore, ce sont les progrès de l'électronique, en particulier dans le traitement du signal numérique, qui ont permis le déploiement de cette technique, encore et toujours en pleine évolution.

L'ADSL conserve la boucle locale existante ainsi que son trafic téléphonique commuté dans la plage de 300 à 3400 Hz tout en lui superposant deux plages de hautes fréquences allant de 25 à 1100 kHz. L'utilisation de telles fréquences entraîne une restriction de distance : la longueur maximale de la boucle locale est limitée à environ 5 km pour une utilisation à plein débit. C'est ainsi que progressivement les opérateurs cherchent à raccourcir la boucle locale en prolongeant leur réseau en fibre optique jusque dans les parages de l'utilisateur. Les deux plages de fréquences ont une largeur différente, d'où le qualificatif d'asymétrique. Chaque plage est divisée en nombreux sous-canaux ou sous-porteuses. Le signal sur chaque sous-canal est modulé en amplitude et code jusqu'à seize valeurs différentes. L'ADSL offre des débits de l'ordre de 2 Mb/s à 24 Mb/s en flux descendant et de 128 kb/s à 1 Mb/s en flux montant. On part de l'hypothèse, le plus souvent vérifiée, que l'utilisateur va recevoir plus de données qu'il n'en envoie (le monde vous inonde de bien plus d'informations intéressantes que vous n'en avez à lui communiquer), aussi la plage la plus étroite est-elle affectée au trafic émis par l'utilisateur (*upstream*) et la plage la plus large au trafic reçu (*downstream*). L'ADSL peut également s'utiliser avec une ligne téléphonique numérique (RNIS). Que la ligne soit analogique ou numérique, un « modem » (appelé ainsi par abus) ADSL est toujours nécessaire afin de convertir les signaux ADSL en un flux binaire reconnu par un ordinateur ou un routeur. De plus, des filtres doivent être placés sur la connexion des appareils analogiques pour éliminer les signaux parasites qu'ils peuvent induire.

Du point de vue du réseau, la fraction ADSL d'une ligne téléphonique est à considérer comme un circuit permanent, sous forme d'une liaison reliant l'utilisateur à un fournisseur d'accès déterminé. En effet, les signaux ADSL sont dérivés de la boucle locale avant d'arriver au commutateur de proximité, par un DSLAM (*digital subscriber line access multiplexer*) qui les dirige vers une destination unique, en l'occurrence un fournisseur d'accès Internet. La version symétrique du DSL appelée SDSL est également disponible, notamment pour les entreprises qui veulent échanger de gros volumes d'informations ou créer un réseau virtuel à travers Internet. Le VDSL2 (*very high speed digital subscriber line*) permet de fournir à travers la boucle locale de cuivre des débits de 100 Mb/s en full-duplex sur une distance maximale de 3500 m.

Le déploiement du réseau de DSLAM et des liaisons à haute vitesse correspondantes représente pour les opérateurs des investissements très lourds. Par contre, les débits accessibles en flux descendant leur ont permis d'élargir leur offre au-delà du domaine d'Internet par l'adjonction de contenus tels que la télévision ou les films à la carte. De transporteurs d'informations, ils ont pu se muer en fournisseurs de contenus.

Télécommunications sans fil de deuxième génération : GSM et GPRS

Les radiotéléphones analogiques dits de première génération sont apparus durant les années 1980. Ils étaient différents de pays à pays et offraient une qualité médiocre. Malgré ces limites et leur coût élevé, ils ont fait naître la demande pour une radiotéléphonie grand public. Ils fonctionnaient déjà selon la technique de la radiotéléphonie cellulaire, qui consiste à multiplier les émetteurs de puissance restreinte de manière à pouvoir réutiliser le petit nombre de fréquences disponibles sans interférences, et aussi à utiliser des radiotéléphones avec une faible puissance d'émission. Le passage d'un radiotéléphone mobile d'une cellule à l'autre sans rupture de la communication exige un protocole de communication complexe. Le réseau GSM (*Global System for Mobile Communications*) est un système de téléphonie mobile entièrement numérique de deuxième génération (2G) développé à l'initiative de la CEPT, la Conférence européenne des postes et télécommunications et largement adopté par la suite sur d'autres continents.

Il a été conçu essentiellement en vue de transporter la parole sous une forme compressée, et son débit en matière de transmission de données est limité à 9600 b/s. Une autre propriété du GSM, dérivée du RNIS, est la possibilité de transmettre des messages brefs, les SMS (*short message service*) au succès foudroyant et qui ont entraîné une nouvelle façon de communiquer ainsi que l'éclosion de nouvelles applications interactives.

Le passage au GPRS (*General Packet Radio System*) a apporté une réponse aux besoins de transmission de données vers les mobiles, en passant à la transmission par paquets alors que le GSM fonctionne au départ en commutation de circuits. Le GPRS propose des débits qui peuvent atteindre une centaine de kb/s et se situe entre la deuxième et la troisième génération des télécommunications mobiles, d'où son surnom de 2,5G. Il présente pour les opérateurs l'avantage considérable de ne pas devoir obtenir de nouvelle licence puisque le GPRS utilise les mêmes fréquences que le GSM.

Devant l'ampleur des coûts du déploiement de la troisième génération et le peu d'enthousiasme manifesté au début par la majorité des clients à s'équiper d'appareils plus coûteux, les opérateurs se sont rabattus sur une version améliorée du GPRS, le EDGE (*Enhanced Data for Global Evolution*) avec des débits de 384 kb/s. EDGE est une première réponse aux besoins des utilisateurs de téléphones dits intelligents (*smartphones*). Ceux-ci représentent d'ailleurs un cas exemplaire d'hybridation interspécifique entre télécommunications et informatique mâtinée de multimédia. Le GPRS ne pouvait pas se substituer à la troisième génération, mais il peut assurer des débits satisfaisants dans les zones à faible trafic où le coût de déploiement de la troisième génération serait jugé prohibitif. D'où son surnom de 2,75G.

3G : la troisième génération UMTS

UMTS (*Universal Mobile Telecommunications System*) est le réseau public de radiotélécommunications de troisième génération. L'attribution aux opérateurs des licences UMTS par les États pour des montants astronomiques a donné lieu à des espoirs démesurés. La technologie n'était pas au rendez-vous et il en a résulté un endettement colossal pour certains opérateurs et une crise profonde pour tout le secteur des télécommunications.

Finalement, UMTS est parvenu à se matérialiser, porté par une demande accrue pour le multimédia et l'accès à des contenus de plus en plus volumineux sur Internet. UMTS n'est pas simplement un téléphone amélioré par rapport au GSM. Il peut se substituer au téléphone fixe, au grand dam des opérateurs historiques qui voient fondre redevances d'abonnement et revenus des communications. Il arrive à point nommé pour répondre aux besoins des smartphones et des tablettes où la fonction de téléphone devient accessoire par rapport aux autres applications. Il représente un réseau nouveau de transmission de données où le débit peut atteindre 1,9 Mb/s dans les meilleures conditions. De nouvelles technologies comme HSPA (*High Speed Packet Access*) sont venues doper ces débits pour les porter à 42 Mb/s. HSPA a été baptisée 3,5G, préludant l'arrivée de la 4G.

4G : la quatrième génération

Contrairement à la 3G dont le lancement avait été entouré de doutes quant à son intérêt réel, l'annonce de la quatrième génération a été suivie avec un intérêt bien plus marqué, aussi bien par les opérateurs qui se sont tous empressés de la déployer que par les clients qui ont trouvé là des produits et applications à la hauteur de leur espérance. La 4G aussi baptisée LTE (*Long Term Evolution*) propose des débits de 1 Gb/s pour l'utilisateur immobile et 100 Mb/s pour l'utilisateur en mouvement. Piéton ou assis dans le fauteuil de son salon, l'usager trouvera ainsi un débit de loin supérieur à l'ADSL de sa ligne fixe. Assis dans un train ou dans une voiture, il pourra encore largement faire usage de tous les services disponibles. Le spectre des utilisations liées à la 4G est vaste : accès mobile au Web, télévision haute définition, vidéoconférence, *cloud computing*, et même, accessoirement, téléphoner. À la différence des générations précédentes, la 4G repose uniquement sur le mode IP d'échange de paquets, même pour la téléphonie, en abandonnant la commutation de circuits en usage jusque-là. Jamais auparavant la téléphonie sans fil et le monde de l'Internet n'avaient été aussi proches.

Par ailleurs, on peut ranger dans la même catégorie des standards comme Wimax (*Worldwide Interoperability for Microwave Access*). Wimax peut être vu comme un Wi-Fi, renforcé par une portée (et des ambitions) bien plus grande. Wimax est standardisé par l'IEEE comme 802.16m. Par sa puissance d'émission, Wimax a besoin d'une licence pour opérer, licence que les autorités de régulation ne délivrent qu'avec des restrictions. Wimax peut être surtout considéré comme un substitut aux connexions ADSL, mais avec une bande passante à partager entre les utilisateurs, à l'instar du câble.

5G : la cinquième génération

La quatrième génération à peine déployée, la course à la cinquième génération est déjà lancée. Les enjeux industriels et commerciaux sont en effet considérables, et c'est à qui parmi les industriels pourra accumuler le plus grand nombre de brevets pour prétendre à une place significative dans ce marché mondial. Les débits visés à terme sont de 10 Gb/s, ce qui nécessite des investissements très lourds en termes de recherches pour développer les matériels et les protocoles associés avant de pouvoir passer à la production et à la commercialisation des services.

À titre indicatif, la figure 5.12 montre l'évolution des débits des réseaux mobiles de la 2G à la 4G. On peut y observer le progrès exponentiel typique de l'informatique, et conforme à l'évolution de la puissance de calcul des processeurs et des capacités de stockage des mémoires.

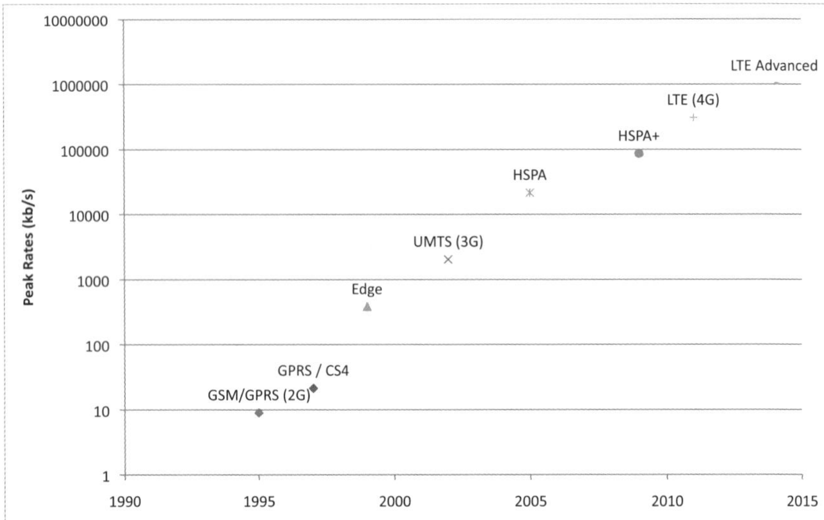

Figure 5.12 Évolution des débits de transmission en pointe (maximum théorique) des réseaux mobiles (*source : Kurz Weil, Intel, Wikipedia*)

Réseaux à portée limitée : du Bluetooth au RFID

De plus en plus d'appareils électroniques, capables d'être reliés à nos ordinateurs, ont déjà envahi notre vie de tous les jours : téléphones portables, caméras vidéo, appareils photo, GPS, lecteurs MP3, etc. Relier tous ces appareils au PC s'avère aisé tant qu'on accepte la présence d'un fil. Il s'agira, dans la plupart des cas, de connexions USB ou IEEE 1394 (Firewire). Mais connecter ces appareils entre eux (le smartphone et une oreillette, le GPS et l'autoradio, la tablette et des haut-parleurs) demande une connectivité bien plus flexible, sans connecteurs encombrants et coûteux. C'est dans cette optique qu'un nouveau standard de transmission de l'information sans fil a été mis au point : Bluetooth.

Bluetooth tout comme d'autres standards similaires est un ensemble de protocoles reposant sur de l'électronique rassemblée dans une puce, le tout pouvant être protégé par des brevets. La conception du standard est souvent le fait de plusieurs sociétés qui se fédèrent en escomptant accroître l'intérêt de leurs produits dans lesquels ils auront intégré le standard. Ces standards sont soumis à rude concurrence et se doivent de s'adapter régulièrement pour accompagner les évolutions en termes de technologie et de besoins. Certains concepteurs se réservent l'exclusivité de la construction de la puce en estimant que leur standard a des qualités uniques qui le rendent indispensable dans un domaine déterminé. Dans la plupart des cas, la puce peut être produite par tous ceux qui respectent les spécifications édictées par le concepteur du standard en s'acquittant éventuellement d'une forme de redevance.

Mais pourquoi Bluetooth ? Cette technologie emprunte son nom à un roi ayant régné au Danemark à la fin du Xe siècle, Harald Bluetooth. C'est son goût pour les airelles qui lui a valu ce surnom de « dent bleue ». Fait de loin plus marquant : il a réussi à fédérer le Danemark et une partie de la Norvège en un seul royaume. Choisir son nom pour un standard de communication sans fil qui se veut aussi fédérateur indique à quel point les sociétés des pays nordiques (Finlande, Suède, Danemark, Norvège) ont été pionnières dans l'industrie des télécommunications.

Bluetooth, standard ouvert et formalisé en 1994 sur l'initiative d'Ericsson est, avec le Wi-Fi (sur lequel nous reviendrons plus loin), l'une des alternatives majeures aux câbles de connexion, mais également à l'infrarouge. Ce dernier est utilisé pour transmettre de petites quantités de données mais ne peut en aucun cas voir son faisceau coupé. Bluetooth, quant à lui, travaille dans une bande de fréquences de 2,4 GHz, bande allouée par le passé aux appareils industriels, scientifiques, médicaux (bande ISM) ou militaires. Bluetooth envoie des signaux très faibles, 1 mW pour les plus faibles, 2,5 mW pour la plupart des appareils et 100 mW pour les plus puissants (en comparaison, un GSM émet avec une puissance maximale de 1 à 2 W). Évidemment, la faible puissance du signal oblige les objets devant être raccordés via Bluetooth à ne pas être espacés de plus de 100 mètres pour les plus puissants. Par contre, cette faible puissance limite les interférences entre les appareils et facilite le partage du spectre radio. Les interférences sont également limitées par la technique dite de « saut de fréquences » (*frequency hopping*). Celle-ci consiste à diviser la fréquence allouée en nombreux sous-canaux et à sauter d'un sous-canal à un autre selon un schéma connu du seul récepteur, ce qui apporte en plus un premier niveau rudimentaire de confidentialité.

Les ambitions de la technologie Bluetooth couvrent un vaste champ d'applications tant domestiques que professionnelles et définies par des profils Bluetooth. Bluetooth voudrait accompagner le passage à l'électronique interactive de la plupart des objets usuels, du matériel audiovisuel à la domotique et à l'automobile. Bluetooth a pour lui le prix très faible de son composant, sa faible consommation électrique et sa très large diffusion. Les premières versions du standard se sont révélées assez boiteuses, et l'interopérabilité des terminaux équipés de Bluetooth n'était pas toujours au rendez-vous. De nouvelles versions ont apporté les éclaircissements nécessaires ainsi que des débits de transmission plus à même de répondre à la croissance des volumes d'informations à échanger. Le créneau de Bluetooth se situe dans les connexions décamétriques avec des débits pouvant atteindre les 24 Mb/s, formant un WPAN (*wireless personal area network*) pour relier sans fil ordinateur, périphériques, appareils photo, vidéo ou audio, GPS, consoles de jeu (remplaçant ainsi les télécommandes par liaisons infrarouge et les câbles qui servent à relier les équipements mobiles). Bluetooth a aussi élargi la connectivité des appareils qui peuvent désormais échanger entre eux et se connecter à Internet, alors que dans ses premières versions, les appareils ne pouvaient communiquer qu'avec un maître dans leur environnement proche en formant un pico-réseau ou *piconet*. Bluetooth se repositionne ainsi pour l'Internet dit des objets et leur prolifération.

Bluetooth n'est toutefois pas seul sur ce terrain. Dans la domotique en particulier, différents protocoles (Zigbee, Z-Wave, etc.) tentent de s'imposer avec des puces aux capacités bien moindres en termes de débit et de portée mais présentant un coût réduit et une consommation électrique minime. Ils fonctionnent souvent dans la plage de fréquences de 866 Mhz, ou dans celle de 2,4 GHz. Ces caractéristiques les rendent aptes à animer les appareils de mesure et de régulation et de surveillance à distance surgissant dans le sillage des réseaux électriques intelligents (*smartgrids*). Leur faible coût est une des conditions de leur large diffusion et leur production ne peut être rentable que si elle se fait à très grande échelle.

En réduisant encore la portée et le coût, on débouche sur l'identification par radiofréquences ou RFID (*radio frequency identification*), où des puces électroniques (marqueurs, ou *tags* en anglais) s'incrustent dans les objets. Ces marqueurs déclinent leur identité lorsqu'ils en sont priés par un lecteur à travers un dialogue par signaux radio. Les marqueurs sont constitués essentiellement d'une puce électronique mémorisant quelques octets et d'une antenne radio, le tout d'une taille minuscule et conditionné dans un matériau qui permettra son insertion dans l'objet à identifier. La relation entre le lecteur et le marqueur est du type point-à-point. Les marqueurs sont généralement de la catégorie dite passive car ils ne comportent aucun dispositif d'alimentation électrique. Ils ambitionnent de remplacer dans le commerce les étiquettes à codes-barres. Leur coût plus élevé qu'une étiquette de papier est compensé par les possibilités de suivi automatisé. À la sortie du magasin par exemple, ils sont reconnus par une borne de lecture qui récapitule la liste des achats effectués et le montant à payer. Arrivés au domicile, ils peuvent annoncer leur arrivée à un frigo ou une armoire de rangement intelligents qui sont à même de proposer une liste des achats en fonction de la consommation,

Leur fonctionnement est assuré par un lecteur qui émet un signal radio d'une énergie suffisante pour que, capté par l'antenne du marqueur, il permette à celui-ci d'émettre à son tour ses données d'identification. Il s'agit alors de relations à très faible portée, moins d'un mètre, d'application dans la « communication en champ proche », mieux connue sous le sigle NFC (*near field communication*). Un marqueur passif peut aussi être intégré dans une carte à puce pour réaliser des transactions élémentaires. Une portée aussi limitée présente l'avantage que le porteur du marqueur manifeste ainsi sa volonté de voir une transaction s'effectuer en approchant le support du marqueur à proximité immédiate du lecteur, par exemple pour valider un titre de transport. De plus, une portée aussi réduite limite les risques d'acquisition frauduleuse des informations contenues dans le marqueur. Le consentement du porteur peut encore être mieux assuré lorsqu'il s'agit de réaliser un contact physique entre un terminal de paiement et par exemple un smartphone intégrant un marqueur, une action qualifiée du terme anglais « tap ».

Wi-Fi

Le Wi-Fi, pour sa part, se situe davantage dans le segment des réseaux locaux au calibre Ethernet (LAN), avec un recours à du matériel plus coûteux caractérisé par une consommation électrique plus importante. C'est durant les années 1990 qu'émergent les premiers réseaux sans fil WLAN basés sur les protocoles IP. Fruit des développements parallèles de plusieurs groupes de travail, l'architecture IEEE 802.11 repose sur une norme générique déclinée en plusieurs versions qui se distinguent par l'ajout d'un suffixe particulier (lettres minuscules de l'alphabet). Le principe d'un réseau Wi-Fi est simple, c'est l'extension d'Ethernet au sans fil. Il s'agit d'établir un réseau local (LAN) où les fils des liaisons Ethernet sont remplacés par des liaisons radio. Au-delà de deux stations, le relais se fait par un point d'accès (*access point*) ou plus couramment par un routeur qui apporte en sus la capacité d'acheminer le trafic Internet. En usage résidentiel, les rôles de routeur et de point d'accès sans fil sont souvent intégrés dans la « box » proposée par l'opérateur téléphonique ou le câblo-opérateur et combinant l'accès à Internet, la télévision et la téléphonie. L'établissement d'une connexion à un point d'accès s'accompagne d'une procédure où l'introduction des paramètres requis est assez simple lorsqu'il s'agit d'un ordinateur avec son écran et son clavier. Les mêmes facilités ne sont pas de mise avec les nombreux appareils qui ont rejoint la sphère Wi-Fi, tels qu'appareils photo numériques (APN), téléviseurs (Smart TV) ou imprimantes. Le passage obligé par un point d'accès peut être contourné avec Wi-Fi Direct qui permet à des appareils de se connecter entre eux pour, par exemple, transférer des fichiers. Cette souplesse d'utilisation est mise à profit pour les échanges entre tablettes et smartphones avec des débits et une portée bien plus élevés qu'avec Bluetooth, mais en sollicitant davantage les batteries.

Les liaisons radio utilisées par le Wi-Fi exploitent les bandes de fréquence des 2,4 GHz ou 5 GHz qui ont été libérées pour cet usage. La bande de 2,4 GHz est la plus communément utilisée avec les standards 802.11n pour un débit de 300 Mb/s, IEEE 802.11g pour un débit de 54 Mb/s, ou encore IEEE 802.11b pour un débit de 11 Mb/s. Au vu de la saturation croissante de la bande des 2,4 GHz encombrée par les multiples usages tels que Bluetooth, les alarmes à distance et le recours massif aux connexions sans fil pour des volumes de données telles que la vidéo qui explosent, le Wi-Fi est obligé d'aller voir ailleurs. C'est donc la bande des 5 GHz qui est utilisée par le standard 802.11ac pour offrir un débit maximum théorique de près de 7 Gb/s. Il faut souligner qu'il s'agit là de débits théoriques que les conditions de voisinage peuvent réduire très sensiblement. Certains fournisseurs d'équipements Wi-Fi proposent des débits supérieurs au standard, qui ne seront atteints qu'avec les seuls équipements compatibles.

En intérieur, il est possible de couvrir théoriquement un rayon de 50 mètres, bien que la portée soit souvent réduite entre 15 et 20 mètres, selon la configuration des lieux, l'épaisseur des murs, la présence de matériaux tels que le béton, etc. Les fréquences de 5 GHz subissent une plus forte atténuation que les fréquences de 2,4 GHz. En extérieur, un point d'accès normal permet de couvrir environ 100 mètres. Une distance qu'il est possible d'étendre considérablement (jusqu'à plusieurs kilomètres) grâce à des antennes amplificatrices. Toutefois, le déploiement d'un réseau Wi-Fi en extérieur avec une couverture supérieure à une centaine de mètres est généralement soumis à l'autorisation préalable des autorités de régulation en matière de télécommunications. Un réseau Wi-Fi ouvert au public est qualifié de *hot spot*. Le mode de paiement pour l'utilisation d'un hot spot est chaque fois un cas particulier, son caractère onéreux étant par contre une caractéristique plus générale.

Par rapport aux réseaux filaires, en plus de la mobilité facilitée, cette simplicité de mise en place a pour contrepartie des débits plus instables et la nécessité d'assurer la meilleure protection possible contre les fuites et les intrusions. Le même souci se manifeste avec les réseaux CPL (courant porteur en ligne) comme nous l'avons vu plus haut, mais avec une dimension supplémentaire due aux risques d'une diffusion encore moins contrôlable que dans le cas du réseau électrique. La protection apportée par le cryptage WEP (*Wired Equivalent Privacy*) est considérée comme dépassé car montrant plusieurs failles sévères de sécurité. De plus, le cryptage WEP n'est plus supporté par les versions les plus récentes du standard 802.11. Une protection plus complète est apportée par le cryptage WPA (*Wireless Protected Access*). Après de longues recherches, le standard 802.11i a été publié en intégrant enfin les mesures de protection indispensables. Les produits qui se conforment à ce standard portent le label WPA2.

Topologie des réseaux

Choix de la topologie

La topologie d'un réseau répond à un ensemble de choix visant à faire communiquer entre eux et de la manière la plus efficace un ensemble d'ordinateurs personnels, serveurs, tablettes, smartphones, imprimantes, tous les objets qui veulent à leur tour avoir voix au chapitre et qui peuvent être regroupés sous le vocable de « stations ». La topologie comprend deux aspects :

- l'aspect « physique » décrit l'infrastructure matérielle utilisée pour relier les stations entre elles, en d'autres mots les supports tels que nous venons de les décrire;

- l'aspect « logique » précise la manière dont chaque station peut accéder aux ressources formant l'aspect « physique », comment elle peut utiliser l'infrastructure, en d'autres mots le protocole d'accès et de communication.

L'aspect logique joue un rôle prépondérant dans les performances du réseau et la satisfaction des utilisateurs. En effet, le protocole définit, entre autres, si et quand une station peut émettre, et donc occuper le réseau. Un modèle simple, qualifié de maître-esclave, confie la gestion du réseau à une station centrale, qualifiée de maître. Celui-ci demande à chaque station si elle a quelque chose à dire, avant de lui donner la parole selon des priorités qu'il détermine lui-même. Un tel modèle est devenu totalement inapplicable à des stations qui ont à se connecter selon leurs besoins propres à une multitude d'autres stations très largement dispersées.

On est ainsi passé à des protocoles plus « libertaires », autorisant les stations à émettre selon leurs besoins propres, en maintenant éventuellement un tour de parole entre les stations. Le choix de la topologie va dépendre d'un certain nombre de facteurs qui seront d'abord influencés par l'existant. Ensuite, la taille de l'organisation, le besoin de pouvoir faire évoluer ses structures, l'architecture et l'âge des bâtiments, le coût du matériel à mettre en œuvre, seront autant de paramètres qui peuvent faire pencher pour un choix ou un autre. La topologie du réseau d'une organisation se structurera souvent, à partir d'une certaine taille, en une hiérarchisation de sous-réseaux interconnectés, chacun avec leur topologie propre.

Nous allons examiner deux topologies différentes de réseau local, d'abord Ethernet sous ses variantes en bus et en étoile, et ensuite l'anneau à jetons (*token ring*).

Ethernet

Ethernet est devenu un des principaux standards en matière de réseaux locaux. À l'origine, Ethernet est le fruit d'un développement réalisé conjointement par Xerox, Intel et DEC (ce dernier fusionnera ultérieurement avec Compaq puis HP). Publié en 1980, Ethernet sera par la suite standardisé par l'IEEE. En fait, ce nom d'Ethernet recouvre aussi bien l'aspect physique que logique. Bien qu'Ethernet ait été d'abord basé exclusivement sur une topologie en bus, il s'est révélé particulièrement apte à évoluer selon les besoins. Il est devenu le standard de loin le plus répandu dans le domaine des LAN. Ethernet est ainsi passé d'une topologie en bus à une topologie en étoile en présence de commutateurs de paquets (*switches*). La vitesse maximale de transmission est passée des 3 Mb/s de ses débuts aux 100 Gb/s aujourd'hui.

Quelle que soit la topologie, chaque station dans le réseau Ethernet est équipée d'un coupleur Ethernet (connexion LAN), possédant une adresse unique au monde. Cette adresse est codée sur 48 bits, généralement exprimée sous forme de six paires de chiffres hexadécimaux, et elle est appelée adresse MAC (*media access control*, rien à voir avec le célèbre ordinateur à la pomme croquée). Cette adresse est utilisée pour identifier aussi bien la station destinataire que la station émettrice au sein de son réseau local.

Les stations diffusent sur le réseau leurs données sous forme de blocs nommés trames. Chaque trame a une longueur variable, avec un minimum de 64 octets et un maximum de 1542 octets, et elle est précédée par un profil de bits fixe (préambule) diffusant l'horloge de l'émetteur suivi d'un en-tête où figurent entre autres les adresses des stations émettrice et destinataire. Chaque station du réseau examine toute trame qui passe à sa portée et commence par caler son horloge sur le profil fixe puis détermine depuis l'adresse destinataire si la trame lui est adressée.

Réseau Ethernet en bus

Cette topologie physique, la plus triviale, est telle que toutes les stations sont connectées sur un câble unique. Nous retrouvons la notion de bus qui était déjà apparue avec l'unité centrale et les périphériques. La figure 5.13 l'illustre. Un réseau en bus fonctionne en *half-duplex* à 10 Mb/s. Il est géré par un protocole Ethernet CSMA/CD ou CSMA/CA. Chaque station est donc indépendante et émet une trame quand cela lui chante, tout en écoutant les autres stations.

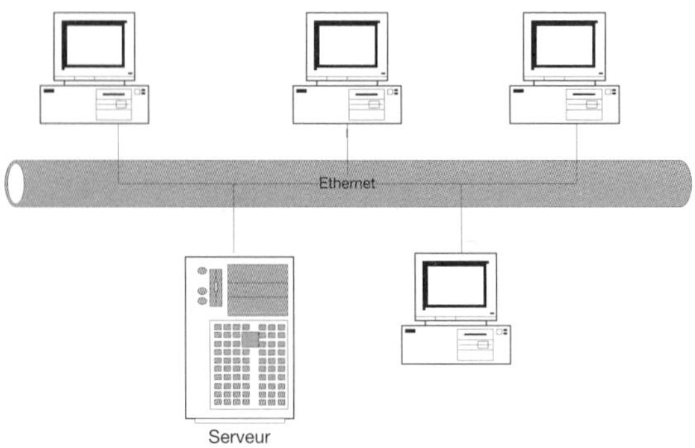

Figure 5.13 Topologie en bus

Le câble est généralement de type coaxial mince appelé *thinnet*. L'avantage de ce type de câblage est la facilité de mise en place et le coût relativement faible de l'installation. Celle-ci se limite à la pose d'un câble unique qui parcourt tous les points à connecter, chacun étant équipé d'une dérivation pour le raccordement de la station. Une installation provisoire peut même être réalisée sous forme de câblage volant. La dérivation est terminée par un connecteur à baïonnette de type BNC. On notera que les coupleurs Ethernet des PC actuels ne disposent pas d'un connecteur BNC, ce qui nécessite l'installation d'un appareil de conversion. Le défaut essentiel d'un réseau Ethernet connecté en bus est sa très grande vulnérabilité, du fait d'un nombre important de points potentiels de rupture. Que l'une des stations ou des dérivations soit défectueuse et c'est le réseau tout entier qui est mis hors service, sans qu'il soit possible de localiser facilement la cause du problème.

Dans cette topologie en bus, qui est sa version de base, Ethernet fonctionne en *broadcast* ou multipoint car, bien qu'un seul destinataire soit concerné par un envoi, toutes les stations du réseau reçoivent le message et c'est à elles de décider s'il leur est destiné ou pas.

Lorsqu'une station doit émettre une trame, elle attend que son réseau Ethernet soit libre, ou, en d'autres termes, qu'aucune trame ne soit perceptible, ce qui se traduit par l'absence de porteuse (*carrier*). Ce silence paraissant acquis, la station commence à émettre ses données sous forme de trame. Toutefois, les délais d'envoi et de propagation du signal sur le réseau Ethernet sont tels qu'une autre station, ayant également perçu ce silence (sur Ethernet il est d'or également), a pu commencer à émettre sa propre trame avant que le début de la trame émise par la première ne l'atteigne. Pour détecter une telle collision, chaque station est à l'écoute de ce qu'elle émet et est capable de détecter la corruption du signal consécutive à une collision. Les stations émettrices qui détectent une collision s'interrompent aussitôt, et chacune renouvellera sa tentative à l'issue d'un délai fixé de manière aléatoire. Ethernet est fondé sur la capacité technique à détecter et gérer les collisions entre les trames diffusées sur un réseau dans une connexion en mode multipoint (collisions impossibles dans le modèle maître-esclave). Le protocole utilisé est appelé CSMA/CD (*carrier sense multiple access with collision detection*). Le protocole CSMA/CA (*carrier sense multiple access with collision avoidance*) est une variante du protocole CSMA/CD, avec prévention des collisions au prix d'une signalisation et de délais supplémentaires.

Les protocoles CSMA/CD et CSMA/CA n'assurent pas la distribution d'un tour de parole. Il n'est donc pas possible de déterminer un délai maximal d'attente pour l'envoi d'une trame par une station. Le délai d'acheminement d'une trame Ethernet est aléatoire et fonction de la charge du réseau, de collisions éventuelles ainsi que de l'appareillage utilisé, comme nous le verrons bientôt.

Réseau Ethernet en étoile

Le câblage utilisé dans ce cas est généralement composé de paires de fils torsadés, avec ou sans blindage ou écrantage (*foiled twisted pair, shielded* ou *unshielded twisted pair*) et terminés par des connecteurs RJ45. La fibre optique, avec ses qualités en termes de débit et de résistance aux perturbations, peut être utilisée à la place des paires de fils. Chaque station se trouve maintenant connectée à un point central appelé concentrateur ou *hub* comme le montre la figure 5.14. Sur le plan de la connexion physique, il s'agit d'autant de liaisons point à point qu'il y a de stations connectées au hub. Le rôle du hub est de transformer cet ensemble de liaisons individuelles en une liaison continue au niveau de l'accès logique. La longueur du câble reliant la station à son hub est limitée à 100 mètres pour tenir compte des temps de propagation. Les câbles se connectent sur le hub par des ports, et le nombre de ports (typiquement de 4 à 16) définit la capacité du hub. Plusieurs hubs peuvent être connectés entre eux pour accroître l'étendue du réseau, transformant les étoiles qu'ils connectent en une grande constellation. Souvent cette découpe en sous-réseaux est amenée à épouser l'architecture ou l'organisation physique d'un bâti-

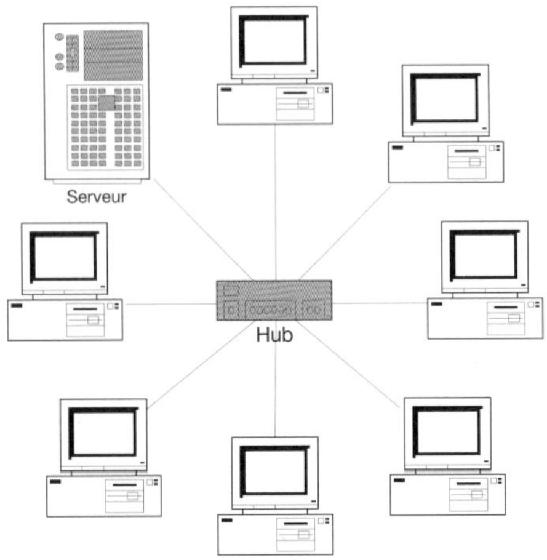

Figure 5.14 Topologie en étoile

ment. Un réseau Ethernet en étoile fonctionne à 10, 100 ou 1000 Mb/s, en fonction des stations, des hubs et de la catégorie des câbles de raccordement.

Le hub, avec son réseau en étoile, est la topologie la plus utilisée car la plus souple en matière d'extension mais surtout la plus fiable. Lorsqu'une station tombe en panne, elle n'affecte pas le reste du réseau, car le hub est capable de détecter la perturbatrice et l'empêche de nuire au reste du réseau. Évidemment, si la défaillance vient du hub, c'est une autre histoire, mais la probabilité reste largement inférieure à celle de la défaillance de l'une des stations qu'il relie. De plus, la défaillance d'un hub est facilement localisable. L'inconvénient de cette topologie est son coût plus élevé, dû au hub et à la multiplication des câbles. Le hub dans sa version la plus élémentaire retransmet sur tous les ports donc toutes les stations qui lui sont connectées chaque bit qu'il reçoit. Il ne joue aucun rôle dans le routage des informations. On peut le comparer logiquement à une prise multiple, et il est exploité en *half-duplex* selon le protocole CSMA/CD décrit ci-dessus. Dans le cas de plusieurs réseaux locaux connectés entre eux, lorsqu'un hub est capable de déterminer si une trame est destinée à une de ses stations, il limite la diffusion de la trame vers les autres hubs, ce qui réduit fortement l'encombrement du réseau. Cette découpe en sous-réseaux devient une manière assez naturelle de limiter la charge du réseau et le risque de collisions.

Devant l'augmentation croissante des volumes, le filtrage réalisé par des hubs s'est révélé insuffisant. Ils ont été progressivement supplantés par des versions de hubs plus élaborés (appelés alors commutateurs ou *switch*) qui permettent de limiter la transmission de la trame vers la seule station destinataire. Cela permet d'accroître et de sécuriser le trafic comme lorsqu'un carrefour dangereux est remplacé par un pont ou un tunnel. Les commutateurs permettent des transferts simultanés sur les paires émettrice et réceptrice d'une station (*full-duplex*) et les transferts simultanés entre plusieurs stations. L'amélioration est particulièrement sensible lorsque le trafic est destiné à plusieurs stations. Ils réduisent comme peau de chagrin la probabilité de collision dès lors que chaque station est reliée à un port du commutateur. La plupart des routeurs à usage résidentiel font office de commutateur et sont munis de plusieurs ports Ethernet. Les commutateurs peuvent aussi alimenter en courant électrique de faible puissance (typiquement une vingtaine de watts) des stations qui sont dépourvues d'alimentation électrique (POE, *power over Ethernet*).

Topologie en anneau (token ring)

Dans son principe, illustré par la figure 5.15, la topologie *token ring* consiste à relier les stations entre elles par des segments de câble (coaxial, paire torsadée ou fibre optique) constituant un anneau fermé (*ring*). Sur le plan de la connexion physique, il s'agit d'autant de liaisons point à point, mais dont l'accès logique est organisé en boucle. Les informations circulent sur l'anneau dans un seul sens. Le mécanisme d'évitement de collision est basé sur l'usage d'un jeton (*token*). Lorsque le réseau est en attente de trafic, un jeton vide circule sur l'anneau, et se transmet de station en station. Une station qui n'a pas de données à émettre passe le jeton vide à la station suivante dans l'anneau. Lorsqu'une station souhaite émettre, elle attend l'arrivée du jeton vide, puis le modifie pour indiquer l'occupation de l'anneau, et le complète par ses données, qui vont circuler sur l'anneau jusqu'à la station destinataire. Celle-ci va lire les données qui lui sont adressées et émettre un jeton d'accusé de réception qui retournera chez l'émetteur.

Cette topologie est plus sûre que le bus mais présente les mêmes inconvénients : arrêt du réseau lors d'un problème sur un segment de la boucle et difficulté d'ajouter des stations. Elle a l'avantage de présenter un caractère déterministe et « démocratique », en assurant un temps d'attente limité, puisque le « droit » de parole est proposé à chaque station à tour de rôle. Chacune se trouve donc traitée sur un pied d'égalité et peut, à l'instar des musiciens d'un concert de jazz, avoir droit à un même temps de solo.

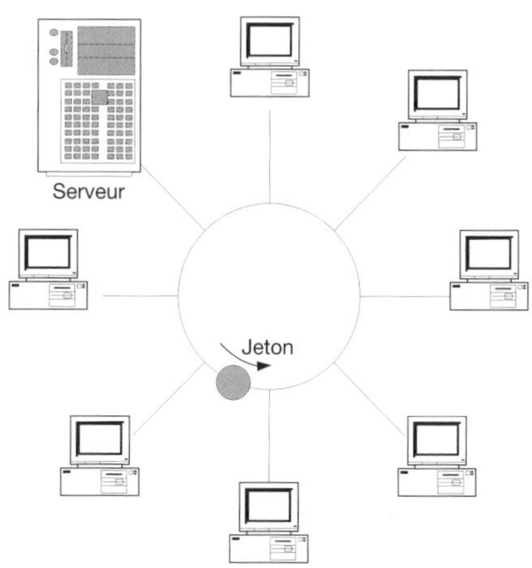

Figure 5.15 Topologie en anneau

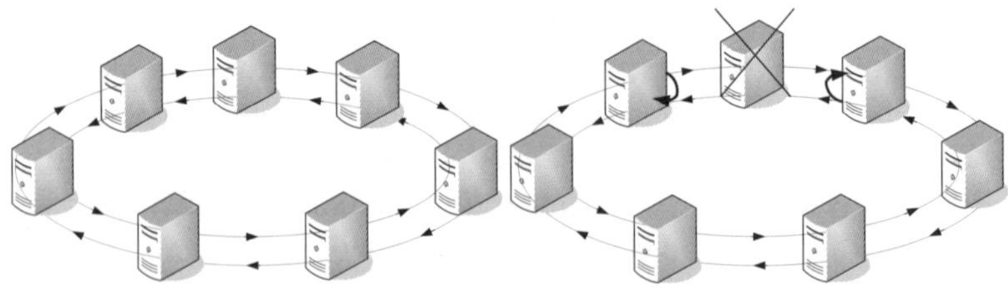

Figure 5.16 FDDI

Le token ring est apparu vers la même époque qu'Ethernet mais, bien que promu par IBM, il n'a pas pu s'imposer dans les réseaux locaux face à la simplicité de mise en œuvre et au moindre coût d'Ethernet. Le principe du token ring se retrouve cependant dans la technologie des réseaux optiques FDDI (*fiber distributed data interconnect*). Ceux-ci sont constitués de deux anneaux formés de segments en fibre optique. Les données circulent en sens inverse dans les deux anneaux. En cas de rupture sur un segment, l'acheminement des données demeure possible sur l'anneau opposé (voir figure 5.16). Le FDDI trouve son usage dans l'interconnexion de sous-réseaux de grande capacité, ou l'établissement de réseaux métropolitains (MAN) desservant des organisations multiples dans un périmètre de plusieurs kilomètres.

Les architectures de réseau

Structuration en couches

Nous avons vu que la transmission de données à travers un réseau mobilise des ressources multiples et diverses. Il est impensable que l'utilisateur qui désire expédier un message à un destinataire doive se préoccuper de connaître et paramétrer le menu détail de toutes les ressources qui seront mises en œuvre. À l'utilisateur d'écrire le message dans le langage qui lui convient le mieux puis à dire à qui tel message est adressé, au réseau ensuite d'acheminer ce message.

Le fonctionnement des réseaux est un ensemble beaucoup trop complexe pour être traité globalement. Comme pour tout problème complexe, il est plus facile à traiter quand il est décomposé en parties plus simples.

L'idée maîtresse des protocoles de communication sous-tendant le fonctionnement des réseaux est que, quel que soit ce fonctionnement, il soit plus commode de le considérer comme composé de paires d'éléments disposées en une superposition de couches différentes, un échange de données entre deux parties ne pouvant s'effectuer que si ces deux parties adhèrent à des règles d'échange ou protocole dont elles ont convenu au préalable. Autrement dit, chaque couche pourra être considérée comme composée de deux interlocuteurs placés en vis-à-vis et communiquant entre eux selon un protocole fixant les règles communes propres à cette couche et à elle seule. Chaque couche fait appel localement aux services de la couche adjacente par des interfaces. Un avantage évident de cette décomposition en couches est que tout protocole d'une couche peut être modifié pour tenir compte des évolutions technologiques sans nécessiter de révision des couches adjacentes. Par exemple, si au niveau de la couche la plus basse du protocole, les bits sont envoyés optiquement plutôt qu'électroniquement, rien ne modifie réellement le fonctionnement des couches supérieures. Tous les protocoles réseau fonctionnent ainsi, tels Ethernet ou Internet. De même quand vous envoyez sur Internet des courriels, des fichiers de musique ou des pages web bourrées d'hyperliens, rien ne modifie vraiment la manière dont, *in fine*, les paquets puis les bits composant ces documents sont transmis à travers le réseau.

Les différentes couches ont été organisées dans des modèles ou architectures de réseau dont la diffusion peut différer selon les cas. Nous détaillerons plus loin les deux modèles les plus connus : OSI en sept couches, le plus complet et le plus formel, et TCP/IP en quatre couches, une implémentation plus simple et la seule vraiment rencontrée en pratique.

Nous verrons qu'à chaque couche qu'il traverse, le message émis se voit adjoindre un bloc d'information supplémentaire exclusivement adressé et compris par la couche correspondante. À chaque niveau ou couche sera associé une facette de la liaison, en partant du niveau physique placé dans la couche la plus basse, la couche de fondation effectuant le véritable transfert physique et sur laquelle reposent toutes les autres, jusqu'aux couches supérieures, prenant en compte, chaque fois un peu plus, les propriétés sémantiques du message.

Afin de faciliter son transport, un message peut subir une profonde transformation de sa forme originale. Cela ne pose nul problème si toutes les transformations subies par ce message sont réversibles afin de revenir au message d'origine. Cette réversibilité n'est rendue possible que par la mise en vis-à-vis des couches responsables du même type de transformation. C'est le cas évident de la voix transformée en signaux électriques ou d'un texte transformé en bits. Lors de la réception, il doit être possible d'effectuer la réciproque de ces transformations pour entendre la voix et lire le texte d'origine.

Remontons dans le temps et imaginons que vous devez envoyer un télégramme de félicitations à un ami lointain. Vous téléphonez au service du télégraphe où un opérateur prend note de votre message, pour ensuite le convertir en code télégraphique. Ce code est acheminé sous forme d'impulsions électriques vers le poste où un autre opérateur le transcrit sous une forme que votre ami pourra lire lorsque le message lui sera remis. Trois couches de communication sont présentes ici : vous et votre ami, les deux télégraphistes, et la transmission sous forme d'impulsions électriques. Chacune de ces couches ne dialogue à distance qu'avec son *alter ego* en respectant un protocole, tout en demandant localement des services à la couche adjacente. Du côté de l'émetteur le message sera converti, de couche en couche, vers le bas, pour subir une succession de conversions inverses, à l'arrivée, cette fois vers le haut.

Autre exemple, une liaison entre deux télécopieurs consiste en une première couche formée par la juxtaposition de tous les circuits téléphoniques commutés le temps de la communication. La couche la plus haute de cette liaison est le protocole de télécopie convenu entre les deux appareils dès l'établissement de la communication, protocole qui tient compte de leurs possibilités respectives, des instructions de l'utilisateur, et de la qualité de la liaison téléphonique.

Un protocole de communication entre deux interlocuteurs est toujours indispensable de manière à ce que ceux-ci retirent des phrases échangées les vraies parties porteuses de sens. Si deux personnes parlant des langues différentes tentent de communiquer, il est nécessaire de recourir à un interprète ou d'utiliser un langage intermédiaire, pour qu'ils puissent se comprendre. Ce choix sera leur protocole de communication à eux. Nous allons voir que tous les protocoles de communication des réseaux informatiques, qui sont à la circulation informatique ce qu'est le code de la route à la circulation automobile, respectent toujours cette organisation en strates. Lorsque vous cliquez dans un navigateur pour voir apparaître une page web, cette même page devra traverser plusieurs couches, tant du côté du serveur où réside cette page web que du côté de votre tablette ou de votre PC, avant d'apparaître devant vos yeux ravis ou fatigués d'attendre.

Passons maintenant à la description des modèles OSI et TCP/IP, pour lesquels nous utiliserons le vocabulaire qui nous a paru le plus clair, sachant qu'il varie selon les auteurs (ce qui est gênant pour des standards).

Le modèle OSI

L'Organisation de normalisation internationale (ISO, International Standards Organisation) décrivit en 1977 un modèle d'architecture de réseaux organisé en sept couches et appelé OSI (*Open Systems Interconnection*). Bien que ce modèle n'ait jamais été implémenté dans sa totalité (il reste un idéal parfaitement théorique, comme beaucoup d'idéaux), il a eu le mérite de définir clairement ce à quoi doit correspondre un modèle d'architecture de réseau. Il y est dès lors fait fréquemment référence et c'est pourquoi une brève description s'impose. Ce modèle reprend l'idée d'une structuration hiérarchique en couches, avec ses différentes fonctions, évoquée plus haut dans ce chapitre. Chaque couche de l'émetteur ne s'adresse qu'à son homologue du côté récepteur à travers un protocole. Tout dialogue entre deux couches entraîne l'appel successif aux services des couches inférieures pour parvenir finalement à la couche de liaison physique par laquelle transitent tous les échanges. Chaque couche considère ce qu'elle reçoit de la couche supérieure comme une donnée à laquelle elle ajoute un en-tête, information supplémentaire dont elle est seule responsable. Du côté du récepteur, lors du passage dans chaque couche, l'en-tête est traité puis supprimé de manière à ce que, à la fin de l'escalade à travers les couches, le message soit reproduit de la manière la plus signifiante pour la couche à laquelle il est destiné.

Nous décrivons d'abord les sept couches reprises dans la figure 5.17. Nous effectuons ensuite un voyage à travers ces sept couches en nous embarquant à bord d'un programme d'application.

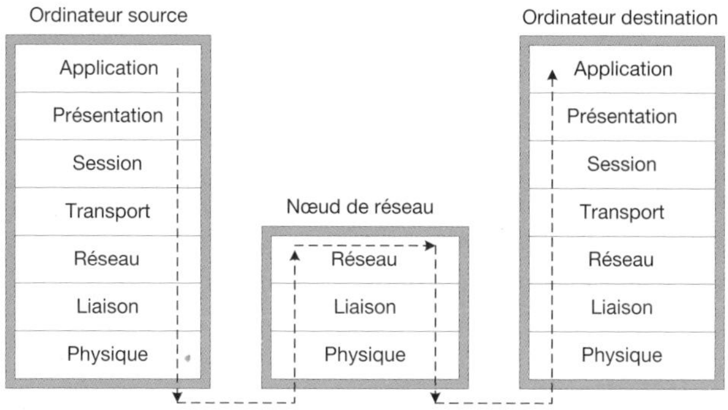

Figure 5.17 Modèle OSI

Couche 1 : Physique

La couche physique transmet les données entre deux nœuds du réseau en ne se préoccupant que du niveau le plus élémentaire : le transfert des bits. Cette couche définit les caractéristiques physiques de la liaison telles que les spécifications du câble coaxial, de la paire téléphonique, de la fibre optique, le format des connecteurs, la nature des signaux, par exemple le voltage requis pour la transmission.

Couche 2 : Liaison de données

Cette couche est responsable de l'envoi d'un bloc de données appelé trame jusqu'au prochain nœud en assurant éventuellement la détection des erreurs de transmission. Elle peut découper les paquets reçus de la couche supérieure en trames de plus petite longueur pour tenir compte de la longueur maximale de trame autorisée. Si la liaison de données se fait dans un réseau local, il peut être fait usage des protocoles tels que Ethernet ou *token ring*. Si l'on reste au niveau Internet, le paquet demeure tel quel d'un routeur à l'autre.

Couche 3 : Réseau

Cette couche est responsable du routage ou de la commutation, elle est présente dans chaque nœud du réseau. Elle structure les données en paquets (ou en datagrammes en mode non connecté). Elle définit et tente d'optimiser le chemin que doivent prendre les paquets pour arriver au nœud suivant dans le réseau puis commande leur acheminement. Un contrôle de flux y est également effectué afin d'éviter les congestions sur le réseau.

Couche 4 : Transport

Alors que les trois couches précédentes concernent tous les nœuds à travers lesquels passeront les bits à transmettre, à partir de la quatrième ne sont plus concernées que les deux machines terminales : l'expéditrice et la destinatrice. Cette couche est responsable de l'acheminement des données de bout en bout à travers le réseau. Elle a comme propriété de dissimuler aux couches supérieures l'existence du réseau. Elle détecte les corruptions dans l'acheminement des données et sollicite auprès de l'émetteur le renvoi de la partie des données en défaut. À la différence des trois couches précédentes qui elles, sont présentes dans chaque nœud du réseau, cette couche n'est présente qu'aux deux extrémités de la liaison.

Couche 5 : Session
Cette couche assure l'ouverture du dialogue entre deux applications, avec la négociation des modalités de ce dialogue ainsi que la synchronisation et la fin du dialogue. Elle inclut les processus concernant les droits d'accès au système. C'est la première couche à ne plus être impliquée dans la télécommunication proprement dite, même si son protocole en fait usage.

Couche 6 : Présentation
À l'ouverture de la session, cette couche fait connaître les *desiderata* de la couche application. Une fois les modalités convenues avec la couche homologue, la couche de présentation s'occupe de la syntaxe des données échangées, afin de les rendre compréhensibles de part et d'autre. C'est elle qui se préoccupe de la « langue » parlée par les deux machines aux extrémités. Par exemple, c'est elle qui s'occupera des formats et des codes des données échangées, afin de les rendre compatibles. Elle peut s'occuper également de la compression ou du cryptage des données.

Couche 7 : Application
Cette couche est le point de départ et d'aboutissement dans l'échange des données pour en faire des ensembles exploitables. Elle prend la forme de programmes spécialisés tels que ceux assurant le transfert de fichiers ou la messagerie.

Une façon d'illustrer le fonctionnement du modèle OSI est de décrire de manière simplifiée l'essentiel des étapes que traverse une application telle qu'un transfert de fichier depuis un ordinateur A vers un ordinateur B à travers un réseau composé de plusieurs nœuds. Nous nous limitons à décrire les opérations réalisées par les différentes couches du côté A (envoi du fichier), les opérations du côté B (réception) étant leur exacte contrepartie. En résumé :

- la couche 7 – *Application* – est constituée par le transfert de fichier fonctionnant comme un processus dans l'ordinateur A. Ce processus, par l'intermédiaire des couches sous-jacentes, va demander l'activation dans l'ordinateur B d'un processus de transfert de fichier, et ensuite gérer l'envoi du fichier ;
- la couche 6 – *Présentation* – reçoit de la couche 7 les paramètres du transfert, tels que l'identification de B, le sens du transfert (A vers B), le nom du fichier et ses caractéristiques ;
- la couche 5 – *Session* – prépare l'ouverture d'une session avec l'ordinateur B. Une fois la session ouverte, la couche 5 vérifie la continuité de la session, puis la clôture lorsque le transfert est terminé ;
- la couche 4 – *Transport* – découpe le fichier en segments selon des modalités de présentation convenues lors de la négociation initiale de présentation. De plus, la couche Transport renvoie les segments à la demande de la couche Transport en B qui s'assure qu'il n'y a ni erreur, ni manque ni redondance dans les segments qu'elle a reçus ;

- la couche 3 – *Réseau* – se charge d'acheminer vers le premier nœud du réseau les paquets (ou les datagrammes) préparés à partir des segments reçus de la couche Transport ;
- la couche 2 – *Liaison* – prend en charge les paquets préparés par la couche Réseau pour les mettre sous forme de trames. Les trames forment la succession de bits qui seront finalement envoyés vers le nœud suivant. La trame rassemble donc les données accompagnées des en-têtes ajoutés successivement par les différentes couches. La couche Liaison assure éventuellement la correction des erreurs de transmission, selon les possibilités offertes par le protocole de liaison ;
- la couche 1 – *Physique* – réalise enfin tout ce qui a longuement été préparé par les couches précédentes. C'est à ce niveau que les bits circulent entre deux machines pour acheminer les données et les commandes destinées aux différentes couches. Un fragment de fichier préparé par la couche Application ou une demande de retransmission par la couche Transport aboutissent à la couche Physique pour former un train de bits dont le contenu une fois arrivé à bon port sera distribué entre les couches destinataires.

Le modèle internet et TCP/IP

Nous avons vu que le modèle OSI, bien qu'idéal et universel, ne connaît que fort peu de cas de mise en pratique. Plusieurs raisons expliquent cet échec. Parmi celles-ci, on peut citer le poids excessif des contrôles de la transmission réalisés couche après couche. Ceux-ci avaient leur raison d'être à l'époque des lignes de télécommunication manquant de fiabilité, mais se sont avérés moins indispensables suite à l'avènement du numérique. Une autre raison tient à la lenteur du processus de normalisation au sein de l'ISO, confronté à une évolution rapide des besoins. Ajoutons-y les réticences des milieux universitaires américains rechignant à abandonner « leur » modèle TCP/IP pour un modèle venu d'ailleurs. Pris de vitesse, le modèle OSI sera finalement supplanté au profit du modèle Internet et de son protocole TCP/IP, un protocole plus simple et totalement opérationnel.

En théorie, afin d'éviter toute confusion, il conviendrait de distinguer internet (avec *i* minuscule), un simple protocole réseau, et Internet (avec I majuscule), la mise en œuvre la plus importante aujourd'hui de ce protocole. Toutefois, cette nuance est difficile à rendre dans le langage parlé. Et surtout, dans la pratique, la popularité d'Internet a estompé cette distinction, permettant à la majuscule de se généraliser. L'objectif du protocole internet (avec une minuscule) est de permettre l'interconnexion à distance de réseaux locaux hétérogènes à travers tout réseau de télécommunication capable d'acheminer des données. La diffusion du protocole internet a permis de construire Internet, le réseau des réseaux, permettant à des stations identifiées et physiquement localisées par une adresse IP de communiquer avec le monde entier.

Le protocole Internet (IP) fut complété par TCP (*Transmission Control Protocol*) pour former TCP/IP, le protocole réseau qui sous-tend les différentes applications (appelées « services ») qui font aujourd'hui l'Internet et qui, pour la plupart, s'exécutent sur TCP/IP. TCP/IP forme un groupe (ou une « suite ») de protocoles de réseau permettant la communication entre machines réparties sur la planète entière (y compris dans les airs grâce aux communications sans fil).

Genèse d'Internet et de TCP/IP

L'histoire de TCP/IP peut être résumée comme suit. En 1969, le ministère américain de la Défense (DoD, Department of Defense) confie à son agence ARPA (Advanced Research Projects Agency) le développement d'un réseau de communications expérimental portant le nom d'ARPANET. Il était constitué de nœuds (à l'origine quatre ordinateurs éloignés géographiquement) reliés par le réseau téléphonique. Un des objectifs majeurs du projet était la construction d'un réseau d'ordinateurs pouvant fonctionner de manière totalement autonome, sans gestion centralisée, et utilisant tout lien disponible de façon à le rendre invulnérable à la destruction d'un de ses liens. La résistance du réseau à la perte d'un de ses nœuds ou d'une de ses connexions fut une motivation capitale de ce projet, en période de guerre froide ne l'oublions pas, et justifiait le maillage important qui continue de caractériser ce réseau (à la différence par exemple d'une architecture plus centralisée). Cette absence de supervision centrale et cette multiplicité des chemins possibles imprègnent encore profondément Internet tel qu'il existe aujourd'hui. Ce réseau reste relativement « libertaire », au grand ravissement de ses utilisateurs, qui regardent avec la plus grande suspicion toute tentative de supervision tant de sa croissance que du contenu des documents que l'on y trouve. Le maintien de la « neutralité d'Internet » face aux intérêts politiques ou commerciaux est pour eux un enjeu majeur. Il suffit de regarder ce qu'en font certains pays dont le passage à la démocratie n'est toujours pas à l'ordre du jour. Internet reste toujours en ébullition dans son développement et son usage. Ses développements sont assurés par des contributeurs volontaires qui se regroupent au sein de l'IETF (Internet Engineering Task Force) sur la base de consensus obtenus sur des RFC (*request for comment*).

Le développement d'Internet peut être résumé en quelques dates clés :

- 1972 : première démonstration publique lors d'une conférence internationale sur les communications. Entre-temps, de nombreuses universités s'étaient jointes au réseau et travaillaient conjointement au développement de ses protocoles. Unix étant le système d'exploitation de prédilection à cette époque dans le monde universitaire, les protocoles de réseau en sont donc fortement imprégnés. C'est une équipe de Berkeley qui intègre le protocole TCP/IP à l'intérieur de Unix. Rien d'étonnant donc à ce qu'encore aujourd'hui, les meilleurs utilitaires logiciels pour Internet et le Web (comme les serveurs web ou de messagerie) tournent le plus souvent sous Unix ou sa version PC, Linux;
- milieu des années 1970 : les travaux de développement aboutissent au protocole TCP (*transmission control protocol*);
- 1983 : TCP/IP devient le standard *de facto* pour la Défense américaine et pour l'industrie informatique en général;

- 1990 : apparition du World Wide Web (WWW) initié par les travaux du Britannique Tim Berners-Lee en collaboration avec le Belge Robert Caillau au CERN (Conseil européen pour la recherche nucléaire) qui met en œuvre le concept d'hypertexte. Il s'agit de documents présentant des liens (hyperliens) vers d'autres documents. Les documents sont exprimés à l'aide d'un langage tel que HTML (*Hyper text Markup Language*), décrivant le rendu graphique de la page, ou XML (*Extensible Markup Language*), décrivant le contenu en information. Les liens prennent la forme d'URL (*Uniform Resource Locator*). L'exploitation des liens est réalisée par un logiciel de navigation, utilisable sur toute machine reconnaissant le protocole TCP/IP. Internet donne alors naissance à son plus célèbre rejeton : le Web.
- 1994 : ouverture d'Internet à une exploitation commerciale, ce qui en fait un outil banalisé assurant le développement explosif d'applications multiples avec un impact majeur sur la culture et les relations aussi bien individuelles qu'institutionnelles. Des espoirs déraisonnables de profits entraînent le développement échevelé d'entreprises proposant des services basés sur Internet et le gonflement d'une « bulle » qui finira par exploser en 2000, refroidissant les ardeurs pour un moment.
- début des années 2010 : IP est retenu pour gérer le cœur de réseau dans la 4G et pénètre ainsi dans le domaine des télécommunications où dominait jusque-là le mode de commutation de circuits, montrant ainsi son adaptabilité exceptionnelle.

Adresse IP

Tout comme pour distribuer le courrier le facteur a besoin d'une adresse physique unique, dans le système Internet il faut que chaque station, qu'elle soit PC, Mac, tablette, téléphone mobile ou serveur, possède une adresse unique, qui dans le cas d'Internet a pour nom « adresse IP ». Malgré ses limites que nous découvrirons plus bas, l'efficacité de son système d'adressage et de mise en relation avec une machine physique a contribué largement au succès d'Internet. Dans les organisations, chaque machine aura une adresse fixe, attribuée par l'administrateur du réseau local responsable des connexions à Internet. Dans le cas d'un utilisateur individuel qui veut se connecter à l'Internet, il s'adressera à un fournisseur d'accès Internet (FAI ou ISP, *Internet service provider*), qui lui attribuera une espèce d'adresse IP temporaire à l'aide du service DHCP (*Dynamic Host Configuration Protocol*), le temps que durera sa connexion. Toutes les informations qui lui sont destinées passeront par le serveur du FAI, au fait bien sûr de l'adresse qu'il vient de prêter à son client, et qui se chargera ainsi de « faire suivre » le courrier. De fait, le fournisseur d'accès isole son client de l'infrastructure publique Internet en lui attribuant une adresse privée juste le temps de sa communication, une espèce d'adresse IP de substitution et qui permet notamment d'en épargner le nombre disponible en constante diminution.

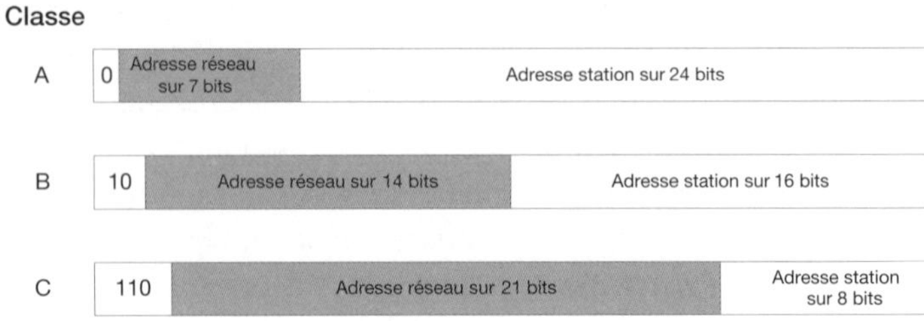

Figure 5.18 Classes d'adresses IP

De manière à faciliter la distribution du courrier, l'adresse IP dans la version IPv4 se structure en deux champs, reprenant l'adresse de la station précédée de l'adresse du réseau auquel elle se trouve reliée, un peu comme les numéros de téléphone qui ont longtemps été constitués d'un préfixe identifiant la zone et la centrale de commutation et d'une extension désignant le poste proprement dit. La convention adoptée est la notation décimale de quatre nombres de 8 bits séparés par des points, par exemple : 164.151.100.200. Chaque nombre décrivant un octet, il peut prendre des valeurs comprises entre 0 et 255. Cet espace d'adressage ($4 \times 8 = 32$ bits) peut gérer jusqu'à 4 milliards d'adresses, ce qui pourrait sembler excessif, mais qui se révèle en réalité tout à fait insuffisant à cause de l'inefficacité du mode d'attribution des adresses. Les organisations, en fonction de leur taille, sollicitent les adresses IP sous la forme particulière de classes d'adresses. Cette « gabegie » d'attributions trouve son origine dans le fait que nul ne s'attendait alors à une pareille explosion d'Internet et de la demande en adresses qui allait en résulter.

Trois classes ou formats d'adresses IP ont été définies, comme le montre la figure 5.18 :

- les adresses de classe A ont été attribuées aux organisations de très grande taille et pouvant comprendre jusqu'à 16 millions de stations. Le premier bit de l'adresse est à 0 pour caractériser cette classe. Cette classe couvre donc 128 réseaux de 16777216 stations;
- les adresses de classe B, débutant toujours par les bits 1 0, couvrent 16384 réseaux de 65536 stations;
- les adresses de classe C, pour les petites organisations, débutant toujours par les bits 1 1 0, couvrent 2097152 réseaux de 256 stations.

La classe A permet donc de créer peu de réseaux mais avec énormément de stations dans chacun de ces réseaux alors que c'est l'inverse pour la classe C. Cette dernière étant l'attribution la plus petite qui soit, il en découle que même là où le nombre de stations est réduit, par exemple 20, une instance de la classe C sera attribuée avec une capacité de 256 stations. Ce gaspillage s'avère encore plus conséquent et absurde pour une organisation ne nécessitant que 65537 stations qui se verrait attribuer une classe A. D'où la pénurie d'adresses IPv4, qu'il est aujourd'hui encore possible de contourner par divers artifices d'adressage dont l'attribution dynamique d'adresses (DHCP) pour les fournisseurs d'accès (et qui dissimule derrière une seule adresse IP un faisceau d'adresses locales attribuées au fur et à mesure des échanges)

Une autorité centrale, la Société pour l'attribution des noms de domaines et des numéros sur Internet, en anglais ICANN (Internet Corporation for Assigned Names and Numbers) est chargée d'attribuer les classes d'adresses aux organisations. Elle délègue à des organisations locales ou régionales les activités d'attribution et de vente des noms de domaines.

Face à la pénurie d'adresses IPv4 devenue critique, une nouvelle norme Internet est en cours de déploiement : IPv6, qui dispose entre autres d'un espace d'adressage sur 128 bits au lieu des 32 actuels. Les adresses IPv6 ne sont plus notées en groupes décimaux, mais en huit groupes de quatre chiffres hexadécimaux, à raison de 16 bits par groupe, séparé par des deux-points, soit 39 caractères au total, deux-points séparateurs compris. Sur 128 bits, bien évidemment, le problème de la pénurie d'adresses est définitivement résolu. La transition d'IPv4 à IPv6 nécessite entre autres l'adaptation du matériel de routage installé, et des habitudes. Le nouvel espace d'adressage est organisé hiérarchiquement, tout comme pour les numéros de téléphone. Les paquets circulent d'abord de grandes zones en grandes zones, en fonction de la moitié gauche de leur adresse, avant d'affiner leur circulation à l'intérieur d'une de ces zones, selon l'autre partie de l'adresse. En plus, IPv6 est capable d'une bien meilleure prise en charge de la qualité de service par la possibilité d'ajouter des indices de priorité aux paquets. Malgré tous ses avantages, IPv6 tarde à se généraliser : l'obsession des résultats financiers immédiats fait hésiter les fournisseurs d'accès face aux perturbations et au surcoût inhérents à la transition. Ils leur préfèrent encore un attentisme malgré l'inéluctable qui surviendra lorsque le problème de l'attribution d'adresses sera encore aggravé par la banalisation d'applications gourmandes en adresses et la croissance de l'Internet des objets. Pour retarder l'échéance, les FAI et autres prestataires ont investi dans une parade qui répond au surnom de NAT (*network address translation*). Elle consiste à utiliser la même adresse IPv4 réelle et à la partager entre plusieurs ordinateurs.

Couches IP

Nous allons maintenant détailler les protocoles IP, ceux réellement appliqués en pratique, en indiquant la correspondance avec les couches du modèle OSI.

Couche 1

Rappelons que l'objectif d'Internet est d'interconnecter des réseaux locaux hétérogènes. C'est pourquoi IP est indifférent au matériel de transmission public ou privé.

Couche 2

La couche 2 assure le lien entre deux points du réseau en utilisant des protocoles de liaison comme le protocole Ethernet sur les réseaux locaux ou le protocole point-à-point PPP (*Point to Point Protocol*), par exemple entre deux réseaux locaux. PPP est

Couches OSI	Protocoles					
5-6-7	Streaming	HTTP(S)	SMTP, POP IMAP	DNS	FTP	IRC, etc.
4 (5 : gestion de session)	UDP	TCP				
3	IP					
1-2	(ETHERNET)					

aussi utilisé par les fournisseurs d'accès Internet pour connecter les utilisateurs individuels par ADSL ou câble.

La couche 2 peut également être utilisée pour mettre en place un réseau virtuel privé (VPN, *virtual private network*) où les communications entre deux extrémités seront acheminées au plus profond d'un tunnel. Seules les deux extrémités du tunnel verront les données en clair, car tout au long du trajet dans le tunnel, elles seront encapsulées dans un étui protégé par encryptage contre toute intrusion. Un réseau VPN permet ainsi de connecter des utilisateurs par des communications sur les réseaux publics avec le même niveau de sécurité que s'ils étaient connectés au réseau local.

Couche 3 : IP (Internet Protocol)

Dans la couche IP, le bloc de données s'appelle un « datagramme ». L'en-tête du datagramme contient un certain nombre de champs permettant son acheminement, comme l'adresse de l'émetteur, l'adresse du destinataire, la taille des datagrammes (les datagrammes peuvent avoir une taille variable) et une toute petite indication sur la qualité de service (jamais vraiment prise en compte dans la version IPv4, et présente dans la version IPv6). Après cet en-tête viennent les données proprement dites.

La couche IP utilise la transmission de datagrammes en mode non connecté tel qu'il a été décrit plus haut dans ce chapitre. Elle effectue sans garantie de bonne fin la transmission des datagrammes de bout en bout par l'entremise de l'adresse IP. Si le destinataire est situé dans le même réseau local, son adresse IP est convertie en une adresse locale, par exemple l'adresse MAC du coupleur Ethernet. Si le destinataire est situé au-delà du réseau local, le datagramme est confié à un routeur local. Celui-ci poursuivra l'acheminement du datagramme en consultant sa table de routage. C'est de fait à ce niveau que sont pris en considération et résolus les problèmes de routage.

Couche 4 : TCP ou UDP

Les protocoles TCP (*Transmission Control Protocol*) ou UDP (*User Datagram Protocol*) débordent quelque peu la limite stricte de la couche 4 du modèle OSI puisqu'ils prennent en compte la gestion de la session (repris dans la couche 5 du modèle OSI). Le but de TCP est de fournir une liaison fiable entre processus de manière à ce que les applications puissent communiquer entre elles, sans aucunement se préoccuper du fait qu'elles s'exécutent sur des machines séparées et distantes. Les applications s'identifient entre elles par leur adresse Internet complétée par un numéro de port logique. Le protocole va s'occuper d'établir la session (c'est le premier segment qui s'en occupe). Il va ensuite découper les données en segments pour permettre leur acheminement et à l'arrivée les replacer dans le bon ordre, vérifier l'intégrité de la transmission et demander un nouvel envoi des segments manquants ou corrompus. Il a été spécialement écrit pour fonctionner au-dessus de IP. La partie TCP ajoute son propre en-tête avec les informations nécessaires pour obtenir une transmission fiable.

La couche Transport peut également être assurée par le protocole UDP (*User Datagram Protocol*) dit également protocole « sans connexion » (aucune session préalable n'a été établie), car une fois le segment envoyé, le protocole ne renvoie aucune information du destinataire vers l'expéditeur quant à la manière dont le segment a été reçu. Le transport par UDP est moins fiable dans la mesure où des anomalies dans la transmission ne font l'objet d'aucune tentative de correction par le protocole. Par exemple, une détection d'erreur devient inutile, car en admettant qu'une erreur soit détectée à la réception, le protocole n'est pas en mesure de demander à l'expéditeur de réitérer ce même envoi. De même, le protocole ne réalise pas de contrôle de flux entre les machines, avec un risque accru de perdre des datagrammes en route. Ce protocole, moins rigoureux, présente l'avantage de consommer un temps de traitement nettement inférieur à celui de TCP. UDP est principalement utilisé pour des connexions favorisant la vitesse par rapport à la qualité, comme la transmission en direct de sons ou d'images. C'est le protocole utilisé notamment dans la téléphonie par Internet (Skype). Dans le mode *streaming*, l'application accumule dans un tampon une faible quantité de données jugée suffisante pour faire face à la majorité des à-coups dans les temps de transmission. Comme la restitution se fait en temps réel, toute tentative de rattrapage d'un retard dans la transmission ne ferait qu'empirer un hiatus considéré comme acceptable par une telle application.

Couches 5-6-7

L'équivalent de ces couches est représenté par un certain nombre d'applications qui dans le contexte TCP/IP sont qualifiées de services (qui sont repris plus bas).

La manière de fonctionner d'une suite de protocoles telle que TCP/IP (ou OSI) est illustrée dans la figure 5.19. On y voit des données D prises en charge par la couche 4 qui les découpe en segments auxquels elle ajoute son en-tête avant de les passer à la couche 3. Celle-ci traite l'ensemble reçu comme un tout qu'elle fractionne en deux datagrammes pour tenir compte de la longueur maximale autorisée par le réseau. Elle ajoute enfin un en-tête à chaque datagramme avant de les remettre à la couche 2 où le même processus s'applique (avec ajout d'une fin à chaque trame) avant de passer à la couche 1. C'est là qu'enfin a lieu la transmission physique, où défilent indifféremment les bits des données et des en-têtes et fins rajoutés successivement par les différentes couches. Chacune de ces adjonctions faites du côté de l'émetteur est destinée, bien sûr, à n'être comprise et soustraite que par la couche homologue du côté récepteur.

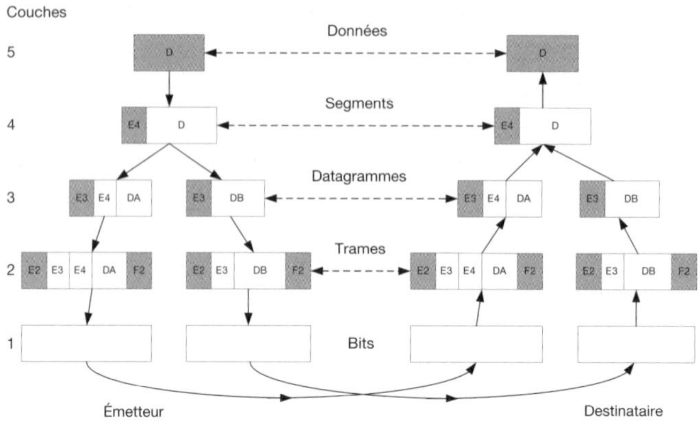

Figure 5.19 Rôle des couches.
D : données, E : en-tête, F : fin

Services TCP/IP

L'utilisateur du réseau Internet ne perçoit rien du protocole TCP/IP que nous venons de décrire, et se contente d'exploiter des services dont les plus significatifs sont repris ci-dessous.

SMTP (Simple Mail Transfer Protocol)

Protocole de transport simple du courrier électronique entre différents serveurs de courriel Internet associé au service POP (*Post Office Protocol*).

IMAP (Internet Message Access Protocol)

Protocole de transport du courrier électronique entre différents serveurs de courriel Internet où les courriels stockés sur le serveur de messagerie sont synchronisés avec les différents outils de consultation.

HTTP (Hyper Text Transfer Protocol)

HTTP est le protocole permettant la navigation sur Internet à l'aide d'un programme appelé navigateur, butineur ou *browser* tels qu'Internet Explorer, Firefox ou encore Google Chrome. C'est ce protocole qui véhicule les pages HTML (*Hyper Text Mark-up Language*) entre serveurs web et clients et qui fait d'Internet le Web à proprement parler. Lorsque le navigateur du client reçoit le document sous forme HTML, il en interprète toutes les commandes, les exécute, et affiche ce document sous la forme indiquée par l'ensemble de ces commandes. Parmi celles-ci, figurent les hyperliens qui permettent, par un simple clic, de passer d'une page web à une autre n'importe où sur le réseau.

HTTPS (Hyper Text Transfer Protocol Secure)

HTTPS est un protocole basé sur HTTP avec l'adjonction d'algorithmes de chiffrement et destiné à sécuriser les échanges confidentiels commerciaux ou financiers.

DNS (Domain Name Server)

Ce service de nom de domaine permet la conversion d'un nom de machine en une adresse IP ainsi que la conversion inverse. Il est utilisé entre autres par le service de messagerie afin de connaître l'adresse IP du destinataire. C'est ce qui vous permet d'identifier vos interlocuteurs par durant@ ulb.ac.be et la page web de ceux-ci par http ://www.monsitegenial.fr, alors que les programmes de messagerie électronique et du Web ne connaissent eux que des adresses sur 32 bits avec IPv4 (et 128 avec IPv6). Les serveurs DNS sont évidemment abondamment sollicités et il est intéressant que les réseaux locaux possèdent leur propre serveur DNS.

***WWW* (World Wide Web)**
Le World Wide Web (ou Web pour faire plus court) est le concept qui recouvre l'utilisation du protocole HTTP et du format HTML pour la navigation sur Internet via un navigateur. Concrètement, voici comment le Web fonctionne. Supposez que vous souhaitiez consulter la politique de confidentialité de Facebook. Vous introduisez dans votre navigateur l'adresse correspondant à cette page : https://www.facebook.com/about/privacy/. Cette adresse, qu'on appelle une URL (*uniform resource locator*) est composée de trois parties : « https:// » indique que vous souhaitez utiliser le protocole HTTPS pour communiquer avec le serveur Web ; www.facebook.com est un nom qui représente la machine qui vous intéresse, lequel se compose en réalité de deux parties, « www » qui identifie le serveur Web et « facebook.com » qui identifie le domaine de Facebook ; enfin, « /about/privacy » indique le chemin d'accès et le nom du fichier que vous souhaitez consulter sur ce serveur Web (dans ce cas-ci, vous souhaitez obtenir le fichier nommé « privacy » qui se trouve dans le répertoire « about » à la racine du serveur Web).

À ce stade, votre navigateur n'a pas la moindre idée de l'endroit où se trouve le serveur Web qui héberge cette page. Et pour cause, votre navigateur communique en utilisant le protocole TCP/IP dans lequel chaque ordinateur est associé à une adresse IP unique (disons au format IPv4 sur 32 bits). Nonobstant la popularité du site à proprement parler, « www.facebook.com » ne lui dit strictement rien. Il faut donc que « quelqu'un » lui renseigne l'adresse IP correspondant à la machine baptisée « www.facebook.com ». Pour ce faire, votre navigateur envoie la requête suivante à son serveur DNS de référence (dont il connaît fort heureusement l'adresse IP) : quelle est l'adresse IP correspondant à l'hôte www.facebook.com ? Le serveur DNS lui répond « 31.13.72.96 ».

Fort de cette information, votre navigateur peut maintenant envoyer une requête HTTPS au serveur Web de Facebook, en envoyant à l'adresse 31.13.72.96 le message suivant : « Passe-moi le fichier « /about/privacy ». Sans se formaliser, le serveur Web lui transmet le fichier « privacy » demandé, qu'il a pris soin de récupérer en suivant l'adresse logique transmise (/about). La prochaine fois, vous pourriez aussi bien taper directement dans votre navigateur « https://31.13.72.96/about/privacy », mais vous n'y gagneriez en réalité pas grand-chose…

Votre navigateur, lui, vient ainsi de recevoir un fichier écrit dans le langage HTML. C'est sur foi de son extension (.html), que votre navigateur suppose qu'il doit s'agir d'un fichier texte formaté en suivant le format de balises HTML. Il s'emploie dès lors à le mettre en forme et à vous le présenter.

Un client Web est donc simplement un programme qui affiche du contenu formaté en HTML qu'il se procure auprès de serveurs Web auxquels il adresse des requêtes en HTTP(S). Un serveur Web n'est rien d'autre qu'un ordinateur qui stocke des fichiers et qui passe son temps à attendre qu'un client lui en fasse la demande pour les leur transmettre.

***FTP* (File Transfer Protocol)**

Le protocole de transfert de fichiers, FTP, permet le transfert de fichiers entre deux machines en se reposant sur un modèle de type client-serveur. La machine client démarre le processus et la machine serveur répond par un échange de commandes et de réponses qui vont gérer le transfert requis.

***IRC* (Internet Relay Chat)**

IRC est un protocole de communication instantanée qui supporte les logiciels de discussions dynamiques en groupe.

Routeur

Le routeur est un boîtier contenant son propre processeur et permettant l'interconnexion de plusieurs réseaux locaux ou la connexion de réseaux locaux à un réseau public. Un premier rôle du routeur est de limiter le trafic local à son réseau local, pour ne laisser sortir que les messages destinés à un autre réseau local ou au réseau public. Par exemple, dans le cas d'un réseau local connecté à un routeur, lui-même connecté au réseau public, l'administrateur réseau aura enregistré dans le routeur les adresses IP des stations locales. Dans ce cas, le trafic local sera filtré et ne dépassera pas le routeur. En revanche, si une demande est faite vers l'extérieur, le routeur enverra la demande vers le réseau public et surtout tentera d'optimiser le choix du prochain routeur auquel il destine le paquet. La fonction NAT (*network address translation*) du routeur opère la conversion des adresses quelconques utilisées au sein du réseau local en adresses Internet uniques. De surcroît, les entrées peuvent être filtrées par le routeur pour interdire toute arrivée de messages d'une adresse non autorisée, permettant, en cela, un début de sécurisation du réseau.

La connexion à Internet

Lorsqu'un serveur Internet contient des informations accessibles aux seuls utilisateurs internes d'une organisation, on parle d'un intranet. Il s'agit donc du même protocole TCP/IP mais réservé exclusivement aux seules machines d'une organisation. Lorsque cette organisation souhaite rendre ces informations accessibles au monde extérieur, on parlera alors d'un extranet.

Lorsqu'une organisation ou un utilisateur isolé décide d'accéder à Internet, il doit se connecter à un FAI (fournisseur d'accès Internet; ISP, *internet service provider*). Le seul fait de se connecter à Internet expose à des risques. En effet, il ne se passe pas une semaine sans qu'une histoire de *hacker* ne défraye la chronique. Cette ouverture constante sur le monde extérieur met bien sûr la sécurité et la confidentialité à rude épreuve. L'utilisation des circuits privés virtuels (VPN) apporte une sécurité comparable à celle d'un réseau local. Par rapport à l'heureuse époque où seules les disquettes pouvaient véhiculer les virus, les problèmes de sécurité ont pris une dimension et une importance sans commune mesure. Il faut assurer une surveillance continue et se protéger contre les intrusions et autres virus malfaisants, en installant un programme antivirus performant et mis à jour en permanence, ainsi qu'un pare-feu (*firewall*) qui permettra de filtrer les entrées en fonction de leur adresse. Ce sont évidemment des sujets d'une actualité brûlante, en évolution constante, et de nombreux ouvrages très spécialisés leur sont consacrés.

Il peut être utile de se prémunir et d'investir dans un pare-feu physique afin de protéger un serveur. Cet appareil se place sur le réseau local et a pour fonction de protéger les stations et le réseau contre les menaces extérieures. Connecté à Internet, tout utilisateur envoie et reçoit des paquets de données. Un pare-feu va intercepter chaque paquet de données reçu de l'extérieur, l'analyser et vérifier si l'adresse de l'émetteur ainsi que ce qu'il peut savoir rapidement du contenu du paquet correspond aux critères de sécurité établis. Si tel est le cas, le paquet de données sera bien acheminé. Dans le cas contraire, il sera refusé. Les degrés de sécurité varient en fonction du type de pare-feu.

Un réseau connecté à Internet se trouve souvent complété par un serveur dit « proxy », placé à l'interface du réseau local et du Web, et qui joue le rôle d'intermédiaire pour tout contrôle et analyse du trafic en provenance ou à destination de l'extérieur du réseau. Ce proxy fait office de « mémoire cache », c'est-à-dire qu'il stocke des données en local, ce qui permet de réduire le trafic réseau. Si un même document est demandé plusieurs fois, au lieu d'aller le chercher à nouveau, c'est le serveur proxy lui-même qui le fournira. De même, le serveur proxy fournira à tout demandeur un document déjà demandé, sans solliciter de nouveau le serveur hébergeant initialement le document.

L'AVENIR DES RÉSEAUX

Bien que toute prédiction d'avenir soit un exercice périlleux (Steve Jobs au début des années 1990 ne croyait pas en l'émergence des réseaux), notamment dès qu'il est question de technologie informatique (pour preuve la célèbre phrase d'Alan Key, un des pionniers de l'informatique moderne : « la meilleure manière de prédire l'avenir est de le faire »), il est possible de dégager quelques tendances fortes. La première est le développement des possibilités apportées par la numérisation généralisée des transmissions. Elle permet la compression des informations de manière à limiter leur volume sur les réseaux. La compression des informations sera encore renforcée par les développements de l'électronique au niveau des DSP (*digital signal processor*) qui se chargeront de ramener à des volumes acceptables des images aussi bien animées que fixes, de plus en plus détaillées (télévision 4K), et donc de plus en plus lourdes à transférer. Le mariage entre la télévision et Internet est à ce seul prix.

Les réseaux terrestres vont voir leur capacité se renforcer de manière considérable avec le déploiement de la fibre optique jusque dans les parages immédiats de l'utilisateur et la disponibilité de nouveaux équipements optoélectroniques. L'effet évident sera d'en améliorer les performances tout en permettant un abaissement du coût d'exploitation des lignes. Les réseaux radioélectriques continueront à susciter l'engouement, dû à leur apparente facilité d'utilisation et à l'augmentation de leurs débits qui vient atténuer la différence avec les liaisons fixes. L'augmentation généralisée des débits des liaisons, que ce soit par câble ou par radio, renforcera l'intérêt du *Cloud computing*. Toutefois, les limites du spectre et son encombrement exigeront de la part des opérateurs de réseaux sans fil l'exploration de nouveaux domaines de fréquences et la multiplication des antennes au prix de lourds investissements pour maintenir leur compétitivité. Cette progression est également à la merci d'un mouvement d'opinion qui en rejetterait l'usage en invoquant les risques pour la santé humaine que pourraient représenter les ondes radioélectriques. Dans la mesure où des réseaux Wi-Fi stables et sûrs parviendront à se mettre en place, ils pourront représenter une concurrence majeure pour la radiotéléphonie de quatrième génération. La transmission de la voix par Internet (*Voice over IP*, VoIP) continuera à exercer une forte concurrence sur les communications téléphoniques et les revenus des opérateurs de télécommunications.

La diminution des coûts d'achat des téléphones mobiles, des tablettes et des ordinateurs personnels ainsi que des tarifs des accès rapides au réseau (comme l'ADSL dans ses différentes déclinaisons ou la 4G), l'amélioration des interfaces homme-machine ainsi que l'arrivée de nouvelles générations familiarisées dès l'enfance à l'usage informatique, multiplieront le nombre de personnes disposées à se servir de cet outil pour communiquer. Ceux qui seront inaptes à utiliser ce mode de communication se verront marginalisés, rejetés sur l'autre bord de la fracture numérique. Le développement de standards reconnus contribuera à la généralisation de l'utilisation d'Internet et facilitera la diffusion de données en leur donnant un format reconnu par un nombre sans cesse croissant d'applications. La multiplication des objets communiquant par Internet s'accompagnera probablement d'une compétition farouche quant à l'élaboration de leurs standards de communications et d'applications, en attendant l'émergence de standards acceptés par tous pour animer ce fameux Internet des objets (IdO). Combien de fait nos frigos trépignent d'impatience à l'idée de communiquer avec nos toasteurs !

Les conséquences de l'apparition de la nouvelle version d'Internet (IPv6) sont difficiles à apprécier. Cette nouvelle version vient, entre autres, lever les limites actuelles en matière d'adressage et de qualité de service, mais l'acceptation par les opérateurs d'une migration vers un réseau différent, avec les coûts qu'elle implique, ne se fait pas sans réticences. De plus, il est clair que la prise en charge de la qualité de service ne pourra se faire qu'au détriment d'une certaine gratuité et d'un certain égalitarisme (ou anarchisme, tout dépend de votre couleur politique) qui continuent à prévaloir tant bien que mal dans l'univers Internet.

6

Le système d'exploitation

Le contexte

Les chapitres qui précèdent se sont intéressés à la description des éléments physiques qui composent un ordinateur, en allant de l'unité centrale, avec le processeur et la mémoire, aux différents appareils périphériques d'entrée-sortie avec les canaux qui les y relient. Tous ces éléments physiques sont matériels et, de fait, sont regroupés sous le nom extrêmement audacieux de matériel informatique. Ce terme de « matériel » est une transposition en français du mot anglais *hardware* qui désigne les produits vendus en quincaillerie (*hardware store*). Reconnaissons que le mot « matériel », et ce malgré son côté passe-partout, nous a permis d'éviter de devoir fréquenter des quincailleries pour la moindre acquisition d'une mémoire RAM, d'une souris ou d'un disque dur.

Par contraste avec le mot hardware, le mot *software* a été créé de toutes pièces pour désigner les instructions et les programmes chargés de faire fonctionner le *hardware*. Le mot *software* a, à son tour, été transposé en français par la création, plus heureuse, du joli mot « logiciel » (car il est vrai que les programmeurs ont souvent la tête dans les étoiles). Les deux mots, *software* ou logiciel, rendent bien compte du fait que les instructions d'un programme n'ont qu'une présence fugitive dans le processeur, ce qui leur confère un caractère immatériel. Cela ne veut pas dire pour autant que programmes et instructions n'aient aucune matérialité, de même qu'une partition musicale quand on ne la joue pas ou le récit d'un livre qu'on n'est pas en train de lire. Le logiciel a toujours besoin d'un support matériel pour lui donner vie tout comme une partition un ou plusieurs musiciens. Un programme finit toujours par se trouver enregistré sur différents supports matériels, dont finalement la mémoire centrale en vue de son exécution par le processeur et finalement les circuits composant l'ALU.

Ce caractère immatériel des instructions ne doit cependant pas faire perdre de vue leur importance primordiale. En effet, aucun des éléments du matériel n'effectuera la moindre fonction s'il n'a pas reçu l'instruction correspondante. En d'autres mots, le matériel est totalement asservi au logiciel, il ne fait rien si ce n'est « incarner » et exécuter une instruction de ce logiciel, comme un piano mécanique, qui n'est qu'un meuble de salon sans ses partitions perforées pour lui donner vie.

Systèmes d'exploitation

Nous commençons notre tour des logiciels par celui sans lequel aucun ordinateur actuel ne fonctionnerait, le maître à bord, celui qui quitte le navire en dernier, l'OS (*operating system*), traduit en français par SE pour « système d'exploitation ». Selon son origine, le même système d'exploitation sera adulé, voué aux gémonies (cela peut même évoluer au cours du temps), mais très rarement considéré avec indifférence par tout informaticien qui se respecte et qui fait très souvent de son acquisition quasiment un acte de foi.

Rôles des systèmes d'exploitation

Rien ne peut donc se faire dans un ordinateur sans qu'une instruction ne l'ait commandé, la moindre fonction devant avoir été minutieusement programmée. On s'est très rapidement rendu compte, avec la multiplication des fonctions nécessaires, qu'il n'était pas possible de les reprogrammer à nouveau pour chaque nouvelle application de l'ordinateur. Il est apparu qu'un certain nombre de ces fonctions liées à la gestion de l'ordinateur et de ses ressources revenaient de manière semblable dans toutes les situations ou applications, et qu'il serait plus judicieux et rentable de les programmer une fois pour toutes sous forme de services appelables depuis ces applications. Tous ces services pourraient faire partie d'une immense boîte à outils logiciels dans laquelle toute application dénicherait l'outil nécessaire pour réaliser une fonction nécessaire à un moment donné.

L'utilisation de ces services préprogrammés se limiterait à communiquer la seule indication de ce qu'ils doivent faire à travers une interface d'utilisation. Ainsi dans un distributeur de café, on se limite à préciser « fort, sucré et sans lait », et le reste suit, parfois sur nos pieds, car on a oublié d'installer le gobelet. Il ne nous revient pas de faire le café. De surcroît, il devient possible de s'abstraire des détails de la configuration d'un ordinateur particulier, dès lors que les interfaces sont conçues de manière à présenter des demandes logiques, quelle que soit la manière matérielle de les exécuter, à charge, en effet, pour le service appelé de les réaliser sur le matériel existant. Si le précédent distributeur est remplacé par un autre qui, grâce à une technologie toute récente et l'utilisation de produits de qualité, fait un meilleur café directement dans une tasse en porcelaine, il y a de fortes chances pour que l'interface reste inchangée, toujours « fort, sucré et sans lait ».

Il est beaucoup plus facile pour tout le monde que le système d'exploitation présente une interface unique aux différents programmes qui utilisent l'imprimante, à charge pour celle-ci, *via* son pilote, de se conformer aux demandes faites à cette interface. Sinon, il faudrait exiger que chacun de ces programmes soit réécrit dès qu'une imprimante d'un certain type se voit remplacée par un type nouveau. En d'autres termes, grâce au système d'exploitation, vous ne devez pas remplacer votre traitement de texte dès que vous remplacez votre imprimante. Celle-ci s'installe avec son nouveau pilote qui s'interface avec le système d'exploitation et laisse inchangées les parties du traitement de texte interagissant avec l'imprimante.

Vous devriez assez facilement vous reconnaître dans le petit scénario suivant d'utilisation de votre ordinateur, et retrouver des notions abordées dans les chapitres précédents. Vous allumez l'ordinateur et après un temps variable, vous voyez apparaître le logo caractéristique du système d'exploitation qui entame la session d'utilisation. Suivant les cas, une procédure de *login* et d'identification, sous la responsabilité du système d'exploitation, est à l'œuvre, pour vous permettre d'accéder à votre système et aux documents qu'il contient. Vous repérez sur l'écran l'icône associée à un fichier texte dont vous souhaitez reprendre le traitement et vous double-cliquez dessus. La souris envoie une interruption au processeur qui au travers du pilote « souris » demande au système d'exploitation de s'en charger.

Celui-ci, au vu des informations reçues de la souris, repère l'endroit du double-clic, « le fichier texte », et en informe une autre partie du système d'exploitation. Cette autre partie du système d'exploitation, responsable de la gestion des programmes, s'emploie alors à déclencher le programme sollicité, c'est-à-dire à installer dans la mémoire centrale le programme de traitement de texte ainsi que le fichier texte que vous souhaitez traiter. Ce que vous ignorez, bien évidemment, c'est que ce programme de traitement de texte est à ce point encombrant pour la mémoire centrale que le système d'exploitation décide de n'en charger qu'une partie et accompagne celui-ci d'une table de pages contenant les pages de ce programme actuellement en mémoire et les autres sur le disque dur. À votre insu, mais en réponse à vos besoins, le système d'exploitation, sans arrêt, s'occupera des transferts des pages de ce programme entre la mémoire et le disque dur.

Une fois la première instruction du traitement de texte chargée dans le registre de compteur d'instruction, celui-ci prend la main. Et vous débutez en effet le traitement en insérant du texte. À chaque frappe d'une touche du clavier, ce dernier envoie une interruption au système d'exploitation qui, à chaque fois, reprend temporairement la main au traitement de texte, en démarrant le pilote clavier responsable de la lecture de la touche depuis le registre de sortie. L'apparition du caractère à l'écran est également le fait du traitement de texte qui après avoir récupéré le caractère, a décidé de l'insérer dans le texte en cours et de l'inclure dans l'image qui s'affiche à l'écran par les bons soins d'un pilote du système d'exploitation (celui de l'écran cette fois).

Il est important de comprendre ici que c'est le concepteur du logiciel du traitement de texte qui, à l'intérieur de son code écrit en C++ ou en Java, a prévu de recevoir une touche du clavier et d'immédiatement faire apparaître le caractère en question à l'écran. Ainsi, par exemple, dans le langage Python que nous allons voir au chapitre 7, ces instructions seraient :

```
x=str(input())
print(x)
```

Mais c'est au système d'exploitation de faire le lien entre la commande `input()` et le pilote du clavier ainsi que la commande `print(x)` et le pilote de l'écran. Chaque langage de programmation prévoit en son sein des manières de s'interfacer au système d'exploitation, de sorte à pouvoir exploiter les ressources du processeur et les périphériques installés (dans le cas précédent : le clavier et l'écran). L'écriture des applications fera un large usage de ces « manières » afin de permettre à l'application en question d'utiliser les périphériques.

Après quelques modifications, vous décidez (et vous faites bien) de sauvegarder le fichier, de peur qu'une panne de courant ou autre imprévu ne vous fasse perdre tout le travail accompli. Le traitement de texte passe la main au système d'exploitation, car lui seul peut déclencher une écriture vers le disque dur. C'est d'ailleurs le pilote du disque qui s'en occupe en informant le contrôleur de celui-ci qu'un transfert en mode DMA doit s'effectuer entre la mémoire centrale et le disque dur. Le système d'exploitation est informé lorsque l'écriture sur le disque est terminée. Après de considérables modifications, vous décidez d'imprimer le résultat. Vous cliquez alors sur le menu approprié et choisissez l'option « imprimer ». Rappelez-vous qu'avant même l'impression, c'est à nouveau le « pilote souris » qui vous aura compris et signalera au système d'exploitation quelle est la nature des prochains services sollicités. Le système d'exploitation lance une tâche d'impression (pour faire court...), où interviendra le « pilote imprimante » à qui sera délégué le transfert des caractères vers l'imprimante en interaction avec son contrôleur.

Vous vous serez reconnu n'est-ce pas ? Toute ressemblance avec des personnages et des logiciels ayant existé ou existant encore n'est pas fortuite. Mais avez-vous reconnu l'autre premier rôle de ce petit scénario et revenant le plus souvent dans le texte ? L'acteur clé et déterminant de toute interaction avec votre ordinateur. Celui sans qui il devient impossible de faire quoi que ce soit d'un tant soit peu informatisé. Le maître du monde informatique, dont certains éditeurs, et pour cause, se retrouvent gonflés d'un ego disproportionné, c'est toujours ce même système d'exploitation, plus connu aujourd'hui sous les variantes de Windows, Unix, Linux, Android, Mac OS. Un système d'exploitation est de fait, cet immense logiciel clé, constitué de l'ensemble des services indispensables à la gestion de l'ordinateur et ses périphériques et à l'exécution des applications.

Le petit scénario que vous venez de lire se déroulait autour de l'utilisation d'un traitement de texte mais il aurait pu, à quelques modifications près, concerner tout autant l'utilisation d'un tableur, d'un programme de calcul numérique, statistique ou d'un jeu. Quelle que soit l'application en question, vous devez la démarrer, vous utilisez le clavier, la souris, vous sauvegardez et imprimez éventuellement des fichiers. Quelle que soit cette application, ce sont les mêmes services du système d'exploitation qui sont mis en œuvre pour la réalisation de ces opérations. Le développeur de chacune de ces applications aura, à l'intérieur de son code, fait appel aux mêmes services et de la même manière pour traiter le clavier, le disque dur, l'imprimante ou l'écran. De là, l'intérêt à les réunir dans ce logiciel boîte à outils qu'est le système d'exploitation.

De manière synthétique, il est possible de regrouper toutes les prérogatives du système d'exploitation en deux niveaux principaux. Le premier niveau, invisible pour les utilisateurs, correspond à la gestion des ressources de l'ordinateur, essentiellement le processeur, les mémoires centrale et secondaire ainsi que les périphériques, assurant, le cas échéant, leur partage entre un ensemble d'utilisateurs et leur répartition entre les tâches multiples assignées à l'ordinateur. Alors que ce premier niveau peut être vu comme le sous-sol, contenant la machinerie des différents services proposés, le second niveau est celui par lequel les utilisateurs accèdent de plain-pied à ces services. Services qui leur sont présentés à l'aide d'une interface plus compréhensible et plus facile à manier que celle issue directement des détails physiques de la machine réalisant le service. Cette interface pourrait être comparée à celle d'une « machine virtuelle », qui abstrairait de chacun des services tous les détails algorithmiques et matériels nécessaires à son exécution.

Tant pour l'utilisateur (tel celui du petit scénario ci-dessus) que pour le programmeur, il est évidemment plus simple de limiter la commande d'une impression de fichier à « imprimer nom-du-fichier » sans devoir spécifier, par exemple, où se trouve physiquement le fichier sur le disque dur (quel disque, quelle piste et quel secteur) ainsi que le type d'imprimante (l'utilisateur n'indique pas comment le laser ou le jet d'encre doit se déplacer sur le papier) y compris le port sur lequel elle est connectée. Le système d'exploitation offre donc à l'utilisateur ou au programmeur d'applications une interface claire et robuste (la plus insensible qui soit à la mise à jour de certaines technologies) par l'existence d'un langage de communication clair et concis entre l'ordinateur et cet utilisateur.

C'est à cause de ce recours incessant de toute application, quelle qu'elle soit, aux services du système d'exploitation, que cette même application ne pourra s'exécuter que pour un système d'exploitation ou un type de système d'exploitation donné. La manière dont Mac OS présentera ses services à l'application, et cela bien que ces services (et le matériel) sont essentiellement les mêmes, restera très différente de la manière dont Windows les présentera. Le programmeur d'une même application, un jeu ou un utilitaire, programmera celle-ci différemment selon qu'elle doive s'exécuter avec Windows ou avec Mac OS. Se tromper lors de l'acquisition d'un jeu, en achetant la version PC plutôt que Mac, est un grand classique des boutiques ou rayons informatiques. Ainsi vous auriez beau écrire la même application Java pour votre smartphone Android ou votre PC Windows, la gestion souris ou clavier devra néanmoins être réécrite.

Parmi ces services, destinés à la gestion des ressources de l'ordinateur, nous en avons déjà bien évidemment rencontrés dans les chapitres précédents : déclenchement des programmes, gestion des mémoires et de leur organisation hiérarchique, gestion des fichiers, gestion des entrées-sorties et de la communication avec les périphériques. Bien que décrivant la nature et le fonctionnement de cette gestion, nous avions délibérément laissé sous silence le fait que celle-ci soit sous la responsabilité d'un programme à part entière, pour retrouver ce même programme, effectivement, sujet à part entière de ce chapitre. Et c'est pour la même raison, qu'au risque de certaines redites, nous reparlerons de certains de ces services dans la suite.

D'autres responsabilités viennent s'y ajouter, comme la gestion des processus et celle de la présence de l'ordinateur dans un réseau local ou Internet (dont nous avons parlé dans le chapitre précédant). Et c'est bien parce que ce programme est en effet omniprésent qu'il nous était possible de l'éclipser dans les précédents chapitres. C'est ce qui nous est le plus familier qui, souvent, nous demeure le plus mystérieux. Le système d'exploitation assure la gestion des ressources et du matériel afin d'optimiser leur utilisation et la satisfaction de leurs utilisateurs, et cela de manière d'autant plus capitale mais également intensive, que ces ressources sont soumises à de multiples demandes : multitâche, multi-utilisateur, réseau. La figure 6.1 schématise le rôle et les interactions du système d'exploitation.

Comme la figure 6.1 l'indique, le système d'exploitation est souvent décomposable en une partie sur la droite, totalement dédiée au matériel et inaccessible tant par les applications que les utilisateurs, et une partie sur la gauche, plutôt tournée vers les utilisateurs et les applications, présentant à ceux-ci une interface plus conviviale et une version plus compréhensible de ce que fait la première. Il s'occupe de faire le pont entre les deux parties.

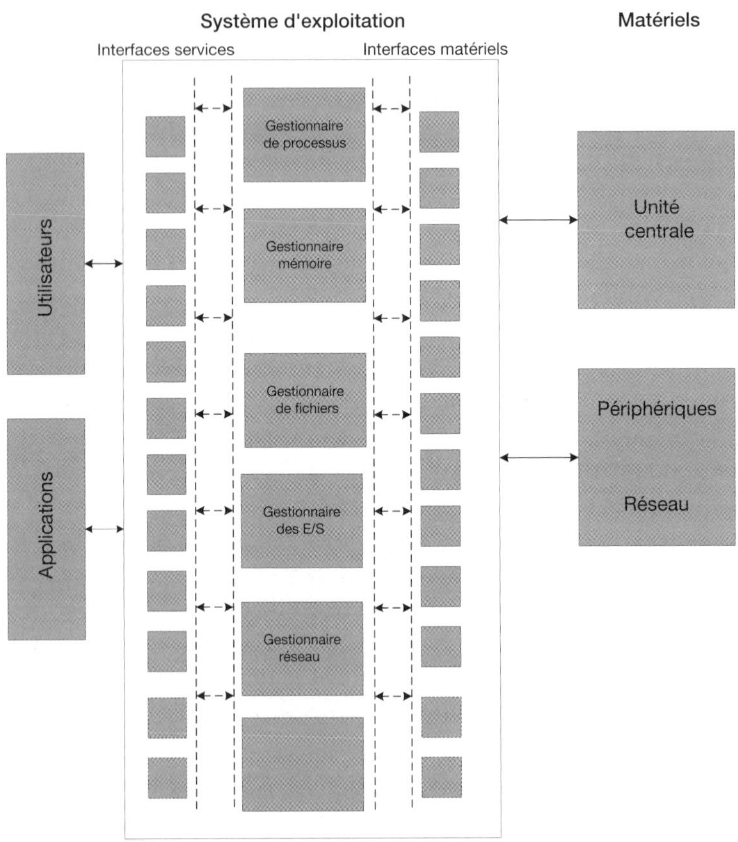

Figure 6.1 Rôle et interactions du système d'exploitation

Vous l'aurez compris, le système d'exploitation est un programme comme les autres, à ceci près qu'il se trouve en amont de tous les autres et peut interagir avec tous les autres. Il est seul à pouvoir exécuter des instructions particulières lui donnant accès à la totalité des ressources de l'ordinateur. Nous l'avons vu et le verrons encore, le système d'exploitation prend très fréquemment le contrôle du processeur, en réponse à une requête de l'utilisateur ou par le mécanisme des interruptions. Il permet l'exécution « apparemment » simultanée de plusieurs applications ou programmes et l'utilisation « apparemment » simultanée par plusieurs utilisateurs. C'est un programme dont le fonctionnement est de type *event-driven* (provoqué par l'événement). Il ne s'active que quand on lui demande d'intervenir par une commande ou *via* un programme, par exemple, en réponse à une commande fichier, une demande d'entrée-sortie, une interruption en fin d'entrée-sortie, une frappe au clavier ou une demande de page de mémoire.

Familles de systèmes d'exploitation

Il existe plusieurs types de système d'exploitation disponibles sur le marché, entre lesquels la concurrence continue à faire rage. Étant donné l'importance stratégique des systèmes d'exploitation (le choix de celui-ci conditionnant le choix de multiples autres applications), la justice et et les autorités de la concurrence sont régulièrement appelées au cours de procédures largement médiatisées à trancher des litiges en matière de propriété intellectuelle ou de pratiques commerciales. Malgré leur variété, les systèmes d'exploitation semblent converger vers une même manière de gérer les ressources informatiques et de présenter celles-ci à l'utilisateur, n'en déplaise à certains « intégristes » qui continuent à faire de l'adoption de l'un ou l'autre une affaire de religion. Le modèle idéal vers lequel convergent ou ont convergé tous les principaux systèmes d'exploitation aujourd'hui, Windows, Linux, Mac OS ou Android, est Unix, leur ancêtre à tous. Malgré cette convergence technologique, des choix différents d'interfaces rendent encore ces systèmes d'exploitation le plus souvent incompatibles entre eux, justifiant la difficulté du choix et l'humeur acide qui accompagne ce choix, lorsqu'on prend conscience que les vraies raisons le motivant sont de moins en moins technologiques.

L'écriture des systèmes d'exploitation dans un langage de programmation de haut niveau est un autre aspect important : elle les rend de plus en plus « universels » ou « portables », c'est-à-dire utilisables sur différents types d'ordinateurs. Le programme qui en résulte peut être compilé et exécuté sur de nombreuses plateformes. Ainsi, C et C++ sont les langages le plus souvent utilisés dans l'écriture des systèmes d'exploitation. Il reste néanmoins dans cette écriture quelques appels à des instructions machine, surtout pour les services les plus proches du matériel, qui, elles, se différencieront selon le type de processeur et doivent être réécrites pour chacun d'entre eux. Rien n'interdit aujourd'hui la présence de plusieurs types de système d'exploitation sur une même machine, dont le choix s'effectuera lors du démarrage.

La convergence vers Unix aidant, de nombreux systèmes d'exploitation se différencient aujourd'hui plus de façon cosmétique que réellement en profondeur. C'est clairement annoncé comme tel dans le cas des différents distributions de Linux. Une séparation importante persiste entre ce qui est appelé le *kernel*, c'est-à-dire le cœur du système d'exploitation, qui en reprend toutes les fonctionnalités y compris toutes celles directement tournées vers le matériel, et commun à toutes les distributions de Linux (Red Hat, Suse, Mandriva, Debian, Ubuntu, etc.), et le *shell*, généralement de type graphique (fenêtre, souris, etc.), et qui pourra présenter entre ces distributions commerciales de nombreuses différences. Au-delà du look, ce qui peut également distinguer une distribution d'une autre sont les logiciels préinstallés, la facilité d'installation de l'OS lui-même mais également des autres logiciels appelés à tourner à partir de cet OS.

Mac OS, bien sûr, fut le précurseur incontestable en matière d'interface graphique, du fonctionnement et de l'utilisation du système d'exploitation, et tente de maintenir ce statut et cette avance dès qu'il est question de cette interface homme-machine se voulant toujours plus « user-friendly » et « d'emploi parfaitement naturel ».

Penchons nous maintenant sur les caractéristiques des systèmes d'exploitation les plus fréquemment rencontrés.

BIOS et *bootstrap*

Le mot *bootstrap* peut se traduire par « chausse-pied » ou « passe-lacet », et il évoque l'introduction progressive du système d'exploitation dans l'ordinateur. Il évoque le paradoxe suivant, variante de l'œuf et de la poule. Comment le système d'exploitation peut-il, parmi ces premières préoccupations, s'atteler au démarrage du système d'exploitation ? Cette expression provient-elle de la tentative du baron de Münchausen, de se soulever de terre en tirant sur sa propre barbe ? Le mot « amorçage » est utilisé en français pour désigner la succession d'opérations préliminaires qui aboutissent à la mise en place du système d'exploitation.

Le BIOS (*basic input-output system*) est le premier système d'exploitation à entrer en action lors du démarrage d'un PC. Le BIOS est produit par des éditeurs spécialisés, tels que American Megatrends ou Phoenix Technologies. Le BIOS est un programme enregistré dans une puce mémoire de type ROM. Cette mémoire ROM peut être modifiée par des procédés particuliers pour effectuer par exemple une mise à jour. Devant le risque que présente une telle opération, les cartes-mère présentent souvent la possibilité de restaurer une copie avant modification du BIOS, car un BIOS corrompu met l'ordinateur dans l'incapacité totale de démarrer. Les informations concernant le matériel indispensable au fonctionnement du BIOS sont enregistrées dans une mémoire CMOS. Cela explique le fait que, par la suite, on puisse faire tourner n'importe quel système d'exploitation sans tenir compte des spécificités premières du matériel. Celles-ci lui seront fournies par le BIOS. Par exemple, le système d'exploitation se trouvant au départ sur le disque dur, il est nécessaire de savoir de quel type de disque dur il s'agit, ainsi que la nature de son formatage, afin de pouvoir, sans problème, accéder et transférer normalement le système d'exploitation en mémoire centrale.

Que se passe-t-il exactement lors de la mise sous tension ou la réinitialisation d'un PC par le bouton *reset*, lorsqu'il existe? Une impulsion est envoyée à tous les registres afin de les mettre dans un état déterminé avant de pouvoir exécuter la première instruction. Le registre compteur d'instruction CI est mis à la valeur hexadécimale F000. Cette adresse correspond à la mémoire morte ROM qui contient le BIOS et qui forme une excroissance au niveau des adresses, implantée sur la carte mère du PC. Le BIOS exécute alors une série de contrôles du matériel appelée POST (*power-on self test*). Le POST va vérifier de proche en proche le bon état de fonctionnement de tous les éléments matériels indispensables pour mener à bien le démarrage du système d'exploitation.

Les tests commencent par le bus système auquel sont reliés les connecteurs d'extension PCI, série, etc. Ils se poursuivent par la carte vidéo, ce qui permettra les premiers affichages en mode caractère sur fond noir. Ensuite se déroule la vérification du bon fonctionnement de la mémoire centrale. Un test vérifie enfin le raccordement du clavier, du disque dur, du CD et d'autres périphériques éventuels. Les résultats obtenus sont comparés aux résultats du démarrage précédent qui sont conservés dans la mémoire CMOS. Lorsque l'ordinateur n'est pas alimenté électriquement, la mémoire CMOS est alimentée par une pile qui permet aussi de conserver la date et l'heure de la machine. C'est dans la même mémoire que le processeur peut enregistrer les modifications du matériel, comme par exemple l'ajout de mémoire centrale. Pour les matériels disposant de leur propre BIOS, celui-ci est ajouté au BIOS principal.

Quand tous les tests sont terminés et que le résultat est correct, on peut passer au chargement en mémoire des 512 octets qui forment le *boot record* du système d'exploitation. Ce *boot record* se trouve toujours sur le premier secteur du disque (ou du CD) désigné comme contenant le système d'exploitation. Lorsque ce périphérique est un disque partitionné, la présence éventuelle de différents systèmes d'exploitation est examinée afin d'en proposer le choix à l'utilisateur. L'utilisateur a ainsi la possibilité d'exploiter son ordinateur avec différents systèmes d'exploitation pour autant qu'ils soient compatibles avec le matériel. Il ne peut y avoir qu'un seul système d'exploitation en service et le passage à un autre système d'exploitation suppose la réinitialisation du PC. L'accès aux répertoires et aux fichiers rattachés à un système d'exploitation différent installé dans une autre partition dépend de leur niveau de compatibilité.

Le *bootstrap* ayant terminé sa tâche, le système d'exploitation prend progressivement le contrôle du PC pour charger les pilotes particuliers nécessaires au bon fonctionnement du matériel. Le système d'exploitation recopie éventuellement le BIOS en mémoire et y remplace des parties du BIOS par d'autres pilotes plus complets. Il en arrive enfin à la phase d'affichage du Bureau où l'utilisateur peut commencer à travailler.

MS-DOS

En 1979, IBM, principal constructeur d'ordinateurs de l'époque, décide de compléter sa gamme de gros ordinateurs en mettant sur le marché un ordinateur personnel, le PC (*Personal Computer*). Ce PC est basé sur un microprocesseur de la firme Intel. Mais pour faire fonctionner ce PC, il faut un système d'exploitation! IBM fait d'abord appel à Digital Research mais cela n'aboutit pas (l'histoire raconte que l'épouse du principal développeur refusa de signer un accord de confidentialité avec IBM en l'absence de son mari). Il se tourne alors vers une toute jeune société appelée Microsoft que vient de fonder le tout aussi jeune Bill Gates. Preuve d'un opportunisme qui ne se démentira plus, celui-ci achète un système d'exploitation rudimentaire : SCP-DOS (*Seattle Computer Product Disk Operating System*) et l'adapte aux besoins du PC d'IBM. Ainsi naît en 1981 MS-DOS (*Microsoft Disk Operating System*).

MS-DOS est un système d'exploitation orienté caractère avec des commandes directement introduites sous forme de texte, au contraire de Macintosh ou Windows qui proposent une interface graphique. Lorsque MS-DOS est prêt à recevoir une commande, il affiche ce que l'on appelle un *prompt* (ou invite de commande). MS-DOS lance en réponse à chaque commande un programme ayant un rôle particulier. Au départ, il était destiné à gérer des fichiers sur disque, à créer, copier, supprimer ces fichiers (d'où son appellation de « *Disk Operating System* »). Il s'est développé au fil du temps pour assurer les fonctions essentielles d'un système d'exploitation.

Même si depuis l'arrivée de Windows, MS-DOS est moins utilisé, il reste malgré tout toujours accessible, y compris dans les dernières versions de Windows où il s'appelle « invite de commandes ». Y recourir reste encore très utile dans de nombreuses situations, rencontrées surtout par les développeurs et les administrateurs de système.

En 1987, IBM tentera d'imposer OS/2 pour les PC, mais les préférences du marché iront à Windows et IBM finira par en être totalement évincé.

Windows

En 1985, Microsoft introduit le premier Windows en reprenant le concept à la base des Macintosh qui consiste en une interface graphique adaptée à l'usage d'une souris. L'écran se présente comme un ensemble de fenêtres superposables avec ses icônes. Apparaît aussi le principe des menus et des menus déroulants. Ce concept avait été élaboré en 1972 par Xerox dans les laboratoires de Palo Alto, et s'il est vrai que Microsoft l'a scandaleusement pompé sur Macintosh, il n'en reste pas moins vrai, bien que moins connu (Saint Steve Jobs oblige), que Macintosh lui-même l'a copié sur Xerox. Cette première version de Windows, comme les suivantes d'ailleurs, ne rencontre que peu de succès, car elle se révèle trop lourde et très gourmande en mémoire pour les configurations matérielles disponibles à l'époque. Il faut attendre l'augmentation de la puissance des machines et la version de Windows 3.1 en 1992 pour que son utilisation commence à s'imposer.

En 1995 sort la version de Windows 95 qui fait l'objet d'un battage médiatique sans précédent. Vers cette époque, les organisations prennent conscience des difficultés engendrées par une multitude croissante d'ordinateurs individuels dénués de la possibilité de partager efficacement leurs informations. Windows 95 apporte un début de solution en permettant d'intégrer les PC dans un réseau de communication. D'autres versions, Windows 98 et Millenium dériveront de Windows 95, sans apporter pourtant de changements fondamentaux, et cette filière sera interrompue par Microsoft. Toutes ces versions sont destinées au PC vu comme un poste de travail individuel.

Microsoft développe par ailleurs des versions de Windows destinées cette fois à des serveurs. Ces serveurs sont des PC ou ordinateurs individuels du point de vue du matériel, mais chargés de fournir collectivement des services à un ensemble de PC individuels. Le premier système d'exploitation destiné à ces serveurs, totalement dégagé du DOS et fortement inspiré et pour cause de Unix, est nommé Windows NT (New Technology). C'est le premier système d'exploitation Microsoft à vraiment répondre aux besoins d'un système multiutilisateurs, multitâches et à intégrer la gestion de réseaux.

Windows XP apparaît en 2002 et continue d'intégrer les fonctionnalités des familles Windows 95 et 98 pour l'interface graphique et la convivialité, et de Windows NT pour sa stabilité. Windows XP est destiné aux seuls postes de travail individuels, à l'exclusion des serveurs. Windows XP montrera une longévité remarquable et aura été régulièrement mis à jour par Microsoft jusqu'en 2014.

Windows Server 2003, pour sa part, était destiné aux serveurs et il est apparu comme la continuation de Windows NT. Il apporte des améliorations de performances et de fonctionnalités. Il peut prendre en compte les architectures processeur à 64 bits, tels les processeurs Itanium ou Xeon d'Intel ou les versions équivalentes du concurrent AMD. Il est présenté sous différentes versions orientées vers des segments spécifiques tels PME, organisations de grande taille, serveurs web.

Une nouvelle version de Windows, Vista, s'est longtemps fait attendre. Elle est sortie pour le grand public le 30 janvier 2007 après avoir rencontré de multiples difficultés de développement. Elle se décline en six versions avec un coût et des possibilités différentes, destinées au grand public ou aux entreprises et offrant des versions pour processeur 32 ou 64 bits. Vista n'a pas moins d'appétit pour la mémoire que ses prédécesseurs, bien au contraire.

En 2009 sort une nouvelle version de Windows baptisée Windows 7. Elle apporte encore de nouvelles améliorations, notamment en termes de stabilité et d'ergonomie. Cette nouvelle version rencontre un succès nettement supérieur à celui de son prédécesseur Vista. Windows 7 a également pour ambition de s'adapter aux appareils portables moins performants tels les *netbooks* (des ordinateurs portables minimalistes, dotés de peu de mémoire et de puissance de calcul). Deux ans plus tard, lorsque son successeur Windows 8 est annoncé, Windows 7 est installé sur plus de 40 % des ordinateurs dans le monde, alors que les anciennes versions de Windows occupent encore plus de 50 % des parts du marché mondial. En termes de monopole de fait, on a rarement fait mieux.

Avec son successeur, Windows 8, sorti en 2012, Microsoft fait un pari risqué. L'entreprise mise sur la convergence des ordinateurs et des appareils mobiles (smartphones et tablettes) et propose d'unifier l'interface de la version classique de Windows et de sa version pour mobiles. Concrètement, le bouton Démarrer disparaît au profit d'une interface en forme de mosaïque, fondamentalement conçue pour les écrans tactiles. Comme la plupart des ordinateurs sont dépourvus d'écran tactile et que leurs utilisateurs restent attachés au clavier et à la souris comme modes d'interaction principaux avec l'ordinateur, ce choix s'avère contre-productif et Microsoft propose rapidement une mise à jour gratuite dans laquelle le menu Démarrer réapparaît. Mais, plus significativement, Windows peut désormais gérer non seulement les processeurs Intel et AMD mais aussi ceux d'ARM que l'on retrouve dans les tablettes et les smartphones. En décembre 2013, Windows dans ses différentes versions, était toujours le système d'exploitation de plus de 90 % de tous les ordinateurs en activité dans le monde. Ses seuls concurrents significatifs sont Mac OS (qui représente environ 8 % des parts de marché) et Linux (moins de 2 %).

Mac OS

Mac OS a toujours fait office de précurseur en matière d'interface graphique et autres développements multimédias. Malgré sa perte de vitesse face à l'envahisseur Microsoft, il résiste comme le petit village gaulois bien connu (d'où son nom Mac OS X). Il a de particulier de rendre totalement indissociable son matériel du système d'exploitation qui le conduit. Aujourd'hui pas de Mac sans Mac OS et pas de Mac OS sans Mac. Il reste leader dans les marchés graphiques, artistiques, multimédias, etc.

D'abord de conception primitive, en matière de multitâches, multi-utilisateurs et réseau, tout comme les premières versions de Windows, Apple a produit une nouvelle version de son système d'exploitation, Mac OS X, là encore largement inspirée de Unix, et tentant de combiner ses qualités graphiques et multimédias avec la solidité et la stabilité des principes Unix. Mac OS X avec ses versions successives v.10 *n* où *n* est une kyrielle de douces bestioles telles que Tiger, Leopard, est en rupture complète avec toutes les versions qui l'ont précédé.

Unix

Saluons le donc, le vénérable ancêtre et saluons-le bien bas ! Unix fut créé aux Bell Laboratories par Ken Thompson en 1969. Il fut rejoint l'année suivante par Denis Richie, qui apporta l'expérience accumulée dans le développement d'un (trop) ambitieux projet de machine à partage de ressources développé au MIT et nommé

MULTICS. L'idée des concepteurs d'Unix était de créer un système d'exploitation universel et indépendant du matériel. Jusque-là, chaque constructeur d'ordinateur, IBM, DEC, HP, ou Bull, proposait son matériel avec son propre système d'exploitation. De plus, les applications devaient être adaptées à chaque système d'exploitation. Unix fut très vite adopté par les universités du fait de sa gratuité et par d'autres organisations du fait de son coût très modique.

C'est Unix qui inaugura cette décomposition en deux parties, le noyau (*kernel*) et la coquille (*shell*). Le noyau gère les mécanismes internes de l'ordinateur, c'est lui qui s'interface directement avec le matériel. C'est donc la seule partie d'Unix qu'il faut modifier pour le faire fonctionner sur un autre matériel. Le shell est l'interface utilisateur, on parle aussi d'interpréteur de commande. Il sert d'intermédiaire entre l'utilisateur et le noyau du système d'exploitation. Unix fut principalement programmé en langage C, facilitant sa portabilité d'un type d'ordinateur à un autre. Des limites à la portabilité apparurent néanmoins lorsque différentes variantes du shell virent le jour sous des noms divers, ce qui obligea l'IEEE à publier le standard Posix qui définissait un jeu minimal de commandes.

Unix est depuis son origine le parfait système multi-utilisateur et multitâche, ce que les autres types de systèmes d'exploitation auront mis quelques années à devenir. Il est utilisé à partir de terminaux, c'est-à-dire un matériel composé d'un clavier et d'un écran doté de facultés d'affichage plus ou moins élaborées. Un ordinateur avec son système d'exploitation Unix partage ses ressources entre les applications lancées par les utilisateurs, et cela quel que soit le terminal à partir duquel il se connecte. En fait, Unix permet une véritable délocalisation du travail lorsque les ordinateurs sont connectés en réseau. Chaque terminal peut faire office de tous les autres.

Très vite l'accent fut mis sur la sécurité avec l'obligation pour l'utilisateur de s'identifier par un nom et un mot de passe. Les fichiers sont protégés par trois types d'accès, écriture, lecture, et exécutable, ce dernier type signifiant que l'utilisateur peut exécuter les instructions d'un programme, mais qu'il ne peut pas en lire le contenu. Avec l'arrivée des PC, des versions d'Unix ont été développées pour ce type de matériel. Ils portent le nom de Xenix, SCO-Unix et plus récemment Linux.

Linux

C'est Linus Torvalds, un jeune programmeur finlandais qui, dans sa chambre, a développé Linux pour des processeurs de type Intel, en s'inspirant très largement de Unix. Linux est un système d'exploitation du domaine public, c'est-à-dire, libre et gratuit. Il est l'emblème des logiciels dit *open source*, dont les créateurs acceptent que leur code source soit disponible et accessible à tous. Son exemple, depuis, a été suivi par des milliers de logiciels et leur code source (comme Apache, logiciel qui l'accompagne très souvent dans la mise au point des serveurs web), facilement accessible *via* le Web. Sa force justement est de fédérer les efforts de plusieurs centaines voire plusieurs milliers de développeurs enthousiastes dans le monde et de profiter des compétences de cette gigantesque communauté de passionnés. Toute modification du logiciel peut être proposée par chacun, bien qu'un comité présidé par Linus reste en fonction pour décider oui ou non de la prise en compte de cette modification. C'est la mondialisation au service des systèmes d'exploitation. C'est clairement, pour des raisons d'ordre psychologique et technologique, le seul système d'exploitation aujourd'hui à pouvoir faire arme égale avec Windows et menacer la suprématie de ce dernier. Avec lui, Windows pourrait être tombé sur un OS. Indépendamment de ses qualités techniques suffisantes pour convaincre la majorité des grands de l'informatique, Oracle, IBM, Sun, Google de frayer avec lui, il est le porte-drapeau d'une nouvelle philosophie économique, radicale, où la manière de s'enrichir à partir d'une création intellectuelle est à penser différemment que par la simple distribution et vente des exemplaires de cette création.

Systèmes d'exploitation pour terminaux mobiles

L'importance prise par les smartphones et les tablettes ces temps-ci justifie qu'on s'y attarde un instant. Avant toute chose, considérons — ce qui est du reste pure vérité — qu'un appareil mobile (smartphone, tablette, GPS, baladeur numérique, etc.) n'est rien d'autre qu'un ordinateur à part entière, en tout point conforme à la description que nous en avons donnée depuis le début de ce livre. Ils s'en écartent cependant à deux égards principaux : ils sont compacts et moins extensibles. Concrètement, cela signifie qu'ils sont moins bien dotés en ressources, particulièrement en termes de mémoire et de puissance de calcul. En outre, ils sont destinés à tenir dans la main et doivent pouvoir répondre au doigt (et bientôt à l'œil) plutôt qu'au clavier et à la souris. Ces contraintes nécessitent une version adaptée du système d'exploitation, tant au niveau du *kernel* qui doit gérer de nouveaux types de périphériques en nombre plus restreints, qu'au niveau du *shell* qui doit pouvoir composer avec des écrans de quelques pouces et des commandes par mouvements de doigts. Windows, Mac OS ou Linux sont bien trop lourds, gourmands et encombrants pour pouvoir s'installer sur de si menus appareils. Ils s'y sentiraient aussi à l'aise qu'un éléphant sur une trottinette.

Intuitivement, on pourrait penser — en suivant le célèbre adage qui affirme que qui peut le plus peut le moins — qu'il suffirait d'alléger un système d'exploitation existant comme Windows et en ôter tout ce qui n'est pas strictement nécessaire pour l'adapter à ce type d'appareils. C'est le pari qu'a réalisé Microsoft en proposant dès 1996 une version compacte de Windows intitulée Windows CE. Mais le succès commercial ne sera jamais au rendez-vous et cela fait maintenant près de 20 ans que Microsoft se démène pour tenter d'imposer Windows sur des appareils mobiles, en vain jusqu'à présent. Il semble que retirer des fonctionnalités à un système conçu pour des appareils de bureau ne soit pas suffisant pour en faire un système attractif pour des ordinateurs mobiles. Il ne suffit pas de mettre l'éléphant à la diète pour que le guidon de la trottinette lui colle soudain mieux aux pattes.

Aux débuts de l'informatique mobile, les fabricants de matériel sont pour la plupart revenus à un modèle industriel fort intégré verticalement, dans lequel ils fournissaient l'ensemble des composants de l'appareil, jusqu'au système d'exploitation.

Ce fut le cas de Palm avec les premiers organiseurs numériques personnels, de Nokia avec les premiers GSM, de Blackberry avec les premiers Smartphones, et d'Apple avec ses iPod puis ses iPhone et iPad. Aucun de ces acteurs n'a consenti à céder des licences de son système d'exploitation à d'autres fabricants, convaincus que leur avantage concurrentiel provenait de la combinaison du matériel et du système d'exploitation. Tous ont été balayés en quelques années par la déferlante des smartphones et des tablettes.

Une exception remarquable est le succès de l'iPhone d'Apple. Pour le réaliser, Apple a misé sur le développement d'un système d'exploitation spécifiquement conçu pour ce type d'appareils, baptisé iOS, qui partage bien sûr quelques briques avec son grand frère Mac OS mais s'en écarte fondamentalement en termes d'interface utilisateur. Si iOS, grâce à son ergonomie et à sa robustesse, est pour beaucoup dans le succès des iPhone et iPad, son caractère exclusif qui le réserve aux appareils fabriqués par Apple bride sa pénétration du marché. Si bien qu'iOS perd désormais du terrain par rapport à un autre système, Android, issu d'une entreprise qui a, comme Microsoft, fait du logiciel sa spécialité : Google.

Initialement prévu pour équiper les appareils photographiques, Android est racheté par Google en 2005 avec, en vue, toute la nouvelle génération d'équipements misant bien évidemment sur la mobilité et l'utilisation des déjà nombreuses applications Google. Android est basé sur un noyau Linux et donc tout aussi « open source » que lui, en tablant encore et toujours sur une très importante communauté de développeurs. Il a maintenu de ce noyau les fonctionnalités clés des OS : gestion des périphériques, accès aux réseaux de télécommunication, gestion de la mémoire et des processus et contrôle d'accès. Mais il s'en est également détaché au vu des nouvelles caractéristiques de nombreux appareils mobiles : processeur plus limité (besoin d'économiser l'énergie et limiter les prix), mémoire centrale limitée, écran à faible définition, connexions réseaux vitales mais moins fiables, coûts très élevés de transfert de données, et des utilisations qui en sont faites (par exemple le smartphone dont l'utilisation première reste les communications téléphoniques ou envois de SMS).

Aussi, les services fournis par cet OS et les pilotes qu'il se doit d'intégrer lui permettent de se connecter sur les réseaux de télécommunications GSM, Bluetooth, Wifi et UMTS, de pouvoir consulter des vidéos H.264, d'écouter du MP3. Il est capable d'interagir avec de nouveaux senseurs tels que capteurs de mouvements, accéléromètre, caméra, boussole et récepteur GPS. Son écran est tactile et il doit soigner tout particulièrement, vu ses dimensions et résolutions modestes, le rendu d'images en 2D ou 3D ou l'affichage de pages Web. Par une étrange tradition, les versions successives d'Android ont toutes des noms de dessert, et à l'heure où nous écrivons ces lignes, c'est la version « kitkat 4.4x » qui est la plus récente. Vu la puissance limitée des processeurs incorporés dans les appareils mobiles, Android « tue » (à votre insu) des applications qui tournent en arrière-plan lorsqu'il devient nécessaire de récupérer des ressources au profit d'applications ayant une priorité plus élevée. Cette possibilité d'éliminer une application qui s'exécute est interdite à l'utilisateur, le système s'en charge lui-même.

Les informaticiens désirant développer sous Android disposent d'un kit de développement Java qui leur permet d'exploiter tous les services des périphériques rendus disponibles par l'OS, de distribuer et même commercialiser leur application sur Google Play. À l'heure actuelle, dans le secteur des appareils mobiles, et vu l'importance stratégique et économique d'un marché qui, graduellement, se substitue à celui des stations de travail et des portables, la bataille fait rage avec les principaux concurrents d'Android que sont Apple avec iOS, Microsoft et Nokia avec Windows Phone, BlackBerry avec BlackBerry OS, Samsung avec Tizen.

Systèmes d'exploitation et plateformes

En servant de couche intermédiaire entre le matériel et les applications informatiques, le système d'exploitation constitue une plateforme logicielle, que l'on peut définir comme un ensemble de composants et services sur lesquels d'autres peuvent développer de nouveaux composants, services et applications. Les plateformes constituent un enjeu majeur aujourd'hui, pour deux raisons principales. La première est assez évidente et a déjà été évoquée : qui contrôle le système d'exploitation contrôle en grande partie l'industrie. En contrôlant 90 % des ordinateurs au monde à travers Windows, Microsoft dicte largement sa loi à l'ensemble de l'industrie des ordinateurs personnels. Un nouveau matériel n'aura de succès que s'il est pris en charge par Windows, et un nouveau logiciel pour ordinateur doit pouvoir s'exécuter sur Windows. Outre la vente de licences d'utilisation, Microsoft touche ainsi de confortables rentes de tous ceux qui souhaitent pouvoir apposer le logo « Compatible Windows » sur leurs produits matériels ou logiciels. La seconde raison découle de cette dernière notion : les rentes. Les plateformes ont ceci de particulier qu'elles ont besoin à la fois d'utilisateurs (qui paient des licences pour utiliser la plateforme) et des fournisseurs de contenus ou d'applications (qui paient des royalties pour pouvoir développer sur la plateforme).

En soi, un système d'exploitation n'est que de peu d'utilité puisqu'il ne sert qu'à gérer la machine. L'ordinateur est utile à travers ses applications dédiées (bureautique, communication, jeux, etc.). Un système d'exploitation n'a donc d'intérêt que si une abondante panoplie d'applications compatibles est disponible, ce qui est assurément le cas pour Windows. Mais les développeurs n'ont pas intérêt à développer des applications pour une certaine plateforme si celle-ci n'attire que peu d'utilisateurs. Les plateformes ont donc besoin à la fois des utilisateurs et d'une communauté de développeurs, et les uns ont besoin des autres. Les économistes disent ainsi des plateformes qu'elles constituent des marchés double-face.

Un autre exemple typique de plateforme informatique est fourni par les consoles de jeux. La XBox de Microsoft ou la PlayStation de Sony sont à l'évidence des plateformes qui répondent à la définition ci-dessus : elles fournissent une fondation sur laquelle d'autres (les éditeurs de jeux vidéo) peuvent innover en réutilisant à l'envi les composants de la plateforme. Et comme les systèmes d'exploitation, les consoles de jeux sont un magnifique exemple de marché double-face : si peu de joueurs achètent la console, les éditeurs ne développeront pas de jeux pour elle, et en l'absence de jeux disponibles, les joueurs n'achèteront pas la console. Il faut donc doser très subtilement le prix demandé à chaque face du marché (développeurs et acheteurs de consoles) afin de garantir une montée en puissance simultanée des deux côtés. Dans le cas des consoles de jeux comme dans le cas de Windows, cela se traduit par des licences élevées payées par les joueurs, et des royalties limitées payées par les éditeurs de jeux.

Les systèmes Android et iOS constituent d'autres exemples de plateformes particulièrement populaires, à en juger tant par leur nombre d'utilisateurs que par la taille de leurs catalogues d'applications. En fournissant désormais aux développeurs des kits de développement contenant toute une bibliothèque de services et modules réutilisables à l'infini et dans d'innombrables contextes, la conception d'applications n'a jamais été aussi facile et rapide. L'innovation s'en trouve accélérée. Et comme les plateformes mobiles sont agrémentées d'un système interne de distribution et de mise à jour des applications (GooglePlay sur Android, l'AppStore sur iOS) sur laquelle n'importe qui — éditeur de logiciel établi ou développeur indépendant — peut mettre à disposition les applications de son cru, la distribution à l'échelle mondiale des applications — désormais fournies sous forme dématérialisée par simple téléchargement — est possible en quelques clics de souris ou effleurements d'écran tactile. Sans nul doute, on assiste à une nouvelle révolution majeure dans l'industrie informatique, mais dont les grands gagnants sont et seront les détenteurs des plateformes, donc des systèmes d'exploitation.

Organisation en processus

Nous allons d'abord voir comment l'organisation en processus (et en *threads*) permet de gérer les différents protagonistes que sont les programmes de l'utilisateur et les fonctions du système d'exploitation, dont nous passerons ensuite les principales en revue.

Dès qu'un programme se charge dans la mémoire centrale et s'exécute, il se change en « processus ». Il est « programme » lorsque vous l'écrivez et l'installez sur le disque dur et son chargement en mémoire centrale en vue de son exécution le transforme en « processus ». C'est un peu comme lorsqu'une partition musicale se transforme en œuvre interprétée. C'est la manière dont le système d'exploitation considère tout programme qui s'exécute, même ceux qui ont pour rôle d'exécuter les fonctions ou services de ce même système d'exploitation. Ce paradoxe n'en est pas vraiment un car le système d'exploitation n'est pas à proprement parler un programme unique, mais plutôt un large ensemble de sous-programmes, ou encore de processus, chacun, en effet, responsable d'une fonctionnalité (service) précise et pouvant se solliciter mutuellement.

Un processus est donc tout programme dès qu'il est en cours d'exécution. Le processus, à son tour, sollicitera certains services, destinés à se transformer en processus et ainsi de suite. Aux yeux du système d'exploitation, un processus est tout ensemble d'instructions pouvant être exécuté de manière latente ou active, selon les besoins et la disponibilité des ressources qu'il requiert. C'est donc un ensemble d'instructions à gérer et à exécuter de manière intégrée et cohérente. La complexification du cœur des systèmes d'exploitation est imputable, pour une large part, à la multiplication des processus nécessitant les mêmes ressources dans le même temps.

Vous ne serez pas surpris d'apprendre, vous qui surfez sur le Web en même temps que vous lisez vos courriels et pratiquez votre jeu vidéo favori, que la plupart des processeurs et systèmes d'exploitation aujourd'hui sont capables d'exécuter un grand nombre de processus simultanément, ou plus exactement en donnant une impression de « simultanéité ». En plus du système d'exploitation lui-même, de nombreux autres processus se partagent et la mémoire centrale et le temps processeur. Les ordinateurs, toutes marques et systèmes d'exploitation confondus, fonctionnent en « multiprocessus ». Bien sûr, cette capacité n'est pas nouvelle mais ne pensez pas qu'il en fut toujours ainsi. S'il est vrai qu'il en fut toujours ainsi entre autres pour le vénérable Unix (ce qui implique sa longueur d'avance historique), certains se souviendront de l'époque où le système d'exploitation n'assurait que les fonctions les plus élémentaires, n'autorisant qu'une seule application à la fois, celle-ci ayant, de surcroît, la responsabilité de gérer une bonne part de ce que le système d'exploitation fait aujourd'hui.

Afin d'assurer l'intégrité du système d'exploitation et des applications, les multiples processus s'exécutant de concert peuvent être différenciés en deux modes : mode système et mode utilisateur, sur base du type de fonction qu'ils sont habilités à exécuter. Seuls les processus système, intégrés dans le noyau du système d'exploitation, seront autorisés à exécuter certains types d'instructions et accéder à certaines zones de la mémoire centrale ou autres registres. Ainsi, lors de l'exécution d'une procédure d'entrée-sortie, un processus en mode utilisateur ne pourra faire autrement, à un certain moment, que de passer la main à un processus en mode système. Le passage d'un mode à l'autre est sous la responsabilité du système d'exploitation qui est seul à pouvoir modifier la valeur d'un indicateur se trouvant dans le registre d'état. Si sa valeur indique le mode système, seules les instructions faisant partie du système d'exploitation pourront s'exécuter, ce qui interdit à tout programmeur de tenter l'écriture d'instructions s'attaquant au matériel de trop près.

Afin de parvenir à gérer les différents processus et répondre à leurs sollicitations, le système d'exploitation doit connaître leurs besoins en ressources (processeur, mémoire et périphériques). À cette fin, les caractéristiques de chaque processus, décrites en termes de ressources, forment le contenu de son « bloc descripteur de processus » qui est repris dans une table. Chaque processus s'y retrouve sous la forme d'une fiche signalétique suffisant à sa gestion par le système d'exploitation. Ce bloc descripteur de processus comporte typiquement :

- un identificateur du processus;

- l'état courant du processus ;
- un espace pour la sauvegarde du contenu des registres du processeur lorsque le processus est provisoirement interrompu dans son exécution ;
- l'adresse de sa table de correspondance entre pages virtuelles et pages réelles ;
- la liste des ressources nécessaires en termes de mémoire et fichiers ;
- le niveau de priorité éventuel à considérer dans l'affectation des ressources ;
- une spécification de ses permissions d'accès (la zone mémoire occupée par le processus est-elle accessible par d'autres processus ?) ;
- le propriétaire du processus (par exemple l'utilisateur ou le processus l'ayant déclenché) ;
- la liste des processus enfants (c'est-à-dire les processus déclenchés à partir de celui-ci).

Le rôle de nombreux processus système est de fournir un service à la demande d'autres processus, aussi bien des processus utilisateur que des processus système. On peut assister ainsi, soit à l'éclosion de demandes multiples de service adressées à un seul processus et nécessitant un arbitrage, soit à l'inverse, chaque processus en déclenche une variété d'autres, tous ces nouveaux services se présentant ainsi en processus enfants de celui qui les déclenche.

Il n'est pas rare qu'à l'intérieur d'un même programme, des parties différentes de celui-ci doivent s'exécuter simultanément, par exemple deux animations graphiques devant se dérouler en parallèle ou deux accès en base de données demandés simultanément par des utilisateurs différents. Il est clair que ces deux demandes nécessitent l'utilisation des mêmes données du programme. On peut imaginer également le cas d'un site web dynamique permettant à plusieurs utilisateurs de *chatter* ensemble. Dans ce cas-là également, chaque utilisateur se verra allouer une partie du temps processeur, mais tous utiliseront les mêmes données recueillies au fur et à mesure du *chat*. Dans ces deux exemples, il s'agit d'une même unité d'exécution, d'un même processus, utilisant les mêmes données propres au programme. La situation est en effet plus que fréquente qu'un même processus puisse requérir l'exécution simultanée de plusieurs « sous-processus » se partageant l'utilisation des données contenues dans le programme. On appelle ces sous-processus des *threads*. Comme la figure 6.2 l'illustre, un même processus peut donner naissance à de multiples *threads*, se partageant les données du programme comme les processus se partagent les ressources de l'ordinateur. Simplement, le passage d'un *thread* à l'autre à l'intérieur d'un même processus n'entraînera la sauvegarde que d'un nombre minimum d'informations, ce qui ne sera plus le cas lorsqu'il s'agira de passer d'un processus à l'autre. Le partage des données est ce qui différencie le *multi-threading* du *multi-processing*, car, pour ce dernier, chaque processus travaille sur une zone de données qui lui est propre et généralement isolée des zones de données traitées par les autres processus.

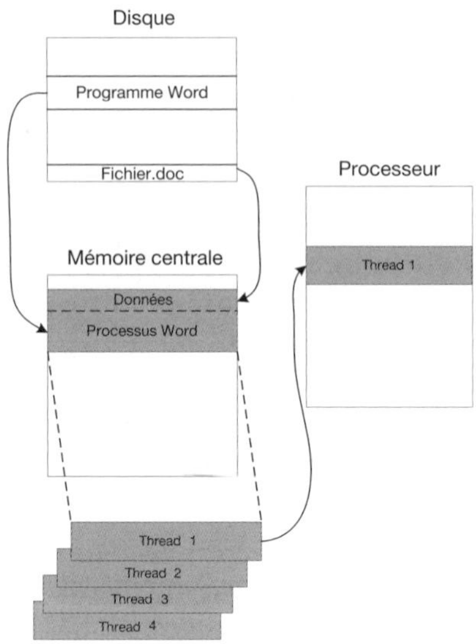

Figure 6.2 Sous-division des processus en *threads*

La manière dont le processeur est partagé entre les *threads* à exécuter est en tout point semblable à la manière dont il est partagé entre les processus. Nous ne différencierons donc plus dans la suite la gestion des *threads* de celle des processus. Mais il faut garder à l'esprit que, de plus en plus, l'unité fondamentale d'exécution devient le *thread*, c'est-à-dire une sous-partie du processus, que le processus à part entière. Par exemple, de par sa conception, Windows NT et ses successeurs font un large usage de ce niveau plus fin de granularité, et les langages de programmation les plus modernes, tels Java et C# et Python, permettent aux programmeurs eux-mêmes d'exploiter cette sous-division des blocs d'exécution. C'est bien évidemment une immense opportunité mise à leur disposition pour tenter d'accélérer leur programme en exploitant au mieux une plateforme matérielle offrant de multiples processeurs pouvant chacun se charger d'un thread. Ils n'ont de toute manière pas d'autres alternatives pour le développement d'applications graphiques, d'interfaces offrant de multiples services, ou autres applications multi-utilisateurs.

Gestion du processeur

Le partage du ou des processeurs entre les différents processus (et *threads*) prêts à s'exécuter est une responsabilité primordiale du système d'exploitation, car il lui incombe d'assurer le meilleur usage des ressources. La répartition du temps processeur est réalisée par deux agents distincts que nous appellerons le « planificateur » (*scheduler*) et « l'allocateur » (*dispatcher*). Afin de simplifier la suite, nous considérerons, comme schématisé dans la figure 6.3, que tout processus (ou *thread*) peut se trouver dans un de ces trois états : prêt, bloqué ou en cours d'exécution. Alors que plusieurs processus peuvent, à un instant donné, se trouver

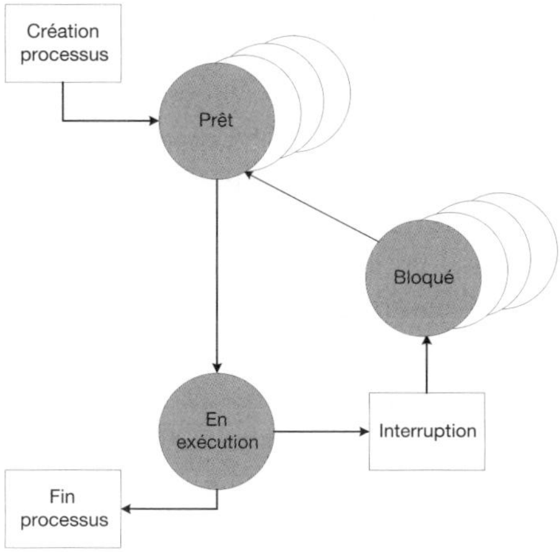

Figure 6.3 État d'un processus

dans les états prêt ou bloqué, un seul peut se trouver dans l'état « en cours d'exécution », dans le cas, bien évidemment, d'une configuration monoprocesseur et *monothread*, seul cas que nous considérons ici. Dans le cas d'une configuration à plusieurs processeurs, plusieurs processus peuvent s'exécuter sur un processeur différent et être dans l'état « en cours d'exécution » (*multi-processing*).

Lorsque le processeur et le système d'exploitation ont à gérer différents processus, leur seule manière d'allouer le processeur à chacun est de recourir au mécanisme d'interruption, ce même mécanisme que celui largement décrit dans le chapitre 4. À chaque fois qu'un processus est interrompu lors de son utilisation du processeur, comme pour toute interruption, l'allocateur commence par sauvegarder le contenu des registres du processeur dans le bloc descripteur du processus interrompu. Cette opération se passe sous la forme d'un branchement vers une séquence d'instructions qui commence par sauvegarder le contenu du registre adresse d'instruction (CI) du processus interrompu et poursuit par le contenu des autres registres. On sauve tout ce qui est nécessaire à la reprise de l'exécution du processus, là où elle a été interrompue, exactement dans les mêmes conditions.

L'action du planificateur consiste, dans une première phase, à ranger chaque processus (ou *thread*) dans une des deux catégories « état prêt » ou « état bloqué » selon que ses besoins en ressources sont satisfaits ou pas. Cette catégorisation est réalisée sur base des informations présentes dans les blocs descripteur de processus. Elle est effectuée à chaque fois que l'état d'une ressource s'est modifié, ce qui est généralement annoncé par une interruption.

Un processus est placé dans l'état bloqué tant qu'il ne dispose pas de toutes les ressources nécessaires pour s'exécuter. On trouve, par exemple, dans cette catégorie un processus ayant fait appel à une page virtuelle absente de la mémoire centrale; le processus restera ainsi tant que toute la chaîne d'opérations nécessaires à la réalimentation de la page en mémoire centrale n'aura pas été achevée. Toute demande d'utilisation d'un périphérique aura pour effet de sortir le processus de son état d'exécution en cours, et de transformer celui-ci en état « bloqué ». Plusieurs processus peuvent entrer en compétition pour obtenir une ressource non partageable. Ils devront donc se succéder dans le temps, grâce à un mécanisme dit de « sémaphore », qui traduit l'état d'indisponibilité d'une ressource et s'accompagne d'une liste des processus candidats bloqués en attente de la ressource.

En substance, le mécanisme de sémaphore est comparable à la situation suivante. On assimile la ressource à un local, dont la porte ne peut être ouverte qu'en utilisant la clé pendue à côté de la porte. La clé joue ici le rôle de sémaphore. Tant que le local est occupé par la personne qui y est entrée en prenant la clé avec elle, plus aucune personne ne pourra y avoir accès. Ce n'est que lorsque cette même personne aura quitté le local et rependu la clé à sa place près de la porte qu'une autre personne, parmi toutes celles en attente jusqu'ici, pourra y avoir accès.

Les conflits d'accès peuvent aussi aboutir à la situation dramatique, qualifiée d'étreinte fatale entre deux processus (*deadlock*). L'exemple d'une telle situation est celle d'un processus A occupant une ressource M tout en attendant que se libère une ressource N occupée, elle, par un processus B qui lui attend la ressource M. Pour reprendre notre analogie précédente, une personne A occuperait un local M dont elle ne pourrait sortir qu'après que la personne B aurait quitté le local N. Or, B ne pourrait sortir de son local que si A sort du sien. Vous voyez le casse-tête. Le planificateur peut arriver à détecter de telles situations mais aussi les prévenir en réorganisant, par exemple, la séquence des processus. Lorsqu'elles se produisent, leur dénouement ne va pas sans mal et peut nécessiter la liquidation (*abort*) d'un processus.

Un processus est placé dans l'état prêt lorsque toutes ses demandes en ressources sont satisfaites et qu'il n'attend plus que le processeur pour poursuivre son exécution. La catégorie d'état prêt comprend, par exemple, un processus dont la demande de lecture d'un secteur du disque vient de se terminer correctement ou un processus interrompu alors qu'il était en exécution, pour donner un peu de temps à un autre processus, et ce malgré qu'il continue de disposer des ressources nécessaires à son exécution.

Dans une deuxième phase, le planificateur analyse les processus de la catégorie « état prêt », qui sont autant de candidats à l'obtention du processeur. Cette phase d'allocation se déroule à chaque fois qu'un processus est interrompu et qu'un nouveau processus doit être choisi afin de le remplacer. De nombreux critères peuvent être pris en considération pour déterminer le candidat et lui attribuer une portion limitée de temps processeur. En général, comme la figure 6.4 le montre, le système d'exploitation cherche à s'en tenir à la version la plus simple, c'est-à-dire une version très égalitaire de l'attribution du processeur aux processus, revenant à les traiter tous de manière égale, c'est-à-dire bénéficiant du même temps processeur. Le processeur les exécute à la queue leu leu, allouant à chacun d'eux un peu de son précieux temps, tout comme les hommes politiques disposant d'un temps global d'antenne, sous-divisé en petites tranches, lors des périodes électorales.

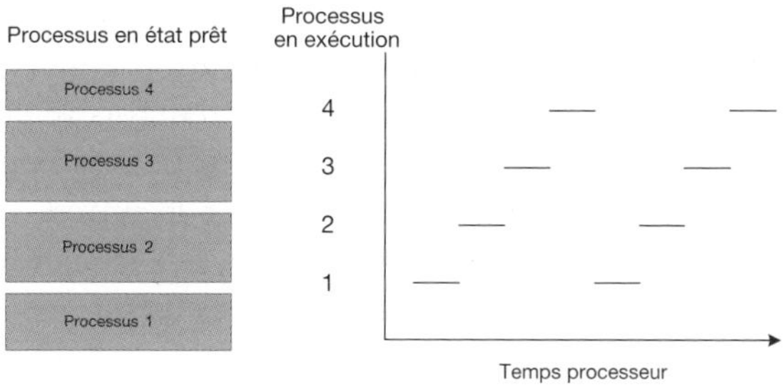

Figure 6.4 Allocation du temps processeur aux processus

On dit d'une telle stratégie de répartition du temps processeur entre les processus qu'elle est « préemptive ». Cela la différencie de nombreuses stratégies « sans préemption » qui ont prévalu pendant longtemps dans de nombreux systèmes d'exploitation, lorsque les ordinateurs qu'ils équipaient n'avaient pas à gérer simultanément de multiples programmes et utilisateurs. Par exemple, dans les premières versions de MS-DOS, un processus devait s'exécuter jusqu'au bout avant qu'un autre puisse prendre sa place, ceux-ci se succédaient dans le temps sur la base du premier arrivé premier servi. Dans les premières versions des Macintosh, le système était également « sans préemption » mais de façon différente. Là, ce sont toutes les applications quelles qu'elles soient qui devaient accepter de leur plein gré de passer la main à d'autres en intégrant à même leur code une instruction d'arrêt. Certains développeurs, malheureusement, avaient quelques difficultés à placer ces instructions, témoignages de leur solidarité avec les autres. C'est la stratégie préemptive reprise par Unix de systèmes d'exploitation précédents qui prévaut aujourd'hui dans les systèmes d'exploitation et qui explique, par exemple, le changement radical de Mac OS version X par rapport à toutes les versions qui l'ont précédé.

Dans certains cas, des priorités différentes pourront être accordées à chaque processus, par exemple en fonction de leur taille en nombre d'instructions, le plus gros devenant le plus prioritaire. Certains algorithmes accroîtront la priorité des processus ayant jusque-là requis une proportion importante d'entrées-sorties, en formant l'hypothèse que leur comportement futur sera semblable et qu'ils continueront à délaisser fréquemment le processeur par de nouvelles interruptions d'entrées-sorties.

En règle générale, les algorithmes d'ordonnancement des processus chercheront à répartir le temps processeur entre les processus tout en répondant à des exigences qui peuvent être contradictoires. D'une part, il est souhaitable que chaque processus se termine au plus vite et, ce, afin de libérer les ressources occupées, ce qui conduit à lui attribuer des portions généreuses de temps processeur. D'autre part, l'occupation du processeur par un processus pendant des durées trop longues conduit à des temps d'attente insupportables pour les autres processus. Il est donc souhaitable à première vue que chaque processus occupe le processeur pendant des durées tendant vers l'uniformité et la brièveté.

Or, il va de soi que la réduction du temps processeur alloué pour chaque processus provoque une augmentation du nombre d'interruptions du processeur. Chaque interruption entraîne une charge de traitement qui comprend au moins la sauvegarde de l'état présent du processus par la mise à jour de son bloc descripteur, puis la sélection du prochain processus auquel attribuer le processeur. Ces fonctions d'ordonnancement nécessitent du temps processeur, très précieux temps, pris paradoxalement, sur celui disponible pour l'exécution de chaque processus. Dans le cas des ordinateurs ne traitant qu'un seul thread à la fois, cette ressource n'est partageable que dans le temps.

Dans le cas de configurations pouvant traiter plusieurs threads ou dotées de plus d'un processeur, le partage du temps s'accompagne d'une dimension spatiale permettant une plus grande fluidité dans le fonctionnement de l'ensemble. Toutefois, la multiplication du nombre de processeurs peut entraîner un accroissement sensible de la charge de synchronisation entre ces éléments et réduire l'intérêt d'une telle solution. À chaque médaille son revers.

Enfin, lorsque le planificateur a sélectionné, parmi les processus dans l'état prêt, le prochain qui utilisera le processeur, l'allocateur entreprend la restauration du processus désigné dans l'état où il se trouvait au moment de son interruption. Pour ce faire, les différents registres du processeur sont rechargés à partir du bloc descripteur de processus. L'allocateur charge ensuite éventuellement dans le processeur une horloge qui fera office de minuterie (*timer*) pour limiter le temps processeur alloué (préemption). Il achève son intervention en exécutant un branchement vers l'adresse qui se trouvait contenue dans le registre compteur d'instruction au moment de l'interruption. Le processus reprend ainsi son exécution sans que rien ne marque cette parenthèse dans le temps dont il a été l'objet. Le temps a juste suspendu son vol, pour paraphraser un grand poète.

Ainsi, lorsque plusieurs utilisateurs interagissent avec un même serveur, ils sont abusés par le sentiment qu'ils ont d'être chacun le seul à travailler de manière continue sur le serveur. En vérité, ils le sont pendant de très brefs moments, mais si brefs, et entre lesquels s'écoule si peu de temps, qu'ils n'ont généralement aucune conscience (ce n'est bien sûr pas le cas si le serveur est surchargé) de ce va-et-vient sur le serveur. Ce sentiment de continuité est semblable à celui vécu lors de la vision d'un film, bien qu'il s'agisse d'une succession hachée d'images fixes.

Gestion de la mémoire

La gestion de la mémoire centrale consiste à allouer à chaque programme à exécuter un espace mémoire tel que le processeur ait accès aux instructions et aux données nécessaires à l'exécution de ce programme. La mémoire centrale peut être partagée entre plusieurs programmes, la répartition étant soit totalement équitable soit prenant en considération la taille du programme. Il peut apparaître au niveau de la mémoire centrale des problèmes de fragmentation semblables à ceux que l'on retrouve sur le disque dur, mais le recours à la mémoire virtuelle en réduit nette-

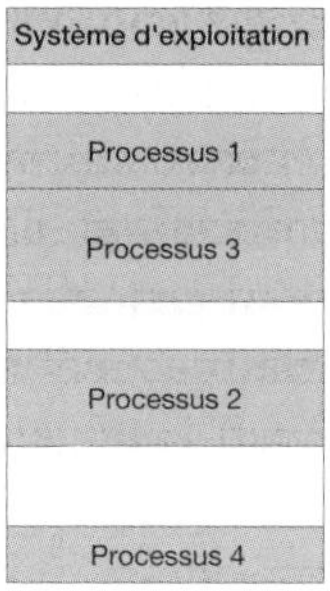

Figure 6.5 Processus en mémoire centrale

ment l'apparition. La figure 6.5 montre ce que serait le contenu dans la mémoire dans une version de celle-ci où les processus occuperaient des espaces mémoires continus et de tailles différentes. On y voit le système d'exploitation en première place, puis quatre autres processus. On y découvre également des espaces mémoires inoccupés, résultant de la distribution au fur et à mesure des espaces pour des processus pouvant être de tailles très différentes. Le recours à la segmentation de la mémoire en pages, segmentation propre au principe de la mémoire virtuelle, contribue à éviter ce type de gaspillage.

Si un processus décrète son espace mémoire comme complètement inviolable, un autre processus se « plantera » s'il essaie d'adresser une information présente dans cet espace. Ainsi, on comprend en quoi l'espace mémoire occupé par le système d'exploitation doit bénéficier d'une protection particulièrement efficace contre les accès intempestifs par d'autres programmes. Pendant de nombreuses années, on a critiqué certains systèmes d'exploitation sur ce point précis, leur incapacité à maintenir les espaces mémoires suffisamment séparés et protégés. Il n'était pas rare (surtout vu la possibilité offerte à certains processus, avec des langages de programmation comme C, d'allouer de l'espace mémoire pendant leur exécution), qu'un programme tente de déborder sur un autre, menant à des arrêts très brutaux de tout le système, le genre d'erreur dramatique qui nécessitait tout le redémarrage du système, comme un gang de Los Angeles, lorsqu'il tente de pénétrer dans un quartier habité par un autre gang. Aujourd'hui, le confinement des processus dans l'espace mémoire qui leur est attribué par le système d'exploitation a pratiquement éradiqué ce type d'erreur. Ce n'est malheureusement pas si simple pour la guerre des gangs.

La gestion de la mémoire virtuelle est également sous la responsabilité du système d'exploitation. Rappelons-en rapidement le principe (cf. chapitre 3). La mémoire virtuelle permet d'accroître considérablement l'espace mémoire (par l'addition du fichier d'échange ou *swap file* sur le disque dur). Le chargement de programmes dans différents emplacements de mémoire non contigus nécessite la conversion des adresses logiques ou virtuelles en adresses physiques ou réelles au moment de leur utilisation effective. L'existence de la table des pages associant adresse logique et adresse physique permet, bien évidemment, de distribuer ces pages n'importe où dans la mémoire et contribue à éviter les problèmes de fragmentation et d'espaces mémoire inutilisés. La conversion des adresses virtuelles en adresses réelles est réalisée dans le processeur par son unité de gestion mémoire à partir de la table des pages établie pour chaque processus et où figure pour chaque page virtuelle sa correspondance sous forme d'une adresse réelle en mémoire centrale ou dans le fichier d'échange. C'est le système d'exploitation qui se charge de créer cette table de correspondance de pages et de la joindre au processus. En cas d'absence de la page requise dans la mémoire centrale, une interruption est générée et c'est un service dédié du système d'exploitation qui va chercher dans le fichier d'échange sur le disque dur la page absente pour la charger dans la mémoire centrale. En vertu du principe de localité, la fréquence des absences de page dans la mémoire centrale reste réduite. Si toutes les pages de la mémoire centrale sont occupées, le système d'exploitation doit remplacer une page par une autre en suivant l'un ou l'autre critère tel : *first-in-first-out*, la moins récemment utilisée, la moins fréquemment utilisée, etc. C'est également lui qui s'assurera, avant de supprimer la page à remplacer dans la mémoire centrale, s'il y a lieu ou non (selon qu'elle a été modifiée ou pas) de la mettre à jour sur le disque dur.

Il se peut que la mémoire centrale soit trop exiguë au regard du nombre de pages dont les programmes ont besoin pour s'exécuter. Dans les cas extrêmes, le système d'exploitation consomme tout son temps en un va-et-vient incessant de pages entre mémoire centrale et fichier d'échange sur le disque dur. Cette situation de dégradation totale des performances, avec ses délais d'attente interminables, est connue sous le nom de *thrashing*. Le remède immédiat peut consister en une réduction du nombre de processus en exécution, tandis qu'une extension de la mémoire centrale peut constituer une solution à plus long terme. Première demande au vendeur de votre nouvel ordinateur, et pour une pincée d'euros de plus mais des heures d'attente en moins, ajoutez (pour autant que la capacité du registre d'adressage RA et les emplacements de mémoire le permettent) une poignée de mémoire RAM !

Gestion des entrées-sorties

La gestion des entrées-sorties (*input-output* ou I/O) représente un compartiment particulièrement important de l'immense boîte à outils que constitue le système d'exploitation. Nous allons reprendre dans ce nouveau contexte, pas mal de points déjà abordés dans le chapitre consacré aux périphériques. La gestion des entrées-sorties doit prendre en compte une grande diversité d'appareils périphériques, tout en donnant de cette diversité une vision uniforme pour l'utilisateur et assurant le meilleur rendement dans leur utilisation.

Ce triple objectif peut être illustré partiellement par l'exemple des imprimantes. Chaque constructeur d'imprimantes a mis sur le marché en un quart de siècle pléthore de types différents, chacun de ces types pouvant, à son tour, comprendre plusieurs modèles, avec des caractéristiques et un jeu de commandes particuliers. Toutefois, on attend du système d'exploitation qu'il soit capable de prendre en charge, et le plus facilement du monde, n'importe lequel des modèles que l'utilisateur a choisi d'installer, à côté éventuellement d'un autre modèle radicalement différent, et de le faire fonctionner au mieux de leurs performances.

Il est impensable qu'un utilisateur, ou une quelconque application sollicitant l'imprimante ait, lors de la préparation de l'impression, à se préoccuper des particularités techniques de l'imprimante qui sera effectivement utilisée (laser, à jet d'encre ou autres détails). Il doit se limiter à préciser ce à quoi devront ressembler les portions de son texte, comme, par exemple, si elles doivent paraître en gras ou soulignées. Le texte sortira de l'imprimante, en effet, sous la forme voulue, pour autant que celle-ci dispose des fonctions demandées. À défaut, un repli sera opéré, en imprimant dans une version alternative, par exemple, en une seule couleur, s'il est demandé d'en utiliser plusieurs. Finalement, la gestion des entrées-sorties exige de tirer le meilleur parti possible des caractéristiques de l'imprimante afin, par exemple, de minimiser les temps d'impression et l'impact sur les autres ressources de l'ordinateur, comme le temps processeur consacré à la gestion de l'impression. La complexité de la gestion des entrées-sorties est accrue par la grande variabilité existant entre les caractéristiques des périphériques en termes de :

Partage : le disque dur peut être accédé simultanément par tous les processus, qui s'en partagent l'usage, alors que l'imprimante ne sera logiquement accédée que par un seul processus à la fois, sauf à voir vos documents mélangés avec ceux de vos voisins et passer des heures à les démêler. Cela implique une prise en compte de la synchronisation des accès à la ressource par le mécanisme du sémaphore vu plus haut.

Fréquence d'accès : un disque dur se particularise dans son interaction avec le processeur par un nombre d'interactions par seconde totalement différent d'un clavier, conditionné, quant à lui, par la vitesse de frappe.

Autonomie : certains périphériques, comme à nouveau le disque dur, tendent à disposer de plus en plus d'un contrôleur doté d'une « intelligence » propre, ce qui lui assure une capacité de gestion de loin supérieure à celle du port clavier.

Optimisation : un périphérique aussi sollicité que le disque dur doit être optimisé au niveau de ses accès, en ordonnançant les différentes demandes en fonction de leurs adresses sur le disque, et ceci afin de réduire le plus possible les déplacements du bras. Ce sera un des rôles affectés au contrôleur du disque.

Mode de transfert : les périphériques les plus rapides échangent avec la mémoire des suites continues d'octets dénommées blocs, tandis que d'autres périphériques tels le clavier échangent un caractère à la fois.

Temps de réaction : lors de la manipulation de périphériques tels une manette de jeux, les réactions doivent être prises en compte dans un délai tel que le jeu conserve son réalisme.

Niveau technologique : les technologies évoluent généralement en terme de vitesse de transfert et les différents connecteurs, ports et autres, doivent être adaptés de manière à encaisser ces évolutions.

Les ordinateurs ne connaîtraient qu'un succès d'estime et une diffusion confidentielle si les systèmes d'exploitation et leur gestion des entrées-sorties ne parvenaient pas à affranchir les utilisateurs de la complexité évoquée ci-dessus. La mise à jour des périphériques et l'adéquation de ceux-ci avec la plateforme : processeur et système d'exploitation, tient parfois encore du cauchemar, tant pour le constructeur que l'utilisateur final. Quand les périphériques se transforment en périls féeriques, on connaît des histoires de PC et des sagas d'informaticiens se terminant à travers une fenêtre pour bien moins que cela.

Idéalement, la gestion des entrées-sorties permet à l'utilisateur d'en unifier et simplifier la perception, au travers d'une abstraction qui peut se résumer à deux demandes de service : recevoir (lire) ou envoyer (écrire) une suite d'octets, depuis ou vers un appareil périphérique, en s'encombrant peu ou prou des caractéristiques et contraintes propres à cet appareil. C'est ainsi que la lecture d'un fichier se commandera d'une seule et même manière, que cette lecture se fasse depuis un disque, une clé USB ou un DVD, et cela quelle que soit la technologie sous-tendant le fonctionnement de ces périphériques.

Cette indépendance par rapport au type de périphérique est rendue possible grâce notamment à l'intégration dans le système d'exploitation des pilotes logiciels (ou *drivers*), généralement fournis par les constructeurs de périphériques, et destinés à en gérer les particularités. Les pilotes sont autant de logiciels qui font le pont entre le système d'exploitation et les périphériques. Le pilote est la partie du système d'exploitation directement concernée par l'interaction avec un périphérique donné. La présence des pilotes contribue à renforcer le découplage entre la gestion logique des fichiers et les périphériques, car ils se chargent d'homogénéiser aux yeux des processus la manière d'interagir avec les différents périphériques.

Afin de vous convaincre, s'il en était encore besoin à ce stade de votre lecture, de l'extrême complexité de l'univers informatique, à la différence d'un avion, la conduite d'un périphérique ne peut s'effectuer sans pilote. Ils représentent ainsi le maillon final dans la chaîne logique que forme la gestion des entrées-sorties, et qui va de l'expression d'une demande faite en termes généraux par un processus, jusqu'à sa matérialisation en fonction d'un appareil périphérique précis.

Les pilotes des appareils périphériques les plus largement diffusés sont généralement distribués avec les versions de base du système d'exploitation. Il peut devenir nécessaire au cours du temps de remplacer un pilote de périphérique par une version plus récente, en l'obtenant par exemple sur le site Internet de son constructeur (pour autant qu'il existe encore et qu'il consente à en faire l'effort). Le passage à une nouvelle version de l'OS peut ainsi s'accompagner d'une hécatombe d'appareils périphériques cloués au sol faute de pilote. Pour leur part, les périphériques, surtout les moins standard, devront être livrés accompagnés de leur pilote logiciel, permettant au système d'exploitation de prendre en compte leur spécificité.

Le choix du pilote adéquat, tant en fonction de l'appareil périphérique que de la version du système d'exploitation, s'est trouvé grandement facilité par la généralisation du concept *plug and play*, parfois abrégé en « PnP », et qui peut se traduire librement par « connectez, le tour est joué ». Il consiste, tout d'abord, à doter chaque appareil périphérique d'un mécanisme d'identification qui peut être consulté par tout logiciel. Le système d'exploitation va de son côté explorer toutes les connexions qu'il peut constater sur les différents ports, recueillir leur identification et charger en son sein les pilotes adéquats, et ceci à tout moment de l'utilisation de l'ordinateur.

Ce *plug and play* a tenu longtemps du fantasme absolu, ensuite d'une plaisanterie de comptoir (« *plug and plof* »), puis d'un phénomène au comportement inquiétant teinté d'aléatoire et d'irrationnel ainsi que d'un argument commercial fort pour ceux qui se vantaient de l'avoir complètement maîtrisé, pour enfin, aujourd'hui, être devenu une réalité, tous les constructeurs de périphériques ainsi que des systèmes d'exploitation l'ayant complètement intégré dans leurs productions les plus récentes. Internet est venu compléter ce système en permettant aux différents systèmes d'exploitation d'accéder en ligne à des banques de données de pilotes mises à jour en permanence afin d'y télécharger la version idoine à la détection d'un petit nouveau dans la famille des périphériques connectés à la machine.

Reprenons maintenant tout ce qui a déjà été dit sur les opérations d'entrées-sorties pour en décomposer schématiquement le déroulement en phases de la manière suivante.

Dans tout programme, une demande d'entrée-sortie s'écrit sous forme d'une instruction d'un type particulier, accompagnée de paramètres décrivant ce qu'il attend de cette entrée-sortie. Au moment de l'exécution du programme, cette instruction provoquera une interruption du déroulement séquentiel des instructions du programme, permettant au processeur de se brancher vers le noyau du système d'exploitation à une adresse correspondant au service demandé.

Le traitement de l'interruption se poursuit par la transposition par le pilote de la demande en termes matériels et son aiguillage vers l'appareil périphérique concerné. L'opération d'entrée-sortie peut être mise immédiatement en exécution lorsqu'aucune autre demande n'est en cours ou mise en attente. Cette attente sera souvent le cas pour des périphériques à l'accès partagé et intensément sollicités comme, par exemple, le disque dur. L'opération d'entrée-sortie s'effectue par une suite d'instructions adressées par le biais du pilote logiciel à l'appareil périphérique, et qui a pour but un transfert d'octets répondant ainsi à la demande exprimée par le programme. Le moment où ce transfert d'octets prend place dépend de la nature de l'appareil périphérique concerné, nécessitant éventuellement le déclenchement d'une action mécanique comme le déplacement de la tête de lecture du disque.

Le processeur est informé de la fin de l'opération d'entrée-sortie (ou de son échec) par une interruption du déroulement séquentiel des instructions et le renvoi éventuel (si l'interruption n'est pas désactivée) vers le pilote logiciel responsable de ces entrées-sorties. La manière dont la fin de l'opération sera traitée dépend de la nature du transfert, de l'appareil périphérique et de la façon dont celle-ci s'est vraiment achevée. L'état de cette opération d'entrée-sortie (témoin de la manière dont elle s'est effectuée, avec un éventuel constat d'erreur) est repris dans un registre d'état intégré à même le périphérique et dont peut être informé le processeur.

L'opération d'entrée-sortie terminée, le processus à l'origine de la demande peut reprendre le cours de ses instructions à l'endroit où il s'était interrompu pour introduire cette demande. La remise en exécution du processus se fait par l'entremise du planificateur, qui décompte le nombre de demandes en attente pour ce même processus, et de l'allocateur, si celui-ci détermine que le processus peut se voir réattribuer l'usage du processeur. Les deux exemples décrits ci-dessous sont destinés à mettre en évidence les points communs et les différences qui peuvent subsister entre des opérations d'entrée-sortie.

Une opération d'écriture sur disque débute par un déplacement mécanique du bras à l'aplomb de la piste choisie. Il s'agit ensuite d'un transfert en mode DMA des octets depuis la mémoire vers le contrôleur du disque, l'écriture s'effectuant au rythme donné par la vitesse de rotation du disque (ou d'une mémoire tampon intermédiaire accolée au disque). L'interruption de fin d'opération signifie, sauf exception (cas d'erreur), que le processus demandeur a obtenu satisfaction, qu'il peut être remis en exécution et qu'une opération de lecture ou d'écriture pour le même disque en attente dans la file peut être lancée à son tour.

Une opération d'introduction de caractère au clavier consiste en une attente du processus demandeur, qui prend fin lorsqu'une touche du clavier est enfoncée. Cette action est annoncée par une interruption du processus en cours d'exécution. L'interruption se poursuit par une allocation du processeur au processus chargé de la gestion du clavier. Ce processus doit prélever sur le port du clavier le caractère reçu, et ceci dans un délai tel qu'il ne soit pas effacé par la frappe d'un nouveau caractère (on retrouve le mécanisme de synchronisation discuté dans le chapitre consacré aux périphériques). Ce n'est qu'au terme de ces opérations que le planificateur puis l'allocateur pourront attribuer le processeur au processus demandeur ou à un autre processus.

La gestion des fichiers et le système d'exploitation

Généralités

La gestion des fichiers relève d'une part du système d'exploitation pour ce qui est de leur contenant, et des programmes d'application pour leur contenu. Nous commencerons par la gestion du contenant et nous quitterons ensuite le domaine du système d'exploitation lorsque nous poursuivrons par la gestion du contenu.

Mais d'abord, pourquoi des fichiers ? Jusqu'à présent, nous avons surtout parlé de données formées d'octets localisés par leur adresse, et généralement trop nombreuses pour pouvoir être toutes contenues en même temps dans la mémoire centrale. Il ne faut donc garder en mémoire centrale que les données nécessaires au traitement par le processeur et placer toutes les autres ailleurs, là où la place est moins comptée, sur le disque dur par exemple. Voilà la première raison d'être des fichiers. Mais il y en a une autre : même si toutes les données nécessaires pouvaient tenir dans la mémoire centrale, elles ne s'y trouveraient pas en sûreté, étant donné ses caractéristiques de volatilité. Rien de tel avec le disque dur, où les pertes de mémoire sont exceptionnelles. Finalement, les mémoires périphériques constituent également un meilleur rapport quantité/prix que les mémoires RAM.

La gestion des fichiers ne se limite pas aux informations des utilisateurs, elle couvre également toutes les informations propres au fonctionnement du système d'exploitation. On ne saurait mieux souligner l'importance de son gestionnaire qu'en rappelant que toute information de quelque nature que ce soit ne peut être sauvegardée que si elle est inscrite sur une mémoire non volatile telle un disque dur. Pour retrouver sans difficulté cette information, aucune alternative n'est possible, il faut la localiser dans cette mémoire non volatile, et pour cela, l'avoir incluse au préalable, lors de son écriture, dans une structure, le fichier, localisable par son nom. Le fichier, de par sa permanence dans le temps, est le support fondamental de l'information. Tout le reste en informatique n'est que transition entre deux états consécutifs de fichier.

Nous retrouvons la dualité contenu/contenant que nous avons rencontrée dans la mémoire centrale sous la forme d'un octet et de son adresse, le « quoi » et le « où ». Pour la gestion des fichiers, cette dualité s'exprime, pour le contenu, par la structure du fichier, et pour le contenant, par la localisation à l'aide du nom du fichier. Un fichier peut être décrit comme une portion d'espace de mémoire, que seule une décision délibérée peut effacer ou remplacer, portion accessible par son nom comme contenant, et ayant pour contenu une collection de données significatives pour un programme particulier. Ce contenant devient « information » dès lors que l'on connait le programme chargé du traitement de ce même contenant.

Un fichier n'existe que par les conventions qui définissent ses contenant et contenu. Un fichier est d'abord créé par un programme selon un format convenu, et son écriture est confiée à un service spécialisé du système d'exploitation, qui applique ses propres conventions pour le ranger. Pour retrouver ce même fichier et le relire, un autre programme devra appliquer les mêmes conventions et services. Faute de quoi, le fichier sera inaccessible et inutilisable. Pour passer aux travaux pratiques, essayez de lire dans Word un fichier enregistré au format JPEG, essayez de lire dans Photoshop une petite musique sauvée au format Wav ou un petit film au format Quicktime et sur un PC certains formats de CD créés sur Mac, et à chaque fois, vous serez édifiés.

Les données contenues dans un fichier peuvent être de nature très diverse, allant de l'ensemble des instructions en code machine constitutifs d'un programme à un catalogue de pièces détachées, en passant par un texte de poésie, un morceau de musique, la photo d'un tableau, un tableau d'amortissement, les réservations d'un vol d'avion ou la déclaration d'un vol d'ordinateur. Un fichier contenant des instructions sera utilisé par le programme préparant la mise en exécution d'une application, un fichier contenant un texte sera géré par un traitement de texte, celui de la photo par un environnement d'édition graphique. Dans tous les cas, la suite d'octets qui compose le contenu d'un fichier n'aura de sens que pour les seuls programmes qui connaissent leur signification.

Une autre utilisation un peu moins apparente des fichiers mais pourtant capitale au bon fonctionnement de la plupart des ordinateurs est celle, que nous avons déja décrite, de la mémoire virtuelle. Lorsqu'elles ne sont pas nécessaires dans la mémoire centrale, certaines pages d'un programme en exécution restent stockées sur le disque dur. Elles se prêteront à un ensemble de va-et-vient entre ces deux niveaux de mémoire en fonction des besoins, et cela sous le contrôle du processus gérant la mémoire centrale et virtuelle. L'emplacement sur disque destiné à recevoir une copie des pages de la mémoire virtuelle peut se limiter à un simple fichier (nommé fichier d'échange).

La gestion des fichiers a été élargie jusqu'à comprendre des opérations sur des flux de données qu'il devient possible d'assimiler à un fichier séquentiel virtuel à l'existence éphémère. On traitera ainsi comme fichier un flux de données en provenance du clavier, dont le contenu est fourni par les frappes successives des touches, ou un ensemble de données à destination de l'écran. Le concept de gestion de fichiers s'est révélé à ce point effectif pour le regroupement des données et leur accès par les programmes qu'il s'est étendu jusqu'au Web. Une page web est un fichier dont le contenu peut être géré par un navigateur web (Firefox, Internet Explorer, Google Chrome, etc.). Le nom de ce fichier est donné sous forme d'URL (*universal resource locator*). Les courriels seront contenus dans un fichier ou feront chacun l'objet d'un fichier.

L'avantage du « tout fichier » (à ne pas confondre avec « tout le monde fiché » bien que cela ne soit pas sans rapport), réside dans l'indépendance que peuvent avoir les fichiers par rapport à leur support. Cette facilité apportée par le système d'exploitation et son processus de gestion des fichiers consiste à donner aux programmes une vision uniforme d'un fichier, en particulier séquentiel, quel que soit son support. Cela simplifie pour le développeur d'applications, la diversité de commandes d'entrée et sortie qu'il a à maîtriser. En d'autres termes, il ne faut apporter aucune modification à un programme pour qu'il puisse traiter un fichier enregistré sur des supports aussi différents que disque, clé USB, DVD ou encore une page web. Grâce à cette apparence unique, le système d'exploitation peut réaliser sans difficulté des opérations globales sur un fichier (et les présenter telles quelles à l'utilisateur), comme le copier sur le même support ou un support différent, en écrire une copie sur un support de sauvegarde, tout ceci sans devoir recourir à un programme spécifique ayant connaissance des particularités du support physique ou de la structure interne du fichier.

Notez que le contenu de tous les fichiers pourrait aussi bien être vu par les programmes comme un seul ensemble de données accessibles dans des pages en nombre illimité, grâce à la mémoire virtuelle. Les programmes pourraient alors se contenter d'adresser les données dans une mémoire infinie, rendant la notion de fichier superflue. Cette idée irait bien dans la ligne de Turing et von Neumann, et des types d'organisations de fichiers sous forme de bases de données relationnelles peuvent donner l'illusion qu'il en est ainsi. Toutefois, la notion de fichier est conservée pour plusieurs raisons. Citons parmi celles-ci les limites en performance de la mémoire virtuelle, le fait que les données n'appartiennent pas toutes au même propriétaire et qu'il faut donc singulariser les droits d'accès ainsi que leur partage, qu'elles peuvent être réparties au sein d'un réseau sur des serveurs différents, ou encore la nécessité impérieuse de réaliser la sauvegarde des données en les regroupant selon leur nature.

Gestionnaire de fichiers

La partie du système d'exploitation consacrée à la gestion des fichiers est sans doute celle qui revêt le plus d'importance aux yeux des utilisateurs, même s'ils ne sont pas toujours conscients de ce rôle central. Observez-vous lors de vos manipulations informatiques et vous constaterez que l'essentiel de celles-ci concerne des ouvertures, exécutions, sauvegardes ou impressions de fichiers. Le gestionnaire des fichiers se trouve à la charnière entre les accès des utilisateurs à leurs informations et la gestion des entrées-sorties matérialisant leurs demandes d'accès. Cette gestion implique aussi des exigences particulièrement sévères en matière de sécurité, et ceci afin d'assurer la meilleure protection et confidentialité aux informations contenues dans l'ordinateur. La gestion des fichiers revêt tout autant d'importance pour le système d'exploitation, qui y fait largement appel pour ses besoins propres, faisant en définitive de celle-ci un des services majeurs de tout système d'exploitation.

Chaque système d'exploitation offre un gestionnaire de fichiers qui lui est propre, présentant une palette de fonctions au contenu variable. Néanmoins, ils répondent généralement au minimum de fonctionnalités qui suit et qui est représenté dans la figure 6.6.

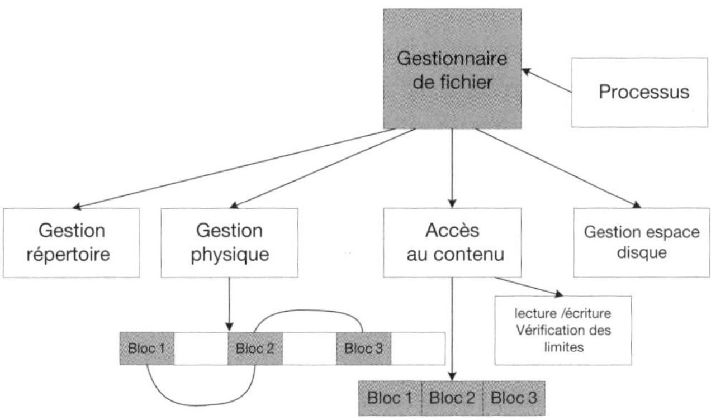

Figure 6.6 Gestionnaire de fichier du système d'exploitation

Gestion du répertoire
Le répertoire peut s'assimiler au « sésame » permettant l'accès à un fichier à partir de son nom. Plus concrètement, le répertoire est essentiellement un mécanisme de dénomination de fichier et forme une structure où chaque nom de fichier est repris, accompagné des informations nécessaires pour le localiser au sein de la mémoire secondaire. Le répertoire n'est donc pas un espace physique particulier sur le disque dur, même si ses manipulations (déplacement, glissement d'un répertoire dans un autre) peuvent nous laisser cette impression. Chaque répertoire sera lui-même un fichier d'une structure particulière traitée par le gestionnaire de fichiers. De ce fait, la recherche d'un fichier dépendra de la longueur de son nom, c'est-à-dire du nombre de sous-répertoires qu'il sera nécessaire de traverser avant d'aboutir à ce fichier. La résistance des fichiers répertoires aux intrusions et aux incidents physiques est un critère de qualité essentiel pour le bon fonctionnement d'un ordinateur. La structure du répertoire varie d'un système d'exploitation à l'autre, avec une prédominance pour la structure arborescente (un répertoire pouvant se trouver dans un autre). Le répertoire reprend au moins partiellement les caractéristiques de chaque fichier (y compris les fichiers de répertoires) en termes de nom du fichier, date et heure de création du fichier, du dernier accès en lecture ou pour modification, liste des utilisateurs ou programmes habilités à accéder au fichier pour le lire, le modifier, le supprimer, renvoi vers une table décrivant l'espace attribué.

Affectation d'un fichier à un processus
Avant de pouvoir accéder à un fichier, toute demande émanant d'un processus fait l'objet d'un traitement approprié par le système d'exploitation. La réponse à cette demande dépendra de l'identification de l'utilisateur, lorsque cette fonction est prévue par le système d'exploitation. La réponse dépendra aussi du mode et des droits d'accès au fichier : lecture seule, lecture et écriture. L'accès à un fichier peut être partagé entre plusieurs processus sous certaines conditions : par exemple, plusieurs processus peuvent se voir attribuer l'accès en lecture seule à un même fichier.

Accès au contenu
Le gestionnaire de fichiers fait en sorte que le fichier, et ce malgré qu'il se trouve généralement éparpillé sur son support physique en des agrégats (*clusters*) non contigus, soit vu par le processus demandeur comme un espace unique continu. La raison d'être des agrégats ou *clusters* de secteurs sera vue plus loin, lorsque nous parlerons de l'allocation de l'espace sur disque. Disque ou autre mémoire secondaire comme un DVD, peu importe pour le processus demandeur. Celui-ci présente au gestionnaire de fichiers des demandes de lecture ou d'écriture de données. Le pilote aidé du contrôleur de ce type de support adaptent ces demandes aux caractéristiques de la mémoire secondaire qui contient le fichier, puis fait appel à la gestion des entrées-sorties que nous avons vue plus haut.

Pour les systèmes d'exploitation les plus usités à ce jour, Unix et Windows, l'organisation interne du contenu du fichier ou son organisation logique sont de la compétence des programmes qui utilisent le fichier et sans relation aucune avec leur disposition physique sur le disque. Les systèmes d'exploitation les voient simplement comme une séquence non structurée d'octets. Le gestionnaire de fichiers permet en général de parcourir le contenu d'un fichier de manière séquentielle, en le débitant par portions successives, la taille de la portion étant fixée par le programme utilisateur. Cela convient pour la plupart des applications. Vous n'aimeriez pas, en ouvrant votre traitement de texte, vous retrouver soudain avec, en première partie, la fin du document. Il en va de même pour l'audition d'un morceau de musique.

À cette fin, pour chaque fichier en cours de traitement, un curseur est maintenu par le gestionnaire de fichiers pour indiquer le point atteint dans le déroulement de la lecture des octets. Ce curseur progresse depuis le début du fichier, en réponse au programme demandeur qui précise le nombre d'octets qu'il souhaite lire ou écrire sur le fichier. Dans des cas spécifiques, les fichiers peuvent également être parcourus de manière non séquentielle. La gestion de ce cheminement sera particulière à un type d'application qui le prendra en charge lui-même. Le programme d'application déterminera, selon ses besoins, la valeur du curseur avant de soumettre sa demande de transfert d'une portion d'espace au gestionnaire de fichiers. Ce dernier vérifiera que la portion demandée se trouve bien comprise dans l'espace alloué au fichier et s'exécutera.

Gestion de l'espace libre

La gestion de l'espace libre sur le support s'effectue par l'entremise d'une ou de plusieurs tables dont la forme varie suivant les systèmes d'exploitation et dont nous reparlerons dans la suite. Les fonctions liées à la gestion de l'espace libre sur disque sont les suivantes : attribution de l'espace initial à la création du fichier, modification de la taille de cet espace, et libération de l'espace occupé en cas de suppression du fichier.

Voyons maintenant comment le système d'exploitation et son gestionnaire de fichiers gèrent les contenants, c'est-à-dire comment il range et retrouve les fichiers sur les disques.

Stockage physique des fichiers

Rappelons que, physiquement, un fichier se ramène à un ensemble d'octets regroupés en agrégats (*clusters*) et transférés par blocs composés de secteurs. Nous examinons d'abord la partie physique du stockage des fichiers, partie relative à la gestion de l'espace et à l'allocation de cet espace à des fichiers connus par leur seul nom. Nous verrons par la suite, en traitant de la partie logique du stockage, comment les répertoires permettent de retrouver un fichier à partir de son nom sans confusion possible avec l'immense quantité de fichiers stockés sur le disque, ou toute autre mémoire secondaire (nous traiterons indifféremment par la suite tous ces supports secondaires par le seul terme plus imagé de « disque », qu'il s'agisse de la version magnétique, SSD ou tout autre support secondaire). Tout fichier doit bien évidemment se dénommer de manière unique car, pour le disque, son nom correspond à l'emplacement qui lui est alloué.

Partitions

Un disque peut être exploité comme un tout ou être divisé en partitions. Dans ce dernier cas, chaque partition est considérée par le système d'exploitation comme un disque de taille réduite. Plusieurs raisons peuvent conduire à partitionner un disque. Une première raison peut être, comme nous le verrons plus loin, une contrainte de limite de taille des tables gérant l'utilisation du disque. D'autres raisons peuvent relever de la sécurité ou de la facilité d'exploitation comme, par exemple, la séparation dans des partitions distinctes des programmes du système d'une part, et des fichiers des utilisateurs d'autre part, ou encore la séparation d'utilisateurs qui se voient affecter chacun à une partition propre, et par là aussi à un espace maximal prédéfini et nettement plus facile à sécuriser.

Les partitions permettent aussi d'installer sur un ordinateur plusieurs systèmes d'exploitation différents, chacun dans sa partition propre, et chacun doté du système de gestion de fichiers qui lui est associé. Cette possibilité a été évoquée avec le *bootstrap*.

Beaucoup de systèmes d'exploitation ne gèrent pas le chevauchement des répertoires et des fichiers sur plusieurs partitions ou disques. Dans le cas d'un fichier de taille supérieure à une partition ou un disque, il faudra avoir recours à des logiciels complémentaires au système d'exploitation, tels les systèmes de gestion de bases de données.

Intéressons-nous maintenant à la manière d'allouer l'espace sur disque et d'y stocker les fichiers.

Unité d'allocation

Pour stocker un fichier sur disque, et cela quel que soit le mode de stockage utilisé, il est indispensable de connaître les emplacements laissés libres. Il n'est évidemment pas question d'écraser un fichier existant avec les données d'un autre fichier, sauf de manière délibérée, s'il s'agit d'une nouvelle version de celui-ci. En général, l'espace sur le disque est divisé logiquement en unités d'allocation, reprises dans la table d'allocation qui décrit leur état en terme d'occupation. Nous verrons plus loin quelques formats de tables d'allocation. De toute manière, à chaque fois qu'une partie d'espace disque est allouée à un fichier, l'état de toutes les unités allouées sera adapté dans la table d'allocation pour marquer leur indisponibilité. Il est important d'avoir une telle table à disposition pour repérer les unités inoccupées et décider de l'emplacement du nouveau fichier. Or la taille de l'unité d'allocation (ou d'occupation) ne va pas sans poser problème.

La solution la plus élémentaire serait de faire de cette unité la plus petite division physique de l'espace disque, c'est-à-dire le secteur et ses 512 octets ou 4096 octets. De cette façon, l'espace alloué à un fichier correspondrait exactement à son besoin en nombre de secteurs. Cependant, une telle approche nécessiterait la création et la gestion de tables extrêmement volumineuses, le moindre disque de 200 Go comptant, par exemple, près de 400 millions de secteurs. Or, il est souhaitable, et ceci afin d'épargner l'occupation et le traitement de ces tables (traitement qui, ne l'oublions pas, s'opérera en mémoire centrale), de grossir l'unité d'allocation et de la porter à plusieurs secteurs, en général une puissance de 2, définissant ainsi des agrégats de secteurs ou *clusters*. La taille des agrégats est déterminée lors de l'opération de formatage qui précède la première utilisation d'un disque (à éviter à tout prix par la suite si vous tenez à vos données). Les clés USB sont généralement livrées avec un formatage à une unité d'allocation optimisée pour leurs performances.

Des agrégats d'une taille de 4096 octets, soit 8 secteurs, sont le plus typiquement rencontrés comme unité minimum d'allocation sur le disque. Des agrégats de cette taille sont sans conséquence pour des fichiers volumineux, la proportion d'espace perdu étant réduite. En revanche, pour des fichiers de très petite taille, un nouveau problème se pose, car la taille de l'agrégat ne permet plus un ajustement fin de l'espace à allouer, avec les problèmes de gaspillage qui peuvent en résulter. Il est caractéristique en informatique et terrible pour les informaticiens, que résoudre un problème débouche automatiquement sur une série de nouveaux, et qu'en conséquence de quoi, toute solution procède d'une espèce de compromis, à cheval entre contraintes temporelles et spatiales.

Stockage contigu

Traitons d'abord le mode de stockage le plus simple qui consiste à attribuer aux fichiers un espace contigu égal à leur taille, comme dans la figure montrant cinq fichiers nommés Fichier1.doc à Fichier5.doc et stockés de cette manière. Ce mode de stockage offre incontestablement de bonnes performances en matière de temps d'accès, en particulier pour des fichiers accédés en mode séquentiel. En effet, les déplacements du bras restent limités pour un fichier d'un seul tenant. S'y ajoute la simplicité : la conversion d'une adresse logique telle que vue par le programme en adresse physique se fait par rapport à un point de référence unique qui est l'adresse début du fichier sur disque et sa longueur, informations qui figurent dans la partie du répertoire où le fichier est décrit.

Malheureusement, la solution du stockage des fichiers en un seul tenant aussi naturelle qu'elle paraisse, montre ses faiblesses au fur et à mesure que des fichiers sont supprimés, car chaque suppression laisse un espace qui ne pourra utilement être comblé que par l'allocation à un nouveau fichier dont la taille est la même. À défaut, l'espace libéré demeurera inoccupé ou sera affecté à un ou plusieurs fichiers de plus petite taille, avec une probabilité quasi nulle de réoccuper l'espace dans sa totalité. De plus, l'accroissement de la taille d'un fichier sera rarement possible sans le déplacer préalablement vers un espace suffisamment grand, laissant derrière lui un espace dont la réutilisation risque, là encore, de ne pas être optimale. Au total, le disque se fragmente au fur et à mesure que des fichiers se créent, sont supprimés ou allongés, et le système d'exploitation consacre un temps excessif à réordonner

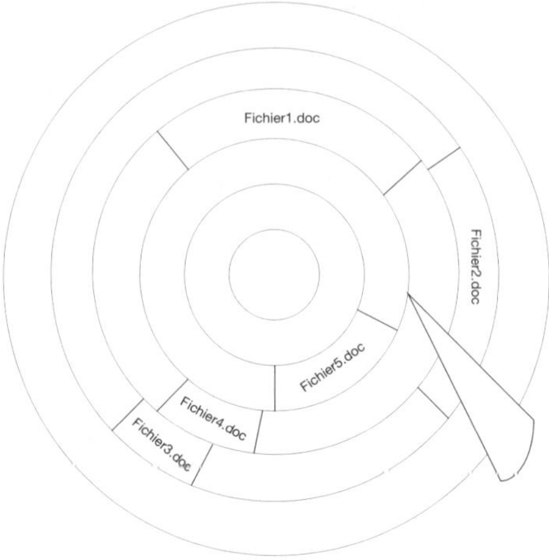

Figure 6.7 Stockage contigu

les fichiers. Une défragmentation du disque est possible afin d'optimiser l'espace, mais c'est une opération longue, compliquée et dont la mise en place est laborieuse.

Stockage en liste liée

Les systèmes d'exploitation ont généralement adopté une stratégie d'allocation d'espace différente, en rendant possible la dispersion d'un fichier dans des emplacements non contigus, tout en conservant pour l'utilisateur et ses programmes la vision d'un espace fichier d'un seul tenant. Chaque fichier se trouve maintenant « éclaté » sur le disque dur, éclatement évitant tous les problèmes de perte et récupération d'espace disque évoqués juste avant. Il devient cependant important de mettre au point de nouveaux algorithmes d'accès physiques afin de relire le fichier

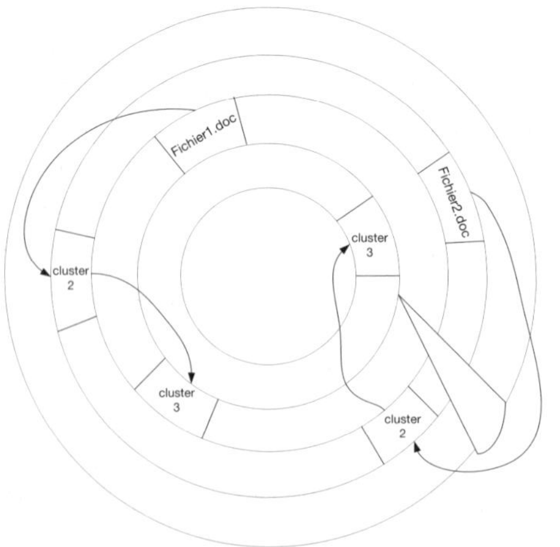

Figure 6.8 Stockage en liste liée

et de le reconstituer dans son intégralité, sans que cela ne tourne à la réalisation cauchemardesque d'un puzzle de 10000 pièces. Une première solution est celle illustrée dans la figure 6.8 (pour deux des fichiers, Fichier1.doc et Fichier2.doc) et consiste à ajouter à chaque agrégat ou cluster un pointeur vers le suivant. Ce procédé s'appelle la « liste liée » et permet effectivement, en suivant les agrégats et les pointeurs qu'ils contiennent, de reconstituer le fichier dans son intégralité. C'est une solution optimale pour le grossissement ou le rapetissement de fichiers, car il suffit de rajouter ou d'enlever les agrégats en question et d'ajuster les pointeurs en fonction. La défragmentation du disque n'est plus une préoccupation essentielle.

Cette solution présente évidemment l'inconvénient d'une sollicitation mécanique plus importante pour le disque car les distances à parcourir sont plus grandes lors de la lecture du fichier. On conçoit qu'elle s'adapte assez bien pour les accès logiques séquentiels mais beaucoup moins pour les accès directs car il reste nécessaire de parcourir les agrégats depuis leur début pour parvenir éventuellement à ceux souhaités. C'est le problème posé par l'écoute du seul morceau que l'on aime sur une cassette audio, mais qui vous oblige malgré tout à passer sur tous ceux qui précèdent (heureusement leur écoute n'est pas nécessaire). La liste liée présente un autre inconvénient, et de taille : sa fragilité. En effet, pointeurs et données se trouvent dans les mêmes blocs, d'où le risque de corruption en l'absence d'une protection renforcée. Un pointeur endommagé entraîne la perte du fichier, risque pouvant être réduit par l'ajout de pointeurs à rebours.

Stockage en table indexée

Une dernière solution est la construction pour chaque fichier d'une table indexée, comme la figure 6.9 l'illustre pour les deux mêmes fichiers de l'exemple plus haut, en utilisant cette fois des adresses de cluster (avec des valeurs imaginaires). Cette solution est l'équivalent au niveau du stockage physique de l'accès séquentiel indexé, sur lequel nous reviendrons plus loin. C'est clairement la meilleure solution pour des accès logiques de type direct ou aléatoire car il suffit de localiser l'index dans la table pour récupérer l'adresse physique (sous forme de numéro d'agrégat) où l'information désirée se trouve. Elle souffre moins d'une corruption d'une partie de la table, mais son gros défaut reste l'existence et le stockage de ces tables d'index qu'il est nécessaire d'installer sur disque et dans la mémoire centrale lors des traitements. La lecture séquentielle d'un fichier dans sa totalité se fera également plus lentement car exigeant le parcours de la table entrée par entrée.

Pour mieux comprendre le stockage physique des fichiers sur le disque dur, prenons l'analogie de livres à ranger dans une bibliothèque. Imaginez que vous deviez stocker dans la bibliothèque les 32 volumes d'une encyclopédie. À moins que vous disposiez de plusieurs rayons contigus libres dans vos étagères, vous allez devoir vous résoudre à séparer les différents volumes pour les loger dans les emplacements libres de la bibliothèque. C'est la table d'indexation qui conserve la position exacte de chaque volume. La table elle-même est stockée au début du support de stockage, en dehors de la partition principale (c'est-à-dire de la partie du support

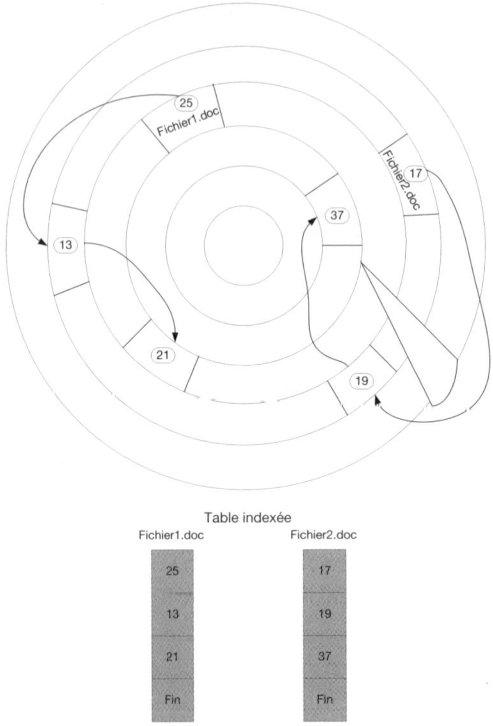

Figure 6.9 Table indexée

de stockage destinée à stocker les fichiers). En d'autres termes, pour poursuivre avec l'analogie de la bibliothèque, on divise la pièce (le disque dur) en plusieurs « étagères ». La première étagère contient la table d'indexation, la seconde étagère contient les fichiers proprement dit. On comprend tout de suite l'inconvénient principal de cette solution : la place qu'occupe la table d'indexation, et qui explique qu'une fois formaté, un disque dur ne contient jamais tout à fait tout le volume de stockage promis par le fabricant : la table d'indexation s'accapare un pourcentage incompressible du disque pour pouvoir stocker toute l'information sur son contenu.

Maintenant, imaginons ce qui se produit quand on supprime un fichier du support. En pratique, on n'efface pas le contenu de la bibliothèque principale, on supprime simplement ses entrées dans la table d'indexation. Le « livre » se trouve donc toujours dans la bibliothèque, mais comme on l'a supprimé de l'index, il n'apparaît plus, et l'espace qu'il occupe est considéré comme libre, donc réutilisable. Le contenu du fichier supprimé ne disparaîtra réellement que lorsqu'on écrira un autre fichier en lieu et place du précédent. Cela signifie que tant que l'emplacement qu'il occupait n'a pas été réattribué, un fichier supprimé par mégarde se trouve toujours sur le disque et peut donc être récupéré par des logiciels spécialisés (même si la corbeille a été vidée).

À l'inverse, si on perdait par malheur la table d'indexation, on perdrait en théorie tout le contenu du disque. Il en résulterait une situation des plus absurde : on saurait pertinemment que tous les livres sont toujours présents dans la bibliothèque, mais on ne pourrait plus y accéder faute de savoir où ils se trouvent (tout le contenu du disque serait toujours présent, il serait juste « invisible »). Il existe ici encore des logiciels de récupération qui permettent de reconstruire une table d'indexation en parcourant tout le contenu du disque (c'est-à-dire en parcourant tout le contenu de la bibliothèque).

De même, quand on formate un disque de manière superficielle (« Formatage rapide » dans Windows par exemple), on se contente en réalité de réinitialiser la table d'indexation, mais le contenu des fichiers proprement dit reste stocké sur le support. Si on souhaite le supprimer complètement, il faut effectuer ce qu'on appelle un « formatage de bas niveau », qui consiste à remplacer tout le contenu du support par des zéros. Il va sans dire que cela prend un certain temps, qui dépend de l'espace de stockage total et de la vitesse d'écriture du support.

Stockage logique des fichiers

Répertoires

Lorsque vous désirez accéder à un de vos fichiers, vous êtes parfois bien en peine de vous souvenir du nom que vous lui avez donné. Une fois ce nom enfin retrouvé, vous vous dites peut-être que cela suffit à l'identification du fichier, sans aucune confusion possible. Cependant, avec la multiplication du nombre de vos fichiers, il vous sera bientôt difficile de conserver une vision complète. La solution sera alors de regrouper les fichiers, selon l'analogie habituelle, dans des armoires, étagères, classeurs, formant une structure qualifiée de répertoires. Les « concepteurs » de meubles sont moins imaginatifs que les informaticiens, car la plupart de nos espaces de rangement physique se limitent à un seul niveau. Quel progrès pour l'humanité serait la création de tiroirs composés de sous-tiroirs, permettant de regrouper dans le tiroir des chaussettes, les chaussettes professionnelles dans un sous-tiroir et dans un autre les chaussettes sportives !

De plus, vous n'êtes pas seul à attribuer des noms de fichier : le système d'exploitation et les applications en font autant de leur côté, et il sera difficile d'éviter les conflits dans l'attribution des noms. Enfin, vous êtes de moins en moins isolés, vous partagez votre petit chéri avec d'autres utilisateurs ou vous travaillez sur un réseau d'ordinateurs, les fichiers pouvant s'installer sur un serveur commun, et il importe que chacun retrouve ses petits au milieu d'une multitude sur laquelle vous n'avez que peu ou pas de contrôle. Nouvelles raisons d'être des répertoires.

Car, en effet, comment permettre le choix d'un nom de fichier sans devoir vérifier si le nom existe déjà ou qu'une application utilisée dans le futur n'en ait pas un usage exclusif ? La solution réside dans l'adjonction au nom du fichier de préfixes en nombre variable. Ces préfixes vont assurer l'unicité de l'identification du fichier et permettre son rattachement à une famille constituée de fichiers ayant des caractéristiques communes. Ces préfixes ajoutés au nom du fichier sont la transcription d'une structure hiérarchique connue en effet sous le nom de répertoire ou *directory*.

Cette organisation des fichiers en une structure hiérarchique de répertoires n'est rien d'autre qu'un mécanisme de dénomination des fichiers, le nom du fichier étant intégré dans la liste des répertoires imbriqués, comme autant de tiroirs qui donnent l'impression de le contenir physiquement. Voir un répertoire comme un apparent système de tiroirs imbriqués, plutôt qu'un simple système de dénomination à rallonge, est une illusion de l'esprit, soit, mais extraordinairement évocatrice et rendue plus parlante encore par les déplacements que la souris permet d'opérer en ouvrant ces tiroirs l'un après l'autre.

Un répertoire est une succession hiérarchique de listes, chaque liste pouvant contenir aussi bien des noms de fichiers que des noms de sous-répertoire qui viennent prolonger la hiérarchie. De surcroît, ces répertoires offrent de nombreuses possibilités d'organisation et de manipulation d'un ensemble de fichiers, telles que :

- regroupement par utilisateur, application, domaine d'activités ou tout autre critère au choix de l'utilisateur ;
- définition commune de droits d'accès, évitant leur répétition pour chaque fichier ;
- gestion commune d'opérations de copie de sauvegarde ou d'effacement ;
- déplacement en bloc depuis un répertoire vers un autre ;
- réutilisation possible d'un même nom de fichier dans des répertoires différents.

Finalement, la structure en répertoires s'est généralisée afin d'orienter l'accès aux fichiers. Tout fichier quel qu'il soit est rattaché au moins au répertoire racine (*root directory*). Ce répertoire racine est toujours présent et forme le point de départ d'une succession de répertoires associés aux mémoires secondaires (disque, CD, clé USB, etc.). Chaque fichier figure dans un répertoire avec son nom, sa taille, son adresse, des informations sur son utilisation et ses permissions d'accès.

En plus des préfixes à rallonge utilisés pour les répertoires, le nom du fichier s'est vu adjoindre un suffixe appelé « extension », limité à peu de caractères pour la plupart des systèmes d'exploitation. L'extension mémorise l'application qui a créé le fichier et qui est à même d'en reprendre le traitement. Dans le monde Microsoft, on trouvera le suffixe .exe pour un fichier d'instructions exécutables, .doc ou .docx pour un fichier résultant d'un traitement de texte, et plus généralement .html pour un fichier web, .java pour un code Java, .py pour un code Python et .gif ou .jpeg pour des fichiers graphiques. Cela permet, en plus de l'ouverture du fichier, le déclenchement de cette application, à partir d'un seul clic ou double clic sur l'icône du fichier.

Intéressons-nous maintenant aux solutions adoptées par les systèmes d'exploitation les plus répandus pour intégrer la gestion de l'espace physique sur disque à la structure en répertoires. Au passage, nous nous rendrons compte que, malheureusement, la différence entre les solutions retenues pour la gestion de fichiers représente encore un important facteur d'incompatibilité entre ces systèmes.

Répertoires et FAT sous DOS et Windows

Le système de gestion des fichiers utilisé par Microsoft sous MS-DOS et dans les premières versions de Windows est un mélange original des technologies de la table indexée et de la liste liée. L'importance que Microsoft donnait alors à cette seule gestion de fichiers dans la conception de son système d'exploitation se reflète dans son nom, puisque DOS signifie *disk operating system*, avant de signifier une partie du corps qui à l'instar du premier est responsable d'un autre mal du siècle.

À chaque disque (ou partition) est associée une FAT (*file allocation table*) où est repris l'état de chaque unité d'allocation. Cette FAT contient autant d'entrées qu'il y a d'agrégats ou clusters sur le disque, chaque élément de cette table contient soit le numéro de l'agrégat suivant (et fonctionne alors comme une liste liée), soit indique qu'il s'agit de la fin du fichier, soit encore 0 si l'agrégat est inoccupé. Chaque fichier (qui peut être un fichier ordinaire ou un sous-répertoire) se trouve également repris dans le répertoire par son nom, auquel est associée l'adresse du premier agrégat ou *cluster* (cela fonctionne alors comme une table indexée). Cette solution est illustrée dans la figure de la FAT pour le Fichier1.doc..

Répertoire

Champ	Signification	Exemple
Nom du fichier	Le nom du fichier (limité à 8 octets)	Fichier1
Extension	Oriente vers une application	.doc (pour un fichier Word)
Date/heure	Mise à jour la plus récente	24 janvier 2014 17h20
Numéro cluster	Adresse du premier cluster du fichier	25
Nombre d'octets	Longueur du fichier	11 200

***File allocation table* – FAT**

Numéro d'entrée dans la FAT	Contenu	Remarque
12	0	Cluster disponible
13	21	Adresse cluster suivant

File allocation table - FAT		
Numéro d'entrée dans la FAT	**Contenu**	**Remarque**
21	Fin	Dernier cluster du fichier
25	13	Adresse cluster suivant (Fichier1.doc débute en 25)

D'autres informations viennent s'ajouter pour chaque fichier, comme les deux tableaux ci-dessus l'illustrent, mais la plus importante pour la reconstitution du fichier est sans conteste le numéro de *cluster* du début du fichier, numéro qui permet de faire le lien entre les deux tableaux, et qui correspond à l'entrée dans la FAT Les premières versions de MS-DOS et Windows ne permettaient de coder des numéros d'agrégat (*cluster*) que sur 16 bits, limitant une partition disque à un maximum de 2 Go, soit 65536 *clusters*, et encore, à condition de choisir une taille de *cluster* de 32 Ko ou 64 secteurs. La version suivante, apparue dès la version 2 de Windows 95 et surtout Windows 98, fut une FAT à 32 bits, permettant de rencontrer largement l'accroissement de la capacité des disques.

Comme la figure 6.10 le montre, la FAT se trouve dans les premiers secteurs du disque juste après le secteur de démarrage (le *boot sector*). Bien que supplanté par son successeur NTFS (voir ci-dessous), la FAT est toujours présente sur un très grand nombre de mémoires secondaires. En particulier, la plupart des supports de stockage qu'on peut trouver dans le commerce (disques durs internes ou externes, clés USB, cartes mémoires, etc.) sont vendus préformatés en FAT32, ce qui permet de les brancher et de commencer à les utiliser immédiatement sur Windows, et en réalité sur la plupart des systèmes d'exploitation puisque même Linux et Mac OS reconnaissent le système FAT de Microsoft.

Système de gestion de fichier NTFS

Depuis Windows NT, un nouveau système de gestion a été conçu et son usage s'est généralisé à toutes les versions plus récentes de Windows. Il s'agit de *NT File System* (NTFS). Il n'est plus basé sur la FAT qui renseigne la succession des agrégats, mais sur des informations contenues dans une MFT (*master file table*). Cette MFT est une liste d'entrées de 1 Ko pour chaque fichier. Chacune des entrées, telles une partition, un répertoire, ou un fichier se structure comme un « objet » au sens de l'orienté objet. Sans adopter pleinement la pratique de l'orienté objet, par de nombreux aspects, la conception de Windows NT cherche à s'en approcher.

Chacun de ces objets est décrit par des « attributs », par exemple, pour un fichier de données, un de ces attributs sera l'emplacement des agrégats. Les aspects sécuri-

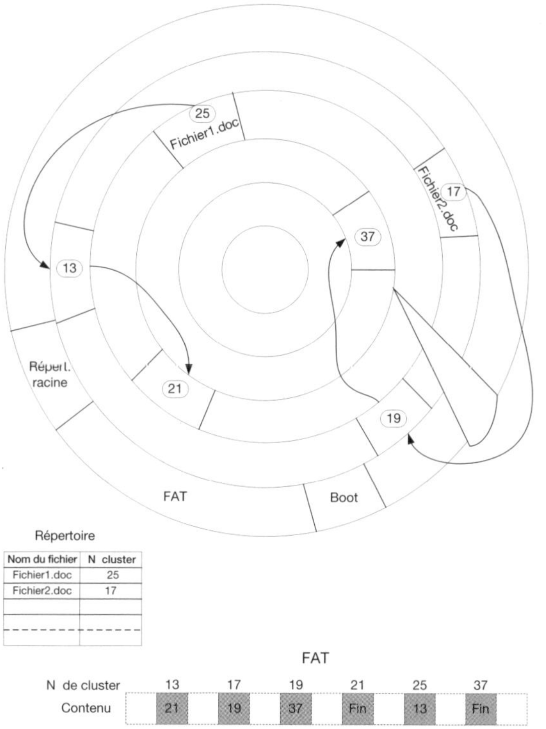

Figure 6.10 FAT sous MS-DOS

taires ont été renforcés en attribuant, à l'instar de Unix, (Windows NT se voulant originellement un système d'exploitation réseau, conçu par un des développeurs les plus illustres du monde Unix débauché de Digital, donc largement inspiré de Unix), des permissions d'accès R (*read*), W (*write*), X (*execute*), D (*delete*), P (*permissions change*) et O (*ownership*) à chaque fichier et répertoire. NTFS utilise le code Unicode (16 bits) pour la dénomination des fichiers et ne limite plus les noms de fichier à 8 caractères plus les 3 caractères d'extension. La taille de l'agrégat dans NTFS peut varier au choix entre 512 octets (1 secteur) et 64 Ko (128 secteurs).

Lorsque les données du fichier sont peu volumineuses (ce qui est le cas entre autres d'un très grand nombre de fichiers accompagnant le système), elles peuvent être contenues dans le même agrégat que la description du fichier. L'avantage est double : gain de place et de performances car les données sont disponibles immédiatement. Dans le cas de fichiers plus volumineux, l'attribut « données » est prolongé par des extensions reprenant les agrégats supplémentaires. La figure 6.11 illustre ce mécanisme

Le système NTFS présente une fiabilité renforcée grâce, entre autres, à la tenue d'un journal des opérations sur ses structures ce qui permet notamment sa reconstruction à la suite d'un crash du système affectant le disque dur.

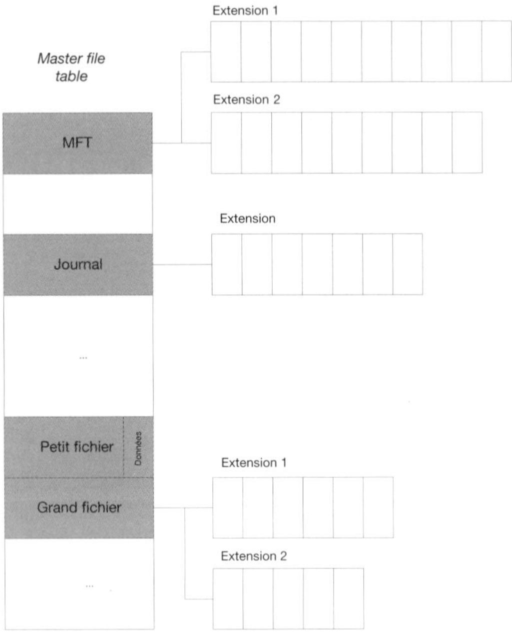

Figure 6.11 MFT

Stockage des fichiers dans Unix

Unix et son petit descendant pour PC, Linux, utilisent pour la gestion et l'accès de fichiers le système d'accès indexé illustré dans la figure 6.12. À chaque répertoire est associé un fichier contenant une liste de noms de fichiers auxquels sont associés des pointeurs vers une table d'index dénommée un « i-node ». Cet i-node reprend toute l'information nécessaire à l'utilisation d'un fichier et contient (tout comme Windows NT, mais historiquement c'est bien sûr la réciproque qui est de mise) un ensemble d'attributs et de pointeurs si une seule table ne suffit pas à l'encodage de tous les attributs. En plus des premières entrées, reprenant et les attributs du fichier et l'emplacement de ses agrégats, les trois dernières entrées de la table sont constituées d'un pointeur simple permettant un seul niveau d'indirection, d'un pointeur double en permettant deux et enfin d'un pointeur triple en permettant trois. L'intérêt de cette représentation est d'économiser sur la taille des i-nodes tout en permettant un accès rapide aux petits fichiers. Si on se limite à des agrégats de 4 Ko, les disques durs peuvent contenir des centaines de gigaoctets.

STRUCTURATION LOGIQUE DES FICHIERS

Généralités

Nous avons vu que, dans sa forme la plus matérielle et au plus bas niveau qui soit, un fichier est une collection séquentielle d'octets, contenus dans une suite disper-

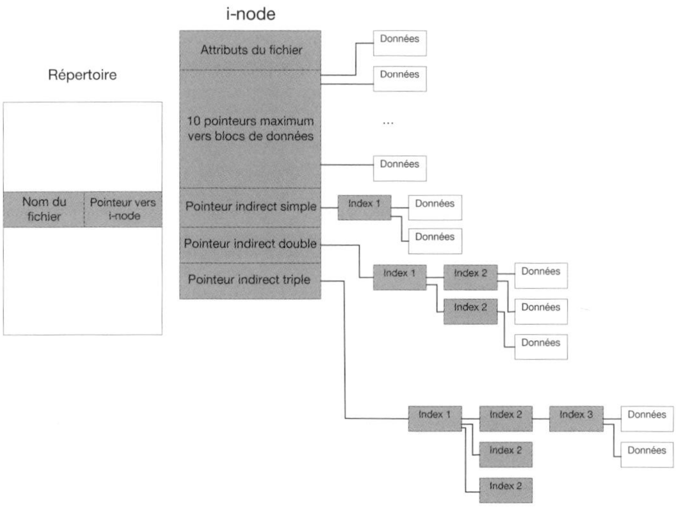

Figure 6.12 Stockage des fichiers sous Unix

sée d'agrégats ou clusters de secteurs, et présentée au programme sous une forme contiguë par l'intermédiaire du gestionnaire de fichiers. Vu depuis le disque dur, un fichier ne se réduit qu'à cette suite éparse d'agrégats à prélever sous forme de blocs. Les demandes adressées au gestionnaire de fichiers reflètent cette organisation d'un espace continu découpé en blocs, unités minimales des entrées-sorties. Pour la grande majorité des systèmes d'exploitation, un fichier n'est rien de plus qu'un espace d'une longueur donnée, éparpillé sur le disque. Les systèmes d'exploitation gèrent cet espace à leur convenance, sans s'occuper de son contenu logique. Le gestionnaire de fichiers de ces systèmes d'exploitation se limite à allouer cet espace à un programme en exécution, un processus donc, en vérifiant que le processus est habilité à y accéder. Ensuite, il répond aux sollicitations du processus qui lui demande la lecture ou l'écriture d'un nombre d'octets en précisant l'emplacement relatif dans le fichier. Le gestionnaire vérifie que le processus demandeur ne déborde pas de l'espace qui lui est alloué.

Le contenu du fichier et le sens à donner à la collection d'octets qui le composent sont à la seule discrétion des programmes qui traitent ce fichier. Il leur appartient, non seulement de savoir ce qu'ils mettent dans le fichier, mais aussi comment ils le disposent en vue de retrouver son contenu lors d'une exploitation ultérieure du même fichier.

Organisation du contenu

D'un point de vue sémantique ou logique, c'est-à-dire vu depuis une application donnée, le contenu d'un fichier n'est pas une suite indifférenciée d'octets, mais au contraire une répétition d'éléments de longueur fixe ou variable, ayant une structure plus ou moins homogène et organisée comme montré dans la figure 6.13.

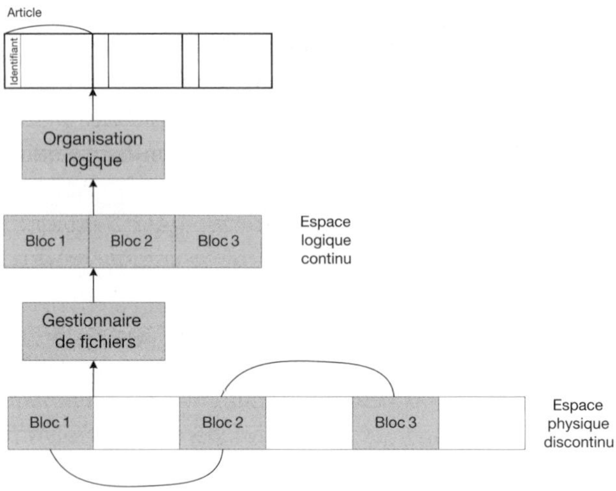

Figure 6.13 Organisation du contenu d'un fichier

Le système d'exploitation ignorant tout du contenu des fichiers, il se contente de fournir aux programmes un accès neutre à leur contenu. Cet accès est le plus souvent séquentiel, c'est-à-dire que le fichier est transmis sous la forme d'une suite d'octets que le programme doit parcourir depuis son début. L'accès à un point quelconque du fichier n'est possible qu'après avoir parcouru toute la partie du fichier qui le précède. L'ajout ou le retrait d'octets en dehors de son extrémité finale implique la lecture suivie de la réécriture de la totalité du fichier par un programme de traitement après modification de l'original. L'accès se fait par une demande au gestionnaire de fichiers, en précisant le nombre d'octets qui seront lus ou écrits à partir du curseur marquant le point d'arrivée de l'opération précédente. L'accès séquentiel est bien évidemment le seul possible pour des supports physiques tels que les bandes, l'imprimante ou des fichiers virtuels comme ceux résultant de la frappe des caractères au clavier.

Une fois le contenu accédé, son interprétation et son traitement incombent entièrement au programme demandeur qui est le seul à en connaître la signification. Un fichier texte apparaît comme le cas emblématique du fichier accédé séquentiellement. Le fichier est créé et traité par un programme classique de traitement de texte et est vu comme une suite de caractères formant des éléments de longueur variable, tels les mots et les paragraphes, éléments repérés par les espaces séparateurs et par les marques de paragraphes. Dans tous les cas, les composants logiques du fichier sont regroupés dans des blocs qui forment l'unité d'entrée-sortie. La gestion de la lecture et de l'écriture des blocs relèvera du gestionnaire de fichiers et celui de l'interprétation et du traitement du contenu du seul logiciel d'application.

La simplicité de l'accès séquentiel permet en général d'incorporer sa gestion, au moins pour une part, dans le gestionnaire de fichiers, qui se doit de toute façon d'offrir ce service à une multitude de fonctions du système d'exploitation, où ce type d'organisation de fichiers est largement utilisé. Cet accès convient idéalement pour des fichiers de faible longueur qui peuvent résider dans leur totalité en mémoire centrale durant leur traitement. La simplicité de ce mode d'accès compense dans un tel cas l'inconvénient de devoir parcourir en moyenne la moitié du fichier pour trouver une information. L'obligation de réécrire le fichier à la moindre modification présente l'avantage de disposer d'une copie permettant de revenir à l'état antérieur si la dernière modification doit être annulée.

L'accès séquentiel convient également au cas de fichiers, aussi volumineux soient-ils, dont le traitement nécessite que tous les articles soient parcourus en séquence, par exemple pour effectuer un traitement périodique comme la facturation par les distributeurs d'électricité. Pour toutes ces raisons, l'accès séquentiel est la seule méthode d'accès incluse en standard dans les systèmes d'exploitation les plus répandus aujourd'hui dans les ordinateurs grand public.

Lorsque les données sont constituées de nombreux éléments d'information présentant une structure logique répétitive (comme par exemple une liste de toutes les transactions effectuées sur un compte bancaire), l'accès séquentiel présente des limites importantes. Dès lors que l'on souhaite pouvoir accéder à l'un de ces éléments précis, directement sur base de l'une des informations qui le composent (par exemple rechercher une transaction effectuée sur un certain compte à une date donnée), cet accès qui impose de parcourir toute la liste devient résolument inefficace. Dans toutes ces situations, un autre mode d'accès au contenu des fichiers est nécessaire, qui dépasse les compétences de la plupart des systèmes d'information. Des systèmes de gestion de bases de données complémentaires aux systèmes d'exploitation sont conçus précisément pour offrir des accès plus ciblés. Ces systèmes sont souvent utilisés par les particuliers pour gérer leurs comptes personnels, leur bibliothèque, ou leurs collections diverses, mais ils constituent surtout l'élément central de nombreux systèmes d'entreprise. Vu leur importance dans l'informatique d'aujourd'hui, nous leur dédions un chapitre dans la suite.

INTERFACE UTILISATEUR

L'utilisateur dispose dans son ordinateur de fichiers, de programmes d'application pour traiter ces fichiers, d'un système d'exploitation pour gérer le fonctionnement de ses applications et leur utilisation des fichiers. Il doit en plus disposer d'un mode de dialogue avec le système d'exploitation et avec ses applications afin d'exploiter toutes ces ressources le plus facilement et efficacement qui soit. C'est sans doute en matière d'interface utilisateur que les progrès en système d'exploitation ont été les plus fulgurants ces dernières années, visant réellement à rendre l'utilisation de son ordinateur la plus amicale possible (traduction littérale du fameux *user-friendly* américain).

Ce dialogue est assuré à travers l'interface utilisateur. Celui-ci transpose les demandes de l'utilisateur en déclenchements de services dédiés du système d'exploitation. Les services ainsi activés se limitent au seul système d'exploitation ou sont prolongés par des actions propres à chaque application. Par exemple, la prise en compte d'une frappe au clavier ou d'un clic de souris est une interaction immédiate qui répond à une attente d'un programme. On peut schématiser chronologiquement la succession des scénarios d'interaction les plus fréquents de la manière suivante : lancement d'un programme, qui devient un processus une fois mis en exécution, puis interactions avec le processus en fonction de la nature du programme et enfin, fin du processus lorsque celui-ci ne se termine pas de sa propre initiative.

Le lancement d'un programme entraîne des interactions éventuelles selon le type d'application : un traitement de texte attend des commandes venant de l'utilisateur dès qu'il est mis en exécution, alors que le *spooler* gérant l'imprimante peut se passer de toute interaction avec l'utilisateur. Ce dernier peut lancer une application qui se déroule en mode autonome, sans nécessiter la moindre interaction, car elle dispose au départ de tous les paramètres nécessaires à son exécution. L'utilisateur peut aussi confier au système d'exploitation le lancement d'une application autonome différée, en spécifiant la date et l'heure (*scheduling*).

Les demandes que l'utilisateur adresse, par l'entremise de l'interface utilisateur, au système d'exploitation, et, à travers celui-ci, éventuellement, à des applications, couvrent un champ très large. Les demandes de l'utilisateur sont fonction de ses centres d'intérêt et de son savoir-faire, et éventuellement de son niveau d'habilitation. Parmi les plus fréquentes, on peut relever les types de demandes suivantes :

Gérer les applications : ajouter ou retirer une application, démarrer une application, dialoguer avec l'application, passer des informations entre applications, par exemple par copier-coller.

Gérer ses répertoires et fichiers : créer et effacer des répertoires, copier, sauvegarder, déplacer, effacer ses fichiers en utilisant des fonctions qui lui permettent de ne pas avoir à connaître la structure interne du contenu. Octroyer des droits d'accès différenciés (lecture, écriture…).

Gérer la configuration matérielle ou logicielle du système : procéder à la défragmentation du disque, gérer les supports des fichiers en lançant leur formatage ou leur découpe en partitions, installer une nouvelle version du système d'exploitation.

L'interface utilisateur forme une partie du système d'exploitation à l'écoute permanente de toutes les demandes de service, qu'elles émanent d'une interaction avec l'utilisateur ou d'un processus en cours. Cette interface peut être de deux natures différentes. La première, plus reculée dans le temps et la seule existante à l'époque, dans les années vingt et trente après John von Neumann, c'est-à-dire 1970 et début 1980, ère mésolithique de l'histoire informatique, se limite au mode caractère (*command line interface*, CLI), par exemple le mode DOS dans Windows. Elle suppose de la part de l'utilisateur une bonne connaissance du langage de commande mais offre en contrepartie des possibilités d'interaction étendues. Elle accroît les degrés de liberté de l'utilisateur face au système et fait souvent la différence entre ceux qui désirent se limiter à une compréhension de surface du fonctionnement de l'ordinateur et ceux qui cherchent à en savoir et surtout en maîtriser un peu plus. Ayez toujours une fenêtre DOS ouverte sur votre PC, cela pose son homme. La même différence existe entre ceux qui se limitent au tableau de bord de leur voiture et ceux qui ont déjà ouvert le capot ou entre ceux qui montent des meubles IKEA avec mode d'emploi et sans mode d'emploi.

Surtout depuis Steve Jobs et la saga Apple, la seconde fait un usage intensif des possibilités d'affichage graphique et s'avère plus naturelle et intuitive en présentant à l'utilisateur des menus où il peut exprimer ses choix à l'aide de la souris. Elle permet des raccourcis évidents à certaines commandes du système d'exploitation, dont même les membres de la première catégorie sont friands.

MULTITÂCHE ET MULTI-UTILISATEUR

Depuis longtemps, les systèmes d'exploitation permettent la superposition dans le temps du déroulement d'entrées-sorties différentes, afin de réduire le temps d'exécution total d'un processus. Un processus qui lit un fichier sur disque pour en imprimer le contenu se terminera plus vite si les opérations physiques de lecture peuvent s'effectuer en même temps que l'impression. Cette première forme de simultanéité nécessite, d'abord et avant tout, une architecture matérielle permettant la connexion de périphériques à des canaux dotés d'une autonomie suffisante pour gérer les différentes phases d'une entrée-sortie. L'architecture doit, de plus, être complétée par un système d'exploitation capable de gérer le lancement et la fin des opérations.

Un système d'exploitation monotâche ne peut gérer que l'exécution d'un seul processus à la fois, en faisant éventuellement usage de la superposition dans le temps des entrées-sorties. Avec un système d'exploitation monotâche, le processeur est entièrement monopolisé par l'exécution de la seule tâche, aussi simple soit-elle. En conséquence de quoi, durant tout le temps où la tâche se déroule, l'ensemble des ressources de l'ordinateur sont bloquées, bien que, dans la grande majorité des cas, seule une partie limitée de celles-ci soit mobilisée.

Un système d'exploitation multitâche (ils le sont pratiquement tous aujourd'hui) permet à un utilisateur de mettre en exécution plusieurs programmes en même temps. Le nombre de programmes différents et leur nature dépendent du niveau de sophistication du système d'exploitation. Une forme simple de fonctionnement multitâche consiste en la possibilité d'exécuter en arrière-plan un programme ne nécessitant pas d'interaction avec l'utilisateur, sauf cas d'exception. La gestion de l'impression en mode différé (*spooling*) est l'exemple type d'une telle situation.

Les différents programmes vont se dérouler en quasi-simultanéité : ils exécuteront en même temps les opérations pour lesquelles ils nécessitent des ressources indépendantes et s'attendront l'un l'autre pour le partage de ressources communes. Le programme d'impression d'un fichier lu depuis le disque pourra se dérouler en simultanéité apparente avec un traitement de texte. Comme nous l'avons vu dans les chapitres précédents, cette simultanéité n'est, effectivement, qu'apparente, car les deux tâches se partagent dans le temps l'utilisation du processeur lorsque celui-ci est unique ou du disque commun à leurs fichiers. D'autres ressources seront partagées à un niveau « nanoscopique », comme la mémoire centrale, dont chaque programme se verra affecté une partie en propre et dont il partagera le canal d'accès.

Le système d'exploitation des ordinateurs personnels est en mesure de gérer plusieurs tâches pour le compte de l'utilisateur, par exemple, en les mentionnant dans la barre des tâches, et permet à l'utilisateur de maîtriser ce multitâche par l'affichage à l'écran de fenêtres multiples. Dans le cas, toujours des ordinateurs personnels, le système d'exploitation peut déclencher des tâches à son initiative, se superposant aux tâches lancées par l'utilisateur. Ces « tâches système » ne nécessitent en général que peu ou pas d'interactions, et si besoin en est, de nouvelles fenêtres apparaîtront afin de les réaliser.

Un système d'exploitation peut gérer plusieurs utilisateurs différents, en les distinguant par leur nom et en leur attribuant des profils d'utilisation particuliers, pour décrire ce à quoi ils sont autorisés, leur mot de passe éventuel, etc. En général, cette description des utilisateurs offre une analogie avec la description des fichiers et se trouve en étroite relation avec celle-ci. La mise en activité d'un utilisateur s'effectuera généralement par l'ouverture d'une session, pendant laquelle il agira dans un cadre défini par son profil d'utilisation (droit d'accès, dernières applications utilisées, look de son écran, variables d'environnement).

Dans certains systèmes d'exploitation, la gestion d'utilisateurs revêt un caractère statique : le système connaît des utilisateurs différents avec leur profil particulier, mais il ne gère qu'une seule session à la fois. Au sens strict, un système d'exploitation multi-utilisateur gère de manière dynamique des sessions simultanées, dans lesquelles chaque utilisateur exécute ses propres tâches, en parfaite indépendance, sans interférences avec les autres sessions, sauf les délais causés par les files d'attente pour le partage des ressources.

Modèles de coopération

Un programme présente à première vue une autarcie certaine dans le cadre de la tutelle exercée par le système d'exploitation : le programme sait ce qu'on attend qu'il fasse, les données pour le faire se trouvent dans les fichiers qui lui sont alloués ou sont fournies par l'utilisateur au moyen de ses interactions. Le système d'exploitation fournit au programme un cadre de fonctionnement facilitant la prise en compte de demandes de nature élémentaire, telles qu'allouer un fichier, lire un bloc, ouvrir une fenêtre à l'écran.

Cependant, la prolifération de l'information et sa dissémination ont entraîné le besoin d'une voie d'accès vers des informations et des services distribuant ces informations, situées hors du programme et de l'ordinateur sur lequel le programme s'exécute. De plus, il ne s'agit plus pour un programme d'accéder à un fichier dont le contenu lui est parfaitement connu. En effet, les informations voulues résident souvent dans un ou plusieurs ordinateurs relevant d'organisations indépendantes. Ces organisations ne veulent pas figer, une fois pour toutes, la nature de ces informations et la manière dont elles les traitent. Elles souhaitent au contraire maintenir toute latitude afin de pouvoir faire évoluer leurs applications ou, par exemple, de changer de systèmes d'exploitation de manière transparente.

Le modèle client-serveur apporte une réponse à ce besoin en offrant un moyen d'échange entre programmes. Le programme demandeur d'informations ou de services est qualifié de « client », tandis que le programme qui répond à la demande est qualifié de « serveur ». L'avantage d'un serveur unique, interlocuteur de plusieurs clients est que l'on peut, le plus efficacement qui soit, y centraliser un ensemble d'informations et d'opérations, tels les droits d'accès ou les fichiers et autres ressources partageables entre utilisateurs. La demande et la réponse sont transmises par des messages dont la forme et le contenu sont convenus entre les parties, souvent standardisés, de manière à permettre des échanges avec le plus grand nombre de serveurs possibles.

Client et serveur sont donc deux programmes qui peuvent, à la limite, s'exécuter dans le même ordinateur, et qui adressent des demandes d'envoi de messages à leur système d'exploitation qui se charge de leur acheminement. Il peut exister des situations où un ordinateur M contient un programme serveur utilisé par un programme client situé dans un ordinateur N qui contient pour sa part un programme serveur de nature différente, utilisé entre autres par un programme client exécuté dans M.

Toutefois, et à la différence du modèle d'« égal à égal » ou « pair à pair » (*peer to peer*, abrégé en PtP ou P2P), les rôles de client et de serveur ne peuvent pas être permutés pour un même service. Le modèle client-serveur apporte l'avantage d'une grande souplesse puisqu'un service peut être déplacé d'un ordinateur à l'autre selon l'évolution des besoins. Ce modèle a trouvé un champ d'application considérable avec le développement d'Internet.

Par contre, le modèle de coopération connu sous le nom de maître-esclave (ou *master-slave*) est moins répandu que par le passé. En effet, ce système de coopération fortement hiérarchisé et inégalitaire (comme son nom le laisse deviner) s'appliquait à des configurations composées d'un ordinateur central unique de (relativement) grande puissance, souvent appelé « *mainframe* » autour duquel gravitaient des terminaux ou des mini-ordinateurs aux capacités extrêmement limitées. Dans ce modèle, le système central, maître, a la responsabilité globale des traitements, et délègue des tâches secondaires à des auxiliaires étroitement asservis. Ce modèle permet d'assurer une cohérence forte dans les traitements, mais présente l'inconvénient d'une grande rigidité. Il s'applique bien aux situations où les rôles de la partie auxiliaire sont clairement limités.

SÉCURITÉ ET CONFIDENTIALITÉ

Tout progrès technologique, quel qu'il soit, recèle en son sein de quoi le dévoyer à des fins perverses. Les firmes pharmaceutiques sont les laboratoires idéaux d'expérimentation d'armes biochimiques les plus redoutables. On imagine aisément en quoi ces virus biologiques, que l'on étudie afin de les combattre, peuvent inspirer des sadiques dont les yeux brillent d'excitation devant leur pouvoir destructeur et la souffrance physique qu'ils sont susceptibles d'infliger.

Comme pour toutes ces autres technologies, l'accroissement de confort permis par leur éclosion et diffusion, est proportionnel à l'accroissement des menaces et des perversions dont ces mêmes technologies sont porteuses. Si on conçoit que l'inconfort soit souvent plus durement ressenti que le confort, toute forme de progrès porte en elle les germes d'une régression plus grave encore. À une époque, pas si reculée, où les ordinateurs n'étaient pas connectés entre eux, leur utilisation se restreignant à l'édition, le stockage d'informations et le divertissement, déjà les programmeurs de virus s'en donnaient à cœur joie. On désigne par virus informatique tout programme ayant pour finalité de nuire intentionnellement au système informatique qu'il infecte, par exemple, en y effaçant ou y espionnant les informations essentielles qui y sont entreposées.

Le joli nom de « maliciel » (*malware*) a été proposé afin de désigner tout programme ayant pour but de léser celui qui l'exécute à son insu sur son ordinateur. Le virus ordinairement se rajoute à un programme hôte, détourne et exploite l'exécution de celui-ci à sa propre exécution. Concevoir un virus exige quelque talent de programmeur et revient pour ses auteurs à se préoccuper de trois parties essentielles : le sous-programme d'infection responsable de l'essentiel des dégâts (comme l'effacement de l'information ou tout autre comportement indésirable), le sous-programme de recopiage transmettant et recopiant le code viral dans d'autres programmes hôtes (c'est de cette capacité à s'auto-répliquer en exploitant le contexte d'exécution du programme hôte que provient l'appellation tout à fait justifiée de virus), et un dernier sous-programme, évitant les infections multiples d'un même fichier, en marquant par exemple ceux déjà infectés.

Le virus peut se rajouter subrepticement à la fin d'un programme exécutable, en prenant soin de placer au début de celui-ci une instruction de saut vers le code néfaste qui, à l'issue de son exécution, repassera incognito la main à l'exécutable d'origine. Par exemple, les fameux virus de type « macro » se répandent en se glissant dans des programmes additionnels, améliorant et adaptant généralement l'utilisation d'applications aussi populaires que Word ou Excel. On reçoit très souvent par courrier électronique des fichiers de type Excel ou Word, demandant pour fonctionner la prise en charge de petits programmes exécutables, ces macros apparemment inoffensives mais qui peuvent causer de nombreux embarras. Il ne faut pas s'étonner outre mesure de la vulnérabilité du monde Microsoft aux attaques virales et qui fait de l'utilisation du Mac ou de Linux le meilleur antidote. Cela tient moins à la nature première des applications Microsoft qu'au soin particulier que les concepteurs de virus, avides de destruction massive, prennent à s'attaquer à ces applications-là en priorité. Les dégâts seront d'autant plus conséquents.

Pour compléter quelque peu la présentation des virus, ceux de type « vers » ont, en plus d'infecter le système hôte, la possibilité de se propager à travers Internet en se servant de tous les éléments qui, chez l'hôte, renseignent une nouvelle adresse électronique. Par exemple, un virus peut balayer le carnet d'adresse de votre messagerie électronique, se répliquer autant de fois que nécessaire, et s'envoyer par email sur tous les ordinateurs repris dans ce carnet. Le fameux virus « I love you », que les internautes recevaient par courrier électronique et exécutaient, alléchés par la nature du message, fut de ce type. Les virus de type « cheval de Troie » ou « troyen » (*trojan* en anglais) sont des programmes qui effectuent une tâche apparemment utile et normale (vous êtes susceptibles de les avoir installés vous-même en toute bonne foi), alors qu'en arrière-plan, et sans que l'utilisateur s'en aperçoive, ils effectuent une tâche autrement plus nuisible. Il s'agit donc là d'une main offerte aux pirates, devenus capables d'espionner ce que vous faites de votre ordinateur ou de contrôler totalement ce dernier à distance : exécuter des programmes, télécharger ou supprimer des fichiers. Ils ne s'auto-reproduisent habituellement pas. Les « bombes logiques » quant à elles choisissent de libérer leur pouvoir maléfique suite à un évènement particulier, une date donnée (chaque ordinateur possède une horloge interne), le déclenchement d'une application ou une action à distance.

La gravité d'une épidémie dépend à la fois de la facilité avec laquelle elle se propage d'une victime à l'autre et du nombre de relations qu'une victime est susceptible de côtoyer tant qu'elle est contagieuse. Lorsque les disquettes demeuraient la seule manière de s'échanger des fichiers, il était assez facile de contenir la propagation d'un virus. Celles-ci mettaient peu d'ordinateur en contact et le mal était facile à détecter et éradiquer. Tout s'est radicalement modifié avec l'apparition du Net, à commencer par le courrier électronique, qui connecte chacun d'entre nous à des milliers d'autres utilisateurs, qu'un simple clic suffit à joindre ou à contaminer.

Pour en terminer avec les virus et face à cette menace toujours croissante, l'utilisation d'un antivirus apparaît plus qu'une nécessité. Ces programmes, combattants de « l'axe du mal informatique », ont pour vocation de détecter les virus et de les neutraliser. La plupart fonctionne en recherchant dans tous les fichiers contenus dans votre ordinateur, des bouts de codes dont ils soupçonnent la nocivité (en général, la signature que les virus laissent dans un fichier infecté de manière à ne pas le réinfecter inutilement permet de les repérer). Pour se faire, ils fonctionnent à l'aide d'une base de données reprenant ces signatures connues des virus et devant être très régulièrement mise à jour (mise à jour souvent automatisée). Les virus polymorphiques, qui réussissent à se transformer au fur et à mesure de leur effet dévastateur, sont évidemment plus difficiles à déceler (tout comme leur alter-ego biologique) par ce mécanisme de correspondance entre les signatures répertoriées et les fichiers du système hôte. Une autre famille d'antivirus plus puissante mais moins répandue à ce jour et désignée comme « vérificateurs d'intégrité », part du principe qu'une infection par virus engendre des changements non intentionnés au sein du système informatique. Ces gardiens logiciels vérifient donc de manière régulière si certains contenus de fichier ont été altérés de manière non volontaire, et peuvent récupérer la version non altérée du fichier.

Un autre mécanisme préventif de protection contre les virus et que tendent à nous imposer les systèmes d'exploitation de manière de plus en plus autoritaire est l'installation des mises à jour de sécurité. Lorsqu'un maliciel est identifié et que son analyse révèle qu'il exploite une faille de sécurité dans le système d'exploitation (ou tout autre logiciel), l'éditeur du logiciel en question ne ménage en général pas sa peine pour écrire et diffuser un correctif, c'est-à-dire une version rectifiée de la portion de programme vulnérable qui obstrue la brèche par laquelle le maliciel agissait, refermant ainsi la porte par laquelle il tentait de pénétrer. En veillant à l'installation régulière des mises à jour de sécurité, l'utilisateur veille ainsi à fermer préventivement les portes par lesquelles certains maliciels pourraient pénétrer.

Java et Internet

De manière à mieux saisir en quoi l'évolution technologique exige la mise en place de nouveaux systèmes de sécurité, l'histoire du langage de programmation Java est très éclairante. Une des richesses d'Internet et du Web est la possibilité pour un programme développé à l'origine par un informaticien sur un ordinateur A, de pouvoir s'exécuter au profit de l'utilisateur d'un ordinateur B. Ainsi, lorsque vous effectuez un achat sur Internet, vous exécutez à partir de votre navigateur Web un programme en provenance du serveur de l'entreprise fournisseuse du produit. Innombrables sont les exemples que nous pourrions donner de programmes exécutés par vous, sur votre ordinateur, et dont l'origine s'avère un ordinateur quelconque sur Internet. Le langage de programmation Java, le premier, a rendu possible l'exécution sur votre ordinateur d'une application téléchargée de n'importe où. Conscients des nuisances dont un tel programme pouvait être capable, par exemple accès fichier ou accès réseau indésirables, les concepteurs du langage obligèrent celui-ci à ne s'exécuter que dans une enceinte de confinement hyper sécurisée (et appelée « bac à sable »), empêchant tout dommage irréversible tel un accès fichier. Bien évidemment, une telle limitation, rendant les applications extérieures parfaitement inoffensives, les rendait aussi pour l'essentiel assez inopérantes car fondamentalement limitées (n'ayant pas accès au disque dur de l'utilisateur).

Il est par exemple souvent pratique pour un programme Web de mieux vous connaître afin de mieux vous servir, et cela se fait par l'entremise de petits fichiers de données, dénommés « cookies », et sauvegardés par cette même application sur le disque dur de votre ordinateur. Cela permet à l'application Web, en théorie, de mieux vous connaître et vous reconnaître, de personnaliser son interaction de sorte à vous traiter de manière beaucoup plus ciblée (en général, il s'agit pour l'essentiel d'un identifiant). Java a donc décidé d'autoriser certains de ces programmes à s'affranchir de ces interdictions, pour autant qu'ils « montrent patte blanche ». Ils doivent posséder une autorisation accordée sous réserve de la reconnaissance de ces applications. Ces dernières se voient dès lors affublées d'une signature, qui nécessite de la part de l'ordinateur censé exécuter l'application un processus d'authentification. À nouveau, la facilitation et le confort technologique accru par cette authentification, créée par la même occasion autant de nouvelles brèches sécuritaires, exploitables par tout logiciel malveillant ayant usurpé cette signature à des fins délétères. Et l'on voit la recherche d'un compromis, toujours délicat à trouver entre les facilités d'usage et la vulnérabilité que celles-ci créent chez ceux qui en profitent. Les cookies qui permettent de mieux vous servir libèrent l'accès au disque dur et permettent d'espionner vos habitudes d'internaute.

L'authentification a toujours été une priorité informatique. La plupart d'entre nous utilise un mot de passe pour pouvoir entrer dans son ordinateur et cela, afin d'en interdire l'accès à toute autre personne. Aussi, les systèmes d'exploitation s'arrangent de sorte à ce qu'un même ordinateur, mais cette fois-ci utilisable par plusieurs personnes, puisse empêcher certains fichiers d'être lus, d'être modifiés ou exécutés (lorsqu'il s'agit de programme) par les personnes qui n'en ont pas l'autorisation. Tout cela existe et a, depuis de nombreuses années, mis à l'épreuve l'habileté de nombreux hackers, se faisant une fierté, une réputation, si pas juste un salaire, à contourner tous ces processus d'authentification afin de s'emparer ou de corrompre les documents contenus dans des disques durs ou des parties de disques durs espérés inaccessibles.

Il est d'ailleurs à ce point facile de se procurer un mot de passe (la plupart, afin d'être mémorisés, sont facilement devinables) que l'utilisation de la biométrie (par exemple, reconnaissance des empreintes digitales ou de l'iris qui sont uniques à chaque personne) tend à se généraliser en matière d'authentification. Il est en effet beaucoup plus délicat de se procurer, à votre insu, empreinte digitale ou iris. Ces méthodes d'authentification en question prennent donc un tour nouveau et plus nécessaire encore, à l'heure où l'accès à votre ordinateur de personnes auxquelles vous autorisez un tel accès, est devenu non seulement possible mais en général souhaité. Si l'Internet aujourd'hui permet à tous les hommes de se prendre par la main, il doit également mettre tout en œuvre pour différencier aisément les mains qui ne demandent qu'à se serrer de celles qui dissimulent une arme. Une authentification extrêmement difficile à falsifier et à usurper en reste l'unique manière.

Internet a en effet démultiplié tous les problèmes de sécurité. Des virus clés sur porte, prêt à l'emploi (y compris par des parfaits néophytes en matière informatique), sont disponibles sur Internet, et ce même réseau leur permet de se propager avec une vitesse jamais atteinte auparavant. Il est peut-être plus compliqué aujourd'hui d'empêcher la propagation d'un nouveau virus informatique que biologique, comme nous le rappelle le virus « I love you » qui, en quelques jours, a infecté des millions d'ordinateurs. Convainquons-nous pourtant, une nouvelle fois, que l'accroissement des menaces n'est que la conséquence naturelle de l'utilisation bénéfique que nous faisons de ces réseaux : messagerie électronique et chats, commerce électronique, réseaux sociaux, services informatiques distribués. Chacun de ces progrès technologiques inspire aux plus perfides et doués des informaticiens des détournements possibles. L'extraordinaire interconnectivité à laquelle nous aspirons tant nous rend vulnérables au moindre clic exécuté par un de nos soi-disant amis sur Facebook. De plus, le Web leur garantit un certain anonymat et il est de plus en plus possible de nuire de manière masquée en dissimulant l'adresse d'où provient l'attaque. Le cyberespace est devenu aujourd'hui le cinquième terrain d'opérations militaires après la terre, la mer, le ciel et l'espace. Tout ceci sans mentionner les problèmes plus pacifiques mais très nuisibles également de téléchargement illégaux qui font depuis quelques années assez régulièrement la une de l'information.

La confidentialité

Lorsqu'il est question de sécurité informatique, comme de sécurité tout court d'ailleurs, on a souvent tendance à confondre trois types d'exigence pourtant différentes, et débouchant sur des mesures préventives et protectrices distinctes : la confidentialité, l'intégrité et la fiabilité. Nous allons passer très brièvement chacune de ces exigences en revue. La première est mise à mal dès que tombent dans des mains malveillantes des informations vous concernant et dont vous redoutez une exploitation nuisible. Il faut pour cela que tous les systèmes qui possèdent à votre sujet des informations susceptibles de se retourner contre vous (pensez par exemple à des dossiers médicaux ou à des caméras de surveillance) voient leur accès extrêmement sécurisé et leurs conditions d'exploitation de ces informations soigneusement limitées.

La loi européenne fait obligation de déclarer l'existence de tout fichier dès lors qu'il reprend des informations sur les personnes, et décrète aussi obligation de communiquer à une personne les informations qui la concernent et de rectifier les erreurs constatées. Mais toute loi est faite pour être contournée et les États-Unis, dont sont issus la plupart des innovations informatiques, sont beaucoup plus laxistes en la matière. Tout cela est devenu d'autant plus sensible à l'heure où, de manière exponentiellement accrue, nous stockons nos données, mêmes les plus confidentielles : santé, compte en banque, fichiers professionnels, quelque part sur le Cloud. Alors qu'il y a bien sûr de nombreux avantages à ce dévoilement de nous-mêmes (volonté de communiquer, personnalisation d'une interaction commerciale...), cette même exposition peut très facilement se retourner contre nous : usurpation d'identité, utilisation de cette information à mauvais escient. Un conseil d'ami parmi d'autres : ne laissez jamais traîner sur le Web une information qu'une personne quelconque serait susceptible dans le futur d'exploiter à vos dépens.

Au-delà de la sécurisation par les processus d'authentification déjà évoqués, la meilleure manière de rendre une information inexploitable est de simplement la dissimuler par une méthode cryptographique. L'importance croissante des informations acheminées par les réseaux de télécommunications et l'ouverture des systèmes au monde de l'Internet a renforcé le besoin essentiel de protéger les données contre les tentatives de lecture indue ou de falsification, d'où le recours indispensable aux techniques d'encryptage vues au chapitre 2. Cet encryptage des données est certainement la mesure la plus sûre en matière de confidentialité et elle tend à se généraliser, tant pour les communications (pensons par exemple aux réseaux sans fils où les informations circulent sans même ce premier niveau de protection que leur confère le fil en effet) que pour le stockage (des clés USB permettent un stockage crypté de vos données). De plus en plus de transactions électroniques ou d'accès à distance sont sécurisés (on le comprend aisément par exemple pour les transactions bancaires qui exigent une opération d'authentification). L'authentification, que nous évoquions auparavant, repose également chaque jour davantage sur des processus cryptographiques, de sorte qu'une signature quelle qu'elle soit témoigne en effet de l'origine certaine d'un document. En effet, la manière la plus sûre d'authentifier un message est donc de l'encrypter, mais à l'aide d'une clé privée cette fois (le fonctionnement est l'inverse du précédent). À la réception, le destinataire, qui ne peut ouvrir avec sa clé publique que ceux en provenance du détendeur de la clé privée, aura toute raison d'être serein quant à l'origine du message.

L'intégrité

Veiller à l'intégrité des données consiste à se prémunir d'une modification illégitime et nuisible de celles-ci, lorsqu'elles sont stockées sur un support informatique, comme le devient aujourd'hui l'essentiel de l'information. Découvrir un mot de passe tient souvent du jeu d'enfants et la plus simple manière d'y parvenir est souvent de tabler sur la naïveté ou la coopération humaine. Les experts en sécurité informatique désignent cela par « l'ingénierie sociale » et, comme ils le clament et le redoutent souvent, un système de sécurité informatique demeure aussi vulnérable que son maillon le plus faible. Celui-ci, plus souvent qu'à son tour, reste un des acteurs humains de ce système, trop ingénu pour apprécier combien par exemple un mot de passe facile à percer peut compromettre jusqu'à sa propre intégrité. Le fait qu'un mot de passe se doive d'être aisément mémorisable par son détendeur, le rend par la même occasion facilement devinable par une personne mal intentionnée. Par ailleurs, c'est souvent le même mot de passe que l'on utilise à tort pour les nombreuses applications qui le réclament, et il suffit dès lors de le trouver une fois pour que s'ouvrent tous les sésames.

Falsifier les dossiers médicaux, les dossiers judiciaires, jusqu'à la propre identité d'une personne, peut faire de son quotidien un cauchemar éveillé où tout paraîtra soudain empreint d'une sombre irrationalité. Les mots de passe restant la plupart du temps la seule manière de protéger l'accès à ces données, on ne compte plus les techniques ingénieuses mises en œuvre afin de se les procurer. Par exemple, la plupart des réseaux informatiques locaux entreposent dans un fichier central, modifiable par le seul administrateur du système, tous les mots de passe dans une version cryptée. Afin de vous identifier et vous autoriser l'accès à votre compte, un programme compare le mot de passe que vous entrez à celui qu'il a crypté de manière à le rendre incompréhensible à autrui. Cependant, si ce même autrui réussit à s'emparer du fichier en question, et qu'il connaît la méthode d'encryptage, il peut, par essai et erreur (l'ordinateur peut réaliser des millions d'essais à la seconde), tenter de retrouver les mots de passe en question. En cas de succès, tous les comptes des utilisateurs en deviennent accessibles ainsi que tous les fichiers, pourtant supposés à l'abri. De plus, cette intrusion dans un de ses nœuds, rend l'entièreté du réseau beaucoup plus vulnérable, à fortiori si le nœud en question est celui de l'administrateur du système, car doté de droits d'accès supérieur aux autres utilisateurs.

Une nouvelle fois, alors qu'une machine isolée ne permet l'accès qu'à partir d'un mot de passe (et demain une empreinte digitale, l'iris, la reconnaissance faciale ou une carte à puce), la possibilité d'un tel accès par une autre machine est cette fois la raison même du fonctionnement d'Internet. Ce réseau global sert en effet à cela : autoriser chacun à communiquer avec chacun par l'envoi de messages ou le déclenchement de services à distance. Un message reçu peut sciemment déclencher chez la machine à laquelle il est destiné un programme qui sera utile à l'utilisateur de cette machine. On a vu l'immense brèche sécuritaire dans laquelle se sont engouffrés tant de pirates, dès lors qu'il fut possible d'associer une macro à un fichier Office, addition pourtant utile dans la plupart des cas. Le réseau des réseaux se veut à maints égards démocratique et libertaire, ouvert à tous. Afin d'éviter de payer les pots cassés en matière de sécurité, il est indispensable d'y greffer de quoi distinguer le programme utile de celui qui n'a d'autre but que de nuire à son destinataire. La difficulté s'accroît de façon extraordinaire avec la quantité d'appareils qu'il devient possible de connecter au réseau : voiture, téléphone, télévision, appareils médicaux, mais aussi électroménager…

Il faut que chaque nœud du réseau ou chaque groupe de nœuds (un sous-réseau local) soit capable de filtrer les accès entrant et sortant. Cela est possible grâce à un système « pare-feu » (*firewall*) qui, à l'instar d'un paramètre de sécurité ou d'une enceinte de confinement, filtre les fichiers à transférer selon par exemple leur provenance, leur destination ou le type de service qu'il propose (dans le langage Internet, on parle de « protocole »). Souvent c'est un premier filtre assez grossier, qu'il est nécessaire d'affiner par un mécanisme de détection d'intrusion qui, comme des antivirus, peut se baser sur la présence dans le document à filtrer de l'un ou l'autre indice témoignant de sa nocivité. L'un des problèmes récurrents de ce système de filtrage automatique est le bon équilibre à trouver entre l'attitude du cerbère qui rejette bien davantage que nécessaire (le langage statistique désigne ces rejets comme autant de « faux positifs », c'est enquiquinant mais pas trop grave), et le gardien laxiste qui laisse passer bien davantage qu'autorisé (on parlera ici de « faux négatifs », c'est généralement bien plus grave car l'intrus est dans la place). À nouveau, c'est le compromis idéal entre le cerbère et le bohème qui est en jeu.

Ainsi, il devient indispensable, malgré les atteintes à la vie privée que cela recèle, d'autoriser des offices spécialisés à espionner le Web à la recherche d'informations suspectes, tout comme la fouille corporelle dans les aéroports à laquelle nous acceptons de nous soumettre tous.

La fiabilité

Un type d'attaque devenu très populaire et très astreignant pour les réseaux est désigné comme « déni de service », et rend certains nœuds du réseau (par exemple certains serveurs d'entreprise) totalement inopérants car, par exemple, submergés de demandes de connexion. Ce n'est ni l'intégrité ni la confidentialité des données qui se trouvent compromises ici, mais bien le fonctionnement normal du serveur, entravant d'autant la réputation de l'entreprise qu'elle est devenue incapable de délivrer les services qu'elle est censée fournir. Le pirate se débrouillera soit pour empêcher le fonctionnement normal du serveur qui ne peut bloquer sa réception le temps de traitement d'une connexion donnée, soit pour que de nombreux nœuds du réseau se retrouvent simultanément à vouloir se connecter sur le même serveur cible, saturant ce dernier et le rendant indisponible pour la suite. Une telle attaque peut être motivée pour des raisons simplement publicitaires (pour les pirates qui y sont parvenus), mais aussi économiques, politiques ou belliqueuses (mettre à mal un rival).

Différencier de telles attaques de celles discutées précédemment justifie bien la confusion souvent entretenue entre les problèmes de simple bon fonctionnement de sa machine et ceux provoqués avec une véritable intention de nuire. Internet aujourd'hui est devenu la cause de tracas nombreux et répétitifs : publicités intempestives, spam (dont il faut, comme pour « maliciel », souligner l'élégante musicalité de la traduction en « pourriel »), programmes s'exécutant à l'allumage, etc. dont nul n'est véritablement responsable sinon le fonctionnement même d'Internet, son aspect libertaire et ouvert à tous. Vous aurez certainement remarqué les difficultés croissantes que vous rencontrez pour simplement maintenir votre ordinateur à son fonctionnement d'origine. Une fois connecté à Internet, utilisé par tous les membres de votre famille, saturé de la multitude de programmes et de fichiers que ces mêmes membres se seront empressés de télécharger, vous ne reconnaissez plus la machine d'origine. Si les voitures se dégradaient aussi vite à l'usage que les ordinateurs, c'est un nombre de victimes bien plus important que les autorités policières auraient à déplorer. Plus un système devient complexe (et Internet peut décemment réclamer ce qualificatif) et ouvert sur le monde (c'est la raison d'être d'Internet), plus son comportement normal devient difficile à assurer, tant le système recèle en son sein de multiples causes de défaillance dont la plupart ne sont nullement délibérées.

7

Les bases de la programmation et du développement logiciel

Introduction à la programmation

Au grand dam des programmeurs, les langages de programmation sont multiples, sans doute proches de la centaine, et les convertisseurs automatiques permettant de passer d'un langage à l'autre sont plutôt rares. Les langages de programmation se distinguent entre eux, surtout par le niveau de complexité que les fonctions peuvent exprimer, par la concision du langage, et aussi selon le type d'application visé. Les effets de mode, comme partout, sont légion dans ce domaine. Au fil du temps, sont ainsi successivement apparus des langages dits procéduraux (favorisant la découpe du programme en ses grandes fonctions) tel Fortran, plutôt destiné aux applications scientifiques ou Cobol, plus adapté aux applications administratives et commerciales, et de multiples variantes à vocations plus universelles : Basic, Pascal, C.

Puis sont apparus les langages orientés objet (favorisant cette fois la découpe du programme en ses principaux acteurs, des acteurs interagissant par envois de messages) tels C++, Java, C#, Python, Smalltalk ou Eiffel, et qui ont le vent en poupe ces dernières années. De surcroît, il arrive qu'un même langage de programmation, tel C ou Fortran, puisse présenter des variations dialectales ou syntaxiques dans ses fonctions de base. Ces différences sont introduites par les éditeurs des compilateurs pour des raisons aussi bien techniques que commerciales et sont génératrices d'incompatibilités plus ou moins sévères lors de la compilation du programme ou de son exécution. Des procédures de standardisation sont alors mises en œuvre de manière à ramener chaque langage à une version unique, par exemple la standardisation du C, du Fortran ou du Cobol.

Pourquoi tant de langages de programmation? Certains inventeurs ont préféré favoriser l'économie dans la syntaxe de leur langage, d'autres la simplicité, d'autres la lisibilité, d'autres l'optimalité en ressources informatiques, d'autres encore la décomposabilité, etc. Certains inventeurs ont préféré la logique et l'élégance d'une certaine syntaxe à une autre. Certains langages sont la suite logique des précédents, dans lesquels des fonctionnalités nouvelles ont été ajoutées. Il se créée alors une espèce de généalogie entre les langages. Ces langages « fils » peuvent alors être incompatibles ou compatibles à des degrés divers avec leurs géniteurs. Certains langages n'ont d'autres raisons d'être que commerciales ou se prêter à un type d'application très précise, comme les langages d'écriture de script (PHP, JavaScript et VBScript) pour la réalisation de sites web actifs et interactifs ou pour l'écriture de macros (par exemple en Visual Basic, permettant d'accroître les fonctionnalités de la suite logicielle Office de Microsoft).

L'existence des langages de programmation met clairement en évidence le principe d'abstraction fonctionnelle, principe qui est le fondement de toute l'informatique, et qui dit la chose suivante : l'ordinateur se pense et s'utilise à différents niveaux d'abstraction. Ses tâches, ce qu'il nous importe qu'il fasse, sont programmées de plus en plus haut dans ces niveaux, sans qu'il soit nécessaire de connaître le fonctionnement des niveaux inférieurs, des systèmes de traduction automatique (compilateurs) s'en chargeant pour vous. La raison de ces niveaux tient fondamentalement à l'agrégation des fonctions de bas niveau en des fonctions de haut niveau.

Rappelez-vous la décomposition (vue au chapitre 3) d'une opération d'addition codée dans un langage de programmation en quatre instructions élémentaires. Plus abstrait encore, si vous vous trouvez dans Excel, vous pouvez très simplement, en une opération, effectuer la moyenne ou la variance d'une colonne de chiffres. Cette moyenne, réalisée par un clic dans Excel, requiert une succession d'additions suivie d'une division au niveau juste inférieur, chacune à son tour requérant, juste en dessous, quatre instructions élémentaires.

In fine, l'exécution de la tâche se fait toujours au dernier niveau, où des électrons circulent dans des circuits et des portes électroniques, et le passage de l'application à ce stade ultime se réalise par une succession de traductions automatisées. Le tableau ci-dessous illustre ce principe d'abstraction fonctionnelle, où l'utilisateur d'une application peut se limiter à la connaissance des caractéristiques de cette application (par exemple effectuer une moyenne dans Excel), sans avoir à se demander en quel langage l'application a été écrite, quelles instructions ce langage a générées, et enfin quels circuits électroniques de l'ordinateur sont activés par ces instructions.

Un autre cas d'abstraction logicielle est représenté par des plateformes qui permettent aux programmeurs d'ignorer le détail de la configuration matérielle et logicielle sur laquelle leurs programmes vont s'exécuter. Un exemple est DirectX, qui évite de devoir adapter des programmes tels que les jeux 3D à l'absence ou à la présence d'un des innombrables dispositifs d'accélération matérielle. Le programmeur écrit ce qu'il rêve de voir se réaliser, et DirectX le transpose en instructions adaptées à la configuration réelle. De manière générale, les progrès dans les technologies informatiques se mesurent notamment à l'aune de cette montée en abstraction qui permet plus d'efficacité pour l'utilisateur à un moindre coût cognitif.

Ce tableau représente la suite des événements qui vont de l'énoncé du problème à l'exécution des instructions formant ce qui est (supposé) être la réponse au problème.

Définition du problème	élaboration d'un algorithme
Programme d'application	choix par l'utilisateur (programme spécifique, tableur...)
Langage Java	choix par le réalisateur du programme
Assembleur	selon type de processeur
Logique binaire	résultant de l'assembleur
Circuits électroniques	activés par instructions en binaire

Il faut bien se rendre compte que l'expansion de l'informatique aurait été totalement impossible sans l'existence des langages de programmation de haut niveau et les progrès considérables accomplis dans ce domaine. Faute de langages évolués, il aurait été impossible de créer la masse actuelle de programmes et de maîtriser leur complexité. Faute de Java, de Python, de C++, pas de Google, de jeux vidéo, de réseaux sociaux. L'immense majorité des informaticiens aujourd'hui passent l'essentiel de leur temps à écrire des programmes ou à adapter des programmes existants. Sans ces programmes, il n'y aurait eu que très peu d'intérêt à développer les ordinateurs à l'échelle que nous connaissons. Cet aspect des choses est moins perceptible, car immatériel, mais il n'en reste pas moins un facteur tout aussi important que l'aspect matériel des ordinateurs, que nous pouvons voir et toucher.

Il ne fait pas bon passer le cap de la vingtaine et espérer que vos éventuels talents de programmeur continuent d'être reconnus tant cette pratique informatique est marquée du sceau de la jeunesse. L'informatique est effectivement un domaine technologique dont les entrepreneurs défrayant la chronique n'arborent pas le moindre cheveu gris. Linus Torvalds (concepteur original de Linux), Steve Jobs, Bill Gates, David Filo (un des concepteurs de Yahoo) ou Larry Page (un des concepteurs de Google), n'avaient pas 30 ans quand leurs logiciels envahirent la planète avec le succès fulgurant que l'on sait. C'est souvent à peine sortis de l'université (ou non), sans réelle expérience professionnelle, qu'ils choisissent de commercialiser une idée, un algorithme, un programme, qu'ils ont développé au départ en tant que simple projet d'étude. Et c'est bien de programmes qu'il s'agit, comme le fut DOS à l'époque, le système d'exploitation en ligne de commande commercialisé par Bill Gates, ou Page Rank, plus récemment, à l'origine du moteur de recherche Google. Ce programme permet d'ordonner les sites Web selon une popularité mesurée par leur position dans le graphe d'hyperliens que constitue le Web (les plus référencés étant les plus populaires).

La programmation est devenue à ce point une discipline clé dans le monde de l'entreprise aujourd'hui qu'il ne faut guère s'étonner que des entrepreneurs à succès comme Gates et Zuckerberg se font sur le Web les avocats de l'apprentissage au plus tôt de cette pratique (dès les études primaires ou secondaires : voire le site code.org où Bill Gates, Mark Zuckerberg et même le président Obama participent à cette formation). Voici un petit extrait d'un chapitre de la biographie de Linus Torvalds, qui à 18 ans programmait dans sa chambre le système d'exploitation Linux, l'antidote gratuit à Microsoft : « Ce qui rend la programmation si attrayante est que pour pouvoir ordonner à l'ordinateur de faire ce que vous voulez, il faut d'abord savoir comment. Je suis personnellement convaincu que la science informatique a beaucoup en commun avec la physique. Dans les deux cas, il s'agit de comprendre comment fonctionne le monde à un niveau très élémentaire. La différence est bien sûr qu'en physique vous êtes supposé comprendre le monde tel qu'il est construit, alors qu'en informatique, vous créez un monde. Au sein des limites de l'ordinateur, vous êtes le Créateur. Vous avez comme mission ultime de contrôler tout ce qui se passe. Si vous êtes suffisamment bon, vous pouvez devenir Dieu. À une petite échelle… »

Le succès des entreprises logicielles révèle cependant une profonde transformation de l'industrie informatique elle-même. Quand Bill Gates et Paul Allen fondent Microsoft à la fin des années 1970, ils sont animés par une vision révolutionnaire pour l'époque : celle que l'informatique de la prochaine décennie ne sera plus gouvernée par les fabricants de matériel mais bien par les éditeurs de logiciels. À cette époque, à peu près contemporaine de la commercialisation des premiers ordinateurs personnels par Apple, l'idée même qu'une entreprise puisse se dédier exclusivement à la production et à la commercialisation de logiciels passe pour une absurdité, tant l'informatique est alors le règne des électroniciens qui considèrent le logiciel comme un mal nécessaire pour animer leurs machines. L'industrie informatique était alors organisée autour de quelques grands fabricants (IBM, Digital Equipment, Unisys, Bull, etc.) qui sont intégrés verticalement. Une vingtaine d'entreprises au monde sont ainsi responsables de plus de 75 % de toute l'innovation en informatique, et ces entreprises produisent quasiment tous les composants de leurs systèmes, depuis le processeur jusqu'aux applications.

Mais la vision de Microsoft et surtout l'avènement de l'informatique personnelle va tout changer. À la toute fin des années 1970, IBM — leader mondial de l'informatique d'entreprise — réalise tardivement le potentiel de l'informatique personnelle et combien la machine d'Apple risque de bouleverser l'industrie. IBM se doit de réagir rapidement, et le fait en développant son modèle d'ordinateur personnel, le PC (*Personal Computer*) qui prendra le nom de PS/1 (Personal System 1). Pour gagner du temps dans le développement de cette nouvelle machine, radicalement différente des gros systèmes auxquels IBM est habituée, IBM décide de sous-traiter la fabrication des processeurs à Intel et le développement du système d'exploitation à Microsoft. Vu leurs tailles respectives à l'époque, IBM ne craint pas une minute que ces deux petites sociétés puissent un jour lui faire de l'ombre. Mais ni Intel ni Microsoft ne manquent de suite dans les idées et tous deux comprennent tout le parti qu'ils peuvent tirer de la situation, à condition qu'ils ne se trouvent pas pieds et poings liés à IBM.

Ils acceptent donc toutes les conditions d'IBM contre une seule clause contractuelle qui leur tient à cœur : la non-exclusivité de leur accord avec IBM, ce qui leur permet de vendre les mêmes solutions (processeurs et systèmes d'exploitation respectivement) à d'autres fabricants. Comme processeur et système d'exploitation définissent ensemble toute l'interface d'une machine et donc ses spécificités, qui se procure l'un et l'autre peut désormais facilement assembler des ordinateurs étiquetés « Compatible IBM ». C'est ainsi qu'est apparue une nouvelle sorte d'acteur dans l'industrie informatique : l'assembleur. De fait, avec la standardisation des processeurs et des systèmes d'exploitation et la disponibilité très large de périphériques, fabriquer un ordinateur personnel s'assimile de plus en plus à un jeu de Lego qui consiste à assembler des blocs de plus en plus standardisés : un boîtier, une carte mère, un processeur, une barrette de mémoire centrale, une carte graphique, un disque dur, un clavier, une souris, un écran, et le tour est joué. Les fabricants d'ordinateurs tout droit sortis de leurs garages sont nés et ils prendront vite le dessus sur les grands fabricants ; c'est l'histoire à succès des entreprises Dell et Compaq (qui sera rachetée plus tard par HP). Le duo formé par Intel et Windows s'impose si vite et si bien qu'une dizaine d'années plus tard, on ne parle plus de « compatibles IBM », mais de puces Intel et d'ordinateurs Windows, qui formeront ensemble ce que l'industrie a appelé le duo « Wintel ». C'est ce même duo qui dicte sa loi à toute l'industrie de l'informatique personnelle depuis bientôt 30 ans, une industrie dont IBM a totalement disparu.

Ce bouleversement de l'industrie s'est traduit par une totale reconfiguration de la chaîne de valeur : d'un modèle verticalement intégré, l'industrie entière a évolué vers un modèle désintégré où chaque acteur s'est spécialisé dans un composant (matériel ou logiciel) de l'ordinateur (les processeurs pour Intel, les mémoires pour Rambus, les adaptateurs graphiques pour nVidia, les systèmes d'exploitation pour Microsoft, etc.). Ce changement s'est accompagné d'une révolution plus profonde et moins visible que nous évoquions plus haut : le basculement du centre de gravité de l'informatique du matériel vers le logiciel. Puisque les utilisateurs de l'informatique d'aujourd'hui ne sont plus des informaticiens mais Monsieur tout-le-monde, celui qui contrôle l'industrie est désormais celui qui fournit la partie de l'ordinateur avec laquelle l'utilisateur lambda interagit, c'est-à-dire le logiciel (à commencer par le plus important d'entre eux, le système d'exploitation comme nous l'avons vu au chapitre précédent). Les principales fortunes de l'informatique des trente dernières années se sont ainsi construites non pas sur le matériel mais sur le logiciel. On peut d'autant plus s'étonner de la formidable intuition dont Bill Gates et Paul Allen ont fait preuve à l'époque où ils devaient être les seuls au monde à penser pouvoir gagner beaucoup d'argent avec du logiciel.

Python

Ce chapitre a pour mission de familiariser le lecteur à quelques rudiments de programmation dans un langage de haut niveau. Nous ne souhaitons pas faire de vous des experts en la matière. Les quelques pages qui vont suivre n'y suffiraient en rien.

Il existe de multiples ouvrages enseignant la programmation à différents niveaux et dans les nombreux langages de programmation qui existent à ce jour. Nous souhaitons simplement vous sensibiliser à la richesse et la puissance de cette pratique, en vous permettant notamment de faire le lien avec les chapitres qui ont précédé, portant sur le fonctionnement du processeur, le déroulement séquentiel d'un programme d'instructions, la traduction de celles-ci en instructions élémentaires et l'utilisation de la mémoire centrale. Ne sera couvert ici que le b-a-ba de la programmation : les variables, les typages de base, quelques types composés, les instructions d'affectation et de contrôle, le découpage des programmes par l'utilisation de fonctions et une très succincte introduction à l'orienté objet.

Le choix du langage de programmation s'est porté sur Python, sans autre raison apparente que sa gratuité, sa facilité d'accès, de téléchargement et de mise en œuvre, la simplicité de sa syntaxe, son côté « open source », et le fait qu'il soit interprété, rendant possible l'affichage immédiat des résultats des instructions sans étape préalable de compilation. Cet aspect des choses facilite énormément la pratique par essai et erreur, le côté prototypage inhérent à la programmation. Python est un langage ayant recherché dès son origine une grande simplicité d'écriture, tout en conservant tous les mécanismes de la programmation objet de haut niveau. Il cherche à soulager au maximum le programmeur de problèmes syntaxiques non essentiels aux fonctionnalités clés du programme. Les informaticiens parlent souvent à son compte d'un excellent langage de prototypage qu'il faut remplacer par un langage plus « solide » tel Java, les langages .Net ou C++, lorsque l'on souhaite une « véritable » application.

Revers de la médaille, beaucoup de critiques du langage feront état de (c'est d'un classique !) la simplicité de sa syntaxe, l'absence de typage explicite et de compilation, et les retourneront contre le langage (le python se mangeant la queue), en arguant de la difficulté d'aborder des projets complexes dans un idiome aussi élémentaire. Tout langage de programmation est toujours à la recherche d'un graal sans doute introuvable (vu le nombre et la diversité des programmeurs) au carrefour de l'efficience machine, de la simplicité d'usage et d'écriture ainsi que de la robustesse. Il en va des guerres de langages comme de celles des religions, difficile de rationaliser ses préférences. Python est une étape non négligeable dans cette quête céleste. Nous ne nous positionnerons pas dans ce débat. Dernier avantage certain, tout ce qui est nécessaire à l'utilisation du langage et à sa compréhension se trouve réuni sur un site unique : www.python.org.

Il n'en reste pas moins vrai que, par sa simplicité d'usage, Python, à la différence d'autres langages tels Java ou C++, est un choix s'imposant assez naturellement pour cette modeste initiation à la programmation. Ainsi, de nombreuses universités font ce choix ces jours-ci, rangeant les livres de C++ et même de Java dans les rayonnages poussiéreux de leurs bibliothèques. Il nous semble que seule la mise en pratique des langages de programmation, c'est-à-dire en programmant effectivement, permet d'assimiler ceux-ci, autant que d'appréhender concrètement le fonctionnement de l'ordinateur. Une lecture attentive des différents petits codes qui vont suivre devrait suffire à faire comprendre et reproduire le fonctionnement de ceux-ci, mais la véritable maîtrise de Python exige de passer du temps devant son écran. L'objectif que nous nous sommes fixé ici est simple : comprendre pourquoi et comment les langages de programmation sont le seul véritable mode de communication entre le programmeur et l'ordinateur et comment la pratique de ces langages est pour l'informaticien la seule manière de forcer la machine à se comporter à sa guise à lui.

Variable et mémoire centrale

Une variable est un nom qui permet de repérer un emplacement donné précis de la mémoire centrale, c'est-à-dire son adresse. La manière la plus simple de comprendre une variable est de l'assimiler à une boîte aux lettres qui porterait le nom de cette variable et serait accessible à travers lui. Elle fait donc le lien entre le nom de la variable que l'on manipule dans le programme et une adresse où est physiquement stockée notre donnée. Cette notion, simple en apparence, facilite grandement la réalisation des programmes. En effet, nous avons vu que les données manipulées par le programme sont stockées le temps de son exécution en mémoire centrale. Les variables nous permettent ainsi de manipuler ces données sans avoir à se préoccuper de l'adresse explicite qu'elles occuperont effectivement en mémoire. Pour cela, il nous suffit de leur choisir un nom. Bien entendu, ceci n'est possible que parce qu'il existe un programme de traduction (l'interpréteur) de notre programme qui, à notre insu mais pour notre plus grand confort, attribue une adresse à chaque variable et supervise tous les changements d'adresse qui pourraient s'en suivre.

Par exemple, `a = 5` signifie « à l'adresse mémoire référencée par `a` (c'est-à-dire dans la boîte aux lettres dénommée « a »), se trouve la valeur 5 » ; mais nous utiliserons plus simplement l'abus de langage « la variable `a` vaut 5 ». Notez que pour l'informaticien, le signe égal signifie l'affectation ou l'assignation d'une valeur à une variable ou, si vous préférez, la mise d'une valeur dans une boîte aux lettres étiquetée « a ».

Étant donné la liberté autorisée dans le choix du nom des variables et pour de simples raisons mnémotechniques, il est préférable, afin d'également améliorer la lisibilité des programmes, de choisir des noms de variables en fonction de ce qu'elles représentent réellement. Ainsi, préférez par exemple des dénominations telles que « montant », « cote », « taille » ou « prix » à « x », « y » ou « z ».

En Python, la simple déclaration d'une variable ne suffit pas à la créer. Après avoir choisi son nom, il est nécessaire d'affecter une valeur initiale à cette variable.

Déclaration et initialisation de variables

Nous aurons donc par exemple, pour les trois variables possibles qui suivent :

```
monChiffre = 5
petitePhrase = "Quoi de neuf?"
pi = 3,14159
```

Comme le montre cet exemple, différents types d'information (nombres, chaînes de caractères…) peuvent être placés dans une boîte aux lettres, et il est capital de connaître comment la valeur qui s'y trouve a été codée. Cette distinction correspond à la notion de type, fondamentale en informatique car elle débouche, in fine, sur le codage binaire de la variable (par exemple, un entier numérique sur 32 bits et un caractère sur 16 bits) ainsi que sur les usages qui peuvent en être faits (on ne peut pas multiplier un caractère par deux et avoir pour prénom « R2D2 » sauf dans les films de science-fiction). Ainsi, nous dirons qu'une variable recevant une valeur numérique entière est du type « int », une variable recevant un nombre réel (autrement dit un nombre à virgule) sera du type « float » et une variable recevant un ou un ensemble de littéraux sera du type « string ». Il s'agit là des trois types dits simples qui nous occuperont pour l'essentiel dans la suite.

L'instruction d'affectation réalise donc la création et la mémorisation de la variable, l'attribution d'un type à la variable, la création et la mémorisation d'une valeur et finalement l'établissement d'un lien entre le nom de la variable et l'emplacement mémoire.

Modifier une variable

Les deux instructions suivantes :

```
maVariable = 5
maVariable = 2,567
```

permettent de simplement modifier le contenu de la boîte aux lettres `maVariable`. À la première ligne, on indique qu'à l'adresse `maVariable` est stockée la valeur 5 et, à la seconde, on remplace la valeur stockée à cet emplacement par 2,567. Après exécution des deux lignes, la valeur sauvegardée en mémoire à l'adresse `maVariable` est donc 2,567. Notons au passage que le type de `maVariable` a changé : il est passé d'`int` à `float`. Cette spécificité est une facilité essentielle de plus permise par le langage Python. À la différence d'autres langages de programmation plus contraignants, Python est dit typé dynamiquement et non statiquement. Cela signifie qu'au cours de l'écriture du code, il n'est plus nécessaire de préciser à l'avance le type des informations exploitées dans le programme, celui-ci devenant « implicite ». Python devine le type par la valeur que nous installons dans la boîte aux lettres — et ce type peut changer au fil des valeurs que la boîte va contenir. Le choix entre typage statique et dynamique est de ces controverses qui ont amusé, distrait même déchiré la communauté informatique depuis la nuit des temps (les années 1960 en informatique).

Nous pouvons également prendre le contenu de la boîte aux lettres `maVariable` et le copier dans la boîte aux lettres `taVariable` par la simple instruction:

```
taVariable=maVariable
```

Le contenu de `maVariable` reste inchangé car il s'agit d'un recopiage et non pas d'un transport physique à proprement parler (ici la métaphore de la boîte aux lettres montre ses limites). En fait, il s'agit d'une duplication de l'information d'un lieu de la mémoire vers un autre. Si l'on comprend que la valeur affectée à une variable peut évoluer dans le temps, on comprend tout autant qu'il est possible de réaliser toutes sortes d'opérations sur ces variables, autorisées par leur type. Nous détaillerons pratiquement certaines de ces opérations par la suite. Nous allons voir qu'outre l'abstraction offerte par les variables, le langage nous offre toute une bibliothèque d'utilitaires. Citons d'ores et déjà deux fonctions prédéfinies : type (`nomDe-LaVariable`) qui affiche le type de la variable mise entre parenthèses et s'avère très utile pour vérifier ce qui y a été installé jusqu'ici, et `print(nomDeLa-Variable)` qui affiche à l'écran la valeur stockée à l'adresse désignée par la variable `nomDeLaVariable`.

Les types simples

Les variables de type int

Le code suivant illustre des opérations réalisées dans la console interactive de Python, sur des variables de type entier (int) (les lignes débutant par # sont des commentaires en Python, donc non exécutées, et seront utilisées ici pour éclairer le comportement des instructions). Les >>> que vous verrez apparaître par la suite sont produits par l'environnement de développement et sont une « invite » à taper vos instructions Python.

```
>>> maVariable = 3
>>> print (maVariable)
3
>>>print(type(maVariable))
<type 'int'>
>>> taVariable=4
>>> maVariable=taVariable
>>> print (maVariable)
4
>>> maVariable = saVariable
#Une erreur apparaît car "saVariable" n'existe pas
Traceback (most recent call last):
  File "<pyshell#23>", line 1, in <module>
    maVariable = saVariable
NameError: name 'saVariable' is not defined
>>> maVariable = maVariable + 3
>>>print (maVariable)
7
>>> maVariable = maVariable/2
>>>print (maVariable)
3.5 # le type a changé et est devenu réel.
>>> maVariable + 3 = 5
SyntaxError: can't assign to operator
#On ne peut pas écrire n'importe quoi : il faut respecter la syntaxe
>>> maVariable+=4 #Raccourci d'écriture !!!
>>>print (maVariable)
7.5
>>>7 // 2 #les deux barres plutôt qu'une seule
#donne la division entière
3
```

En plus de ce que nous avions déjà dit sur l'affectation de variables, il est possible de réaliser des opérations mathématiques sur les valeurs contenues dans les variables. Nous avons vu dans un chapitre précédent que les opérations mathématiques font partie des premières instructions élémentaires comprises par tout processeur. Ainsi, `maVariable=taVariable+1` signifie que la valeur contenue dans la variable `maVariable` va prendre celle contenue dans `taVariable` augmentée de 1 (ici on est plutôt en présence de deux classes d'instruction élémentaire : une addition et un déplacement de valeur d'une variable à l'autre). Nous pouvons aussi constater que l'expression `maVariable=maVariable+6` signifie que l'on écrase la valeur de `maVariable` par sa propre valeur augmentée de 6. Autrement dit, on peut comprendre cette expression en disant : « la nouvelle valeur de `maVariable` est égale à l'ancienne augmentée de 6 ». On peut d'ailleurs en raccourcir l'écriture : `maVariable+=6`.

Au rayon des erreurs, on peut d'ores et déjà en répertorier deux. La première consiste à effectuer des opérations sur une variable qui n'a pas été initialisée au préalable. Dans l'exemple, on ne peut en effet assigner la valeur de `saVariable` à `maVariable` pour la bonne et simple raison que l'on n'a pas assigné avant cela de valeur à `saVariable`. La dernière ligne, quant à elle, est une simple erreur de syntaxe, montrant que la liberté d'écriture n'est pas totale. Il y a certaines règles de syntaxe et conventions à respecter et nous en découvrirons d'autres par la suite. Pour les langages de programmation de type « compilé », c'est le compilateur qui s'occupe en général de repérer ces erreurs de syntaxe, alors que, dans Python, tout se passe à l'exécution. De nombreux informaticiens jugent cela un peu tard pour s'apercevoir d'une erreur, d'où la préférence qu'ils expriment pour les autres langages requérant l'étape de compilation (et le typage statique que cette compilation requiert). C'est en cela qu'ils jugent ces concurrents plus robustes : de nombreuses « idioties » sont détectées dès la compilation.

Les variables de type float

Le code suivant illustre des opérations élémentaires sur des réels.

```
>>> taVariable=3.0
>>> maVariable=taVariable/2
>>>print (maVariable)
1.5
>>>print(type(maVariable))
<type 'float'>
>>> print (maVariable)
1.5
>>> print (mavariable)

Traceback (most recent call last):
  File "<pyshell#40>", line 1, in <module>
    print (mavariable)
NameError: name 'mavariable' is not defined
```

Côté erreur, on peut rajouter que Python est sensible aux majuscules et minuscules, `maVariable` et `mavariable` devenant deux variables différentes. Retenons aussi que 3 est `int` alors que 3.0 est `float`.

Les variables de type string

Pour en terminer avec ces types simples, le code suivant illustre des exemples concernant des variables de type `string` (des chaînes de caractères).

```
>>> phrase1="le framework"
>>> phrase2=" python"
>>> phrase1+=phrase2
>>>print (phrase1)
'le framework python'
>>> phrase2*=3
>>>print (phrase2)
' pythonpythonpython
>>> print (phrase2[1]) #On saute le caractère blanc du début de ligne
p
>>> phrase2 += 5

Traceback (most recent call last):
  File "<pyshell#49>", line 1, in <module>
    phrase2 += 5
TypeError: cannot concatenate 'str' and 'int' objects
>>> phrase2="phrase1"
>>>print (phrase2)
'phrase1'
```

On constate ici que des opérations sur les littéraux sont possibles : le + en présence de deux strings est réinterprété et permet de concaténer ces strings entre eux, alors que le * sert à répéter un littéral. Remarquons également que la chaîne de caractères se présente comme une collection de caractères indexés ; le premier élément de la chaîne étant repéré par la valeur 0, le second la valeur 1, etc. Dans la plupart des langages de programmation, le premier élément d'une collection est toujours indexé par 0, ce qui entraîne le dernier à se trouver indexé par la longueur de la collection moins un. Commencer un tableau à « un » plutôt qu'à « zéro » est une source d'erreurs classique en programmation, et qui fait beaucoup rire dans les chaumières d'informaticiens. Enfin, remarquons que, nonobstant l'absence de typage explicite, il est interdit de concaténer deux éléments de types différents comme par exemple une chaîne et un nombre naturel. À nouveau, l'erreur se produira à l'exécution vu l'absence de typage statique et d'une étape préalable de compilation.

Une chaîne de caractère est distinguable d'autres types de données par la présence des apostrophes (Python ne fait pas la différence entre simple et double apostrophe). En l'absence de celles-ci, la signification de l'expression peut être toute autre comme en témoigne les deux dernières expressions. Dans le premier cas, c'est la variable phrase1 qui est prise en compte, alors que dans le deuxième, c'est le mot « phrase1 ».

Il est important que les opérations se fassent sur des données de même type comme les trois instructions qui suivent devraient aisément vous le faire comprendre :

```
>>> print ("18" + 8445)
Traceback (most recent call last):
  File "<pyshell#3>", line 1, in <module>
print ("18" + 8445)
TypeError: Can't convert 'int' object to str implicitly
>>> print ("18" + str(8445)) # la fonction « str() »
#force le typage en string
188445
>>> print (int("18") + 8445) # la fonction « int() »
#force le typage en int
8463
>>>
```

Les types composites

Nous avons jusqu'ici vu des données de type simple à savoir les `int`, les `float` et les `strings`. En marge de ces types dits simples, se trouvent les types composites. Il s'agit de types qui regroupent en leur sein un ensemble d'entités de type simple. En clair, il s'agit de collection de variables des trois types vus jusqu'ici. Nous en avons déjà vu un cas particulier. En effet, les chaînes de caractères regroupent un ensemble de caractères, chacun de type `string`. Ici toutes les entités sont du même type. Les autres données composites qui nous intéresseront par la suite sont les listes et les dictionnaires. L'utilité de ces collections est de permettre un même traitement répété sur l'ensemble des éléments composant la collection. Par exemple, si je veux mettre toutes les lettres d'un mot en majuscule, il serait stupide de réécrire cette opération autant de fois qu'il y a de lettres dans le mot. Autant ne l'écrire qu'une fois et placer cette opération dans une boucle qui balaiera tout le mot. Collections et instructions de boucle font souvent bon ménage comme nous allons le voir.

Les listes

Comme nous l'avons vu dans le cas des chaînes de caractères, chaque élément de la chaîne est indexé par une valeur entière numérotée à partir de 0. Les listes ne sont donc qu'une généralisation à d'autres types simples des chaînes de caractères. Le code suivant clarifie leur utilisation.

```
>>> liste=["journal",9,2.7134,"pi"]
>>>print (liste[0])
'journal'
>>> print (liste[3])
pi
>>>print(type(liste[1]))
<type 'int'>
>>>print (liste[4])

Traceback (most recent call last):
  File "<pyshell#59>", line 1, in <module>
    liste[4]
IndexError: list index out of range
#Erreur car on a dépassé la capacité de la liste !!!
```

```
>>> liste.append("bazar")
>>> liste
['journal', 9, 2.7134, 'pi', 'bazar']
>>> liste.insert(4,"truc")
>>> liste
['journal', 9, 2.7134, 'pi', 'truc', 'bazar']
>>>print(len(liste)) #len() donne la longueur de la liste
6
```

On voit clairement qu'une liste est une simple série d'entités de type simple, chacune étant accessible par l'intermédiaire de son index : 0,1,2... Attention à ne pas dépasser la longueur initiale de la liste, déterminée lors de son initialisation. Pour ajouter un élément en fin de liste, il suffit d'utiliser l'instruction `append()`, alors que pour insérer un nouvel élément dans la liste en une position précise, il faut utiliser l'instruction `insert()`.

Les indexations des éléments de la liste peuvent également s'effectuer en se référant à l'exemple suivant :

```
>>> monTexte = "hello" + " world"
>>> print (len(monTexte))
11
>>>print(monTexte[2])
'l'
>>>print(monTexte[0:2])
'he'
>>>print(monTexte[:4])
'hell'
>>>print(monTexte[6:])
'world'
>>>print(monTexte[-1])
'd'
```

Les dictionnaires

Les dictionnaires, derniers types composites, sont quant à eux une généralisation des listes. Chaque élément est indexé non plus par sa position dans la liste, mais par un élément choisi parmi les trois types simples. Il s'agit donc d'une sorte de matrice $2 \times n$ d'éléments simples dont ceux de la première colonne réalisent l'index ou la clé (*key*) d'accès au second.

L'exemple traité dans le code clarifiera les idées.

```
>>> dico={"computer":"ordinateur"}
>>> dico["mouse"]="souris"
>>>print(dico["mouse"])
'souris'
>>> dico[2]="two"
>>>print(dico)
{2: 'two', 'computer': 'ordinateur', 'mouse': 'souris'}
>>>print(dico.keys())
[2, 'computer', 'mouse']
>>> del dico[2]
>>>print(dico)
{'computer': 'ordinateur', 'mouse': 'souris'}
```

On peut ainsi remarquer que, pareillement aux listes, les dictionnaires sont un type dynamique. On peut rajouter dynamiquement, c'est-à-dire même après une première initialisation, des éléments au dictionnaire. Ainsi, après la création de celui-ci, nous l'avons enrichi de `"souris"` et `"two"` indexé respectivement par `"mouse"` et 2. Les éléments de la première colonne servent à accéder à leur pendant dans la seconde. L'ordre d'apparition des éléments n'a plus aucune importance dans les dictionnaires, car l'indexation de chaque élément ne se fait plus par sa position.

Les instructions de contrôle

Jusqu'ici, nous avons vu comment l'interpréteur Python parcourait le code de manière séquentielle. Lorsqu'une séquence d'instructions est lue, l'interpréteur les exécute les unes à la suite des autres dans l'ordre où elles se trouvent écrites. Cette exécution systématique présente des limitations dans de nombreux cas. Des instructions de rupture de séquence sont donc nécessaires. Certaines instructions élémentaires des processeurs ont la charge de modifier la séquence naturelle d'exécution du programme en bifurquant vers une nouvelle instruction qui n'est plus la suivante. En substance, il existe deux types d'instruction qui permettent de rompre avec la séquence en cours : la forme conditionnelle et la forme répétitive.

Les instructions conditionnelle

Ce type d'instruction permet au code de suivre différents chemins suivant les circonstances. Il s'agit, en quelque sorte, d'un aiguillage dans le programme. Son fonctionnement est le suivant. Cet aiguillage teste une condition et décide en fonction de la validité ou non de celle-ci, du chemin à suivre dans le programme. La syntaxe est comme suit :

```
if condition:
    bloc1
else:
    bloc2
bloc3
```

Ainsi, le `bloc1`, un ensemble d'instructions, ne sera exécuté que si la condition est vérifiée. Le résultat de l'évaluation de condition est donc vrai ou faux — on dit de cette expression qu'elle possède une valeur booléenne. Si le résultat est faux, c'est le `bloc2` qui sera exécuté. Dans un cas comme dans l'autre, après son exécution, c'est le `bloc3` qui sera entrepris.

Remarquons la présence essentielle des deux points et du retrait. Les deux points marquent la fin de la condition. Tout bloc d'instructions devant s'exécuter, en effet, « comme un seul bloc », doit faire l'objet d'un léger décalage mais indispensable vers la droite. On dit du code décalé vers la droite qu'il est « indenté ». En l'absence de cette indentation, l'interpréteur pourrait donner une erreur, car l'ensemble de ce qui doit se réaliser, si une condition ou l'autre est vérifiée, est contraint à respecter la même indentation.

L'indentation devient donc fondamentale ici. Elle fait intégralement partie de la syntaxe de Python. Ce qui était une bonne pratique d'écriture de code, ayant pour finalité d'en aérer la présentation, et généralement suivie par la majorité des programmeurs, tous langages confondus, s'est trouvée transformée en une règle d'écriture stricte.

Selon l'indentation choisie pour une instruction quelconque, le résultat à l'exécution pourrait s'avérer très différent, comme l'exemple de code suivant l'illustre quant à la position relative de l'instruction `print (« c'est faux »)`. Cette instruction ne s'exécutera pas dans le premier cas mais bien dans le deuxième, car elle n'est plus conditionnée par la deuxième condition portant sur le « a » (mais elle le reste par la première).

```
>>> a=5
>>> if a<10:
print ("c'est vrai")
    if a>10:
          a=5
          print ("c'est faux")

c'est vrai
>>> if a<10:
    print ("c'est vrai")
    if a>10:
          a=5
    print ("c'est faux")

c'est vrai
c'est faux
```

`Else` signifie « autre » en anglais et effectivement le `else` représente tous les cas non couverts par la condition du `if`. On dit aussi du `else` qu'il reprend toute la partie « autrement », car c'est là qu'on aboutit si aucune condition n'aura été validée avant cette partie. Le code suivant clarifiera son utilisation.

```
>>> a=10
>>> if a<10:
    print ("a inferieur a 10")
else:
    print ("a superieur ou egal a 10")

a superieur ou egal a 10
```

Notez, là encore, la présence des deux points terminant le `else` et l'indentation. En théorie, et en l'absence des invites >>>, le `else` se trouve comme il se doit en-dessous du `if`.

Imaginons maintenant un aiguillage à plus de deux directions :

```
if condition1:
    bloc1
elif condition2:
    bloc2
else:
    bloc3
```

`elif` est une concaténation de `else` et `if` et pourrait se traduire par « sinon si ». Les conditions doivent être disjointes. En effet, l'ordinateur ne s'accommodant pas d'incertitude, son comportement face à plusieurs conditions validées en même temps serait très ambigu. Dès lors, il faut s'arranger pour que les conditions soient disjointes. Il y a là deux sous-ensembles de situations disjointes, correspondant aux conditions 1 et 2, inclus dans un ensemble englobant correspondant au `else` (et reprenant toutes les autres situations). Remarquons encore que pour un aiguillage à plus de trois voies, la syntaxe sera :

```
If condition1:
    bloc1
elif condition2:
    bloc2
elif condition3:
    bloc3
else:
    bloc4
```

Un des avantages du `elif` est de pouvoir aligner toutes les conditions disjointes les unes en-dessous des autres, sans être contraint dès lors de décaler de plus en plus vers la droite à chaque condition (la largeur du papier n'y suffirait pas).

Les boucles

L'instruction `while` permet au programme de répéter, de compter ou d'accumuler tout en garantissant une économie d'écriture considérable. La syntaxe de cette instruction est :

```
while condition:
    bloc
```

Tout d'abord, on se trouve à nouveau en présence des deux points (qui termine la condition) et du bloc indenté. Tant que la condition est vérifiée, c'est l'ensemble du bloc, c'est-à-dire la suite d'instructions indentées de la même manière, qui va être exécutée. Dès que la condition s'arrête d'être vérifiée, le bloc est ignoré et l'instruction suivante du code est exécutée. On peut d'ores et déjà voir apparaître deux problèmes : l'initialisation des variables composant la condition avant de procéder à l'évaluation et le risque d'une boucle infinie en présence d'une condition toujours vérifiée. Il faut donc veiller à faire évoluer dans le bloc la valeur d'au moins une des variables intervenant dans la condition et qui permettra à la boucle de s'interrompre.

La boucle est un mode de programmation qui permet d'éviter de réécrire un bloc d'instructions autant de fois qu'on souhaite l'exécuter.

```
compteur=1
while compteur <= 2:
    bloc1
    compteur = compteur + 1
bloc2
```

Lors de l'exécution du code qui précède, le bloc1 va être répété deux fois : en effet, au démarrage, le compteur vaut 1. Ainsi, étant plus petit que 2, on va exécuter le bloc1 et incrémenter le compteur de 1. Sa valeur vaut donc 2 à présent. À la fin de l'exécution du bloc, la condition du `while` est à nouveau testée. Cette valeur étant toujours plus petite ou égale à 2, le bloc1 va s'exécuter encore une fois et le compteur passera à 3. À ce stade-ci, la condition n'est plus validée et les instructions subordonnées au `while` seront ignorées. Le bloc2 sera exécuté et le code ira de l'avant.

Remarquons que si le compteur n'était pas incrémenté de 1 à chaque tour, sa valeur restant à 1, la condition serait toujours vérifiée et le bloc1 se verrait exécuter à l'infini. Il faut donc toujours, c'est capital, veiller à ménager une porte de sortie pour toute boucle. Elle vous en sera toujours gré et le ventilateur de votre ordinateur aussi. Le code qui suit illustre la boucle.

L'instruction `for…in` pour sa part est une autre forme de boucle qui permet cette fois d'itérer sur une collection de données, telle une liste ou un dictionnaire. L'exemple ci-dessous l'illustre dans le cas d'une liste. L'avantage est double. Il n'est pas nécessaire de connaître la taille de la collection, et la variable `x` incluse dans le `for…in` reprend l'une après l'autre la valeur de tous les éléments de la collection.

```
>>> liste=["Bob","Jean","Pierre","Alain","Yves"]
>>> for x in liste:
    print (x)

Bob
Jean
Pierre
Alain
Yves
```

Dans ce code, la variable `x` incluse dans le `for…in` reprend l'une après l'autre la valeur de tous les éléments de la collection. Muni de ces différents éléments, il est aisé de comprendre le code résolvant le petit problème suivant, impliquant un dictionnaire cette fois. Soit une collection de dix étudiants, chacun avec sa note obtenue à un examen. Le programme qui suit, et dans lequel de nombreuses lignes ne sont pas montrées, permet d'établir la moyenne à l'examen ainsi que le nombre d'étudiants ayant raté cet examen. Sachez juste que `for x,y in listeEtudiant.items()` permet de boucler et sur la clé et sur les éléments indexés par celle-ci.

```
>>> #Le dictionnaire des notes indexés par les étudiants
>>> listeEtudiant ["Pierre "] = 10
>>> ..................................
>>> #Les variables servant à calculer les statistiques
>>> Moyenne = 0
>>> NombreEtudiants=0
>>> NombreRates=0
>>> for x,y in listeEtudiant.items():
    NombreEtudiants+=1
    Moyenne+=y
    if y < 10:
          NombreRates += 1
```

```
>>> print(Moyenne)
63
>>> Moyenne/=NombreEtudiants
>>> print(Moyenne)
10.5
>>> print(NombreRates)
3
```

Les fonctions

Il est possible avec Python et dans tous les langages de programmation en général de découper le programme en blocs fonctionnels appelés « fonction » ou « procédure » et appelables partout dans ce même programme. La programmation de ces fonctions permet une meilleure modularisation du code et s'avère nécessaire quand ce même bloc fonctionnel est appelé à différents endroits du code, évitant ainsi de le réécrire pour chaque appel. Le comportement et le résultat des fonctions dépendent, comme en mathématique lorsque l'on définit une fonction `f(x)`, d'un ou plusieurs arguments reçus en entrée de la fonction. L'exemple simple illustré ci-dessous est la définition de la fonction `cube(x)` qui renvoie le cube de l'argument `x`. Après avoir défini la fonction, on l'appelle quatre fois à l'intérieur d'une boucle.

```
>>> def cube(x):
     return x*x*x

>>> compteur = 1
>>> while compteur < 5:
print(cube(compteur))
     compteur+=1

1
8
27
64
```

La présence du mot-clé `return` indique la fin de la fonction, en renvoyant le résultat qui suit le `return`. En présence d'un `return`, l'exécution de la fonction se termine en renvoyant le contenu du `return` au code appelant. La clause `return` détermine donc la réponse de la fonction à son appel, réponse logiquement dépendante des arguments reçus en entrée au moment de son exécution. Cette réponse de la fonction ne doit surtout pas être confondue avec un affichage à l'écran qui ne s'effectue qu'à travers la fonction `print`. Si le bloc d'instructions qui a appelé une certaine fonction souhaite en afficher le résultat (la réponse) à l'écran, libre au programmeur de le prévoir explicitement au moyen d'une instruction `print`, mais en l'absence d'un tel ordre d'affichage, la réponse est invisible à l'écran, elle est simplement destinée à être stockée ou exploitée par l'appelant.

On pourra bien sûr appeler la fonction `cube` partout où cela s'avère nécessaire. L'appel de la fonction à l'intérieur d'un code rompt avec la séquence en cours (afin de déclencher celui repris dans la fonction) par l'intermédiaire du mécanisme dit d'interruption. Ce que le code faisait jusqu'à l'appel de la fonction est sauvegardé dans une zone mémoire dédiée, de sorte qu'une fois la fonction achevée, le code puisse reprendre son cours là où il l'avait laissé.

Comme autre exemple, la fonction `inverse` décrite ci-dessous permet d'inverser une chaîne de caractères passée comme argument. Elle est ensuite exécutée. À nouveau, il est possible d'appliquer la fonction `inverse`, comme la suite du code l'illustre, sur tous les éléments d'une liste afin de remplacer chaque élément de la liste par son inverse.

```
>>> def inverse(x):
    i=""
    n=0
    for a in x:
          n+=1
    compteur = n
    while compteur > 0:
          i+=x[compteur-1]
          compteur-=1
    return i

>>> inverse("Bersini")
'inisreB'
>>> liste=["Jean","Paul","Jacques"]
>>> n=0
>>> for x in liste:
    liste[n]=inverse(x)
    n+=1
>>> liste
['naeJ', 'luaP', 'seuqcaJ']
>>>
```

Voici un autre exemple de fonction qui permet de calculer la valeur de pi.

```
def calculer_pi():
    pi = 0.0
    compteur = 1
    while compteur < 100000:
        if (compteur // 2) % 2 == 1:
            pi = pi - 1.0 / float(compteur)
        else:
            pi = pi + 1.0 / float(compteur)
        compteur = compteur + 2
pi = pi * 4.0
return pi

print ("+-+-+-+-+-+-+-+-+-")
print ("Voici la valeur PI")
print ("+-+-+-+-+-+-+-+-+-")

print (calculer_pi())
```

Lorsqu'on passe un argument dans une fonction, il est important de comprendre qu'il s'agit là d'une variable locale (à la différence de « globale ») qui n'aura d'existence que le temps d'exécution de la fonction. La fonction terminée, toutes les variables passées en argument disparaissent d'une zone de mémoire locale associée à la seule fonction. Le petit programme qui suit devrait vous permettre de mieux saisir ce principe.

```
>>> def test(x):
    x+=1
    print (x)

>>> x=5
>>>print(test(x))
6
>>>print(x)
5
>>>
```

On y réalise qu'alors que la variable x comprend la valeur 5 au départ de l'exécution de la fonction, le fait qu'elle soit incrémentée de 1 à l'intérieur de la fonction ne modifie en rien sa valeur originale, car cette incrémentation n'affecte qu'une copie locale de la variable qui disparaîtra de la mémoire aussitôt l'exécution de la fonction terminée. La variable originale, elle, sera préservée dans une zone mémoire dédiée et sera récupérée intacte à l'issue de l'appel de la fonction. On découvre également deux variables qui bien qu'elles soient affublées du même identifiant ne sont en rien confondues par le programme.

Toute variable créée à l'intérieur de la fonction sera uniquement locale à cette fonction comme l'exemple suivant l'illustre :

```
x=2
def fy(z):
x=4
    print(z + x)
return x
print(fy(2))
print(x)
```

À l'exécution, Python affiche les trois lignes suivantes :

```
6
4
2  #la fonction n'a donc pas modifié la valeur du x initial
```

Si l'on souhaite modifier une variable globale, il est possible mais déconseillé d'utiliser le mot clé `global` comme dans l'adaptation de l'exemple qui suit :

```
x=2
def fy(z):
    global x
    x=4
    print(z + x)
    return x
print(fy(2))
print(x)
Résultat :
6
4
4 #Grâce au mot-clé 'global', c'est la valeur du x originale qui a été
#modifiée par la fonction fy(z)
```

La programmation objet

Classe et objet

La programmation dite « objet » (ou « orientée objet ») constitue un tout autre mode d'organisation des programmes informatiques. Cette organisation se base sur les mêmes briques élémentaires (variables, opérateurs, structures de contrôle, fonctions), mais au lieu de structurer les choses uniquement autour de fonctions appelées n'importe où dans le programme dans n'importe quel contexte, on répartit ici l'effort de programmation sur un ensemble de classes associées aux acteurs de la réalité que le programme se doit d'affronter. Ainsi une application bancaire reprendra comme classe « les clients », « les comptes en banque », « les opérations », « les emprunts », etc. Chaque classe est à la source d'un ensemble d'instances appelées « objets » et qui ne se différencient entre eux que par la valeur prise par leurs attributs.

Une classe se définit par ses attributs et ses méthodes. Les attributs décrivent ce que la classe est, les méthodes ce que la classe fait. Chaque objet possède à un moment donné pour ses attributs des valeurs qui lui sont propres et sur lesquels les méthodes agissent. Les méthodes sont déclarées exactement comme des fonctions mais ont ceci de singulier qu'elles ne portent que sur les seuls attributs de la classe. L'état de l'objet évolue dans le temps au fur et à mesure de l'exécution des méthodes sur cet objet. Décortiquons le code suivant.

```
class Client:

#Le constructeur définit et initialise les attributs
#de l'objet
def __init__(self,nomInit,prenomInit,adresseInit,ageInit):
    self.__nom=nomInit #par la présence des « __ »
                       #les attributs deviennent privés
    self.__prenom=prenomInit
    self.__age=ageInit
    self.__adresse=adresseInit

def donneNom(self):
    return self.__nom

def donneAdresse(self):
    return self.__adresse

def demenage(self,newAdresse):
    self.__adresse=newAdresse

def donneAge(self):
    return "age: " + str(self.__age)

def vieillit(self):
    self.__age+=1

def __str__(self):
```

```
        return "client: " + self.__prenom + " " + self.__nom

#creation d'un premier client
client1 = Client("Bersini","Hugues","rue Louise",20)

#creation d'un deuxieme client
client2 = Client("Lenders","Pascale","rue Juliette",30)

#exécution des méthodes sur les objets clients
#d'abord la méthode __str__ appelée de manière implicite
print (client1)
print (client2)
client1.__nom="Dupont"
#on ne peut pas accéder à l'attribut privé __nom
print (client1)
print (client1.donneAdresse())
#la seule manière de modifier l'adresse
client1.demenage("rue Juliette")
print (client1.donneAdresse())
#la seule manière de modifier l'âge
client2.vieillit()
print (client2.donneAge())
```

Résultat de l'exécution

```
>>>
client: Hugues Bersini
client: Pascale Lenders
client: Hugues Bersini
rue Louise
rue Juliette
age: 31
>>>
```

La classe client possède quatre attributs privés, c'est-à-dire inaccessibles de l'extérieur de la classe. C'est la présence de __ précédant l'attribut qui leur donne ce caractère « privé ». Ainsi, lorsque plus bas dans le code, on essaie de modifier le nom `client1.__nom = "Dupont"`, le changement ne s'effectue pas, ou plutôt s'effectue sur une autre variable créée à la volée, mais pas sur l'attribut qui nous intéresse ici. L'orienté objet, pour des raisons de stabilisation de code, favorise l'encapsulation de la plupart des caractéristiques de la classe (les attributs comme la plupart des méthodes). Tout ce qui est encapsulé ou privé peut se trouver modifié sans affecter en rien les autres parties du code qui accèderont à la classe client (accès restreint à ses seules parties publiques). L'encapsulation est le garant d'une stabilité dans le temps car elle permet à de larges parties du code de subir des modifications sans que d'autres parties ne doivent être réécrites.

C'est le constructeur `__init__` qui se charge d'initialiser les attributs privés. Il est appelé lors de la création de l'objet, comme lors de `client1=Client("Bersini", "Hugues", "rue Louise", 20)`. Dans le code, deux objets clients sont créés référés par `client1` et `client2`. La méthode `__str__` est héritée de la super classe `object` (nous introduirons l'héritage plus tard), elle est redéfinie dans la classe `Client` (nous expliquerons la « redéfinition » plus tard également) et appelée de manière implicite à chaque fois que l'on affiche l'objet (en fait à chaque fois que l'on veut associer une chaîne de caractère à l'objet). L'adresse et l'âge étant deux attributs privés, la seule manière d'y accéder est par l'entremise de méthodes publiques (aucun __ ne précède leur déclaration). Ainsi, seule la méthode `demenage` pourra modifier l'adresse et la méthode `vieillir` l'âge du client. Le mot clé `self` est indispensable dès qu'il s'agit de faire référence à l'objet lui-même. De fait, toutes les méthodes portant sur l'objet se doivent de recevoir cet objet, c'est-à-dire `self` en paramètre, car elles agissent bien sur le « self » de l'objet.

Une chose qui ne vous aura pas échappé, c'est la grande similarité entre ce que nous appelons les « méthodes » dans l'exemple qui précède, et ce que nous avons appelé « fonction » plus haut. Les méthodes en effet sont en tout point semblables aux fonctions et jouent le même rôle : ce sont de mini-algorithmes bien délimités et appelables au besoin dans d'autres parties du programme. Mais la différence essentielle entre les méthodes d'une classe et les fonctions classiques, c'est que les méthodes ne peuvent pas être appelées hors de tout contexte, elles ne peuvent être appelées (dans le jargon de l'orienté objet on dit plutôt « invoquées ») qu'en précisant l'objet chargé de les exécuter. Et ce qui peut sembler relever ici de la nuance touche au changement de paradigme majeur que représente la programmation objet par rapport à la programmation procédurale. En procédural, les fonctions sont comme des services génériques que toute partie de programme peut appeler quand il en a besoin. Une fonction ou procédure principale (constituant le point de départ du programme) est chargée de définir le scénario séquentiel de déroulement du programme, moyennant des bifurcations éventuelles à travers des conditionnelles, des boucles, ou des appels de fonction. Mais l'idée essentielle est que le programme est structuré autour de l'organisation chronologique de son déroulement.

La programmation objet renverse cette structuration de la programmation. L'élément structurant est désormais la classe (représentant elle-même les objets) qui contiennent des données (les attributs) et des traitements (les méthodes) spécifiques. Ces entités sont définies indépendamment de toute considération temporelle ou séquentielle. Chaque classe détermine ce que les objets possèdent et ce dont ils sont capables. L'orchestration du programme est alors déléguée aux objets eux-mêmes qui — une fois créés au début de l'exécution du programme — interagissent entre eux en se sollicitant des services les uns aux autres. Mais pour pouvoir se parler, encore faut-il que les objets se connaissent. C'est précisément le rôle de l'association entre classes, qui sera abordée dans un instant.

Bien que l'organisation et l'écriture d'un programme orienté objet soient plus structurelles que séquentielles, au moment d'exécuter le programme, c'est bien sûr toujours — l'informatique ne sort pas de cette contingence inhérente à la machine de von Neumann — pour mieux se traduire en une suite chronologique d'instructions élémentaires. On voit ainsi que la programmation objet représente une nouvelle montée en abstraction au-delà des premiers langages de programmation de haut niveau, toujours présidée par le même objectif : l'abstraction permet au programmeur de se concentrer sur la conception et l'écriture la plus naturelle possible des tâches qu'il souhaite confier à l'ordinateur, en lui épargnant au maximum les contraintes fonctionnelles de la machine. Mais l'orienté objet n'en constitue pas moins l'une des évolutions les plus fondamentales de l'informatique, parce que cette manière très abstraite de structurer les programmes offre le plus haut degré possible (en tout cas à ce jour) en termes de modularisation.

La modularisation est capitale en informatique, pour deux raisons principales. La première, nous l'avons déjà abordée, car elle fonde le principe d'abstraction fonctionnelle qui transcende toute l'informatique et reparaît dès lors sous différentes formes à chaque chapitre du présent ouvrage : c'est une discipline qui fait appel à tant de champs différents de la science qu'il est indispensable d'affranchir au maximum chaque domaine des contingences des autres. La modularisation est en elle-même l'un des mécanismes les plus puissants dont nous disposons pour maîtriser la complexité (comprenez par là l'interdépendance) des problèmes. En découpant un problème vaste en petits morceaux indépendants, on peut ainsi les résoudre à une échelle où ils sont limités donc abordables, et peuvent en outre être confiés à ceux dont c'est la spécialité. La solution du problème d'origine résulte alors de la mise en commun des morceaux de solution individuels, et c'est ce que la programmation objet fait mieux que tout. La seconde raison, c'est que la modularité permet la réutilisation de l'existant dans des contextes nouveaux. Autant une fonction d'un programme est réutilisable en différents endroits d'un même programme (c'est même sa principale raison d'être), autant une classe dans un programme objet peut tout aussi bien servir dans d'autres programmes (on pourrait ainsi imaginer de conserver la classe Client définie ci-dessus dans une toute autre application, par exemple de commerce électronique sans avoir besoin de la reprogrammer). Et qui dit réutilisation dans de nouveaux contextes dit accélération de l'innovation. C'est ainsi que l'orienté objet — combiné de surcroît à l'avènement d'Internet — a provoqué une accélération considérable du progrès informatique des vingt dernières années. Mais revenons-en à nos classes et à la manière dont les objets interagissent.

Association entre classes

La pratique de l'orienté objet consiste d'abord et avant tout en l'éclatement de l'application logicielle entre les classes constitutives du projet. Ainsi, si dans un logiciel bancaire, le client veut retirer 1000 euros de son compte en banque, c'est l'objet client qui sollicitera la méthode `retrait(1000)` exécutée sur le compte en question. Ce déclenchement de la méthode `retrait` sur le compte, provoqué par le client, est appelé dans le jargon objet « un envoi de message ». Tous les ingrédients d'un message s'y retrouvent, l'expéditeur : « l'objet client », le destinataire : « l'objet compte en banque » et le contenu du message : « retrait (1000) ».

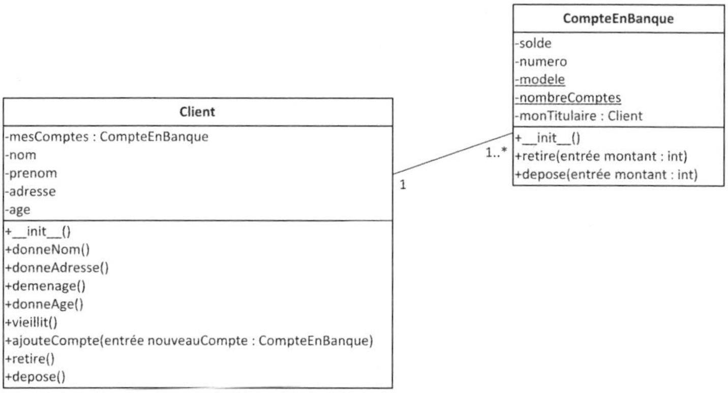

Figure 7.1 Diagramme de classes Clients et Comptes

Dans le diagramme de classe UML (*Unified Modeling Language*), le standard de représentation des éléments constitutifs d'un programme orienté objet) représenté ci-dessous, chaque objet client est associé à un ensemble d'objets compte en banque et, en retour, chaque objet compte en banque est associé à un et un seul client. Cette association « 1-n » est bidirectionnelle. Le code qui suit réalise cette association entre les deux classes. Son exécution se limite à créer un client, un compte en banque, et à permettre au client de déposer un certain montant d'argent sur son compte. Pour ce faire, le client va envoyer le message « depose(1000) » sur le compte qu'il aura sélectionné. Notez également l'apparition d'attributs statiques dans la classe compte en banque, le modèle utile au numéro de compte et le nombre de comptes créés (qui seront tous deux utilisés pour attribuer le numéro de compte). Les attributs statiques sont associés à la classe plutôt qu'aux objets (ils sont soulignés dans le diagramme de classe). Ils n'ont besoin que de la classe pour exister et être utilisés. Ils le sont d'ailleurs en faisant toujours allusion à leur classe (comme dans `CompteEnBanque.nombreComptes`). Leur utilisation ne nécessite donc pas de recourir au mot-clé `self`. Tout ce qui est statique peut exister sans objet.

Clients et comptes : implémentation du diagramme en Python

```
class CompteEnBanque:
    __modele="210-" #attribut statique
    __nombreComptes=0 #attribut statique

    def __init__(self):
        self.__solde=0
        self.__titulaire=""
self.__numero=CompteEnBanque.__modele+str(CompteEnBanque.__nombreComptes)
        CompteEnBanque.__nombreComptes+=1

    def assigneTitulaire(self,titulaire):
        self.__monTitulaire = titulaire
```

```
    def donneNumero(self):
        return self.__numero

    def retire(self,montant):
        self.__solde-=montant

    def depose(self,montant):
        self.__solde+=montant

    def __str__(self):
        return "le solde du compte: " + self.__numero + \
            " est: " + str(self.__solde)

class Client:
#Le constructeur initialise les attributs de l'objet
  def __init__(self,nomInit,prenomInit,adresseInit,ageInit):
        self.__nom=nomInit
        self.__prenom=prenomInit
        self.__age=ageInit
        self.__adresse=adresseInit
        self.__mesComptes=[]

    def donneNom(self):
        return self.__nom

    def donneAdresse(self):
        return self.__adresse

    def demenage(self,newAdresse):
        self.__adresse=newAdresse

    def donneAge(self):
        return "age: " + str(self.__age)

    def vieillit(self):
        self.__age+=1

    def __str__(self):
        return "client: " + self.__prenom + " " + self.__nom

    #cette methode rajoute un compte dans la liste du client
    #elle s'assure aussi que le compte ait bien son client
    def ajouteCompte(self,compte):
        self.__mesComptes.append(compte)
        compte.assigneTitulaire(self)

    def identifieCompte(self):
        print ("Sur quel compte ?")
        x=input("?") #permet de lire un string
                     #a l'ecran en promptant avec un "?"
    for c in self.__mesComptes:
        if c.donneNumero() == x:
            res=c
            break
        return c
```

```
    def retire(self):
        c=self.identifieCompte()
        print ("quel montant ?")
        x=int(input("?"))
        c.retire(x)

    def depose(self):
        c=self.identifieCompte()
        print ("quel montant ?")
        x=int(input("?")) #le string lu a l'écran devra être modifié en int
        c.depose(x)

#creation d'un premier client
client1 = Client("Bersini","Hugues","rue Louise",20)
#creation d'un premier compte
compte1= CompteEnBanque()
print (compte1)
#ajout du compte dans la liste des comptes du client
client1.ajouteCompte(compte1)
#le client depose de l'argent sur son compte
client1.depose()
print (compte1)
```

Résultat de l'exécution

```
>>>
le solde du compte: 210-0 est: 0
Sur quel compte ?
?210-0
quel montant ?
?1000
le solde du compte: 210-0 est: 1000
>>>
```

Héritage et polymorphisme

En orienté objet, la deuxième manière de découper l'application en ses classes est de recourir au mécanisme d'héritage qui permet de considérer les classes à différents niveaux de généralité. On parlera ici de classes parents (ou super-classes) pour les plus génériques et de classes filles (ou sous-classes) pour celles qui en héritent. Les classes s'installent ainsi dans une taxonomie, des plus génériques aux plus spécifiques. Les classes filles héritent des attributs et des méthodes de leurs parents et peuvent se distinguer de trois manières : ajouter des nouveaux attributs qui leur seront propres, ajouter des nouvelles méthodes qui leur seront propres, redéfinir des méthodes existant déjà dans les classes parents. La redéfinition signifie de reprendre exactement la même signature de la méthode (nom et argument) mais lui associer un code différent.

Dans le diagramme de classe (figure 7.2) et le code qui suit, la classe `LivretEpargne` hérite de la classe `CompteEnBanque`, via les parenthèses. Elle ne possède en propre que deux attributs statiques : le `soldeMinimal` en deçà duquel le client ne peut débiter son solde, et un taux d'intérêt. Elle rajoute une méthode particulière pour calculer son intérêt et elle redéfinit la méthode `retire` en prenant en

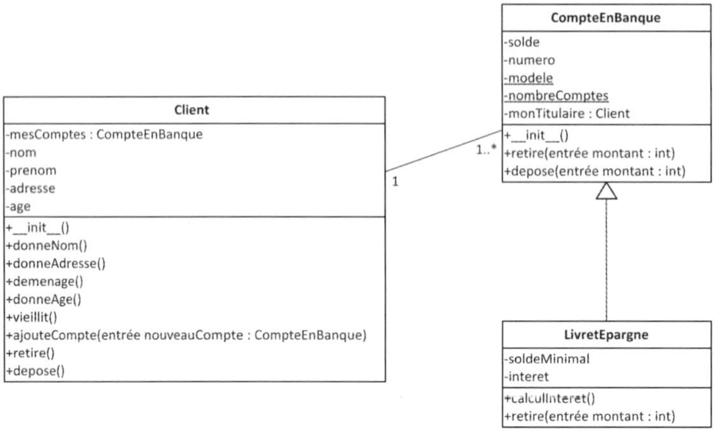

Figure 7.2 Héritage de classe

considération la contrainte du solde minimal. Si nécessaire, elle peut rappeler la méthode prévue dans la classe mère (en la référant par `CompteEnBanque.retire()`). Par ailleurs, le solde étant privé dans la classe mère, il n'est accessible que par l'entremise de la méthode `donneSolde()`. Ici, il n'est pas nécessaire de désambiguïser l'appel en faisant explicitement allusion à la classe mère puisque la méthode n'est pas redéfinie.

```
class LivretEpargne(CompteEnBanque):
    __soldeMinimal=0 #attribut statique
    __interet = 0.1 #attribut statique

def calculInteret(self):
    depose(donneSolde()*__interet)

def retire(self,montant):
    if (self.donneSolde() - montant) >= LivretEpargne.__soldeMinimal:
          CompteEnBanque.retire(montant)
          #appel de la methode de la classe mère
    else:
          print ("Pas assez d'argent sur le compte")
```

Dans les instructions qui suivent, on voit que le client dépose d'abord 1000 euro sur son compte puis souhaite en retirer 2000. Comme le compte en question s'avère un livret d'épargne et non un compte en banque quelconque, c'est bien la version redéfinie de la méthode `retire` du livret d'épargne qui sera appelée. L'appel de la méthode redéfinie en fonction de la nature de la sous-classe sur laquelle cette méthode s'exerce est appelé « polymorphisme ». On en conçoit aisément l'avantage en présence d'un ensemble d'objets tous issus de classes filles différentes et toutes ayant leur propre implantation de la méthode `retire`. Envoyer le même message sur tous ces objets aura des effets différents selon le type de classe fille dont est issu l'objet. Cela permettra à la classe expéditrice d'envoyer un seul et même message à plusieurs sous-classes de la classe `CompteEnBanque` sans se préoccuper plus que nécessaire de leur nature ultime. Chacune exécutera le message à sa manière et c'est tout ce qu'on lui demande.

Utilisation des classes définies

```
#creation d'un premier client
client1 = Client("Bersini","Hugues","rue Louise",20)

#creation d'un premier compte
compte1 = LivretEpargne()
print (compte1)
#ajout du compte dans la liste des comptes du client
client1.ajouteCompte(compte1)
#le client depose de l'argent sur son compte
client1.depose()
print (compte1)
#le client retire de l'argent du compte
client1.retire()
```

Résultat de l'exécution

```
>>>
le solde du compte: 210-0 est: 0
Sur quel compte ?
?210-0
quel montant ?
?1000
le solde du compte: 210-0 est: 1000
Sur quel compte ?
?210-0
quel montant ?
?2000
pas assez d'argent sur le compte
>>>
```

Nous avons déjà rencontré un exemple de redéfinition et de polymorphisme en présence de la redéfinition de la méthode __str__ qui permet d'associer un string à un objet.

Import et from : accès aux bibliothèques Python

Comme dans tous les langages de programmation, le programmeur fait un très large usage de fonctionnalités déjà programmées et installées dans des modules de code couramment appelés bibliothèques (ou *librairies*). Mais avant de pouvoir les utiliser, il faut évidemment les localiser, les retrouver et donc indiquer à l'exécution où se cachent ces bibliothèques (ou, plus précisément, quel nom elles portent).

En Python, cela se fait par l'entremise de l'instruction `import librairie`. On écrit alors : `librairie.fonction()`, ou plus finement `from libraire import fonction` (pour simplement appeler `fonction()`).

L'exemple ci-dessous illustre les instructions `import` et `from`.

```
>>> #Je souhaite obtenir un nombre aléatoire entre 1 et 10
>>> print (random.randint(1,10))

Traceback (most recent call last):
```

```
  File "<pyshell#1>", line 1, in <module>
    print (random.randint(1,10))
NameError: name 'random' is not defined
>>> import random   # j'importe la librairie random
>>> print (random.randint(1,10)) #un nombre au hasard entre 1 et 10
>>> liste=["a","b","c","d","e","f"]
>>> print liste
['a', 'b', 'c', 'd', 'e', 'f']
#J'utilise une autre fonction du module random
>>> random.shuffle(liste)
>>> liste
['c', 'b', 'e', 'a', 'f', 'd']
#Je veux avoir l'heure à ce moment précis
>>> clock()
Traceback (most recent call last):
  File "<pyshell#0>", line 1, in <module>
    clock()
NameError: name 'clock' is not defined
#j'importe la seule fonctionnalité qui me le permet : clock()
>>> from time import clock
>>> clock()
6.634921477450347e-06
#clock() me donne l'heure dans un format particulier.
```

Cette brève introduction à la programmation devrait vous permettre de faire le lien avec les chapitres qui précèdent. Si nous avons préalablement insisté sur l'importance des boucles et des instructions conditionnelles à la base des soi-disant intelligentes décisions informatiques (comme dans le cas des jeux d'échecs informatisés), il restait à vous indiquer la manière de réaliser celles-ci. C'est à peu près fait. Vous devriez également avoir compris comment les langages de programmation permettent cette montée en abstraction par rapport aux instructions élémentaires caractérisant le fonctionnement des processeurs, abstraction qui facilite la vie des programmeurs.

Ce chapitre n'a évidemment d'autre vocation que de vous sensibiliser à la programmation, les librairies techniques regorgeant d'ouvrages plus complets destinés à vous transformer en programmeur dans l'un ou l'autre des langages de programmation populaires aujourd'hui. Par les temps qui courent, comme pourraient vous en convaincre les programmeurs de Google, Windows, Facebook, Yahoo, Oracle, Youtube, SAP ou toute autre entreprise faisant la une des journaux à contenu tant technologique qu'économique, cette orientation professionnelle s'avère plutôt gratifiante et devrait le rester encore un certain temps.

QUELQUES ÉLÉMENTS DU DÉVELOPPEMENT LOGICIEL

Voir Annexe A sur le site www.vuibert.fr, à la page du livre.

8

Bases de données et langage SQL

Le contexte

Le système d'exploitation qui est responsable de la gestion des fichiers est — comme on l'a vu au chapitre 6 — aussi agnostique qu'ignorant quant à la structure ou au contenu des fichiers. Il se contente de gérer leur stockage et leur localisation sur le disque dur et leurs droits d'accès. Lorsqu'un program+me sollicite l'accès à un fichier, le système d'exploitation le lui transmet sous la forme d'un flux continu et indifférencié d'octets. À charge pour le programme de parcourir le contenu du fichier de manière séquentielle, du début à la fin, jusqu'à localiser l'information qu'il recherche. Ce mode d'accès (que nous avons qualifié de « séquentiel » et qui constitue le seul mode d'accès aux fichiers offert par la plupart des systèmes d'exploitation) convient généralement bien à la plupart des fichiers et programmes. Ce mode d'accès est en effet suffisant, qu'un fichier doive impérativement être chargé en une fois dans un programme pour permettre sa lecture ou son édition (comme un document Word ou un tableau Excel), ou que le fichier doive par nature être lu du début à la fin (comme un fichier MP3). Et quand les fichiers sont petits, le mode d'accès importe peu car les charger entièrement est rarement un problème. Les limites de ce fonctionnement apparaissent quand les fichiers sont volumineux ou constitués d'éléments présentant une répétitivité avec une homogénéité forte. On désigne alors ces éléments sous le nom d'articles (ou *records*). De plus, on peut y définir un ou plusieurs champs qui joueront le rôle particulier d'identifiant ou attribut. Un identifiant est un champ dont le contenu est utilisable afin de distinguer un ou plusieurs articles au sein du fichier. Un identifiant dont le contenu n'est pas répété dans le fichier est dit unique, tandis qu'un identifiant avec un contenu identique dans différents articles du fichier est dit multiple.

Afin d'illustrer cette notion d'identifiant, supposons que vous ayez décidé d'introduire dans votre ordinateur, d'une part l'inventaire de votre cave à vin, et d'autre part la liste des transactions de votre compte bancaire. Regrouper ces deux types d'informations dans un même fichier ne serait probablement pas une très bonne idée, car les données de votre cave sont totalement différentes de celles de

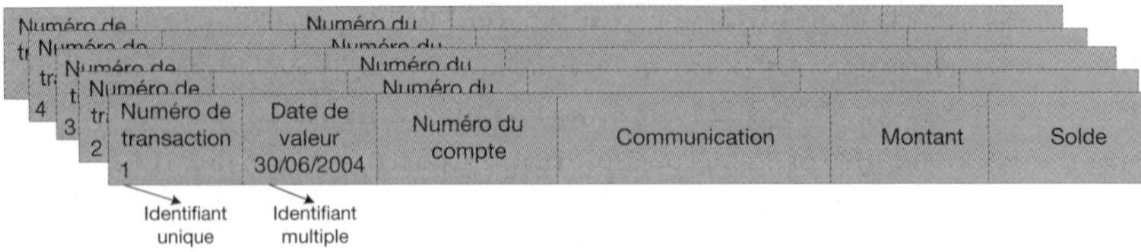

Figure 8.1 Fichier séquentiel

votre compte. Considérons donc que nous installons ces informations dans deux fichiers séparés. Nous allons tout d'abord nous occuper du fichier reprenant les transactions de votre compte bancaire, supposé unique pour rester simple. Nous allons utiliser cet exemple pour illustrer les notions d'identifiant, d'accès séquentiel et séquentiel indexé et de tri des articles. Nous préciserons ces notions en descendant dans la cave à vin (en la quittant ce serait plus difficile).

Pour ce qui est du compte bancaire, chaque transaction forme un article contenant pour l'essentiel un numéro de transaction, une date de valeur, un numéro de compte bénéficiaire ou donneur d'ordre, une explication plus ou moins sibylline, un montant, et un solde. Le numéro de transaction est choisi comme identifiant car il constitue un numéro d'ordre différent pour chaque article. Dans quel ordre allons-nous ranger les transactions dans le fichier? La disposition qui paraît la plus logique est de les ranger l'une à la suite de l'autre, dans l'ordre de leur numéro que nous avons retenu comme identifiant. Nous constituons ainsi un fichier séquentiel, ordonné selon les valeurs successives d'un identifiant unique (comme le montre la figure 8.1). Cette disposition séquentielle des articles ou transactions correspond à l'ordre dans lequel les informations s'accumulent et traduit fidèlement leur évolution chronologique, ainsi que celle du solde du compte.

Plus généralement, la succession des articles au sein d'un fichier peut être ordonnée en fonction du contenu d'un ou plusieurs identifiants uniques ou multiples de l'article. Ces identifiants reçoivent le nom de clé de tri (*sort key*) ou « clé » en plus bref. Les articles peuvent être triés selon l'ordre croissant ou décroissant du contenu des clés de tri. Lorsque l'identifiant est multiple, la clé de tri présente des « doublons ». Dans le fichier des transactions, nous avons décidé que ce fichier soit trié par le numéro de transaction. Nous pourrions choisir une autre clé de tri, par exemple, les montants des transactions, présentés en ordre décroissant pour faire apparaître en premier les montants les plus élevés. Des « doublons » peuvent apparaître, car cette clé ne forme pas un identifiant unique : deux transactions différentes peuvent avoir le même montant.

Descendons enfin dans la cave à vin. Le choix de l'identifiant apparaît moins évident. Ce pourrait être le nom du château. Oui, mais le Bordelais compte probablement plus de Château Bellevue que d'appellations. Imaginons que vous avez deux sortes de Château Bellevue, l'un en Médoc, et l'autre en Saint-Émilion. De plus, ils ne sont pas tous du même millésime. Restons-en là, vous avez compris que le choix d'un identifiant unique est moins évident. Vous pouvez opter pour un identifiant composite reprenant au moins le nom du château, l'appellation, le millésime. L'emplacement dans la cave sous forme de numéro de caveau serait une fausse bonne idée, car les bouteilles se boivent et les emplacements sont réutilisés. Et dans quel ordre ranger les articles dans le fichier? L'ordre chronologique des mises en cave et consommations est simple à mettre en œuvre mais ne répond pas à tous les besoins. Il faut parcourir le fichier pour savoir à quel prix vous avez acheté le Château Bellevue en Médoc de 1998. Toutes ces lectures de fichier superflues, alors que la réponse se trouve dans un article ! Ne désespérez pas, nous verrons sans tarder que d'autres formes d'organisation logique des fichiers s'avèrent mieux adaptées à ce genre de situation.

Les deux exemples qui précèdent mettent en évidence que les programmes doivent appliquer pour chaque fichier une convention commune, portant sur la structure ou organisation de son contenu. Cette organisation logique dépendra principalement de la nature des applications qui auront à exploiter le fichier, en présence parfois d'exigences contradictoires. En effet, l'organisation retenue influence d'une part la manière dont le contenu du fichier sera disposé, mais aussi les possibilités d'accès à une fraction du fichier sans devoir le traiter dans sa totalité. Examinons et comparons maintenant différentes méthodes d'accès aux fichiers : séquentiel (celui que vous connaissez déjà), indexé ou par adresse calculée.

Un exemple d'accès séquentiel mais concernant cette fois un fichier au contenu organisé sous forme d'articles de longueur fixe est celui des transactions bancaires décrit plus haut. Pour établir la liste des transactions bancaires, l'accès séquentiel convient bien, mais il est clair qu'un accès plus direct serait souhaitable pour retrouver une transaction faite à une date donnée ou une information relative à un vin particulier dans notre cave.

Accès indexé

L'accès par l'utilisation d'un index (comme le doigt pointé vers un objet) part du principe que les fichiers sont composés d'articles ou records qu'il est intéressant de consulter individuellement, et de retrouver chacun de ces records par la valeur d'un identifiant particulier (index) que nous avons dénommé « clé » plus haut. La figure 8.2 illustre le principe de l'accès indexé. Chaque fichier se trouve accompagné d'une table auxiliaire associant valeur d'index et numéro de bloc contenant l'article. La connaissance de la clé suffit pour localiser le bloc. L'index peut être composite, lorsque plusieurs champs sont associés pour former la clé. Nous pouvons enfin obtenir le prix d'achat du Château Bellevue en Médoc de 1998 sans devoir parcourir le fichier. Il est aussi possible de créer des fichiers séquentiels multi-indexés, comprenant autant de tables auxiliaires que d'index différents. Un index de plus, et nous connaissons immédiatement quel vin est rangé à tel emplacement dans notre cave. De même, nous pourrons transformer notre fichier séquentiel des transactions bancaires en un fichier multi-indexé avec un index reprenant les numéros de

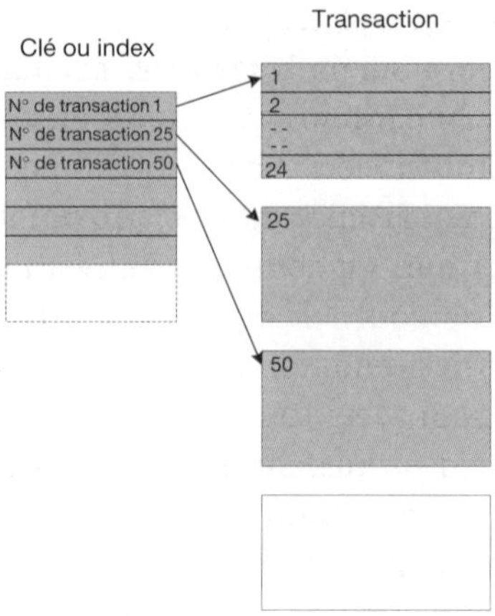

Figure 8.2 Accès indexé

compte et un autre les dates. Nous pourrons ainsi connaître immédiatement les transactions faites à telle date avec un compte déterminé.

Pour des fichiers volumineux, le nombre d'entrées étant trop élevé, il est nécessaire, comme la figure 8.3 l'indique, de recourir à une hiérarchisation de ces tables auxiliaires, les entrées de la première table pointant vers des tables intermédiaires, elles-mêmes pointant vers les blocs contenant l'article désiré (cela pour un seul niveau hiérarchique, mais ce dédoublement peut se reproduire autant de fois que nécessaire). Ce mode d'accès est analogue à celui que le système Unix utilise pour l'organisation de son système de fichier.

Accès direct par adresse calculée

L'accès indexé est sans conteste une solution excellente pour les applications demandant un accès aussi rapide et direct que possible à un article particulier sur base de la valeur de sa clé. Cependant, cet accès se fait au prix de la consultation de tables encombrantes où qu'elles soient entreposées, tables qui, en plus, doivent être parcourues séquentiellement, jusqu'à atteindre la valeur de la clé permettant de localiser l'article. Cette consultation séquentielle peut être extrêmement coûteuse en temps calcul. Une solution alternative, à priori encore plus efficace, est d'associer directement la valeur de la clé et l'adresse de l'article au sein du fichier et cela sans recours à une table quelconque concrétisant cette association.

Cette adresse pourrait être exprimée sous la forme d'une référence composée d'un numéro de bloc et d'un emplacement à l'intérieur du bloc. À chaque valeur possible de la clé correspondrait alors une référence et une seule associée à une portion d'espace sur le disque. Toutefois, cette solution est rarement envisageable, car les valeurs des clés présentent en général trop de discontinuités entraînant des zones inutilisées sur le disque. Toutefois, la solution consistant à associer cette adresse à la valeur de la clé peut être maintenue, mais en produisant cette adresse par une opération mathématique effectuée directement sur la clé.

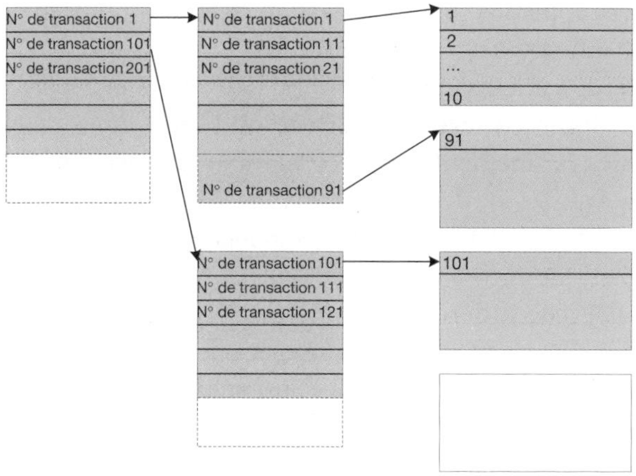

Figure 8.3 Accès indexé hiérarchisé

Le calcul réalisant cette association et permettant l'accès direct est parfois appelé « randomisation », évoquant la génération d'un nombre aléatoire (*random*). Cette terminologie ne doit pas faire oublier toutefois que cette forme particulière de « randomisation » générera toujours le même résultat à partir d'une valeur de clé donnée. Ceci est en effet la condition *sine qua non* pour retrouver ultérieurement l'emplacement de rangement de l'article à partir de la valeur de sa clé. Pour être efficace, la génération des adresses à partir des clés devra aboutir à une répartition aussi égale que possible à travers le fichier. Il faudra accepter que plusieurs valeurs différentes puissent aboutir à une même adresse et gérer le cas échéant ce problème.

L'accès direct par adresse calculée privilégie la rapidité d'accès ainsi que l'adjonction d'articles. Toutefois, la conservation d'un ordre séquentiel des articles ne peut se faire qu'au prix d'artifices complexes.

Systèmes de gestion de bases de données

Les méthodes d'accès (séquentiel, séquentiel indexé, direct) que nous venons de voir s'appliquent à un fichier isolé, fait d'un seul type d'informations. Mais le monde réel est plus compliqué que cela. Or, l'ambition de l'informatique est de décrire ce monde réel, à échelle réduite, dans un modèle qui décrit non seulement les différentes informations, mais aussi leurs relations. Quelque part, il existe une relation entre certaines transactions de votre compte bancaire et les bouteilles dans votre cave à vin. Plus généralement, il existe une relation entre les transactions bancaires et les titulaires des comptes qui les effectuent.

Une base de données vise à regrouper différents fichiers en un ensemble structuré où peuvent être exprimées les relations entre les champs analogues de différents articles. Une base de données est formée de l'ensemble des données stockées sur disque et du logiciel qui en assure la création, la consultation et la maintenance.

Un tel logiciel est appelé système de gestion de bases de données ou SGBD, ou encore *data base management system* (DBMS).

La complexité de cette matière justifierait un ouvrage à part entière, dont les bibliothèques et librairies regorgent. Notre ambition dans ce chapitre n'est pas d'envisager tous les raffinements dont les bases de données sont capables, mais de vous familiariser avec les fondements des bases de données et de leur mode d'interrogation. Cela nous paraît indispensable, tant les bases de données se trouvent au cœur de l'informatique et de tous les systèmes d'entreprise (que nous présenterons au chapitre 9). Il existe différentes manières d'organiser et de gérer les bases de données, et particulièrement de matérialiser les liens entre fichiers. Le modèle qui s'est imposé depuis de nombreuses années est celui dit « relationnel » et c'est donc logiquement ce modèle que nous choisissons de présenter ici.

Dans le modèle relationnel, les informations sont regroupées selon leur nature dans des tables qui peuvent être mises en relation par un mécanisme de jointure de clés. Comme la figure 8.4 le montre, la table des titulaires de compte sera mise en relation avec la table des transactions par l'entremise de la clé formée par le numéro de compte. Chaque titulaire avec son numéro de compte est unique, et il peut avoir plusieurs transactions identifiées par le même numéro de compte. Nous sommes donc en présence d'une relation de 1 à N. La relation « numéro de compte » permettra de retrouver les informations du titulaire du compte pour une transaction donnée, et à l'inverse l'ensemble des transactions d'un titulaire bien précis.

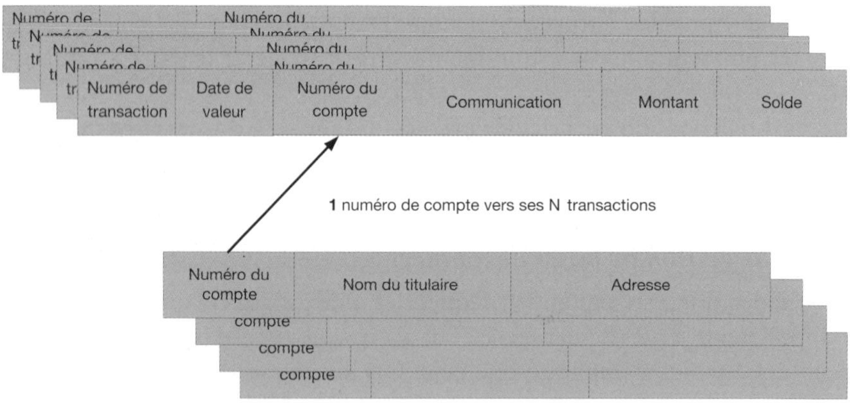

Figure 8.4 Figure 8.4 Modèle relationnel

Le choix d'une base de données représente pour toute organisation, quelle qu'elle soit, un choix d'importance stratégique, car de ce choix pourra dépendre une bonne adéquation du modèle de données à la réalité de l'organisation et à son évolution. Les SGBD représentent un secteur de développement important de l'informatique. Différentes « pointures » de SGBD sont proposées, allant de produits relativement limités tels Microsoft Access ou Apple FileMaker (souvent utilisés par les particuliers) à des systèmes hautement sophistiqués destinés aux applications d'entreprise tels Microsoft SQL Server, le système open source MySQL, et au sommet des potentialités (et du coût), Oracle. Les SGBD présentent parfois des différences substantielles quant à leur mise en œuvre et leur exploitation. C'est dire si le passage d'un SGBD à un autre peut poser des difficultés majeures dans un domaine crucial pour le bon fonctionnement d'une organisation, et si la pérennité de l'éditeur de SGBD s'avère être une considération importante.

Ils ont par contre un point commun, c'est de permettre l'accès aux données à travers un langage dénommé SQL (*Structured Query Language*). SQL est devenu un standard de fait dans ses grands traits, mais il présente toutefois des variations dialectales en fonction des éditeurs, ce qui réserve parfois quelques surprises. Nous présentons ce langage dans ses grands traits en annexe (voir page 375).

Les tables

À l'intérieur d'une base de données, l'information est structurée et stockée au sein de tables, qui sont au SGBD ce que le fichier est au système d'exploitation. La table constitue l'unité de stockage physique de l'information et présente donc deux faces : elle détermine d'une part la structure de son contenu, et elle contient par ailleurs l'information elle-même. La première tâche à accomplir dans la création d'une base de données consiste à identifier les différentes tables. Pour ce faire, on veillera à ce que chaque table puisse être associée à un objet logique dans la base de données, ce qu'on appelle une « entité ».

Une entité est un groupe d'information conceptuel, c'est-à-dire qui correspond à un objet identifiable dans le monde réel que la base de données est destinée à représenter : un compte en banque, un client, un fournisseur, un millésime, etc. Afin d'illustrer cette notion et celles qui vont suivre, nous vous proposons de construire ensemble une petite base de données concrète. L'objectif de cette base de données sera de gérer l'inscription d'un certain nombre d'étudiants à différents cours, et les notes qu'ils y obtiennent. Dans ce petit exemple simplifié, on peut immédiatement identifier deux entités : les étudiants, et les cours. Nous verrons plus tard comment gérer leurs inscriptions et leurs notes.

Chaque entité est caractérisée par un certain nombre d'éléments d'information qui renseignent sur son identité et ses propriétés. On appelle ces éléments d'information les « attributs » de l'entité. Dans le cas d'un compte en banque, il s'agira par exemple du numéro du compte, de son titulaire, de son type (courant, d'épargne, etc.), ou encore de son solde. Reprenons notre exemple des étudiants et des cours. Quelles informations caractérisent chacune de ces deux entités ? Quand on songe à un cours, les premiers éléments auxquels on peut songer sont par exemple son titre, le nombre d'heures ou de crédits qu'il représente (dans le système d'enseignement supérieur européen, on exprime cette notion dans une unité appelée ECTS pour *European Credit Transfer System*), son titulaire. Quant aux étudiants, on songera bien sûr à leur nom, leur prénom, leur date de naissance, ou encore leur adresse. Bien sûr, il y a tant d'autres facettes d'un étudiant que l'on pourrait prendre en considération : sa nationalité, sa taille, le nom de ses parents, ses revenus ou ceux de ses parents, son numéro de compte en banque, la couleur de ses cheveux, le nom de son groupe rock favori, les sports qu'il pratique, etc.

En concevant une base de données, l'informaticien doit se réfréner de vouloir modéliser le monde dans ses moindres détails. D'abord parce que ce serait illusoire. Ensuite, parce qu'à chaque attribut dont on affuble une entité, c'est du volume en plus pour la base de données, et des informations supplémentaires à encoder et à maintenir, ce qui risque de rendre la base de données excessivement volumineuse, lourde à gérer, et difficile à exploiter. Enfin et même surtout, la plupart de ces informations ne serait d'aucune utilité dans le cadre de la gestion des inscriptions au cours et des notes d'examen que notre petit système aspire à assurer, quand il ne serait pas tout bonnement illégal ou immoral de la part d'une université de vouloir stocker des données personnelles ou confidentielles relatives à un étudiant au-delà de ce qui se justifie par les besoins de sa gestion. Le concepteur d'une base de données devra donc réfléchir très soigneusement aux attributs qui sont absolument nécessaires aux services que la base de données est destinée à permettre, et veiller à inclure dans la structure des entités ces attributs, tous ces attributs, rien que ces attributs.

À ce stade, notre base de données est constituée de deux entités, donc de deux tables, les cours et les étudiants. Il est temps de songer à la manière dont nous allons identifier de manière unique les articles contenus à l'intérieur de chacune de ces tables, c'est-à-dire leur clé d'identification. Pour les cours, on pourrait songer à utiliser le titre du cours comme identifiant unique, mais ce serait hasardeux, car dans une université, il existe bien souvent plusieurs cours de comptabilité, de mathématiques, de statistique ou de physique dans différentes facultés, sans que ces cours soient pour autant donnés par le même enseignant ou associés au même nombre de crédits. Certains enseignants ont plus de « crédit » que d'autre. Comme dans l'exemple de nos bouteilles de vin, et comme bien souvent dans les bases de données, la meilleure solution consiste à ajouter un attribut qui n'aura d'autre objet que d'assigner un identifiant unique à chaque article. Dans les universités, on appelle couramment l'identifiant unique ou code des cours leur « mnémonique » et celui des étudiants leur « matricule ». Comme ces deux attributs auront pour rôle de permettre d'identifier les articles, ils constituent une clé d'indexation (c'est-à-dire le mécanisme qui permettra de localiser chaque article sur le support physique de stockage). Et comme ces attributs prendront une valeur unique et propre à chaque article, ils assureront leur identification univoque. On qualifiera ces clés de « primaires » (*primary key* ou PK). Chaque entité (table) doit toujours contenir au moins un attribut permettant d'assurer cette identification unique (quelquefois c'est la combinaison de plusieurs attributs qui peut jouer ce rôle) et on veillera à désigner distinctement ce ou ces attributs essentiels dans toute représentation de la

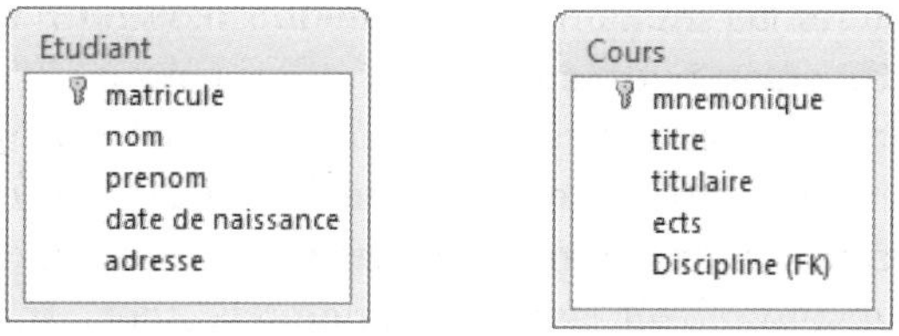

Figure 8.5 Schéma de la base de données comprenant deux entités

table, comme dans la figure 8.5 qui représente le schéma de notre base de données à ce stade de développement.

La figure 8.5 représente la structure des entités qui composent actuellement notre base de données. Cette représentation consiste à matérialiser chaque entité par une boîte dont l'en-tête indique le nom de l'entité (c'est-à-dire celui de l'objet que l'entité représente) et dont la partie principale liste les différents attributs. C'est un moyen assez simple et concis de représenter la structure d'une entité, c'est-à-dire son organisation interne. Mais cette représentation induit parfois un peu de confusion car on y dispose les attributs l'un en-dessous de l'autre, alors qu'en réalité les attributs représentent les colonnes de la table.

Revenons en effet un instant sur la notion de table. Chaque entité correspond à une table. Or une table est généralement constituée de colonnes et de lignes. Les colonnes correspondent de fait aux différents attributs qui caractérisent les articles de la table (on les appelle parfois aussi des champs), et chaque article correspond à une ligne, qu'on préférera qualifier de « tuple » (ou d'enregistrement). Il en ressort les équivalences terminologiques suivantes :

Physique	**Visuel**	**Usuel**	**Conceptuel**
Fichier	Table	Objet représenté	Entité
Champ	Colonne	Caractéristique	Attribut
Article	Ligne	Individu	Tuple ou Enregistrement

Ces équivalences sont importantes, parce que tant les professionnels que la littérature spécialisée jonglent à loisir avec ces différents termes et les utilisent de manière interchangeable. Vous entendrez ainsi souvent parler d'un fichier qui contient des colonnes et des enregistrements, mélangeant joyeusement des termes empruntés à différentes vues sémantiques. Mais cela importe peu, à partir du moment où vous concevez bien le regroupement dans une base de données des éléments qui partagent une même structure interne parfaitement régulière. Ces éléments constituent les lignes d'une table dont la structure est déterminée par les colonnes. Si l'on cherche à être rigoureux, on s'emploiera à dire que les tables représentent des entités conceptuelles, les colonnes représentent leurs attributs, et les lignes représentent les tuples qui sont autant de matérialisations concrètes de l'entité. À ce stade-ci, et eu égard au chapitre précédent sur la programmation, la relation entre table et tuples n'est pas sans rappeler celle existant entre classe et objet (attention, des différences essentielles subsistent, ainsi la notion de « clé » qui est totalement absente de la programmation objet).

Arrêtons-nous un instant sur cette notion de structure parfaitement régulière. Est-il suffisant pour affirmer que les lignes d'une table ont toutes exactement la même structure du simple fait qu'elles sont décrites par le même nombre de colonnes dont les intitulés sont les mêmes ? Conceptuellement, oui. Pratiquement pour l'ordinateur, c'est un peu moins évident. Songez à nouveau à la manière dont l'information est stockée physiquement dans la mémoire secondaire. À l'intérieur d'un fichier, les articles sont écrits l'un à la suite de l'autre. De même, au sein de chaque article, les champs sont écrits l'un derrière l'autre. L'intérêt principal des bases de données réside dans la capacité à consulter ou modifier une information précise sans avoir à parcourir ou réécrire l'intégralité du fichier. Imaginez que vous souhaitiez modifier le titre d'un cours qui apparaît en plein milieu de la table des cours. Les responsables académiques du programme ont trouvé par exemple que le cours intitulé « Informatique » gagnerait en clarté s'il était renommé « Introduction aux fondements de l'informatique et de la micro-informatique ». Beaucoup plus clair, n'est-ce pas ? Bien, demandons à présent au SGBD de retrouver l'article correspondant à ce cours (nous utiliserons pour cela son mnémonique « INFOS202 » en référence à la valeur de sa clé primaire) et demandons-lui ensuite de remplacer « Informatique » dans le champ « Titre » par la valeur « Introduction aux fondements de l'informatique et de la microinformatique ». Quel impact pensez-vous que cette modification puisse avoir sur le stockage physique de l'information contenue dans ce fichier ? Puisque toutes les informations y sont stockées de manière contigüe, le remplacement d'une information composée de 12 caractères par une autre information composée de 72 caractères ne risque-t-il pas de poser comme un problème ? La réponse est évidente. L'insertion de 60 caractères supplémentaires va exiger le décalage de toute l'information qui suit le champ « Titre » du tuple « INFOS202 » et imposer la réécriture complète du fichier à partir du point d'insertion. Nous venons de provoquer exactement ce que nous pensions que les bases de données nous permettaient d'éviter.

Alors quelle est la solution ? Aller jusqu'au bout de notre logique. Nous avons bien dit que les différents articles d'un fichier dans une base de données devaient avoir *exactement* la même structure. En nous contentant d'imposer le nombre et l'intitulé des colonnes, nous n'avons pas répondu à cette exigence. Pour que la structure des articles soit exactement la même, il faut que la taille et la forme d'un champ soit strictement identique pour tous les articles. Nous ne pouvons pas nous contenter d'inventorier les colonnes de chaque table, nous devons en préciser la nature et le format. Reprenons donc nos deux entités et leurs attributs respectifs et précisons la nature et le format de chaque attribut, en utilisant les différents types de variables que nous avons vus au chapitre précédent : booléen (binaire), entier, double, chaîne de caractères. Les SGBD permettent toujours de nuancer ces types par exemple en déterminant la longueur des entiers (c'est-à-dire le nombre de bits sur lesquels ils seront codés) et celle des chaînes de caractères. À ces types s'en ajoutent d'autres très typiques des bases de données, comme les dates. Celles-ci sont codées sous la forme de nombres entiers représentant le nombre de jours écoulés depuis le début d'une année convenue, par exemple depuis le 1er janvier 1900 (ainsi, la date du 28 mai 2014 serait représentée par la valeur 41787, c'est-à-dire le nombre de jours écoulés depuis le 1/1/1900).

La solution de notre problème paraît maintenant assez évidente, il suffit de préciser le type de chaque champ. La plupart des champs dans notre exemple sont de nature textuelle et donc composés de chaînes de caractères dont nous fixons la longueur arbitrairement (`Char(X)` où X représente le nombre de caractères que compte au maximum la valeur du champ). Seul le champs ECTS dans la table Cours est de type entier (`Int`) et le champ « Date de naissance » de la table Etudiant est de type `date`.

Table Cours

Attribut	*Type*
Mnémonique (PK)	Char(8)
Titre	Char(256)
Titulaire	Char(50)
ECTS	Int
Discipline	Char(50)

Table Etudiant

Attribut	*Type*
Matricule (PK)	Char(6)
Nom	Char(50)
Prénom	Char(50)
Date de naissance	Date
Adresse	Char(256)

Maintenant que nous avons précisé le type de chaque colonne de nos tables, le problème de l'édition des lignes est résolu. Même si nous devions remplacer le titre « Informatique » par « Introduction aux fondements de l'informatique et de la microinformatique », cela ne provoquerait plus le décalage de toute l'information consécutive, parce que l'espace de 256 caractères a déjà été réservé à l'intérieur de la table pour chaque champ « Titre », même si le titre réel en compte beaucoup moins. Cela résout le problème qui nous occupe, en garantissant la parfaite symétrie des articles et l'immuabilité de la structure du fichier, mais cela peut en créer un autre, celui du volume de stockage.

De fait, sur base de la longueur des champs fixée arbitrairement ci-dessus, on peut facilement évaluer l'espace qui sera invariablement nécessaire pour le stockage d'un article de chaque table. Si chaque caractère se code sur 32 bits (en format Unicode), un entier long et une date sur 32 bits également, chaque ligne de la table Cours occupera l'espace correspondant à 364 caractères et un entier, soit 365 fois 32 bits, donc 11680 bits ou 1460 octets. De même, celles de la table Etudiant occuperont l'espace correspondant à 362 caractères et un entier, soit 363 fois 32 bits chacune. Quand on songe que les bases de données d'entreprise contiennent souvent des millions voire des centaines de millions de lignes dans chaque table, le volume qui en résulte peut devenir gigantesque.

Pour cette raison, le concepteur de la base de données serait bien inspiré de s'efforcer de réduire au maximum le format de chaque champ sans pour autant risquer de perdre la capacité de stocker l'information réelle. Vous comprenez maintenant pourquoi ceux d'entre nous qui ont des noms de famille à rallonge les voient souvent amputés quand les systèmes d'information des administrations avec lesquelles ils interagissent les restituent. C'est par souci d'économie que les administrateurs de base de données s'efforcent de limiter la taille de tous les champs de leurs bases de données, parfois au prix d'une perte d'une partie de l'information.

Le cas des chaînes de caractères est à cet égard — et de loin — le plus problématique, parce que leur longueur est par nature très variable. Imposer une longueur fixe pour chaque chaîne de caractère peut de ce point de vue être très sous-optimal car imposant de prévoir un espace de stockage qui excède de beaucoup les besoins de la plupart des enregistrements. Dans notre exemple, nous avons prévu 50 caractères pour stocker le nom de famille. Cela devrait suffire dans la plupart des cas (et encore), mais pour l'immense majorité des étudiants c'est très excessif et entraînera un gaspillage de place dans la base de données : la majorité de l'espace réservé aux caractères sera remplacée par des espaces et notre base de données sera constituée essentiellement d'espaces vides, d'où un gaspillage de place conséquent.

Les SGBD ont résolu ce problème en offrant un type de variable textuelle particulier qu'on appelle les chaînes de caractères variables (« varchar » dans un grand nombre de SGBD). Au lieu d'imposer une longueur fixe à chaque chaîne de caractères, on préférera imposer une longueur maximale sans requérir la réservation de l'espace de stockage correspondant à ce maximum. Techniquement, au lieu d'indiquer un format de caractères de type `Char(50)`, on indiquera `Varchar(50)`. Ce faisant, au lieu de remplir les 50 caractères inutilisés par des espaces, le SGBD ne stockera que les caractères réellement utilisés et les fera précéder d'un octet pour indiquer la longueur réelle de la chaîne (ce qui lui permettra de savoir où s'arrête ce champ et où commence le suivant). Cela semble simple, mais ne recrée-t-il pas le problème lié au stockage contigu de l'information, c'est-à-dire le risque de devoir réécrire tout le contenu d'un fichier à chaque insertion ? En théorie, oui. En pratique, non, parce que les SGBD le résolvent en veillant à toujours laisser un peu d'espace libre à l'intérieur de chaque article. En cas d'élargissement d'une valeur, plutôt que de décaler tous les articles qui suivent, il leur suffit en général de réécrire le seul article correspondant en réorganisant son espace libre. Quand l'élargissement d'une valeur excède l'espace libre dans l'article concerné, on préférera alors déplacer l'article lui-même à la fin du fichier (ou au premier espace libre de taille suffisante). Dans des cas de ce type, la gestion des index se complique assez furieusement, mais laissons ces considérations aux bons soins des concepteurs de SGBD, ils en redemandent.

La définition précise du type de chaque champ n'a pas pour seul objectif de faciliter la gestion du stockage de l'information. En réalité, on définit d'abord la nature des données dans les bases de données comme dans tout programme informatique pour des raisons de cohérence ou d'intégrité et de traitement futur. En imposant que le champ « Date de naissance » soit de type Date, on interdit en réalité l'introduction de toute valeur qui ne serait pas conforme à cette exigence, et on garantit donc l'intégrité des données, ce qui procure une certitude sur laquelle les programmeurs peuvent s'appuyer quand ils écriront du code informatique destiné à manipuler cette information. Pas question d'aller stocker le titre du cours dans le champ « ECTS », le SGBD ne le permettrait pas. Et c'est tant mieux, car ce serait une bien désagréable surprise (lourde de conséquences) pour le programme qui miserait sur le fait que l'information contenue dans ce champ est de nature numérique.

Ce souci de l'intégrité et de la cohérence des données est tel que la plupart des SGBD permettent de définir des règles de validation pour chaque champ. Pour commencer, on peut toujours déterminer si un champ peut ou non rester vide. Par défaut, (sauf s'il s'agit d'une clé primaire ou plus généralement si le champ contient un index unique) un champ peut toujours rester vide, mais il est possible de forcer l'introduction d'une valeur pour que l'enregistrement soit valide. On peut aussi imposer des limites aux valeurs que peuvent prendre des champs numériques (par exemple en indiquant qu'une date de naissance ne peut se situer dans le futur, ou qu'un âge ne peut être négatif) ou imposer un certain format aux données textuelles (par exemple en indiquant qu'un mnémonique est composé de 5 lettres suivies de 3 chiffres et ne peut contenir d'espaces). C'est intéressant d'en prendre conscience, mais la manière dont ces règles sont définies dépend tellement d'un système à un autre que cela dépasserait le cadre de ce livre.

Dernier détail, mais d'importance, pour permettre les accès directs, à chaque champ peut être — si le concepteur de la base de données le spécifie — associé un index. L'indexation d'une colonne permettra d'ordonner les lignes de la table sur base de la valeur de ce champ, et d'accéder directement aux lignes dont la valeur de ce champ correspond à celle recherchée. En ajoutant un index sur une colonne, le

SGBD exige de préciser si l'indexation doit être unique (auquel cas chaque valeur ne peut apparaître dans cette colonne que pour une seule ligne) ou si au contraire les doublons sont permis (auquel cas une même valeur peut apparaître plusieurs fois dans la même colonne). Le champ qui joue le rôle de clé primaire doit bien évidemment être indexé de manière unique. Les SGBD peuvent tous gérer des index sur des combinaisons de champ.

À présent que nos deux entités ont été identifiées et suffisamment décrites et structurées, nous pouvons commencer à remplir nos tables avec des données fictives. Les SGBD permettent pour la plupart de réaliser des insertions dans les tables à la manière d'un tableur comme Excel. Ils sont également capables d'en afficher le contenu comme suit (en se souvenant que les lignes représentent les tuples et que les colonnes représentent les attributs :

Cours

mnemonique	titre	titulaire	ects	discipline
DROIS201	Droit commercial	Françoise Juge	3	Droit
ECONS201	Théorie macroéconomique I	Robert Ycroit	6	Economie
GESTS203	Analyse des états financiers	Faska Comte	3	Gestion
INFOS202	Introduction à l'informatique	Nicolas Code	5	Informatique
LANGS201	Anglais I	Ian Smith	4	Langues
MATHS201	Mathématique II	MarieCosinus	5	Math & Stat
STATS202	Probabilités et inférence statistique	LisePeutet	10	Math & Stat

Etudiant

matricule	nom	prenom	date de naissance	adresse
298489	Marcel	Pascale	21/05/1994	Rue des Hirondelles 2
300487	Berzok	Nicolas	14/09/1994	Rue de Bréderode 14
310452	Pins	Robert	1/08/1995	Rue des Lilas 13
325637	David	Emilie	19/04/1995	Place de l'Etoile 4
330777	Sineri	Hugues	13/11/1994	Square des Tilleuls 12
380654	Piesnet	Marie-Paule	8/06/1995	Avenue Pasteur 35

Les relations

Actuellement, nos deux tables sont totalement indépendantes l'une de l'autre et rien ne permet d'établir de correspondances entre elles. C'est parce que nous avons jusqu'ici laissé de côté l'objectif principal de notre base de données, celui de gérer l'inscription des étudiants aux cours et les résultats qu'ils obtiennent aux épreuves académiques correspondantes (les notes).

Avant d'en venir à cet objectif, décrivons brièvement les trois types de mise en relation possibles dans les bases de données relationnelles. Ces trois types ne se distinguent en réalité que par la multiplicité (on dit parfois la cardinalité) des correspondances possibles. On parle de relations de 1 à 1 (un à un), de 1 à N (un à plusieurs) ou de N à M (plusieurs à plusieurs).

Relations 1 à 1

Commençons d'abord par imaginer que l'université permette à ses étudiants d'accéder aux parkings de son campus. Pour obtenir cet accès, chaque étudiant devra signaler sa voiture au service qui gère la sécurité du campus et recevra en échange une vignette à apposer sur le pare-brise de son véhicule, dont la couleur détermine à quels endroits il peut ou non stationner. On pourrait facilement stocker les informations correspondantes dans une table Véhicule contenant les champs suivants : Plaque (d'immatriculation), qui constituera la clé primaire, Matricule (de l'étudiant), marque, modèle et type d'accès.

Comme chaque étudiant ne peut obtenir d'accès que pour une voiture, et qu'une voiture ne peut être associée qu'à un seul accès, donc à un seul étudiant, il s'établit en réalité une correspondance unique entre un étudiant et un véhicule, c'est-à-dire une relation de 1 à 1. Cette mise en correspondance n'est possible que parce que l'une des deux tables comprend un champ dont les valeurs se retrouvent dans un champ analogue de l'autre table. Ici, c'est le matricule de l'étudiant qui joue ce rôle. Dans la table Etudiant, le matricule assure la fonction de clé primaire, ce qui implique automatiquement que chaque valeur y est unique. Dans la table Véhicule, le champ n'assure pas la fonction de clé primaire (c'est la plaque d'immatriculation qui joue ce rôle), mais il n'en est pas moins unique (c'est-à-dire qu'au moment de créer la table, nous avons créé un index unique sur la colonne « Matricule » de la table Véhicule afin de garantir que chaque étudiant n'est bien associé qu'à un seul véhicule). C'est parce que les index sont uniques des deux côtés que l'on peut parler de relation de 1 à 1, comme le représente la figure 8.6.

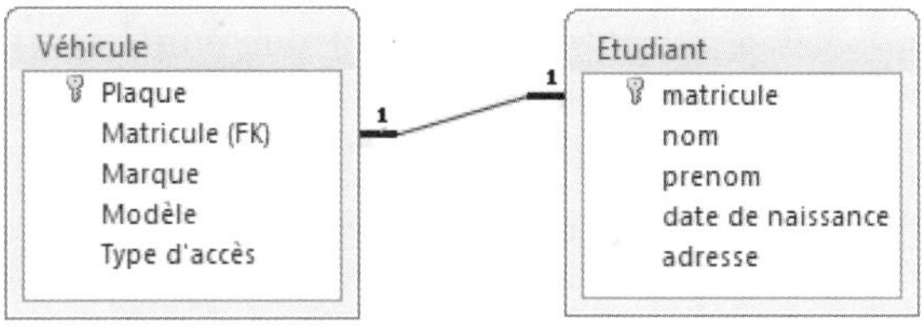

Figure 8.6 Un exemple de relation 1 à 1

Le champ qui assure la correspondance entre deux tables sans pour autant constituer la clé primaire dans la sienne est appelé la « clé étrangère » (*foreign key*, FK). Le qualificatif « étrangère » signifie que les valeurs de cette colonne sont empruntées à une autre table et s'y trouvent pour pouvoir établir une mise en relation. Cet élément est essentiel car il indique la nature d'une relation entre deux tables dans une base de données. Une relation entre deux tables est en réalité toujours une mise en adéquation de deux champs. Au moment de l'introduction des données, cela revient à demander à la base de données de s'assurer quand une valeur est introduite dans une colonne qui sert de clé étrangère dans une table (ici la colonne « Matricule » de la table Véhicule) que cette valeur existe bien dans le champ correspondant dans l'autre table (où il joue normalement le rôle de clé primaire, ce qui est le cas du champ « Matricule » de la table Etudiant). Les deux tables sont reliées parce que tout véhicule contient une référence à un et un seul étudiant. Dès lors, il est possible de retrouver les coordonnées de l'étudiant qu'il faut contacter pour l'informer que la voiture qu'il avait prudemment stationnée sur le parking a été malencontreusement emboutie par un autre étudiant passablement distrait ou éméché : il suffit de chercher son véhicule dans la table Véhicule en utilisant la plaque d'immatriculation (ou ce qu'il en reste) comme index. Sa voiture se trouve en effet « mise à l'index ». Une fois le tuple correspondant retrouvé, on obtient dès lors le matricule de l'étudiant. C'est ce matricule que l'on peut alors utiliser comme index pour retrouver les coordonnées de l'étudiant malheureux dans la table Etudiant et lui annoncer l'excellente nouvelle.

De cet exemple, on peut déduire l'un des intérêts principaux de la mise en relation des informations : éviter les redondances. À défaut de pouvoir mettre les tables Véhicule et Etudiant en relation, nous aurions dû recopier toutes les coordonnées de l'étudiant (nom, prénom, adresse, etc.) dans la table Véhicule, ce qui est non seulement calamiteux en termes de stockage (un vrai gaspillage), mais catastrophique en matière de maintenance et de cohérence des données (si les coordonnées d'un étudiant changeaient, on serait forcé de les modifier dans deux tables au lieu d'une, et si on oubliait de le faire d'un côté, on se retrouverait avec deux informations contradictoires sans possibilité de savoir laquelle est correcte). Il appartient au concepteur d'une base de données (et c'est un vrai métier !) de veiller à ce qu'aucune information n'y soit dupliquée, à l'exception des clés étrangères. À lui de structurer ses tables et leurs relations en sorte d'éviter toute redondance.

Revenons maintenant à notre relation 1 à 1 entre étudiants et véhicules. Chacune de ces deux tables représente assurément une entité conceptuelle différente (un étudiant n'est pas une voiture et vice-versa). Mais si nous sommes certains qu'à chaque véhicule correspond un et un seul étudiant, et qu'à chaque étudiant correspond un et un seul véhicule, nous pouvons fusionner les informations de ces deux tables dans une seule sans risque de créer de redondances ou de gaspillage d'espaces vides. On dit dans ce cas qu'on « fusionne les entités conceptuelles ». C'est ce que nous avons fait à la figure 8.7.

Une telle fusion des entités conceptuelles s'impose dans un grand nombre de cas, si bien qu'en pratique les relations de 1 à 1 dans les bases de données sont proportionnellement plus rares que les autres. Techniquement, il est toujours possible d'opérer une telle fusion sans risque de créer des redondances, du fait de l'unicité

Figure 8.7 Les deux tables reliées par une relation 1 à 1 ont été fusionnées

de leur relation. Néanmoins, il n'est pas dit qu'une telle opération soit toujours bénéfique, pour deux raisons principales. Deux considérations doivent être soupesées. La première, c'est la performance, donc la vitesse d'accès aux données. Si les données contenues dans les deux tables doivent fréquemment être combinées, mieux vaudra les fusionner parce que les opérations de mise en relation sont fastidieuses. Si par contre les informations sont généralement consultées ou modifiées séparément, la fusion des tables n'apportera pas de bénéfice tangible en termes de performance (ce qui pourrait se concevoir dans notre cas, car la combinaison des informations des deux tables ne se justifierait que s'il y avait tout d'un coup un besoin de contacter le propriétaire d'une voiture, situation qu'on espère rare). Au contraire, la fusion des tables pourrait nuire à la vitesse d'accès, puisqu'elle entraînerait un agrandissement de la taille des enregistrements, si bien qu'il faudrait au SGBD parcourir de plus grandes distances pour passer d'un enregistrement à un autre.

La seconde dimension à considérer, c'est l'optimisation du stockage. Si les tables ne contiennent pas de redondance (ce qu'on espère bien), leur fusion permettra d'économiser un champ (la clé étrangère n'est plus nécessaire une fois que les deux tables sont rassemblées en une seule). Il y a donc une économie de stockage théorique (mais limitée à une colonne et un index). Si la relation est strictement de type 1 à 1, c'est-à-dire qu'à chaque ligne d'une table correspond bien une et une seule ligne de l'autre, alors cette économie sera nette. Mais imaginons maintenant (cela ne demandera pas un grand effort) que certains étudiants ne possèdent pas de voiture. Imaginons même, les temps sont durs, qu'une grande proportion d'étudiants soit piéton ou cycliste. Dans ce cas, les champs « Plaque », « Marque », « Modèle » et « Type d'accès » resteront désespérément vides dans la table fusionnée pour tous ces étudiants écolos, d'où un gaspillage de place qui pourrait largement effacer le maigre bénéfice tiré de la suppression de la colonne servant de clé étrangère quand les tables étaient encore séparées. Dans ce cas, on serait nettement mieux inspiré de maintenir la séparation entre les deux tables, en sachant que tous les matricules qui apparaissent dans la table Véhicule correspondront à un et un seul étudiant dans la table Etudiant, mais que certains étudiants de la table Etudiant ne seront associés à aucun véhicule. La relation serait alors légèrement asymétrique, mais resterait une relation 1 à 1 tant qu'un étudiant ne peut posséder plus d'une voiture et une voiture être associée à plus d'un étudiant.

Relations 1 à N

Revenons maintenant à la table des cours. L'une des informations qui s'y trouve porte sur la discipline à laquelle chaque cours appartient : économie, gestion, informatique, mathématiques et statistiques, langues, etc. Nous nous sommes contentés jusqu'ici de stocker ce renseignement sous forme textuelle dans une colonne dédiée de la table et intitulée « Discipline ». Imaginons maintenant que l'université gère ces disciplines en affectant à chacune notamment un responsable académique et un type (sciences exactes, humaines ou sociales). Nous pourrions bien sûr ajouter ces deux informations à la table des cours, ce qui donnerait le résultat ci-dessous.

Cours

mnemonique	titre	titulaire	ects	discipline	responsable	type
DROIS201	Droit commercial	Françoise Juge	3	Droit	Prof. Juste	Humaines
ECONS201	Théorie macroéconomique I	Robert Ycroit	6	Economie	Dr. Munt	Sociales
GESTS203	Analyse des états financiers	Faska Comte	3	Gestion	Dr. Picsou	Sociales
INFOS202	Introduction à l'informatique	Nicolas Code	5	Informatique	Prof. Apfel	Exactes
LANGS201	Anglais I	Ian Smith	4	Langues	Prof. Babel	Humaines
MATHS201	Mathématique II	Marie Cosinus	5	Math & Stat	Prof. Chiffre	Exactes
STATS202	Probabilités et inférence statistique	Lise Peutet	10	Math & Stat	Prof. Chiffre	Exactes

Le problème que cette solution pose est assez évident et saute aux yeux avec les cours de mathématique et de probabilités : l'information est redondante. *Horresco referens!* La redondance est le summum de l'abomination dans une base de données, la dernière chose que l'on souhaite pour les raisons évoquées plus haut : gaspillage de place, difficulté de maintenance, risque d'incohérences. Tous les redondants, au pilori ! Le problème provient en réalité d'une erreur de conception : à l'évidence, les informations redondantes (les trois dernières colonnes de la table ci-dessus) se réfèrent à une entité conceptuellement différente de celle que représente la table Cours (un cours n'est pas une discipline et inversement). Puisque ce sont des entités conceptuellement distinctes, nous devons les séparer dans des tables distinctes, ce qui suppose de créer une table Discipline en sus de la table Cours existante.

La nouvelle table comprendra les trois informations dont nous disposons actuellement à son propos : la dénomination de la discipline, le nom de son responsable académique et son type. Nous pourrions nous servir de la dénomination de la discipline comme clé primaire en partant du principe que deux disciplines ne sauraient partager le même nom. Mais ce ne serait pas ce qu'il y a de plus économique, parce que les clés textuelles prennent toujours plus de place en mémoire que les clés numériques. On ajoutera donc une colonne « ID Discipline » qui servira spécifiquement de clé primaire sous forme d'un entier dont les valeurs seront attribuées par le SGBD lui-même sur base incrémentale (chaque nouvel enregistrement recevra automatiquement comme identifiant le nombre suivant l'identifiant du dernier enregistrement inséré). Suivant les systèmes, cette fonction de compteur peut s'appeler `AutoNumber` ou `AUTO_INCREMENT`. Dans la table des cours, on devra alors veiller à remplacer les noms des disciplines par le numéro qui leur a été attribué comme clé primaire dans la table des disciplines. Ce champ « Discipline » dans la table Cours devient alors une clé étrangère. Le schéma résultant et les données contenues dans ces deux tables sont représentés à la figure 8.8.

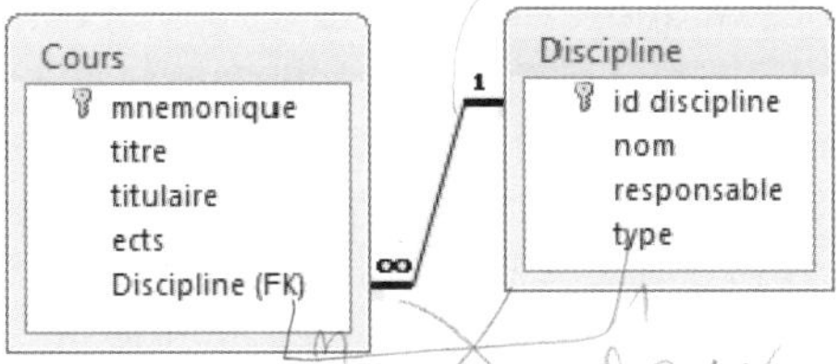

Figure 8.8 Deux tables reliées par une relation 1 à N

Discipline

id discipline	nom	responsable	type
1	Droit	Prof. Juste	Humaines
2	Economie	Dr. Munt	Sociales
3	Gestion	Dr. Picsou	Sociales
4	Informatique	Prof. Apfel	Exactes
5	Langues	Prof. Babel	Humaines
6	Math & Stat	Prof. Chiffre	Exactes

Cours

mnemonique	titre	titulaire	ects	discipline
DROIS201	Droit commercial	Françoise Juge	3	1
ECONS201	Théorie macroéconomique I	Robert Ycroit	6	2
GESTS203	Analyse des états financiers	Faska Comte	3	3
INFOS202	Introduction à l'informatique	Nicolas Code	5	4
LANGS201	Anglais I	Ian Smith	4	5
MATHS201	Mathématique II	Marie Cosinus	5	6
STATS202	Probabilités et inférence statistique	Lise Peutet	10	6

On conçoit aisément que la relation qui relie les cours et les disciplines est cette fois de nature plurielle, mais asymétrique : une discipline peut correspondre à plusieurs cours, mais un cours ne peut correspondre qu'à une seule discipline. La relation est donc de type 1 à N. Cette multiplicité et son sens sont déterminés par les clés. Comme la relation s'établit toujours entre deux champs, on a déjà vu que c'est le caractère unique ou non de l'indexation des champs impliqués dans la relation qui détermine cette dimension de la relation. Dans le cas présent, la relation est matérialisée par une mise en correspondance des champs « ID Discipline » de la table des disciplines et « Discipline » de la table des cours. Le premier constitue la clé primaire de sa table et est donc nécessairement unique. Le second n'est pas indexé de manière unique (c'est évident conceptuellement parce que plusieurs cours peuvent évidemment appartenir à la même discipline, et pratiquement parce que les cours de mathématique et de probabilités sont tous deux liés à la même discipline, si bien que le chiffre 6 revient deux fois dans la colonne « Discipline » de la table Cours). Un champ indexé de manière unique — à plus forte raison encore une clé primaire — ne peut être que du côté « 1 » d'une relation. Un champ qui n'est pas indexé de manière unique est nécessairement toujours du côté « N ».

Les relations 1 à N illustrent à merveille l'économie de stockage que procurent les bases de données relationnelles. En regroupant et en isolant au sein d'entités conceptuelles distinctes des informations qui « vont ensemble » et forment un tout, et en permettant d'y faire référence ailleurs par simple inclusion d'un identifiant pour faire référence à cet ensemble, on peut facilement éviter toute redondance dans les données.

Relations N à M

Venons-en maintenant enfin au but premier de notre base de données : la gestion des inscriptions aux cours des étudiants et de leurs notes. Nous pouvons déjà nous douter qu'il faut à présent établir une relation entre les étudiants et les cours. Mais quelle serait la nature de cette relation ? Peut-on imaginer qu'un étudiant puisse suivre plusieurs cours? En dépit des réformes successives de l'enseignement supérieur qui encouragent les étudiants à ne surtout pas se surmener et à répartir leurs efforts sur plusieurs années au besoin, on peut raisonnablement espérer que la réponse est positive. Peut-on dire qu'un même cours est suivi par plusieurs étudiants ? Fort heureusement pour les enseignants, la réponse est positive aussi. Un cours est donc lié à plusieurs étudiants, et un étudiant à plusieurs cours. Nous sommes en face d'une relation de plusieurs à plusieurs, plus simplement qualifiée de « N à M ».

Mais comment faire pour matérialiser une telle relation ? Nous avons vu que la seule manière de mettre deux tables en relation est d'insérer dans l'une des tables une colonne qui servira de clé étrangère en faisant référence à la clé primaire de l'autre table. Essayons donc de réaliser cela dans notre base de données et voyons ce que cela pourrait donner au niveau des données en supposant que les deux premiers étudiants sont tous deux inscrits aux deux premiers cours.

Etudiant					
matricule	**nom**	**prenom**	**date de naissance**	**adresse**	**mnemonique**
300487	Berzok	Nicolas	14/09/1994	Rue de Bréderode 14	DROIS201
300487	Berzok	Nicolas	14/09/1994	Rue de Bréderode 14	ECONS201
298489	Marcel	Pascale	21/05/1994	Rue des Hirondelles 2	DROIS201
298489	Marcel	Pascale	21/05/1994	Rue des Hirondelles 2	ECONS201

Cours					
mnemonique	**titre**	**titulaire**	**ects**	**discipline**	**matricule**
DROIS201	Droit commercial	Françoise Juge	3	1	300487
ECONS201	Théorie macroéconomique I	Robert Ycroit	6	2	300487
DROIS201	Droit commercial	Françoise Juge	3	1	298489
ECONS201	Théorie macroéconomique I	Robert Ycroit	6	2	298489

Le résultat est pour le moins consternant. Inclure le mnémonique du cours dans une nouvelle colonne de la table Etudiant est un désastre car cela suppose de répéter toute la ligne pour chaque nouveau cours auquel un étudiant est associé. Inclure le matricule de l'étudiant dans une nouvelle colonne de la table Cours ne l'est pas moins, puisque cela signifie de dupliquer le cours pour chaque nouvel étudiant qui s'y inscrit.

Le problème, c'est qu'on devrait normalement toujours inclure la clé étrangère du côté « N » et jamais du côté « 1 », or dans une relation de N à M, chaque table est à la fois du côté 1 et du côté N : UN étudiant est lié à PLUSIEURS cours, et UN cours est lié à PLUSIEURS étudiants. On le voit bien, on ne peut pas intégrer la clé primaire d'une des tables comme clé étrangère dans l'autre. En réalité, on ne peut simplement pas relier ces tables directement entre elles. Il nous faut une sorte d'artifice, qui consiste à créer une nouvelle table dans laquelle les relations entre les deux autres seront matérialisées.

Imaginons donc de créer une table additionnelle que nous appellerons « Jointure » et qui contiendra en tout et pour tout trois colonnes : un identifiant propre à chaque ligne de la table et qui servira de clé primaire (dont les valeurs seront attribuées par le SGBD), le matricule de l'étudiant, et le mnémonique du cours. On peut désormais enregistrer l'inscription des deux premiers étudiants aux deux premiers cours en créant quatre nouveaux enregistrements dans cette nouvelle table.

Jointure		
ID jointure	**etudiant**	**cours**
1	300487	DROIS201
2	300487	ECONS201
3	298489	DROIS201
4	298489	ECONS201

La création de cette table de jointure permet d'éviter la modification des tables que l'on souhaite relier en N à M et donc de créer les redondances observées plus haut. Réfléchissons maintenant un instant aux relations que cette table crée implicitement dans notre base de données. Nous avons inséré dans la table Jointure l'identifiant unique de l'étudiant (son matricule) qui y joue dès lors le rôle de clé étrangère. Nous avons donc désormais *de facto* une relation entre les tables Etudiant et Jointure. Comme la relation est matérialisée par le matricule de l'étudiant et que celui-ci est unique du côté Etudiant mais multiple du côté de la Jointure, on peut dire qu'il s'agit d'une relation de 1 à N dans le sens Etudiant–Jointure : un étudiant peut apparaître une seule fois dans la table Etudiant mais plusieurs fois dans la table de Jointure. De manière analogue, nous avons de fait créé une relation de 1 à N entre Cours et Jointure : un même mnémonique peut apparaître une seule fois dans la table Cours mais plusieurs fois dans la table Jointure. Le résultat est représenté à la figure 8.9.

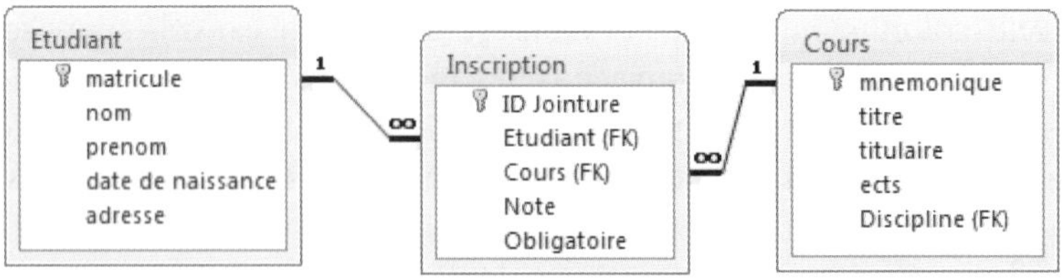

Figure 8.9 Une table de jointure matérialise une relation de N à M

Grâce à cette table de jointure, un étudiant peut être lié à plusieurs cours, et un cours à plusieurs étudiants, sans pour autant créer la moindre redondance dans les données. La relation N à M à laquelle nous aspirions s'est en réalité décomposée en deux relations 1 à N. Les relations N à M directes n'ont définitivement rien à faire dans un schéma relationnel car il n'y a pas moyen de les matérialiser sans créer de redondances. C'est donc une notion théorique qui se réalise en pratique au moyen d'une table de jointure et de deux relations de 1 à N afin de relier les trois ensembles.

Bien souvent, la table de jointure représente en réalité elle-même une entité conceptuelle parfaitement identifiable. C'est d'ailleurs le cas dans notre exemple ci-dessus puisque chaque ligne de la table Jointure représente concrètement une inscription (celle d'un étudiant à un cours). C'est pour cette raison que nous avons renommé la table de jointure « Inscription » dans le schéma ci-dessus. En toute honnêteté, nous aurions pu dans ce cas-ci identifier depuis le début que cette entité devait figurer quelque part dans notre base de données. Il peut arriver cependant que l'on ne puisse pas associer à une table de jointure une entité conceptuelle significative, c'est-à-dire un objet tangible dans le monde que la base de données est supposée représenter.

Dans un cas comme dans l'autre, que la table de jointure soit ou non associable à une entité conceptuelle explicite, il est courant que la relation qu'elle matérialise ait besoin d'être complétée par des informations spécifiques, ce qui revient à dire que la table de jointure doit comprendre elle-même un certain nombre d'attributs en sus de ses clés primaire et étrangères. Dans le cas des inscriptions, nous avons besoin d'une colonne pour stocker la note obtenue par l'étudiant (un nombre décimal compris entre 0 et 20 par exemple). On pourrait également imaginer qu'il soit nécessaire de savoir si le cours donné est obligatoire ou optionnel pour l'étudiant concerné.

Prenons un autre exemple. Songeons à la base de données de gestion d'un hôtel. On peut d'emblée imaginer qu'elle comprendra une table Client, une table Chambre et entre les deux une table de jointure qui représentera les réservations (un client peut effectuer plusieurs réservations, et une chambre peut être réservée plusieurs fois (certes à des moments différents)). On a donc bien une relation de 1 à N entre Client et Réservation, et une autre relation de 1 à N entre Chambre et Réservation. Au final, cet ensemble de trois tables reliées entre elles matérialise une relation de N à M entre Client et Chambre : un client peut réserver plusieurs chambres, et une chambre peut-être réservée par plusieurs clients. Dans ce cas d'école, la table Réservation comprendra non seulement l'identifiant de la chambre et du client concernés en guise de clés étrangères, mais aussi toutes sortes d'informations pour qualifier la réservation : date d'arrivée, nombre de nuits, tarif confirmé au client, nombre de personnes séjournant dans la chambre, etc.

Les tables de jointure peuvent rapidement contenir un nombre important de lignes, par simple effet des règles combinatoires. Par exemple, avec 200 étudiants qui suivent tous les 20 cours obligatoires d'un programme, on se retrouve avec 4000 lignes dans la table des inscriptions. Mais vous pouvez multiplier ce chiffre par mille ou même par un million, ce n'est pas un problème pour un bon SGBD, dont on commence alors à apprécier particulièrement l'efficacité du stockage et de l'indexation. Les tables de jointures peuvent également se relier à d'autres tables, en déléguant leur clé primaire comme clé étrangère dans ces autres. Ainsi, un même cours pourrait être donné dans une succession d'auditoires ou à des horaires différents à renseigner dans des tables appropriées.

Schéma relationnel et formes normales

Le schéma relationnel décrit la structure d'une base de données en décrivant ses tables (ou entités) et ses relations. C'est une présentation standardisée qui permet une compréhension rapide et très complète d'une base de données, suffisante en tout cas pour comprendre comment les données sont organisées et comment les interroger. Le schéma relationnel de notre base de données peut maintenant être représenté dans son intégralité. C'est ce que propose la figure 8.10.

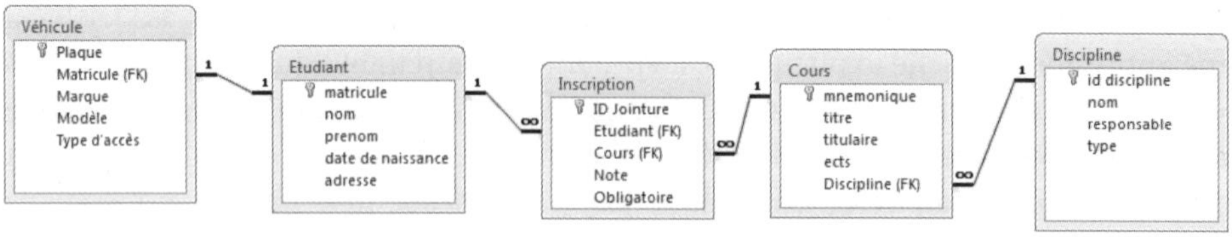

Figure 8.10 Schéma relationnel complet de la base de données

Un schéma relationnel sera dit normalisé quand un certain nombre de conditions est rencontré, garantissant l'absence de redondance et une certaine facilité de gestion. La première de ces règles veut qu'aucun champ d'aucune table ne contienne des informations qui peuvent encore être décomposées en plusieurs informations. Par exemple, une adresse peut être décomposée entre rue, code postal et localité, 3 informations qui doivent donc être stockées dans trois champs différents (zut ! notre schéma ci-dessus n'est donc pas encore parfaitement normalisé). On dit alors que les informations sont atomiques.

Mais cela ne suffit pas, encore faut-il qu'elles ne soient pas intrinsèquement redondantes, c'est-à-dire qu'on ne puisse pas reconstituer une information (par exemple l'âge d'un étudiant) au départ d'une autre information de la base de données (par exemple sa date de naissance). Ensuite, toutes les valeurs stockées dans les tables doivent être invariables dans le temps, sauf pour des modifications ponctuelles. Cela implique qu'entre l'âge et la date de naissance, on préférera toujours stocker la date de naissance qui est fixe plutôt que l'âge qu'il faudrait remettre à jour à intervalles réguliers.

Enfin, chaque information contenue dans un champ doit dépendre fonctionnellement de (c'est-à-dire être déterminée uniquement par) la clé primaire de sa propre table. Par exemple, le nom d'un étudiant dépend fonctionnellement du matricule, car à un matricule ne peut correspondre qu'un seul nom (souvenons-nous que le matricule est clé primaire donc nécessairement unique) mais qu'un même nom peut correspondre à plusieurs matricules (ce qui sera le cas si des frères et sœurs ou des homonymes sont inscrits à la même université). Quand un champ dépend fonctionnellement d'un autre (ou d'une combinaison d'autres), les règles de normalité imposent que ce champ soit stocké dans la table où le champ source (celui dont il dépend) est défini. C'est en suivant cette règle qu'on introduira le nom de l'étudiant dans la table des étudiants où son champ source (le matricule) est clé primaire, mais pas dans la table des inscriptions où le matricule n'est que clé étrangère. Cette règle consiste donc simplement à préciser qu'à l'exception des clés étrangères qui servent à matérialiser des relations, l'information relative à une entité n'a rien à faire dans les champs d'une autre entité.

Ensemble, ces quelques règles sommaires suffisent à assurer un degré minimum de normalité (c'est-à-dire d'efficacité et de cohérence) du schéma relationnel. D'autres conditions existent, qui définissent des formes normales plus avancées, mais elles dépassent l'objectif de ce livre et nous nous bornerons donc aux quelques règles ci-dessus qui constituent la base de toutes les formes normales.

En substance, il suffit de retenir qu'un schéma relationnel peut être considéré comme normal à partir du moment où il ne contient plus de redondance et que toutes les informations qui s'y trouvent sont atomiques et invariables dans le temps.

Maintenant que nous disposons de ces quelques éléments sur la structure des bases de données, voyons comment exploiter ces données. La plupart des SGBD intègrent pour cela un langage d'interrogation des données relativement standardisé qui permet de consulter ou modifier ces mêmes données, le SQL.

Les bases de l'interrogation de données en SQL

Voir Annexe B sur le site www.vuibert.fr, à la page du livre.

L'avenir des systèmes de gestion de bases de données

Les bases de données relationnelles ont connu un succès remarquable dans le monde professionnel — comme on le verra au chapitre suivant — et restent à la base de la plupart des systèmes d'entreprise. Elles présentent cependant certaines faiblesses, que s'efforcent de compenser de nouveaux types de solution. La première limite des bases de données relationnelles, c'est la difficulté pour les synchroniser avec un modèle orienté objet dont les relations sont plus riches que les simples 1-1, 1-N et N-N du monde relationnel. Des systèmes de bases de données dits « orientés objet » ont donc vu le jour pour étendre les types de relations aux notions d'héritage et d'association typiques du monde OO. Ces systèmes ont connu un succès limité, et des solutions logicielles résolvent aujourd'hui ce problème en se chargeant de synchroniser en temps réel les objets en cours d'exécution dans un programme OO avec leur équivalent relationnel dans la base de données, comme le langage web Django par exemple (voir au chapitre 7).

La seconde limite des SGBD relationnels est plus problématique et concerne à la fois les volumes de données à gérer (dans de nombreux contextes professionnels, on gère aujourd'hui non plus des millions mais plutôt des milliards de lignes, comme l'activité des membres de Facebook ou les requêtes des utilisateurs de Google), et l'hétérogénéité de structure des informations à stocker. Ces deux éléments plaident pour des SGBD qui permettent le stockage des enregistrements d'une même table sur des supports ou systèmes différents (permettant ainsi le stockage de gros volumes) et qui soient structurés autour de tables associatives (dans lesquelles on se contente de stocker l'adresse physique de chaque enregistrement). Les enregistrements sont alors appelés « documents » et peuvent présenter une structure différente, même s'ils appartiennent à la même table. Il en résulte toute une panoplie de systèmes dits « NoSQL », ce qui signifiait à l'origine « sans SQL », mais qu'il faut en réalité comprendre comme « non relationnel ». Il est un fait néanmoins que le langage SQL n'est plus le mode d'interrogation principal de ces nouveaux types de SGBD. On trouve dans cette catégorie des systèmes comme ceux conçus par Google (BigTable), Amazon (Dynamo), Facebook (HBase), ou encore la solution en logiciel libre mongoDB.

9

Applications et systèmes d'entreprise

Du logiciel au système d'entreprise

Depuis le chapitre 7, nous savons qu'une application informatique est un logiciel, lequel est constitué de trois éléments imbriqués : des données à manipuler, des traitements à réaliser, et une interface permettant à l'utilisateur d'interagir avec le programme. C'est le fameux principe MVC (*Model-View-Control*). Avec ces trois mêmes éléments, du fait du caractère programmable de l'ordinateur, n'importe quelle application peut être réalisée, si bien que le monde du logiciel constitue un univers dans lequel il est parfois ardu de se retrouver. On y trouve des applications ludiques, de productivité personnelle (traitement de texte et tableur en tête), de communication (client de messagerie, outil de vidéoconférence ou de messagerie instantanée, etc.), et bien sûr des applications d'entreprise.

Toutes les applications de l'informatique peuvent être subdivisées en quatre groupes (voir aussi les trois mondes de l'informatique proposés par Andrew McAfee, "Mastering the Three Worlds of Information Technology", *Harvard Business Review*, Novembre 2006) : l'informatique fonctionnelle (que nous raccourcirons en FIT, *functional IT*), l'informatique d'entreprise (EIT, *enterprise IT*), l'informatique de réseau (NIT, *network IT*) et l'informatique embarquée (MIT, *embarked IT* ou *mobile IT*). Nous nous concentrerons sur l'informatique d'entreprise plus spécifiquement dans les pages qui suivent, mais commençons par expliquer brièvement les différences entre ces quatre groupes.

L'informatique fonctionnelle regroupe les applications qui ne sont utilisées que par une personne à la fois et permettent l'exécution d'une fonction ou d'une tâche discrète. On dit que ce type d'applications a pour objectif principal d'améliorer la productivité d'un individu au travail, mais on peut facilement généraliser en disant que c'est l'informatique qui permet d'améliorer la productivité d'un individu ou de le divertir en solitaire. On trouve avant tout dans cette catégorie les logiciels de traitement de texte (comme Word) et les tableurs (comme Excel), mais aussi les logiciels statistiques (SAS, EViews, Stata, Matlab, etc.), de conception assistée par ordinateur (CAO ou CAD, *computer-aided design*), ainsi que les logiciels d'aide à la prise de décision (DSS, *decision support system*), et par extension, les jeux vidéo, les lecteurs multimédia, les éditeurs graphiques, etc. Il s'agit le plus souvent de programmes exécutables pour ordinateur de bureau ou appareil mobile, pour lesquels les deux éléments supérieurs (logique applicative et interface utilisateur) forment un tout généralement indivisible. À l'ère des appareils mobiles, le logiciel prend la forme d'applications (appelées « apps », « iApps » ou « gadgets ») qui se téléchargent et s'installent depuis un catalogue en ligne et s'appuient sur une bibliothèque de services fournie par la plateforme (c'est-à-dire le système d'exploitation de l'appareil : iOS, Android, Windows Phone, etc.). Les applications mobiles sont souvent plus simples que leurs homologues pour ordinateur, en raison des capacités moindres de ces appareils, de leurs écrans plus petits et de leur mode d'interaction exclusivement tactile.

L'informatique d'entreprise a pour caractéristique principale de permettre d'intégrer différentes fonctions ou tâches en leur permettant de partager des données et en codifiant l'organisation des différentes tâches et leurs interdépendances. On retrouve au cœur de tous ces systèmes au minimum une base de données (comme on l'a vu au chapitre 8, elle représente le mécanisme optimal pour permettre à différents utilisateurs d'accéder simultanément aux mêmes données). On retrouvera ici la plupart des systèmes d'entreprise : logiciels de gestion intégrée (ERP, *enterprise resource planning*), de gestion de la relation client (CRM, *customer relationship management*), des ressources humaines (HRM, *human resource management*) ou de la chaîne d'approvisionnement (SCM, *supply chain management*), mais aussi les sites de commerce électronique. On dit que les principaux objectifs de ce type d'applications sont de proposer de nouveaux processus de travail, de forcer leur standardisation, et de permettre leur contrôle. D'où aussi leur principal impact : l'EIT a pour effet d'imposer une nouvelle structure de travail aux utilisateurs.

L'informatique de réseau vise elle aussi à intégrer différentes fonctions ou de mettre différents utilisateurs en relation, mais à la différence essentielle des systèmes d'entreprise, elle n'impose aucune structure dans le travail ou les interactions. Les applications de ce type permettent simplement aux utilisateurs de communiquer à travers différents canaux tout en leur laissant la possibilité de définir de quelle manière ils souhaitent interagir à travers ces canaux, notamment via l'expression d'opinions, à la différence des deux premières familles. C'est à cette catégorie qu'appartiennent la plupart des applications basées sur Internet : courrier électronique, chat (IM, *instant messaging*), téléphonie par Internet (VoIP, dont Skype est l'exemple le plus connu), vidéoconférence, etc. Mais on peut y ajouter la plupart des applications qui dérivent du Web dit 2.0, c'est-à-dire les réseaux sociaux, les wikis, les blogs, les forums de discussion, et tous ces outils dont l'originalité principale réside dans la liberté laissée aux utilisateurs d'y produire une grande partie du contenu. Il va de soi que les deux principaux intérêts de l'informatique de réseau sont de faciliter la communication et la collaboration interpersonnelle.

À ces trois familles, il convient d'ajouter une application de l'informatique promise à un bel avenir : l'informatique embarquée. Tombent dans cette catégorie toutes les situations où un ordinateur — fut-il réduit à sa plus simple expression, telle une carte à puce — vient se loger à l'intérieur d'un objet existant. Un des exemples évident est bien sûr la voiture, qui regorge aujourd'hui d'informatique (ordinateur de bord, GPS, aide à la conduite, gestion du conditionnement d'air, multimédia, etc.). Mais nos maisons sont elles aussi truffées de mini-ordinateurs dissimulés dans toutes sortes d'appareils où ils jouent un rôle croissant : appareils électroménagers (songez à la multitude de programmes qu'offrent aujourd'hui nos lave-linges et nos fours à micro-ondes), installations hifi et télé (à commencer par les lecteurs de CD et de DVD et le décodeur numérique raccordé à la télévision), installations de chauffage, et tout ce qui participe de la domotique. D'une façon générale, l'informatique embarquée a pour but principal d'améliorer les fonctionnalités, l'interactivité ou le contrôle des objets. Mais ce principe dissimule une grande variété dans le niveau d'activité de l'objet en question et dans sa capacité à prendre des décisions et éventuellement à recevoir de l'information en provenance d'une source extérieure (comme le GPS par exemple, qui utilise votre position calculée à l'aide de plusieurs satellites et sa connaissance des cartes routières pour vous renseigner sur l'itinéraire optimal).

Quel que soit le type d'informatique considéré (FIT, EIT, NIT, MIT), il est important à ce stade de formaliser une notion qui reviendra souvent dans ce chapitre, celle de système d'information. Nous avons beaucoup parlé jusqu'ici de technologie de l'information, mais il est important de ne pas confondre technologie et système. La technologie qui nous intéresse ici, vous l'aurez compris, est celle qui procède du stockage, du traitement et de la transmission de l'information sous forme binaire, et cela comprend aussi bien du matériel que du logiciel. Un système d'information, c'est un objet plus vaste, qui est fait de technologie de l'information (matérielle et logicielle), mais aussi de données (sans données à stocker, à traiter ou à transmettre, le système ne sert à rien), de processus (c'est-à-dire la manière de travailler et d'utiliser le système), et d'utilisateurs (sans utilisateurs, il n'y a pas de système, encore que les ordinateurs soient de plus en plus autonomes de nos jours...). Si trois de ces éléments semblent assez évidents, la notion de processus mériterait sans doute qu'on s'y attarde un peu plus, mais nous ferons cela en temps voulu. Entretemps, conservez à l'esprit cette idée importante qu'un système d'information comprend, outre la technologie proprement dite, les données, les processus et les utilisateurs. Concentrons-nous à présent sur les systèmes d'entreprise (EIT).

L'INFORMATIQUE D'ENTREPRISE

On peut définir les systèmes d'information d'entreprise comme l'ensemble des applications informatiques qui servent les fonctions clés de la gestion et impliquent une information centralisée et partagée par de nombreux utilisateurs. Bien que leur dénomination fasse référence au monde de l'entreprise, ces systèmes se retrouvent indistinctement dans tous les types d'organisations : publiques, privées, ou associatives. Ces systèmes incluent toujours une ou plusieurs bases de données et des programmes pour ajouter, supprimer, modifier ou analyser les données contenues dans ces bases de données. Les principales applications qui tombent dans cette catégorie sont les suivantes : gestion de la relation client (CRM); gestion de la chaîne d'approvisionnement (SCM); finance et comptabilité; gestion des ressources humaines (HRM); gestion intégrée d'entreprise (ERP).

Les systèmes d'information d'entreprise présentent quelques caractéristiques récurrentes. D'abord, leurs programmes codent les flux de travail dans le système, imposant dès lors aux utilisateurs la répartition des tâches et l'ordre des étapes à suivre pour accomplir un certain travail. Les employés sont ainsi forcés de suivre la séquence des tâches programmée dans le système, ce qui ne suscite en général pas leur enthousiasme. Du point de vue des entreprises, les avantages sont évidents : l'informatique permet d'améliorer la productivité des processus, de les harmoniser à travers l'entreprise, de répliquer les processus à l'identique dans toutes les filiales (il « suffit » d'installer le logiciel dans toutes les filiales de l'entreprise pour que tous les employés soient instantanément contraints à travailler de la même manière), de partager l'information, et d'assurer un contrôle du travail et de la productivité de l'entreprise. La centralisation des données dans une ou plusieurs bases de données permet en effet un contrôle très fin de toutes les activités.

Ces systèmes sont souvent nés au départ du besoin d'informatiser tout ou partie des activités (ou processus) d'un département (comme la comptabilité ou les ressources humaines). Toutefois, les systèmes d'entreprise d'aujourd'hui se sont élargis et couvrent presque toujours plusieurs départements ou fonctions. Bien souvent, ils transcendent même les frontières de l'entreprise. On parle alors de systèmes interorganisationnels. C'est le cas de nombreuses industries où le système de planification de la production d'une entreprise est connecté avec le système de commande de ses fournisseurs. Dans l'industrie automobile par exemple, où l'assemblage d'une voiture requiert la disponibilité au bon endroit et au bon moment de plusieurs milliers de pièces différentes, ce sont les systèmes d'entreprise qui déterminent les pièces qui seront nécessaires à la fabrication à venir et passent automatiquement commande de ces pièces auprès des fournisseurs via leurs systèmes partagés. De même, dans la grande distribution, on utilise de plus en plus souvent des puces informatiques pour identifier les produits dans les rayons, ce qui permet à un dispositif de détecter automatiquement quand un produit sera bientôt épuisé, et d'en repasser commande instantanément auprès du fournisseur pour éviter toute rupture de stock et réduire considérablement les délais de réapprovisionnement.

L'architecture « 3-tiers »

Le dénominateur commun des systèmes d'entreprise, c'est d'être organisés autour d'informations structurées, le plus souvent stockées et gérées au sein d'une base de données. C'est donc généralement un système de gestion de base de données relationnelle qui constituera la première couche d'un système d'entreprise, le « M » de « modèle ». Dans la deuxième couche (le « C » de « contrôle »), les programmes se chargent de la création, de la modification, de la validation, et de l'analyse des données. La troisième couche (le « V » de « vue ») constitue l'interface utilisateur.

L'architecture d'un système d'entreprise se résume essentiellement à la manière dont ces trois couches sont organisées et réparties.

Dans une architecture rudimentaire (et assez obsolète pour tout dire), les trois couches étaient regroupées sur une même machine (un serveur central) auquel les utilisateurs accédaient directement en y introduisant des cartes perforées ou au moyen d'un terminal. Le terminal ne contenant aucune capacité de traitement, on parlait alors d'architecture « maître-esclave » pour souligner la totale soumission du terminal au serveur central.

Dans un modèle un rien plus évolué, le terminal jouit d'une certaine capacité de traitement propre qui lui permet d'exécuter l'interface utilisateur lui-même et d'envoyer ses requêtes au serveur. On parle alors d'architecture « client-serveur », laquelle caractérise encore la relation très courante entre un navigateur web (le client) et le serveur web qui héberge les pages visitées.

Dans la pratique, la plupart des systèmes d'entreprise sont organisés sous la forme d'une architecture dite « 3-tiers » (littéralement « à trois étages/niveaux/couches »), dans laquelle les trois couches (données, logique applicative et interface) sont réparties sur trois machines distinctes : un serveur de base de données (ou *data tier*), un serveur d'application (*middle tier*) et un ou plusieurs clients exécutant l'interface utilisateur (*presentation tier*). À titre d'exemple, voyons de quoi est fait un système d'entreprise typique, comme celui chargé de gérer les commandes et la production d'une organisation.

Au premier niveau, on trouve bien sûr une base de données. Pour simplifier, disons qu'elle se limite à quatre tables reliées par des relations de 1 à N : clients, commandes (*orders*), lignes de commande (*orderitems*) et produits (*products*). Cette structuration des données fournit en réalité une vision numérique des activités et ressources de l'entreprise. À la simple lecture du schéma relationnel, on comprend comment l'entreprise conçoit un client, comment elle décrit ses produits, à quel niveau elle gère ses stocks, et comment elle traite ses commandes. Sur base de ces données, le système doit fournir les fonctionnalités minimales suivantes : créer ou modifier un client, créer ou modifier un produit, mettre à jour un stock, créer une commande, mettre à jour l'état d'une commande. Ces fonctions se trouvent hébergées et exécutées sur le serveur d'application. L'interface utilisateur prend la forme d'un programme installé sur l'ordinateur personnel de chaque employé et qui permet ainsi de solliciter les fonctions et d'afficher les résultats. L'architecture résultante est schématisée à la figure 9.1.

Les architectures 3-tiers présentent un certain nombre d'avantages. D'une part, elles permettent la mise en commun des données dans une base unique et leur déplacement sur un serveur dédié permet de servir différentes applications avec les mêmes données. D'autre part, la séparation de l'interface et des programmes rend la maintenance plus aisée. Surtout, grâce à ce découplage, la même logique (c'est-à-dire les mêmes programmes) peuvent désormais alimenter différentes interfaces utilisateurs via différents canaux de communication dédiés. Dans le secteur de la banque commerciale par exemple, le même logiciel permet d'alimenter l'interface

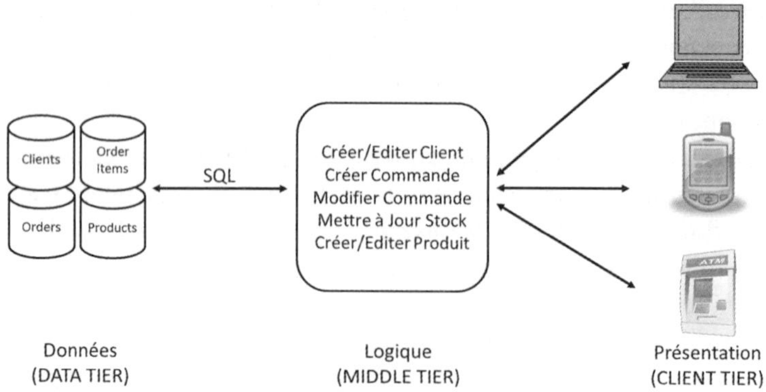

Figure 9.1 Architecture schématique d'un système d'information d'entreprise

utilisateur (de type Windows) des employés dans les agences pour effectuer des opérations manuelles, les terminaux de paiement électronique (type Maestro, Visa ou MasterCard) et les terminaux en self-service. Cela permet ainsi de décliner un même service en plusieurs versions à travers différentes interfaces sans avoir à réécrire à chaque fois le programme de base (en l'occurrence celui qui gère les opérations sur les comptes et leurs soldes).

Les architectures 3-tiers se retrouvent dans la plupart des solutions commerciales, telles que logiciels comptables (Baan, SAP), de gestion des ressources humaines (PeopleSoft), de gestion de la relation client (Siebel), etc. Par un mécanisme d'économies d'échelle, ces logiciels offrent infiniment plus de fonctionnalités et de possibilités que ceux que les entreprises peuvent rêver de développer par et/ou pour elles-mêmes et semblent leur offrir une alternative plus certaine que le développement sur mesure. Ces logiciels (qu'on qualifie souvent de « progiciels » en français, contraction des mots « produit » et « logiciel », exprimant ainsi qu'il s'agit de logiciels standardisés et vendus en nombreux exemplaires comme des produits) rencontrent ainsi un succès croissant.

La gestion intégrée, et l'intégration des applications

À mesure que l'informatique se développe dans l'entreprise, elle doit intégrer un nombre croissant de fonctions interdépartementales. D'un socle purement fonctionnel, l'informatique d'entreprise doit basculer vers un nouveau paradigme, celui des processus métier. Un processus est un ensemble de tâches liées entre elles pour matérialiser un produit ou service dans l'entreprise. Or la plupart des processus d'entreprise traverse les frontières des départements : pour exécuter la commande d'un client (en anglais, on parle de *order fulfilment*), il faut ainsi passer par le département des ventes (qui reçoit et enregistre la commande), le département comptable (qui doit émettre la facture et vérifier la solvabilité du client), la production (qui doit produire les produits commandés et/ou adapter ses stocks), et le département logistique qui doit effectuer la livraison.

Le hic, c'est que chacun de ces départements est généralement géré par un système d'information propre : le CRM (relation Clients) pour le département des ventes, le logiciel de gestion de la production, celui de gestion comptable et financière. Il en va de même d'autres processus comme la gestion de la paie des employés (*payroll*). De tels processus — pour banals et récurrents qu'ils puissent paraître — nécessite de passer au minimum par deux départements et donc deux systèmes d'information différents. L'architecture schématique des principaux systèmes de l'entreprise à ce stade et quelques exemples de processus sont représentés à la figure 9.2.

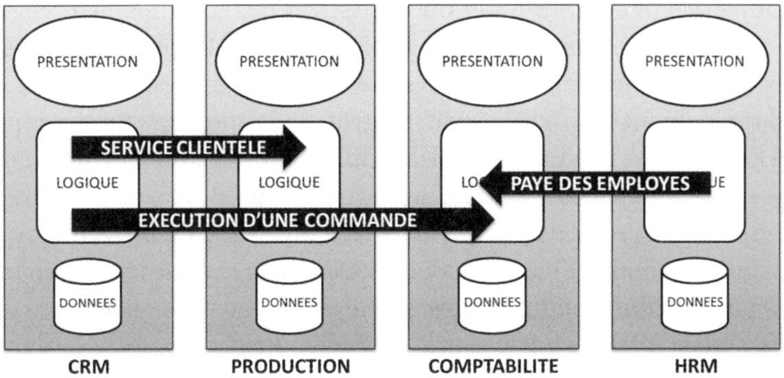

Figure 9.2 Systèmes d'information isolés et processus métiers

En examinant cette figure, on peut se demander quelles solutions s'offrent à l'entreprise qui souhaiterait disposer de systèmes lui permettant de prendre en charge de manière transparente ces différents processus. Naïvement, la solution la plus simple serait de remplacer ces différents systèmes d'information par un seul système intégrant toutes les fonctions des autres. En un sens, ce n'est pas loin d'être ce que proposent les solutions de gestion intégrée (ERP, *enterprise resource planning*, dont le logiciel allemand SAP est l'exemple le plus connu). Les logiciels d'ERP proposent différents modules capables de prendre en charge la plupart des fonctions et processus d'entreprise. La plupart des grandes solutions en matière de systèmes d'entreprise se sont étoffées au fil du temps pour converger vers cet objectif chimérique de couvrir tous les besoins des entreprises. Dans la pratique, les entreprises sont très nombreuses à avoir adopté (avec plus ou moins de succès) une solution de gestion intégrée, c'est-à-dire un ERP, mais rares sont celles qui en exploitent toutes les fonctionnalités et ne complètent pas cette solution avec d'autres logiciels plus spécialisés, souvent même développés sur mesure pour satisfaire leurs besoins.

Pour tentante que soit la solution consistant à remplacer des systèmes multiples par un seul système intégré, celle-ci s'avère bien souvent impraticable. Le remplacement simultané de tous les systèmes d'information d'une entreprise nécessiterait à la fois la migration des données de tous ces systèmes vers une base de données unique et la réorganisation de tous les processus métiers simultanément : une aventure non seulement coûteuse mais surtout suicidaire.

Une solution à plus court terme sera préférée par la plupart des entreprises : parer au plus pressé en codant à l'intérieur d'un programme (par exemple le logiciel des ressources humaines), des accès vers les autres programmes selon les besoins (par exemple le logiciel comptable). Ces interconnexions logicielles entre différents systèmes peuvent s'effectuer soit au niveau des données (le système des ressources humaines accède directement à la base de données du système comptable pour en extraire ou y ajouter des informations et utilise le langage SQL pour ce faire), soit au niveau de la logique (le système des ressources humaines passe par les fonctions du logiciel comptable pour l'interroger ou enregistrer des écritures). La première solution est souvent plus simple mais généralement catastrophique dans ses conséquences car elle entraîne un court-circuit de la logique du système cible : le système cible perd rapidement le contrôle sur l'intégrité de ses propres données (puisque les règles qui gouvernent la création et la modification des données sont pour la plupart codées dans les programmes) et les deux systèmes deviennent interdépendants (toute modification de la base de données de l'un risque de provoquer des erreurs dans l'exécution de l'autre). La seconde solution évite le premier écueil, mais pas le second : toute modification du programme du système cible risque de faire « planter » l'autre système. C'est pourtant une approche pragmatique qui — dans bien des cas — s'avère beaucoup plus judicieuse que de vouloir à tout prix intégrer et interconnecter tous les systèmes. Elle est cependant plus compliquée à mettre en œuvre que la première parce qu'on dispose rarement d'un langage d'interrogation aussi universel que le SQL pour faire dialoguer des programmes entre eux. Différents standards existent pour réaliser de tels échanges au niveau des programmes : COM et DCOM sur Windows, RMI dans le monde Java, CORBA dans le monde des langages orientés objet, HTTP et SOAP dans les applications Internet, etc. Mais malgré ces protocoles de communication entre programmes, de telles connexions demeurent toujours complexes et sensibles.

Quels que soient ses avantages et ses inconvénients, cette pratique est répandue dans les entreprises. Mais au bout de quelques années, le résultat est bien souvent cauchemardesque et porte un nom dans la profession : l'architecture « spaghetti ». C'est qu'une fois que toutes les applications s'interrogent les unes les autres et accèdent aux données les unes des autres, le niveau d'interdépendance entre les systèmes atteint un tel paroxysme que l'on se rapproche de l'effet papillon : la moindre modification ici risque de déclencher l'apocalypse dans le système là-bas. Dès lors, en cas de modification même mineure au niveau de la base de données d'un système, il ne suffit plus d'adapter le programme du même système, il faut revoir entièrement tous les programmes de l'entreprise pour s'assurer qu'aucun ne sera affecté par cette modification. Ces inconvénients augmentent encore avec les opérations de fusion et acquisition entre entreprises, puisqu'à chaque opération de ce type, l'entreprise résultante hérite de deux infrastructures distinctes et bien souvent redondantes. Les coûts de maintenance et de gestion informatique explosent, et tout développement nouveau devient quasiment impossible.

Si remplacer l'ensemble de l'infrastructure par un nouveau système intégré s'avère impossible et si la création de connexions directes entre les programmes se paie très cher en termes de maintenance et d'intégrité des données, quelle solution reste-t-il ? Répondre à cette question, c'est répondre à une question plus générale : que font les informaticiens quand ils se heurtent à une trop grande complexité ? Comme toujours, ils montent d'un niveau en abstraction. Dans le cas qui nous occupe, cette nouvelle couche dans l'infrastructure informatique s'appelle l'intégration d'applications d'entreprise (EAI, *enterprise application integration*). Conceptuellement, une solution de ce type consiste à ajouter une couche logicielle qui va servir à la fois d'autoroute et de gendarme pour gérer tout le trafic entre les applications. De nombreux éditeurs de logiciel fournissent ce type d'outil : Microsoft (MQ Series, Biztalk), IBM (Websphere MQ), Tibco, etc.

Concrètement, un EAI est composé de plusieurs couches (ce qui n'a plus rien d'étonnant ni d'original à ce stade de votre lecture). La première de ces couches est composée des connecteurs, c'est-à-dire les portions de programme qui permettent de relier l'EAI à chaque source de données (application métier type ERP, SCM, CRM, HRM, etc., base de données, ou autres) et définissent le mode de dialogue avec chacune d'elles. Les connecteurs les plus classiques sont les connecteurs SQL pour accéder en direct à des bases de données, et les interfaces de programmation d'application (API) pour accéder aux applications existantes. La deuxième couche est constituée d'un système de messagerie qui s'appuie sur un modèle de données global. Le modèle de données offre une représentation unique de toutes les données disponibles dans l'entreprise (par exemple un client est représenté par un identifiant X, un nom Y, une adresse Z, etc.) et détermine les correspondances de chaque élément d'information du modèle global avec chaque système ou base de données relié à l'EAI. Le système de messagerie s'appuie sur ce modèle de données global et les correspondances entre les différents systèmes pour adapter chaque message (c'est-à-dire chaque demande d'interaction entre deux applications) au format de données des applications qui dialoguent. On appelle cette étape la mise en correspondance ou « mapping ». C'est cette traduction qui permet la création du message contenant toute l'information représentant l'échange entre les deux applications : émetteur et destinataire, nature de la demande (par exemple lecture ou écriture), données ciblées, etc.

La définition d'un tel référentiel global des données est une chose particulièrement fastidieuse et délicate, mais absolument fondamentale dans tout projet d'intégration de systèmes d'information. Le message (que l'on peut concevoir comme une enveloppe contenant une demande de service d'une application à une autre) est véhiculé par la troisième couche de l'EAI qu'on appelle le système de routage et qu'on peut voir comme une autoroute par laquelle transiteront tous les messages entre applications. La difficulté principale à ce stade est d'assurer la synchronisa-

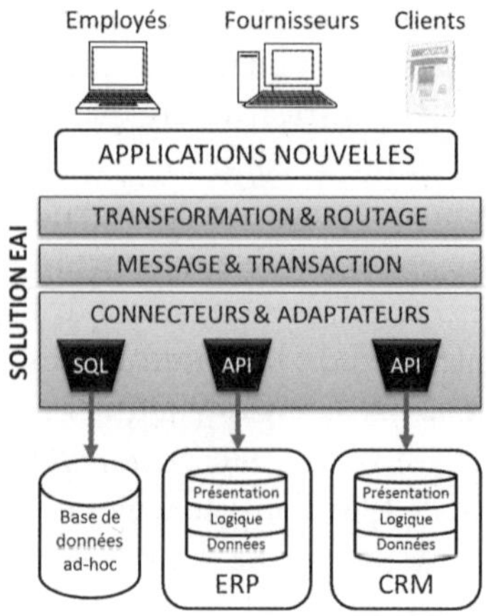

Figure 9.3 Intégration d'applications d'entreprise

tion des différentes demandes. Comme tous les messages sont susceptibles de modifier les données de n'importe quelle application, il est indispensable de garantir l'exécution des transactions correspondantes dans l'ordre de leur arrivée, malgré les différences qu'elles peuvent présenter en temps de traitement. Pensez par exemple aux systèmes d'information de votre banque. Si vous effectuez un paiement avec votre carte bancaire à l'instant précis où votre fournisseur d'électricité présente votre facture mensuelle à votre banque pour être réglé par domiciliation, ce sont là deux messages concurrents qui entraîneront tous deux une modification du solde de votre compte. Mais pour peu que ce soit la fin du mois et qu'il ne vous reste plus assez d'argent pour effectuer les deux transactions, laquelle devrait passer en premier ? C'est le rôle du système de routage de gérer ces problèmes de trafic et d'accès concurrents. La figure 9.3 présente le schéma typique d'une solution EAI.

Une fois une solution de ce type installée, les connexions entre applications peuvent être réalisées de manière beaucoup plus propre et gérable. Il devient alors possible de développer de nouvelles applications au-dessus de l'EAI, qui exploiteront toutes les fonctionnalités des systèmes existants en orchestrant des envois de messages entre elles. Parce qu'elles consistent à clarifier les rôles de chaque application et le référentiel global des données, et à structurer à travers des routes et des véhicules bien définis les communications entre applications, on dit d'un logiciel EAI qu'il constitue une solution pour « urbaniser » une infrastructure informatique. Il existe d'autres manières de procéder, mais si vous avez compris dans les grandes lignes à quoi sert et de quoi se compose un EAI, alors vous avez une bonne idée de ce que signifie l'intégration d'applications donc l'urbanisation. Et si vous retenez en outre que, par sa position centrale dans l'architecture informatique, on appelle cette nouvelle couche le « middleware » (en français le « truc du milieu »), vous ferez forte impression au milieu de professionnels de l'informatique d'entreprise.

Les applications web : l'entreprise s'ouvre au monde

Les applications web transactionnelles (c'est-à-dire celles qui permettent aux visiteurs de réaliser des transactions via le Web, comme par exemple une commande de produit ou une demande de service après-vente) sont venues poser une nouvelle difficulté dans un contexte qui n'était pas demandeur de plus de complexité. En théorie, un site de commerce électronique n'est rien de plus qu'un nouveau canal de communication et donc une nouvelle interface utilisateur. Mais cette interface doit être supportée par un serveur web, lequel interagit avec un serveur d'application dédié pour exécuter la logique propre aux pages du site web (comme un serveur de pages dynamiques telles PHP, ASP ou Django). Or les applications web doivent puiser leurs données dans les systèmes d'information existants et, de plus en plus souvent même, enregistrer des données dans ces systèmes (comme par exemple une nouvelle commande client). Disposer d'une solution EAI constitue donc un avantage certain pour mettre en place des solutions de commerce en ligne, puisqu'il permet de développer des applications web en utilisant l'EAI pour interagir avec les données des autres systèmes.

Au fil des ans, Internet s'est imposé de plus en plus comme « le » canal de communication privilégié entre les utilisateurs et les systèmes d'information, remplaçant peu à peu l'interface utilisateur des applications existantes par des pages web auxquels les utilisateurs (à l'intérieur de l'entreprise ou en dehors) accèdent via leur navigateur. Cette solution présente au moins deux avantages importants : le premier, c'est de revenir à des interfaces très légères (c'est-à-dire des « clients légers » dans l'architecture 3-tiers), puisque toute la logique reste concentrée sur le serveur web. Le second avantage de cette solution, c'est la simplification (au moins apparente) du système pour l'utilisateur, tous les programmes dont il est susceptible d'avoir besoin lui étant désormais présentés à travers la même interface qu'est le navigateur web. Simple détail, parce qu'on protège mieux (et plus facilement) le réseau interne de l'entreprise que son réseau externe, on marquera la différence en indiquant que les employés accèdent aux systèmes à travers un Intranet (réseau interne) au contraire des clients et fournisseurs qui y accèdent à travers l'Internet public (ou Extranet). C'est cette architecture qui est représentée à la figure 9.4.

En dehors des aspects transactionnels, les sites web sont avant tout des pages contenant de l'information sur l'entreprise, ses produits et services, ses actualités, etc. Cette information doit bien sûr être gérée et deux éléments deviennent critiques dans les sites Web d'entreprise : la validité des informations diffusées à travers les sites Internet et la cohérence de l'apparence des pages qui doivent refléter l'identité visuelle de l'entreprise. Or — comme souvent en informatique — les personnes qui produisent l'information à publier ne sont pas celles qui possèdent les compétences techniques pour mettre en forme les pages web. Et faire passer chaque page entre les mains d'un graphiste ou d'un web designer pour y être mise en forme serait aussi inefficace que coûteux. C'est pourquoi les entreprises ont

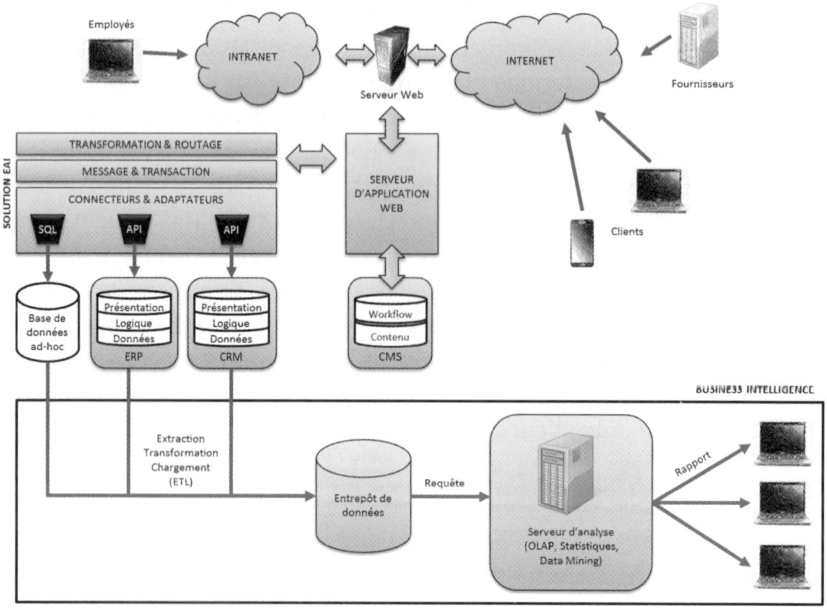

Figure 9.4 Architecture d'entreprise avec EAI et serveurs web

rapidement opté pour des systèmes de gestion du contenu sur le Web ou CMS (*content management system*). Les outils de CMS font essentiellement trois choses :

- Ils contiennent des feuilles de styles (ou modèles, *templates* en anglais) qui définissent la structure des pages et leur apparence. Ces modèles sont programmés par des graphistes spécialisés.
- Ils gèrent la création et les mises à jour des informations (le contenu) en suivant des règles de validation précises (ce qu'on appelle le workflow et qui indique qui a le droit de créer ou modifier du contenu, qui a le pouvoir de le valider et d'en autoriser la publication, etc.),
- Ils appliquent la mise en forme définie dans les modèles au contenu pour générer les pages accessibles aux visiteurs via le serveur Web.

Les CMS sont donc bien des systèmes d'entreprise puisqu'ils se basent sur une mise en commun de données structurées (le contenu) et déterminent une organisation précise des tâches et responsabilités de chacun dans le système. Les solutions de CMS se sont souvent étendues à l'ensemble du contenu textuel et graphique de l'entreprise (par exemple l'ensemble du catalogue de produits et des actualités de l'entreprise) pour devenir aujourd'hui des gestionnaires de contenu d'entreprise ou ECM (*enterprise content management*) qui mettent ce même contenu en forme et à disposition à travers différents canaux de communication.

L'orientation « services » : l'informatique en mode « Lego »

Aujourd'hui, l'évolution des systèmes EIT et des applications web transactionnelles renforcent le besoin d'intégrer davantage les applications, de mutualiser les fonctions principales à travers des services ou modules réutilisables dans différents contextes (par exemple créer un compte client) et de raccourcir les temps de développement et de mise en œuvre de nouveaux processus et services. Même avec un EAI, les cycles de développement de nouvelles interfaces ou de nouvelles applications restent longs. Le rêve d'un directeur informatique est aujourd'hui de disposer d'une infrastructure si flexible qu'elle lui permette de développer de nouvelles applications ou de numériser de nouveaux processus comme on construit des Lego : en assemblant simplement des blocs prêts à l'emploi. Une fois de plus, ceci suppose de monter d'un nouveau niveau en abstraction au-dessus de l'EAI (ou au-dessus des systèmes d'information existants quand l'entreprise n'est pas passée par la case EAI). On appelle cette ultime couche les « services », et on dit d'une telle architecture qu'elle est désormais « orientée services » (SOA, *service oriented architecture*). Il s'agit d'un nouveau changement de paradigme dans lequel les données et les programmes sont cachés, même aux yeux de l'informaticien, qui ne voit plus que des services ou modules qu'il peut assembler à loisir pour construire une nouvelle application, sans avoir à se préoccuper de la manière dont ces services sont réalisés (de fait, ils vont mettre en œuvre des programmes constitués de fonctions ou de méthodes, qui interagiront avec des bases de données).

Avec une architecture de type SOA, l'informatique d'entreprise devient plus modulaire que jamais, c'est-à-dire qu'elle se conçoit progressivement comme un assemblage de modules rendant des services spécifiques. Les applications informatiques ne servent plus qu'à matérialiser (ou plus exactement à numériser) des processus métiers. Cela s'obtient relativement facilement en assemblant des services dans un certain ordre, comme un chef d'orchestre fait tour à tour intervenir les différents musiciens. Rien d'étonnant donc à ce que l'on en vienne à parler « d'orchestration des processus ».

Arrêtons-nous un bref instant sur cette notion de processus qu'on vous sert à toutes les sauces depuis quelques pages et tentons d'être un peu concrets. Imaginons le cas somme toute assez simple d'un site de commerce électronique. Sur ce site destiné aux particuliers, l'entreprise permet simplement à ses clients de parcourir son catalogue, d'obtenir de l'information sur le produit choisi, de l'ajouter à son panier d'achats, de recommencer en cas d'achats multiples, puis de valider sa commande, et de payer par carte de crédit. Ces différentes étapes composent ce qu'on appelle un « processus métier ». Comme tout processus, il peut être représenté simplement par les étapes qui le composent, comme à la figure 9.5.

Dans une architecture orientée services, chacune des étapes de ce processus devrait — pour bien faire — avoir déjà été programmée sous la forme d'un module ou service réutilisable. Chacun de ces services devra bien sûr faire appel aux applications sous-jacentes pour, en fin de compte, consulter, créer, ou modifier les don-

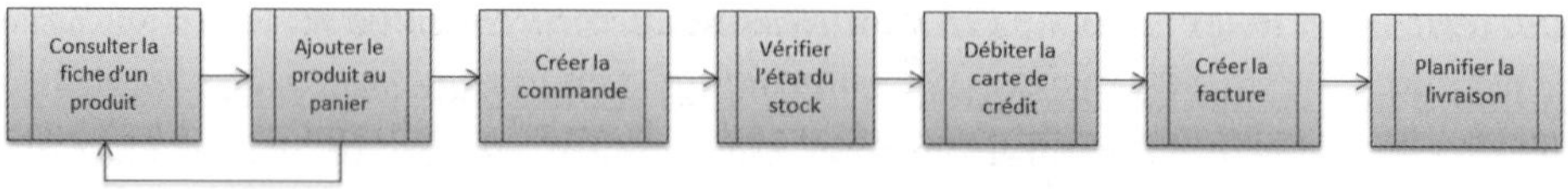

Figure 9.5 Un exemple de processus métier : une commande en ligne

nées d'entreprise. Mais dans ce cas, la création du site web devient particulièrement aisée.

On le voit bien, l'intérêt de ce nouveau niveau d'abstraction, c'est évidemment de permettre aux entreprises de se concentrer sur la conception des processus idéaux, sans plus devoir se préoccuper des contraintes imposées par la rigidité des systèmes d'information existants, dont par ailleurs il serait vain de vouloir faire table rase. Quand ils ont atteint cette sorte de nirvana informatique, les informaticiens ne se sentant plus de joie, se mettent à se gargariser de la souplesse et de la capacité d'adaptation de leurs infrastructures, qu'ils résument dans le très joli terme d'informatique « agile ». En réalité, plus qu'à un artisan ou à une gymnaste, avec toutes ces couches l'informatique d'entreprise ressemble de plus en plus à un oignon.

Au départ nous l'avons vu, les systèmes d'information d'entreprise sont composés de trois couches : données, logique applicative, interface utilisateur. Dans les faits, l'EIT a pour mission de numériser les activités des entreprises, parfois même jusqu'à les dématérialiser complètement (un processus de vente en ligne par exemple dématérialise totalement la relation commerciale entre vendeur et acheteur). Ce faisant, il se produit deux choses importantes : le modèle de données représente les activités et ressources de l'entreprise et fige leur structure ; les logiciels cristallisent les processus métier, dictant aux employés leurs mode et rythme de travail.

Malgré les résistances et les frustrations que cela engendre, l'informatique d'entreprise progresse et les affaires en sont de plus en plus tributaires. Coupez aujourd'hui le courant qui alimente les serveurs d'une banque, et dites adieu à votre argent. Et comme les modèles d'affaires évoluent de plus en plus vite — tout comme les cycles d'introduction des nouveaux produits — les entreprises attendent de leurs informaticiens qu'ils adaptent toujours plus vite les logiciels et les systèmes à leurs besoins sans cesse changeants. C'est ce qui a amené aux architectures de type service qui permettent de concevoir sur papier de nouveaux processus (c'est une vue de l'esprit, on dessine en réalité les processus dans des logiciels spécialisés qui — parfois — vont jusqu'à générer automatiquement le code informatique correspondant), que l'on code dans de nouvelles applications en assemblant des services prédéfinis. Et enfin on déploie ces mêmes applications à travers toute une série d'interfaces : web, smartphones, applications pour ordinateurs, systèmes inter-entreprises (B2B), etc. Les tablettes font leur apparition et requièrent la mise à disposition d'une application ad-hoc ? Pas de problème : la logique est déjà prête, il n'y a plus qu'à adapter la présentation au format des tablettes, et le tour est joué.

On peut résumer ce principe en disant qu'on écrit le programme une seule fois, puis qu'on le déploie partout (*Write once, deploy everywhere*).

C'est évidemment plus simple à dire qu'à faire. L'informatique d'entreprise est une affaire d'une trop grande complexité pour être confiée aux seuls informaticiens car, comme toujours, quand ces derniers se heurtent à une trop grande complexité, ils ajoutent une couche d'abstraction supplémentaire. Le but poursuivi dans cette course à l'abstraction est toujours la même, mettre l'informatique entre les mains des utilisateurs. On pourrait d'ailleurs songer à la noblesse de cette démarche qui consiste — de la part des informaticiens — à se rendre aussi inutiles que possible. Mais ne nous berçons d'aucune illusion, le pouvoir qu'ils accordent à l'utilisateur d'une main en lui donnant l'illusion de pouvoir commander l'ordinateur ou les systèmes informatiques, ils le reprennent de l'autre en se rendant plus incontournables encore en cas de problème. Car en dessous de ces couches d'abstraction continue de grouiller tout un microcosme de données et de programmes dans lesquels le commun des mortels risque fort de s'égarer.

Business Intelligence

Cette complexité intrinsèque de la structure des données ne rend pas seulement délicat le développement d'applications nouvelles, elle constitue également une barrière à l'exploitation des données à des fins d'analyse ou de gestion. Les responsables des organisations ont pourtant tout intérêt à exploiter les données contenues dans leurs systèmes d'information à des fins de contrôle ou de stratégie. Mais les besoins en termes d'analyse de données sont rarement compatibles avec les exigences des systèmes opérationnels : ils ont besoin d'accéder à l'ensemble des données en une fois, et d'exécuter des opérations et traitements particulièrement sophistiqués sur ces vastes volumes d'information. Cela dépasse bien souvent les capacités des systèmes opérationnels en termes de bande passante et de puissance de calcul. Réaliser des analyses directement au départ des données contenues dans les systèmes opérationnels s'avère dès lors bien souvent impraticable autant pour ces raisons techniques (l'intensité computationnelle des analyses engorgerait le système d'information, le rendant inexploitable par leurs utilisateurs principaux) que pour des raisons pratiques : les gestionnaires qui ont à mener les analyses sont rarement rompus aux langages de programmation et d'interrogation de données.

Pour ces différentes raisons, les organisations greffent sur leurs systèmes d'information des outils d'analyse qui procèdent d'un domaine qu'on appelle aujourd'hui la *business intelligence* ou « informatique décisionnelle ». L'objectif de ces outils est d'analyser les données pour en retirer un maximum d'informations stratégiques permettant d'améliorer la prise de décision. Ces outils relèvent par nature plutôt de la catégorie des applications fonctionnelles, puisqu'ils n'imposent pas de structure de travail et visent principalement à améliorer la productivité des employés (gestionnaires et cadres en particulier). Toutefois, la manière dont ils se greffent sur les systèmes d'entreprise justifie que nous les présentions dans la foulée de ces derniers. Vous verrez pourquoi dans un instant.

Les systèmes de business intelligence se composent essentiellement de trois éléments : un système de stockage de données qu'on appelle « entrepôt de données » (*data warehouse*) et destiné à conserver l'historique des données pertinentes pour les décideurs, un système d'interrogation de données et un système de génération de rapports (*reporting*) compréhensibles par les décideurs. Tiens, trois couches (données, analyse et reporting), cela ne vous fait penser à rien ?

La figure 9.4 montre de quelle manière les solutions de business intelligence s'intègrent à l'architecture d'entreprise. Les principales solutions dans cette catégorie sont SAS, Cognos (acquis par IBM en 2008), Business Objects (acquis par SAP la même année), Microsoft Business Intelligence, et Oracle BI. Ensemble, ces cinq solutions représentent environ les trois quarts du marché de l'informatique décisionnelle.

Techniquement, l'analyse de données dans les outils de business intelligence s'organise en trois étapes : le chargement des données dans un entrepôt, l'interrogation et l'analyse des données, et le reporting. La première étape, le chargement, est plus subtile qu'il pourrait y paraître. Concrètement, elle suppose d'aller puiser de très grands volumes d'information dans les bases de données opérationnelles de l'organisation, d'en harmoniser les définitions et formats, avant de pouvoir enfin les charger dans l'entrepôt. Cette procédure en trois temps est résumée par l'acronyme ETL (*extract*, *transform*, *load*). Afin d'éviter de surcharger les serveurs de bases de données opérationnels et dans la mesure où les analystes ont rarement besoin d'exploiter des données en temps réel, l'extraction est souvent réalisée de manière asynchrone, en général pendant la nuit ou le weekend.

Une fois extraites, transformées et chargées dans l'entrepôt, les données se présentent sous la forme de lignes et de colonnes, comme dans une base de données traditionnelle. On appelle pourtant ici les colonnes des « dimensions » et on dit dès lors des entrepôts de données qu'ils constituent des bases de données multidimensionnelles. La raison de cette terminologie se justifie par la manière dont les données sont ensuite regroupées et agencées pour permettre l'analyse. Imaginons, pour illustrer la chose par un exemple concret, que l'entrepôt contienne des données de ventes, dans lesquelles chaque ligne représente une vente, et chaque colonne une dimension caractérisant la vente : le nom du client, sa région, son type ou profil, la date à laquelle la vente a été réalisée, le produit acheté et sa catégorie, le nombre d'unités achetées, le montant total de l'achat, etc. Afin de mener une analyse spécifique, l'utilisateur doit déterminer les dimensions qu'il souhaite analyser. S'il choisit deux dimensions seulement (par exemple les champs « produit » et « région »), le résultat sera un tableau à deux entrées (ou deux dimensions) dont chaque ligne correspond à un produit, et chaque colonne à une région. Les cellules contiennent l'information à analyser (par exemple le montant des ventes du produit dans la région). La production de ce tableau bidimensionnel suppose donc d'agréger les montants des ventes par produit et par région et de les organiser en un tableau croisé. Quand les volumes de données sont raisonnables, ce type d'opérations peut être réalisée dans un tableur comme Microsoft Excel par le biais de tableaux croisés dynamiques (*pivot tables*).

Si l'on s'intéresse à une dimension de plus, par exemple la période d'achat (jour, mois, trimestre, année, etc.) on obtient un tableau tridimensionnel ou « cube ». Il faut alors imaginer une superposition de plusieurs instances du tableau bidimensionnel précédent représentant chacun les ventes d'une période. À partir de quatre dimensions et plus, on parle parfois d'un « hypercube », mais cela ne change pas grand-chose au principe de fonctionnement et d'utilisation des cubes. Une fois le cube produit, l'utilisateur peut le basculer sur ses différents axes pour produire différentes analyses : dans l'exemple précédant, les produits en fonction des régions, mais on pourrait ajouter la dimension temporelle et faire basculer le cube pour présenter différentes vues du chiffre d'affaires, par exemple par région en fonction du temps, ou par produit, etc.

La sélection des dimensions pertinentes et leur agencement en cubes s'effectue au moyen d'un langage d'interrogation spécifiquement adapté à ce type de manipulations et qu'on regroupe sous l'acronyme OLAP (*Online Analytical Processing*, par opposition aux outils de traitement transactionnels ou *Online Transaction Processing*, OLTP). OLAP est à l'informatique décisionnelle ce qu'est SQL aux bases de données : un langage (quasi) universel d'interrogation. Ce caractère universel demeure cependant assez théorique, dans la mesure où il en existe différentes nuances et déclinaisons (multidimensionnel, MOLAP ; relationnel, ROLAP ; spatial, SOLAP ; etc.). Toutes ces versions offrent les mêmes possibilités au minimum, comme la rotation des dimensions (*rotate*), l'extraction d'une tranche d'information (*slicing*), le regroupement ou l'agrégation sur une dimension (*drill-up*) et son inverse (*drill-down*), etc.

Dans beaucoup d'organisations, ce sont les informaticiens qui préparent les cubes à la demande des analystes ou veillent à générer de manière régulière ceux qui sont le plus fréquemment utilisés. Néanmoins les outils de business intelligence sont conçus pour qu'en théorie un analyste commercial puisse concevoir ses propres cubes au départ de l'entrepôt. Vu l'importance qu'ont pris les outils de business intelligence et les systèmes d'entreprise aujourd'hui, il est précieux, pour ne pas dire indispensable, que tout cadre ou analyste ait quelques notions de SQL et d'OLAP afin de comprendre et maîtriser ce type d'outils.

Quoi qu'il en soit et une fois le cube préparé, l'analyse peut commencer. Les analyses sont intrinsèquement de trois types : descriptives, paramétriques, ou non paramétriques. L'analyse descriptive se résume à la statistique du même nom (calcul de moyennes, de tendances, de saisonnalité, etc.). L'analyse paramétrique regroupe toutes les techniques de modélisation de données sur base d'une représentation théorique proposée par l'analyste. C'est typiquement ce que l'on réalise à travers les techniques classiques de régressions (comme la méthode des moindres carrés). L'analyste entrevoit une relation entre différentes dimensions (par exemple l'effet du prix ou de la publicité sur les ventes) et mesure cet effet au moyen de techniques économétriques. Une fois établie, une relation peut alors être exploitée pour extrapoler les données futures et se lancer dans la prédiction. C'est ce qu'on appelle l'inférence statistique. Le troisième type d'analyse, dit « non paramétrique », englobe le champ du *data mining*, avec lequel il tend à se confondre. Les techniques de data mining sont faites d'algorithmes basés sur le calcul de probabilités visant à réaliser essentiellement quatre opérations : la classification (par exemple pour classer les demandeurs de crédit bancaire ou les clients d'une compagnie d'assurance en fonction de leur profil de risque), le regroupement (par exemple pour identifier les produits que plusieurs clients d'un même groupe sont susceptibles d'acheter), l'estimation (par exemple de la valeur totale d'un client) et la prédiction (par exemple de quels clients sont susceptibles de changer de fournisseur à un certain horizon).

Une fois l'analyse effectuée, il reste à en résumer et à en présenter les résultats principaux et à décider d'actions sur cette base. Les outils de reporting sont généralement intégrés aux solutions de business intelligence, et les gestionnaires d'organisations sont de plus en plus confrontés à un mode de prise de décision dont la nature change profondément, et dans lequel l'intuition cède de plus en plus la place aux enseignements factuels produits par ces solutions. Avec l'augmentation de la granularité de l'information stockée dans les systèmes (Amazon conserve par exemple en mémoire chaque clic de souris ou page consultée par ses visiteurs) et la demande croissante d'analyses réalisées en temps réel, la business intelligence s'impose de plus en plus et englobe cette vague qu'on appelle aujourd'hui le « Big Data ».

L'autre tendance de fond de l'informatique actuelle est la conversion des solutions informatiques en services dématérialisés. Au lieu d'acquérir un serveur et d'y installer le logiciel choisi, on s'abonne au service qui consiste à utiliser un logiciel donné à distance (généralement à travers un navigateur Internet). C'est l'informatique en mode « service » dans laquelle les données et les programmes sont stockés à distance dans les nuages, c'est-à-dire dans les centres de données des fournisseurs de solution. On parle alors de « cloud computing », dont Dropbox, Office 365, Google Apps et iCloud comptent parmi les exemples les plus populaires. Combinée à la prolifération des appareils mobiles (smartphones, tablettes, etc.), l'informatique dans les nuages constitue une nouvelle révolution technologique qui ne peut que renforcer l'omniprésence de l'ordinateur et des services informatiques.

UNE RÉVOLUTION EN MARCHE

Comme on le voit, l'ordinateur s'immisce désormais dans les moindres recoins des entreprises comme des maisons. Si plus aucun chef ou cadre d'entreprise ne prend de décision sans s'appuyer sur des données générées et présentées par des systèmes informatiques, nous dépendons aussi chaque jour un peu plus de nos compagnons numériques, que ce soit pour trouver notre chemin, obtenir un renseignement administratif ou technique, ou encore la réponse à la question de culture générale qui nous obsède.

En dématérialisant les produits puis les processus, l'ordinateur provoque des bouleversements dans un nombre croissant d'industries et de secteurs d'activité, rendant obsolètes des corporations ou des métiers entiers. Ayons ici une pensée émue pour les éditeurs de cartes routières, pour les libraires, ou encore les agences de location de cassettes vidéos ou de DVD, tous menacés sinon balayés par la déferlante numérique. Il suffit de songer au contraste entre les 55500 emplois engloutis dans la faillite de Kodak en 2012, et les 11 employés d'Instagram, jeune pousse de l'Internet rachetée pour 1 milliard de dollars par Facebook la même année. Songeons aussi aux nouvelles formes d'organisation du travail et de collaboration rendues possibles par l'informatique en réseau, de l'encyclopédie collective en ligne Wikipedia aux nombreuses réalisations du logiciel libre. Si les nouveaux modèles d'affaires bourgeonnent à un rythme effréné, l'informatique charrie en même temps son cortège de nouveaux défis et problèmes : protection de la vie privée, criminalité informatique, problèmes de santé dont les pathologies d'ordre psychologiques ne sont pas les moindres, pour n'en citer que quelques-uns.

Ce bref inventaire des transformations provoquées par l'informatique dans le monde économique et dans nos sociétés offre à tout le moins un constat : nous vivons une époque absolument exceptionnelle. La nature, la vitesse et la profondeur des mutations et des bouleversements qu'entraînent l'ordinateur et ses dérivés justifient pleinement le terme de révolution. Mais toute révolution a son lot de gagnants et de laissés pour compte, et tout porte à croire que l'informatique est bien l'un de ces changements techniques biaisés selon les compétences. Ceux qui maîtrisent ou intègrent ces technologies en sortent renforcés socialement et financièrement, les autres risquent d'être marginalisés. Et l'innovation est à ce point rapide qu'elle compromet le remplacement des professions auxquelles l'ordinateur s'est substitué par de nouvelles professions exploitant la technologie, comme ce fut le cas lors des précédentes révolutions industrielles. Cela dépendra de notre capacité collective à imaginer et à développer les biens, les services et les applications qui créeront de la valeur grâce à l'ordinateur. En d'autres termes, comme l'écrivaient Erik Brynjolfsson et Andrew McAfee, la course *contre* la machine est déjà perdue pour beaucoup, mais il nous faut apprendre à travailler, à inventer, et à nous battre *avec* la machine (*Race Against the Machine*, Digital Frontier Press, 2011). Une idée qui rejoint celle énoncée par le médecin britannique Henry Havelock Ellis en 1922 et qui ne semble pas avoir pris une ride : « La plus grande tâche à laquelle la civilisation fait face aujourd'hui, c'est de remettre la machine à la place qui devrait être la sienne, l'esclave de l'homme, et non le maître. »

Notre capacité collective à relever ce défi dépendra avant tout de l'éducation et de l'enseignement. La formation aux nouvelles technologies et à leur exploitation s'impose dès le plus jeune âge, et de nombreux pays commencent à comprendre la nécessité d'introduire des cours d'informatique et de programmation dès les niveaux primaires et secondaires de l'enseignement. C'est pour cette raison — et pas seulement parce que nous sommes tous des consommateurs de l'informatique — qu'il nous apparaît essentiel que chacun, décideur ou simple citoyen, puisse développer une culture suffisante afin de mieux comprendre les enjeux de l'informatique et de mieux appréhender les bouleversements sociaux et économiques que l'ordinateur — cet extraordinaire concentré de technologie — nous réserve encore. Le livre que vous êtes sur le point de refermer n'a pas d'autre ambition.

Index

N

O

P

Q

R

S

Impression & brochage sepec - France - Numéro d'impression : 09463140805
Dépôt légal : septembre 2014 - Numéro d'éditeur : 2014_0837
IMPRIM'VERT®
PEFC 10-31-1470 / Certifié PEFC / Ce produit est issu de forêts gérées durablement et de sources contrôlées. / pefc-france.org